KB051604

대한민국 명문종가
100

대한민국 명문종가 100 - 2

발품으로 써내려간 20년간의 대기록

초판 1쇄 발행 2018년 9월 20일

지은이 이연자
펴낸이 김영곤   펴낸곳 ㈜북이십일 21세기북스
기획위원 권무혁   편집 홍성광 김항열   교정교열 최태성
출판영업팀 최상호   출판마케팅팀 김홍선 최성환 나은경 송치헌 배상현 신혜진 조인선 한충희 최명열
홍보팀 이혜연 최수아 박혜림 문소라 전효은 염진아 김선아   디자인 씨디자인   제작팀 이영민
출판등록 2000년 5월 6일 제406 - 2003 - 061호
주소 (10881) 경기도 파주시 회동길 201(문발동)
대표전화 031 - 955 - 2100   팩스 031 - 955 - 2151   이메일 book21@book21.co.kr

㈜북이십일 경계를 허무는 콘텐츠 리더

21세기북스 채널에서 도서 정보와 다양한 영상자료, 이벤트를 만나세요!
페이스북 facebook.com/21cbooks   블로그 b.book21.com
인스타그램 instagram.com/book_twentyone   홈페이지 www.book21.com
서울대 가지 않아도 들을 수 있는 명강의! 〈서가명강〉
네이버 오디오클립, 팟빵, 팟캐스트에서 '서가명강'을 검색해보세요!

ⓒ 이연자, 2018
사진 박태신, 윤종상

ISBN 978 - 89 - 509 - 7724 - 5 04380
      978 - 89 - 509 - 7725 - 2 세트(전2권)

• 책값은 뒤표지에 있습니다.
• 이 책 내용의 일부 또는 전부를 재사용하려면 반드시 ㈜북이십일의 동의를 얻어야 합니다.
• 잘못 만들어진 책은 구입하신 서점에서 교환해 드립니다.

대한민국
명문종가
100

2 이연자 지음

21세기북스

❖

현대문명의 소용돌이 속에서도

우리 옛것의 소중함을 지키고

과거와 현재의 경계에서 사람다움과 품격의 가치를

전하는 명문종가 분들에게 이 책을 바친다.

아울러 우리 문화를 가슴에 품은

우리의 벗들에게 감사의 인사를 전한다.

일러두기 ————————————————————————————————————

이 책을 읽는 데 꼭 필요한 몇 가지 용어를 공유하고자 한다.
그럼으로써 종가에 대한 이해에 도움이 되었으면 한다.

종가(宗家) 한 문중에서 맏이로만 이어온 큰집을 의미한다. 하나의 성이 시작되는 시조로부터 대대로 맏아들로 이어져 오는 집을 대종가(大宗家)라 한다. 대종가에서 여럿으로 갈려나간 방계(傍系)의 집을 소종가(小宗家)라 한다. 보통 뚜렷한 업적이 있는 중시조(中始祖)를 중심으로 새로운 종가가 형성된다.

불천지위(不遷之位) 국가에 지대한 공을 세우거나 혹은 덕망이 높은 자를 나라에서 정하여 영구히 제사를 지낼 수 있도록 허락한 신위(불천위)를 말한다. 불천지위에는 세 가지 종류가 있다. 그중 국불천위(國不遷位)는 나라에서 특별히 정한 것으로 가장 권위가 높다. 국불천위는 임금의 교지를 통해 시호를 받은 2품 이상의 관리다. 향불천위(鄕不遷位)는 유학 발전에 큰 업적을 남기고 충절이 높은 분 중에서 유림의 엄격한 규정에 의해 결정한 신위다. 사불천위(私不遷位)는 자기 조상들 중에서 한 분을 지역 유림의 추인을 받는 형식으로 옹립한 신위다.

시호(諡號) 나라에 공헌했거나 덕망이 높은 자를 가려 그 행적에 따라 사후에 국왕이 내리는 이름을 가리킨다.

가훈(家訓) 각 종가들의 가치관과 사상이 담겨져 있는 것으로서 대대로 계승되어 왔다. 가장 오랫동안 부를 지키면서도 백성의 존경을 받아왔던 경주 최부잣집에 전해오는 육연(六然)에서도 특별한 가훈을 접할 수 있다. 첫째, 스스로 초연하게 처신하라. 둘째, 남에게 부드럽고 온화하게 대하라. 셋째, 일이 없을 때는 맑게 처신하라. 넷째, 일이 있을 때는 과단성 있게 처신하라. 다섯째, 뜻을 얻었어도 담담하게 처신하라. 여섯째, 뜻을 잃었어도 태연하게 처신하라.

종손(宗孫)과 종부(宗婦) 종손은 종가의 맏이로서 종가의 대를 이을 자손을 말한다. 또 종부는 종가의 맏며느리다. 이들은 자신보다 타인을 존중하는 덕목을 배우며 제사와 손님 접대의 책무를 지고 있다.

멀고도 긴 여정,
20년간의 종가탐방을
마무리하며

작은 연못이 거울처럼 펼쳐져

하늘과 구름이 함께 어리네.

묻나니 어찌 그같이 맑은가.

근원으로부터 끊임없이 내려오는 물이 있음일세.

송나라 주자의 『관서유감(觀西遺感)』의 "근원으로부터 끊임없이 내려오는 물이 있음일세(爲有源頭活水來)"의 마지막 부분에서 '활래정(活來亭)'이라는 이름을 따왔다는 이 대목을 읊조리며 강릉 선교장을 찾은 날은 더위와 물난리가 한창인 1999년 8월 초였다. 종가취재는 이렇게 시작됐다.

소박한 시작이지만 산천이 두 번이나 바뀌는 이토록 긴 여정이 될지는 상상조차 하지 못했다. 차문화에 각별한 관심을 가지고 있었던 젊은 시절, 요리 전문 월간지 『쿠켄』에서의 칼럼 제안이 여정의 출발점이다. 오롯한 전통 생활문화 음식, 교육, 예절, 가훈, 통과의례, 특히 다문화와 다례 등을 간직하고 있는 종가에서 과연 옛 문헌에 기록된 대로 실제 설·추석 차례에 차(茶)를 올리는지가 무척 궁금했다.

그 작은 호기심이 이끈 종가탐방은 망망대해를 헤매는 듯한 느낌이었다. 지금은 인터넷만 들어가도 자료를 쉽게 찾을 수 있지만, 당시에는 그 지역에서 정보를 직접 구해야 했다. 취재의 원칙은 고대광실(高臺廣室)도 아니고 품격을 갖춘 양반 가옥도 아닌, 사람이 살고 있어야 한다는 점을 원칙으로 여겼기에 종가를 찾는 일은 더욱 어려웠다. 자나 깨나 그 생각을 머리에 이고 있다가 어렵게 수소문해 종가를 찾게 되면, 바깥 사회에 대한 거부감과 부딪혔다. 오랜 세월만큼 단단한 종가의 빗장을 열고 가문마다 연륜이 쌓인 생활문화를 담아내는 작업은 그만큼 지난한 일이었다.

하지만 500여 질문지를 준비해 종손과 종부를 만나 취재하면서 강한 의지가 생겼다. 긴 종가의 역사와 함께 내밀한 문화들을 만나는 즐거움은 종가 취재에 힘을 실어주었다. 당시 종가는 외부인들의 출입을 반기지 않았다. 영화롭던 예전과는 달랐다. 그럼에도 불구하고 종가가 있는 곳이라면 무당이 굿당 찾아가듯 산간벽지라도 마다하지 않았다. 종가를 찾는 발걸음이 어느새 20여 회가 될 즈음, 책을 출간하자는 출판사의 제안이 왔다. 전국을 돌아 한 집 한 집 취재한 결과가 2001년을 시점으로 2012년까지 5권의 책으로 세상과 조우했다.

전통문화와 현대문명의 어울림이 연출한 감동

책이 나올 때마다 설렘으로 가득했다. 더욱이 5권에 수록된 글들과 미출간된 원고들을 모아 20년간 기록의 완결판『대한민국 명문종가 100』출간을 앞둔 지금 심경은 그 어떤 수사로도 형언하기 어렵다.

책을 한 권씩 낼 때마다 많은 일들을 경험했다. 첫 책이 나올 때부터 언론과 방송들도 우리 전통문화에 대한 높은 관심을 쏟아냈다. KBS의「지금은 실버시대」에서 7년간 400여 회에 걸쳐 방송된 종가문화 프로그램에도 참여했다. 설, 추석 등 명절 때의 인터뷰와 특집방송도 헤아릴 수 없을 만큼 이어졌다. 대학 캠퍼스에서의 강좌는 물론 문화센터, 기업체 등에서의 수백 회 이상 강의도 그 기간에 이뤄졌다.

특히 2011년 한국의 종가문화를 알리는 광고모델 활동도 기억에 남는다. 당시 한국관광공사 사장인 이참 씨와 함께 촬영한 광고영상은 CNN을 통해 전 세계로 송출됐다. 또 남산 한옥마을에서 「이연자의 종가 이야기」 전시회가 하루 1000명이 넘는 관람객을 모으는 등 우리 문화의 뿌리를 찾는 운동에 큰 역할을 담당하게 된 것은 너무나도 가슴 벅찬 기억이다. 더욱이 이 내용이 그대로 번역되어 미국과 유럽 일대 등지에까지 알려져 지금껏 판매되고 있다. 대한민국을 뛰어넘어 전 세계에 우리 문화의 우수성을 알릴 수 있게 돼 보람차다.

종가문화가 유네스코 세계문화유산에 등재된 일도 반가운 일이다. 또한 지난 2월 9일 밤 평창동계올림픽 개막무대도 특별한 감흥을 느끼게 한다. 이 무대에는 반만년 우리 민족의 삶이 켜켜이 쌓인 이야기들이 한 축을 이루며 밤하늘을 영롱하게 수놓았다.

특히 달 항아리가 성화대에 그려짐으로써 휘영청 보름밤 축제에 보름달이 떠오르는 듯한 일대 장관이 연출됐다. 너무나 눈부신 형상화였다. 전통과 현대의 어울림을 이토록 멋지게 펼쳐낼 줄이야! 전통이 미래의 문화 척도에 밑거름이 된다는 사실에 감동받았다.

운 명 처 럼 받 아 안 은 종 가 탐 방 과 자 부 심

그윽한 묵향 같은 전국 종가들이 펼쳐내는 전통의 향연(饗宴). 그것이 21세기 초부터 우리 사회의 주요 관심사의 하나가 됐다. 분명한 건 종가의 면면을 속속들이 살피는 기나긴 여행에서 우리 문화의 정체성에 한발 가까이 다가갔다는 믿음이 생겨난 것이다. 우리가 기억하는 한 역사는 오늘의 삶을 조망하는 현재진행형이 된다는 사실을 체득하기도 했다.

방대한 분량의 이 책 『대한민국 명문종가 100』은 우리 전통문화의 정화들을 목격하는 고색창연한 향연이다. 이 책에 소개된 100가문의 면면에는 우리 전통문화의 내밀한 진면목이 끝없이 펼쳐져 있다. 가히 전통문화의 보고를 품고 있는 '문화백과사전'이라 해도 과언이 아닐 것이다.

또한 전통을 지켰던 종갓집 사람들의 역사와 아름다운 서사도 만나게 된다. 고택 곳곳과 그 언저리에서 형형한 눈빛으로 소박한 흔적만 남은 종가를 지키고 있는 종손과 종부들의 모습. 그들의 당당함과 꼿꼿한 자존심을 접할 땐 묘한 감정이 들곤 했다. 쿵쾅거리는 현대문명의 파괴음을 견뎌내면서 자랑스런 역사와 세월을 받들고 있는 종손과 종부들의 모습을 보면서 숙연해진다.

사람다움과 품격의 가치를 전하는 종가 사람들과의 인연

『대한민국 명문종가 100』은 사람다움과 품격의 가치를 아름다운 옛이야기와 함께 우리 시대에 오롯이 전하고자 한다. 이 책은 내 인생 후반기의 모든 것을 담았다. 20년간의 대기록을 담은 이 책 출간이 임박했다는 소식에 설렘 가득하다. 굳게 닫힌 사당문을 열어주며 종가의 뿌리와 정체성을 설명해준 종손과 종부들에게 이 책을 바치고 싶다. 되돌아보면 솟을대문을 넘나들며 만났던 수많은 종갓집 분들에게 지면에서나마 예를 다해 큰절 올린다.

책을 내기까지 도와주신 여러분에게도 감사의 인사를 드린다. 긴 여정에서 장수 칼럼이 되도록 지면을 허락해주신 『쿠켄』 홍성철 전 사장님에게 감사의 말씀을 보낸다. 매월 함께 동행해 음식을 예쁘게 세팅해준 『쿠켄』 이

은숙 편집장과 글에 힘을 실어준 『쿠켄』 현 발행인이자 사진작가인 박태신 님에게도 깊은 감사를 드린다.

오랜 시간 묵묵히 일정을 함께하며 사진 촬영에 나섰던 윤종상 씨의 노고도 잊을 수 없다. 방대한 분량의 책 출간을 허락해주신 21세기북스의 김영곤 사장님에게도 깊은 감사의 말씀을 전한다. 20년 가가까운 인연을 이어오며 이 책의 출발점과 마무리 지점에서 힘을 보태준 권무혁 기획위원에게도 감사드린다. 힘겨운 일정에도 출간 작업에 성심을 다해준 홍성광 씨와 관계 자분들에게도 감사의 인사를 보낸다. 무엇보다 긴 세월 묵묵히 지켜봐준 가족들에게 고맙다는 말을 전한다.

이 책은 20년간의 여정을 녹인 기록이다. 우리 문화에 대한 자부심과 열정을 남김없이 쏟아부었지만 혹 부족한 점이 있어 고견을 주신다면 흔쾌히 경청하고자 한다. 그리하여 우리의 아름다운 문화를 대한민국 모든 사람들과 함께 나누고 싶다. 그 길에서 전통이 오늘날에 전하는 묵직하고도 은은한 메시지와 감동으로 울려 우리 사회에 널리 공명 되기를 희망한다.

2018년 9월 한가위를 앞두고
우이동 삼각산 아래 소소당(巢巢堂)에서
이연자

대한민국 명문종가 100
—
2 - 차례

6부

명문가에
녹아든 정신은
미래를 위한
금과옥조

대한민국 명문종가 100

—

1 - 차례

6부

명문가에 녹아든 정신은
미래를 향한 금과옥조

덕수 이씨 율곡 이이 종가

장수 황씨 방촌 황희 정승 종가

전주 이씨 오리 이원익 종가

고령 박씨 충헌공 박문수 종가

연안 김씨 만취당파 괴헌 김영 종가

경주 이씨 백사공파 백사 이항복 종가

여강 이씨 회재 이언적 종가

연안 이씨 삼척공파 이원희 종가

재령 이씨 사정공파 중추공 이이 종가

현풍 곽씨 참의공파 곽주 종가

아파트 서재에 조상의 신주를 모셨다. 현관 오른쪽 방 한 곳에는 컴퓨터가 놓여진 책상이 있고, 그 맞은편 벽에는 해동의 공자로 추앙을 받고 있는 율곡 이이(栗谷 李珥, 1536~1584) 선생과 부인 곡산 노씨의 신주를 모신 감실이 벽감처럼 모셔져 있다. 율곡 선생의 혼이 깃든 400년 전 신주와 손가락 하나로 지구의 어느 곳이든 대화가 이루어지는 초현대식 컴퓨터가 마주 보고 있는 것이다. 전통과 현대가 서로의 낯선 풍경을 이리저리 살피며 한자리에 있는 이 이채로운 풍경의 종가는 바로 신도시 일산 강선마을에 있는 율곡 선생의 15세 종손이 살고 있는 곳이다.

대유학자 율곡 선생의 신주가 어째서 이 아파트에 있을까? 혹시 강릉 오죽헌을 잘못 알고 있지는 않은지…. 강릉 오죽헌은 선생의 출생지이지 종가는 아니다. 율곡 선생은 처가가 있는 황해도 해주시 석담에 정착했고, 200년 동안 후손들이 그곳에서 집성촌을 이루고 살았다. 1947년 14세 종손 이재능(1979년 작고) 씨가 선생의 신주와 성균관 문묘에 배향하도록 내린 교지를 품에 안고 남쪽으로 내려왔다가 이런저런 사연을 거쳐 이곳에 정착하게 된 것이다.

율곡 선생의 향취가 느껴지는 옛 종가는 지금의 종가에서 한 시간 거리에 있지만 분단의 비극으로 갈 수 없는 곳이 되고 말았다. 분단으로 생긴 이 아파트 종가는 어쩌면 21세기에 변해가는 종가의 대표적인 모습이 아닐까 싶다.

흔한 유밀과도 없는 단출한 시제 음식

2001년 11월 25일 경기도 파주시 법원읍 동문리 있는 자운서원(紫雲書院) 내 율곡의 가족 묘소에서는 덕수 이씨 문중 사람들이 모여 가을 시제를 지내고 있었다. 시제는 4대 봉제사가 끝난 영혼에게 일 년에 한 번 무덤에서 지내는 제사를 말한다. 이날은 율곡 선생을 낳게 한 아버지 이원수와 어머니 신사임당, 선생의 형 내외의 시제를 모시는 날이었다. 율곡 선생은 종가에서 영원히 제사지내는 불천지위로 모시기 때문에 시제는 따로 모시지 않는다.

선생의 가족 13위가 모셔진 이곳에는 묘의 배치가 이채롭다. 선생의 부인인 곡산 노씨 묘가 선생의 윗자리에 있기 때문이다. 이는 임진왜란 때 피난 가지 않고 선생의 묘소를 지키다가 순절한 노씨 부인의 시신을 종의 것과 가릴 수가 없어 합장하지 못하고 선생의 묘소 뒤에 별도로 안장했기 때문이라고 한다.

여기서 율곡 선생의 15세 종손 이천용(취재 당시 60세) 씨와 종부 서경옥(취재 당시 57세) 씨를 만날 수 있었다. 훌륭한 조상을 섬긴다는 지극한 정성 때문인지, 나이보다 훨씬 고와 보이는 후덕한 인상의 종부 서씨는 제수품을 일일이 챙겼고 정성껏 제기에 담고 있었다. 덕수 이씨 부인회 회장 등도 참석해 이 가문의 음식 담는 법도를 설명해주었다.

대유학자의 집안이니 제사상에 오르는 제수가 궁금하지 않을 수 없었다. 이날 제사를 지휘하는 문중 어른 이낙용(취재 당시 74세) 씨는 율곡 선생이 저술한 『제의초(祭儀鈔)』「시제의(時祭儀)」의 기록대로 제사를 행하기 때문에 할아버지와 할머니의 제례상을 각각으로 차린다고 했다. 신주의 오른편 첫 줄에는 시접·밥·술잔·국·초채가, 둘째 줄에는 국수와 하얀 화선지로 적사지를 붙인 숭어 한 마리를 아래로 하여 쇠고기와 닭의 순서로 제기 하나에 세 가지 적을 올렸다.

이어서 절편을 본편으로 그 위에 화전을 올렸다. 셋째 줄에는 홍

율곡 이이 선생과 부인 곡산 노씨의 신주를 모신 감실.

24

정갈하고 단출한
제상 차림.

합, 도라지, 낙지, 조기, 쇠고기 다섯 가지 탕을 올렸다. 넷째 줄에는 명태포 한 마리와 삼색나물인 숙주, 고사리, 시금치를 각각의 제기에 담았다. 그리고 간장, 나박김치, 식혜가 있다. 다섯째 줄에는 대추, 밤, 배, 감, 사과 다섯 가 지 과일만 올려져 있다.

조상의 벼슬만큼 높이 또 높이 올려 가문의 융성함을 나타내 보이는 제 상 차림이 아니라 꼭 올려야 하는 기본 제수품으로, 정갈하고 단출한 상차림 이었다. 번거로운 전도 올리지 않았고 화려하게 괴어 올리는 갖가지 떡이나 그 흔한 유밀과도 없었다. 이 정도 상차림이라면 신세대 주부들도 그다지 두 렵지 않겠다는 생각이 들었다.

"할아버지 문집을 보면 생전에 사람을 위해 봉사한 짐승을 먹을 수가 없 다 하여 육식도 드시지 않았던 분이라고 했어요. 그래서인지 손이 많이 가는 전과 가짓수가 많은 떡 등 제수품이 많지 않아 제사 모시는 일이 힘들다는 생 각을 해본 일이 없어요."

종부 서씨의 말에 제사를 지휘하던 이낙용 씨가 보탰다.

"할아버지는 제수가 많고 적음을 문제 삼지 않았습니다. 다만 청결과 정 성을 다하라는 것과 제사를 지내기 전에는 먼저 먹지 못하도록 당부 말씀을 남겼습니다."

간밤에 겨울비가 내렸던 탓에 갑자기 날씨가 추워져 산소에서 제사를 모시지 못하고 자운서원 강당에서 지냈다. 묘를 바라보고 제사를 모시기 때문에 신주는 없었다.

첫 잔은 율곡 선생의 맏형님 후손인 이호길 씨가 올렸고, 두 번째 잔은 율곡 종손인 이천용 씨가 올렸다. 세 번째 잔은 문중 어른이 올리는 순서로 이어졌다. 제사 순서는 기제사에 준했다.

제사에 차 올려라

율곡 선생이 세상을 떠난 후 인조(仁祖, 1536~1584) 임금이 왕명으로 전국 각 도의 향교에『격몽요결(擊蒙要訣)』의 부록「제의」를 비치토록 했다.

이것은 복잡한 제례의식을 누구나 알기 쉽게 간추린 의례서로 전통 제례에 자신이 없는 현대인들에게도 훌륭한 길라잡이가 되도록 설명하고 있다. 요즘말로 하면 국민윤리 교과서로, 절기마다 지내는 제사인 시제(時祭)나 돌아가신 날 지내는 기제(忌祭)의식에 차를 올리는 풍습이 있다고 전하면서 이를 권장하고 있다.

『시제의』에 의하면 "주인과 주부가 차를 받들어 돌아간 부모의 신주 앞

율곡 선생의 아버지 이원수와 어머니 신사임당의 시제를 지내고 있는 덕수 이씨 문중 사람들.

에 나누어 올린다(主人主婦奉茶)"고 했고, 돌아가신 날에 지내는 기제사에는 "음식을 권한 후에 문을 닫은 다음 문을 열고는 차를 올리고 신을 보낸다"고 했다.

　이는 '국을 내리고 숭늉을 올리는' 풍습은 전통적인 것이 아니었음을 말하고 있다. 하지만 이날도 비록 제사 순서를 적은 「홀기」에는 '국을 내리고 차를 올리라'는 대목이 있었지만 물을 올리고 있었다.

　"예전에는 차를 구하기 어려웠기 때문인지 차를 올리는 모습은 보지 못했지만, 지금은 쉽게 구할 수 있으니 할아버지의 말씀대로 문중회의를 거쳐 이제부터라도 물 대신 차를 올려야겠습니다." 이날 제상에는 차를 올리지 않았지만, 율곡 선생의 묘전에는 종손이 따뜻한 차 한 잔을 올리고 있었다.

피난길, 온몸을 불태워 길을 밝혀준 화석정

숲속 정자에 가을이 이미 깊었으니
시인의 시상이 끝이 없구나.
멀리 보이는 물은 하늘에 잇닿아 푸르고
서리 맞은 단풍은 햇볕을 향해 붉구나.

　제사를 마치고 율곡이 여덟 살 때 지었다는 「화석정(花石亭)」이란 시를 읊조리며 서원에서 가까운 화석정에 들렀다. 임진강 남쪽 언덕에 있는 이 정자는 파주시 파평면 율곡리에 있다. 선생의 호 '율곡'을 이곳 지명에서 따올 만큼 이곳을 무척이나 좋아해 벼슬에서 물러난 뒤에도 이곳에서 여생을 즐기며 제자들과 함께 학문을 논했다고 한다.

　화석정은 세종 때 율곡의 5대조가 세웠던 정자로, 임진왜란 때 불타버린 것을 1703년 현종 때 다시 복원했지만 한국전쟁 때 또 불에 타 1966년에 다시 복원된 정자다. 율곡 선생은 임진왜란이 일어날 것을 예견하고 정자 마루를 기름 젖은 걸레로 닦게 하고 나라에 국운이 위태로울 때 뜯어보라는 편지 한 통을 유언으로 남겼다. 그의 사후에 예언대로 임진왜란이 일어났고 선조 임금이 임진강을 건널 때 이 서찰에 적혀 있는 대로 기름 먹은 화석정을 불태워 밤인데도 대낮같이 환하게 밝아 선조 임금이 나루를 무사히 건널 수 있었다는 전설이 전해오는 곳이기도 하다.

율곡이라는 호를
따올 만큼 선생이
좋아했던 파주시
파평면 율곡리 소재
화석정.

아파트 종가를 찾았다. 거실이 널찍한 50평 아파트였다. 종손은 제사 때 많은 사람들이 참여하기 때문에 마루가 넓은 아파트로 이사했다고 한다. 일산에 자리 잡은 것도 율곡의 묘소가 가까워서라 했다. 노종부 이화봉(취재 당시 80세) 할머니와 출가하지 않은 딸 그리고 종손 내외가 살고 있었다.

전통한옥으로 친다면 안채 동편 뒤의 사당에 해당하는 현관 오른쪽 방에 율곡 선생의 신주를 모셨다고 한다. 깨끗한 방 책상 위에는 컴퓨터 한 대가 놓여 있고, 마주 보는 곳에는 신주를 모신 감실을 벽감처럼 벽에 붙여 놓았다. 감실 둘레에는 커튼 같은 앙장을 둘러 신령스런 곳임을 상기시키고 있었다.

이 방은 함부로 드나들 수 없도록 문을 닫아두고 종손과 종부만이 외출 때마다 신주 앞에서 절하며 인사를 올린다. 살아 계신 어른에게 하듯 "다녀오겠습니다", "다녀왔습니다"라고 인사한다. 비록 전통한옥의 사당은 아니지만 종손으로서 전통의 예를 다하고 있는 것이다.

거실 입구 벽에는 성균관 종묘에 배향할 수 있도록 명한 교지가 표구한 채 걸려 있고, 다른 한 벽에는 황해도 석담에 있는 옛 종가의 모습이 담긴 빛바랜 흑백 사진을 걸어놓았다. 부엌 찬장에는 잘 닦인 유기 제기가 가득해 이 댁이 예사로운 집이 아님을 느낄 수 있었다.

육순으로는 믿어지지 않을 정도로 젊어 보이는 종손은 석담의 종가를 떠나올 당시 여섯 살 어린 나이였다. 하지만 그 어린 시절의 일들을 어제 일인 양 기억하고 있었다.

율곡 선생의 후손임을 자랑스러워하며 정성껏 종손과 종부로서의 소임을 다하는 이천용, 서경옥 씨.

목숨 건 하인의 도움으로 월남에 성공하다

"그때가 1947년 3월이었어요. 날씨는 춥고 주위는 칠흑 같은 밤이었습니다. 아버지와 어머니, 큰형님과 동네에 사는 가까운 친척들 10여 명과 함께 남쪽을 향해 출발했습니다. 저는 집안 형님인 이낙용 씨 등에 업혀 있었지요. 아버님께서는 할아버지 신주와 교지를 품에 안고 집을 나섰습니다. 신주만으로는 율곡 종손임을 인정받지 못할 것을 감안해 교지를 가지고 떠난 것이지요."

임진강을 지척에 두고 잠시 쉬고 있는데 어둠 속에서 총을 든 내무서원 둘이 나타났다. 결국 발각되고 말았는데, 당시 월남하다 잡히면 총살이었다. 더구나 율곡 종손이 남으로 간다는 것은 큰 사건으로 영락없이 해주시로 끌려가 인민재판에 회부될 판이었다. 두 내무서원 중 계급이 높아 보이는 한 사람이 대표가 누군지 대라고 했다.

"아버지 함자를 듣고서는 거칠게 대하던 태도가 갑자기 달라졌어요. 그러더니 우리보고 모닥불을 피워 몸을 녹이라 하고서 계급이 낮아 보이는 내무서원을 심부름 보내는 듯했습니다. 그리고 심부름 보낸 내무서원을 뒤따라가더니 곧바로 총성이 들렸어요."

율곡 할아버지가 도우셨는지 다행히도 그 내무서원이 종가에서 은혜를 입은 사람이었다고 한다. 한때 종가에서 일했던 하인으로 끼니를 잇지 못한다는 소식을 듣고 종손의 선친께서 쌀 한 가마니를 보내준 적이 있었다고 한다. 그는 그때 받은 보은으로 동료를 죽이고 종손의 남행을 도와준 것이다. 1·4 후퇴 때 알았지만 그 내무서원은 결국 사실이 발각되어 죽임을 당했다고 한다.

종손은 위로 두 형님이 있다. 남하한 맏형은 한국전쟁 때 행방불명되었고, 둘째 형은 할머니와 함께 옛 종가에 남았다. 들리는 소문으로는 율곡 후손이라 하여 북에서도 우대를 받는다고 하지만 확인하지 못했다고 한다. 종손은 통일이 되어 둘째 형님이 살아 계시면 종손 역할을 미련 없이 넘기겠다고 한다. 그래서 자신을 종손이라기보다는 제사를 받들고 있는 봉사손(奉祀孫)이라고 겸양해 한다. 하지만 문중 사람 모두 그를 율곡 종손이라 불렀다.

율곡 선생의 영정이
모셔져 있는
자운서원 내의 사당.

우연히 비디오로 본 석담의 옛 종가

종손은 1994년 우연한 기회에 빌려본 비디오에서 어린 시절 기억 속의 종가를 볼 수 있었다. 해주 관광 코스 가운데 하나가 율곡 종가였는데, 잠깐 스치는 정도로 보였지만 솟을대문 앞으로 흐르는 고산구곡의 냇가 위 징검다리까지 54년 전 그대로였다. 율곡 선생의 고택은 선생의 「고산구곡가(高山九曲)」에 잘 묘사되어 있는데, 고택을 창덕궁의 비원(秘園)처럼 아름답다고 표현했다. 이때 노모는 눈물을 훔치며 가지 못하는 고향땅을 그리워했다. 그때 북한 안내원이 종가를 두고 김일성 장군이 예전에 공부하던 곳이라고 소개해 기가 막혔다고 한다.

율곡 종가댁은 남한에 내려온 뒤 율곡사상연구원을 만들고 『율곡전서』를 간행하는 등 율곡의 업적을 기리는 데 적극 힘썼다. 다행히 정부가 앞장서 율곡 사상의 현양에 나선 것이 큰 도움이 되었다고 한다. 작고한 이재능 씨는 『율곡전서』를 간행한 기금으로 정부에서 내어준 땅, 서울 서대문구 홍파동(현 신문로 구세군회관 자리)에 율곡 사당을 건립해 생명처럼 소중히 품고 온 신주를 모셨다. 종가도 그곳에서 사당을 지키며 살았다. 그리고 성균관 전의를 역임하는 등 이재능 씨는 활발하게 유교활동을 했다.

하지만 어렵게 지은 사당이 친척의 사기 행각으로 결국 다른 사람에게 땅을 빼앗기면서 1960년대에 사당이 철거됐고, 율곡 선생의 신주는 종가로 모시게 됐다고 한다. 선대 종손은 옛집을 그리면서 분단의 아픔을 안은 채 1979년에 타계했다.

성균관대를 졸업한 뒤 춘천에서 6년 여 공무원 생활을 하다 현재는 택시회사 전무로 일하고 있다는 종손은, 부친의 뒤를 이어 노모를 모시고 불천위를 비롯해 일 년에 10여 차례의 봉제사를 성심껏 받들고 있다. 예전 같으면 봉제사와 더불어 제수를 장만할 재산 상속도 받게 되겠지만 그는 아무 유산 없이 제사만 물려받았다. 하늘의 뜻으로 받아들인다는 종손은 종부와 함께 '밥은 굶어도 조상 제사는 지내야 한다'는 신념으로 조상을 받들고 있다. 그러면서도 할아버지의 명성에 걸맞은 제대로 된 종가도 없이 초 라한 아파트에 모시게 되어 늘 죄송스럽다고 했다.

역사상 가장 뛰어난 이율곡과 이순신을 배출한 덕수 이씨

율곡의 가문 덕수 이씨는 고려 때부터 부흥한 가문으로 알려져 있다. 덕수는 임진강 연변의 파주를 이르는 지명으로 덕수부원군인 4세 이윤온부터 이 가

율곡 선생 묘전에 따뜻한 차 한 잔을 올리는 종손.

문을 덕수 이씨라 부른다고 했다.

덕수 이씨만큼 조선조 500년뿐 아니라 5000년 역사상 뛰어난 인물을 배출한 가문도 드물다고 한다. 세기의 사상가로 알려진 율곡이 있고, 무공으로는 충무공 이순신이 있다. 율곡과 충무공은 동시대 인물로 나이로는 율곡이 충무공보다 일곱 살 위지만 세대로는 충무공이 12세손, 율곡이 13세손이다. 촌수로는 19촌으로 아저씨와 조카뻘이 된다. 이뿐 아니라 한국 여인상의 대명사로 내세우는 신사임당이 이 가문의 며느님이다.

율곡 선생은 잘 알려진 것처럼 신사임당의 셋째 아들로 어렸을 때부터 신동 소리를 듣던 인물이었다. 태어날 때 용꿈을 꾸었다 해 어릴 적 이름을 현룡(見龍)이라 불렀다고 한다. 세 살 때 글을 읽기 시작했고, 일곱에 사서를 읽었으며, 여덟 살 때는 「화석정」이라는 시를 지었다.

열한 살 율곡이 사당에 가 아버지 병이 낫기를 기원하고 있던 그 시간, 아버지 이공의 꿈에 신선이 나타나 "이 아이는 동방의 큰 학자가 될 것이니 구슬 '옥(玉)'자가 들어간 이(珥)로 이름을 지으라" 하여 이름을 이로 바꾸었다고 한다.

열세 살의 어린 나이로 진사시험에 합격하여 주위 사람들을 놀라게 만들었고, 열아홉이 되던 해에는 『자경문』을 지었다. 『자경문』은 그가 학문하는 올바른 마음가짐에 대해 스스로를 경계하기 위해 쓴 글이다. 명종 19년인 1564년 호조 좌랑으로 정계에 발을 들여놓기 시작한 선생은 그 뒤 선조대에 이르러 사헌부 지평이 되고 같은 해 홍문관 교리로 임명된 후로 국방의 안전을 염려하여 임진왜란이 일어나기 4년 전에 '십만양병설'을 주장했다.

당대의 대학자이자 명재상의 지위에 있으면서도 그는 평생을 청렴하게 살았다. 1584년 1월 16일 숙환으로 세상을 떠났을 땐 집안이 어찌나 가난했던지 저승 갈 때 입을 수의마저 없었다고 전해진다. 장례식이 끝났을 때 선생의 집에 값나가는 물건이라곤 부싯돌 하나밖에 없었다고 전한다.

율곡은 그 부싯돌처럼 밝은 세상을 꿈꾸다 끝내 49세의 나이로 이승을 하직했다. 육신은 갔지만 그의 정신은 후세 사람들의 영원한 스승으로 귀감이 되고 있다. 그리고 그의 혼이 담긴 신주는 400여 년 동안 자손들의 정성을 받고 있는 것이다.

장수 황씨
방촌 황희 정승 종가

반구정 풍경 속으로
청백리 정신의 향기를 흩날리며

경기도 문산에 있는
황정승의 유적지
반구정. 임진강이
바라보이는 풍광
좋은 이곳에서
재두루미떼 나는
모습을 보고 시를
지었다 한다.

전국 각지의 명문종가를 찾아다니며 강산이 변할 만한 시간이 흘렀건만, 종
갓집 문턱을 넘으며 마음이 숙연해지는 것은 여전히 고택의 고색창연한 기왓
장 때문이 아니다. 고택도 사라지고 소박한 흔적만 남은 종가를 지키고 있는
종손의 풍모와 종부의 강인함에서 역사와 세월을 아우르는 꼿꼿한 자존심을
느꼈을 때, 족보가 아니라 조상의 기개를 자랑스러이 간직한 이들만의 자긍
심을 만났을 때, 감동하지 않을 수 없다. 그럴 때마다 '명문종가'란 시간의 저
편으로 사라지고 건물만 남은 문화재가 아니라, 지금도 여전히 우리 곁에 남
아 선인들의 숭고한 가르침을 전해주는 현대인들이 지킴이라는 생각이 굳어
진다.

"멍석을 깔고 잠을 잤고, 집 안에 비가 새서 그릇을 바쳤다"는 우리 옛
선비들의 의연한 생활이 그리울 즈음, 경기도 파주시 탄현면 금승리에 있는
황희 정승의 사당을 찾았다.

"대감님 우리 집 개가 새끼를 낳았는데 아버지 제사를 지내지 않아도 되
겠지요?"

"그렇다면 제사를 지내지 않는 게 좋겠지요."

"집에 색시가 아이를 낳았는데 제사를 모셔도 되겠습니까?"

"그럼 모셔도 되겠습니다."

황정승집에 두 사람이 찾아와 물었을 때 황정승은 각각 이렇게 대답해
주었다.

"대감, 강아지가 새끼를 낳았는데 제사를 지내지 못하게 하시면서 부인
이 아이를 낳았는데 제사를 지내도 된다니 무슨 말씀입니까?"

이 소리를 듣고 있던 하인이 묻자, 황정승이 대답했다.

"처음 사람은 제사를 지내기 싫어 핑계를 댄 것이고, 두 번째 사람은 정말 제사를 모시고 싶어 묻는 사람이니 그렇게 대답할 수밖에 없지 않겠느냐….”

이는 조선시대의 뛰어난 정치가이자 학자인 방촌 황희(厖村 黃喜, 1363~1452) 정승의 수많은 일화 가운데 하나이다. 제사의 진정한 의미가 무엇인가를 깨닫게 하는 내용이다.

황희 정승의 인품이 느껴지는 소박한 제상 차림

2001년 3·1절 밤 11시(음력 2월 7일) 황정승의 503번째 기일(忌日) 제사가 있었다. 새벽까지 진눈깨비와 꽃샘바람으로 늦추위가 기승을 부리던 날씨도 제사 시각이 가까워지자 포근한 날씨로 변했다. 하늘도 맑아 푸른 별빛이 선생의 묘역에 쏟아질 듯했다. 멀리 경북 상주에서 제사상에 올릴 대구포를 들고 온 후손도 있었고, 총무처장관을 지냈던 황영하 씨도 제례복을 준비해 자리했다. 대전, 서울 등지에서 궂은 날씨임에도 조상을 뵈러 온 문중 사람들은 재실에 모여 술을 올릴 헌관(獻官)을 정하고 있었다.

첫 잔을 올릴 초헌관으로는 대종손인 황두하(취재 당시 64세) 씨가, 두 번째 잔을 올릴 아헌관, 마지막 잔을 올린 종헌관은 멀리서 참석한 문중사람들에게 배려했다. 그리고 제사 순서인 「홀기」를 읽을 집례관, 축문을 읽을 축관도 정했다.

제사는 자시(子時)부터 시작하는데 이는 선생이 돌아가신 음력 2월 8일 새벽에 해당되는 시각이다. 저녁 10시부터 제집사들이 문중 여인들이 준비한 제물을 사당에 있는 제상에 진설하기 시작했다.

종가에서는 제주에서부터 첫 줄로 쳤다. 왼쪽부터 대추, 밤, 배, 감, 사과 순으로 올려졌다. 그 옆으로 유과와 산자도 있었다. 그다음 줄에는 왼쪽부터 세 가지 포를 담은 제기를 놓았다. 명태, 대구, 문어포. 그 옆으로 다시마채를 고명으로 올린 숙주나물이 놓였고, 청장과 나박김치, 식혜는 건지만 담고 고명으로 씨를 바른 대추를 절반으로 쪼개 세 개 올렸다. 그다음 줄에는 화양전, 누름전, 고기전, 두부전을 각각의 그릇에 담아놓았다. 다섯 가지 탕은 건지만 담았다. 넷째 줄에는 적을 올렸다. 숭어 한 마리, 쇠고기 적, 맨 위에는 온마리 닭을 쪄서 꼬리가 엇갈리게 놓았다. 떡은 인절미를 우물 '정'자(字)로 일곱 층으로 쌓아 올렸다. 웃기떡은 올리지 않았다. 달걀을 얇게 묻혀 채를 썰어 국수 대신 올렸다. 다섯째 줄에는 왼쪽부터 수저를 담은 시접 그

문화재로 지정된
영당과 황희 정승의
영정.

릇, 그 옆으로 밥과 국, 그리고 술잔도 올렸다. 황정승의 신분에 따라 정경부인으로 칭호가 내려진 초취부인 최씨와 재취부인 양씨의 밥과 국, 술잔도 가지런히 놓였다.

훌륭한 조상의 제사는 영원히 모시는데 이를 불천지위(不遷之位) 제사라 한다. 한 문중에 이런 불천위 제사가 있으면 대단한 긍지를 가지고 각별하게 차리는 댁이 많다. 조상의 신분만큼 높이 제물을 쌓아 올리기도 하지만 황정승의 제사상은 단출하고 소박했다. 높이 괴이지도 않았다. 이는 "장례와 제례는 가례에 따르되 형편과 분수에 맞게 하며 모든 일에 겉치레는 일체 삼가라"는 황정승의 유훈에 따른 것이라는 종손 황씨의 설명이다. 종손은 또 "많이 차리는 것이 중요한 것이 아니라 공경과 정성을 다하고 예에 맞게 준비해야 하며 이곳에서 생산되는 토산품을 올린다"라고 했다.

제사 순서는 종가에서 예로부터 전해오는 「홀기(笏記)」에 따랐다. 제관들이 손을 씻는 의식 외에는 일반적인 제사 순서와 크게 다르지 않았다.

사당에서 기제사를 모시다

제사 음식에서 눈길을 모았던 것은 '묻쌈'이다. 동그랑땡의 재료인 고기와 두부, 채소를 잘게 다져 양념해 길이 5센티미터, 폭 3센티미터 정도로 둥글게 만들어 노란 달걀옷을 입혀 구운 것이었다. 무를 가운데 두고 둘레에 꽂이로 쌓는다 하여 '무쌈'이라고도 한다.

정성스레 장만한
제물이 차려지면
신독을 열고 신을
맞이하면서 제례를
지내고 마지막
축문을 사당 밖에서
태운다.

38

숭어를 조기 대신 올리는 것도 이 댁의 특징이다. 국수 대신 달걀전을 채 썰어 올리는 것도 특별했다. 한 가지 나물만 올리는 것도 청백리 가문답게 보였다. 사대부는 다섯 가지 탕을 쓴다는 예서에 따랐지만 고기 몇 조각, 명태 한 토막, 홍합 조금, 닭 내장 조금, 구운 두부 몇 조각 등을 속이 깊은 탕기가 아니라 접시 제기에 담은 것도 이채로웠다. 퇴주기를 모사기(茅沙器) 대신 썼던 것도 일반적인 모습은 아니다.

불천위 제사라도 기제사는 신주를 모셔와 안채의 정침에서 모시는 것이 일반적인데 사당에서 기제사를 모시는 것도 이 댁의 가풍으로 보였다. 한 시대를 풍미했던 위대한 재상의 제사상 차림으로는 너무나 간단했지만, 예를 다한 상차림이야말로 청백리로 추앙받는 황정승의 후손다운 모습이었다. 가짓수가 많은 제수품 마련이 힘들어 제사를 기피하는 요즘 사람들이 본보기로 삼을 만하다는 생각이 들었다.

이 댁의 내림음식은 제사를 마친 후 안주로 나오는 게장이다.

대추볼 붉은 골짜기에 밤은 어이 떨어지며
벼 벤 그루터기에 게는 어이 내리는고.
술 익자 체장사 돌아가니 아니 먹고 어이하리.

황정승이 이렇듯 노래한 그 게장이었다.
"임진강의 특산물인 민물게는 맛있기로 소문나 예전에는 궁중에 진상되었다는 기록도 있어요. 특히 민물게의 생식은 가을로서 살이 단단하고 암게 등딱지 속에는 '장이' 가득해서 문산 월롱면 옥돌게장은 밥도둑이라 하지요."
종손은 게장에 대한 내력을 설명해주었다. 그 게장을 담가놓았다가 선

◀ 제사 음식에 달걀옷을 입혀 구운 무쌈이 눈길을 끌었다.

▶ 우리나라 최초의 시조집 『청구영언』에 기록된 시조에 보이는 게장.

조의 제삿날 멀리서 오는 문중 사람들에게 별미로 내놓는다고 했다. 게장 만드는 방법은 간장을 여러 번 끓여 부어 두 달 정도 숙성시키는 일반적인 방법 그대로였다.

풍광 좋은 반구정에서 바라본 임진강

강호에 봄이 되니 나도 할 일이 많다.
나는 그물 깁고 아이는 밭을 가니
뒷산의 움이 길게 자란 약초는 언제 캐려 하느냐.

우리나라 최초의 시조집 『청구영언(靑丘永言)』에 기록된 이 시조는 경기도 문산읍 사목리에 있는 황정승의 유적지 반구정의 배경을 너무나 잘 나타냈다는 시평을 들었다.

황정승이 이조판서로 재직 중이던 54세 때, 태종의 큰아들 양녕대군의 행실이 왕가의 법도에 어긋남이 많다며 대신들 간에 폐위가 논의되자, 황정승은 정통성을 주장하며 이를 만류하다가 좌천당하기도 한다. 2년 뒤 양녕대군을 폐출시키고 충녕군을 세자로 앉히려는 움직임에도 황정승은 소신을 굽히지 않았다. 이로 인해 태종의 눈밖에 난 황정승은 유배를 간다. 4년간의 유배생활에서 돌아와 임진강이 바라보이는 풍광 좋은 이곳에 반구정(伴鷗亭)을 짓고 재두루미떼 나는 모습을 보고 시를 지었다고 한다.

당시의 임진강은 나루터를 관리하는 도승이 하나 있었을 만큼 중요한 강이었다. 이 강을 따라 배를 타고 강화와 마포 쪽을 드나들었던 파주 사람들에게는 지금의 자유로만큼이나 중요한 뱃길이었다. 이 강은 또 아픈 역사를 안고 있다. 임진왜란 때는 선조 임금이 이 강을 건너 난을 피했고, 병자호란 때에는 소현세자가 이 강을 건너 청나라에 볼모로 끌려갔다. 지금은 또 어떤가. 반구정에서 내려다본 강 둘레에는 끝없는 철조망을 쳐놓아 강 건너가 북녘 땅임을 실감케 하고 있다.

황정승이 노닐었던 반구정과 영정을 모시는 영당은 지방문화재로 지정돼 있고 동상도 세워놓았다. 파주시는 율곡 선생의 자운서원과 함께 이곳을 3대 유적지로 내세운다. 자유의 다리와 판문점으로 가는 길목이어서 관광객들의 발길이 끊이지 않고 있다.

사목리에서 4킬로미터 거리에 있는 탄현면 금승리에는 충직한 신하가 세상을 뜨자 문종 임금이 신하의 죽음에 차마 문상은 못 하고 여기까지 왔다가 눈물을 훔치고 돌아갔다는 전설이 남아 있는 어봉산이 있다. 이 어봉산을 마주 보고 선생의 묘와 재실(齋室), 사당 등이 있다. 묘역 아래에는 신숙주가 비문을 짓고 안침이 글을 썼다는 신도비가 글씨를 알아보지 못할 정도로 마모돼 비각을 세워 보호하고 있다. 황정승의 묘역에서 얼마 떨어진 곳에는 그의 어머니 묘소도 있고, 영의정을 했던 셋째 아드님 묘소도 있다.

황정승은 평생 벼슬길에 있었기 때문에 지금의 남산 부근인 한양 석정동에 살았다고 한다. 이곳은 선생의 묘역을 지키기 위해 후손들이 모여 살면서 황씨들의 집성촌을 이룬 곳으로 한때는 수많은 가구가 살았지만 10여 집만 남았다. 종손도 조부 때까지는 이곳에 살았다고 한다. 한국전쟁 때 종가가 불타버렸는데, 황정승의 갓은 타지 않고 마당의 대추나무에 걸려 있었다는 그 대추나무만 남아 있었다. 종가는 다시 복원하지 못하고 옛 터에는 자그마한 현대식 건물을 지어 제사 음식을 만드는 곳으로 쓰이고 있다.

대종손 황두하 씨는 서울의 정릉에서 노모(박희서, 취재 당시 83)를 모시고 살고 있지만 황정승의 제삿날 등 수시로 드나들며 선조를 기리는 유업에 힘쓰고 있다. 이날 재실에서 만난 종손의 목소리는 차분했다.

"조상의 묘역을 옆에서 지키지 못하는 것을 늘 죄송스럽게 생각하고 있어요. 예전처럼 종가를 지키기만 하면 생활이 된다면야 얼마나 좋겠습니까만 지금은 직장생활을 하지 않으면 생활이 어렵기 때문에 할 수 없이 나가 살면서도 선조께는 늘 죄송한 마음이라…."

종손 황두하 씨.
황정승의 청백사상을
가풍으로 여기며
선조를 기리는
유업에 힘쓰고 있다.

종손은 파주시청에 근무하다 정년퇴임했는데, "공직자가 부유하게 살면 자연히 재물을 탐하게 되고, 사치하면 자연히 마음이 타락하게 된다. 공직자의 녹봉은 곧 백성이 피땀 흘려 내는 세금인 만큼 국가의 재정은 절약하고 검소해야 한다"는 방촌선생의 청백사상을 가풍으로 여겨 살림이 늘 궁색했다고 한다. "지금의 종손은 의무만 있고 권리는 없어진 지 오래"라며 조상을 위해 하고 싶은 일은 많아도 형편이 여의치 못함을 안타깝게 생각하고 있었다. 부인 맹묘숙(취재 당시 51세) 씨는 황정승과 가장 친했던 맹사승 대감의 후손으로 황정승과 맹사승의 각별한 우의는 21세손에서 다시 부부로 인연을 맺게 된 셈이다.

"노비도 하늘 백성이니 어찌 함부로 대하리요"

황정승은 고려 공민왕 12년(1363) 개성의 가조리에서 출생했다. 그의 처음 이름은 수로(壽老)이고 성인이 되어 부르는 자는 구부(懼夫), 호는 방촌이며 죽은 후 나라에서 내린 시호는 익성공(翼成公)이다. 황정승의 먼 조상은 고려 명종을 섬겨 전중감(殿中監)의 벼슬을 지내다 산수가 수려한 지금의 남원인 장수현으로 이사하여 살았기 때문에 장수 황씨가 된 것이라 한다.

황정승은 고려 우왕 때 14세의 어린 나이로 관직에 나아가 21세에 국가고시인 사마시, 27세 때 문과에 급제하기까지 차곡차곡 진급시험을 보아 합격한 순탄한 관리였다. 그렇게 쌓인 관직생활이 꽃을 피운 것은 조선조에 들어오면서였다. 30세에 '경전에 밝고 품행이 단정한 선비'로 발탁되어 성균관 학관으로 사헌부 감찰, 경원 교수, 경기도 도사, 형조, 예조, 이조, 병조를 거쳐 집현전직을 지내기도 했다.

보통사람들 같으면 일선에서 물러날 나이인 62세에 더욱 높은 벼슬을 받아 찬성, 63세에는 대사헌을 겸하고 이조판서를 거쳐 드디어 우의정이 되었다. 69세에 영의정으로 승진해 87세 사임 때까지 일인지하 만인지상의 수상자리를 지켰다. 90세에 세상을 뜰 때까지 60여 년간 화려한 관직생활을 할 수 있었던 것은 다양한 일화에서 볼 수 있듯 충직한 신하로서만 아니라 백성의 편에서 많은 업적을 쌓았기 때문이다.

강원도 관찰사로 있을 때는 흉년이 들어 굶주림에 허덕이는 백성을 구제하기 위해 흙으로 떡을 만들고 국수를 만드는 지혜를 일러주어 허기를 면하게 했다. "노비도 하늘 백성이니 어찌 함부로 대하리요"라며 노비자식이라도 자질을 키워 큰사람을 만든 일화도 있다. 선생의 은혜를 잊지 못한 백성들은 그가 떠난 고갯길을 '정승고개'라 이름 짓고 그의 유덕을 기렸다는 기록도 보인다.

세종은 자신의 태자 책봉을 극구 반대했던 황정승의 인품을 귀하게 여겨 그를 국정의 최고 자리에 임명해 한글 창제 등 문화를 꽃피우는 중추 역을 맡게 했다. 죽어서도 자신의 무덤 옆에 배향시켰다. 그리하여 황정승은 지금껏 모든 공직자의 영원한 귀감으로서 살아 있는 것이다.

관감당 뒤 충현서원 터에는 건물 대신 푸른 잔디가 깔려 있고 잔디를 지나 계단을 오르면 하늘 가득 광활하게 흘러가는 구름의 장관을 볼 수 있는 정자 삼상대와 솔바람으로 몸을 씻는다는 풍욕대가 솔밭 속에 덩실하다.

작지만 쓸모 있고 아름다운 풍광과 계절이 분명한 우리 땅. 이 땅에서 수백 년 동안 조상의 문화유산과 그 정신을 지키며 사는 종가 사람들이 있어 문화민족으로 한층 긍지를 갖게 된다. 하지만 종가는 이제 서서히 문을 내리고 있다. 옛집을 지키는 노인 세대가 세상을 떠나면 생업과 자녀교육 문제로 젊은 후손들이 도시생활을 접고 고향으로 돌아가기 힘들기 때문이다. 그들이 고택을 등지면 우리의 전통 생활문화는 물론 목조건물인 고옥도 퇴락하고 마니 안타까운 일이 아닐 수 없다.

다행스럽게도 고옥을 관광자원화하려는 움직임이 곳곳에서 일고 있는데, 종가 자체를 박물관으로 만든 종가가 있다. 경기도 광명시 소화동, 조선시대 청백리로 이름 높은 오리 이원익(梧里 李元翼, 1547~1634) 선생의 370년 된 종가. 그곳에 '충현박물관'이란 현판이 걸렸다.

선조부터 인조까지 3대에 걸쳐 40년 동안 재상을 지냈지만, 두 칸짜리 오두막에 살았던 청렴한 관리의 표상 같은 집 '관감당'은 그 자체가 황폐해진 정신문화를 살찌울 수 있는 박물관이다. 서울 근교에서는 좀처럼 보기 드문 4대부 종가인 데다 누구나 찾아가 시간의 향기를 맡을 수 있다는 점이 더욱 눈길을 끈다. 종가를 박물관으로 태어나게 한 13대 종손 이승규(취재 당시 65세, 연세대 의대 소아심장과) 교수와 박물관장으로 취임한 종부 함금자(취재 당시 65세) 씨가 그곳을 지키고 있다.

서울 지하철 6호선을 타고 철산역에 내려 택시로 10여 분 거리에 '충현박물관'이 있다. 서울과 인접한 광명시 역시 도시개발이 활발해서 종가 둘레에 있었던 박넝쿨 늘어진 정취로운 초가는 흔적도 없다. 그 자리에 연립주택들이 빼곡히 들어서 골 깊은 기와지붕의 종가는 도시 속의 섬처럼 떠 있었다. 하지만 광명시 곳곳에는 건물과 상점의 이름뿐 아니라 도로 이름까지 '오리길'로 되어 있어 오리정승의 명성을 알 수 있었다.

박물관 매표소는 종가의 솟을대문이다. 숙종 때 나라에서 내린 현판 '충현서원'이 걸린 양반집 높은 대문을 밀치고 들어가는 느낌 또한 아파트 철문만 열던 사람들에게는 색다른 경험이 될 성싶다. 오리정승이 은퇴한 다음 인조가 하사한 일자형 건물 관감당을 중심으로 영정을 모신 오리영우(梧里影宇)가 사당 대신 있다. 조상의 정신을 길이 기리기 위해선 어느 정도의 재물이 필요하다고 생각한 후손이 세운 안채는 20세기 초 경기지역 상류주택의 모습을 엿볼 수 있는 중요한 자료로 지정되어 있다. 종손 내외가 신혼생활을 했던 그 옛집 우물터는 돌벽을 쌓고 수도꼭지를 달아 틀기만 하면 시원한 물이 쏟아진다. 부엌 세간이며 안방의 머릿장, 종손의 할아버지가 그 할아버지 무릎에 앉아 돌 사진을 찍었던 100년 전 흑백 사진이 고택의 운치를 더해주고 있다.

관감정 뒤 충현서원 터에는 건물 대신 푸른 잔디가 깔려 있다. 잔디를 지나 계단을 오르면 하늘 가득 광활하게 흘러가는 구름의 장관을 볼 수 있는 정자 삼상대(三相臺)와 솔바람으로 목욕한다는 풍욕대(風浴坮)가 솔밭 속에 덩실하게 자리 잡았다. 이 정자들은 표석(標石)에 따라 복원된 건물이라 마음 놓고 시회나 차회를 즐겨도 될 듯싶게 튼실하게 지어졌다. 오리정승이 심었을 것으로 추정되는 400년 된 측백나무가 아직도 왕성한 잎새를 드리운 채 서 있다. 그 잎새 그늘 널찍한 바위에 걸터앉아 가야금을 뜯었다는 탄금암(彈琴岩)도 그냥 지나치기엔 아깝다. 종택과 마주 보는 곳에 새로 지은 2층짜리 한옥이 박물관이다.

오사모(烏紗帽)에 야청색 단령(團領)을 입고 오른손엔 부채를 들고, 왼손은 관대를 만지는 선생의 영정이 유리관에서 빛을 발한다. 나라에서 하사한 편액과 눈길을 끈 선생의 자작시 외에 만고의 충신 정몽주의 시를 여러 수 옮겨 적은 점도 이채로웠다. 먼저 세상 떠난 부인을 그리워하는 애절한 시 한 수도 가슴을 찡하게 했다. 자식들에게 내린 유언과 손자에게 보내는 당부의 글들을 보니 오리대감이 매우 자상하고 가정적인 분이었겠구나 싶다.

청렴한 관리의
표상과도
같은 종가가
'충현박물관'으로
새롭게 태어났다.

아래층 전시장은 누대에 걸친 종부들의 손때 묻은 세간살이로 가득하다.

종가에서 조상 족적 다음으로 애지중지 여기는 기물이 제기(祭器)다. 여름에는 백자(白磁) 제기, 겨울에는 유기(鍮器)를 썼으며 목기(木器)는 마른 제물을 담거나 묘제 때 사용했다고 구분되어 있다. 계절에 따라 다른 제기를 사용하기란 웬만한 종가에서는 어림없는 일이다. 종손의 10대조 할아버지께서는 이 일대가 전부 종가터였을 만큼 큰 재산을 모았다. 종손이 다녔던 서면초등학교도 그분이 세웠다.

주발 위에 스테인리스를 덧입힌 모습도 눈에 띄었다. 한때는 변질이 잘되는 유기보다 닦지 않아도 언제나 반질거리는 스테인리스 그릇을 선호했던 시절이 있었다. 값비싸고 귀한 유기 제기를 간수하기 힘들다는 명분으로 고물상에게 넘기고 스테인리스 제기로 바꾼 어이없는 일들을, 그동안 여러 종가에서 수없이 보아왔다. 제기를 넣는 '제기지함'도 있었다.

며느리를 볼 때 혼수품을 넣어줬던 함, 할머니가 시집올 때 가지고 온

2층장, 바느질 마름할 때 쓰였던 작은 인두와 화로 등 정감 있는 세간들이 발길을 머물게 했다. 구한말의 앙증맞은 찻잔도 종부가 차를 배우게 된 동기가 되었단다. 전시장 입구에 있는 세상에서 하나뿐인 희귀한 돌 풍로와 돌확, 엄전하게 생긴 돌절구 등 석물들도 시대별로 볼거리다. 600여 점의 전시품은 오리정승 때부터 지금에 이르기까지 가문의 쇠락과 융성을 함께했던 삶이 녹아 있는 물건들이어서 박물관을 만들기 위해 구입한 물건들과는 차원이 다르다.

◀ 계절에 따라 제기의 종류가 다르다. 여름에는 도자기 제기를 쓴다.

▲ 겨울에는 유기 제기를 쓴다.

▶ 묘제에는 목기 제기를 쓴다.

여기 전시된 유물들은 참으로 많은 사연을 안고 있을 것이다. 일인들의 탐욕스런 눈길을 피해야 했고, 한국동란의 불길도 비켜가야만 했다. 그 와중에도 조상의 유물을 목숨처럼 소중히 여겼던 후손들의 지극한 정성이 아니었다며 한줌의 재로 변했을 우리 모두의 문화유산이다. 종가가 박물관으로 거듭나게 된 동기를 종손은 이렇게 말했다.

"세월이 흐르면서 유품들이 도난, 손실된 경우도 생기고, 개인이 관리하기에는 무리가 있어 박물관을 설립하기로 했습니다. 정년퇴직한 다음에 이곳에 머물면서 오리정승 묘소 등 이 일대 약 2만 5000평에 테마별 박물관을 만들 예정이고, 관련된 연구사업도 할 계획입니다."

선조의 유언에 따라 만든 가족 납골묘

박물관에서 10분 거리에는 오리정승의 신도비와 묘역이 있다. 정경부인 영일 정씨와 쌍분인 묘소 앞으로는 상석과 향로석, 장명등, 문인석, 망주석 등이 갖추어져 조선 중기의 장묘문화를 한눈에 볼 수 있게 했다. 그 앞으로 30여 년 전 종손이 여러 곳에 흩어져 있는 선조의 묘를 이장해 가족 납골묘를 만들었다. 납골함을 땅에 묻고 봉분 없이 평묘를 만들어 그 앞으로 비석을 세웠다.

할머니가 시집올 때
가지고 온 이층장과
삼층장, 쓰임에
따라 모양이 다른
돌절구와 맷돌,
바느질 마름할 때
쓰는 작은 인두와
화로 등 정감 있는
세간들이 발길을
머물게 했다.

종손은 좁은 국토에 봉분이 있는 묘는 오래 가지 않을 것이며 특히 멀리 있는 선조 묘를 찾아 벌초할 자식들의 짐을 덜어주기 위함이라고 했다. 조상의 묘를 파면 집안에 괴변이 일어날 것처럼 반대했던 문중 어른들도 지금은 종손의 결단을 따르고 있다.

종손의 생각은 370년 전 오리정승의 유언에 따른 것이다. 오리정승은 미래를 예감한 듯 세상을 뜨기 4년 전인 1630년에 아들 의전과 손자 수약에게 가족묘를 만들도록 유서를 남겨놓았다.

첫째, 내가 죽거든 절대 후하게 장사지내지 말고 단지 수의와 연금으로 시신을 싸고 외관이 있거든 석회를 쓰지 말고 석회가 있거든 외관을 쓰지 말 것이며 장지를 택하지 말고 금기(禁忌)에 구애되지 말고 선영 내의 본래 정한 곳에 입장하도록 하라.

흩어져 있던 선조들의 묘를 이장한 가족 납골당. 종손 이승규 교수.

둘째, 초상 때부터 소상, 대상, 담제에 이르기까지 이후라도 일체 무당과 불가의 행사를 쓰지 말고 삼년상이나 기제에는 선조께서 소찬으로 차릴 것을 따르도록 하라

셋째, 지관의 말은 믿을 수가 없다. 지술(地術)에 현혹되지 말고 한곳에 장사하여 자손 대대로 찾아보는 데 처소를 잃지 않도록 하라.

넷째, 시제와 속절의 묘제 제물은 단지 정결히 할 뿐 풍성하게 사치하지 말도록 하고 10여 접시에 거치도록 하라.

두 칸짜리 초가도 넉넉히 여겼던 오리정승

호가 오리인 이원익 선생은 조선조 3대 왕인 태종의 12번째 아들 익령군의 5대손으로 출생했다. 22세에 별시문과에 급제한 후 6번이나 영의정을 지냈던 인물이다.

임진왜란 당시에는 왜군과 싸워 전공을 세웠고 그 공으로 완평부원군에 봉해졌다. 안주목사 시절에는 굶주린 백성을 구하고, 1608년에는 대동법을 시행토록 해 백성들의 조세부담을 덜어주었고, 상공업의 발달을 촉진시켜 국가경제를 윤택하게 했던 공적이 많다. 무엇보다 스스로 본보기가 되는 삶

을 살아 선조 때는 청백리에 녹선되기도 했다. 하지만 세상사에는 음양이 있게 마련이다. 광해군 때는 대비폐위론을 반대하다 홍천으로 유배를 가기도 했다. 1623년 인조반정으로 사면되면서 다시 영의정에 올라 민심 수습에 큰 공을 세운 후 관직에서 물러나 종가에서 88세로 세상을 떴다. 문충(文忠)이란 시호(諡號)가 후손들에게 내려졌다.

청렴의 상징으로 추앙받는 선생은 일화가 많다. 관직에서 물러난 지 얼마 후, 인조 임금이 승지 강홍중을 보내 오리정승을 문안했다. 그때가 1631년 1월 10일이다.

"두 칸 초가가 겨우 무릎을 들일 수 있는데 낮고 좁아서 모양을 이루지 못하며 무너지고 허술하여 비바람을 가리지 못합니다."

빈집을 둘러보고 간 승지의 보고를 들은 임금은 이렇게 명을 내렸다.

"재상이 된 지 40년인데 두어 칸 초가는 비바람을 가리지 못하니 청렴하고 결백하며 가난을 만족하는 것은 고금에 없는 일이다. 내가 이 공을 평생에 존경하고 사모하는 것은 그 공로와 덕행뿐이 아니다. 청렴하고 간결함은 모든 관료가 스승 삼아 본받을 바이니, 그 도를 지켜 정당(正堂)을 짓고 또 호조를 시켜 흰 명주 이불과 요를 내려주어 그 숭상하는 것을 성취하도록 하라."

그러자 오리대감은 "임금님의 뜻은 알겠으나 집을 짓게 되어 백성이 고달프고 힘들면 임금을 원망하게 되니 부디 하교를 거두어달라"는 상소문을 올렸다. 그러나 임금의 고집을 꺾지는 못하는 법. 결국 그해 5월 '모든 신하는 오리정승의 청렴을 본받으라'는 뜻이 담긴 '관감당'이란 당호를 새집에 걸었다. 선생은 그 집에서 4년 동안 살다가 세상을 떠났다.

종부의 세련되고 멋있는 기품

매미 소리가 극성스레 울어대는 종가 뜰에서 종부를 만났다. 우리 나이로 65세라는 종부는 아무리 봐도 그리 보이지 않았다. 전통적인 종부상과는 달리 세련되고 멋있는 모습이었다. 하지만 악수를 하면서 만져본 두툼하면서도 마디 굵은 손가락은 영락없는 종부의 손이었다.

연세대학교 간호학과에서는 영특한 종부를 장래 교수로 지목해 조교를 맡기기도 했다. 그러나 같은 학교 의과대학생인 종손과 사귀다가 졸업한 지 2년 후 혼인을 하면서 교수의 꿈은 접어야 했다. 소아과를 전공한 종손은 아이들은 어머니 손에서 키워야 한다는 신념이 확고했다. 게다가 신혼생활은

한사코 종가에서 해야겠다는 의사를 존중하다 보니 넓은 집안일과 제사며 종가의 대소사로 힘든 시절을 보냈다. 당시에는 대학 나온 여자들이 많지 않아 혹시 오해라도 받을까 봐 솔선수범으로 억척스레 일을 했다. 처음 시집왔을 때는 연세 높은 시왕대고모님 한 분과 대모들뿐이었다. 종손이 4대째 외동이어서 가까운 친척도 형제분도 없었다. 그러나 오리정승 이후 집성촌을 이루던 마을이라 벌족한 집안사람은 많아 행동 하나도 조심스럽기만 했다.

　종부는 첫 아들 낳고 자기만큼 산후조리를 잘한 사람은 흔치 않을 거라 했다. 시왕대고모님께서 직접 산모가 먹을 밥과 국을 끓였는데, 한겨울인데도 찬 우물에 미역을 씻었다. 따스한 물에 씻으면 단맛이 빠져나가기 때문이다. 농사지은 쌀은 따로 뒀다가 티 하나 없이 가려내 먹기 직전에 밥을 지어 김이 모락모락 날 때 먹도록 했다. 자손이 귀한 친정에 아들을 낳아준 새댁이 고맙고 귀하기만 했던 것이다. 두 번째는 아들 쌍둥이를 낳았고, 막내까지 아들을 뒀으니 자손 귀한 종가에는 더 이상 경사가 없었다. 아이들 백일과 돌상도 왕대고모님께서 차려주셨는데 아홉 가지 고명 묻힌 경단이 올라왔다. 찹쌀이 귀한 때였고 아홉 가지 고명은 더더욱 귀했지만 넓은 종가 터에 조금씩 농사지은 것으로 만들었다.

　그래서인지 셋째 아들 말고는 모두 아버지의 뒤를 이어 의사가 되었다. 왕대고모의 솜씨와 행실을 배우고 익힌 종부는 손자·손녀 여섯 명의 백일 때마다 언제나 아홉 가지 경단을 만들었다.

안채 부엌 앞에 있는 우물과 장독대가 정겹다. 우물에는 지금도 달콤한 물이 흐른다.

세월이 변해도 바뀌지 않는 종부의 넉넉한 마음

종부는 2003년 10월 박물관 개관식 때, 500여 명의 손님을 손수 만든 음식으로 대접했다. 매실주와 포도주 앵주주, 모과주, 사과주 등 집에서 만든 가양주에다 안주는 종가에서 수확한 밤과 감으로 했다. 밤은 겉껍질과 속껍질을 벗긴 후 생밤 그대로 설탕물에 살짝 담가 변하지 않도록 했다. 떫은 감은 꼭지 부분을 소주에 담갔다가 오지항아리에 담아 24시간이 지나면 달콤하게 익는다. 큰 함지에 붉은 감과 흰 밤을 내놓아 손님들에게 고향의 향수를 느끼게 했다.

밥반찬으로 북어를 90마리나 찜을 했다. 대고모님께서 종부의 북어찜 솜씨를 칭찬해주셨기에 더 자신 있는 음식이다. 흐르는 물에 북어를 씻어서 비닐봉지에 넣어 냉장고에 하루 정도 둔다. 물기가 촉촉한 북어를 머리와 꼬리를 떼어내고 먹기 좋은 크기로 손질한다. 외간장에 정종과 고추장, 고춧가루, 찹쌀가루, 마늘즙, 양파즙, 배즙, 물엿과 설탕을 넣는다. 거기다 식용유와 참기름, 통깨와 후춧가루를 섞어 양념장을 만든 후 손질한 북어에 골고루 바른 다음 하루 정도 냉장고에 넣었다가 구워낸다. 종가 뒤뜰에 심었던 늙은 호박을 썰어 말렸다가 만든 호박차시루떡은 별미여서 두고두고 인사를 들었다.

종가를 찾았을 때는 한참 이사 중이었다. 고택 앞으로 4층짜리 건물을 지어 아래층에는 네 아들을 살게 하고 맨 위층에는 종손과 종부가 살도록 설계했다. 남편 학교 가까운 곳에 있는 집에 살며 주말마다 종가에 와서 집을 돌보았는데, 내년이면 종손이 정년퇴직을 하고 옛집으로 아주 돌아올 생각이라고 한다. 그래서 고택은 박물관이나 사랑채로 쓸 생각이다. 종가 대문에는 종손의 이름 아래로 아들과 손자 이름까지 문패를 달아 미래가 준비된 종가임을 알려주고 있었다.

99세까지 장수하기를 기원하는 백일상의 아홉 가지 경단

아홉 가지 경단을 정성껏 만들어 백일상에 올리는 것은 아기가 99세까지 장수하기를 염원하는 뜻이다. 땅에서 나는 아홉 가지 곡식 모두를 언제나 취할 수 있는 귀한 몸으로 자라기를 바라는 할머니의 애틋한 마음이 담긴 것이다. 전국적으로 알려져 있는, 붉은 팥고물을 무친 차수수경단을 백일날에 시작하여 열 살이 되는 생일날까지 해주어야 액을 면할 수 있다는 것과 같은 의미다.

종손의 이름 아래
아들과 손자
이름까지 문패를
달아놓은 모습에서
종가의 밝은 미래를
보는 듯하다.

1. 찹쌀을 씻어 다섯 시간 정도 불린 후 물기를 빼고 소금 간을 한 다음 가루로 만든다.
2. 밤은 하루 전 겉껍질과 속껍질을 벗겨 설탕물에 담갔다가 다음 날 곱게 채친다.
3. 대추는 씻어 물기를 닦아 씨를 돌려가며 얇게 포를 뜬 후 곱게 채친다.
4. 흰깨는 씻어 일어 바가지에 담아 비벼 껍질을 벗겨낸 후 실깨를 만든 다음 타지 않게 볶는다.
5. 흑임자도 씻어 일어 물기를 빼고 볶아둔다.
6. 잣은 뾰족한 쪽의 고깔을 뗀 후 도마 위에 백지를 겹쳐서 깔고 잣을 놓아 곱게 다져놓는다.
7. 밤은 삶아서 껍질을 벗기고 으깬 다음 체에 내려둔다.
8. 푸른 콩을 씻어 볶은 후 가루를 만들어 사용하는데, 이날은 노란 콩가루에 가루차를 섞어 푸른 고물을 만들었다.
9. 거피팥앙금가루는 팥을 오래 푹 삶아서 으깬 다음 체에 내려 베 보자기에 싸서 돌로 눌러 앙금을 만들어 뭉근한 불에 살짝 볶아둔다.
10. 찹쌀가루는 익반죽하여 경단을 하기에 알맞은 크기로 떼어낸 후 둥글게 만든다. 속에 소가 들어가지 않아 아주 작고 둥글게 만들어야 한다. 이때 반죽을 알맞게 해야 뜨거운 물에 삶아도 처지거나 단단하지 않다.
11. 경단을 끓는 물에 넣어 떠오르면 건져서 찬물에 재빨리 헹궈 식힌 후 물기를 뺀다.
12. 준비한 고물에는 소금과 설탕으로 간을 해서 쟁반에 놓고 삶아낸 경단에 각각의 고물을 묻힌다.

어사라 하면 으레 조선 영조 때 인물 박문수(朴文秀, 1691~1756) 선생이 떠오른다. "암행어사 출두야!" 하고 외치며 탐관오리를 몰아낸 그의 일화는 영화나 드라마로 만들어져 세인들에게 익숙하다. 긴 세월 동안 그의 후손들이 어떻게 살고 있는지 궁금했다. 수소문 끝에 선생의 종갓집을 찾아봤다. 찾아간 날은 마침 제삿날이었다. 제상을 보니 놀랍게도 떡이 오르지 않았다. 나라에 공이 많아 임금으로부터 영원히 제사를 지내도록 한 박어사의 불천지위(不遷之位) 큰 제사가 아니던가.

　전국을 돌며 암행을 하던 터라 정착된 생활을 할 수 없었던 박어사는 다른 종가와 달리 세거지가 없었다. 그래서인지 일족이 사는 종가마을도 없다. 박어사가 누운 묘소 아래 지어진 재실(齋室, 제사 모시는 공간)에 그 후손들이 살고 있을 뿐이다. 유관순이 3·1만세를 불렀던 아우내 장터의 이웃마을, 천안시 북면 은지리가 그곳이다.

　종손은 세상을 떠났고 더 이상 종가를 지켜갈 종손이 없는지라, 아우 박용기(취재 당시 70세) 씨가 박어사의 기일에 조촐하고 소박한 제사상을 차리고 있었다.

　종가에는 박어사와 그 후손들이 남긴 자취들을 보관하는 유물관이 있다. 어사의 상징인 마패(馬牌)와 보물로 지정된 박어사의 초상화, 당시에 사용했던 지도와 문집 등은 몇 수레가 됨직했다.

　거기서 너무나 귀한 자료를 보고 흥분을 감출 수 없었다. 박어사의 증손이며 헌종 때 암행어사였던 박영보(朴永輔, 1808~1873)의 차시(茶詩) 8수였다. "세끼의 밥과 일곱 사발의 차를 마시다가 그만 '다벽(茶癖)'에 걸렸다"는 차 향기 물씬 풍기는 시였다.

'하늘 아래 가장 살기 좋은 곳' 천안의 지명은 천하대안(天下大安)에서 따온 말이라 한다. 하지만 천안시의 역사를 살펴보면 그리 살기 좋은 곳만은 아니었다. '천안이 잠잠해야 세상이 편안하다'고 할 만큼 애환을 겪었다. 경부고속도로와 국도가 지나가고, 경부선·호남선·장항선 열차도 통과하는 교통의 중심지여서 수많은 전쟁을 비켜 갈 수 없었기 때문이다.

종가는 독립기념관 톨게이트를 지나 병천 순대로 이름난 쪽으로 1킬로미터를 더 들어가면 상동리가 나오고 오른편에 '박어사 묘소'라는 이정표가 서 있다. 그 길을 따라 푸른 들판이 이어지는 논둑길을 지나면 허리 굽은 노목들이 줄지어 서 있어 범상치 않은 마을임이 느껴진다. 그 마을 가장 깊숙한 숲속에 박문수 어사의 종가가 묻혀 있다. 이 마을에 사는 박어사의 친척들은 몇 집 되지 않았다.

대문 초입에는 500세가 넘었다는 느티나무가 짙은 녹음을 드리우고 있고 그 아래에는 연못도 있다. 옛집에는 화재를 대비해 반드시 연못을 만들었는데 이 댁도 예외는 아니다. 눈길을 사로잡는 우물가에 선 빨갛게 농익은 앵두나무가 정취를 더해준다. 돌담에 둘러싸인 종가 건물은 보통 양반네들처럼 고대광실이 아니다.

묘 가까운 곳에 앞에서 제사를 지내기 위해 지어진 재실이긴 하지만 조촐하게나마 규모는 갖추었다. 팔작지붕의 안채는 목조 건물로 7칸의 'ㄱ'자 집이다. 대문과 연결된 사랑채는 5칸으로 한 '일'자로 앉혔다. 대문을 들어서면 왼편에 충헌사(忠憲祠)라는 현판이 걸린 사당도 있다. 일반적인 사당 형식

58

◀ 박어사의 영정.

▶ 조선시대 신분을 나타내는 호패.

이 아니라 제관들이 휴식하는 공간처럼 지어졌다. 오른쪽 방에는 박어사와 자손들의 신주를 모셨고, 가운데는 박어사의 초상화가 크게 걸린 재청이 있다. 그다음 방은 종가의 유물을 보관하는 곳으로, 240여 년 전 박어사가 사용했던 지도며, 편지, 박영보가 평안도 벽동군의 어사로 나갔을 때 기록한 일기인 『수부기정(繡斧記程)』 등의 전적과 마패가 있다.

조선시대 지방관원들의 치적과 민생을 살피기 위해 왕명으로 파견된 특사를 암행어사라 한다. 암행어사로 임명되면 의정부에서 마패를 지급받는다. 마패는 재료에 따라 목조마패, 철제마패, 동제마패로 구분하는데 종가에는 철제마패가 있었다. 또 관리들의 품계에 따라 3마패, 5마패 등 말의 필수를 새겨 넣어 역마 이용을 통제하기도 했다. 종가에는 한 마리부터 다섯 마리의 말이 그려진 마패가 있었다.

한데 대문 밖에는 몇 년 전 시에서 지어준 유물관이 텅 빈 채 서 있었다. 시멘트 건물이라 공기와 습도 조절이 제대로 되지 않아 서책 등이 습기로 훼손되자 유물을 옮겼던 것이다. 생각 없이 짓기만 하고 관리를 하지 않은 유령같은 건물이 고즈넉한 고택의 운치를 되레 망가뜨리고 있었다.

박정희 대통령 시절 천안의 모 재벌이 종가의 담을 허물고 새롭게 보수하고서 요란스럽게 사진을 찍어 갔다고 한다. 마침 봄철이라 깨끗이 보수한 담과 아름답게 피어난 꽃들, 푸른 나무들만으로도 종가의 풍경은 아름다웠다. 그러나 그것은 고령 박씨인 박정희 전 대통령에게 보여주기 위한 사진이었다. 급작스레 보수한 담은 일 년도 되지 않아 무너져 내렸다. 이뿐 아니라 오래된 건물이라 몸체가 기우는데도 몸체를 바로 세우지 않고 무거운 기와만 바꿔 올려서 몸체는 점점 더 기울고 있다. 종가를 지키는 박용기 씨는 문화재를 보수하는 것이 아니라 오히려 훼손하려 드는 게 싫어 자신의 돈으로, 자신의 손으로 조금씩 보수해가고 있었다.

◀ 박어사가 남긴 서간문들.

▶ 충헌공의 후손 박영보가 청나라 사신으로 갈 때 가져간 중국도와 천하도.

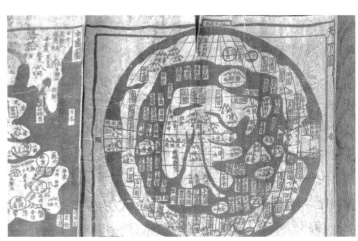

더 이상 지켜갈 종손이 없다

종가에는 박어사의 8대손이 살고 있었다. 종손은 10여 년 전 세상을 떠났고 다음 종손은 종가를 지키지 못할 사정이라, 종손의 둘째 아우 박용기 씨가 제사를 모시고 유물을 간수하는 일 등을 맡고 있다. 셋째 아우는 종갓집을 지킨다. 종가의 실질적인 종손 박용기 씨는 공직에서 정년퇴임하고 30여 년 붓을 놓지 않은 서예작가이다.

　"종손인 형님은 오래전 부모님보다 먼저 세상을 떠났습니다. 부모님이 살아 계시니 그 후에도 종가를 보살필 수 있었지요. 10여 년 전 돌아가신 어머님께서는 종가의 앞날이 걱정돼 '내가 세상을 떠나면 누가 사당을 지키겠느냐'며 이제 그만 사당을 철폐하라고 하셨지만 우리 형제가 살아 있는 한 그렇게 할 수는 없었습니다. 그래서 이렇게 간소하게나마 박어사의 제례를 모시고 있습니다."

　박용기 씨는 형님 대신 제사를 모시니 종손이 될 수 없고 다만 제사를

60

묘 가까운 곳에 제사를 지내기 위해 지어진 재실이 종가가 되었기 때문에 솟을대문에 이어서 지어진 건물이 사랑채가 됐다.

모시는 봉사손(奉祀孫)이라 했다. 그는 명문가의 자손답게 붓글씨로『천자문』을 직접 써서 손자들의 돌상에 올려주는 전통과 멋을 아는 분이었다. 예전에는 귀한 자손의 돌상에 천 사람에게『천자문』을 얻어 책을 만들어 올려주는 풍습이 있었지만, 글을 하는 집에서는 할아버지가 직접 썼다며 붓글씨를 쓰면서 가장 보람 있었던 일이라 했다.

"이제 내 대에서 모두 정리하려고 합니다. 보물로 지정된 박어사의 영정은 중앙박물관에 기증하고 나머지는 천안시에서 박물관을 짓는다니 거기에 기증할 예정입니다. 제사는 문중에서 지내도록 하고 집은 비워놓으면 쓰러질 것이니 문장에 밝은 분들이 살았던 집이라 '문학관'으로 쓰였으면 해요. 모르긴 합니다만 젊은 사람들이 옛집을 지키면서 종손 노릇을 하겠습니까?"

이렇듯 종가를 지켜갈 수 없는 안타까운 현실을 가슴 아파 했다.

"박어사께서는 외가에서 출생하셨어요. 그리고 서울에서 세상을 버렸기 때문에 정착된 생활을 할 수 없었던 것 같아요."

종가가 되어버린 이 재실과 묘소는 영조 때 이인좌(李麟佐)의 반란을 평정한 공로로 하사받은 땅이라 했다. 선생의 후손들도 벼슬이 끊어지지 않아 대궐이 가까운 서울생활을 했다. 그 때문에 지금의 재실에서 종가 살림을 하게 된 것은 박용기 씨의 증조부 때부터다.

"구한말 이조참판이었던 증조부께서는 나라가 기울자 조상의 산소나 지키겠다며 벼슬을 버리고 은둔하면서 종갓집이 된 셈입니다."

박어사의 묘소는 종가에서 산길 따라 40분을 오르는 산 정상에 있었다.

떡　대　신　밤　을　삶　아　카　스　텔　라　처　럼

지난 6월 10일 음력으로 4월 24일. 별들이 초롱초롱 빛나는 초여름, 개구리 울음이 제례악인 양 울어대는 밤 12시(子時)였다. 250여 년 전 세상을 떠난 암행어사 박문수 선생 부부의 영혼은 그의 후손들이 차려놓은 제사상 앞에 내려앉았다. 향을 피워 하늘의 신령이 내려오기를 기원하는 분향(焚香)과 모사에 술을 붓는 강신(降神) 순서로 이어졌다.

'어서 오십시오'라는 의미로 후손들의 절을 받고 이어 봉사손 박용기 씨가 올리는 첫 술잔을 받았다. 안주는 닭고기였다. 그리고 할아버지 기일이 돌아와 후손들이 정성껏 차린 음식을 많이 흠향하시라는 뜻의 축문(祝文)을 들은 다음 두 번째 잔을 받는다. 안주는 육고기였다. 마지막 술잔을 마신 후 어적인 명태찜을 들었다. 이렇게 석 잔의 술잔을 받고서도 후손들이 직접 따르는 첨작(添酌)을 받은 다음 밥과 국을 먹는다. 입가심으로 숭늉과 후식으로 과일을 잡수시면서 잠시 할머니와 담소를 나누라는 뜻으로 문을 닫는 합문이 있었는데, 백지 병풍으로 제상을 가리는 형식을 취했다. 3분 정도 후손들은 돌아앉아 부복하고 있다가 개문(開門)의 순서가 이어진다. 수저를 내리고 밥주발 뚜껑을 덮은 후 제관 모두 안녕히 가시라는 마지막 절을 받고서 박어사의 영혼은 신주에 깃들어 사당으로 돌아간다.

산 자와 죽은 자의 만남은 이로써 끝나고, 후손들은 조상이 마셨던 술잔을 내려 음복하면서 훌륭했던 선대의 얼을 새긴다. 그리고 그분의 후손임을 영광스러워했다. 희다 못해 푸른 빛이 감도는 도포와 머리에 유건을 쓴 제관은 모두 일곱 분이었다.

종가는 대대로 자손이 귀했다. 박어사 자신이 정부인한테 자손이 없자 형님의 아들로 대를 이었다. 이후에도 독자로만 이어져와 친척이 없다.

제사를 마친 종손께 떡이 오르지 않는 이유를 물었다.

"제 기억으로는 박어사의 제상에는 떡이 오르지 않았습니다. 떡 대신 밤을 삶아 카스텔라처럼 만들어 올렸습니다. 지금은 만들 사람이 없어 올리지 못했는데, 어머니 때까지는 그랬습니다. 떡을 올리지 않는 특별한 이유는 들은 적이 없지만, 굶어 죽어가는 백성을 구제하는 데 힘쓴 박어사의 정신을 이어받은 것으로 짐작됩니다. 쌀을 낭비하지 않겠다는 의미겠죠."

그러면서 박용기 씨는 제사 음식과 형식에 너무 얽매이지 않는다고 했다. 노론, 소론의 치열한 당쟁으로 생겨났던 다양한 제사 모습을 굳이 이어받을 필요가 있겠냐는 것이다. 노론 집에서는 과일을 홍동백서(紅東白西)로 올리면 소론 집안에서는 조율이시(棗栗梨柿)로 올리는 당쟁의 부산물이 바로 집집마다 다른 제례의식으로 발전되어 왔다는 설명이었다.

"제사의 큰 줄기는 정신입니다. 조상을 기억하고 그로 인해 자신의 정체성을 확인할 수 있으며 친지들을 만나면서 핏줄을 확인하는 축제 같은 자리

1. 제사를 모시기 위해 신독문을 연다.
2. 첫 잔을 올린다.
3. 축을 읽는다.
4. 삽시정저.
5. 식사를 하실 동안 병풍을 두르고 제관들이
   돌아앉는다.
6. 신을 모시는 마지막 인사.
7. 신주를 다시 사당으로 모신다.

1

2

3

4

5

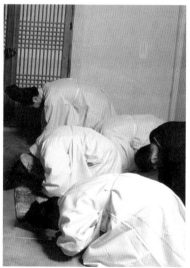

6

7

가 바로 제사가 아니겠습니까."

　이렇게 말하는 그의 형형한 눈빛이 그 옛날 암행어사 박문수와 닮았으리라는 생각이 문득 떠올랐다.

임금 앞에서도 고개를 숙이지 않은 암행어사

고령(高靈) 박씨의 시조는 신라 54대 경명왕(917~924)의 둘째 아들로, 신라의 초대 왕인 박혁거세의 후손들이다. 김씨와 이씨에 이어 세 번째로 많은 박씨는 다른 나라에서 비롯된 성씨가 아니라 우리나라 토성임을 자랑스레 여긴다. 연대가 오래되어 수많은 파가 형성되었고 그중에서 손꼽히는 파가 고령박씨다. 옛 가야 땅이었던 고령을 본관으로 삼은 것은 시조인 박언성(朴彦成)이 고령대군으로 봉해지면서였다.

　박문수는 조선 영조 때의 공신으로 자는 성보(成甫), 호는 기은(耆隱)이다. 그는 명문가의 자손으로 이조판서를 지낸 증조부와 청백리상을 받은 할아버지, 학문과 문장으로 이름 높았던 아버지 박항한(朴恒漢)의 둘째 아들로 태어났다. 여덟 살 때 아버지를 잃고 가세가 기울어 어머니 손에서 불행한 성장기를 보냈다. 외가에서 공부를 하고 22세에 문과에 급제한다. 영조 4년에 이인좌의 난이 일어나자 종사관으로서 이를 평정한 공으로 영성군(靈城君)이란 군호를 받는다. 이후 영남절도사로 있을 때는 관북의 수재를 미리 알고 영남 재민창고의 곡식을 보내 이재민을 구했으며, 그 은혜를 잊지 못한 군민들은 후에 함흥 만세교 옆에 만세불망비라는 송덕비를 세운다.

　구호품을 보내려면 고위층의 결제를 받아야 하는데, 조정하의 허락이 내려지기 전에 과감하게 양곡을 내려보내 많은

종손 대신 제주가 된 박용기 씨.

사람의 생명을 건졌다고 한다. 나중에 말썽이 나지 않겠느냐며 여럿이 만류했지만 눈치 보지 않고 소신대로 처리했던 것이다. 박어사는 특히 재정 분야에서 공을 세웠다. 호조판서로 있을 때, 기본 원칙도 없이 쓰이던 궁중의 경비를 일정한 원칙에 따라 지출토록 한 '탁지정례(度支定例)'를 만들었다. 평소 박어사의 바른 소리에 귀 기울였던 영조는 박어사가 항목별로 꼼꼼하게 정리한 궁중예산을 보고서 격려를 했다. '탁지정례'는 왕실재정 운영의 예산회계제도의 효시로 평가되고 있다.

박어사는 임금이 주재하는 조회 때에도 허리만 굽힐 뿐 고개를 쳐들고 임금을 바라보았다. 임금 앞에서 고개를 조아리는 데 길이 든 대신들은 이 같은 행동이 불손하다고 탄핵했다. 박어사는 반박했다.

"임금과 신하(君父)는 일체인데 우러러 얼굴을 마주하는 것이 옳습니다. 근래 아첨하는 무리들이 엎드려 고개를 들지 않는 것은 잘못된 것입니다."

이에 영조도 박어사 편을 들어주었다고 한다. 영조는 왕위에 있는 동안 박어사의 가장 큰 후원자였다. 비록 정승의 자리에는 오르지 못했지만 살얼음판 같은 40년 벼슬길에서 자신의 기량을 펼 수 있었던 것은 영조의 배려 때문이었다고 전한다.

66세로 파란만장한 생애를 마감하자 영조 임금은 "자고로 군신간에 마음을 알아줌이 어찌 나와 영성군(靈城君, 박문수의 군호) 같겠는가? 영성이 이미 죽었으니 누가 내 마음을 알아주겠는가? 정승을 시키려고 한 지가 오래이나 시속(時俗)이 기뻐하지 않기 때문에 이루지 못했다"며 제문을 지어 내리고 제관을 보내 제사를 지내게 하면서 시호(諡號, 나라에 공이 큰 신하가 죽은 뒤에 임금이 추증하던 이름)를 내리도록 명했다.

조정에서는 바른말을 잘하는 인물이라 하여 직간공(直諫公)으로 올렸지만, 영조가 이를 보고 껄껄 웃으며 충헌공(忠憲公)으로 고쳤다는 일화도 있다. 『춘향전』의 이도령이 바로 암행어사 박문수라는 일화도 전해온다.

하루에 세 번 밥 먹고 일곱 번 차를 마시다

종가 사랑채 방문 위에는 시서일가(詩書一架)라는 글씨가 판각된 현판이 걸려 있다. 조선 후기에 차시(茶詩) 100여 수를 남긴 차인이자, 시·서·화(詩書畵) 삼절로 이름 높은 자하 신위(紫霞 申緯, 1769~1845)가 짓고 써서 박어사의 현손인 박영보에게 준 글이다.

사랑채 방문 위에 있는
시서일가(詩書一架)라는
글씨는 차와 시를
좋아했던 자하 신위가
박어사의 현손인
박영보에게 준 글이다.

"나라에서는 선비가 많다지만 시와 글이 자네만큼 뛰어난 사람을 나는 아직 보지 못했네."

이렇듯 신위의 아낌없는 칭송을 받았던 박영보는 호가 금령(錦舲), 헌종 때 문신으로 박어사에 이어 암행어사를 역임했다. 문장에 뛰어난 그는 어사 시절 꼼꼼하게 일기를 썼는데 그 기록이 바로 『수부기정』이다. 이 책은 희귀 본으로 알려져 있다.

박용기 씨가 소장하고 있는 그의 문집 40여 권에는 차시 8수가 보인다. '남다산호령간초의선사수제차우덕(南茶産湖嶺間草衣禪師手製茶偶德)'이란 긴 제목의 차시와 초의선사가 만든 차를 받고 2수의 시를 지었다는 내용도 있다. 차가 사람을 기쁘게 하는 것이 금루(金縷, 관복을 장식하는 금식)나 옥대(玉帶, 벼슬아치들이 허리에 두르는 옥으로 만든 띠)와 같은 점이 있다, 좋은 차 한 잔 을 받아 마시고 20운의 긴 글을 지어 초의선사에게 보낸다고도 했다. 초의선 사에게 차박사라는 칭호를 쓰기도 했으며, 하루에 세 번 밥을 먹고 일곱 번 차를 마시니 차 마시는 버릇이 생겨났다고도 썼다. 찻병이 생길 정도로 차를 좋아했던 차인의 주옥 같은 시편이 아닐 수 없다. 다산, 초의, 추사, 자하와 더불어 조선 후기의 차인 한 분을 만난 듯하다. 드디어 청백리의 향기 간직한 차인의 종가를 찾은 것이다.

연안 김씨 만취당파
괴헌 김영 종가

조상의 유물 1만 점을
쾌척한 명가의 자긍심

1979년에 지어진
괴헌 고택은
역사적 가치를
인정받아 경상북도
민속자료 제65호로
지정되었다.
사랑채보다 기단을
높이 앉힌 안채 뒤
언덕에 조상의 집
사당이 있다.

수백 년 조상의 손때 묻은 소장품을 정성껏 돌보는 것도 어려운 일이지만, 그 유물이 값을 매길 수 없을 정도로 귀한 것이라면 엄청난 부의 유혹을 뿌리치는 것도 쉬운 일만은 아닐 성싶다.

그러던 차에 퇴계가 군주의 도리를 그림으로 설명한 『성학십도』 목판 등 수백 년 된 소장품 1만여 점을 아무 조건 없이 박물관에 기증했다는 아름다운 이야기가 들려 새해 첫걸음에 괴헌 종가를 찾았다. 달라진 세상에서도 사람의 도리를 다하는 접빈객 상차림의 내림음식도 맛보고 싶었다.

"우리 집안을 지켜오신 분은 제가 아니라 어머님이십니다. 취재를 하셔도 노모가 계실 때 해야 합니다. 저는 3년 전에 집으로 돌아왔기 때문에 들려드릴 이야기가 없습니다."

겨울나기엔 한옥이 추워 아파트에 사는 딸네로 피접을 떠나신 괴헌 고택 6대 종부 김영교(취재 당시 87세) 할머니가 계셔야 종가 이야기를 들을 수 있다며 한사코 나서기를 사양하는 7대 종손 김종국(취재 당시 63세) 씨를 어렵게 설득했다.

조선 정조 때 대과에 급제해 벼슬길에 있었던 괴헌 김영(槐軒 金嶸, 1765~1840) 선생 종가는 경북 영주시 이산면 두월리에 있다.

"경북 일대에서 이만한 유물을 소장한 종가는 흔치 않을 것입니다. 누대로 학문이 끊어지지 않은 집이지요. 특히 범절 있는 반가 음식을 지금까지 이어오는 종가는 이 댁이 유일하지 않을까 싶습니다."

영남 일대 수많은 종갓집 내력과 보학에 밝아 성균관 전학(典學)으로 있는 류일곤(취재 당시 58세) 씨가 괴헌 고택을 추천하면서 들려준 이야기다.

류씨의 말처럼 박물관도 아닌 한 집안에서 1톤 트럭 3대 분량이나 되는 막대한 유물을 그 많은 변란 중에 어떤 방법으로 지켜왔을까? 감정가가 30억 원이 넘는다는 유물을 아무 조건 없이 선뜻 박물관에 기증한 종손의 결정도 예사롭게 들리지 않았다.

학문이 끊어지지 않은 종가의 역사

종손은 꼿꼿한 자세의 선비 풍모가 느껴지는 분이었다. 바지저고리에 두루마기를 갖춰 입고 종가에서 20리 길을 마중 나와 있었다. 아파트 현관에서 고개만 내밀고 손님을 맞이하는 세상과는 다른 세상 사람이다. 먼 길 왔으니 집으로 가기 전 한숨 돌리자며 다방에서 차를 대접했다.

종손을 따라 산과 들을 굽이돌아 낙동강 원류인 내성천이 마을 앞으로 돌아 나가는 두월리 마을에 도착했다. 고적하게만 느껴질 듯도 한 겨울인데도 외려 푸근한 기운이 감도는 이 마을은 얼마 전까지만 해도 괴헌공의 후손들로 집성촌을 이루었다. 세상이 변한 지금은 마을을 지키는 종가와 기대고 의지할 친척 몇 집만 남았다고 한다.

1779년에 지어진 괴헌 고택은 역사적 가치를 인정받아 경상북도 민속자료 65호로 지정되었다. 솟을대문을 들어서면 사랑채가 나오고 사랑채보다 기단을 높여 앉힌 안채 뒤 언덕에 조상의 집 사당이 있다. 그러나 지금은 사당에 신주가 없다. 일제강점기와 전쟁 혼란기에는 신주를 유괴해 가는 나쁜 사람들이 많았다. 괴헌 종가도 그런 일을 당했는데, 종손의 조부께서는 신주 유괴범에게 비싼 값을 치르고 조상의 혼이 배인 신주를 찾아오셨다 한다. 그 후론 외진 사당보다 사람이 기거하는 사랑채가 안전하다며 사랑채 방 뒷벽 위쪽에 벽감을 만들어 신주를 옮겨 모셨다. 신주를 잃어버리면 조상을 잃는 것과 같기 때문이다.

1959년 사라호 태풍 때 행랑채와 정자 월은정(月隱亭)이 유실되었다. 지난봄 행랑채와 솟을대문을 복원하고 담도 새로 둘렀지만, 정자는 아직 복원하지 못한 채 현판만 사랑채에 걸려 있다.

괴헌 종가 안채를 살펴보면 대청마루와 마당이 무척 넓다. 그것은 생활수준이 높다는 의미다. 여름철의 휴식과 손님 접대뿐 아니라, 쌀뒤주를 놓아두고 조상의 제사를 받드는 공간으로도 쓰이는 대청, 선반에는 통영반, 나주반, 해주반, 호족반, 두레반 등 귀퉁이가 날아간 소반들이 가지런히 올려져 있어 손님이 많은 대갓집 모습을 보여준다. 다듬지 않은 자연석 그대로인 다

종손과 종부 내외.
종손에게선 꼿꼿한
자세의 선비 풍모가
느껴졌다.

들이와 방망이도 반질반질 세월의 때가 묻은 채 마루구석에 놓여져 있다. 양념을 가는 크고 작은 돌확들과 아궁이엔 아직도 무쇠솥이 걸려 있다. 쌓아 올린 장작더미는 보기만 해도 온돌방의 따스함이 느껴진다. 편리한 현대식 기구보다 불편하지만 옛 물건들이 익숙한 노종부가 안채의 주인임을 짐작하게 했다. 그러나 고방 문을 열면 현대식 화장실이 있고, 작은 방을 고쳐 싱크대를 들여놓아 편리함도 함께 갖췄다.

아들이 있음을 상징하는 남색 끝동에 남편을 상징하는 자주색 고름을 단 초록 저고리에 진회색 명주 치마를 곱게 입은 차종부 손은주(취재 당시 58세) 씨가 다과상을 사랑채로 내왔다. 젊었을 적 다도를 배웠다는 차종부는 키가 크고 선이 고운 분이다. 어머님이 안 계시니 손님 대접이 소홀하다며 육순을 바라보는 나이에도 품행이 새댁 같다.

종가 식구는 노종부와 종손 내외 그리고 종국 씨의 1남 1녀 중 아들은 외국에 나갔고 무용을 전공한 큰딸 희성(취재 당시 32) 씨 3대가 살고 있다.

상투 댕기 대들보에 매단 채 학문에 열중하다

정조 때 문과에 급제한 괴헌 김영 선생은 본이 연안(延安)이다. 고려 명종 때 국자감의 사문박사를 지낸 김선한을 시조로 조선 중종 때 좌의정인 김안로, 선조의 비인 인목대비 등을 배출한 명문대가다. 서울이 근거지지만 단종 때 일부가 영주로 내려왔다. 사육신인 성삼문 집안과 혼인한 탓에 가문을 지키기 위해서였다. 괴헌은 임진왜란 때 의병장을 지낸 만취당 김개국(晩翠堂 金蓋國, 1548~1603)의 후손이다.

걸출한 학자나 높은 벼슬을 한 인물은 없지만 학문만은 영남의 어느 유림보다 소중히 여기는 가문으로 근동에까지 소문이 났다. 괴헌 선생은 요를 깔고 잠들지 않았고, 상투와 대들보를 노끈으로 이어놓고 공부했다는 이야기도 전해진다. 괴헌 선생뿐 아니라 종손의 부친에 이르기까지 6대로 이어지는 유학의 세계는 많은 문집으로 남아 있다.

대대로 글 읽고 문장 짓는 낙으로 사신 선조들인지라 종가 유물 중엔 특히 고문서가 많다. 1500여 점의 고서를 담은 오동나무 궤짝만 50여 개나 된다. 퇴계 이황, 서애 유성룡, 학봉 김성일 등 영남의 이름난 유학자 120여 명과 교류한 서찰을 모아 책으로 만든 『간첩』도 12권이나 됐다. 퇴계 선생이 군주의 도리를 그림으로 설명한 『성학십도』 목판은 나라 안에서도 유일한 보물

소수박물관에 전시돼
있는 종가의 유물.
퇴계선생이 군주의
도리를 그림으로
설명한『성학십도』
병풍과 목판본.

이라 한다.

『성학십도』목판은 본래 영주시 휴천동에 자리했던 이산서원(伊山書院)에 있었다. 지방교육의 장으로는 최초라는 이산서원은 퇴계 선생이 강론했던 곳으로도 유명하다. 서원 이름도 퇴계 선생이 지었다. 퇴계 선생의 향취가 묻어 있는 그 서원은 훗날 대원군의 서원철폐령에 헐어버렸고 그곳에 있었던 『성학십도』는 우여곡절 끝에 종가에서 57년간 보관하게 된 것이라 한다.

이외에도 공신록, 교지, 과거시험 답안지 등의 문서와 임금이 문무과에 급제한 사람에게 내리는 종이꽃 어사화(御史花)와 신발 지팡이와 혁대, 갓 등 생활용품도 있다.

그 많은 유물을 연이은 사회적 격변 속에서 어떻게 고스란히 보존할 수 있었을까? 비밀은 고택의 독특한 가옥구조에 있었다. 안채 대청마루에는 사람이 다닐 정도의 높이로 다락이 있다. 사랑채에도 마찬가지로 이중 다락이 있다. 괴헌 선조는 산적들의 습격에 대비해 귀중품을 보관하고 사람을 숨기기 위해 그런 구조를 만들었다고 한다. 종손은 그 다락 덕에 문화재 역시 안전하게 보관되었다며 이렇게 덧붙였다.

"일본군이 사람을 찾으러 오면 다락에 숨겨주고 조마조마해하던 기억이 납니다. 일제강점기와 한국전쟁 때 사람 많이 살린 다락이지요."

대가 없이 내놓은 1만 여 점의 문화재

종손은 지난해 6월 문화재 전부를 영주시 순흥읍 소수박물관에 기증했다. 1톤 트럭 3대 분량에 시가 30억 원이다. 소수박물관은 '괴헌 고택 기증 유물'을 별도의 전시실을 만들어 1만 여 점 중 100여 점을 전시하고 있다. 박물관 전체 유물이 2만여 점이니 절반은 괴헌 고택에서 내놓은 셈이다. 유물 몇십 점만 있어도 개인 박물관을 만드는 시대에 어째서 그렇게 선뜻 내놓았을까 궁금했다.

"3년 전 사업을 정리하고 집으로 돌아와 하나하나 유물을 살펴보았습니다. 그리고 어떤 방법으로 훼손 없이 보관할 수 있을까 궁리했습니다. 그러다 전국에 있는 박물관을 답사해보기로 했지요. 그런데 중앙박물관 수장고를 보고 충격을 받았습니다. 서책 한 권도 오동나무 상자에 넣어 소중히 관리하는 모습을 보고 많은 생각을 했습니다."

아무리 정성을 다한다 해도 개인이 관리하는 것은 한계가 있을 것 같았다. 전문적으로 관리하는 박물관 수준에는 미치지 못할 것이라는 판단에 이르자 문중회의를 열었다. 집안 어른들은 무조건 종손의 뜻에 따르기로 했다. 그동안은 집안에 귀한 물건이 있음을 내색하지 않아 가까운 사람들도 그렇게 많은 유물이 있을 거라고 생각지 못했다. 하지만 이제 세상은 거울같이 투명해 혹여 도둑이라도 들면 안 된다는 생각에 이르자 결정이 편해졌다. 어느 박물관에 기증할 것인가가 문제였다.

유물을 보관했던 대청 위 다락. 그 덕에 크고 작은 변란 속에서도 문화재를 안전하게 보관할 수 있었다.

소문을 들은 서울의 여러 박물관에서 수차례 기증을 요청했지만, 조상의 손때 묻은 유물이 고향 밖으로 나가는 게 마음에 걸렸다. 거액을 주며 팔라는 사람도 있었지만 조상을 내다 파는 것과 같아 상상 못 할 일이었다.

소수박물관에는
'괴헌 고택 기증
유물'을 별도의
전시실을 만들어 1만
여 점 중 100여 점을
전시하고 있다.

문화에 급제한
사람에게 임금이
내리는 종이꽃
어사화.

종가의 유물 중엔
특히 서찰이 많다.
퇴계 이황, 서애
유성룡, 학봉 김성일
등 영남의 이름난
유학자 120여 명과
교류한 서찰을 모아
책으로 엮은 『간첩』
12권이 있다.

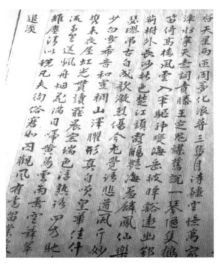

"그러다가 내가 죽을 때까지 영주에 살 것이고, 조상의 뼈가 영주에 묻혔으니 영주시의 자존심으로 내세우는 소수박물관에 기증을 해야겠다고 결정했습니다. 가까우니 언제라도 달려가 볼 수 있는 점도 좋았지요."

이렇게 말하는 종손의 표정에 자긍심이 넘쳐흘렀다.

소수박물관은 퇴계 선생과도 인연이 깊다. 1550년 퇴계 선생이 풍기군수 재임 당시 나라에 상소를 올려 '소수서원(紹修書院)'이라는 현판을 하사받았다. 처음으로 '사액서원(賜額書院)'이 된 것이다. 『성학십도』는 소수서원에 기증하는 것이 순리라는 생각이 들었다. 또한 별실을 따로 만들어 유물을 보관해주고 훼손된 부분을 복원해주기로 했다. 조상의 일기 등은 번역해서 청소년들에게 귀감이 되는 책으로 만들겠다는 약속도 해주었다.

유물을 실려 보내는 날 종손은 마음이 착잡했다. 한편으론 딸을 시집보내는 것처럼 시원섭섭했다고 한다. 그 많은 유물을 손상 없이 지금까지 지켜온 것은 바로 종손의 어머님이라 했다. 경북 봉화군 봉화읍 해저리 의성 김씨 가문에서 17세에 종가에 시집온 어머님은 올해로 유물을 지킨 지 꼭 70년이 된다. 친정은 13대로 연이어 벼슬을 한 명문 대가였고 독립운동가로도 포상을 받은 집안이다. 그 가문에서 보고 배운 안목을 지녔으니 조상의 것이라면 종이쪽지 하나 함부로 버리지 않는 보존벽이 있었다. 젊었을 적에는 그 유물이 종부의 삶에 정신적인 힘이 돼주었으리라. 평생 외박은커녕 마음 놓고 집을 비우지도 못하면서 혹여 습기에 상할세라 다락문을 열어 바람이 들게 했다.

하지만 애지중지했던 그 유물도 이제 세월을 못 이겨 허리 굽고 주름 잡힌 석양의 노종부로서는 힘에 겨웠다. 그리하여 많은 사람들에게 대접받는 곳으로 보내는 것이 오히려 짐을 더는 일일 것이라고 생각했다며, 이제 소수서원에는 『성학십도』를 취재하러 전국의 언론이 모여들고 있다고 자랑까지 대단하다.

동생들의 공부를 책임지다

종손은 초등학교 때부터 대학까지 서울서 공부를 했다. 집안 어른들이 장손에게 거는 기대가 컸던 탓이다. 중앙대학교 법학부를 나왔지만 사법고시에 매달릴 형편이 못 됐다고 한다. 한때는 수십 명의 하인들을 거느리는 지주였지만 8·15 해방 직후 토지개혁을 실시하면서 수백 마지기 논이 30마지기로

줄었다. 한학자인 부친은 세상 물정에 어두웠고, 집안 살림을 일으켜 세우는 일과 두 동생 공부시키는 것은 온전히 종손 몫이었다. 무역회사에 10년을 다니다 월급만으로는 동생들 등록금이 어려워 직접 회사를 차렸다. 서울, 부산과 일본 등을 오가며 기계 염료 등을 수입해 팔았다. 열심히 일한 대가로 동생 두 명을 상대에 보냈다. 큰 동생은 기업체 임원, 작은 동생은 부산 경성대 경제학과 교수가 되었다.

　　그동안 객지에 나가 있어도 마음 한구석에는 집이 떠나지 않았다. 바람이 많이 불어도, 장마가 와도, 폭설이 와도 가슴이 철렁 내려앉곤 했다. 집에 유물이 많으니 걱정은 더했다. 제사 때마다 오고 특별한 날이면 집으로 달려왔지만 종손의 소임이 집을 지키는 일임을 잘 아는 그는 어머님과 조상님께 늘 죄송했다. 그러다 3년 전에 집으로 돌아왔다. 10년 전 부친이 세상을 뜬 이후 서서히 사업을 정리하고 아주 돌아온 것이다.

　　종손은 그동안 하지 못했던 보학 공부를 하고, 지역 유림들과 교류하는 낙으로 일과를 보낸다. 그리고 앞으로 종가를 어떤 방향으로 활용할 것인지도 구상 중이다. 청소년체험교실도 구상해보고, 문학인들이나 차인들의 모임 장소로도 생각해봤다. 공부가 취미였던 선조들의 뜻을 이어 한문 서당을 열어볼까. 사람 좋아하는 종손은 무엇을 하든 사람이 자주 오는 공간을 만들고 싶다고 했다.

일제강점기와 전란기에는 신주를 유괴해 가는 나쁜 사람들 때문에 외진 사당보다 사랑채가 안전하리라 여겨 사랑채 방 뒷벽 위쪽에 벽감을 만들어 신주를 모셔왔다.

도리를 알고 정을 소중히 여기는 가문의 손님 상차림

차종부 손은주(취재 당시 58세) 씨는 시집와서 32년 동안 배운 시어머님 음식 솜씨를 점심상에 올려놓았다. 먼저 나온 다과상에 오른 음식은 안동식혜와 집에서 말린 곶감과 밤, 땅콩과 떡이었다. 다식도 있었다. 이것만 먹어도 배가 부른데 이어서 떡 벌어진 교자상에 점심을 차려왔다.

종손들이 사랑채에서 유물을 지키고 수집하고 보존했다면, 안채에선 목마른 길손에게 갈증을 풀어주고, 배고픈 이웃에겐 든든히 밥 먹이는 일을 낙으로 여겼던 종부들의 덕행이 있었다.

절기에 맞춰 가양주를 담그고 고귀한 음식을 정성껏 장만해 범절을 다해 차린 밥상을 대하면, 어느 누가 그 집에 다시 오고 싶지 않았을까. 글하는 선비가 드나들어야 주인의 안목도 높아질 것이다. 예로부터 지조 있는 선비들은 벼슬 높고 재물 많은 집이 아니라 사람의 도리를 알고 정을 소중히 여기는 가문과 친교를 맺은 데는 이러한 종부들의 마음 씀씀이가 밑바탕이 되었다.

종가의 점심상에 오른 특별한 맛

점심상에 오른 반찬은 육마름, 육회, 수란, 백김치, 문어, 오색고명을 올린 조기찜, 보푸람, 김치, 갈비와 곰국이다. 종가에서 내세우는 음식은 영주식혜, 육마름, 수란, 육회였다. 영주의 토산품이 한우여서 육회 맛은 특별했다.

● 밑반찬 '육마름'
쇠고기를 썰어 물을 자작하게 붓고 졸인 다음 국물은 따라내고 고기는 칼로 곱게 다져 다시 한 번 물을 붓고 익힌다. 다시 물을 따라 내고 고기를 더 곱게 다진 다음 고추장, 참기름, 생강, 꿀을 넣고 물기가 잦아지도록 볶는다. 이때 잣을 넉넉히 넣어 졸이면 잣에 양념이 배어들어 거무스름한 색깔이 난다. 쉽게 상하지 않아 오래 두고 먹어도 된다.

● 귀한 손님상에 오르는 '수란'
냄비에 물이 끓으면 달걀을 깨뜨려 노른자가 터지지 않도록 반숙한다. 달걀 건져낸 국물에 간장, 식초, 참기름 등으로 새콤달콤하게 간한다. 칼등으로 곱게 다진 잣을 간한 국물에 넣어 뽀얗게 우러나도록 한 다음 반숙한 달걀을 그

릇에 담고 잣 국물을 자작하게 붓는다. 석이버섯, 실고추, 파를 고명으로 장식한다.

◀ 육마름.

▲ 수란.

▶ 영주식혜.

● 육회

소백산 아래 청정지역에서 자란 탓에 전국에서 육질이 가장 좋다는 판정을 받은 영주 한우로 만든 육회는 고기가 연하고 담백한 맛이 특징이다. 신선한 생선회를 구하기 어려운 지역적인 탓도 있지만 싱싱한 쇠고기를 횟감으로 먹는 것은 종가의 전통음식이다.

육회에 적합한 한우의 부위는 우둔이나 홍두깨살이다. 고기를 가늘게 채 썰어 소금과 생강, 참기름 등을 넣고 주물러서 채 썬 배와 한데 담고 잣가루를 뿌려 낸다.

● 다담상에 오른 영주식혜

일반적으로 안동식혜라고 부르는 이 독특한 식혜는 안동이나 경상도 북부지방 외에는 우리나라 어디에서도 맛볼 수 없는 음식이다.

먼저 엿기름을 준비하고 찹쌀 고두밥을 찐다. 엿기름이 한 되면 찹쌀도 같은 비율이다. 따뜻한 고두밥에 설탕을 부어 밥이 식도록 둔다. 무를 채 썰고 고운 고춧가루를 베수건에 싸서 엿기름에 푼 다음 무에 부으면 무가 발갛게 물든다. 식혀둔 고두밥과 무를 한데 담고 생강즙도 넣은 다음 엿기름을 부어서 설탕으로 간을 하고 따뜻한 온돌방 아랫목에서 여섯 시간 삭힌다. 밥알이 위로 뜨면 찬마루에 옮겨서 하루 정도 두었다가 먹는다. 먹기 직전에 밤채, 배채, 대추채를 넣고 잣을 띄운다. 보기에는 영락없이 나박김치 같은데 시원한 맛과 달콤한 풍미로 다담상에 오른다. 무가 달콤한 겨울에 먹어야 제맛이라는 이 식혜는 마시는 것이 아니라 수저로 떠먹어야 할 정도로 건지가 많다. 끓이지 않고 그대로 먹기 때문에 음식을 소화시키는 탁월한 효능이 있는 점도 특이했다.

조선 4대 명신으로 추앙받는 최고의 공직자 백사 이항복(白沙 李恒福, 1556~1618) 선생의 종가댁 장독대엔 항아리 100여 개가 줄지어 서 있다. 아름드리 그 독에는 가문의 내림손맛으로 익어가는 전통장이 숨 쉬고 있다. 백사 선생 14대 종손 이상욱(취재 당시 66세) 씨는 조상을 빛낼 유물관을 짓는 데 온갖 힘을 다하고, 종부 조병희(취재 당시 62세) 씨는 서울을 대표하는 명가의 장맛 대물림에 정성을 쏟고 있다. 보글보글 끓인 뚝배기 된장찌개, 고소한 배추쌈과 궁합 맞는 약고추장, 맛깔스런 굴비포가 오른 조출한 점심상은 청백리에 천거된 백사 선생의 소탈한 입맛이라 했다.

대제학과 영의정을 두루 거친 그가 한글로 토를 단 『천자문』을 써서 손자교육에 힘썼기에 6정승과 4영상이 추증되는 명문 가문으로 거듭날 수 있었다. 광해군에게 마지막으로 올렸던 상소문의 수려한 필체와 격조 높은 문장에서 문장치신(文章致身)의 대표적인 정치가로 손꼽았다. 영당, 재실, 묘소가 함께 있는 종가는 경기도 포천시 가산면 금현리에 있다.

"백사 선조께서는 서울 양생방(養生坊, 종로구 필운동 88-1)에서 태어나셨습니다. 그 생가와 정자 등은 얼마 전까지 있었는데 최근에 허물어졌습니다. 문중에서도 예산이 없었고 저 개인은 더욱 힘이 미치지 못해 할아버지 생가를 구입하지 못한 게 아쉬움이 남아 있습니다. 그러나 집 뒤뜰 바위에 직접 새겨둔 필운대(弼雲臺)라는 암각서와 영의정을 지냈던 후손 이유원(李裕元, 1814~1888) 선조가 써둔 시가 서울시 문화재 자료로 지정돼 있습니다. 현재 배화여고 뒤뜰 암벽이 바로 그곳입니다."

본관이 경주인 백사 이항복 선생은 한성부판윤과 형조판서를 지낸 아버지 이몽량(李夢亮)과 어머니 전주 최씨 사이에서 막내로 태어났다. 그는 병약한 어머니가 낙태를 하려고 독약을 먹어서인지 태어난 지 이틀이 지나도 젖을 빨지 않았다고 한다. 3일이 지나도 눈을 뜨지 않고 5일이 지나서야 울음을 터뜨린 아기가 걱정된 가족들은 장안의 이름난 점쟁이를 불러 점괘를 보게 했는데 "도련님은 장차 대단히 귀하게 되실 분이니 조금도 염려 말고 잘 키워야 한다"며 축하해주었다는 출생 일화가 전해온다.

나라를 구한 공으로 오성부원군이 되다

그러나 불행하게도 아홉 살에 아버지를 잃고 열여섯 살에 어머니를 잃는 아픔을 겪는다. 어머니 묘 옆에 여막을 지어놓고 시묘살이를 하는 등 효심이 지극했다. 어머니를 잃고 본격적으로 학문에 매진하는 그를 지켜본 아버지 친구이자 영의정을 지낸 권철 대감이 손녀사위로 삼는다. 장인은 권율(權慄, 1537~1599) 장군이다. 임진왜란 동안 조선 군대의 최고 지휘관으로 활약했던 인물로 후에 병조판서가 된 사위의 지휘를 받기도 한다.

열여덟 살에 혼인한 이후 열아홉에 진사 초시에 합격했고, 스물넷에 알성 문과에 병과로 급제하는 영광을 안는다. 평생지기인 한음 이덕형과는 이때 동반 급제를 하면서 앞서거니 뒤서거니 벼슬길에 오른다. 여기다 율곡 이이가 이들의 재주를 인정해 요직에 기용하면서 두 사람 모두 중요한 관직을 두루 거치면서 임진왜란을 승리로 이끄는데 공을 세운다.

서른일곱 살에 임진왜란이 일어나 도승지로 임금을 모시고 임진강을 무사히 건넌 공으로 이조참판에 오른다. 이어 평양에 도착하자 형조판서에서 병조판서로 옮겨 왜군 격퇴의 지휘봉을 쥐고, 마흔 살에는 홍문관과 예문관의 대제학을 겸하는 최고의 자리에 앉게 된다. 그는 임진왜란 7년 동안 국방을 맡은 병조판서직을 다섯 번, 원수 한 번, 체찰사를 두 번이나 역임한다. 친구인 이덕형도 병조판서 두 번, 체찰사 두 번, 훈련도감 제조를 두 번 맡아

백사 선생의 집 뒤뜰 바위에 직접 새긴 암각서.

이들의 역량이 어떠했는지 미루어 짐작하게 된다. 이들은 서애 유성룡과 더불어 조선 역사상 3인의 문장치신(文章致身)으로 꼽는 데 후세 사학자들은 주저하지 않는다. 문장치신이란 문장의 역량으로 나라에 공헌함을 뜻한다. 대표적인 예로 명나라에 들어가 명나라 황제를 설득해 지원병을 데려오는 외교적 역량에서 그 기량을 보여준다. 임진왜란이 끝나자 만인지상(萬人之上) 영의정에 오르고 왜군을 물리쳐 나라를 구해낸 공로로 오성부원군에 책봉됐다. 그 때문에 이항복보다 '오성대감'이란 명칭으로 세상에 더 많이 알려져 있다.

동네잔치, 메주 쑤는 날의 풍경

만추의 서정이 느껴지는 11월에 오성대감댁을 찾았다. 추수가 끝난 늦가을은 종가마다 유난히 행사가 많다. 조상의 묘소에서 수확을 알리는 시제(時祭)를 올려야 하고, 집안의 가신(家神)들께 추수의 감사함을 전하는 고사를 지내야 한다. 배추를 거둬들여 김장을 하고 나면, 콩을 삶아 메주를 쑤는 일이 기다린다. 메주를 묶어 매달아두고 한숨 돌릴라치면 어느새 동지차사(冬至茶祀)가 눈앞에 와 있다. 집안의 모든 액을 물리쳐 달라는 기원이 담긴 팥죽을 사당의 신주 앞에 올리고, 나이만큼 새알 팥죽을 먹고 나면 해는 섣달로 기운다.

   백사 선생 종가의 11월은 유난히 더 바쁘다. 유물관 상량식과 선생의 탄생차례까지 겹쳐 취재날 잡기가 참으로 어려웠다. 그래서 메주 쑤는 날에 갔다. 장맛의 기본이 되는 메주를 쑤는 날은 동네잔치이기도 해서 쉽게 볼 수 없는 풍성한 종가의 가을 풍경을 담고 왔다.

   서울에서 한 시간 거리에 있는 포천의 백사 종가는 세월을 품어 안은 고옥(古屋)이 아니었다. 벽지 대신 황토를 바른 웰빙식 현대 건물이다. 이곳에서 종손 이상욱 씨와 종부 조병희 씨를 만났다. 종손은 한양공대를 나와 건축과 목장 사업을 했다는데 직업에서 풍기는 이미지와는 달리 꼿꼿한 선비풍의 외모였다. 풍양 조씨 집안에서 27세에 시집와 2남 2녀를 낳아 키우면서 종부의 소임을 다한 안주인은 후덕한 외모에 사람의 마음을 조율하는 카리스마가 있었다. 일 년에 16번 제사 음식을 직접 준비하는 것도 벅차 보이는데 가문의 장맛을 보고자 하는 사람들을 위해 콩 50가마를 겁도 없이 가마솥에 삶고 있었다. 예사 사람의 눈으로는 어림없는 일을 종부는 해내고 있었다.

장 담그기에 푹 빠지다

"우리 집 장맛이 좀 특별했습니다. 어머니 살아 계실 때 우리 집에서 된장찌개를 맛본 사람들은 어머니 손맛 같다며 좀 나눠달라고 했지요. 하지만 저는 아이들 교육 때문에 서울에 나가 살았고, 어머님은 연세가 많으셔서 장을 많이 담글 수 없었습니다. 그러다 어머님 돌아가시고 아이들도 제 짝을 만나 떠나니 무언가 내가 좋아하는 일을 해보고 싶은 생각이 들었지요. 장 담그는 일이 제 적성에 맞겠다는 생각이 들었습니다. 첫해는 콩 다섯 가마를 삶아 메주를 쑤어 장을 담갔지요. 예쁜 항아리에 된장을 담아 정성껏 포장을 해서 신세진 친지들에게 선물을 했더니 너도나도 맛있다는 인사를 하는 바람에 하나 줄 것 두 개 주고, 두 개 줄 것 세 개씩 주다 보니 해마다 콩 삶는 양이 늘더라고요. 어떤 분은 매년 그냥 받아먹기 미안하다며 콩 값으로 조금씩 돈을 건네기도 하셨고요. 이거 본래의 뜻이 아닌데 하면서도 잘하면 백사 할아버지 유물관 짓는 데도 도움이 되겠다는 생각이 들었습니다."

종부는 컴퓨터와 사진을 배우면서 자신이 담근 된장, 간장, 고추장 사진을 인터넷에 올리는 재미에 푹 빠져 있었다. 문중예산도 없고 국가예산을 보조받지 못한 채 조상의 유물관을 자비로 짓고 있는 종손의 어려움을 지켜보면서 애를 태우던 종부는 된장이 유물관을 짓는 데 보탬이 되겠다는 생각에 더욱 신바람이 났다. 무엇보다 된장은 대화를 이어주는 매개체 역할을 한다. 된장찌개 끓이는 비법을 알려는 사람들은 나이를 초월한 주부들의 공통 관심사이기 때문이다. 종부는 종가의 장맛을 널리 보급하기 위해 자신의 이름을 따서 '조병희식품'으로 상표등록을 해둔 상태다.

대물림 손맛이 비책이다

장맛 내는 비책은 따로 없다고 했다. 시어머니께서 하시던 그대로 따라 할 뿐이다. 콩은 강원도 정선에서 친척 언니가 보내오는 토종 콩을 사용한다. 물은 종가 장독대 부근에서 지하 160미터 깊이에서 솟는 청정수를 사용하는데 이 물은 1급수로 판명이 났다. 소금은 전라도 신안에서 천일염을 구해와 2년 동안 묵혀 간수를 뺀 후 사용한다. 이렇게 재료가 준비되면 메주 쑤는 일부터는 종부의 정성이 보태져야 명품 장이 탄생된다.

먼저 11월 중 길일을 잡는다. 콩을 씻은 후 하룻저녁 담가 뒀다가 다음

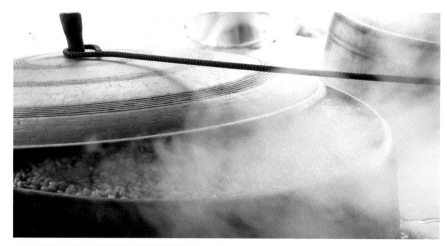

음식 맛은
정성이라는
시어머니의
가르침대로 11월 중
길일을 정해 메주를
쑨다.

날 아침 가마솥에 장작불을 지펴 콩을 삶는데 무럭무럭 김이 오르면서 구수한 콩 냄새가 나면 은근한 불에서 뜸을 들인다. 뜸 들이는 시간은 일곱 시간이나 걸린다. 이때 콩물이 넘치면 단맛이 빠져 나가기 때문에 꼼짝 않고 지켜서서 솥뚜껑 위로 찬물을 끼얹어 온도를 조절한다. 이렇게 푹 삶은 콩을 절구에 찧어 메주를 만든 다음 하루 정도 말려 메주의 겉이 굳으면 짚으로 묶어 처마에 매달아 30여 일을 말린다. 그런 다음 볏짚 속에 메주를 묻어 곰팡이가 일도록 메주를 띄우는데 이 과정도 한 달 정도 걸린다. 띄운 메주는 다시 처마에 매달아 말린 후 음력 정월에 좋은 날을 받아 장을 담근다. 정월 장은 기온 차이로 서서히 맛을 내기 때문에 변질이 없고 장맛이 좋다. 깨끗이 씻어 말린 메주를 항아리에 넣고 소금물을 부은 다음 마른 고추, 숯, 대추 등을 띄워 부정한 기운이 들지 않도록 한다. 장을 담근 지 40일쯤 지나면 장을 가른다.

간장과 된장을 분리하는 일도 예사롭지 않다. 간장은 가마솥에 한 시간 정도 다려서 뜨거울 때 옹기 항아리에 담아 뚜껑을 덮는다. 된장은 간장으로 빠져나간 맛을 보충하기 위해 삶은 콩과 메주가루를 섞어 만든다. 이렇게 하면 짠맛이 없어지고 구수하고 담백한 된장으로 숙성된다. 우리 전통 항아리를 숨을 쉬기 때문에 오랜 기간 숙성시키면 된장에서 수분이날아가 짜지는데 이것을 막기 위해 가을에 콩 삶은 물을 된장독 위에 가만히 붓는다. 이러면 콩물이 된장에 서서히 스며들어 제맛이 유지된다. 장을 담갔다고 손품이 들지 않는 것은 아니다. 날이 좋은 날은 항아리 뚜껑을 열어 볕을 쪼이고 해가 지면 뚜껑을 닫아주는 일도 반복해야 한다. 햇볕을 자주 쪼여야 장맛이 맑다. 종가의 된장은 이렇게 1년 정도 숙성된 후 밥상에 오른다. 이 모든 과정이 종부의 손으로 이루어지고 정성이 깃들어야 원하는 장맛을 얻을 수 있다.

수많은 손길을 거쳐 탄생되는 종가의 전통 된장을 맛본 사람들은 하나같이 '어머니 손맛 같다'며 칭찬을 아끼지 않는다. 이런 칭찬의 말에 종부는 고단함을 잊고 때로는 희열을 느끼기도 한다. '일을 앞에 두고 짜증을 내면 힘들지만 어차피 해야 할 일 즐기면서 하자고 마음먹으면 능률도 오르고 스스로도 편안해진다'는 것이 종부의 생각이다. 삶을 긍정적으로 받아들이는 종부에게서 소탈하고 해학적인 백사 선생 가문의 안주인답다는 생각이 들었다.

종부가 전하는 된장 보관법

"아파트나 일반 가정집에서 구입해 먹는 된장은 이미 숙성된 것입니다. 가장 쉬운 보관법은 냉장고에 넣어두는 것입니다. 냉장고에 넣지 못할 경우 숨쉬는 옹기 항아리에 담아두고 먹을 만큼 던 후 다독다독 눌러두면 제맛을 잃지 않습니다. 냉장고에 넣어두지 않으면 조금만 관리를 소홀히 해도 곰팡이가 피지만 곰팡이 때문에 된장 맛이 크게 달라지지는 않습니다. 방부제가 들어 있지 않은 재래식 된장에서 곰팡이가 쉬이 생기기 마련인데 이를 겁내지 말고 곰팡이 부분만 걷어내면 먹는 데 아무 지장 없습니다. 간장은 오래된 것이 좋으나 된장은 햇된장이 맛이 있어요. 숙성이 다된 된장이 오래되면 떫은 맛이 나기 때문입니다. 맛있는 된장의 빛깔은 황금색을 띠고 끓이면 구수하고 떫지 않아요. 그런 된장이 명품된장이라 할 수 있습니다."

된장찌개, 강된장, 약고추장, 굴비포무침, 방자고기

이날 점심상에 오른 종가의 된장찌개는 맑고 담백했다. 된장독에 볕을 자주 쪼여 주면 텁텁한 맛이 적어진다고 한다. 뚝배기 된장찌개 끓이는 법을 배웠다. 먼저 쇠고기 살코기를 잘게 썰어 뚝배기에 물을 붓고 끓인다. 이때 국물

◀ 종가 상에
자주 오르내리는
강된장찌개와
굴비포무침,
약고추장.

▶ 식욕을 자극하는
누름전, 연근전,
참치전.

90

위로 떠오르는 기름기와 거품은 말끔히 걷어낸다. 버섯, 두부, 대파, 풋고추를 먹기 좋은 크기로 썰어 넣고 마지막에 된장을 푼다. 한소끔 끓어오르면 상에 올리는데 이때 칼칼한 맛을 내기 위해 고춧가루를 넣는다. 마늘은 넣지 않는다. 된장의 담백한 맛을 해치기 때문이다.

쌈장으로 그만인 강된장 맛내는 비결도 배웠다. 양파와 풋고추를 곱게 다지고 쇠고기나 멸치도 곱게 다져 된장에 넣고 물을 되직하게 섞는다. 냄비에 재료를 담아 약한 불에 저어가며 끓인 후 마지막에 고춧가루를 섞는다.

약고추장은 기름기 없는 우둔살을 곱게 다져서 참기름과 설탕을 넣고 고기를 먼저 볶은 후 고추장과 설탕, 고기를 한데 섞어 은근한 불에 볶는다. 마지막에 통잣을 넣어 매운 맛을 줄인다.

굴비를 말려 결대로 찢은 후 참기름을 넣고 조물조물 무친다. 짭조름한 굴비포 무침과 약고추장, 강된장 등은 종갓집 밑반찬으로 언제나 준비돼 있다. 여기에 궁합 맞는 음식을 추가 하려면 새송이와 쇠고기, 파를 꼬치에 끼워 팬에 구워낸 누름전과 고기에 두부를 으깨 넣어 양념한 것을 연근 구멍에 채워 지져내는 연근전도 맛있다. 집에서 만든 두부와 참치 통조림을 섞어 지진 참치전도 요즘 사람들이 좋아할 만한 음식이다.

"시어머니께서는 참기름과 소금으로만 양념한 고기 요리를 자주 만드셨죠. 이를 '방자고기'라고 하셨는데 고기를 구워 기름소금에 찍어 먹는 요즘식보다 훨씬 맛이 있어요. 우리 집만의 음식 특징이라… 뭐 특별한 건 없는데, 김장할 때 멸치젓을 안 씁니다. 조기젓이나 새우젓을 쓰지요. 또 동치미 담글 때 무하고 약 오른 풋고추만 넣고 소금을 살살 뿌려 무를 절여서 물을 붓고 소금 간을 해 항아리에 담습니다. 그 위에 풋고추를 잔뜩 띄우지요. 파와 마늘은 안 넣는데 그게 알싸하고 시원한 국물 맛의 비결입니다. 우리 집 음식은 순 서울식입니다. 시어머니께서 음식 맛은 정성이라고 늘 강조하셨어요. 어머니는 당시 진명학교를 졸업하고 혼인한 후에는 시아버님을 따라 일본 유학을 다녀오신 인텔리셨는데 한국전쟁 때 아버님께서 돌아가셔서 홀로 자녀들 공부시키면서 큰 종가를 지키느라 고생을 참 많이 하셨습니다."

백사의 인품을 기리는 화산서원

종부의 손맛으로 차린 꿀맛 같은 점심을 먹고 종손을 따라 백사 선생의 묘소와 재실 영당, 선생의 영정을 모셔둔 화산서원 등 유적지를 둘러보았다. 공사

백사의 재실 영당.

백사 영정을 모셔둔
화산서원.

가 한창 진행 중인 유물관 바로 옆에 있는 재실은 가을 시제를 모시는 곳으로 오래된 한옥이다. 재실 뒤 나직한 언덕에 오성대감과 권씨 부인이 누워 있는 묘소가 있고, 지혜가 뛰어났다는 둘째 부인 오씨의 묘는 조금 떨어진 곳에 있다.

"이곳 포천은 백사 할아버지의 조부 때부터 살았던 곳입니다. 조부와 조모는 물론 부모님 산소가 여기에 있어 어린 시절부터 자주 찾아왔던 곳으로 부모님 곁에 묻히고 싶다는 유언을 남겼다고 합니다. 그 때문에 백사 할아버지 묘소가 이곳에 있는 것이지요. 임진왜란을 승리로 이끈 일등공신으로 선산이 있는 이곳을 나라에서 사패지(賜牌地)로 내렸기 때문에 이 일대에는 문중 사람들이 많이 살고 있습니다."

영의정과 대사성을 지냈던 큰 인물의 유택이 자리하자 이 고을 선비들은 백사 선생의 학덕을 기리기 위해 사당을 지어 신주를 모시고 서원을 세워 학문과 덕행을 강론했다. 화산서원(花山書院)이 바로 그곳이다. 종손의 안내로 묘소에서 멀지 않은 화산서원에 가봤다. 서원 외삼문에 들어서면 강당을 겸한 재실 동강재(東岡齋)와 필운재(弼雲齋)가 마주 서 있다. 동강과 필운은 백사의 또 다른 호다. 계단을 올라 4칸짜리 인덕각에는 신주와 영정이 모셔졌는데 해마다 음력 9월에는 이곳에서 제향을 모시고 있다. 이 서원은 유림들이 발원해 1675년에 사액서원이 됐다. 대원군 시절에 훼철됐다가 해방 후 유림들이 복원했다.

유배지에서 마감한 삶

치열한 당파 싸움에 휘말리지 않고 언제나 중립을 지킨 오성대감은 임진왜란사에 가장 돋보이는 명신으로 『조선왕조실록』은 기록하고 있다. 선조가 세상을 뜨고 광해군이 보위에 오르면서 세상이 바뀌었어도 계축년 옥사가 일어날 때까지 오성대감은 좌의정으로 바쁜 생활을 했다. 1617년 인목대비가 서궁으로 유폐되자 인륜을 폐하는 것까지는 볼 수가 없어 침식을 끊고 병석에 누웠다가 폐비의 부당성을 논하는 글을 광해군에게 올렸다. 그러자 반대파의 탄핵이 빗발치면서 절도에 안치하자는 의견과 극형에 처하자는 상소들이 거듭됐지만 광해군은 세자 시절의 정을 생각해 북청 땅으로 유배를 보낸다.

선생의 유배 길은 추위와 눈보라가 이어졌다. 그는 이미 중풍을 앓는 환자이므로 살아오기 힘들다 여겨 관을 비롯한 상구를 갖추고 자신이 죽거든

백사의 묘소.

조복(朝服)을 입히지 말고 평상시 입던 심의(深衣)와 대대(大帶)로 염을 하도록 했다. 그리고 다음과 같은 시를 남겼다.

　　철령 노픈 봉에 쉬여 넘는 저 구름아.
　　고신의 월루를 비 삼아 띄워다가
　　임 계신 구중심처에 뿌려본들 어떠리.

선생은 유배를 떠난 지 3개월 만에 병이 재발하여 63세의 일기로 영욕의 삶을 마치게 된다. 광해군도 애석히 여겨 대간들의 집요한 탄핵에도 불구하고 관작을 회복시키고 예를 갖춰 장례를 치르도록 했다. 영의정을 지냈음에도 관직에서 떠난 이후는 몹시 곤궁하여 끼니도 잇기 어려울 정도였던 그의 청빈한 삶은 청백리에 길이 빛나고, 문충(文忠)이란 시호를 내려 후손들은 불천지위(不遷之位)로 모시고 있다. 그뿐만 아니라 화산서원 등 전국의 서원 10곳에서 선생을 추모하는 제향을 모신다. 선생의 정신을 이어 받은 후손들도 줄줄이 벼슬길에 올라 정승이 여섯 분, 추증된 영상이 네 분, 대한민국 초대 부통령 이시영 선생 도 백사 선생의 후손으로, 서울을 대표하는 몇 안 되는 명문가로 손꼽히고 있다.

남긴 저서는 『사례훈몽(四禮訓蒙)』, 『주소(奏疏)』, 『계의(啓議)』, 『조천창수록(朝天唱酬錄疏)』, 『노사영언(魯史零言)』, 『백사집(白沙集』 등이 있으며 손자에게 써준 『천자문』 등 친필도 여러 점 있다.

여강 이씨
회재 이언적 종가

세계문화유산에 등재된
창연한 고택 그리고 문화의 산실

참으로 보기 드문 모습을 간직한 종가다. 무첨당(無忝堂), 향단(香壇) 등 보물로 지정된 아름다운 고택이어서가 아니다. 솟을대문에 들어서면 밝고 환한 미소로 아이들이 두 손을 가지런히 모으고 허리 굽혀 인사를 했다. 사랑채에서는 종손의 글 읽는 소리가 들리고 종부는 안채에서 다과상을 준비하고 있었다. 강아지 한 마리가 꼬리를 흔들며 객을 반긴다. 흙 마당 조촐한 뜰에 서 있는 해묵은 매화나무에선 연분홍 꽃망울을 터트리며 봄기운을 전한다. 입춘을 닷새 앞둔 지난 1월 31일 경북 경주시 양동민속마을 회재 이언적(晦齋 李彦迪, 1491~1553) 선생 종가의 풍경이다. 이곳은 마을 전체가 세계문화유산에 등재되어 있다.

아직 젊다는 이유로 한사코 나서기를 꺼려하는 17대 종손 이지락(취재 당시 41세) 씨에게 "전국의 종가 100집을 돌아보면서 동방오현의 한 분인 회재 선생 종가를 어찌 빼놓을 수 있겠는가"라며 어렵게 취재 허락을 받았다.

새하얀 입김이 공중에 잡힐 듯 피어나는 추위를 무릅쓰고 찾아간 날, 일행을 맞아준 사람은 종손도 종부도 아니었다. 종손의 두 아들 진수(취재 당시 12세)와 진현(취재 당시 8세) 군이었다. 두 손을 가지런히 아랫배에 모으고 환한 미소로 허리 굽혀 인사하는 모습은 영락없이 조선시대 사대부 자제를 연상하리만치 의젓하고 정중했다. 낯선 사람임에도 경계하지 않았고 날씨가 추우니 햇살 따뜻한 마루로 오르라며 가방까지 들어주는 친절도 고마웠다. 보물로 지정된 고택에서 생활하는 아이들답게 온 몸에서 예절의 향기가 풍겼다. 억지로 배워서 하는 예절이 아니라 어른들과 생활하면서 그렇게 몸에 밴 자연스런 행동이었다. 이 댁 두 아드님의 해맑은 모습을 보는 것만으로도 다섯 시간 차멀미가 싹 가셨다.

천하의 길지, 양동마을

양동마을은 이번에 첫걸음이 아니다. 9년 전 이맘때쯤 이 마을 입향조라 할수 있는 양민공 손소(襄敏公 孫昭 1433~1484) 선생 종가 취재를 위해 왔었다. 그땐 마을 입구에 우뚝한 교회가 있어 고즈넉한 마을 풍경에 어울리지 않는다는 인상을 주었는데 교회가 옮겨졌는지 눈에 띄지 않았다. 마을도 깨끗이 단장돼 있다. 세계문화유산 등재를 추진하고 있는 마을답게 흙냄새를 맡을 수 있는 옛 풍경 보존을 위해 애쓰는 모습이 역력했다.

류씨들의 집성촌인 안동 하회마을이 '물도리동'이라는 애칭이 있듯 경주 양동마을은 '물(勿)'자형 마을이라 불리어온다. 이는 마을 주산인 설창산(높이 163미터) 문장봉에서 뻗어 내린 산등성의 네 줄기 지세가 '물'자형으로 생겼기 때문이다. 마을은 내곡(內谷), 물봉곡(勿峰谷), 거림(居林), 하촌(下村) 등으로 구성되고 골짜기와 능선마다 500여 년 전통의 향기를 간직한 150여 호 고가옥과 초가집들이 높낮이를 달리하면서 한 폭의 동양화를 펼친 듯 자리 잡고 있다.

양동마을의 역사는 540년 전 월성 손씨 손소 공이 이 마을 토족인 류복하의 무남독녀와 혼인을 하면서 시작된다. 손소 공은 처가의 재산을 상속받아 여유로운 삶으로 학문을 연마해 과거에 급제하여 벼슬길에 올랐다. 특히 이시애 난으로 공을 세워 명문가의 반열에 우뚝 서 지금의 월성 손씨 종가를 창건하게 된 것이다. 이렇게 시작된 손씨 가문뿐 아니라, 여강 이씨 찬성공 이번이 손소의 둘째 딸과 혼인을 하면서 걸출한 아들을 얻게 되는데 그분이 바로 대유학자 이언적 선생이다. 마을은 두 인물을 중심으로 그 후손들이 자자손손 집성촌을 이루며 오늘에 이르렀다.

특히 양동마을을 두고 천하의 길지(吉地)라 말하는 건 두 가문의 후손들이 조상의 명예를 지키기 위해 경쟁하듯 학문을 닦아 문과 26명, 무과 14명 등 과거 급제자가 116명에 이르기 때문이다. 한 마을에서 이처럼 많은 인재 배출은 전국에서도 드문 일로 마을 사람들의 자부심은 대단하다.

하루해를 다 보내도 구경하지 못하는 고택

양동마을이 조선시대 주거형태를 그대로 보존하게 된 건 두 성씨의 보이지 않는 자존심 대결로 대단한 노력의 결과물이라 할 수 있다. 전통사회에서 남

사람의 온기가
느껴지는 무첨당.
보물로 지정되어
있다.

자들의 평생 꿈은 대과 합격인데 그 화려한 꿈을 40여 명이나 이루었으니 수
많은 문화재를 남긴 건 당연하다 할 것이다. 우리나라 전통 가옥 구조를 한눈
에 볼 수 있는 고건축의 전시장이라 해도 지나치지 않을 곳이 바로 여기다.

　큰길에선 잘 보이지도 않는 외딴 산골마을이라 한국전쟁도 피할 수 있
었던 집을 보기 위해 이 분야 세계적인 전문가들의 발걸음이 잦아 사람의 훈
기가 넘쳐난다. 전통을 중시하는 영국의 찰스 황태자와 지금은 고인이 된 다
이애나 비가 지난 1992년 이곳을 찾아 세계적으로 국위를 선양하며 유명세
를 타기도 했다.

　그러기에 고택을 제대로 구경하려면 하루해를 다 보내도 모자란다. 하
지만 이언적 선생의 종가 취재이니 회재 선생과 그 후손들의 자취가 서린 곳
부터 살펴봐야 했다. 보물 제 412호로 지정된 향단은 마을 초입에서 쳐다보
면 눈길을 잡아끄는 화려한 지붕의 건물이다. 이 집은 1543년경 이언적 선생
이 경상감사로 있을 때 중종 임금이 그의 모친의 병을 돌볼 수 있도록 배려해
지은 효심이 담긴 건물이다. 당시엔 '흥(興)'자 모양의 99칸이었으나 1976년
에 보수를 하면서 지금은 56칸만 남았다. 밖에서 보는 화려함뿐 아니라 내부

구조도 섬세하고 쓸모 있게 지었다. '향단'이란 이름은 이언적 선생이 관직에 있으면서 집을 비운 동안 그의 아우 이언괄이 노모를 모시면서 이곳에 살았는데 그의 손자 이의수의 호가 향단으로 지금까지 그렇게 불리고 있다.

이외에도 솔숲에 가려 아련한 심수정(心水亭), 영귀정(詠歸亭), 설천정사(雪川精舍), 양졸정(養拙亭) 등 건물마다 주인의 심오한 뜻을 담은 이름의 정자들은 모두 효심에서 비롯된 것이다. 먼저 떠난 조상을 추모하고 그 조상의 고고한 정신을 이어받기 위해 후손들은 각자의 형편에 따라 정자를 지어 강학당으로, 때로는 노인을 공경하는 기로연을 베풀던 선비들의 풍류가 녹아 있는 문화공간으로 만들었다.

회재의 유적지는 이곳뿐 아니다. 12킬로미터 떨어진 안강읍 옥산리의 옥산서원(玉山書院)에도 있다. 1572년 경주부윤 이제민이 지방 유림의 뜻에 따라 창건한 국가 사액서원으로 선생의 덕행과 고고한 선비 정신을 기리기 위해 위패를 모시고 제향을 드리는 곳이다. 그 이웃에 보물 제 413호로 지정된 독락당(獨樂堂)은 옥산리 계곡의 청아한 물소리가 들리는 곳으로 선생이 중년시절 관직에서 돌아와 거처했던 문학의 산실이다.

성균관 문묘에 배향되다

조선조 16세기 영남 사림파 형성기에 중요한 역할을 담당한 유학사상가이며 문신인 이언적 선생은 성균관 문묘에 배향된 18현 중 한 분이다. 그는 조선 성종 때 의정부 좌찬성을 추증받은 아버지와 적개공신 손소의 따님인 어머니 사이에서 맏아들로 양동 외가에서 출생한다. 친가와 외가 모두 출중한 집안으로 본관은 여주, 본명은 적(迪)이었으나 31세 때 중종이 선비라는 뜻의 언(彦)을 덧붙이게 해서 후에 언적(彦迪)으로 이름을 고쳐 불렀다. 자는 복고(復古)이다. 평생 주자를 흠모하여 스스로 회재, 또는 자계옹(紫溪翁)이란 호를 사용했다.

어렸을 적부터 남다른 자질을 보여 이미 외삼촌 손중돈을 따라 배우고 그 어머니 손씨 부인은 어려운 살림에도 실력 있는 선생을 찾아 자식의 학문에 지대한 영향을 미치게 하면서 훌륭한 인물로 키워냈다.

그는 9세 때 아버지를 여의는 불행을 겪는다. 슬픔을 삭이는 방법으로 산사에서 독서와 사색으로 학문적 기초를 닦아 24세 때 문과별시에 급제하

는 천재성을 발휘한다. 이후 종 9품으로 관직에 발을 들여놓게 되면서 왕을 도울 수 있는 훌륭한 인재라는 평을 받으며 여러 관직을 두루 거친다. 성균 관 등에서 벼슬을 하다 이조와 병조의 정랑을 지내는 등 비교적 순탄한 벼슬 길을 걷다가 중종 25년 사간원 사간이 되면서 정쟁에 휘말리게 된다. 귀양 가 있던 권신 김안로의 복위를 반대하다 그들의 지탄을 받아 벼슬을 그만두고 고향으로 돌아온다. 나이 41세 때다. 그러나 고향에서 보낸 6년간은 원숙한 학문세계를 정립하는 소중한 시간들이었다. 옥산서원이 있는 자옥산 자락에 동락당을 짓고 소나무와 대나무를 심어 소요자적하면서 그가 남긴 400여 수 의 시와 작품 중 상당수가 이 시기에 저술되었다.

「징심대에서(澄心臺卽景)」라는 싯구에서 당시의 생활을 엿볼 수 있다.

징심대의 나그네 돌아갈 것 잊었는데
바위틈에 달은 몇 번이나 둥글어졌나.
개울이 깊어 물고기는 맑은 물에서 장난치고
산이 어두워 새들은 안개 속에 길을 잃었네.
사물과 내가 하나가 되었으니
진퇴는 그저 천명만을 즐길 뿐.
산보하며 그윽한 흥을 부치니
마음은 절로 한가하구나.

이후 김안로 일파가 거세되자 또다시 관직으로 복귀하라는 교지가 내려 져 전주부윤으로 일했을 때는 선정을 베풀어 송덕비가 세워지는 영광을 얻었 다. 이조, 예조, 형조판서를 두루 거쳐 경상도 관찰사, 한성부판윤을 지내다 인종이 세상을 뜨자 좌찬성으로 국사를 관장하기도 한다. 그러다 모친이 위 독하여 사직하고 고향으로 돌아오고 2년 뒤 양재역 벽서사건에 연루되어 강 계에 유배되면서 그곳에서 63세의 일기로 생을 마감한다. 선조 때 영의정에 추증됐으며 광해군 때 문묘에 배향되고 명종의 묘소에도 배향된다. 시호는 문원(文元)이다.

후세 학자들은 '주자학을 주체적으로 이해하고 창의성을 발휘하여 우리 의 정통유학을 체계화시켰다'는 평가를 하고 있다. 그의 책『봉선잡의』에서 는 제례에 대해 남겼는데 제사의 의(義)에는 근본이 있고 형식이 있다. 근본 이 없으면 설 수 없고 형식이 없으면 행할 수 없으니 마음에 존재하는 것은 근본이고 사물에 나타나는 것은 형식이다. 무릇 반드시 형식과 근본을 같이

다하여야만 비로소 제사의 의를 다하였다고 할 수 있다'고 했다.

　　이외에도 『대학장구보유』와 『속대학혹문』, 『구인록』 등을 남겼다.

　　국 어 를　잘 해 야　영 어 도　잘 할　수　있 다

마을 구경을 마치고 숨 가쁘게 언덕을 올라 종가 무첨당에 닿았지만 집은 조용했고, 내 마음을 사로잡았던 두 아이는 보이지 않았다.

　　"이야기 듣는 학원에 보냈어요. 남의 이야기를 잘 듣는 습관을 길러줘야 자기 목소리도 남이 알아듣게 할 수 있지 않겠어요." 종손 이씨는 태연하게 말했지만 나는 난감했다. 보물의 고택 툇마루에 온 가족이 정겹게 앉은 모습을 촬영해 칼럼 표지로 장식하려 했었는데 아이들이 보이지 않으니 틀린 일이다. 수많은 종가를 다녀봤지만 초등학교 아이들이 고택에서 생활하는 댁은 흔치 않아 아이들을 내비치고 싶었다.

　　연세 많은 어르신들에게 느낄 수 있는 건 사라져가는 종가의 석양 같은 모습이어서 눈부신 아이들을 통해 종가의 희망찬 미래를 보여주고 싶었던 게 속마음이었다.

　　편한 한복 차림의 종손과 사랑방에 마주 앉았다. '남녀칠세부동석'을 강조했던 조선시대도 아닌 지금에도 종손은 여자들과 자리를 함께하는 데 낯가림이 있었다. 회갑을 넘긴 여자도 여자로 보아주느냐며 우스갯소리로 마주보며 취재를 했다.

　　나라 전체가 영어교육 때문에 소란스러운데 '이야기 듣는 학원'이라니 의아해했다. "영어가 필요하긴 하지요. 우리 집에는 외국인들이 많이 찾아와 저도 영어 공부를 하고 있습니다. 그러나 내 나라 글과 문법도 제대로 이해하지 못한 초등학교 아이들에게 무조건 영어를 가르치는 교육법에 흔들리고 싶지 않습니다. 영어가 국어인 서양 사람들과 동양권의 우리는 체질적으로 다릅니다. 차라리 한문이 맞지요. 그래서 우리 집 아이들은 『사자소학』과 『동몽선습』을 가르치고 있습니다. 가장 중요한 건 책읽기 교육입니다. 우리말을 충분히 삭혀낼 수 있는 문법책을 읽혀 문장 짓는 법을 가르쳐야 자신의 의견을 말로 분명히 하는 것은 물론 글로도 제대로 표현하고 전달할 수 있어야 하지요. 국어를 잘해야 영어도 잘할 수 있지 않겠습니까?"

통학버스 운영하며 학교를 지키다

경북대학교 한문학과 박사과정을 수료한 종손과 종부 신순임 씨는 딸 선영 (취재 당시 13세)과 두 아들을 뒀다. 종손이 종가 안방에서 태어나 이곳에서 성장했듯이 세 아이들도 고택에서 출생해 초등학교를 여기서 다닌다. 할아버지가 다닌 학교, 아버지가 다닌 학교 교정을 활개치고 다닐 수 있는 이 댁 아이들의 마음은 얼마나 든든할까. 학교 선배님이 가족이라는 사실은 보이지 않은 큰 힘이 될 수 있기 때문이다. 종가가 높은 곳에 있어 학교 가는 길은 뛰어 내려가기만 하면 된다. 오솔길이라 차를 조심할 필요도 없다.

"마을 초입에 있는 양동초등학교는 100년쯤 됐습니다. 저희 선조께서 학교 부지와 건물을 지어 희사한 학교지요. 그런데 요즘은 학생 수가 자꾸 줄어 폐교 위기에 처하고 있습니다. 동창들과 학부형들이 경비를 마련해 통학 버스를 운영하면서 인근 마을 아이들로 인원을 보충하여 폐교만은 막고 있습니다. 이 학교만의 특징이 있어야 먼 길마다 않고 올 테니까 제가 한문을 가르치고 문중 분들이 예절을 가르치면서 다른 학교와 차별을 꾀하고 있지요. 통학버스 운영비도 만만치 않아 일 년에 1000만 원 이상 들어가는 경비를 얼마나 더 조달할 수 있을지 걱정입니다. 통학버스 운영은 벌써 7년째입니다."

학교가 있어야 마을에 젊은 사람들이 살지 않겠느냐고 했다. 안동 하회마을에도 학교가 없으니 아이들 때문에 안동에 집을 얻어 생활하면서 하회마을 본집으로 출퇴근을 하며 농사를 짓는 실정이라 했다. 농촌 지역만이라도 학군을 풀어 문화재 보호 차원에서도 폐교를 막아야 하는데 영어 교육에만 온 신경을 쏟고 있으니 안타까울 뿐이라는 종손의 말에 백번 공감됐다.

요즘은 고택을 전통문화 체험장으로 활용해 인기가 대단하다는데 이 마을도 체험장으로 빗장을 풀지 않겠느냐고 물었다.

고택에선 보기 드문 어린아이 장난감이 반갑다.

"우리 마을에서는 아직 외부 사람들을 재워주고 식사를 제공하고 놀이를 보여주면서 그 대가로 돈을 받는 일은 하지 않고 있습니다. 우리의 선조들이 그랬던 것처럼 양반문화를 느끼고 갈 수 있도록 할 것입니다. 예를 들면 도덕성과 인성을 말할 수 있습니다. 자신에게는 엄격하지만 아랫사람에게는 너그럽고 베풀 줄 아는, 게다가 품위 있는 행동과 격조 있는 말씨, 손님을 맞는 사랑채 역할과 가족이 거처하는 안채의 역할 등이 분명한 그런 모습을 보여줄 것입니다." 생활문화를 보여주면서 생활비를 번다는 건 아직 이 마을에선 허락되지 않는 자존심이라 했다.

청주도 빚고 집장도 담그는 젊은 종부

이야기 중에 종손이 잠시 자리를 비우더니 다과상을 내왔다. 종부가 보고 싶다고 하자 할머니가 계신데 젊은 사람이 선뜻 나설 수 없다며 겸양한다. 그럼 할머니를 뵐 수 없을까 물으니 작은댁에 다니러 가셨다며 그때서야 종부가 사랑채로 나왔다. 조용한 말씨와 걸음걸이에서 품격이 절로 흘렀다. 조상의 명성에 부합되는 종부였다. 상에는 종가의 내림음식 집장이 접시에 얌전히 담겨 있었고, 어느새 배웠는지 직접 담근 청주도 주전자에 가득했다. 대구 보푸라기와 육포도 안주로 올렸다. 무공해로 농사지은 야콘을 과일과 함께 먹기 좋게 썰어 올렸다.

"제주(祭酒)는 반드시 집에서 빚은 청주를 사용하는 게 저희 집 법도입니다. 봄에는 솔잎 달인 물, 가을엔 국화 달인 물로 술을 빚는데 솔향기, 국화 향기 은은한 청주가 되지요. 집장 만들기도 쉽습니다. 예전에는 두엄더미 속에서 삭혀야 했지만 지금은 전기밥솥에서 삭힙니다. 박, 무, 시레기, 고추, 다시마, 버섯, 부추 등 일곱 가지 채소에 집장가루를 섞어 소금으로 간하고 전기밥솥에서 삭힌 다음 항아리에 보관하면 됩니다."

10여 년 전에 부친을 먼저 보내고, 몇 년 전에 종손의 모친마저 세상을 떠난 종가를 젊은 종손과 종부가 지키고 있다.

"어린 시절을 보낸 집이어야 커서도 살고 싶은 마음이 생깁니다. 편리한 아파트 생활에 익숙해져 있는데 어른이 돼서 고택에 살려고 하면 살아지겠습니까? 저도 여기서 어린 시절을 보냈기 때문에 아무 불편이 없습니다. 우리 아이들도 마찬가지입니다. 집을 보수하면서 내가 낸 세금보다 수십, 수백 배의 혜택을 받은 저로서는 문화재인 집을 지키는 것으로 작게나마 보답을 한

◀ 일곱 가지 채소에
집장가루를 섞어
삭힌 집장.

▶ 직접 빚은
청주와 잘
어우러지는 육포와
대구보푸라기.

다는 생각을 갖고 있습니다.”

　가파른 흙길을 오르내리며 비가 오면 질퍽거리는 흙마당을 밟으면서 일년에 10번이 넘는 제사 준비와 수많은 손님, 아이들 교육 뒷바라지까지 40대 종부로서는 감당하기 벅찬 일임에도 종부는 긍지와 보람으로 여긴다고 한다.

　우리 모두의 고향 같은 곳, 세계문화유산이라는 거대한 타이틀이 아니라도, 종가 사람들의 애향심만으로도 양동마을의 미래는 밝아 보였다.

산허리에 앉혀진
종가는 5대조
할아버지가 지은
이래 그 모습을
그대로 보존하고
있다.

"이게 바로 4대조 시할머니가 담그신 약간장입니다. 시어머니께서는 가족이
나 이웃에 피부병이 심하거나 몸이 크게 아픈 사람에게 나누어 주되 귀한 것
이니 먹지는 말라고 하셨습니다."

오랜 세월 숙성된 장은 음식 맛을 내는 역할을 뛰어 넘어 약이 된다고
말하는 이동범(취재 당시 78세) 할머니는 조선 선조 때의 문신 이광정(李光庭,
1552~1627) 선생의 후손인 이원희(李元熙) 종가의 종부다. 이 가문의 보물은
조상이 내린 진귀한 유물이 아니다. 종부들의 내림솜씨로 빚은 120년 묵은
약간장과 수십 년 된 골동품 된장, 30년 된 고추장이 보물이다. 칠갑산 청정
수를 흘려보내기 아까워 장을 담근다는 종부와 마을 산과 들에 피어나는 갖
가지 야생화로 꽃떡을 만들고 꽃차를 다려 이웃과 나누는 막내딸 이남숙(취
재 당시 46세) 씨가 골 깊은 산촌의 맛과 멋을 대물림하고 있었다.

충남의 알프스라 불리는 칠갑산(七甲山) 하면 "콩밭 메는 아낙네야~"로
시작되는 노랫말이 먼저 떠오른다. 그 산길을 한 번도 걸어보지 않은 사람은
노랫말만 듣고 골이 깊은 산이겠거니 생각하지만 명성과는 달리 산의 높이는
561미터에 불과하다. 그러나 봉우리가 줄줄이 이어져 아흔아홉 고개로 불릴
만큼 골짜기는 깊다. 골이 깊으니 울창한 숲이 그득 차 있고, 키 큰 나무 아래
엔 갖가지 산나물이 자라고, 이름 모를 야생화가 맑은 공기 마시며 기분 좋게
살고 있다. 맛좋은 석간수도 흐른다.

웰빙 생활을 꿈꾸는 사람들에겐 천혜의 조건을 갖춘 이곳에 눈길이 쏠
리는 건 당연하다. 그래서 칠갑산은 도립공원으로 지정됐고, 산 서쪽에는 자
연 휴양림도 조성돼 있다. 여기에 산 겨드랑에 안겨 사는 사람들의 소박한 신

앙심의 표현으로 남아 전하지는 나무 장승도 볼거리다. 골이 깊은 덕에 전쟁 때에도 총알 소리 한번 듣지 않았고, 거센 새마을운동 바람에 다른 곳 들녘의 장승들이 미신으로 치부되어 뿌리 뽑혔어도 이곳의 장승들만큼은 사람들의 삶 속에서 온전히 지켜질 수 있었다. 그 때문에 해마다 4월 하순엔 장승공원에서 장승축제가 열린다. 그뿐만 아니라 정월대보름 하루 전날엔 마을의 화합을 이루어내는 동화제도 열린다. 집집마다 나무 한 짐씩을 가져와 쌓아놓고 동아줄을 만들어 태우면서 마을의 안녕을 비는 행사다.

오래전 서울 현대백화점 압구정점에서 이색적인 전시가 열린 적이 있다. 그림 전시도, 도자기 전시도 아닌 간장과 된장 전시였다. 먹을거리도 오래 묵히면 '골동품'이 된다는 취지로 열린 이 전시를 보러 갔다가 세상 나서 처음으로 30년 된 고추장과 15년 된 된장을 맛볼 수 있었고 120여 년 된 간장 이야기도 들을 수 있었다. 진귀한 장을 선보인 댁이 연안 이씨 삼척공파 이원희 종가라 하여 더욱 솔깃했다. 종가 글을 쓰는 사람에겐 더 없이 좋은 글감이어서 취재 협조를 구했지만 그때마다 "봄꽃이 피거든 오시죠. 겨울 메주 쑬 때가 좋지 않겠어요?"라며 품위 있게 거절하며 세상에 노출되는 것을 원치 않았다. 2년여 공을 들여 드디어 꽃비 내리는 어느 봄날 취재에 성공했다.

제 비 도 집 을 지 을 수 없 는 낡 은 집

종가는 고추와 구기자로 유명한 청양읍에서 승용차로 20분 거리에 있었다. 천년 고찰 장곡사 방향으로 길을 잡아 꿈길 같은 벚꽃터널을 지나고 마을의 수호신 장승공원도 넘어 아홉 구비를 돌았을까, 차 한 대 겨우 드나들 수 있는 산허리에 조촐해 뵈는 고택이 있었다. 한때는 50여 가구가 더 살았다는 마을도 이젠 허리 굽은 노인들만 남아 꽃철이 아니었다면 썰렁한 느낌마저 들었을 산마을 풍경이었다.

산허리에 집을 앉혔지만 종가는 역시나 종가였다. 솟을대문은 아니어도 대문간 채가 따로 있고 안으로 들어서면 오른편에 'ㄱ'자 모양의 본채가 저수지를 바라볼 수 있는 풍광 좋은 방향으로 앉아 있다. 그런데 집이 너무 낡았다. 5대조 할아버지가 지은 이래로 전면 개축 없이 부분적인 보수만 하고 살다 보니 이제는 처마가 한쪽으로 기울고 흙이 떨어져 제비도 마음 놓고 집을 지을 수 없을 지경이다. 가을쯤에 대대적인 보수를 계획하고 있었다.

종가의 부엌엔 그 흔한 싱크대도 없다. 아궁이에 무쇠솥 3개가 입향조

아픈 사람들에게
나눠 주며 약으로
쓰되 절대 먹지는
말라고 이르셨다는
120년 묵은 간장.

...

때 앉혀진 옛 모습대로 있다. 부엌 한편엔 칠갑산이 흘려보내는 산수를 모아 수도꼭지를 달아 쪼그리고 앉아서 채소를 씻는다. 부엌에서 사용하는 그릇도 100년 전의 것들이다. 지금도 불을 지펴 물을 끓이고 음식을 만들고 방을 덥힌다. 화장실도 재래식이다. 헛간에는 전통적인 농기구가 옛 모습 그대로 있다. 집 뒤엔 대나무 숲이 푸르게 성성해 유현함이 감돌았다.

종가에서 눈길을 끄는 건 역시 장독대다. 안채 뒤에 단을 쌓아 줄지어 서 있는 독에 봄 햇살이 내리 비치고 있었다. 밤까지 내리던 봄비는 말갛게 개었고, 한지로 입을 봉한 배부른 장독은 종가의 내력만큼이나 나이가 많아 보였다. 120년 묵은 간장, 40년 된 간장, 15년 된 된장 고추장, 3년 된 식초 등이 달콤 짭조름하면서 새콤한 향기를 내품는다. 군침이 입안 가득 돌았다.

장독대에서 종부 이동범 할머니께 인사를 드렸다. 쪽빛 치마에 하얀 모시 저고리, 정갈한 행주치마를 두른 노종부는 자연을 닮아 있었다. 부드러운 몸의 자태가 야산 능선을 닮은 듯하고 함초롬하게 벌어지는 꽃잎 같은 웃음도 그러했다. 평생 큰소리 한번 쳐보지 않았을 듯하다. 노종부는 정겨운 손길로 큰 독 사이에 가려 있는 조그마한 장단지를 신주단지처럼 귀하게 들어 보여주었다.

소나 돼지도 새끼 낳으면 된장국을 먹이다

"이게 바로 4대조 시할머니께서 담그신 간장입니다. 시어머니께서 몸이 많이 아프거나 피부병이 심한 사람들에게 나눠 주며 약으로는 쓰되 절대로 먹지는

연안 이씨 삼척공파 이원희 종가

말라 하셨습니다. 저도 시집온 이후 다섯 번 정도 장독을 열어봤을 뿐입니다. 신령스런 기운이 감돌아 함부로 뚜껑을 열수가 없었어요."

신비의 간장 항아리를 조심스레 들여다봤다. 색이 유난히 까맣다. 장이 오래되면 햇볕에 졸아들어서 조청처럼 된다는 말을 들었지만 이 댁의 장은 옹달샘을 들여다보듯 맑았다. 손가락을 넣어 장맛을 감히 볼 수가 없었다. 이 진귀한 간장독 뚜껑을 열어볼 수 있는 사람은 종부뿐이다. 함부로 열면 안 된다는 돌아가신 할머니의 유훈 때문이었다. 햇볕에 졸아드는 양만큼 햇간장을 섞어야 하지만 노종부도, 그 시어머님도 부정을 탈까 봐 그렇게 하지 않았다고 한다.

그 옆으로 50년 된 간장, 15년 된 된장들이 줄을 서 있다. 1978년에 만든 고추장단지는 이미 그 연륜을 뽐내기 위해 전시장으로 나가고 없었다.

"장을 담그는 날은 봉토(峰土)라고 해서 깨끗한 흙을 대문 앞에 봉우리처럼 쌓아둬요. 그러면 '이 집은 오늘 장을 담는 구나' 하며 방문객도 돌아갑니다. 음력 10월 3일에는 장독대에 정화수와 팥시루떡을 올려 고사를 지냅니다. 쌀그릇에 초를 꽂아 불도 밝히지요. 장맛을 온전하게 지켜주고 집안이 무사태평하게 해달라는 기원이지요. 시어머니께서 하시던 대로 그대로 하고 있습니다."

해묵은 장을 많이 가지고 있는 게 궁금했다. "칠갑산 산물이 우리 집을 거쳐서 흘러갑니다. 그 맑은 물이 아까워 장을 많이 담그셨다고 시어머님께서 말씀하셨습니다. 콩을 수확하면 가을에 메주를 쑤어 띄운 다음 이듬해 정월에 장을 담그는데 우리 집은 햇된장이나 간장은 먹지 않아요. 3년 동안 숙성시킨 다음 먹습니다. 햇된장은 깊은 맛이 없고 오래 끓이면 떫은맛이 나지만 3~4년 숙성된 된장은 콩이 다 삭아 없어지고 색깔은 검지만 맛은 깊습니다." 된장이나 간장이 떨어지면 흉가가 된다며 절대로 장항아리를 비우지 못하게 하셨던 선조들의 훈계로 장단지에 조금씩 남겨두는 버릇 때문에 수십 년 된 장들이 자연스레 남게 된 것이라 한다.

된장 항아리에 한지를 덮는 이유도 물었다. "장맛은 햇빛이 생명이라 봄부터 여름 내 뚜껑을 열어둬야 하는데 시어머니께서는 한지로 된장 단지를 씌우셨어요. 우리 동네는 키 큰 나무들이 많아 습기가 많습니다. 종이를 덮어두면 공기 속의 습기를 종이가 흡수해 장 벌레가 생기지 않는다고 하셨습니다. 신기하게도 간장은 덮지 않아도 벌레가 생기지 않아요. 그건 소나무에서 날아오는 송화가 간장에 내려 앉아 방부제 역할을 하기 때문인 것 같아요."

종가에서는 짐승들에게도 된장을 먹인다. 소나 돼지가 새끼를 낳으면

◀ 무쇠솥으로 밥
짓는 재래식 부엌.

114

오래된 된장을 풀어 먹이고 산후조리를 시킨다. 약이 없었던 시절, 여름철 배탈이 났을 때 칠갑산 약수에 간장을 타서 마시면 갈증도 사라지고 배앓이도 나았다. 발을 삐어도 장을 붙이면 신기하게도 붓기가 가라앉았다. 벌에 쏘였을 때도 된장을 발랐고 화상 입었을 때도, 피가 멎지 않을 때도 된장을 발랐다. 가끔 오래된 된장이 약이 된다는 소문을 듣고 불치병 환자 가족이 찾아오기도 하는데 이럴 때는 조금 나눠 준다.

종가에는 장 외에도 감식초와 산야초 효소를 만든다. 가을에 떨어진 감을 깨끗이 닦아 항아리에 넣어뒀다가 3개월 후에 거르면 그게 바로 식초가 되는 것이다. 감식초는 금방 먹는 것보다 1~2년 묵혀서 먹어야 제맛이다. 또한 돌미나리, 쑥, 반디나무, 개복숭아, 수세미 등을 깨끗이 씻어 물기를 뺀 다음 항아리에 산야초 한 켜, 설탕 한 켜를 번갈아 담아둔다. 산야초와 설탕은 동량으로, 100일 동안 그늘에 뒀다가 걸러내고 다시 그늘에서 1년간 숙성시킨 후 매실청과 섞어 물에 타 마신다. 이남숙 씨는 이 효소를 마시고 오랫동안 고생했던 변비며 과민성 대장증후군도 나았다고 한다.

임금의 사위보다 은둔선비의 삶을 택하다

종부는 당시에는 늦은 감이 있는 스물다섯 살 때 두 살 아래 신랑과 혼인을 했다. 4남매를 낳을 때까지 시부모를 모시고 종가에서 살다가 직장과 자녀 교육 때문에 서울 살림을 했다. 종손이 퇴직하자 종가로 돌아왔다. 맏아들 이삼규(취재 당시 54세) 씨는 서울에서 생활한다. 이날은 해외 출장으로 참석하지 못하고 둘째 아들 이석규(취재 당시 49세) 씨가 족보를 보여주며 가문의 내력을 설명했다.

"우리 본관은 연안으로 삼척부사를 지냈던 이말(李抹)을 중시조로 모시

고 있습니다. 이말의 증
손자이자 선조 때 청백
리였던 이광정 할아버
지를 가문의 인물로 내
세우고 있고요. 5대조
할아버지 '원'자 '희'자
께서는 평양에서 사셨
는데 옹주의 부마 후보
에 오르게 되자 왕가와
의 인연은 화가 따른다
고 여겨 부모의 병을 핑
계로 산골마을인 이곳
까지 피해 오셨다는 이
야기를 들었습니다."

윗대에도 왕손과
의 인연으로 유배생활
을 하는 걸 보고 차라리 은둔선비의 삶을 선택했던 것 같다고 한다. 그 때문
에 가족 모두가 난세에도 희생 없이 무탈할 수 있었다고 한다. 종손의 아들까
지 6대째여서 종가라고 할 수 없지만 4대 봉제사를 정성껏 모시고 옛 집을 지
키며 가문의 법도대로 살아가려고 노력한다는 말도 덧붙였다.

100가지 꽃차에서 100가지 향기를 얻다

종가의 안방과 건넌방은 꽃향기로 가득했다. 따뜻한 온돌방에 종이를 깔고
꽃을 말리고 있었다. 매화, 남산제비꽃, 머위꽃, 목련꽃, 수선화, 진달래, 산
수유꽃, 산동백꽃, 복숭아꽃, 하얀민들레, 제비꽃, 박태기꽃, 현고색꽃, 꿀
풀, 냉잇꽃, 개나리, 인선화(때죽나무) 등 봄꽃들이다. 막내딸 이남숙 씨가 짓
는 꽃차 농사다. "일반적인 추수는 가을이지만 저는 봄이 수확의 계절입니다.
꽃은 봄에 많이 피거든요. 잠깐 피었다가 사라지는 꽃을 따서 말려야 하기 때
문에 꽃차 농사는 부지런하지 않으면 어려워요."

꽃차는 반드시 봉오리여야 한다. 꽃을 딸 때는 이슬이 마르기 전이 좋
고, 봄꽃은 꽃잎이 많아 따뜻한 방에 종이를 깔고 꽃잎이 달라붙지 않도록 놓
아두면 이틀이면 마른다고 한다. 다 마른 꽃은 병에 습기제거제와 함께 넣어

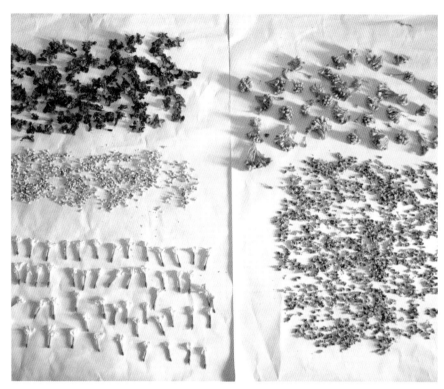

꽃향기가 가득한
종가의 안방과
건넌방. 따뜻한
온돌방에 종이를
깔고 꽃을 말린다.

냉장고에 보관하면 된다. 그냥 두면 꽃 색이 변하기 때문이다. 여름 꽃은 독성이 있어 먹는 꽃인지 알아보고 말려야 하고, 서리 내린 가을꽃은 독성이 거의 없다고 했다.

"커피나 녹차를 마시면 카페인 때문에 잠을 이루지 못하는 어머니께는 백화차를 드립니다. 봄부터 여름, 가을, 겨울까지 말려둔 100가지 꽃을 한데 모았다고 해서 백화차(百花茶)라고 부릅니다."

남숙 씨가 꽃차에 관심을 둔건 꽃꽂이 강사로 활동하면서였다. 생화를 압착시켜 틀에 넣어 만드는 압화(壓花)를 만들다가 어느 날 문득 꽃 떡을 찌던 할머니 모습이 떠올랐다. 할머니는 제사 때가 되면 그 철에 피어난 꽃으로 화전도 만들고 백설기를 쪘는데 꽃 따는 심부름은 언제나 남숙 씨가 도맡았다. 할머니가 쪄낸 꽃떡이 하도 예뻐서 먹지 못하고 바라만 봤던 기억이 새로워 떡을 만들었으니 차로 마셔도 되겠다는 생각이 들어 5년 전부터 꽃차의 매력에 푹 빠져들었다.

"지난해 꽃꽂이 전시회 때 전시장을 찾는 분들에게 꽃차를 내놓았더니 꽃꽂이 감상보다 꽃차 향기에 더 빠져들더라고요."

상품화를 시켜 나누어 마시자고 하지만 재배하는 꽃도 아니고 집 둘레에 저 혼자 피고 지는 청초하고 소박한 야생화는 그다지 많지 않아 상품화는 어렵다고 했다. 꽃차는 유리 주전자가 좋다. 꽃이 뜨거운 물을 만났을 때 변하는 모습을 볼 수 있기 때문이다.

50cc 한 잔의 꽃차를 만들려면 작은 꽃송이 다섯 송이를 넣고 뜨거운 물을 한김 날린 후 부어 1분 정도 우리면 된다. 세 번은 우려 마셔야 꽃차 맛을

수선화와 진달래로
장식한 꽃떡과
냉꽃차에 쓰이는
꽃얼음.

◀된장으로 맛을 낸
된장돈가스.

▲토속적인 맛의
된장수제비.

▶첫 잔은 색깔, 둘째
잔은 향기, 셋째 잔은
맛으로 마시는 꽃차.

제대로 볼 수 있다고 한다. 첫 잔은 색깔, 둘째 잔은 향기, 셋째 잔은 맛으로.

된장 돈가스, 된장 샐러드, 된장 수제비

이 댁의 내림음식은 해묵은 장으로 맛을 낸 것이 대부분이다. 너무도 훌륭한 음식을 맛보며 표현의 한계를 느낄 정도였다. 무쇠솥에 멸치, 북어포, 파뿌리, 버섯, 다시마와 칠갑산 맑은 물을 부어 한 시간 정도 푹 끓여 우린 국물에 해묵을 된장을 풀고 쫀득쫀득한 밀가루 반죽을 도마에 올려 국자 손잡이로 뚝뚝 떠 넣은 수제비는 100년 전 수제비 맛이 이러했을까 싶을 정도로 토속적인 맛이었다. 된장과 잘 어울리는 아욱을 넣어 맛의 상승효과는 더했다.

된장 돈가스는 양념장이 관건이다. 집에서 만든 효소에 된장을 걸쭉하게 풀고 생강가루, 후춧가루, 참기름을 넣은 양념장에 고기를 한 시간 정도 재워뒀다가 밀가루, 달걀물, 빵가루를 입혀 튀겨낸 것이다. 곁들이는 봄나물 샐러드의 드레싱은 집에서 만든 효소와 감식초를 같은 비율로 섞고 된장으로 간을 했다. 이외에도 된장국물에 고기와 버섯, 산야초를 즉석에서 익혀 먹는 샤브샤브도 별미였다. 가래떡에 꿀을 묻혀 진달래와 수선화를 올린 진달래 가래떡은 젓가락을 멈칫하게 만드는 아름다운 꽃편이었다.

"계급사회였던 예전 같으면 그릇 만드는 일은 하급계층에서나 하는 일이라며 아버님이 적극 만류하셨지요. 하지만 제 내면세계에서는 예술의 끼가 꿈틀거려 대구대학교 도예과를 선택했습니다."

경북 청도군 이서면 금촌리 청도요에서 도자기를 빚고 있는 이형석(취재 당시 44세) 씨는 재령 이씨 사정공파 중추공 이이(李栭, 1616~1674)의 13대 종손이다. 그는 사발을 굽기 위해 가마에 불을 지필 때도, 서원에 모셔진 조상님을 뵈올 때도 직접 만든 깨끗한 찻잎으로 차 한잔을 올려 감사함을 고하는 차인이었다. 어머니 이숙자(취재 당시 68세) 씨의 내림솜씨, 감잎튀김을 담기 위해 감잎 닮은 접시를 만들고, 500년 이어온 집성촌 가문의 자존심이 투영된 사질백자 술잔도 디자인했다. 종손은 그 높고 아름다운 전통의 향기를 자신의 예술세계로 승화시켜 삶이 얼마나 충만하고 아름다운지 보여주고 있었다.

어느 봄날 서울 인사동에 있는 통인화랑에서 열린 '차그릇(茶碗) 전시장'에서 종손 이형석 씨를 만났다. 그릇을 만든 다음 분장토에 덤벙 담갔다 해서 덤벙다완이라 부르는 찻사발, 살색과 회색, 회청색, 백색 등의 분청다완(粉青茶碗)은 물론 올이 굵은 풀비 같은 것으로 그릇 표면에 분장토를 붓질하여 완성한 귀얄기법 항아리 등 오랜 작가생활을 한눈에 보여주는 전시였다. 특히 장작가마에서 구운 그릇에서만 볼 수 있는 유약과 불의 요변(窯變)으로 생겨난 매화피 그릇은 차인이라면 누구나 탐하는 찻그릇의 백미로 눈이 부셨다.

차를 마시면 다식도 따른다. 그래서 찻그릇과 다식그릇은 한 쌍이다. 이형석 씨는 차완에 어울리는 다식그릇에 자신의 정체성을 담은 듯했다. 감나무 이파리 모양의 그릇에 짙푸른 감잎색으로 유약 처리를 한 접시에서 작가의 정신세계가 엿보였다.

도자기 굽는 종손을 만나다

편해 보이는 옷차림에 뒤로 넘겨 하나로 질끈 묶은 긴 머리, 범상치 않아 보이는 눈빛을 가진 그에게 말을 걸었다. "이 그릇은 감잎을 닮았네요. 고향이 어디세요?" 작품 해설을 부탁한 게 아니라 고향을 묻는 결례에도 그는 부드럽게 답해주었다. "경북 청도입니다."

그는 씨 없는 감으로 유명한 청도 사람이었다. 그가 재령 이씨 청도파 집성촌의 400여 년 넘은 명문가 종손이란 사실을 알아내는 데 오랜 시간이 걸리지 않았다. 재령 이씨라면 정부인 장씨(貞夫人 張氏, 1598~1680)가 떠오

른다. 우리나라 최초의 한글 요리서인 『음식디미방』을 지은 분이다. 장씨 부인은 안동 장씨 장흥효의 외동딸로 재령 이씨 가문으로 시집을 갔다. 당시 병자호란 등 국란으로 어려웠던 시대에 몰락해가는 가문을 일으키고 아들 일곱을 모두 대학자로 키운 훌륭한 어머니다. 타고난 문장과 특출한 예술적 감각으로 그 시대 여인으로서는 드물게 시와 그림 등의 작품을 남긴 예술가이기도 하다. 경상도 지역에선 신사임당 버금가는 어머니 상으로 우러르는 재령 이씨 가문을 빛낸 인물 중 한 분이다.

종손은 장씨 할머니를 잘 알고 있었다. 훗날 장씨 할머니가 만들었던 150여 가지 요리와 어울리는 그릇을 만들어 '디미방 음식과 후손의 그릇맛'이란 주제로 전시를 하려는 꿈도 가지고 있다.

100집도 넘는 종가를 다녔지만 도자기 굽는 종손은 이번이 처음이다. 전통사회라면 어림도 없었을 도예가의 길, 그러나 변하는 시대에 걸맞은 종손의 이야기를 듣기 위해 종가를 찾아보기로 했다.

재령 이씨 내력과 종가의 인물들

청도는 감의 고장답다. 마을 곳곳엔 잎새 푸른 감나무로 빈터 하나 남기지 않았다. 재령 이씨들이 모여 사는 500년 세거지(世居地), 경북 청도군 이서면 금촌마을은 초록의 감잎으로 물들어 있었다.

입향조가 심었다는 은행나무, 조상의 제례를 준비하는 백인당(百忍堂), 어머니 묘소에서 시묘(侍墓)를 살다 병을 얻어 세상을 떠난 이결의 효자비각도 이 마을 조상들의 이야기다. 그러나 종가는 고택이 아니었다.

"저 어렸을 적만 해도 초가 3칸에서 살았습니다. 벼슬에 나서지 않고 글만 읽는 청빈한 선비의 삶을 지향했던 선대 할아버지 이야기에 긍지를 갖고 자랐지요. 새마을운동으로 지붕을 양옥으로 얹었지만 집터는 중추공 할아버지 이후 400년 전 그대로입니다."

종손은 안동의 하회마을 같은 고택이 아닌 게 마음에 걸리는 모양이다. 종가로 들기 전 마을 어른부터 뵈야 한다며 재실로 안내했다.

종친회장을 지낸 이병근(취재 당시 82세) 선생, 종친회장 이병진(취재 당시 74세) 선생, 금호서원 유사직을 맡고 있는 이병경(취재 당시 69세) 선생 등 병자 돌림의 마을 어르신들이 손님을 따뜻하게 맞아주었다. 접빈객 봉제사가 양반의 기본 법도인지라 그 예법을 철저히 지켜가고 있다.

"저희 재령 이씨의 뿌리는 경주 이씨에서 비롯됩니다. 시조 이우칭(李禹
偁)은 경주 이씨 시조인 이거명(李居名)의 7세손으로 고려 때 문하시중을 지
냈고 재령군(載寧君)에 봉해졌습니다. 재령은 황해도 가운데에 위치한 지명
입니다. 그로부터 식읍으로 하사받은 재령을 관향으로 경주 이씨에서 분적해
본관을 재령으로 하고 있습니다." 성씨의 내력을 들려준 종친회장은 이 마을
의 정신은 충과 효라 했다. 임진왜란 때 전장에 나가 승리로 이끈 조상 두 분
을 자랑스레 모시고 있으며, 노환으로 누워 계시는 부모님의 대소변을 받아
내면서도 병든 부모를 노인병원에 장기 입원시키는 일도 이 마을에선 아직
없다고 한다.

재령 이씨들이 경북 청도에 터를 잡게 된 것은 고려 공민왕의 외손인 이
일선(李日善)의 증손 이계손(李繼孫) 때부터이다. 이일선은 고려의 국운이 기
울자 경남 밀양으로 거주지를 옮겨 은거생활을 하다 생을 마쳤는데 그에게는
아들이 여섯 있었다. 청도 금촌마을에 터를 잡은 이계손은 둘째 아들 이술(李
戌)의 손자다.

고부군수를 증직 받은 이계손은 군수 시절 선정을 베풀어 청백리로 추
앙받은 인물로 동철비(銅鐵碑)가 세워지기도 했다. 유학자적 삶을 살겠다는

경북 청도재령
이씨 집성촌에 있는
금호서원.

뜻을 담아 집 앞에 은행나무를 심어 절의를 숭상했던 선비다. 입향조 대종가는 이 마을에 없고 현재 종가로 불리는 집은 증통정대부첨지중추부사를 지낸 이이의 종가 한 집뿐이다. 이형석 씨는 이이의 13대 종손이다.

종가에서 500여 미터 떨어진 곳에 있는 금호서원(琴湖書院)에는 마을 사람들이 자랑스레 내세우는 두 인물이 배향돼 있다. 임진왜란 때 공을 세운 식성군 이운용(息城君 李雲龍, 1562~1610) 선생과 이백신(李白新, 1539~1604) 선생이다. 이운용 선생은 일찍이 무과에 급제하고 임진왜란에 출전했다. 그가 이끄는 군대의 전세가 어렵게 되자 전라수군 이충무공에게 도움을 청해 충무공의 군사와 연합하여 옥포 등 해전에서 큰 승리를 거두어 삼도수군통제사에 올랐다. 그러나 어머니가 세상을 떠나 장례를 치르기 위해 고향에 갔다가 병영을 비웠다는 이유로 탄핵받아 귀양살이를 했으나 곧 풀려나 병조판서로 추증된다.

입향조의 증손자인 이백신 선생 역시 임진왜란 때 의병을 일으켜 10년간 싸움터에서 보낸 충신이었다. 임진왜란을 승리로 이끌자 '훈련원 첨정'의 벼슬을 받고 선무원종공신으로 포상을 받는다. 나라가 안정된 뒤에는 고향으로 돌아와 선비들과 힘을 모아 임진왜란 때 허물어진 향교를 보수하고 향헌(鄕憲) 열 가지와 향규(鄕規) 다섯 가지를 만들었다. 마을의 풍속과 질서를 바로 잡고 후학 양성에 힘쓰는 선비의 삶을 살다 향년 66세로 세상을 떠났다.

이 마을 사람들의 보물은 보물로 지정된 식성공의 교지와 지방문화재로 지정된 유서(諭書), 상서(上書) 석 장이다. 종손은 이날 금호서원에 들러 자신이 만든 찻잔에 햇차 한잔을 올려 고유를 했다.

"저희는 식성군 할아버지의 직계 후손은 아닙니다만 할아버지를 추모하는 마음으로 서원을 보수하고 유림들과 상의해서 관리를 하고 있습니다." 유사직을 맡고 있는 이병경 선생이 서원에 대한 유래를 들려준다. 서원은 대월산(對月山)을 뒤로하고 슬산(瑟山)을 바라보며 푸른 저수지를 앞에 둔 명당에 자리해 있었다. 본래는 종가 옆 은행나무 옆에 있었는데 대원군의 서원 철폐로 문을 닫았다가 지금의 자리에 옮겨졌고 문화재 자료 제308호로 지정돼 있다. 봄가을로 향사를 모시고 있다.

종가의 내림음식, 귀신 쫓는 두릅장아찌

종가에는 노종부를 도와주기 위해 찾아온 문중 할머니들로 북적거렸다. 500년 세거지라 하지만 젊은 사람들은 도시로 떠나고 50여 호 남짓한 집을 지키는 건 칠순 넘은 노인들이다. 이 마을엔 97세 할아버지와 96세 할머니가 자식 도움 없이 금실 좋은 모습으로 잘살고 있는 장수 마을이다. 마을 사람 모두가 친족들이라 서로를 의지하며 살아가는 모습이 도시의 각박한 정서와는 달리 훈훈했다. 골 깊은 주름 사이로 피어나는 왁자한 웃음소리, 정겨운 대화, 구수한 음식 냄새도 머지않아 이들이 세상을 떠나면 사라질 텐데 하는 생각이 들어 잠시 가슴 한쪽이 시려왔다. 도시생활에서는 맡을 수 없는 흙냄새 풍기는 사람의 향기에서 에너지를 받아서인지 아무리 먼 종가를 다녀와도 피곤하지 않다.

종가 뜰에서 캔 쑥으로 만든 쑥 인절미, 시원하면서도 달콤한 감주와 곶감말이, 술안주 육포와 과일 등 한상 가득 다과상이 법도 있게 차려졌다. 이어 교자상 가득 차려 나온 점심상에 놓인 갖가지 장아찌는 마치 장아찌 전시장에라도 온 듯 그 종류가 무척이나 다양했다.

"채소가 많은 철에 간장, 고추장, 된장 등에 넣어 저장해뒀다가 그 채소가 귀한 철에 먹지요. 봄에는 머위, 참나물, 가죽, 두릅, 마늘종, 풋마늘 등으로 장아찌를 만들고, 여름엔 매실, 오이, 가지, 참외, 깻잎, 고추로 장아찌를 담급니다. 가을엔 무, 감이 장아찌 재료가 되고요." 노종부 이숙자 할머니의 손맛이 녹아든 장아찌 비법을 배워 왔다.

"봄나물은 어린순으로 장아찌를 만들어야 부드럽고 향기롭습니다." 두릅장아찌는 어린 두릅을 채취해서 씻은 다음 소금에 2시간 정도 살짝 절인

다음 건져 그늘에 말린다. 진간장과 고추장, 물엿을 적당히 섞어 두릅이 보이지 않을 정도로 덮은 다음 열흘쯤 됐다가 냉장고에 넣어 두면 1년 내내 향긋한 두릅장아찌를 먹을 수 있다.

할머니 한 분이 두릅장아찌에 대한 옛 습속을 들려줬다. "온몸이 날카로운 가시투성이인 두릅나무에서 채취한 두릅을 먹으면 호랑이나 늑대 같은 짐승뿐 아니라 처녀귀신, 총각귀신, 전쟁 때 억울하게 죽은 한 많은 귀신들이 두릅의 가시 때문에 접근하지 못한다는 주술적인 이야기가 있습니다. 교통이 발달하지 않았던 예전엔 이웃 고을을 오갈 때 귀신 쫓는 나물이라 하여 두릅장아찌를 반드시 먹고 밤길을 떠났기 때문에 집집마다 두릅장아찌는 떨어지지 않았지요."

머위장아찌는 흔히 맛볼 수 없는 별미다. 뾰족이 고개 내민 머위를 씻어 물기를 없애고 다른 양념 없이 진간장에 담가뒀다 물기가 생기면 따라내 다시 끓여 붓기를 서너 번 정도 반복하면 짭조름하고 쌉쌀한 머위장아찌가 된다. 여름날 보리밥을 물에 말아 먹을 때 머위장아찌는 최고의 반찬이다. 어린 참나물도 머위와 같은 방법으로 장아찌를 만들고, 가죽잎은 씻지 말고 소금 간을 했다가 소금물을 따라 버리고 물기를 없앤 다음 고추장에 넣어두면 아삭하게 씹히는 맛과 가죽의 독특한 향기로 손님상에나 올리는 고급 장아찌다. 감으로도 장아찌를 만드는데 땡감을 씻어 물기를 없애고 된장에 박아두

◀ 보드라운 감나무 잎으로 만든 감잎튀김.

▼ 구수한 별미 추어탕.

▶ 철마다 나오는 채소를 이용해 만든 장아찌.

었다가 삭으면 꺼내 먹기 좋은 크기로 썰어 참기름에 무쳐내고, 무도 살짝 절여 물기를 없앤 다음 된장에 박아뒀다 양념해 먹는다.

이날 점심상에 오른 감나무잎 튀김은 종가 음식의 백미다. 감잎으로 튀김을 한다는 생각을 해낸 종부의 아이디어는 특허감이다. 구수한 맛이 별미인 추어탕도 상에 올랐는데 미꾸라지를 믹서에 갈면 내장 때문에 쓴맛이 나므로 체에 밭쳐 뼈를 발라내야 제맛이 난다고 비법을 귀띔하는 것도 잊지 않았다. 제피가루 곁들이는 것도 잊지 말아야 한다.

전주 이씨 효령대군 후손인 이숙자 씨는 스무 살에 종가에 시집을 왔다. 할아버지가 한학자였고 아버지는 마을 이장을 지내 살림살이가 괜찮았는데도 여자는 한글만 깨치면 된다 하여 초등학교만 다녔다. 양반의 법도를 중히 여겼던 당시만 해도 혼인은 가문끼

종가 살림을 묵묵히 꾸려나가는 종부 이숙자 씨.

리 맺어졌다. 할아버지 명으로 아무 것도 모르고 종가에 시집와 가세가 넉넉지 않은 살림에 고생도 많이 했다. 하지만 10년 전 남편이 교통사고로 세상을 떠나기 전만 해도 3남 2녀를 키우면서 행복했다고 한다.

"시할아버지께서 양자로 오셨기 때문에 생가 제사 4번과 본가 제사 11번 등 기제사만 15번을 모셨습니다. 어른들께서 다 돌아가신 후 제사를 줄였지만 지금도 1년에 기제사만 10번 정도 지내지요."

남편을 먼저 보내고, 권리는 없고 의무만 남은 종가 살림을 아들과 함께 근근이 꾸려나간다는 노종부의 표정엔 완급의 세월을 살아온 너그러움이 배어났다.

농사와 그릇 빚는 일은 다르지 않다

종가에서 700여 미터 거리에서 서원과 종가를 바라볼 수 있는 야트막한 둔덕 위에 맑은 물 찰랑대는 저수지와 나란히 종손의 도요지가 있었다. 차나무 울타리와 잔디 마당엔 도자기 작품이 널려 있어 도요지 그 자체가 풍경이었다. 500여 평의 넓은 터에 그릇 굽는 가마와 물레 젓는 작업장, 차 마시는 전시

불붙은 가마 앞에
차 한 잔을 올려
조촐한 제상을
차린 종손. 그릇이
잘 구워지도록
도와달라고
염원한다.

공간, 서재 등 눈길 가는 곳마다 그야말로 예술이다.

지난봄 차밭에서 지인들과 만들었다는 황차를 다려줬다. 찻물을 만나면 그릇에서 매화 무늬가 피어나는 분청잔에 특별히 따라준 차맛은 분위기 탓인지 각별했다.

"아무리 달라진 세상이라 해도 그릇 굽는 일은 아랫사람들이 할 일이지, 품격을 갖춰야 하는 종손은 안 된다며 국문과에 지원하라는 아버지의 말씀을 어기고 도예과를 선택했습니다. 대학 다닐 때 강의를 오셨던 이복규 선생님의 가르침으로 차를 배우고 차그릇의 매력에 빠져 지금까지 물레질에서 손을 떼지 못하고 있습니다."

정좌하고 물이 끓기를 기다려 찻잎을 다관에 넣고 김이 모락모락 나는 찻물을 붓는다. 그렇게 1분의 기다림 끝에 얻어지는 녹차맛에 정신까지 혼미했다는 종손은 그때부터 흙과 차를 벗 삼아 세월을 보내고 있다.

"대학 다닐 때만 해도 할아버지, 아버지가 다 계셔서 종손의 소임이 그렇게 막중한 줄 몰랐습니다. 대학원을 마치고 일본 유학을 준비하고 있었는데 아버지가 갑자기 교통사고로 세상을 떠났고 할아버지, 할머니 상을 연이어 치렀습니다. 1년에 15번의 제사와 설·추석은 물론 가을 시제와 문중회의 참석 등 종손의 소임은 생각보다 막중했습니다. 그 역할을 다 수행하다 보니 직장을 가질 여유조차 없었습니다."

종손은 종손 수업과 집안 사정으로 혼인이 늦었다. 나이 마흔에 초등학교 교사인 정은아(취재 당시 39세) 씨를 만나 결혼, 예쁜 딸을 두고 있다. 이날 종손은 가마에 불을 붙였다. 불붙은 가마 앞에 차 한잔을 올린 조촐한 제상을 차려 천지신명에게 허리 숙이고 무릎 굽혀 두 번 절했다. 그릇이 잘 익도록 도와달라고 염원을 했다.

"앞으로 전시할 작품은 제기와 다구입니다. 제기는 집에서 사용하고 있는 목기를 바꿔야겠다는 종손으로서의 의무감 때문이기도 합니다. 백자 제기를 만들 것인데 백자는 유학적 사유가 깃든 그릇이거든요."

제기뿐 아니라 아기가 태어나 첫 생일을 맞는 돌상, 성년 때 차려주는 관례 축하상, 남녀가 만나 백년가약을 맺는 혼례상, 부모님의 장수를 축하하는 수연상과 상중제례에 올리는 그릇 등 사람이 일생 살며 치르는 의례에 쓰일 그릇을 도자기로 표현해보고 싶은 마음이 있다.

가루차는 물론 잎차를 사발째 마시기를 좋아하는 종손은 도자예술의 정점이라 할 수 있는 차완의 매력에 빠져 있다. 유학자적 기질인 외유내강의 선비 정신이 분청차완에서 발견됐기 때문이다. 찻잔 하나에서 작가의 성격, 인생, 취향, 기질, 테크닉까지 엿볼 수 있는 작품에 도전하고 싶다는 포부도 가지고 있다. 직장에 얽매여 있는 것보다 도자기 만드는 일이 조금은 자유로워 종손의 소임에 충실할 수 있다는 장점도 있다 했다.

밭을 갈아 농사를 짓는 일과 흙으로 그릇 빚는 일은 다르지 않다는 외유내강형의 성향까지 이형석 씨는 하늘이 내린 신세대 종손이었다.

"아주버님이 오늘 가시는 길에 우리 집에 다녀가려 하니 진지도 옳게 잘 차려려니와 다담상을 가장 좋게 차리소. … 다담상에 절육, 세실과, 모과, 정과, 홍시, 자잡채와 수정과에는 석류를 띄워놓으시오. 곁상에는 율무죽과 녹두죽 두 가지와 꿀 종지도 놓고, 꿩고기, 대구, 청어를 안주로 구어드리게 하소."

조선시대 양반가의 손님맞이 풍경이 생생한 이글은 400여 년 전 현풍 곽씨 곽주(郭澍, 1569~1617)가 그의 둘째 부인 진주 하씨에게 보낸 한글 편지다. 지난 1989년 4월 4일 경북 달성군 구지면 도동리 뒷산에서 현풍 곽씨 참의공파 선대 조묘 이장을 하던 중 미라가 된 고인과 함께 172매의 가족 편지가 발견돼 화제가 됐다. 편지를 쓴 곽주는 임진왜란 때 홍의장군으로 유명한 망우당 곽재우(忘憂堂 郭再祐)의 종질로 명문가 후손이다. 곽주의 묘 앞에서 가을 시제를 모시는 곽주의 13대 종손 곽강제(취재 당시 68세, 전북대 명예교수) 씨를 만나 편지의 전말을 듣고 왔다. 곽주가 살았던 소례마을은 500여 년 집성촌으로 12정려각을 자랑하는 도덕적인 가문이다.

1999년 7월 종가 취재를 나설 때 490조항의 질문지를 준비했다. 빛바랜 기왓장처럼 퇴색되어 가는 우리의 전통 생활문화, 그 문화를 아스라이 지켜가고 있는 종가의 삶을 자세히 담아두고 싶어서였다.

취재한 110집의 종가에서 어느 정도 답을 얻긴 했으나 현풍 곽씨 문중에서 발견한 무덤 속 편지 172통에서 옛 사대부가의 생활문화를 생생히 확인할 수 있어 질문지에 힘을 싣게 됐다. 편지의 주인공 곽주는 현풍 곽씨 참의공파 종손으로 그가 부인에게 보낸 편지글은 종가의 삶이 그대로 묻어난 종가 이야기였다.

시대는 임진왜란 전후다. '아이들에게 한글을 가르쳐달라'는 장모에게 보낸 편지도 있다. 딸을 낳아도 괜찮으니 순산만 하라는 애틋한 남편의 마음도 볼 수 있다. 아이를 낳을 때 참기름을 먹으면 아이를 쉽게 낳는다고 비책과, 돌잡이 때 무엇을 집었는지, 관례(冠禮) 때 손님상에 올릴 음식 준비, 제사밥에도 보리쌀을 섞어라' 등 당시의 습속과 의례 등 집안의 일상적인 내용뿐 아니라, 손님을 맞이할 때의 상차림과 옷차림을 통해 당시 양반가의 접대 문화도 엿볼 수 있다. 삶의 격정을 겪게 되는 갈등, 약이 없던 시절 치료하기 어려웠던 질병들, 40여 명이나 되는 노비들을 다스리는 태도 등 그 시대 양반가의 생활상이 고스란히 드러나 있는 편지였다. 무엇보다 최초의 한글 요리서『음식디미방』보다 60여 년이나 빠른 시기에 기록된 김, 자반, 나박김치, 삼치 등의 음식 이름은 지금도 우리 식탁에 일상으로 오르는 것들이어서 친근감을 더해준다.

134

전주에서 종손을 찾다

몇 년 전 방송을 통해 편지의 사연을 접하고 곽주가 살았던 경북 달성군 현풍면 대리를 찾았으나 종손이 고향마을에 살고 있지 않아 종가 취재는 실패했다. 그 후 곽주가 쓴 난해한 고체를 알기 쉽게 풀어 책으로 묶은 경북대학교 백두현 교수의『현풍곽씨 언간 주해』를 읽고 내용의 다양성에 놀라움을 금치 못했다. 종손을 꼭 찾아 이 가문의 내력을 남기고 싶었다.

종손 곽강제 씨.

　백 교수는 곽주의 후손으로 전 대구 능인고등학교 교장직을 퇴임한 곽병숙(취재 당시 74세) 선생을 소개해줬다. 곽 선생은 전주시 완산군 완산구에 살고 있는 종손 곽강제 씨의 행적을 알려주었고 편지의 주인공 곽주의 가을 묘제 때는 종손이 참석한다고 했다.

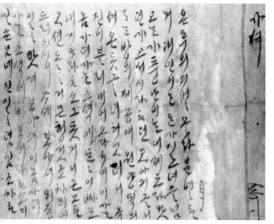
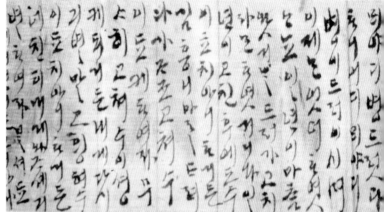

현풍 곽씨 문중에서
발견한 무덤 속
편지에서 옛
사대부가의 생활을
엿볼 수 있다.

찜고기, 양누르미, 해삼볶음 오른 제상 차림

곽병숙 선생의 마중을 받으며 대구에서 승용차로 한 시간 거리인 현풍 소례 마을에 닿았다. 이 마을은 영남 오현의 수장으로 일컫는 조선초 학자 한훤당 김굉필(寒暄堂 金宏弼) 종가가 있는 곳이기도 하다.

"한훤당 종가가 이 마을에 터 잡게 된 건 그 증조부께서 저희 선대 할머니와 혼인을 했기 때문입니다. 편지의 주인공 할아버지도 한훤당이 배향된 '도동서원'에서 지내는 서원제사에 참석하기 위해 철릭과 두건 등 의관과 서원에서 1박 할 것을 대비해 베개, 빗 등을 함께 싸 보내라고 부인에게 당부하는 편지가 있습니다. 서원제사는 당시에는 국가적인 행사여서 일정한 지위를 가지지 않으면 참석이 어렵지요." 곽 선생은 400년 전 일을 어제 일인 양 설명해준다.

오전 10시에 모시는 시제 참석을 위해 마을 가까이 있는 야트막한 야산으로 올랐다. 늦가을 정취가 익어가는 산중턱에 나란히 누운 편지의 주인공 곽주와 그 첫 부인 광주이씨, 둘째 부인 진주 하씨가 합장된 묘는 낮은 봉분으로 조촐했다. 흩뿌리던 가을비도 제사시간엔 멈춰주었다. 참의공파 종회장 곽병규(취재 당시 76세) 씨 등 후손 20여 명은 정성껏 마련한 음식을 제단 앞에 차리고 단정한 예복을 갖춘 모습으로 무덤 앞에 섰다.

높지 않은 봉분처럼 낮은 돌상에 술잔 세 개가 놓여져 세 분의 조상이 흠향할 수 있게 했다. 술잔 양옆으로 절편 한 접시와 삶은 돼지고기가 큼직하게 놓여 있다. 그 앞으로 북어, 문어, 홍합 말린 것 등 건어물을 한 접시에 담았고 명태 한 마리는 따로 놓았다. 가운데 익히지 않은 굴비 세 마리도 세 분의 안주였다. 끝 줄에는 대추와 밤, 배, 감, 사과가 낮은 접시에 담겨져 있다.

조촐한 묘제.

족보와 조상들의
묘소를 꼼꼼히
적어놓은 선친의
기록을 종손이
알아보기 쉽게
정리해놓았다.

이 상차림을 400년 전 곽주가 부인에게 보낸 편지 "제수는 여섯 가지로 차리시오"라는 내용과 비교해봤다.

"상에 올리는 제수품은 연육, 양누르미, 생꿩, 꿩탕, 해삼 볶은 것, 해삼회와 생선과 아울러 여섯 가지로 자세히 보아 차리소"라고 했는데 기록에서 보이는 음식은 한 가지도 없어 차이가 있다. 곽주가 쓴 또 다른 제수품은 연한 고기, 양누르미, 꿩탕, 해삼회, 전복회, 홍합볶음 등 여섯 가지를 차리게 했고, 안주는 염통산적, 꿩구이, 전복구이 세 가지를 한그릇에 곁들여 놓게 했다. 제물목록 2에서는 누치생선(잉어과에 속하는 민물고기), 진어생선(청어과에 속하는 바닷물고기), 붕어찜, 달걀지짐이를 올렸고, 술 석 잔을 올릴 때마다 세 가지 안주를 따로 올리게 했다. 첫 술잔엔 금린어(농어과에 속하는 민물고기)구이, 두 번째 술을 올릴 때는 회, 세 번째는 생선구이가 기록돼 있다. 종갓집에서는 다양한 제사를 모시게 되는데 제사의 성격에 따라 제물을 달리했던 모습도 엿볼 수 있어 제수품 연구에 도움이 되는 귀한 자료였다.

고향 떠나면서 애환을 느끼다

제사가 끝나자 종손은 100여 년간 고향을 떠나 살고 있는 내력을 들려주었다. "고등학교 3학년 때 아버님이 돌아가셨습니다. 아버님께서는 고향을 떠났던 내력을 간간히 말씀하셨지요. 1915년에 조부께서는 일곱 살 된 아버지와 가

솔을 이끌고 고향 소례마을을 떠나 청학동으로 이사를 가셨다고 합니다. 조상이 머물던 수백 년 고향집과 많은 농토를 두고 떠났던 이유는 자세히 알 수 없지만 하필 청학동으로 이사를 간 건 청학동은 천하의 명당으로 이상세계를 '아, 신흥 종교에 편승하지 않았을까' 하는 짐작으로만 전하고 있습니다."

그러나 청학동에서도 오래 머물지 못하고 1년 후 경남 함양 어느 강가에 집을 한 채 장만하고 살았는데 큰 홍수를 만나 살림살이를 모두 잃고 궁핍한 생활을 했지만 고향으로 돌아가진 않았다. 성공하지 못한 모습을 고향 사람들에게 보이기 싫었던 할아버지의 자존심으로 객지에서 고생만 하다 세상을 떠났다. 그러다 종손의 아버지가 한지 만드는 기술을 익혀 20여 명의 종업원을 두는 사업체로 번창하면서 경제적인 터전을 전주에서 잡게 된다. 생활에 여유가 생기자 나보다 주변을 먼저 생각하는 타고난 종손 자질의 아버지는 해방 직후 보릿고개를 이겨내지 못하는 어려운 시절에도 서커스단을 집에 데려와 종업원과 마을 주민을 위로하는 공연을 펼치기도 했다. 어머니는 배고픈 이웃을 위해 매일 죽을 쑤어 선행을 베풀었던 덕분인지 6·25 때 피난을 가지 않아도 피해를 입지 않았다고 한다.

종손 위로 3명의 형들이 있었지만 전염병으로 모두 잃고 넷째 아들로 태어난 강제씨가 종손이 됐다. 강 교수의 종손 수업은 중학교 시절부터 시작된다. 아버지는 종손에게 붓글씨를 배우게 하면서 제사를 모실 때는 지방을 쓰게 했고, 축문도 붓글씨로 쓰라 했다. 아버지가 고향 마을에 다녀 올 때마다 조상들의 묘소 위치를 지도처럼 꼼꼼하게 그려 두었다. 색 바랜 그 육필 노트는 돌아가실 때 아들에게 유물로 주실 만큼 자신의 뿌리, 고향 마을을 잊지 못했다. 마지막 유언도 "고향을 잊지 말고 찾아라"는 말을 남기고 명문가의 종손으로 태어난 아버지는 객지에서 세상을 떠났다.

이양서원을 찾은 문중 어른 곽병숙 씨.

종손이 고향마을 소례를 찾은 건 아버지가 돌아가신 35년 만인 55세 때다. 연구실에서 공부 하느라 스스로 고향을 찾지 못하고 있던 중 문중 어른 곽병숙 선생이 그동안 두절된 종손을 찾기 위해 114 전화 교환을 통해 수소문 해 찾았다.

종손이 처음으로 고향 땅을 밟았을 때 문화적인 충격이 컸다. 마을 입구에 우뚝한 12정려각에 놀랐고, 제사를 모시는 재실과 선조 할아버지들이 공부했던 이양서원 등을 둘러보면서 자신의 핏줄에 대한 자부심이 강하게 느껴졌다. 문중 분들이 종손으로 극진히 예우를 했던 게 민망하기도 했지만 아울러 책임감도 생겼다. 그 후 한 번도 빠지지 않고 고향 산소를 찾아 술잔을 올리면서 서서히 종손의 자리와 소임에 익숙해졌다. 자신의 직계 조상 곽주 할아버지의 출토 편지도 고향 사람들에 의해 전해 들었다고 한다.

살아 있는 기억, 400년 전 가족편지

지난 1989년 4월 4일이었습니다. 할아버지 묘와 할머니 묘가 멀리 떨어져 있어 시제 때마다 불편을 느꼈습니다. 문중회의 결과 할아버지 묘와 합장을 하기로 의견을 모으고 이장을 시작했습니다. 그런데 곡괭이로 깨도 깨어지지 않은 단단한 회벽이 20센티미터 정도나 칠해져 있더라고요. 내벽에는 옻칠을 해두었고요. 본관 뚜껑에는 '진주하씨지묘'라는 명정(銘旌)도 선명했습니다. 고인은 미이라 상태였습니다. 현장을 지켰던 곽병만(취재 당시 61세) 씨는 사건의 심각성을 인식해 출토 과정을 비디오에 담았다. 편지뿐 아니라 관 내부에는 수의 외에도 치마, 저고리, 버선과 속곳 바지, 이불, 베게, 돗자리, 빗접 등이 손상되지 않은 상태로 보존돼 있었다. 평생을 깎아 모은 손톱을 날자별로 적어 주머니에 넣어뒀던 일도 흥미롭다. 수의를 갈아입고 새로운 관에 안치된 미라는 재실에서 하룻밤을 지낸 후 다음 날 편지를 보냈던 남편 곁에 편히 잠들 수 있었다. 유물은 중요민속자료 229로 지정돼 국립대구박물관에 보관돼 있다.

부인과 편지를 주고받았던 곽주는 임진왜란을 승리로 이끈 망우당 곽재우와 함께 의병활동을 했던 곽삼길(郭三吉)과 어머니 박씨 사이에 맏아들로 태어났다. 그는 벼슬길보다 한 가문의 맏아들로서 아버지의 병환을 걱정하는 효심 지극한 아들이었다. 봉제사 접빈객은 물론 집안 대소사까지 일일이 챙기는 책임감 강한 가장의 따뜻한 면모를 보여주는 종손이었다. 평소에 지병이 있었던지 병약한 모습이 편지 곳곳에 나타나고 있다. 둘째 아들 의창과 셋째 아들 유창이 아버지의 지병을 극진히 돌봐 효자 비각이 세워져 있는 게 그 증거라 할수 있다. 편지의 주인공 곽주는 48세에 세상을 떠난 것으로 기록돼 있다.

곽주는 부인을 매우 사랑했다. 편지마다 부인의 마음을 다독거리는 모습이 보인다. 조선시대 남존여비 사상을 이 편지에서는 찾아볼 수조차 없다. 그런데 애정이 도타웠던 곽주 부부는 왜 떨어져 살면서 일상의 일들을 편지로 주고받았을까? 곽병숙 선생은 다음과 같이 회답을 준다.

"할아버지는 4남 5녀의 자녀를 두셨는데 첫 번째 부인과의 사이에서 아드님이 한 분 계셨습니다. 그 아드님과 둘째 부인 하씨와는 나이 차이가 많지 않았던 것 같습니다. 자연 불화가 잦았을 것이고 가정의 화목을 위해 따로 집을 지어 부인과 떨어져 살면서 가정사를 일일이 편지로 전했던 것으로 짐작하고 있습니다." 곽 선생의 추측은 편지에서도 나타나고 있다.

곽주가 부인에게 보낸 편지 중에 "무슨 일로 집안이 조용한 때가 없는고. 하루 이틀도 아니고 자네의 마른 성질에 어디 견디는고 자네가 한데 살기 편치 아니하다고 말하면 다음 달로 제각기 들어갈 집을 짓고 제각각 살기로 하세"라는 대목에서 가정 불화가 있었음을 전하고 있다. 분가한 부인 하씨는 논공에 살았고 남편인 곽주는 소례마을에 살면서 편지를 주고받은 거리는 15킬로미터 정도다.

조선시대 가장의 면모를 엿보다

장모에게 '쇠고기 네 오리와 전복 열 낱을 보낸다'는 음식 이야기로 시작된 편지는 '아이들에게 한글을 가르쳐달라'는 편지도 장모에게 보낸다. 아내에게 생꿩과 말린 꿩, 문어 한 갈래와 전복을 보내고, 조개를 잡아 왔으면 누르미처럼 조리하여 당새기에 넣어 보내라 했다. 곽주는 음식물의 재료와 조리법, 완성된 음식의 모양까지 상세히 쓰고 있다. 문어, 전복, 조개 등의 안주거리는 곽주가 거주했던 내륙 지방에서 구하기 힘든 재료를 집안에 상비하고 있다는 사실도 임진왜란 직후 피폐해진 살림살이보다 여유가 있었음을 보여준다. 또한 엿기름을 빨리 만드는 비결과 죽엽주와 포도주 만드는 법을 자세히 가르치고 있다. 잔치음식으로는 송아지 한 마리를 잡았고 소주를 썼다는 기록도 볼 수 있다. 꿩고기가 자주 등장하는 건 요즘의 닭같이 꿩이 식생활에 많이 이용

이양서원 솟을대문 위에 세워진 누각이 이채롭다.

곽주가 살았던
경북 달성의
소례마을. 현풍
곽씨의 집성촌으로
마을 입구에는
충신, 효자, 열녀
12명이 탄생했다는
12정여각과
청백사도 있어 현풍
곽씨의 자존심을
엿볼 수 있다.

142

되고 있음을 보여주고 있다. 동지에는 잊지 말고 팥죽을 쑤어 먹어라는 편지
는 당시에도 우리의 세시풍습이 잘 지켜지고 있었음을 알 수 있다.

아내 출산을 위해 세 가지 물건을 챙겨 보냈는데 종이에 싼 약을 보내면
서 '이것은 내가 가서 직접 달여줄 것이니 그 전에는 먹지 말라고' 당부한 그
에게 아내 사랑이 얼마나 극진했는지도 알 수 있다. 둘째는 꿀과 참기름을 보
내니 아이가 돈 후에 반 잔씩 먹으라고 했다. 셋째는 염소를 중탕하여 곤 것
도 같이 보내는데 이는 출산 후 허해진 몸을 보하기 위한 것이다. 끝으로 비
록 딸을 또 낳아도 절대로 마음에 서운히 여기지 말라는 말을 잊지 않고 있어
당시의 출산 습속과 아내 사랑의 절절함은 요즘 시대 남자들도 본보기가 되
는 대목이다.

아들 대임이가 돌잡이 때 무엇을 잡았는지 묻고 종손으로서 가장 신경
쓰이는 제사 풍경도 많이 나온다. 문상은 성복(成服, 상복)을 갈아 입은 후 간
다고 해 바른 문상예절을 보여준다. 관례 때 손님 접대 음식을 준비하라는 지
시에서도 당시 양반가의 자녀들 관례 풍습은 일반적이었음을 볼 수 있다.

민간신앙으로 날 받는 택일도 보일 뿐 아니라 아이에게 연초록 저고리,
자줏빛 명주 장옷과 보라색 무명바지를 해 입히라는 옷 색깔 선택까지 일러
주는 자상한 가장이었다. 편지는 시집간 딸이 어머니께 보내기도 했고, 부인
하씨가 남편에게 보낸 편지도 있으며, 곽주가 아버지에 보낸 편지도 있다.

수백 년 전의 우리 조상들이 살았던 시대의 생활문화를 세세히 담은 자
료는 지금껏 보지 못했다. 종손과 종부의 구전을 통해 또한 그들의 삶에서 종

가 이야기를 써왔다. 현풍 곽씨 참의공 종가에서 찾아낸 살아 있는 역사, 곧 그들 가문의 이야기 편지에서 전통 생활문화의 정체성을 확인할 수 있어 값졌다. 무엇보다 조선시대 가장들은 가부장적이고 남존여비 사상이 농후했던 시절로 인식돼 있는 게 무색할 정도로 곽주는 엄하지 않았고 부드럽게 가족을 리드했다. 부인과 자식 사랑을 가슴에 숨겨두지 않았고 표현으로 드러냈다. 본인의 감정보다 주위를 배려하는 곽주의 인간적인 면모에 갈채를 보내고 싶다.

7부

묵향이 감도는 유서 깊은
종가의 품격

영일 정씨 포은 정몽주 종가

재령 이씨 갈암 이현일 종가

풍산 홍씨 추만공파 홍봉한 종가

인동 장씨 연복군 장말손 종가

해주 최씨 고죽 최경창의 구림 종가

남평 문씨 죽헌 문달규 종가

진성 이씨 대종가

전주 류씨 삼가정파 수정재 류정문 종가

예천 권씨 초간 권문해 종가

한산 이씨 목은 이색 종가

이 몸이 죽고 죽어 일백 번 고쳐 죽어

백골이 진토되어 넋이라도 있고 없고

임 향한 일편단심이야 가실 줄이 있으랴.

포은 정몽주(圃隱 鄭夢周, 1337~1392)의 「단심가(丹心歌)」를 모르고는 한국인이라 할 수 없을 것이다. 고려왕조에 대한 순일한 지조를 지키려다 선죽교에서 죽음을 당하여 절개는 곧 목숨만큼 값진 것임을 보여준 대표적인 인물로, 성균관 문묘뿐 아니라 전국의 서원 34곳에 모셔져 존경을 받고 있는 분이다. 또한 기울어가는 고려의 국운 앞에서 한잔의 차를 달이며 하늘과 땅의 이치를 살피고 자신의 절개를 다지는 아름다운 차시를 남긴 선비 차인이기도 하다.

경기도 용인군 모현면에는 포은이 잠든 묘소가 있고 묘소에서 500미터 거리엔 그 직계 후손들의 집성촌과 종가가 있다. 1943년 학도병으로 끌려갔던 24대 종손 정철수(1989년 작고) 씨는 목숨을 걸고 일제 군영을 탈출해 종가의 혈맥을 잇는 기적을 낳았다. 중국에서 태어난 그의 아들 정래정(취재 당시 51세, 정암통상 대표) 씨와 부인 박송자(취재 당시 51세) 씨는 노종부 김순옥(취재 당시 77세) 씨를 모시고 선조의 숨결을 지키며 살고 있다. 조선 왕실에서도 지켜내지 못했던 종가를 600여 년간 25대에 걸쳐 한곳에서 살아가며 지키고 있는 종갓집 사람들의 모습이 명문가답다는 생각을 갖게 했다.

서울에서 지하철 3호선을 타고 수서역에 내려 분당선 전철을 갈아탄 후 오리역에서 4번 출구로 나오면 광주행 60번 버스가 있다. 이 버스를 타고 능원묘소 입구에 내려 길을 건너면 바로 다리가 나오고 다리를 건너 산길로 250미터 정도 걸어 오르면 포은의 묘소가 나타난다. 묘소는 경기도 지방문화

종가 사당에 모신
영정과 신주.

재 기념물 제1호로 지정돼 있다. 묘소 아래에는 영모재, 모현당, 재실, 등의
건물들이 왕릉 못지않게 관리를 하고 있어 예로부터 이곳을 능골이라고도 부
른다.

우리 문화의 진면목을 보여 준 포은문화제

묘소를 찾은 초여름 6월 어느 날은 영일정씨포은공파종약원과 경기도 용인
문화원에서 개최한 포은문화제 마지막 날로 3000여 명의 인파가 묘역 일대
를 메우고 있었다. 높은 학문과 경륜, 그리고 뛰어난 인격과 실천적 삶을 살
다 간 포은의 정신을 기리고 그 업적을 재조명하기 위해 열린다고 한다. 포은
문화제에서 가장 돋보였던 것은 마지막 날의 상여 행렬과 치제(致祭)였다.

아침 11시에 시작한 전통 상여 행렬 재현은 그 의미가 매우 깊다. 1392년
56세로 선죽교에서 죽음을 당한 포은의 시신은 장례를 치르지 못하고 송악
산의 스님들에 의해 풍덕군에 묻혔다. 그 14년 뒤 태종 6년에 고향인 영천으
로 면례(緬禮, 묘를 옮기는 일)를 하기 위해 상여를 메고 가다가 경기 용인군
수지면 죽재를 지날 때 광풍이 불어 명정(銘旌, 죽은 이의 신분을 나타내기 위
해 품계와 성씨를 기재한 기)이 날아갔다. 바람이 멎기를 기다려 상여꾼들이
다시 운구하려 했으나 상여가 땅에서 떨어지지 않아 하늘의 뜻이라 생각하고
그 자리에 장사 지냈는데, 지관들은 선생의 묘소를 두고 용인에서도 3대 길

지로 손꼽히는 명당이라 했다.

묘소에서 지내는 치제 역시 일반 제례와는 차원이 달랐다. 나라에 공헌이 있는 분이 세상을 뜨면 임금이 제물이나 제문을 지어 보내 치하하는 제례가 치제다. 제례의 장중함을 더하기 위해 제례악(祭禮樂)과 제례무(祭禮舞)도 동원됐는데, 종묘제례며 석전제례에서나 볼 수 있는 격조 높은 제례였다. 우리 것이 세계적이라는 자긍심이 싹트고 있는 이즈음 포은문화제에서 보여준 우리 문화의 진면목은 문화국민으로서의 긍지를 한 단계 끌어올리는 데 공헌을 한 것이다.

600여 년을 그 자리에 그대로 있는 종갓집

종가는 묘소 건너편 500미터 거리에 있었다. 영일 정씨들이 집성촌을 이루어 살고 있는 600년 유서 깊은 마을이다. 집성촌이라 해도 안동의 하회마을이나 경주 양동의 민속마을 같은 풍경은 아니다. 포은의 학문과 덕행을 추모하기 위해 설립된 충렬서원만이 경기도 유형문화재로 지정돼 있다. 충렬서원은 한때 한양서 공부하러 온 대갓집 자제들로 성시를 이루기도 했고, 고을 수령이

경기도 유형문화재로
지정된 충렬서원.

충절의 가문임을
상기시키는 오죽과
소나무가 심어진
사당.

부임하면 맨 먼저 찾을 정도로 그 명성이 자자했던 곳이다. 하지만 지금은 봄가을로 유림에서 향사를 모시는 곳으로, 서원 앞 자연석에는 「단심가」를 한자와 한글로 새겨놓아 포은을 기리고 있을 따름이다.

대문에 들어서면 마주 보이는 곳에 단층 칠을 한 사당이 종갓집의 면모를 어김없이 보여준다. 보물로 지정된 포은 선생의 영정과 신주가 모셔져 있고, 사당 입구에는 우암 송시열의 친필을 판각한 '포은선생영당'이란 현판이 걸려 있다. 둘레에는 오죽(烏竹, 검은 대나무)과 소나무가 심어져 있어 충절의 가문임을 다시 한 번 상기시켰다.

종가가 이곳에 터를 잡은 것은 포은의 맏아들 정종성(鄭宗誠, 1374~1443) 때라 한다. 포은 살아생전의 집은 고려의 수도였던 개성에 있었지만 세상을 뜬 다음 집을 빼앗기고 신분까지 박탈당했다가 태종 원년인 1401년에 신원이 회복되면서 이곳에 묘소가 자리했고 묘소를 지키기 위해 맏아들이 정착하면서 오늘날까지 대물림된 것이다.

내세울 것 없다며 취재를 거절하는 종부 김순옥 씨를 어렵게 설득해 안채 문을 열고 들어가 자리를 잡고 앉자, 그제야 자신의 이야기를 들려주었다. 종손 정래정 씨는 이미 행사장으로 떠났고 차종부 박송자 씨는 감기 몸살로 손님을 맞이할 형편이 못 되었다. 일흔일곱이라는 나이가 숫자에 불과해 보이는 꼿꼿한 모습과 세련미를 지닌 종부의 말씨는 연변 특유의 강한 어투가 아직 남아 있지만 초등학교에서 교직생활을 해서인지 발음이 정확하고 달변

이었다. 연변에서 태어나고 성장해 종손을 만나 혼인을 하고 혼인생활 35년 만에 이국땅이나 다름없는 한국에 들어와 명문종가 종부로 살아가며 느낀 삶의 애환과 보람은 듣는 이들을 숙연하게 만들었다.

종부 자리의 막중함

"남편을 만난 것은 중국 연변에서입니다. 나는 그때 22세로 초등학교에서 교직생활을 하고 있었고, 남편은 교육청에 근무하고 있었어요. 남편의 나이 29세 때였는데, 남편은 초혼이 아니었습니다. 종손이라서 일찍 혼인을 했던 거지요. 딸도 하나 있다고 했습니다. 당시는 고향으로 돌아간다는 것은 생각조차 할 수 없었던 시절이었어요. 오랜 세월을 홀로 지내다 재혼을 결심한 것 같아요. 딸 둘과 아들 하나를 두었습니다. 그러기에 초취부인과 나는 호적에 나란히 올라 있습니다. 인천에 살고 있는데 지금도 내왕을 하고 있어요."

불행했던 우리의 근대사와 아픔을 같이했던 가정사를 담담하게 들려주는 노종부는 혼인 전에는 남편이 그렇게 위대한 분의 종손이란 사실을 몰랐다고 한다. 살면서 향수 어린 집안 이야기를 자주 듣게 되면서 알게 되었다. 그러나 연변에서는 제례도 모시지 않았고 친척들도 없어서 종부라고 해도 특별한 어려움은 없었다.

"제3국을 통해 한국에서 보낸 편지를 처음 접하게 된 것은 중국과의 교류가 자유롭지 않았던 1980년 초쯤 됐을 거예요. 그 후 1984년에 남편이 한국에 다녀오고, 1986년 혼인한 두 딸은 두고 아들 가족과 함께 영주 귀국을 하게 됐습니다. 솔직히 말하자면 처음에는 낯선 이국땅이나 다름없어서 나오기가 싫었지요. 그런 나를 남편은 '또다시 가족이 헤어지는 비극을 만들 것이냐'며 종용했습니다. 종가에 와보니 남편의 형제는 11남매였고 팔순이 넘으신 시어머니도 계셨습니다. 시어머니께서는 대를 이을 손자와 손자며느리까지 보셨으

600여 년 동안
한결같은 종가를
지켜온 노종부
김순옥 씨.

니 그 기쁨이 어떠했겠습니까! 맏아들의 후손으로만 지켜오던 종가의 맥을 제대로 잇게 되었다며 뜨거운 눈물을 흘리시면서 좋아하셨어요. 종가의 생활 중에 가장 힘든 것이 제례를 모시는 것과 명문가의 맏며느리로서 행동거지를 조심해야 하는 것이었습니다."

종부의 삶이 일반 사람들과 다르다는 실감은 귀국 후 처음으로 모시는 포은 선조의 제사를 접하면서였다. 밤 12시에 사당에서 모시는 제례에는 수십 명의 제관들이 똑같은 제례복을 입고 줄을 서서 엄숙하고 경건하게 치르는 모습이 당황스럽기까지 했다고 한다. 연변 사람들도 제례를 모시긴 해도 이렇게 큰 제례는 처음 봤기 때문이다. 20년이 지난 오늘에도 제례 때가 다가오면 긴장이 되고 무사히 치른 다음에야 안도의 숨을 쉬게 된다. 포은 내외와 종손으로부터 4대 봉제사, 설, 추석 차례 외에 시제까지 1년에도 수많은 제례를 치르다 보니 종부 자리의 막중함이 실감났다.

제례뿐 아니라 종가를 찾는 집안사람들의 접대도 어렵기는 마찬가지였다. 그러나 문중 분들의 따뜻한 위로의 말과 종부에 대한 예우가 깍듯해 보람도 있었다. 남편이 살아생전엔 든든한 힘이 됐는데 남편도 떠나고 시어머니도 떠난 지금은 제례 때마다 손아래 동서들에게 자문을 구한다. 그러다 보니

종가생활도 어느덧 익숙해져 팔순을 눈앞에 둔 나이지만 수원여성회관에서
합창단원으로 활동하며 취미생활을 즐기고 있다. 잘 만드는 음식이 무엇이냐
는 질문에 "남편이 다시 살아온다면 돼지고기와 삭은 김치, 두부를 넣고 끓
인 두부김치찌개를 만들어주고 싶어요. 연변에서 가장 즐겨 먹던 음식이었어
요"라고 소박한 답을 들려준다.

죽는 한이 있어도 일인들을 위해 싸울 순 없다

1989년에 세상을 떠난 포은 정몽주 선생의 24대 종손 정철수 씨는 연변대학
에서 일어과 교수로 재직하다 1986년에 영주 귀국하게 된다. 그가 종손으로
태어나 종가를 지키지 못하고 중국 길림성 연변조선자치주에서 생활해야만
했던 내력은 우리의 아픈 근대사와 함께한다.

　　1943년 종손은 대학 졸업을 몇 달 앞둔 12월에 일제의 강제 학도병으로
징집되어 일본군이 점령한 중국대륙 화북지구에까지 끌려간다. 그러나 그는
서울역에서 아버지의 눈물을 보고 출발할 때부터 탈출을 꿈꾼다. '죽는 한이
있어도 일인들을 위해 싸울 수는 없다'는 애국정신과 자신이 잘못되면 후손
이 끊어진다는 종손의 소임 때문이다.

　　그러던 어느 날 중국 산동성 제남에서 몇몇 뜻있는 애국청년을 이끌고
삼엄한 일제의 병영을 탈출하는 데 성공한다. 우여곡절 끝에 산동성에 있는
태산으로 가서 팔로군과 합류한다. 그곳 항일중학교에서 태어나서 처음으
로 태극기를 보게 된다. 당시는 태극기를 집 안에 두는 것만으로도 감옥살이
를 해야 하던 시절이라 아버지는 이불 밑에서 아들에게 조선의 태극기에 대
해 설명해주었다. 아버지도 당당하게 꺼내 보지 못했던 그 태극기를 보는 순
간 어떠한 일이 있어도 나라를 찾아야 한다는 애국심에 불타면서 눈물을 지
었다. 그 후 그는 다시 험준한 산을 넘고 강을 건너 조선의용군의 간부학교
가 있다는 중국의 태항산을 찾아가 조선독립의용군에 합류한다. 이때의 감회
를 "조선독립의용군에 가입한 것만으로도 일제의 노예로부터 해방된 듯했고,
주인이 된 듯한 감격에 휩싸였다"고 술회했다. 그의 극적인 탈출기 『나의 청
춘』은 그가 세상을 떠나고 4년 후인 1993년 연변에 있는 제자들이 묶어 냈다.

　　"생활의 길이란 평탄하지 않으며 이러저러한 억울한 경우가 있게 마련
이다. 그러나 사람에게 있어서 단 하나밖에 없는 자기 생명을 원수를 위해 바
칠 것이 강요된 처지에 놓이게 된 억울함보다 더 큰 굴욕은 없을 것이다. 어

떻게 하면 사람답게 살겠는가가 문제인 것이 아니라 어떻게 하면 사람답게 죽을 수 있겠는가를 생각하지 않으면 안 되게 된 처지. 더구나 갓 대학을 마치고 희망 찬 장래를 개척할 꿈을 꾸어야 할 그런 청년 시절, 특히 일제를 몰아내고 제 나라를 찾기 위해 꿋꿋이 싸워나갈 충천하는 포부를 한 가슴에 지닐 청년 시절에 말이다."

책의 서문은 마치 600여 년 전 포은 선생이 고려를 어떻게 지킬 것인가를 고민하는 모습과 같았다.

포은 선조의 위업을 기리기 위해 사업을 시작하다

사업과 3일간 치러지는 행사의 주인으로 바쁜 일정에 좇기는 종손과는 전화통화조차 어려웠다. 정몽주 선생의 25대 종손 정래정 씨를 묘소에서 만났다. 치제 때 3번째 술을 올리는 종헌관으로 제례복을 입은 종손은 키가 크고 미남형으로 품위와 패기가 넘쳐 보였다.

"종손의 소임은 봉제사와 접빈객이라 하지 않습니까? 그래서 한국에 나와 처음 몇 년은 전국의 서원이나 향교에 모셔진 포은 선조를 찾아다니면서 제례를 배우고 익혔습니다. 제가 제주가 돼서 모시는 제례가 1년에 열두 번입니다. 기제사 열 번과 설·추석 차례죠. 그다음 묘소에서 모시는 한식 차례, 단오 차례, 추석 차례, 가을 시제 등과 집 옆에 있는 충렬서원에서 모시는 봄가을 향사는 꼭 참석을 하려 합니다. 사업 스케줄은 제삿날을 비켜서 잡고 있지요. 조상을 섬기기 위해 돈을 벌려 하니 사업보다 제례가 우선이 되어야지요. 부친을 따라 한국에 나왔을 땐 직장생활을 했습니다. 그러다 부친이 세상을 떠나고 종가 살림을 맡다 보니 월급쟁이로는 종가의 큰살림을 꾸려가기가 어렵다는 판단이 섰어요. 그래서 사업을 시작했습니다. 이왕 사업을 하려면 포은 선조의 발자취가 서려 있는 곳에서 사업을 시작해야겠다고 생각했습니다. 그래서 중국 산둥성 연태라는 곳에 사업체를 두었습니다. 포은 선조께서 중국 명나라에 사신으로 여섯 번을 가셨다가 두 번이나 입국을 거절당한 기록이 있거든요. 앞으로는 포은 선조께서 일본 사신으로 가셨던 그곳에서 사업체를 확장할 계획입니다."

종손의 포부는 훌륭한 선조의 정신을 세계 만방에 알리는 일이다. 그러자면 경제력이 허락해야 하고 그래서 사업을 열심히 한다고 했다.

"요즘 사람 같지 않아요. 사업 때문에 1년에 절반은 외국에 나가 있는 종

영일정씨
포은공파종약원과
경기도
용인문화원에서
매년 개최하는
포은문화제.

손이니 2대 봉제사만 모시라고 일렀지만 4대 봉제사를 행하고 있어요. 그것
도 옛날 풍습 그대로 밤 자시에 모시고 있지요. 종가와 문중의 화합을 위해
열과 성의를 다하는 종손이 자랑스럽고 고마울 따름입니다."

　　종가를 찾기 위해 서울 제기동에 있는 포은공파종약원을 찾았을 때 만
난 종약원 상임이사 정연복 씨의 종손 자랑이다.

남다른 충절로 「단심가」를 남기다

報國無效老書生　나라에 보답할 공도 없는 늙은 서생이
喫茶成癖無世情　차 마시는 버릇만 남아 세상 물정에 통하지 않네.
幽齊獨臥風雪夜　눈보라 치는 밤 외딴 집에 홀로 누워
愛聽石鼎松風聲　즐겨 듣느니 돌솥의 차물 끓는 소리라네.

「석정전다(石鼎煎茶, 돌솥에 차를 달임)」라는 포은의 시다. 나라는 기울어가고
자신이 해야 할 일에는 한계가 있음을 실감한 포은은 차 마시는 버릇으로 세
상사를 잊는다고 했다.

　　포은이 태어난 곳은 경북 영천으로 본관은 영일이다. 초명은 몽란(夢蘭)
으로, 어머니가 난초를 끌어안는 태몽을 꾸었다 해서 지어진 것이다. 하지만
성인의 의식인 관례 때 몽주로 개명을 하게 된다. 이 역시 아버지 꿈에 공자
가 존경했던 주공을 만났기 때문이다.

160

26대 종손 정래창
씨가 술잔을 올리고
있다.

선생은 어렸을 적부터 영민하고 배포가 컸으며 호방하고 활달한 성격으로 24세 때 세 번이나 과거에 장원으로 급제해 벼슬길에 올랐다. 31세에 성균관 사성이 되면서 강학을 하게 되고 이후 명나라와의 좋지 않은 관계를 스스로 사절로 가서 바로잡아 놓는 공적도 쌓았다. 일본으로 붙잡혀간 많은 백성들을 구해 오면서 수많은 벼슬길에 올랐던 포은은 남다른 충절로 「단심가」를 남긴다.

고려의 국운이 기울자 이방원은 고려를 무너뜨리고 새 왕조를 세우는 일에 가담할 뜻이 있는지 알아보기 위해 포은을 술자리에 초대해서 「하여가(何如歌)」로 마음을 떠본다. 그러나 「단심가」로 그 유혹을 뿌리치자 쿠데타에 걸림돌이 될 것 같은 포은의 목숨을 선죽교에서 빼앗는다. 훗날 이방원이 태종으로 왕위에 오르자 포은을 충신의 반열에 올려 신원을 회복시키고 그 자손들에게 벼슬을 내리지만 아버지의 지조를 이어받은 맏아들 정종성도 그 벼슬을 사양한다. 만고의 충절을 지킨 포은은 부모가 돌아가신 다음 시묘살이를 해 효자비가 내려진 효심 가득한 아들이었고, 성리학의 원조로 추앙을 받는 학자였다. 수많은 시를 남긴 시인이요, 여기에 차 한잔으로 자신을 다스린 학행일치의 선비 차인이기도 했다.

사람의 일생 중 큰상을 세 번을 받으면 복된 삶이라 했다. 태어나 처음 맞은 생일날 부모님이 차려주는 돌상, 시집, 장가가서 시댁이나 처가에서 차려주는 큰상, 그리고 자식들의 효심이 담긴 회갑상이 그것이다.

세 번의 큰상을 다 받는 것이 당연하다 싶은 분들은 유복한 삶을 산다 할 수 있지만 곰곰 생각해보면 그러지 못하는 사람들이 더 많다. 특히 물질 만능 시대에 살고 있다고는 하나 혼인의 막중함을 표현한 시댁이나 처가에서 차려주는 큰상을 받아본 사람은 매우 드물 것이다. 하지만 전통의 생활문화를 지켜가는 종갓집은 달랐다.

경북 영덕군 창수면 인양리, 재령 이씨 갈암 이현일(葛庵 李玄逸, 1627~1704) 선생의 12대손 이원홍(취재 당시 62세) 씨는 맏아들 대견(취재 당시 34세)을 장가보내면서 전통육례(六禮)를 그대로 갖추었다. 신행 온 며느리 이진정(취재 당시 29세) 씨께 큰상을 내리고 조상을 뵙는 사당고유(祠堂告由)를 하는 등 오랜 전통과 발전된 현대의 모습을 아우르는 혼례를 치렀다.

조선 숙종 때 이조판서를 역임한 갈암 이현일은 우리나라 최초의 한글 요리책인 『음식디미방』의 저자 정부인 안동 장씨의 셋째 아들로, 오늘날 그 후손이 며느리에게 내리는 큰상 차림이 어떠한지 매우 궁금했다. 신부에게 내리는 큰상 차림에 특히 관심을 가졌다.

전통육례를 갖추어
혼인을 치른 재령
이씨 갈암 13대
차종손과 신부
이진정 씨.

시어머니가 차려주는 큰상의 의미

분당의 한 아파트 거실에서 다홍치마 초록 저고리를 입고 소례복(小禮服)인 분홍색 당의를 곱게 차려입은 새색씨 이진정 씨가 회갑상 같은 사각 모양의 큰상 앞에 조신하게 앉았다.

높이 30센티미터 정도 쌓아올린 고배상(高排床)으로 감·배·사과·포도· 밀감·멜론 등의 생실과(生實果), 대추·밤·잣·땅콩·은행 등의 건과(乾果), 그리고 각색 다식과 산자, 약과 등의 조과(造果)가 화려한 자연색을 자랑하며 상 둘레에 놓여졌다. 그 안쪽으로는 약식, 식혜, 떡 등 후식이 놓였고, 김치, 생선, 찜, 잡채, 수란, 문어회, 떡국, 밥, 곰국으로 저녁 만찬을 겸하도록 했다.

고배상에 오른 모든 음식은 보기 위해 차려진 모형 음식이 아니었다. 새색시의 시어머니인 종부 김호진(취재 당시 60세) 씨가 손수 만든 의미 있는 음식이다. 밤은 생률을 쳐서 반듯하게 괴었으며 은행은 모양과 색이 고른 것을 골라 실로 꿰서 주위로 돌려가며 붙여 담았다.

지금 시대에 이런 고배상을 직접 할 수 있는 솜씨는 흔치 않다. 큰일을 많이 치러본 종부였기에 가능하다. 자신이 시집올 때 세상 떠난 시어머니 대신 시할머니께서 차려주셨던 그 기억을 되살려 솜씨와 정성을 다해 준비했다. 종부는 태어나 처음 받아본 화려한 큰상 앞에서의 감회는 남달랐다고 했다. 어색하고 어려운 자리이긴 했어도 화려하고 높이 괸 음식만큼이나 자신에게 거는 기대도 크겠다는 생각으로 마음을 다잡았던 기억이 새롭다.

그러기에 며느리 상차림을 준비하면서 음식 하나하나에 의미를 새겼다. 밤을 괼 적엔 썩지 않는 씨밤의 생리와 같이 가문의 뿌리를 생각했고, 꽃마

사각 모양의 큰상 앞에 조신하게 앉아 있는 이진정 씨.

다 열매를 맺는 대추를 쌓을 때는 자손 번창을 염원했다. 다른 가지를 접목해야 큰 감이 열리듯 부부 화목을 빌면서 감을 올려 담았다. 그 옛적 가문의 법도와 음식 솜씨를 보여주었던 큰상만큼은 아니지만 상을 받은 새 며느리가 자신을 얼마나 소중하게 반기는지를 알아줬으면 하는 바람도 있었다.

특히 신사임당과 함께 한국 3대 현모로 추앙받는 정부인 장씨(貞夫人 張氏, 1598~1680)가 남긴 최초의 한글 요리서인 『음식디미방』에 나오는 송화다식은 빠뜨리지 않고 준비했다. 집안 대대로 대물림되어 온 다식판도 있었다. 여기다 흑임자다식, 오미자다식과 갈분다식을 만들어 색의 조화를 꾀하기도 했다. 가루녹차, 오미자, 치자, 흑미, 계피 등 오방색으로 물들인 무지개떡도 집에서 쪘다. 꽃떡을 만들어 큰상의 화사함을 더해야 하는데 혼자 준비하다 보니 오색떡으로 간소화했다.

전통과 현대의 조화, 종가의 며느리맞이

큰상을 받은 며느리가 불편해할까 봐 시아버지와 시어머니 등 어른들은 슬그머니 자리를 피해주었고 또래의 사촌 동서들이 곁상에서 신부와 함께 저녁 식사를 하면서 꽃다발을 안겨주며 환영 잔치를 겸했다.

새색시는 일주일 전에 예식장에서 드레스 입고 현대식 혼례를 치른 것은 물론 시어른을 뵙는 구고례(舅姑禮)도 이미 마쳤다. 그 후 신혼여행에서 돌아와 친정에 들러서 하룻밤을 지낸 다음 이날 시댁으로 신행을 온 것이다.

전통혼례 풍습에는 신부의 큰상 음식을 그대로 고리짝에 담아 사돈댁으로 보냈고, 그 고리짝 갯수에 따라 사돈댁의 경제력과 음식 솜씨를 짐작했다. 마찬가지로 신랑이 처가에서 받은 큰상을 신랑을 따라온 상객(上客)에게 보내 양가의 음식 풍습을 서로 보고 배우면서 음식문화를 발전시켰으니, 이것도 큰상이 지닌 의미라 할 수 있다.

전통과 현대의 절차를 섞어 혼례 풍습을 만들어낸 12대 종손과 종부.

하지만 지금은 예식도 하기 전에 신부 집에서 사돈댁으로 맞춤 음식이 배달되고, 새색시가 큰상을 받기도 전에 갈비나 과일 바구니를 사돈댁에 보내는 풍습으로 큰상 차림을 대신하고 있다. 그러기에 혼례의 의미는 사라지고 그 형식만 남아 있음을 종부는 안타깝게 생각했다. 이날 신부에게 내린 큰상 음식을 다음 날 신부에게 들려 친정에 다녀오도록 하여 전통 혼인례의 근친(覲親)형식을 취했다.

그녀 역시 경북 봉화군 봉화읍 해저리 팔오헌 종가의 따님인 종부 김씨는 "시대를 역행할 수는 없어 혼례는 현대식으로 치렀지만 함을 보낼 때는 청혼 치마 두 감과 오방색 주머니를 직접 만들어 수수와 팥, 조와 콩, 찹쌀 등을 넣어 함 바닥에 깔았습니다. 자손 번창의 의미로 세 개의 조이삭도 넣어 보냈고요. 제가 시집올 때의 함 내용과 똑같이 준비했습니다. 큰상만큼은 고향의 고택 안채에서 받도록 하고 싶었지만 직장생활을 하는 며느리의 시간이 허락지 않아 종손의 직장 때문에 임시로 살고 있는 아파트에서 차리게 됐습니다"라며 전통 가옥을 두고도 전통의 혼례풍습을 행하지 못한 것을 못내 아쉬워했다. 그러면서 자신은 조상모시는 일과 살림살이만으로 평생을 보냈지만 며느리는 능력껏 사회생활을 하는 것을 긍정적으로 받아들인다고 했다. 그뿐만 아니라 며느리의 심적 부담을 들어주기 위해 4대조 제사도 2대로 줄이기도 했다.

새댁, 사당 차례를 행하다

그로부터 일주일 뒤 고향의 고택에서 사당 차례를 올리게 되었다는 연락을 받았다. 어둑한 새벽길을 달려 안동에서 영덕 가는 길로 접어들고 영덕에서 918번 지방도로를 따라 2.2킬로미터쯤 더 가서 나랫골 종가 마을에 도착한 시간은 정오가 다 되었다.

안동 못지않게 예를 숭상하는 풍속이 엄격하다 하여 '작은 안동'이라 불리던 이곳은 멀리 태백준령의 지맥인 칠보산이 병풍처럼 둘러 있고 앞으로는 시냇물이 넓은 들을 적시는 천혜의 길지로 일찍부터 재령 이씨, 선산 김씨, 영양 남씨, 함양 박씨, 안동 권씨 등 5대성 8종가의 마을로 인물이 많이 배출된 고을로 유명하다.

종가의 솟을대문을 들어서니 이미 신부맞이 행사로 마당에서는 짚불을 놓아 부정풀이를 하고 있었다. 신부가 짚불을 밟고 지나면서 모든 잡귀를 물

168

신부가 대문을
들어설 때 짚불을
피워 불길을 넘게
하면서 액막이를
하는 모습.

리치게 된다는 벽사 의례였다. 불은 희망의 상징이기도 하고 새사람이 들어와 재물을 불같이 일게 하라는 의미도 담고 있다. 종가에서는 대대로 신부맞이 행사로 이어온 이 풍습을 실제 행하고 있었다.

종부가 시집왔던 시절만 해도 가마가 마을 입구에 도착하면 동네 사람들이 나와서 잡귀를 쫓는 부적으로 목화씨, 소금, 콩, 팥 등을 가마에 뿌리고 짚불을 피워 이를 넘게 한 후 신부 가마가 대문을 들어서서 대청 앞에 서면 신랑이 가마 문을 열어 신부를 맞이했다. 가마 위에 얹었던 호피나 신부가 깔고 앉았던 방석을 지붕 위에 던져 올려 신부가 도착했음을 표하기도 했지만 이날 신부는 신랑과 함께 승용차로 왔다. 가마는 없지만 신부가 대문에 들어오는 그 앞에 짚불을 피워 불길을 넘게 하면서 액막이를 했다.

그리고 12시 정각에 사당 차례를 행했다. 종가에서 영원히 모시는 불천지위 앞에 종손 이원흥 씨와 문중 어른, 아들 대견과 며느리 이진정 씨가 자리했다. 제물은 감, 대추, 밤, 사과, 포도 등을 올렸고 명태포 한 마리도 안주로 놓였다. 먼저 종손이 향을 피워 분향을 하고 술을 모사잔에 부어 강신한 다음 조상을 향해 두 번 절한다. 그리고 고유 축을 문중 어른이 읽었다. "이조판서 성균관 좨주, 세자시강원을 역임했던 문경공, 그리고 정부인 박씨 할머니께 아뢰옵니다. 장자 대견이 덕수 이씨 부영의 장녀를 맞아 혼인을 했기에 고유합니다"라고 축을 읽은 후 아들 대견 씨가 할아버지·할머니께 술 한 잔씩을 올리고 두 번 절했다. 새색시도 시댁 사람들의 도움을 받아 양위분에게 술 한 잔씩을 올리고 네 번 절했다. 조상님을 성심껏 받들고 시부모께 효도하며 형제간 우애와 가문의 화목을 위해 노력하겠다는 무언의 약속을 절로써 표한 것이다. 간단하지만 극진한 예로써 사당 차례는 끝났다. 신부가 예식장에서 뵙지 못한 집안 어른들께 일일이 절로써 인사를 드리면서 비로소 이

◀ 낮 12시에 지낸
사당 차례.

▶ 혼서지와 신랑의
사성.

국가민속문화재
제168호
영덕 충효당 종택.

가문 사람이 되었다는 신고식이 끝났다.

신랑 대견 씨와 신부 이진정 씨는 어른들의 권유로 중매 반 연애 반으로 만남을 시작했고, 양가 부모의 상견례로 혼담이 있은 다음 대견 씨의 생년월일을 적은 사성(四星)과 청혼서를 보내는 납채(納采)의 절차를 따랐다. 신부 될 이진정 씨 집에서는 신랑의 사주를 보고 혼인날을 정하고 사돈으로서 인연을 맺게 돼 영광이라는 편지와 혼인 날짜를 적어 담아 보내는 납기(納期) 의식을 치렀다. 혼인 일주인 전에는 대견 씨가 직접 쓴 혼서지와 함께 예물을 담은 함을 신부 될 처녀의 집으로 보내는 납폐(納幣)를 행했다. 혼서지는 훗날 세상을 떠날 때 관에 넣어 가면 다음 생에 다시 만난다는 뜻을 담고 있어 신랑 될 사람이 직접 쓰는 것이라 했다. 전통의 예법에 따르자면 총각이 처녀 집으로 가서 대례(大禮)를 치르지만 종가에선 현대식으로 예식장에서 대례를 치렀다. 이어 폐백실에서 시부모를 뵙는 구고래를 행한 후 신혼여행을 떠났다.

여행에서 돌아와 먼저 신부 집에서 하룻밤을 자고 신부가 시댁으로 오는 우귀(于歸禮) 과정까지는 일반적인 혼례 절차와 같지만 신부가 큰상을 받고 사당 차례를 행하는 모습은 종가 혼례에서 볼 수 있었던 특징이다. 옛 삼보컴퓨터의 물류 업무 용역을 맡아 운영하고 있는 종손 이원홍 씨는 우리 사회의 고질적인 병폐 중 하나로 지적되어 온 높은 이혼율은 개인주의가 지배하고 있기 때문이라 했다. 종가에서는 이혼이란 단어는 생각조차 해본 일이 없지만 그런 불상사는 뿌리와 친족과 주위를 배려하지 않는 극단적인 이기심에서 나온 잘못된 가정교육의 문제라고 지적했다.

아들 혼례를 까다롭기 그지없는 전통육례를 다 갖춰 치른 것은 시댁의 예절을 체험하게 함과 동시에 바쁜 일손임에도 종가 일을 내 일처럼 돕는 친지들을 보면서 내가 아닌 우리의 소중함을 알게 하기 위해서였다고 한다. 슬하에 아들 둘을 두고 있는 종손은 이제 맏아들을 짝지어 주었으니 서울생활을 정리하고 고향으로 돌아가 종가 보존에 여생을 보내겠다고 했다. 그동안 종가의 고택은 2001년에 돌아가신 종손의 부친이 지켰다.

하늘을 우러러 한 점 부끄럼 없는 삶

草草人間世 덧없는 인간세상
居然八十年 어느덧 80년이 흘렀네.
生平何所事 평생토록 한 일이 무엇이었던가.
要不愧皇天 하늘에 부끄럽지 않고자 하였을 뿐이네.

「병중서회(病中書懷)」라는 제목의 이 시는 갈암의 나이 78세 때 쓴 절필시다. '하늘을 우르르 한점 부끄럼없는 삶을 살았노라'고 감히 말할 수 있었던 갈암 이현일 선생의 종가는 본래 경북 청송군 진보면 광덕동에 있었다. 임하댐 건설로 종가가 수물의 위기에 처하자 갈암의 출생지인 자운정(紫雲亭)과 묘소가 있는 이곳으로 이건해 온 지 13년째 된다. 경상북도 기념물 제84호로 지정된 종가는 문간채·사랑채·안채, 조상의 공간인 사당채로 구성된 경상북도 북부지역의 전통적인 'ㅁ'자 형태로 앉았다. 이곳은 또한 종손의 고조부 이수악이 항일 구국 운동을 펼친 거점으로 역사적인 의미를 지닌 곳이기도 하며 마을 가장 높은 곳에는 재령 이씨 나래골 대종가인 '충효당'도 있다.

재령 이씨가 이곳에 터 잡은 것은 갈암의 고조부인 이애(1480~1561)였다. 이애는 어릴 때 아버지를 여의고 영해부사로 부임하는 숙부 이중현을 따라 16세 때 이곳에 와 진보 백씨와 혼인을 하면서 처가 동네에 자리 잡게 된 것이다.

그로부터 500여 년의 역사를 자랑하는 집성촌으로 이 마을 이름은 충효당 종손 이용태(李龍兌) 씨가 설립한 나래이동통신으로 널리 알려졌다. 마을의 형국이 학이 날개를 펴고 비상하는 모습 같다 하여 나래골 또는 익동(翼洞) 비개동(飛蓋洞)이라 불리어왔다.

나래골에서 출생한 우뚝한 인물 중 인물로 꼽는 갈암 이현일 선생은 17세기 중후반 영남 지방을 대표하는 유학자이자 정치가였다. 자는 익승(翼昇), 호는 갈암이고 본관은 재령(載寧)이다. 재령 이씨는 경주 이씨의 시조 이알평의 후손으로 고려 성종 연간에 문하시중을 지낸 이우칭(李禹偁)을 시조로 한 경주 이씨에서 분파된 성씨다. 이우칭이 문하시중 시절 황해도 재령군에 봉해지면서 녹읍으로 받았던 땅으로 재령을 관향으로 삼게 된 것이다.

갈암 이현일의 생애

갈암은 아버지인 증 이조판서 이시명(李時明, 1590~1674)과 정부인 안동 장씨 사이에 셋째아들로 태어났다. 아버지의 훈도와 어머니의 교육을 받고 성장한 갈암은 9세 때 「화왕시(花王詩)」를 지어 주위를 놀라게 했을 만큼 총명했다. 22세 때 초시에 합격했으나 벼슬에 뜻이 없어 향리에 머물면서 학문에만 정진하다 작은형 휘일과 함께 『서경』에 있는 정치철학서인 『홍범연의(洪範衍義)』를 편찬하고 42세 때는 송시열 등의 기년설(朞年說)을 비판하는 소를 올려 예송(禮訟)에 참여하기도 했다.

51세 되던 1677년에는 학행(學行)으로 천거되어 예조 참의 등의 벼슬을 내리지만 사양한다. 그러나 거듭되는 권유로 관직에 나가 예조참판을 거쳐 대사헌, 성균관 제주, 이조참판을 역임하고 이조판서에 승진했다. 그러다 나이 68세인 숙종 20년 4월 '갑술환국'이 일어나면서 인현왕후를 모해하려 했다는 정적들의 모함으로 탄핵을 받아 유배생활을 하다 75세에 풀려난다. 고향으로 돌아온 후에는 후학 양성에 힘쓰지만 유배지에서의 여독으로 78세를 일기로 세상을 떠나게 된다. 갈암이 가르친 문도생을 정리한 책 『금양급문록(錦陽及門錄)』에는 365명의 명단이 남아 있어 17세기 당시 영남을 대표하는 최고의 학자임을 증명해주고 있다.

율곡 이이의 학설을 반대하는 『율곡이씨논사단칠정서변(栗谷李氏論四端七情書辨)』을 쓰면서 퇴계 이황의 학통을 지지했던 그의 학문세계는 아들 밀암을 거쳐 외증손인 대산 이상정(大山 李象靖)으로 이어져 꽃을 피운다. 고종 때 문경(文敬)이라는 시호가 내려져 종가에선 불천지위를 모시고 있다. 갈암이 남긴 책으로는 앞서 언급한 『홍범연의』 외에 갈암 자신의 행적을 모은 『갈암문집(葛庵文集)』이 있다.

贈

貞敬夫人安東金氏之墓

贈大匡輔國榮祿大夫議政府領議政兼領

經筵弘文館藝文館春秋館觀象監事世

子師行嘉義大夫同憲府大同憲兼同知春

秋館事　世子左副賓客洪公履祥之墓

풍산 홍씨 추만공파 홍봉한 종가

『한중록』의 저자 혜경궁 홍씨의 친정

배꽃 망울이 소녀의 젖가슴처럼 부풀어 오르는 4월 6일 한식날, 경기도 고양시 일산 동구 문봉동에 있는 풍산 홍씨 추만공파 홍봉한(秋巒公派 洪鳳漢, 1713~1778) 선생의 묘소에서는 한식 차례(寒食茶禮)를 모시느라 분주했다. 지금은 사라져가는 세시풍습을 서울 근교에서 볼 수 있었던 것도 귀한 일이거니와 묘소의 주인공이 바로 『한중록(恨中錄)』을 쓴 혜경궁 홍씨의 친정 부모였다는 사실에 특히 주목되었다. 조선시대 최고의 벼슬 영의정에 올랐고, 뒤주에 갇혀 죽은 사도세자의 장인으로 훗날 부원군으로 봉해진 분의 묘소치고는 조촐했지만 정경부인과 합장하여 모셔진 묘소 둘레에는 수백 그루의 배나무가 있어 외롭지 않아 보였다.

이날 8대 종손 홍기석(취재 당시 70세) 씨와 종손의 형님 홍기영(취재 당시 73세) 씨, 대종회 회장 홍기원(취재 당시 75세) 씨 등 친지들이 참석한 차례상에는 200년도 더 된 시절음식 쑥인절미가 오르고 술잔과 잔대에는 '안국동 홍참판댁'이라 새겨진 글귀가 당시의 벼슬과 대궐 이웃에 살았음을 짐작하게 했다. 명문가의 후손답게 조상의 교지(敎旨)와 족보, 혜경궁 홍씨가 지었다는 『읍혈록(泣血錄)』을 신주처럼 모시고 있었다.

앞으로는 풍산 홍씨 중시조인 모당 홍이상(慕堂 洪履祥, 1549~1615)의 묘소가 잡힐 듯 바라보이고, 솔향기 은은한 나직한 산을 뒤로한 홍봉한의 묘소는 부인 한산 이씨(韓山 李氏)와 합장으로 모셔져 있었다.

딸이 10세 되던 해에 세자빈에 책봉된 뒤 이듬해 문과에 급제한 홍봉한은 화려한 벼슬길에 오른다. 나는 새도 떨어뜨린다는 최고의 벼슬 영의정에까지 오르지만, 사위인 세자가 뒤주에 갇혀 죽음을 당하는 참담한 일을 겪고 한때 파직되는 등 편하기만 한 벼슬살이는 아니었다. 영의정 자리에 있으면서도 피비린내 나는 당쟁으로 희생당한 사위를 구해내지 못한 장인은 외손자이자 조선 22대 왕 정조까지 해하려는 무리들을 그대로 두지 않았다. 그들을 필사적으로 막다가 관직을 박탈당하기도 하고 유배를 떠나는 고통도 겪었다. 하지만 당쟁의 폐해와 인재의 발탁 등 당면한 정책을 건의하는 시무(時務) 6조를 올려 국고의 충실과 백성의 부담을 절감케 하는 등 영조를 도와 조선 후기 문화 부흥에 큰 업적을 남기기도 했다.

홍봉한은 외손자 정조가 왕으로 등극한 1년 후 영예와 질곡의 한세월을 뒤로한 채 한많은 딸 혜경궁 홍씨를 남겨둔 채 65세로 세상을 떠나 지금의 자리에 묻혔다. 정조는 외할아버지가 영의정으로 있을 때 아버지가 뒤주에 갇혀 세상을 떠났기에 한때 섭섭한 마음을 품기도 했다. 그러나 등극하고 나서는 외할아버지의 입장을 이해하고 궁으로 들어와 뵙기를 청했지만 홍봉한은 한 번도 왕이 된 외손자를 배알하지 않은 채 세상을 떠났다고 한다. 정조는 외할아버지에게 익정(翼靖)이란 시호(諡號, 돌아가신 분에게 내리는 호)를 내리고 후손들에게 영원히 제사를 끊이지 않도록 하라고 명했다. 『정사휘감(正史彙鑑)』, 『익재만록(翼齋漫錄)』, 『어정홍익정공주고(御定洪翼靖公奏藁)』 등의 저서를 남겼다.

최고의 벼슬
영의정까지 오른
인물의 묘치고는
초라하다.

시절 음식 쑥인절미가 한식 차례상에 오르다

봄기운이 촉촉이 내려앉은 오전 11시 묘소 앞 석상에 제물이 차려졌다. 음식은 묘소 아래에 있는 재실에서 준비했다. 대대로 벼슬을 했던 서울 양반들의 제례 음식은 어떠할까 기대가 컸는데 생각보다 조촐하고 검박한 차림이었다.

과일 줄을 보면 대추, 밤, 배, 감 순서로 놓였는데 이를 조율이시(棗栗梨柿)라 했다. 그 옆으로 사과와 약과, 옥춘이라는 사탕을 올렸다. 오색으로 물들인 맷돌사탕을 아주 귀하게 여기던 시절도 있어서 제사상에 필히 올린다고 했다. 그다음 포(脯) 줄에는 명태포 세 마리를 등이 위로 가게 놓았고, 그 옆으로 숙주나물, 고사리나물, 시금치나물을 각각의 그릇에 담아 삼색나물로 올렸다. 그 옆으로 나박김치와 식혜도 올렸다. 탕(湯) 줄에는 녹두부침, 고기부침, 채소부침을 담은 그릇을 올렸고, 육탕(肉湯), 소탕(素湯), 어탕(魚湯)도 각각의 그릇에 담아 올렸다. 적(炙) 줄에는 두부 세 토막을 구운 소적(素炙)을 올렸고, 쇠고기를 양념해 구운 육적(肉炙)과 조기 한 마리를 구워 양념고명을 올린 어적(魚炙)도 올렸다. 이를 찍어 먹을 간장종지도 올렸다. 메(밥) 줄에는 시절 음식인 쑥인절미와 거피팥을 사용한 팥인절미를 함께 담은 떡을 올렸다. 떡을 찍어 먹을 설탕, 밥과 국, 술잔도 올렸다. 가운데는 수저 그릇을 놓았고 떡과 국, 밥은 각각 두 그릇을 올려 두 분의 음식을 한 상에 차리는 합설(合設)에 따랐다. 밥을 올릴 때 반찬으로 배추김치와 김도 올려 밥반찬이 되도록 한 것은 살아 있는 사람의 상차림 같았다.

한식 차례 순서는 종손이 분향강신을 하고 종손과 참석자 모두 두 번 절

한식 차례인 산신제 차례상. 본상과 차별이 없다.

을 하면 종손이 첫 잔을 올리고 종손의 형이 축문을 읽었다. 두 번째 술잔은 종손의 아들 홍종인(취재 당시 33세) 씨가, 세 번째 술잔은 종손의 형인 홍기영 씨가 올렸다. 마지막으로 숭늉을 올리고 후식으로 녹차도 올려 한식 차례라는 의미에 걸맞은 예를 행했다. 제사를 마친 후 음복은 제주 혼자서 했다.

종가 한식 차례의 특징은 산신제였다. 일반적으로는 조용한 곳에 제단도 없이 안주와 과일 한 접시를 놓고 술 한 잔을 올리는 데 반해 종가의 산신제는 묘소의 동쪽에 석상을 따로 마련해두고 있었다. 제물의 가짓수도 본상과 차별을 두지 않았다. 본상에는 밥이 오르고 산신제에는 국수가 올랐던 점과 본상에는 세 가지 탕이 올랐지만 산신제는 한 가지 탕이 올랐던 점이 달랐다. 여기서도 종손의 형인 홍기영 씨가 축문을 읽었고 술은 대종회 회장인 홍기원 씨가 올려 조상의 묘를 지켜준다고 믿는 산신(山神)에게 지극한 예를 다했다.

참석한 제관들은 도포를 입거나 유건을 쓰는 등 전통의 제례복을 갖추지는 않았지만 절을 드리는 모습이나 예법에 준한 축문 작성 등에서 자세 하나 흐트러짐 없는 정성으로 명문가의 전통을 제사라는 형식의 그릇에 담아내고 있었다. 술 주전자는 주전자라기보다 손잡이가 달린 냄비같이 생겼는데, 궁중에서만 볼 수 있는 귀한 모양이라고 한다.

'안국동 홍참판댁'이라는 글귀가 새겨진 유기 술잔과 잔대는 조선 영조 때 예조판서를 지낸 홍현보(洪鉉輔, 1680~1740) 때부터 있어왔던 것이다. 홍현보는 혜경궁 홍씨의 할아버지로 『한중록』1권에는 '할아버지께서 안국동에 새 집을 짓고 분가하셨다. 할아버지께서는 각별히 나를 총애하셨다'는 이야기가 나온다. 홍현보의 묘소는 개성 근처 장단에 있다.

◀ 궁중에서나 볼 수 있는 냄비처럼 생긴 술 주전자.

▶ '안국동 홍참판댁'이라고 새겨진 잔대.

남은 것은 묘소뿐, 정성껏 보살피는 것이 후손의 도리

종손의 형 홍기영 씨는 "부끄럽습니다. 지방에 있는 종가처럼 옛집을 지키고 사당도 있어야 종가라 할 것인데 6·25전쟁통에 모두 불타버려 조상이 남긴 유물이라곤 묘소밖에 없으니 종가라고 하기에 좀 민망합니다."

이 댁은 형 홍기영 씨가 일찍이 후손 없는 윗대로 양자를 갔기 때문에 법적으로는 동생이 종손으로 돼 있다. 하지만 집안 내력이나 가법은 맏아들에게 대물림돼 있어 홍기영 씨는 보학에 무척 밝았다. 사업을 하고 있는 종손 기석 씨는 "나야 법적으로 종손이긴 하나 형님만큼 집안 내력이나 의례에는 밝지 못합니다. 형님께 여쭤보세요"라며 모든 질문을 형님에게 대신하도록 했다.

조촐하게 차려진 제물에 대해 질문을 했다. "먹을 것이 귀하던 예전에는 많이 차려서 이웃과 아랫사람들을 배불리 먹게 하는 것이 양반집의 제삿날이었는데 먹을거리가 풍부한 지금에는 조상의 벼슬이 높다 하여 제물을 높이 쌓아 올리는 것은 낭비라는 생각이 듭니다. 제사 음식을 누가 즐겨 먹나요? 오늘 차린 이 음식은 수백 년 동안 이어오는 우리 가문의 제례 음식입니다." 홍기영 씨는 형식에 얽매여 시대에 맞지 않는 전통을 굳이 이어가야 할 이유가 없다는 생각이다.

"시호를 받은 익정공의 불천지위는 집에서 모셔야 하는데 그 법도를 다

▲종가의 산신제는 묘소의 동쪽에 석상을 따로 마련해 제물을 올린다.

◀고명을 많이 올린 어적.

▶유기로 만든 향로와 술잔, 잔대.

지키지 못하고 사정상 한식 차례와 추석 차례만 묘소에서 지내고 있습니다. 해쑥이 돋아나는 철이라 한식날은 쑥인절미를 절식으로 올리고 추석에는 솔잎으로 찐 송편으로 차례를 모시고 있지요. 남아 있는 묘소나마 훼손되지 않게 성실히 지키는 것이 후손의 도리라 생각합니다."

왕가와 혼인이 많았던 풍산 홍씨

한식 차례를 마치고 승용차로 10분 거리인 고양시 고봉산 아래에 있는 풍산 홍씨 묘소를 찾았다. 이곳에는 5대조 홍구(洪龜)로부터 중시조 모당 홍이상 (慕堂 洪履祥)까지 여러 대에 걸쳐 조상들을 모시고 있다.

경북 안동의 풍산을 본으로 삼고 있는 홍씨 가문이 고양시 일대에 삶의 터전을 마련한 것은 시조 홍지경의 5대손인 홍구 때다. 홍구는 고려 말 생원시에 급제하고 벼슬살이를 하던 중 고려가 망하자 두 임금을 섬길 수 없다며 풍산으로 낙향하려다 고봉현의 산수에 이끌려 눌러앉게 된다. 그 홍구의 현손이 바로 중시조로 추앙하는 모당 홍이상이다.

홍이상은 조선 선조와 광해군 때의 문신으로 임진왜란 때 예조참의로 평양까지 왕을 호송했고, 1594년에는 성절사로 명나라에 다녀온다. 경상도 관찰사와 대사헌, 개성유수 등 화려한 벼슬을 거치는 동안 선조의 딸 정명공주(貞明公主)의 시할아버지가 된다. 그의 넷째 아들 추만 홍영(楸巒 洪霙)의 아들 홍주원(洪柱元)이 선조의 사위가 됐기 때문이다. 이렇게 왕가와 사돈을 맺으면서 홍씨 가문은 부흥하기 시작한다. 정명공주가 80세까지 장수했기 때문에 더더욱 시댁 가문을 반석에 올려놓았을 것이다.

정명공주가 세상을 떠나고 왕이 바뀌면서 홍씨 집안은 한때 주춤하는 듯하다가 영조 시대에 혜경궁 홍씨가 세자빈으로 책봉되면서 또다시 화려한 벼슬길에 오르는 인물들이 많아진다. 대를 이어 정조대왕의 고명 딸 숙선옹주가 홍석모의 아들인 홍현주에게 시집오고, 홍국영의 누이는 정조의 원빈으로 왕가에 시집가게 되어 왕가와의 인연이 끊어지지 않는다. 이처럼 풍산 홍씨 집안에서는 왕녀 두 명을 며느리로 맞이하기도 하고 혜경궁 홍씨와 원빈 등 두 따님을 왕가로 시집보내기도 하면서 가문의 흥망성쇠를 거듭했다.

수많은 문집을 남기다

풍산 홍씨들의 자랑은 수많은 문집이다. 특히 추만공 후손 중에 문장가가 많이 배출된다. 경종 때의 문호 이계 홍량호(耳谿 洪良浩, 1724~1802)는 『이계집』, 『역상익』 등 여러 권의 책을 펴내면서 대제학의 벼슬에 오른 문장가다.

영조와 정조 때의 인물 홍인모(洪仁謨, 1755~1812)는 경사와 음양, 의약, 병서 및 도교와 불교의 경전에 통달했으며 고문과 옛 시 2000여 편을 남겼다. 저서로는 『족수당집(足睡堂集)』이 있는데 여기에는 당시 여류시인으로 알려진 부인 영수각 서씨의 시 수십 수도 함께 수록돼 있다. 그 딸 유한당 홍씨도 여류시인이다.

홍인모에게는 세 아들이 있었다. 큰아들 석주는 문과에 급제하여 관직에 나가 여러 관직을 거치면서 성리학에 밝았다. 특히 10대 문장에 들 만큼 저서를 많이 남겼다. 둘째 아들 길주, 셋째 아들 현주도 수많은 시를 남겨 3문장으로 이름을 드날려 홍인모 집안의 저술만으로도 문고를 이룰정도라 한다.

사실 한옥인 옛집이 있고, 조상을 모신 사당이 있어야만 종가 취재의 대상이 됐던 지금까지의 원칙을 깨고 『한중록』의 주인공 혜경궁 홍씨의 친정집을 조명하게 된 것은 우리나라 차(茶)의 고전인 『동다송』을 짓게 한 홍인모의 아들 홍현주(洪顯周, 1793~1865) 종가를 찾다가 시작된 일이다. 정조의 외딸 숙선옹주의 남편이기도 한 홍현주는 그 어머니 영수각 서씨뿐 아니라 가족 모두가 차인이자 시인이었다. 이들 가족은 달 밝은 봄날 차회를 열어 아취 넘치는 차시를 짓는다. 그리고 가족 모두의 시심을 담은 『연구(聯句)』라는 명작을 남기게 된다.

이 작품에서 그려지는 풍경은 조선시대 사대부 가족의 정겨운 한때가 그림처럼 펼쳐지고, 남존여비라는 조선시대 사회상을 뛰어넘어 남녀 편견 없이 가족이 한자리에 앉아 차와 술, 시와 음악을 즐긴 화목한 가정이었다. 가정의 달 5월에 조선시대 가족사를 다루어서 황폐해가는 이 시대 가족들에 한 줄기 빛이 되기를 바랐던 것이다. 하지만 홍현주 후손들의 행적을 찾지 못하고 문중의 족보를 살펴보던 중 『한중록』의 저자 혜경궁 홍씨가 바로 홍현주의 재종조모(再從祖母)로 한 집안 사람임을 알게 됐다.

혜경궁 홍씨의 『한중록』을 읽어본 사람은 그 유창하고 꾸밈없이 소박한 문체에 책을 손에서 놓지 못했을 것이다. 혜경궁의 핏속엔 집안 대대로 흐르는 문재가 있었다. 그 문학적인 소양은 대를 이어 종손 홍기석의 딸도 소설가로 활동 중이다.

『한중록』이 아니라『읍혈록』

뒤주에서 생을 마친 조선 영조의 아들 사도세자의 부인이자 정조임금의 어머니인 혜경궁 홍씨(惠慶宮 洪氏, 1735~1815)는 10세 때 세자빈에 책봉되었다. 27세 때인 1762년 동갑내기 남편 사도세자가 세상을 떠난 뒤 아들 정조가 임금의 자리에 오르자 혜경궁이란 궁호가 내려진다. 그가 한 많은 세상을 떠난 후엔 경의왕후(敬懿王后)에 추존되지만 혜경궁으로 더 많이 알려져 있다.

세인들의 머리엔 혜경궁 홍씨 하면 그의 자전적 회고록인『한중록』이 떠오른다.『인현왕후전』,『계축일기』와 함께 조선시대 3대 궁중문학의 백미로 꼽혀 온『한중록』은 저자가 회갑을 맞은 해인 1795년에 친정 조카 홍수영의 청으로 쓰기 시작해서 67세, 68세, 72세까지 네 번에 걸쳐 쓴 네 편의 글이다.

1편에는 혜경궁 홍씨가 지금의 서대문 밖에 있던 평동 외가에서 태어났으며 언니가 한 분 있었는데 일찍이 세상을 떠서 부모로부터 천륜 이상의 사랑을 받았던 추억을 기록하고 있다. 세자빈 간택 때는 참봉 벼슬의 아버지 녹봉으로는 새 옷을 만들어 입을 엄두도 낼 수 없었으나 언니의 혼수로 쓰려고 마련해두었던 것으로 옷을 만들어 입었다고 밝히며 청빈한 선비 집안이었음을 강조하는 글도 보인다. 간택 후 영조는 "내가 아름다운 며느리를 얻었도다. 너를 보니 네 할아버지 생각이 나는구나. 내가 네 아비를 보고 사람을 얻었다"며 며느리를 사랑스러워한 이야기도 있다. 남편인 사도세자의 비극에 대해서는 차마 말할 수 없다며 간략히 언급했고, 후반부에는 정적들의 모함으로 아버지, 삼촌, 동생들이 화를 입게 된 사건의 전말을 기록했다.

67세에 쓴 2편은 사도세자 사건 이후부터 정조 초년까지 정적들에게 모함을 받은 이야기를 자세히 기록했다. 옹주 시누이의 이간으로 아들 정조가 자신의 외가를 미워하게 되었으며 당시의 세도가 홍국영이 개인적인 원한으로 친정을 멸문시켰음을 폭로한 대목도 있다. 삼촌 홍인한과 동생 홍낙임의 억울한 죽음을 슬퍼하며 하루 빨리 누명을 벗을 수 있기를 하늘에 축원하는 내용도 썼다.

68세에 쓴 3편은 2편과 비슷한 내용으로, 아들 정조의 지극한 효성과 검소한 생활, 학문에 열중했음을 회상하는 장면에서는 여느 어머니와 다를 바 없었다. 또 정조가 외할아버지와 숙부의 억울한 누명을 후일 반드시 풀어주겠다고 약속한 것을 되새기며 손자 순조에게 자신의 소원을 풀어달라고 기록하고 있다.

72세에 쓴 4편은 1편에서 다하지 못한 사도세자 사건의 내막을 기록했다. 사도세자가 아버지인 영조에게 미움을 받아 뒤주 속에서 죽게 되기까지의 경위를 시작으로, 사도세자를 뒤주에 넣어 죽게 한 발상이 친정아버지 홍봉한에게서 나왔다는 이야기는 한낱 모함이며 아버지는 결백하다고 역설했다. 혜경궁 홍씨가 이 글을 쓰게 된 동기는 사도세자 사건으로 비난받은 아버지 홍봉한의 결백을 입증하는 내용을 손자인 순조에게 읽히기 위한 것이었다.

친필본이 밝혀지지 않은 『한중록』

혜경궁 홍씨가 쓴 『한중록』의 친필본은 아직 밝혀지지 않은 채 여러 본의 필사와 이본(異本)이 있다. 한글체, 한문체, 국한문 혼용체가 있으며 사본에 따라 제목이 『읍혈록』, 『한중록』, 『한중만록』으로 불린다. 그런데 『한중록』의 진본에 대한 연구를 해오던 풍산 홍씨 대종회 회장 홍기원 씨는 지난 1992년에 『한중록』의 원래 제목은 미국 버클리대학 박물관에 소장돼 있는 국한문 혼용체인 『읍혈록(泣血錄)』이 진본이라는 주장을 하고 나섰다. 홍씨가 그동안 수집해온 혜경궁 홍씨의 낙관이 찍혀 있는 친필 한시(漢詩)와 친정에 보낸 명주 보자기에 쓰여진 한글체를 대조해본 결과 버클리대학에 있는 『읍혈록』과 일치하여 『한중록』의 원래 제목을 『읍혈록』으로 단정 짓고 있다. 그러면서 홍씨는 『읍혈록』이란 제목으로 규장각본, 버클리대본, 종가 소장본 등 사본을 모아 책으로도 발간했다.

종가에 보전돼 있는 『읍혈록』 실물을 보기 위해 종손의 형님 홍기영 씨 댁을 찾았다. 처음에는 책을 공개적으로 내보인 적이 없다는 홍기영 씨의 완강한 반대가 있었지만 두 번의 걸음 끝에 허락을 받아 종가 대대로 보전되어 오는 혜경궁 홍씨의 한글체 『읍혈록』을 친견할 수 있었다. 이 책은 혜경궁 홍씨가 자신의 나이 68세 때인 순조 2년(1802)과 4년 후 72세 때 쓴 『병인추록(丙寅追錄)』으로 모두 2책 10편으로 구성돼 있다. 세로 27센티미터, 가로 17.5센티미터 크기로 총 280쪽 분량의 한글체이며 손자인 순조임금에게 보이기 위한 궁중본이라 한다.

책의 크기와 똑같은 나무 상자에 고이 보관돼 있는 표지는 두꺼운 한지에다 쪽빛으로 물들인 세마포를 배접해두었다. 그러나 오랜 세월 때문인지 배접된 천은 손이 닿으면 부스러질 것 같아 표지에서 제목을 찾을 수가 없었

184

종가 대대로
간직해온『읍혈록』.

다. 표지를 넘기니 본문 첫 장에 한글로 『읍혈록』이라 쓰고 이어 서문을 썼다. '내가 어릴 적 입궐하여 궁에서 보낸 세월이 60년이라, 명운이 험난하고 경력이 무궁하여 만고에 다시없는 아픔을 참고 지내면서 억만 가지 참상을 다 겪고 살음직하지 아니하되 아들 정조의 지극한 효성으로 차마 명을 끊지 못하고 오늘날까지 이르렀다'는 절절한 내용으로 시작된다.

중앙대학교 민속학과 임동권 교수는 "종가에 보존된 『읍혈록』이 혜경궁 홍씨의 친정댁에서 전해오기 때문에 고증에 신빙성을 갖는다"는 평가를 하고 있다. 홍기영 씨는 "어머니께서 살아생전에 시간만 나면 이 책을 손에 놓지 않고 읽었다. 우리는 대대로 혜경궁의 친필로 알고 있다"고 했다.

혜경궁 홍씨를 연상시키는 또 하나의 걸작은 『원행을묘정리의궤』다. 아버지에게 못 다한 효를 어머니에게 하려는 듯 정조는 1795년 윤 2월 어머니 회갑연을 아버지 사도세자의 능이 있는 화성에서 치를 것을 명하고 장대한 행사 준비를 지시한다. 그 행차와 관련된 주요 행사 장면과 행사에 쓰인 도구들, 그리고 그들의 행려도 등을 판화로 그려놓은 「능행반차도」에서 보이는 '봉수당진찬도(奉壽堂進饌圖)'는 조선왕조의 화려한 회갑상 차림을 살펴볼 수 있는 역사가 주는 귀한 선물이라 할 수 있다.

인동 장씨
연복군 장말손 종가

묵향이 감도는
유서 깊은 종가의 품격

187

인동 장씨 연복군 장말손 종가

서울 청계천 물길이 다시 열린 역사적인 2005년 10월 1일. 경북 영주시 장수면 화기리에 있는 조선시대 문신 연복군 장말손(延福君 張末孫, 1431~1486) 선생의 종가에서는 700년 동안 지켜온 선조들의 유물을 한자리에서 볼 수 있는 유물각 오픈식을 했다. 나라 안에서 가장 오래됐다는 고려시대의 홍패(紅牌, 과거급제 합격증서)와 장말손 선생의 영정과 패도(佩刀, 허리에 차는 칼) 등 보물 25점, 간찰 서책 등 수백 점의 진귀한 가보가 전시됐다.

축하객 800여 명이 다녀갔다는 개관식이 있은 3일 후에 종가를 찾아 장수면 반구우체국장으로 있는 16대 종손 장덕필(취재 당시 58세) 씨와 종부 박후자(취재 당시 57세) 씨에게 기적적으로 보존해온 유물 이야기와 종가의 자녀교육법을 들었다. 분주한 일상에서도 부부가 함께 익혀온 붓글씨와 사군자 치는 솜씨는 이미 작가의 반열에 올라 있었다. 묵향이 감도는 유서 깊은 종가의 품격은 그래서 한층 돋보였다.

경상북도 서북쪽에 자리 잡은 영주는 1300년 전 의상대사가 세운 부석사가 있어 신라 정신의 요람으로 일컬어진다. 게다가 조선시대 사액서원의 효시가 된 소수서원 때문에 선비의 고을로도 유명하다. 이렇게 유불(儒佛)이 함께 성장한 역사와 전통과 예술이 있는 영주의 길목에서 500미터 거리에 있는 인동 장씨(仁同 張氏)의 파종가(派宗家)인 장말손 종가를 찾았다.

문전옥답에서 익어가는 나락의 향기로 수려한 고택의 가을 정취는 더욱 풍요로워 보였다. 집 앞으로 말끔하게 단장된 도로가 있어 교통도 편리했다. 토담이 에워싼 솟을대문을 들어서면 오른편엔 단청 칠로 산뜻하게 단장한 유물각이 잿빛 고택에 활기를 불어넣었다. 유물각 옆으로는 연복군의 영정을 모셨던 영모각이 우뚝하다.

지을 당시의 모습이 잘 보존돼 있어 도 민속자료로 지정된 고택을 감싼 긴 행랑채 앞으로 개관식 때 보내온 화환 수십 개가 줄지어 서 있었다. 종가의 유물은 종가 사람들만의 것이 아니라 우리 모두의 소중한 문화유산임을 감안할 때 생애를 바쳐 지켜온 그들의 정성을 격려하는 뜻으로 보낸 화환들일 것이다.

종가의 역사를 말해 주는 안마당의 떡돌

불천지위 사당은 안채 뒤편 언덕에 있다. 큰일을 치른 뒤끝이라 어수선할 법도 한데, 넓은 바깥마당과 안마당은 티끌 하나 없이 말끔했다. 안대문 왼편엔 화계정사(花溪精舍)라는 당호를 가진 사랑채 대청마루가 정자처럼 멋스럽게 서 있었다.

열린 안대문으로 들어섰다. 안채의 마당은 자그마했다. 종가의 안마당치고 놀라울 정도로 작은 크기였다. 그 작은 마당을 다 차지한 것 같은 커다란 떡돌이 땅속에 파묻힌 채 종가의 역사와 함께 반들거렸다. 검은색 통치마와 와당무늬가 금박처럼 찍힌 연보라색 무명 저고리를 갖춰 입은 단아한 모습의 종부 박후자 씨가 반가이 맞아주었다.

갑작스레 쌀쌀해진 날씨로 한낮인데도 한기가 돌았는데 종부는 찾아오는 객을 위해 훈훈하게 데워놓은 안방으로 이끈다. 요즘은 고택도 대부분 편리한 기름보일러로 고쳐두었지만 이 댁은 아직도 장작 군불로 온돌방을 데운다. 새까맣게 탄 장판 위에 이불을 깔아 바닥이 식지 않게 해두었다. 따뜻한 이불 밑으로 두 다리를 쭉 뻗고 싶었다.

역시 무명 두루마기를 갖춰 입은

안채 마당에 자리한 떡돌.

정자 같은 사랑채.　　밝고 따뜻한 모습의 종손이 들어왔다. 우리는 함께 절로 인사를 나누면서 첫
대면의 어색함을 녹였다. 소나무를 반으로 잘라 만든 찻상에는 녹차 잔이 올
랐는데, 차는 따뜻한 둥굴레차였고 과일이 함께 놓였다.

여섯 번 옷을 갈아입어야 하는 종손의 하루

"저는 하루에 옷을 여섯 번 갈아입습니다. 새벽 4시에 일어나 자리옷을 벗고
작업복을 입은 후 대문을 여는 것으로 하루를 시작합니다. 새벽달이 기울기
전에 대문을 열어야 복이 들어온다는 어머님의 말씀 때문에 40년 넘게 대문
은 제 손으로 열고 있습니다. 집 안팎을 깨끗하게 빗질한 다음 사랑채와 안채
아궁이에 불을 지핍니다. 여름에는 벌레를 없애기 위해 피우고, 겨울엔 방을
따뜻하게 하기 위해 피웁니다. 그런 다음 지게를 지고 집 뒷산에 올라 나무를
한 짐 해 옵니다. 7시쯤에 세수를 하고 평상복으로 갈아입고 아침을 먹지요.
식사 후엔 양복을 입고 출근을 합니다. 그러다 손님이 찾아오면 한복으로 갈

아입습니다. 유물각에 들어서면 두루마기 위에 도포를 입어야 전시된 연복군 할아버지 영정을 뵐 수 있거든요. 그리고 저녁엔 운동복으로 갈아입고 간단한 운동으로 하루를 마무리합니다."

종손은 종가 안방에서 태어났다. 딸만 내리 넷을 낳은 선친은 50이 다 되도록 아들이 없어 애를 태우다가 덕필 씨를 얻었다. 종손이 태어나기 전까지 누님들은 아버지를 한 번도 아버지라 부르지 못했다. 귀하디귀한 아들이 일곱 살이 되자, 할아버지 연세의 아버지는 사랑채로 어린 아들을 불러 내렸다. 그러고는 한 방에서 잠을 자면서 이불을 반듯하게 개는 일부터 요강을 비우는 일, 세숫물을 떠다 드리는 일 등을 한창 투정 부릴 나이인 어린 아들에게 시켰다. 손님이 오면 잔심부름을 해야 했으므로 학교 가는 시간 말고는 한시도 아버지의 사랑채에서 떠날 수가 없었다. 나이 스무 살에 장가를 들고서도 부모님이 정해준 날이 아니면 사랑채에서 잠을 자야 했다. 그 규칙은 아버지가 돌아가신 후에도 이어져 지금도 종손은 사랑채에서 기거하고 종부는 안채에서 잠을 잔다. 아버지가 세상을 뜨시자 종손은 3년 동안 초하루 보름마다 버스를 두 번씩 갈아타고 문경에 있는 묘소를 찾아 술을 올리고 돌아보며 아들로서의 효를 다했다.

3세 때부터 시작되는 종가의 뿌리교육

종손은 2남 2녀의 자녀를 두었다. 손이 귀한 집안이라 자식을 많이 낳기도 했지만, 무엇보다 2남 2녀가 돼야 촌수가 제대로 성립된다는 생각에서다. 여자 형제가 있어야 이모와 이종사촌이 있고, 남자 형제가 있어야 삼촌과 친사촌이 있다. 그리고 고모와 고종사촌도 생길 수 있으며 외삼촌과 외사촌도 있게 된다.

종손은 종가의 대물림 걱정은 안 한다. 서울에서 직장생활을 하는 아들 기석(취재 당시 38세) 씨가 손자를 둘이나 안겨주었기 때문이다. 맏손자에 대한 할아버지의 교육은 엄격했다. 말을 시작할 때부터 저녁마다 할아버지께 전화를 걸게 했다.

"저는 연복군 18대손 영수입니다. 오늘은 이러저러한 일이 있었는데, 할아버지께서도 하루를 무사히 보내셨는지요?"

어릴 때부터 '이 집의 주인은 너'라는 종손교육을 하는 중이다. 초등학교를 다니는 지금도 일주일에 한 번, 일요일 아침 9시 30분에는 어김없이 큰손자의 전화 인사를 받는다. 그 손자가 종가에 오면 손자를 데리고 사당 앞에서 절로 인사를 하게 하고, 할아버지께도 반드시 절하며 인사하는 법을 몸에 익히게 한다. 그리고 밤에는 사랑채에서 함께 잠을 자면서 훌륭한 조상의 업적을 들려주며 『천자문』과 일상의 예절을 가르친다.

　　그런데 딸자식에게는 반대로 엄격하다. 딸이 친정에서 산후조리를 하게 되면 절대로 안방에 들어가지 못하게 한다. 외손자는 성이 다른 남의 집 자손이기 때문이다. 외손자는 한 번도 품에 안아준 일이 없다. 딸들이 서운해하지 않느냐고 물었더니, 어릴 때부터 길들여져 당연하게 여긴다고 했다.

192 마음을 닦기 위해 붓을 잡다

영주시 장수면 화기리(長壽面 花岐里), 일명 꽃계마을인 이곳에 인동 장씨들이 터를 잡게 된 것은 장말손 선생의 고손자 언상(彦祥, 1529~1609) 때다. 그는 무신으로 사화를 피해 은둔할 곳을 찾다가 나직한 뒷산과 앞들이 있는 배산임수(背山臨水) 자리에 정착한다. 이곳에 입향한 이후 종손들은 벼슬길에 나가지 않았다.

　　농사지어 밥 먹고 성심껏 조상 섬기며 자식 낳아 대를 이어가는 자연의 법칙대로 순일한 삶을 살기 원했던 입향조의 뜻을 지킨 것이다. 음모와 술수

로 벼슬 다툼을 하는 정계에 나가면 집안을 제대로 지킬 수 없을 뿐 아니라 조상의 유물도 지킬 수 없기 때문이다. 그래서 종손은 제도교육을 많이 받지 못했다. 대신 보학과 한문, 서예를 익히는 등 실용학문을 공부해 가문의 법도를 엄격하게 이어간다.

종손의 붓글씨는 예술세계를 표현하는 서예(書藝)가 아니라 여일한 마음을 나타내는 서도(書道)의 길을 간다. 먹 가는 일부터 운필법까지 참선의 경지로 붓을 잡는다. 그래야만 예를 갖춘 서식을 쓸 수 있기 때문이다. 17년 붓글씨 이력은 그에게 경상북도 추천작가라는 명예를 안겨주었다. 그는 명예를 가지려 붓을 잡지 않았다. 자신의 마음을 닦고 남의 집에 글을 빌리러 가지 않기 위해 붓을 잡았을 뿐이다. 전통의 생활문화를 이어가려면 한문에 밝아야 하고 붓글씨는 기본이다. 손자 이름 짓기부터 성인식 때 자를 지어주는 일, 자식을 혼인시킬 때 사돈에게 보내는 혼서지며, 제례에 필수인 축문 쓰는 일, 상례의 수많은 제사 격식과 관위에 덮는 명정(銘旌)까지 종손의 붓글씨는 쓰임새가 다양했다. 유물관 현판도 종손의 글씨다.

한 폭의 난을 치고 한 떨기 매화를 화선지에 옮기다

"붓을 잡으면 온갖 근심이 일시에 사라집니다. 정신이 붓끝에 닿아 있어야 한 획 한 획이 정도로 가기 때문이죠."

잘 쓰는 글씨 덕에 장덕필 종손은 다양한 행사에 초빙되는 일이 많아져 나이가 들수록 더욱 바쁘다. 도회지에서 대학을 다니고 직장생활을 했던 종손들이 나이 들어서 고향으로 돌아와 보학을 공부한 데 비해 일찍부터 생활

194

일하는 틈틈이
사군자를 치며
묵향을 즐기는 종부.

대청마루 시렁에
얹어둔 작은 상들이
각상 문화의 단면을
보여준다.

의례를 공부하고 유학의 정신을 몸소 실천하며 거기다 글씨까지 제대로 쓰니
종손 중에서도 인기가 높을 수밖에 없다.

　종손은 열아홉에 시집와서 20대에 시아버님 대소변을 받아가며 40여 년
종가 안마당에서 종종걸음 쳤던 종부에게 미안한 마음이 들어 함께 붓을 잡
게 했다. 재주 많고 지혜로운 종부는 서예는 물론 사군자 치는 일에 심취했
다. 행주치마를 두른 채 행랑채 방 한 칸에 놓아둔 붓을 잡고 봄이면 매화를
치고 여름엔 난을 치며 가을엔 국화를 치고 겨울엔 대나무를 쳐서 그녀 역시
사군자로 경상북도 추천작가 반열에 섰다.
　그러나 종부 박후자 씨의 숨은 자질은 붓글씨 이전에 이미 문학 쪽에서
빛을 낸 듯하다. 한가롭게 붓을 잡지 못했던 젊은 시절에 일상의 일들을 밤새
워 원고지에 담아 방송국에 보내면 어김없이 채택되었다. 그런 글이 20여 차
례나 방송되었고, 여러 신문 잡지에도 종가의 생활 이야기가 게재되었다. 하
지만 종부는 남편과 함께하는 묵향이 더 좋아 남들 다 자는 한밤중에 먹을 갈
아 한 폭의 난을 치고 한 떨기 매화를 화선지에 옮기는 은밀한 멋을 즐기고
있다.

세월이 머물고 선 700년 종가의 유물

국비로 지어진 유물각에 들어선 종손은 영정 앞에 무릎을 꿇고 절을 한다. 종손의 정신세계는 모든 것이 조상에서 비롯되기 때문이다. 절을 마친 종손은 해박한 지식으로 박물관 학예관보다 더 구체적으로 유물에 대한 설명을 해줬다.

적개공신상훈교서(敵愾功臣賞勳敎書)는 장말손 선생이 세조 때 이시애의 난을 토벌한 공훈을 기려 적개공신으로 책봉됨과 동시에 나라에서 영정과 비를 세워 기념하고, 그 부모와 처자의 벼슬을 두 계급씩 높여주고 후손들은 범죄가 있어도 용서할 것을 빼곡히 명시한 문서다. 토지, 노비, 의복, 말 등을 하사한다는 내용도 담겨 있는 당시의 상훈교서가 지금에 전해지는 것은 매우 드문 일로, 영정과 함께 진귀한 보물로 지정돼 있다.

더욱 희귀한 문서는 고려 우왕 때인 1385에 중정대부를 지낸 장전공과 그의 증손자 말손이 경상도 안렴사에게 제출한 소지(所志, 소장)다. 조부에게 상속한 인동현에 있는 농지를 이 지방에 사는 판서 이지태가 경산부사의 세력을 빌려 가로챘으니, 이를 돌려주도록 처결해달라는 내용이다. 이 역시 보물로 지정돼 있다.

이러한 소장은 조선 세종 때의 것 등 여러 개가 있는데 모두 보물로 지

정되어 있다. 이외에도 태종 때의 『분재기(分財記)』에는 장전의 처 신씨 자매가 아버지의 유언에 따라 노비를 나누어 가졌으나, 문서로 만들어두지 못했던 것을 후일의 증빙 자료로 삼기 위해 작성한 글이다. 이러한 고문서 25점이 보물로 지정되어 고려 말과 조선 초의 사회경제 제도 연구에 귀중한 사료가 되고 있어 이 방면을 연구하는 학자들의 발길이 끊이질 않는다.

또한 고려 충렬왕 때 지금의 5급 공무원 같은 대과에 합격해 받은 홍패의 주인공은 인동 장씨 직제학공파(直提學公派)의 시조인 장계(張桂)의 것이다. 홍패의 내용에서 주시관(主試官)과 시관(試官)이라는 직함과 성명까지 적혀 있으며 국내에서는 가장 오래된 홍패의 하나로 우리나라 과거제도를 연구하는 데 중요한 사료가 되고 있다.

조선 단종 때 장계의 7대손인 말손이 23세로 소과에 합격해 받은 백패(白牌)와 6년 후 세조 때 다시 문과시험에 급제해 받은 홍패(紅牌)는 종가의 정체성이 그대로 드러나는 명예로운 유물들이다.

꿈이 되찾아준 종가의 가보

종손이 특히 애착을 가지는 패도는 1446년 장말손 선생이 북쪽 오랑캐 아지발을 물리치고 옥피리와 은잔 등과 함께 세조에게 받은 가보다. 칼 손잡이는 금으로 장식돼 있으며 죽피로 된 칼집은 상아로 장식하고 은사로 엮었는데, 조선 초기 왕실과 귀족들의 생활을 엿볼 수 있는 진귀한 유품이다. 그런데 종가에선 이 귀중한 패도를 두 번씩이나 잃어버렸다가 다시 찾았다.

패도는 6·25전쟁 때 홀연히 사라졌다. 돌아가신 종손의 부친은 패도를 찾으려고 무던히 애썼지만 찾을 길이 없었다. 조상 대대로 전해오는 가보를 잃은 부친이 죄책감으로 식음을 전폐하며 괴로워할 즈음 꿈에 조상신이 나타났다. 패도가 사당터에 묻혀 있다는 선몽을 보여준 것이다. 꿈에 알려준 자리를 파보았더니 패도가 대나무 껍질에 싸인 채 발견되었다.

그런 패도를 2001년에 또 한 번 분실했다. 종손 장덕필 씨는 자신도 모르게 왠지 되찾을 수 있으리라는 믿음이 생겼다. 그 믿음이 하늘에 닿았는지 공교롭게도 신출귀몰하던 문화재 전문 털이범을 악착같이 뒤쫓아 붙잡은 형사는 다름 아닌 인동 장씨 가문의 장인성 형사 계장이었다. 장 계장은 당시 서울 서초경찰서에서 근무하다가 이 사건을 맡게 됐고, 수사가 생각보다 잘 풀려 이상하다고 여겼는데 뒤늦게 알고 보니 집안일이었다며 기뻐했다. 조상께서 후손인 줄 아시고 그 사건을 자신에게 맡긴 것 같다며 신기해했다. 조상이 돕지 않았다면 이런 기이한 일은 있을 수 없다고 믿는 종손은 조상 섬기는 일에 더욱 정성을 다하고 있다.

다섯 가지 약재를 넣은 씨암탉죽

이날 점심상에는 백년손님이라는 사위나 맏손자에게만 끓여준다는 씨암탉을 잡아 만든 닭죽이 올랐다. 먹을거리가 귀하던 예전의 닭죽은 어른들의 몸을 보양하는 약죽이기도 했다. 연로하신 시아버지 보양을 위해 종부는 일주일에 한 마리씩 닭을 잡아야 했다. 남편은 군대에 가고 집안에 남자라곤 없었기에

◀ 깔끔한 맛의
씨암탉죽과 장김치.

▶ 종부의
손맛이 느껴지는
고들빼기김치.

닭 잡는 일은 종부의 몫이었다.

　닭을 잡고 뜨거운 물을 부어 털을 뽑는다. 그리고 내장 속의 기름기와 불필요한 지방 덩어리를 말끔히 없앤 후 흐르는 물에 대고 배 속을 깨끗이 씻어낸다. 특히 뼈에 붙어 있는 찌꺼기들을 깨끗이 걷어내야 누린내가 나지 않는다. 찹쌀은 문질러 씻어가며 헹궈 30분쯤 불렸다가 건져놓는다. 헛개나무와 산천목은 5센티미터 길이로 잘라놓고 마른 인삼, 감초는 깨끗이 씻어놓는다. 토종밤은 껍질째 씻어놓는다.

　손질한 닭은 물을 넉넉히 부어서 처음에는 센 불에 끓이다가 중간 불로 낮춰 은근하게 30분 정도 끓인다. 살이 무른 닭을 건져 뼈를 발라내고 닭국물에 준비한 약재를 넣어 맛이 우러날 때까지 끓이다가 불려둔 찹쌀을 넣어 퍼지도록 끓인다. 약재 때문인지 닭죽이라는 생각이 전혀 들지 않고 맛이 깔끔했다. 닭죽에는 곁들인 반찬으로는 여러 가지 과일과 미나리, 파를 썰어 넣고 국간장으로 간을 맞춘 장김치와 종부가 뒷산에서 캐어 담갔다는 고들빼기김치가 나왔다.

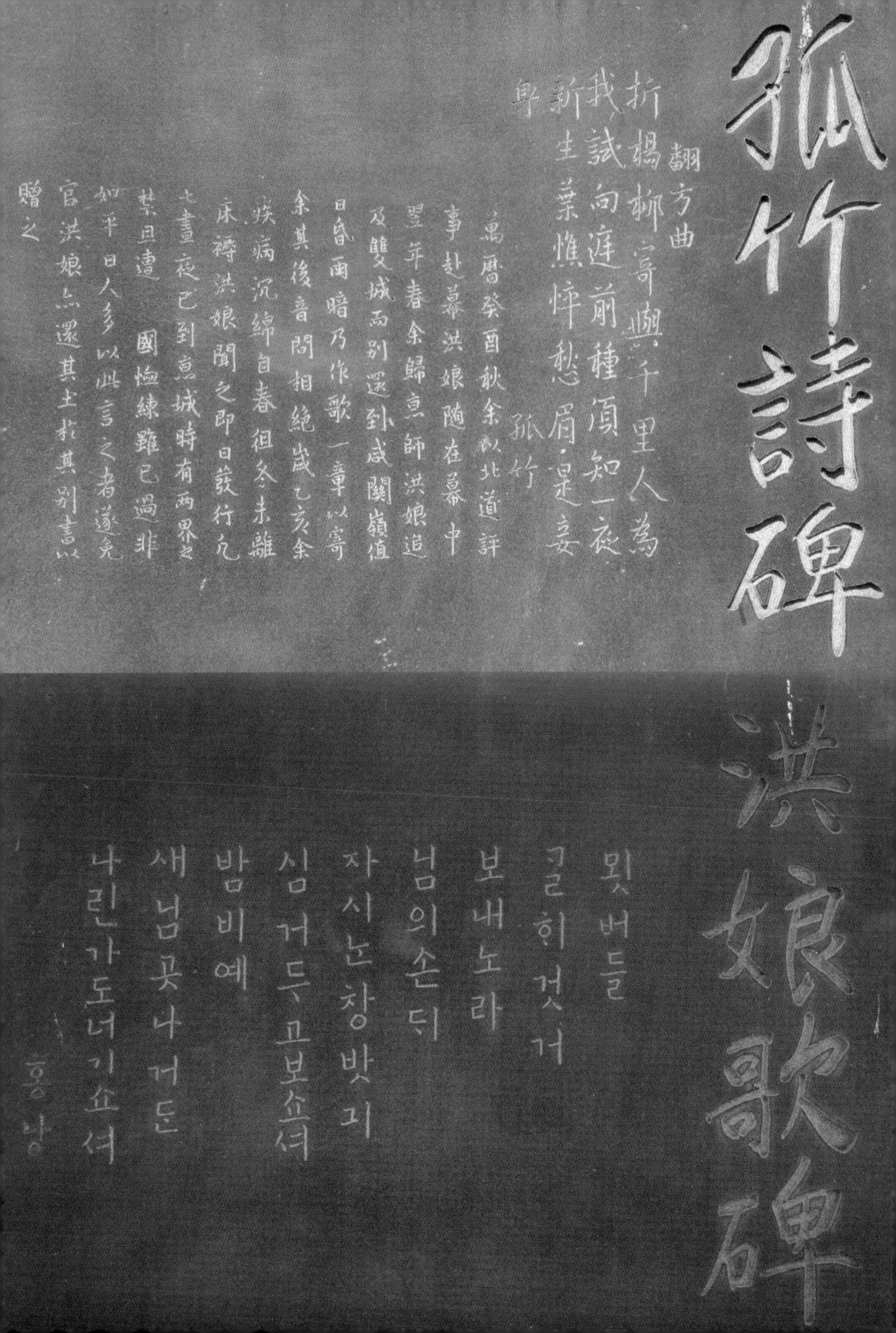

翻方曲

折楊柳寄與千里人為
我試向庭前種頌知一夜
新葉懳悴愁眉·是妾
卑

孤竹

萬曆癸酉秋余以北道評
事赴幕洪娘隨在幕中
暨年春余歸京師洪娘追
及雙城而別還到咸關嶺值
日昏雨暗乃作歌一章以寄
余其後音問相絶歲乙亥余
疾病沉綿自春徂冬未離
床褥洪娘聞之即日發行凡
七晝夜已到京城時有兩界之
禁且遭國恤練雖已過非
如平日人多以此言之者遂亮
官洪娘亦還其土栽其別畫以
贈之

밋버들
글히것거
보내노라
님의손듸
자시노창밧긔
심거두고보쇼셔
밤비예
새닙곳나거든
나린가도너기쇼셔

홍낭

고죽시비(위)와
홍랑가비(아래).

묏버들 가려 꺾어 보내노라 임에게
주무시는 창밖에 심어두고 보소서.
밤비에 새 잎 나거든 나인가도 여기소서.

조선 선조 때 기생 시인 홍랑(紅娘)이 당대의 문장가 고죽 최경창(孤竹 崔慶
昌, 1539~1583)에게 보낸 이별의 시다. 연인을 떠나보내는 애절한 뜻을 버드
나무 가지를 빌려 표현한 이 작품은 우리나라 문학사에 가장 아름다운 연시
(戀詩)의 하나로 꼽힌다. 이들의 비련의 러브 스토리는 홍랑이 남긴 애절한
시조 한 편을 중심으로 전설처럼 전해오다가 지난 2000년 11월 최경창의 육
필 답시와 홍랑의 한글 시 원본이 공개되면서 다시 한 번 세인의 관심을 끌었
다. 스산한 겨울 날씨를 훈훈하게 달궈줄 연시에 담긴 사연을 찾아 경기도 파
주시 교하면 다율리에 부인, 연인이 함께 묻혀 있는 고죽의 묘소와 후손들이
살고 있는 전남 영암군 군서면 동구림리 종가를 찾았다.

쌀쌀한 11월에도 따사로운 햇살이 내리쬐는 양지바른 곳, 경기도 파주시
교하면 다율리 해주 최씨(海州 崔氏) 선산에서는 조상들의 음덕을 기리는 가
을 시제가 한창이었다. 문중 회장 최봉섭(취재 당시 68세) 씨와 고죽 최경창의
16대 구림 종손 주호(취재 당시 73세) 씨 등 30여 명의 후손들이 참석해 조상
이 남겨둔 땅에서 거둬들인 곡식으로 정성스레 준비한 음식을 올리고 극진한
예를 다해 묘제를 지내고 있었다.

이날 묘제에서 특별히 눈길을 모았던 풍경은 '시인 홍랑지묘'라고 쓰인
비석의 주인공에게 올리는 제례였다. 양반 가문의 선산에 기생이었던 홍랑
의 묘가 버젓이 자리하고 있는 것도 흔한 일이 아닐뿐더러 사대부 후손들이

그 무덤의 주인공 제사까지 지내주는 일은 더욱 희귀한 일이어서 관심이 커졌다.

한 묘역에 누워 못다 한 사랑을 꽃피우다

홍랑의 무덤 그 바로 위에는 그녀가 목숨 바쳐 사랑했던 연인 고죽과 그의 부인 선산 임씨의 합장묘가 있었고, 이들의 제례가 끝나자 홍랑의 묘 앞 석상에도 똑같은 제례 음식이 차려졌다.

밥과 국, 술과 적, 떡과 탕, 나물과 과일…. 음식은 넉넉했지만 홍랑의 제례에는 축문(祝文)이 없었다. 석 잔의 술이 아니라 한 잔의 술만 받았다. 문중을 대표해서 최향섭(취재 당시 63세) 씨가 제주가 됐다. 종손이 차마 기생 제사에 제주는 될 수 없는 일이기 때문이다. 최향섭 씨는 얼마 전 장애인학교 교장에서 퇴임한 시인이다. 그의 시 「어떤 손」이 중학교 교과서에 실려 있는 걸 봐도 해주 최씨의 DNA에는 뛰어난 문재(文才)의 피가 흐르고 있음을 엿볼 수 있었다.

묘제가 끝난 후 음식을 거두어 묘 아래 재실(齋室)에서 점심을 먹는 자리에서 홍랑의 묘가 해주 최씨 선산에 있게 된 내력을 듣게 되었다. 묘소 인근에 있는 청석초등학교 교장직을 퇴임한 고죽의 후손 최은호(취재 당시 64세)

고죽 최경창 묘에서
지내는 시제.

씨가 들려줬다. 이곳에서 8대째 살고 있는 최은호 씨는 마을 내력에 대해 밝혔다.

"저희 선산은 본래 이곳에서 얼마 떨어진 월롱면 영태리에 있었습니다. 지난 1969년 영태리를 군용지로 선정하면서 지금의 자리로 이장을 하게 된 것입니다. 묘소가 있던 자리는 미군 부대가 들어섰고요. 조선을 대표하는 3당(三唐) 시인 중의 한 분의 묘소를 문화재로 지정하지는 못할지언정 군부대를 짓겠다는 정부의 처사가 그 당시에는 한없이 원망스러웠죠."

최은호 씨는 묘를 이장할 당시 홍랑의 무덤에서 옥으로 된 목걸이, 반지, 귀고리, 옷 등이 나왔다는 이야기를 이장을 도왔던 선친께 들었지만, 어찌된 일인지 집안에 전해오는 유물은 없다고 했다.

그런데 문제는 옮겨온 지금의 묘소를 또다시 이장해야 하는 처지에 놓였다는 것이다. 큰길이 생기기 때문이다. 조상의 묘소를 국가 시책에 따라 이리저리 옮겨야 하는 문중 사람들의 마음은 착잡하기만 하다.

시로 맺어진 홍랑과의 아름다운 만남

1683년 고죽 최경창 선생의 증손자가 펴낸 『고죽집(孤竹集)』에는 기발한 착상과 산뜻 유려한 표현으로 이루어진 주옥같은 고죽의 시 236수가 실려 있다. 여기에는 홍랑이 고죽에게 보낸 한글시 「묏버들」을 고죽이 한문으로 번역한 「번방곡(飜方曲)」이 수록돼 있다. 두 사람이 주고받은 사랑의 시로 짐작되는 시도 여러 편 보인다. 고죽과 홍랑의 로맨스는 이렇게 일찍부터 그의 문집을 통해 전설 같은 이야기로 면면히 전해졌다. 그뿐만 아니라 당시 문우들의 문집에서도 두 사람의 이야기는 간간이 나타났고, 최근에는 고죽의 육필 원고까지 발견돼 조선시대 최고의 러브 스토리라며 관심이 집중되기도 했다.

황해도 해주가 본관인 고죽은 1539년 평안도 병마절도사를 지낸 최수인의 외아들로 서울에서 출생했다. 조혼이 유행하던 당시의 풍속에 따라, 목사를 지낸 선산 임씨의 따님과 13세에 혼인을 하면서 전남 영암군 동구림리 지금의 종가 마을에서 신혼생활을 하게 된다. 그때는 처가살이가 당연하던 시대였다. 구림에서의 생활은 다양한 계층의 학자들과 교류가 이어져 학문의 폭을 넓힐 수 있는 계기가 되었다. 특히 약관의 나이로 송강 정철과 구봉 송익필 등 당대의 시인들과 시회를 열면서 그의 문재가 알려지기 시작했고, 조선 8문장에도 들어가리만치 인정받았다. 그중에도 당시(唐詩)의 대가로 알려진 옥봉 백광훈(玉峰 白光勳), 손곡 이달(蓀谷 李達)과 함께 3당(三唐) 시인으로 꼽혔다. 율곡 이이는 고죽의 시를 가리켜 '청신준일(淸新俊逸)'하다며 극찬을 했다. 그는 문장뿐 아니라 글씨 솜씨도 수려했고, 피리를 잘 불었으며, 활쏘기에도 명수였던 당대의 멋쟁이였다.

23세 때 진사에 합격하고 7년 후인 30세 때 문과에 급제했다. 그리고 5년 후 35세 때는 홍랑과의 인연이 시작되는 함경도 경성에 북도평사로 부임했다. 요즘으로 치면 장교 계급의 군인으로 변방을 지키러 나갔던 것이다.

서울에서 천리 길이나 되는 북도평사의 부임길에 그 지역 관리가 주선해준 여독의 위로 자리에서 홍랑을 만났다. 문학적 소양과 재색을 겸비했던 홍랑은 관기로서 이름을 떨치고 있었다. 술 한잔에 흥취가 일자 홍랑이 먼저 시조 한 수를 음률에 맞춰 읊었다. 어여쁜 홍랑이 낭랑한 목소리로 읊조리는 시조가 바로 자신의 작품임을 알고 고죽은 놀라면서 홍랑에게 넌지시 누구의 시를 좋아하느냐고 묻는다. 홍랑은 고죽의 시를 좋아한다고 답했고, 고죽은 자신이 그임을 밝히면서 당대 최고의 시인과 기생 시인의 로맨스가 시작되었다.

홍랑의 지순한 사랑 때문에 파직되다

그렇게 맺은 인연으로 추운 겨울을 군막에서 함께 지낸다. 당시의 풍습으로는 흔히 있을 수 있는 일이었다. 관에 배치된 기생은 가정을 떠나 멀리 있는 군사들의 바느질, 빨래 등의 수발을 들었고, 심지어는 잠자리 시중까지 들었기 때문에 관기 신분의 홍랑은 변방에서 겨울을 보내야 했던 고죽과 함께 생활이 가능했던 것으로 추정하고 있다. 비록 기생 신분이었지만 문학적인 교양과 빼어난 미모를 겸비한 홍랑과 조선을 대표하는 시인 중의 시인 고죽과의 사랑은 봄이 되자 안타깝게도 이별을 맞게 되었다. 고죽의 임기가 끝나고 한양으로 돌아가야 했기 때문이다. 이때 홍랑은 멀리 쌍성까지 따라와 눈물로 작별하고 되돌아가다가 '함관령'이라는 곳에 이르렀을 즈음, 때마침 날도 저물고 비마저 뿌려 사랑하는 이를 향한 애달픈 마음을 한 편의 시조에 담았다. 「묏버들」이란 절세의 문장은 그렇게 해서 탄생됐다.

두 사람이 헤어진 1년 뒤 고죽이 병을 얻어 몇 달째 누워 있다는 소식을

한 칸짜리 소박한
사당.

전해 들은 홍랑은 그날로 7일 밤낮을 걸어서 한양에 당도했다. 그리운 임의 병간호는 홍랑으로서는 행복한 일이 될 수도 있었을 것이다. 그러나 당시는 함경도, 평안도 사람의 도성 출입을 금하는 제도가 시행되고 있었고, 때마침 명종의 비인 인순황후의 국상 중이었다. 고죽을 시기하던 무리들이 이때다 하고 상소를 올렸다. 이 사건으로 고죽은 관직에서 물러나야 했고, 홍랑 역시 고향으로 돌아가지 않을 수 없었다. 고죽은 홍랑을 고향으로 떠나보내면서 「송별(送別)」이란 제목으로 두 편의 한시를 지어주었다.

옥 같은 뺨에 두 줄기 눈물 흘리며 봉성을 나서는데
새벽 꾀꼬리 한없이 우는 것은 이별의 정 때문이네.
비단 적삼에 명마를 타고 하관 밖에서
풀빛 아스라한데 홀로 가는 것을 전송하네.

또 한 편의 시는 홍랑이 버드나무 가지에 자신을 비유했듯이, 홍랑에게 난을 주면서 사랑하는 마음을 전한다.

서로 계속 바라보며 그윽한 난을 주니
이번에 먼 곳으로 가면 언제나 돌아오려는고.
함관의 옛 노래를 부르지 마오.
지금까지 구름과 비가 청산에 자욱하네.

죽거든 고죽의 묘 앞에 묻어달라

홍랑의 일로 관직에서 물러났던 고죽은 다시 관직을 받아 명나라에 부사로 간다. 자연스레 그곳 문인들과 교류하게 되었고 그의 시 「천단(天壇)」은 명나라 시인들의 감탄을 자아냈다.

고국으로 돌아온 지 1년 후 그는 영광군수에 임명되었지만 부침이 심한 관직에 뜻이 없어진 고죽은 관직을 그만두었다. 대신 남원 광한루며 대동강 부벽루 등지의 산수 수려한 곳에서 시회를 열면서 자신의 문학적 재능을 한껏 발휘하며 지냈다. 그러나 나라에서는 뛰어난 자질의 그를 그냥 두지 않고 두 계급을 승진시켜 함경도 종성부사로 교지를 내린다. 그런데 그 특진이 또 말썽을 일으켜 다시 성균관 직강직의 교지를 받고 한양으로 올라오다 경성 객관에서 향년 45세의 아까운 나이로 쓸쓸하게 생을 마감한다. 멋쟁이 시인답게 성품도 곧고 맑아 사후 숙종 때 청백리에 선정됐다.

고죽의 사망 소식을 접한 홍랑은 고죽의 묘소 앞에 띠집을 짓고 머리도 빗지 않은 채 시묘살이를 시작했다. 3년 동안의 시묘살이를 끝내면서 임진왜란이 발발하자 고죽의 시문집을 가슴에 품고 피란길에 올라 떠돌다 끝내 잊지 못할 임의 곁으로 가기 위해 자결을 했다. 자신이 죽거든 고죽의 묘 앞에 묻어달라는 유언을 남기고.

이에 문중에서는 그의 절개와 의리를 기려 고죽의 묘 앞에 무덤을 만들고 비석도 하나 세웠다. 기생 홍랑은 신분의 차이와 죽음의 이별을 극복하고 고죽 곁에 머물면서 못다 한 사랑을 꽃피울 수 있었다.

이러한 사연을 짐작할 수 있는 정황을 밝힌 서첩이 지난 2000년 11월 공개되었다. 홍랑의 한글 시조 원본과 홍랑과의 재회 후 홍랑을 떠나보내며 고죽이 써준 답시 「송별」의 육필 글도 있었다. 이 서첩은 서화 감식에 있어 손꼽히는 위창 오세창(葦滄 吳世昌, 1864~1953) 선생이 한때 소장했으며, 서첩 발문에는 근대 국문학자 가람 이병기(嘉藍 李秉岐, 1891~1968) 선생이 1936년 이 자료들을 보고 고증 평가해서 쓴 글도 실려 있었다.

위서(僞書) 논란도 있었지만 공개된 서첩의 말미에는 홍랑과 나눈 만남과 이별의 이야기, 주고받은 시를 고죽 자신이 기록한 자료도 있어 두 사람의 사랑이 실화였음을 뒷받침하고 있다.

한편 조선 중기의 학자 남학명(南鶴鳴, 1654~?)의 문집 『회은집(晦隱集)』에서는 고죽이 세상을 떠난 후 홍랑의 행적을 기록하고 있다. '고죽이 죽은 후 홍랑은 스스로 얼굴을 상하게 하고 그의 무덤에서 시묘살이를 했다'는 것이다. 그리고 난리통에 고죽의 시를 품고 피란하여 병화를 면하게 했다는 기록과 함께 홍랑과 고죽 사이에는 아들 한 명이 있었다는 기록도 보인다. 1867년 고죽의 5대손이 만들어 대물렸다는 족보에는 서자(庶子) 한 명이 기록돼 있는데, 그가 바로 고죽과 홍랑 사이에서 출생한 아들이 아닐까 추측하고 있다.

'혈식군자'라 생식을 올리는 선현들의 가을 향사

파주에서의 묘제가 있은 3일 후 전남 영암군 군서면 동구림리에 있는 고죽 최경창 선생 종가에서는 가문에서 추앙하는 다섯 분 선조의 위패를 모시고 가을 향사를 지냈다. 우리나라 사학의 문을 처음으로 연 해동공자 문헌공 최충(文憲公 崔沖, 984~1068)을 위시해 세종 때 홍문관 집현전 박사를 역임한 강호공, 그리고 홍랑의 연인 고죽공과 고죽공의 증손자인 양파공, 만성공 다섯 분의 위패를 모시고 종가의 사우 동계사(祠宇 東溪祠)에서 행하는 제례였다.

구림동 70여 가구의 일가친척 외에 성씨가 다른 집안의 어른들도 모신 자리였다. 이는 제례를 통해 가문의 화합은 물론이고 성씨가 다른 문중과의 교류와 친목을 돈독히 하기 위한 가을 축제 같은 성격을 띠었다.

고죽의 16대 구림 종손 최주호(취재 당시 73세) 어른과 종부 문근남(취재 당시 69세) 씨는 손님맞이로 분주했다. 향사에 오르는 제물 준비는 문중에서 하기 때문에 종가에서는 제물 걱정은 안 해도 된다. 게다가 제상에 오르는 제물은 모두 생식이어서 부엌에서 기름 냄새 풍기며 잔손질 많이 들여야 하는 음식도 아니다.

이날 다섯 분의 신위 앞에 올린 제물은 익히지 않은 돼지 대가리와 다리가 중심이 되어 놓였고, 비늘 그대로인 숭어 한 마리도 날것으로 올랐다. 육회라 하여 날고기도 한 접시 올렸고, 줄기와 잎이 그대로 달린 무와 그 옆으로 뿌리와 잎이 달린 미나리를 짚으로 묶어 올렸다. 신주 왼편으로는 육포와 말린 상어포, 껍질 벗기지 않은 밤과 대추, 은행을 올렸다. 제물은 간단하면서도 날것으로 올리기 때문에 정성껏 씻고 다듬고 그릇에 담기만 하면 되는 것이어서 다섯 분의 제례를 한꺼번에 모셔도 그다지 번거로워 보이진 않았다.

생식으로 준비한 제물을 올린 것은 2500여 년 전의 예절서 『예기(禮記)』에 따른 것이다. 종묘의 큰제사 때는 날고기를 쓰고, 사직의 제사 때는 절반 정도 익은 고기를 쓰며, 작은 제사나 한잔의 술을 올릴 때는 완전히 익은 고기를 쓴다고 적혀 있으니, 이번 제사는 종가의 큰제사인 것으로 보인다. 또한 '혈식군자(血食君子)'라고 하여 군자는 날것을 올린다는 『주자가례』의 기록에 준하기도 했다. 제사지내는 의식은 향교에 모셔진 성현들의 제사 순서에 따랐다. 제복은 베로 만든 도포나 옥색 도포가 아닌 검은색 도포를 입었는데, 이것 역시 다른 지역과 차별화된 모습이었다.

해주 최씨 고죽 최경창의 구림 종가

종가의 향사에서 눈길을 끈 의례는 제사를 마친 후에 치르는 분포례(分浦禮)였다. 제사 음식을 나눠 주는 의식으로, 제사상에 오른 제물을 하나하나 봉지에 나누어 담고, 그 음식 봉지는 다시 네모난 소쿠리에 차곡차곡 담아서 보자기로 묶었다. 그리고 노잣돈을 넣은 봉투까지 준비해 이날 참석한 제관 한 사람 한 사람에게 감사의 뜻과 음복의 의미, 나눔의 뜻을 전했는데 이 제례의 마지막 의식은 참으로 이채로웠다.

제물은 그냥 주는 것이 아니라 예를 다한 의례로서 전한다. 찬인(贊引, 제사를 거행하면서 예의 절차대로 도와 인도하는 이)이라는 역할을 맡은 분이 예복을 갖추고 두 번 절을 하고 음식 보자기를 건넨다. 음식을 받은 13명도 일일이 두 번 절을 하고 예물을 받았다. 이날 3명의 제관(諸官)과 축관(祝官, 제례 때 축문을 읽는 이)을 비롯해 창홀(唱笏, 제사의 순서인 「홀기」를 읽는 이), 진설(陳設, 제례 때 음식을 법식에 따라 상 위에 차려놓는 이), 찬인, 알자(謁者, 제례 때 초헌관을 인도하는 이), 봉향(奉香, 제례 때 향을 받드는 이), 봉로(奉爐, 제례 때 향로는 받드는 이), 사준(司樽, 제례 때 술두루미를 맡은 이), 전작(奠爵, 제례 때 술잔을 제상에 올리는 이), 봉작(奉爵, 제례 때 술잔을 받아 전달하는 이)까지 모두 13명이 이 분포례에 참석했다.

마지막으로 향사를 집행하는 대표직을 맡은 남평 문씨 종손인 문창집 씨의 인사로 제례는 끝이 났다. 종손 이하 해주 최씨 문중 사람들은 자신들의 조상 제례를 모시면서도 제례에는 직접적인 역할을 하지 않는 모습도 특이해 보였다.

월출산 뒷자락 아늑하고 포근한 마을에 자리한 종가는 고색창연한 옛 건물이 아니었다. 본래 초가집이었는데 지금은 현대식 건물로 바뀌었다. 종손으로부터 4대조를 모신 한 칸짜리 조출한 사당만이 낡은 기와지붕을 간신히 지탱한 채 종가의 옛 모습을 보여주었다. 영암군에서는 2004년 고죽기념관을 개관해 고죽과 관련된 유물들을 전시하고 있다. 고죽의 문집과 상상으로 그린 초상, 당시에 입었던 장군복과 신발, 관복 등을 전시해두고 있는데 대부분 복제품이어서 아쉬웠다.

구림 문중의 최재영(취재 당시 74세) 씨는 구림에 고죽의 후손들이 자리하게 된 내력을 들려줬다. "고죽 선조의 처가가 바로 이곳입니다. 부사를 역

해주 최씨 고죽 최경창의 구림 종가

전남 영암 고죽 선생
구림 종가의 종부와
종손.

고죽기념관에 전시된
장군복과 관복.

◀ 제사를 마친 후
치르는 분포례.

▶ 제사상에 오른
제물을 차곡차곡
담고 노잣돈까지
챙겨 감사, 음복,
나눔의 뜻을 전한다.

212

임했던 이곳 선산 임씨 따님과 혼인을 한 것입니다. 그 때문에 어릴 적부터 문과에 급제할 무렵인 청년기까지 이곳을 많이 내왕하셨습니다. 하지만 벼슬길에 나가시고부터는 서울에서 생활하셨지요. 이 마을에 정착하신 분은 고죽 선조의 증손자인 양파공입니다. 그분은 몸이 병약하셔서 요양을 위해 증조할아버지의 처가가 있는 이곳에 자리를 잡았고, 지금까지 400여 년 동안 후손들이 이어지며 집성촌을 이루고 있습니다. 그래서 이곳을 고죽의 구림 종가라고 하지요." 해주 최씨 시조는 고려 성종 때 판사부사를 지낸 최온(崔溫)으로, 그 아들이 바로 해동공자로 추앙받는 석학 최충이다. 고죽은 최충의 18대 손이다.

고서 2만 권을 소장한
한국 최고의 민간 도서관

남평 문씨
죽헌 문달규 종가

215

남평 문씨 죽헌 문달규 종가

당나라 때 시인 두보는 "남자는 모름지기 다섯 수레의 책을 읽어야 한다"고
말했다. 그 다섯 수레의 책을 지금에 환산하면 몇백 권을 넘기가 쉽지 않을
것이라는데, 당시의 책은 대나무 조각에 글을 새긴 죽책(竹册)이었기 때문
이다.

대구광역시 달성군 화원읍 본리에 주소를 둔 남평 문씨 인산재 문경호
(仁山齋 文敬鎬, 1812~1874) 선생의 후손들이 살고 있는 인흥마을에는 문씨 가
문 사람들이 대대로 읽어왔던 옛 책 2만여 권이 소장돼 있는 인수문고(仁壽文
庫)가 있다. 한국 최고의 민간 도서관으로 평가받고 있는 '문중문고'를 찾아
간 날은 때마침 종손 문정기 씨의 칠순 잔치 날이어서 축하객들의 와자한 풍
경이 영하의 추위를 녹여주고 있었다.

번잡한 대구 시내에서 불과 30리 떨어진 곳에 있으면서도 거친 세월
을 피해 세워진 당시의 모습을 유지하고 있는 남평 문씨 세거지 인흥마을.
150여 년 전 이곳에 터를 잡은 분은 고려 말 원나라에서 목화씨를 가져온 삼
우당 문익점(三憂堂 文益漸, 1331~1400) 선생의 18대손인 문경호다.

마을로 접어들면 돌을 쌓아 만든 조산 무더기가 마치 인흥마을을 안내
하는 듯했고, 뒤로는 마을의 주산 천수봉이 병풍처럼 둘러쳐졌다. 앞으로는
천내천이 흐르는 전형적인 배산임수지형 포근한 곳에 아홉 집 70여 채 한옥
이 한집처럼 질서정연하게 배치돼 있다. 마치 도시계획을 위해 조성된 집터
같다. 개인 살림집 외에도 문씨들의 문중도서관이라 할 수 있는 인수문고와
접빈실 수봉정사(壽峯精舍), 재실 광거당(廣居堂) 등이 공공건물로 마을의 축
을 이루고 있다.

2만여 평에 자리한 이 마을은 이제 더 이상 집을 짓지 않도록 약속되어

있다. 현재 종가를 비롯해 아홉 집에는 분가한 형제들의 장남 부부만이 살고 있다. 앞으로 법이 아무리 바뀌더라도 집은 맏아들에게 상속한다는 원칙도 세웠다. 외부인에게 집을 매매하는 일은 더더욱 안 되도록 규약을 정했다. 직장을 따라 외지에 나가 있더라도 정년퇴직 후에는 이곳으로 돌아오도록 했다. 이런 원칙을 정해둔 것은 사람이 살아야 목조 건물이 오랫동안 보존된다는 자연의 섭리 때문이다.

궁벽한 산골도 아니고, 집이 낡으면 국가에서 보수까지 해주는 이런 조건이라면 변하는 세상과 상관없이 이 마을은 세세연년 보존될 수 있겠다는 생각이 들었다. 대구시는 이 마을을 민속자료 제3호로 지정, 보호하고 있다.

종손의 소박한 칠순 상차림

인흥마을은 본래 고려 때 절터였다고 한다. 『삼국유사』를 쓴 일연스님이 11년간 주석을 했던 인흥사(仁興寺)라는 웅장한 절이 있었는데 언제 허물어졌는지는 알 수가 없다. 마을 텃밭에는 당시의 3층 석탑 일부가 남아 그 흔적을 전하고 있다. 절터는 기운이 세기 때문에 집을 짓지 않는다는 고정관념을 깨고 인산재 문경호는 후손을 위해 집을 지었다. 앞을 내다보는 남다른 안목으로 조

성된 세거지 덕분에 오늘날 우리는 그들의 전통 생활문화를 함께 향유할 수 있고, 고유한 문화를 가진 문화민족으로서 세계에 내놓고 자랑할 수 있다.

마을 입구 주차장에는 종손의 칠순 잔치를 축하하기 위해 온 차들이 차고 넘쳤다. 70여 년 전 이런 날에는 아마도 가마꾼이나 말들로 가득하지 않았을까? 종가는 조붓한 골목길 맨 안쪽에 있었다.

그런데 이곳은 인산재의 종가가 아니다. 그의 둘째 아들인 죽헌 문달규(竹軒 文達奎, 1832~1905)의 종가다. 인산재의 맏아들은 장가들기 전 세상을 떴고 둘째인 문달규의 아들을 세상 떠난 형님 앞으로 양자를 보냈기에 큰집은 따로 있다. 지금의 종가에서는 인산재가 둘째 아들과 함께 말년을 보냈고, 종손 문정기 씨에 이르기까지 150여 년 가까이 살아왔다.

예쁜 꽃담으로 치장한 대문을 들어서면 사랑채 내부가 훤히 보이지 않도록 내외담이 가려져 있다. 왼편으로 들면 안채 대문과 잇대어 지어진 'ㄱ'자형의 사랑채가 있고 곳간과 헛간을 곁들여 10칸으로 된 조촐한 집이 종가다. 종가이긴 하나 사당은 따로 없고 사랑채에 신주를 모시는 벽감(壁龕)이 있다.

안채 대문 밖 정원에는 인흥사에서 식수로 사용했던 우물인 '고려정'이 있다. 절은 허물어 졌지만 800여 년이 지난 지금에도 샘물은 마르지 않아 여전히 종가의 식수로 쓰인다. 지독한 가뭄에도 물이 마른 적이 없다는 것이 마

남평 문씨 종손의 단란한 칠순 잔치.

을 사람들의 자랑이다. 편리한 수돗물을 두고 아직도 우물을 이용하면서 옛것을 이어가려는 종가 사람들의 오롯한 정신에 감동하게 된다. 이날도 부녀자들이 우물가에 옹기종기 모여 앉아 채소를 씻고 설거지를 하며 이야기꽃을 피우고 있었다. 우물가에 내걸린 무쇠솥에서 풍기는 구수한 음식 냄새와 잔치에 온 사람들의 정겨운 인사, 이런 풍경만으로도 전통의 향기는 충분했다.

218

사돈댁, 동창들, 벼슬 높은 문중 분들이 종손의 칠순 잔치를 축하하며 보내온 꽃다발이 즐비하다. 그러나 서리를 맞고도 고졸한 자태를 지키며 피어난 담 아래 노오란 감국이 '이 집 주인은 나'라는 듯 강한 향기를 피운다.

안채 마루에는 조촐한 잔칫상이 차려졌다. 보이기 위해 차려진 형식적인 고임상이 아니라 자녀들이 정성을 다해 준비한 과일과 떡,

인흥사에서 식수로
사용한 우물, 고려정.

과자 등 일상의 음식들을 접시에 담았다. 그 상 앞에 앉은 부부는 자녀들과 손자·손녀의 축하 절을 받고 행복한 미소를 지었다.

야생화로 꽃차를 즐기는 종부

종부 김신자 씨는 격식을 차리지 않은 상차림이니 사진은 찍지 않았으면 좋겠다며 칠순상 촬영을 한사코 만류했다. 대중 연회장에서 치르려 했지만 종손의 칠순상을 다른 집에서 차릴 수가 없어서 조촐하게 점심이나 먹자고 했는데 의외로 많은 친지들이 찾아주어 고맙고 반갑다고 했다. 식사 후 긴 시간 이야기꽃도 피울 수 있고, 오랜만에 고향 나들이를 하는 분들도 있어 힘들고 번잡스럽긴 해도 집에서 치르기를 잘했다며, 상마다 다니면서 "차린 것 없지만 많이 드시라"는 따뜻한 인사말로 감사함을 전했다.

40년 전 스물다섯 충청도 처녀가 서른 살 경상도 신랑을 만나 혼인을 하고 아들·딸 낳아 키우면서 남편의 직장을 좇아 종가를 떠나 살았다. 그러다가 어른들이 세상을 등지고 종손의 정년퇴직과 함께 돌아왔다. 종부는 야생

◀ 남평 문씨 세거지
인흥마을.

▶ 800여 년이 지난
지금도 솟아나는
우물.

화 키우는 취미가 있어 일 많은 종가의 일상이지만 넉넉한 텃밭에 꽃을 가꾸면서 농촌생활에 만족하고 있다고 한다.

종가는 이제 대구의 명소로 널리 알려져 국내외 손님의 방문이 늘고 있다. 전화도 없이 무턱대고 오는 손님들은 일일이 다 맞이할 수 없어 대문을 잠근다. 하지만 방문의 목적을 알려오는 사람에겐 문을 활짝 연다. 간단한 차 대접도 한다. 손님의 취향에 따라 다양한 차를 내는데, 손수 키운 꽃을 말린 꽃차를 우려서 내기도 하고 마을의 매실나무에서 딴 매실로 만든 매실청에 물과 얼음을 섞어 여름 음료로 내기도 한다. 잔설 위에 피어난 매화꽃송이를 꺾어 말리거나 냉동실에 저장했다가 고려정에서 길어온 물을 끓여 백자 잔에 꽃을 담고 뜨거운 물을 부으면 그 향기와 멋에 사람들은 저마다 감동한다. 여름엔 찔레꽃, 가을엔 구절초와 국화꽃 우린 차 등 계절을 느낄 수 있는 차를 낸다. 3월 초 매화가 만발할 때 오면 천하제일의 향기를 자랑하는 백매화차를 대접하겠다는 종부의 인사말을 뒤로한 채 2만 권의 고서가 소장된 인수문고로 향했다.

문자향 넘쳐나는 '인수문고'와 '중곡문고'

인수문고를 지키는 문중 어른 문태갑(취재 당시 76세) 씨의 서실 거경서사(居敬書舍)에 갔다. '경건한 마음으로 책을 읽는 방'이란 뜻을 지닌 당호다. 정계와 관직을 두루 거치고 서울신문사 사장을 지낸 문태갑 씨는 학창 시절부터 서울에서 생활했지만 공직에서 물러나면 고향으로 돌아가리라는 귀거래사의 결심을 8년 전 실천했다.

이곳에 오자마자 어렸을 적부터 보아온 이 마을의 생활풍속과 내력, 여러 매체에 게재된 글을 모아 2003년에는 『인흥록(仁興錄)』이란 책을 펴냈다. 그리고 마을의 품격을 살리기 위해 매화나무를 심었다. 500여 그루의 매화꽃이 만발하는 봄이면 마을 전체는 꽃비에 젖는다. 문태갑 씨는 70리 거리 안에서 생산되는 재료로 만든 음식을 먹어야 삶이 건강하다는 음식 철학을 가지고 있다. 이를 실천하기 위한 첫 번째로 차부터 직접 만들어 마실 요량으로 몇 년 전부터 마을 텃밭에 수국잎을 재배하고 있다. 문자향(文字香) 넘쳐나는 서실에서 노선비가 손수 우려준 달콤한 '이슬차(수국차)' 향기의 여운을 오랫동안 음미할 수 있었다.

문태갑 씨의 안내로 인수문고 안에 소장한 2만 권의 옛 책을 구경했다.

광거당 누마루에
걸어둔 현판.
'수석노태지관'

인수문고는 1981년 정부 보조를 받아 수봉정사 옆 공터에 세워졌다고 한다. 이날 인수문고의 문을 열어준 건 종손의 아들 문준호(취재 당시 36세) 씨였다. 마을에서 제일가는 큰집의 장손이 문중 보물인 인수문고의 문을 열게 하는 유가의 질서에 따라서다.

서고 안에는 남평 문씨 중시조인 삼우당 문익점의 실기, 『남평세고』 등 조상들의 전적과 문집들이 귀중하게 보관돼 있었다. 특히 임지왜란 전부터 내려온 희귀본들은 서지학적 가치가 높다는 평가를 받고 있다. 무엇보다 1000여 종의 진귀한 서적들 중 『고려사』나 『십삼경주소(十三經註疏)』와 같은 책은 한 권의 낙질도 없다 한다. 이 책들은 책 크기에 맞게 특별히 만든 오동나무 상자에 분류, 보관해왔기 때문에 쉽게 찾아볼 수 있을 뿐 아니라 책이 상하지도 않았다. 소장한 책은 1975년 국학자료보존회가 서적 목록을 작성해 두었다. 당시 목록조사에 임했던 한학자 임창순 선생은 "… 본 서책은 수봉 선생 개인의 수집품이라는 데 우리는 고인에 대한 친근감을 가지게 된다. 또한 특기할 것은 이 문고는 당초부터 그 보존에 철저를 기하였기에 결본이 거의 없는 완전본인 점에서는 국내 어느 도서관에서도 찾아 볼 수 없는 자랑거리라…"고 했다.

교통이 불편했던 그 옛날에 이 책들을 어떤 방법으로 수집했을까? 중국 책의 경우는 중국에 망명 중이던 교우를 통하거나 한말의 사학자 등에게 부탁해서 상해에서 배편으로 목포로 보내오면 육로로 인흥까지 운반했다. 교통이 편리하지 않았던 시절, 수레에 실어 산 넘고 물 건너 어렵게 모았던 책이니 어찌 대를 물려 소중히 여기지 않을 수 있을까. 인수문고 외형은 전면 5칸, 측면 2칸의 한옥이지만 화재예방을 위해 실내는 콘크리트 구조로 만들었다.

인수문고 옆에는 또 하나의 문고가 있다. '중곡문고(中谷文庫)'다. 문태갑씨가 직접 열어 둘러볼 수 있게 했다. 만권당의 편액을 내건 수봉의 손자로서 할아버지의 정신을 잇기 위해 평생 모아온 책을 '중곡문고'에 비치하고 있다. 20세기에 간행된 한국학 중심의 책 5000여 권이 여기에 모여 있다. 인수문고의 옛 책이 중곡문고의 근세의 책들로 대물림되는 문자의 향기가 경이롭기만 했다.

아름다운 건축미를 자랑하는 광거당

인수문고의 모체는 재실이었던 광거당이다. 초가의 재실을 헐고 1910년에 다시 지은 광거당 내에 1만 권의 책을 비치하게 된 것은 인산재 문경호의 손자인 문봉성(文鳳成, 1855~1923)과 둘째 아들 수봉 문영박(壽峯 文永樸, 1880~1930) 때부터다. 문봉성은 돈을 벌었고 그 아들은 책을 구매했다.

광거당에 '만권당(萬卷堂)'이란 편액을 걸던 해는 일제에 우리나라를 빼앗긴 해였다. 나라의 주권을 잃었으니 문자마저 없어진다면 민족정신은 멸망한다는 생각에 조급한 마음이 들었을 것이다. 책이 많으면 뜻있는 학자들이 모여들 것이고 나라의 운명에 대한 논의도 자연스러울 것이라 여겼다. 광거당을 정신적인 독립운동의 장으로 삼은 것이다.

수봉의 애국정신은 그가 세상을 뜨자 '대한민국 임시정부' 발행으로 비밀리에 조문을 보내왔던 것에서 여실히 드러났다.

광거당의 소문은 당시 암울했던 선비들의 귀에 전달됐고 전국의 문인과 학자들은 먼 길을 마다하지 않고 속속 찾아들었다. 책을 좋아하는 사람이니 문화인과 학자들을 반기는 것은 당연한 일. 광거당은 수십 명의 선비들이 모여 주인과 더불어 학문을 논하고 시와 글을 짓고 나랏일을 걱정하는 문화공간이 되었다. 그러한 흔적들은 광거당 누마루에 걸려 있는 현판 '수석노태지관(壽石老苔池館)'이란 글씨에서도 엿볼 수 있다. 추사가 이곳을 방문하고 쓴 글씨로 '수석과 묵은 이끼와 연못으로 된 집'이란 뜻이다.

1935년 『조선소설사』의 저자인 김태준은 "조선에 장서 이야기가 나오면

남평 문씨 죽헌 문달규 종가

수년 전 연희전문학교에 1만여 권 도서를 기증한 전남 곡성 정씨(丁氏)를 첫째로 꼽고, 아마 그 손가락으로 대구 '광거당'의 장서를 세어야 할 것이다. 하도 많은 소문을 들은 터라 찾아가 봤다"는 인상기를 신문에 남기기도 했다.

광거당은 마을에서 가장 큰 규모로, 마을 끝에 자리해 있다. 솟을대문에 들어서면 본채를 살짝 가린 흙담이 나타난다. 이걸 두고 차면장(遮面牆)이라 했다. 넓은 마당을 가운데 두고 대청을 중심으로 좌우에 2칸짜리 온돌방이 있다. 툇마루보다 한 단이 높게 구성된 누마루는 책을 읽다 멀리 바라보면서 머리를 식혔던 공간이다.

마당엔 우물과 모과나무, 매화나무, 벽오동 등이 하늘을 찌를 듯 키높이 서 있다. 집 뒷뜰은 울창한 왕죽밭이다. "봉황은 벽오동이 아니면 앉지를 않고 대나무 열매가 아니면 먹지 않는다"라는 옛글이 떠오르는 현장이었다.

광거당에는 전수 규약이 있다. 광거당 설립목적은 자제들의 교육과 손님을 응접하는 데 둔다 했고, 효제충신을 교육의 기본으로 삼고 접빈객에겐 예와 경으로 극진히 대접해야 한다는 내용도 있다. 책을 소중히 다룰 것과 함부로 빌려주지 않을 것, 그리고 매년 7월에는 반드시 햇볕에 책을 쪼여 말려야 할 것도 규약에 들어 있다. 스승을 모시고 공부하는 예우도 정해두었고, 공부하러 오는 자제들에게는 연간 종이 6권, 붓 10자루, 먹 5개의 문방구를 주도록 했다.

광거당의 아름다운 건축미는 사극 영화의 촬영장으로 자주 등장하며 그 빛을 발하고 있다. 영화 「신사임당」과 「황진이」 등도 여기서 촬영했다.

마을 공동 사랑채로 쓰이는 수봉정사

문중 사람들의 공동 사랑채로 쓰이고 있는 수봉정사는 인수문고와 담을 같이하고 있다. 수봉을 추앙하기 위해 1936년 그 아들들이 세웠다는 이 건물은 최고급 자재와 최고 솜씨의 목수들이 지어 건축비가 당시 돈으로 논 100마지기가 들었다고 한다. 이 집에서 눈길을 모았던 것은 대문의 크기와 두께에 걸맞게 빗장 덮개에 새겨진 거북 두 마리다. 목이 상하 좌우로 움직여서 잠근 빗장이 빠지지 않도록 한 타원형의 거북이 등껍질 중 왼쪽 것 위에는 곤괘(坤卦·☷), 오른쪽 것 위에는 건괘(乾卦, ☰)가 새겨졌다. 천년을 산다는 거북의 장수와 하늘과 땅의 조화로움을 상징하는 대문의 문양에서 이 집의 세세한 공력이 엿보인다.

미닫이 문을 달아 나눈 방 4칸의 문을 다 열면 70명은 족히 앉을 수 있

남평 문씨 문중
사람들의 공동
사랑채 수봉정사.

수봉정사 대문
빗장에 새겨진 거북
문양.

고, 칸을 막으면 여러 사람이 묵어 갈 수 있도록 했다. 일제강점기 때 이 집을 다녀가지 않은 시인 문객이 없을 정도였다 한다. 지금도 소규모의 학회와 차회 등 문화 모임 장소로 쓰인다. 이 공간을 사용하고 싶은 사람들은 미리 공문을 보내면 무료로 사용할 수 있다. 얼마 전 대구에 온 폴란드의 세계적인 음악가 펜데레스키(pendelesky) 부부가 순수한 한국의 멋과 맛을 체험하고 싶다 하여 수봉정사에서 전통 방식의 12첩 반상 각상 차림으로 만찬을 베풀었더니 흥분과 감탄사가 연발했다고 한다. 함께 간 국내인사들도 잊었던 우리의 각상 문화를 보고 한국인으로서의 긍지를 느꼈다고 했다.

앞마당 정원으로 꾸며진 석가산(石假山)에는 소나무, 전나무, 회양목, 배롱나무, 모과나무, 향나무, 엄나무, 대나무 등이 푸르게 자라고 있다. 현판 '수봉정사'는 위창 오세창의 글씨다.

아름다운 꽃, 인흥마을 안주인들

남평 문씨 세거지 인흥마을에는 재미있는 꽃말 노래가 전해온다. 이 마을 아홉 집의 머슴들이 모여 각자 안주인의 모습을 꽃에 비유해 노랫말을 만들어 즐겨 불렀다고 한다. 이 노래에서 안주인의 용모와 자태와 성격을 엿볼 수 있어 놀랍다. 전통사회에서 부인들의 이름은 없다. 대신 시집을 가서도 평생 따라 다니는 '택호'가 있다. 택호는 친정마을 이름이다. 그 때문에 여자들은 '나'가 아니라 '우리'라는 공통체가 있을 뿐이다. 행실이 좋지 않으면 친정가문에 욕이 되기 때문에 말과 행동이 조심스러웠을 것이다. 그러나 그 조신한 행동이 습관이 되면 품격으로 바뀐다. 그러기에 아름다운 꽃에 안방마님을 비유했을 것이다.

수야댁(밀양 박씨, 청도 수야(水也)마을에서 시집오다)
허리곱살 할미꽃은 수야 댁 꽃일레라 그 꽃 속 이슬 받아 수야댁 주라 하소.

온혜댁(진성 이씨, 안동 온혜(溫惠)에서 시집오다)
붉은 똑똑 복숭아꽃은 온혜댁 꽃일레라 그 꽃 속 이슬 받아 온혜댁 주라 하소.

소태댁(청도 김씨로 밀양 소태(小台)에서 시집오다)
맵고 짠 고추 꽃은 소태댁 꽃일레라 그 꽃 속 이슬 받아 소태댁 주라 하소.

용진댁(인천 채씨, 달성 용진〔龍津〕에서 시집오다)
알금 살금 대추 꽃은 용진댁 꽃일레라 그 꽃 속 이슬 받아 용진댁 주라 하소.

내지댁(벽진 이씨, 의령 내제〔來濟〕에서 시집오다)
뒷동산의 패랭이꽃은 내지댁 꽃일레라 그 꽃 속 이슬 받아 내지댁 주라 하소.

국골댁(광주 노씨, 창녕 국동〔菊洞〕에서 시집오다)
사랑 앞에 목단 꽃은 국골댁 꽃일레라 그 꼭 속에 이슬 받아 국골댁 주라 하소.

금촌댁(재령 이씨, 청도 금촌〔琴村〕에서 시집오다)
도리납작 접시꽃은 금촌댁 꽃일레라 그 꽃 속 이슬 받아 금촌 댁 주라 하소.

관동댁(벽진 이씨, 칠곡 돌밭〔石田〕에시 시집오다)
논두렁 밑에 메밀꽃은 관동댁 꽃일레라 그 꽃 속 이슬 받아 관동댁 주라 하소.

몬담댁(고성 이씨, 청도 모은〔慕隱〕에서 시집오다)
천수봉의 찔레꽃은 몬담댁 꽃일레라 그 꽃 속 이슬 받아 몬담댁 주라 하소.

오길댁(창녕 성씨, 영천 오길〔五吉〕에서 시집오다)
허리능청 담배 꽃은 오길댁 꽃일레라 그 꽃 속 이슬 받아 오길댁 주라 하소.

현창댁(광주 노씨, 창녕 현창〔玄倉〕에서 시집오다)
빠끔빠끔 들깨 꽃은 현창댁 꽃일레라 그 꽃 속 이슬받아 현창댁 주라 하소.

웃갓댁(광주 이씨, 칠곡 웃갓〔上枝〕에서 시집오다)
포리 쪽쪽 가지 꽃은 웃갓댁 꽃일레라 그 꽃 속 이슬 받아 웃갓댁 주라 하소.

세세연년 세월의 나이테가 600여 년이나 쌓여 있는 곳, 경상북도 안동시 와룡면 주하리에 자리한 진성 이씨(眞城 李氏) 대종가를 찾았다. 조선시대를 대표하는 석학 퇴계 이황, 독립을 위해 순절한 「청포도」의 작가 이육사 등 명현들을 배출한 명가 중의 명가로 알려진 종가에 처음 터를 잡은 분은 고려 말의 공신으로 송안군(松安君)이란 군호를 받은 이자수(李子修, 1309~1382) 선생이다.

종가는 이자수 선생으로부터 600여 년간 맏아들로만 이어온 보기 드문 대종가로, 입향조의 손자가 심었다는 천연기념물 향나무가 아직도 성성한 잎으로 객을 반겼다. 홀로 집을 지키는 김자현(취재 당시 80세) 노종부는 달라진 세상에서도 조상 제사와 성주 제사, 민간 풍습까지 이어왔던 '인간문화재'였다. 유구한 역사만큼이나 조상들의 손때 묻은 유물도 많았다. 고려시대 관모, 노비문서, 족보, 고문서 등 2500여 점이나 되는 문화유산은 서울역사박물관에 기증했다.

진성 이씨 25세 대종손 이세준 씨는 19개 종파 10만여 문중 사람들에게 상징적인 인물이다. 대종가의 종손답게 키가 크고 목소리도 호탕하며 호남형인 그는 종손으로서 위엄과 품격을 두루 갖춘 분으로 어릴 적부터 수채화를 잘 그려 첫손자 도수(취재 당시 20개월)의 돌에 초상화를 그려 선물할 만큼 자상한 할아버지의 면모도 보여줬다. 지금은 직장 때문에 경기도 안양에서 생활하고 있는 종손과 함께 떠난 종가 취재는 골골마다 서린 이야기로 풍성했다. 종가 안방에서 태어나 초등학교 3학년 때부터 집을 떠나 생활을 했기 때문에 종가의 주인은 어머니라고 말한다.

"생각해보세요. 스물다섯에 홀로 되신 어머님이 외아들인 나만 바라고 살셨는데, 요즘 같았으면 어림없는 일 아닙니까. 전통사회에서 재혼이란 상상조차 못할 일인데 하물며 대종가의 종부이니 말할 나위도 없었죠. 어머니가 만일 재가를 했더라면 우리 가문은 더 이상 세상에 내놓고 떳떳하지 못했을 거예요. 그러기에 노모를 생각하면 가슴이 저립니다."

유교문화 말살하려는 중앙선 철로

종손의 나이 4세 때 경성제대 문리대에 재학 중이던 아버지 이재태(취재 당시 25세) 씨가 전쟁의 참화를 당한 후 남편 없는 집에서 시조모, 시부모를 모시고 평생 종가를 지킨 어머니 생각에 종손은 때때로 눈물짓는다.

안동 시내에서 안막재를 넘어 국도를 따라가면 산을 가로지른 중앙선 철로와 마주하게 되고 철로 굴다리를 지나면 왼편에 종택으로 드는 입간판이 나타난다. 안내를 따라 좌회전하여 농로로 조금 더 가면 왼편으로 영화의 한 장면 같은 '이하역'이 정겹게 다가온다. 종손은 이 작은 시골역을 지나면서 일제강점기 일인들의 만행에 목소리를 높였다.

230

퇴계 이황이 쓴
'경류정'이란 당호가
걸린 별당.

"우리 마을의 흉물은 저 중앙선 철로입니다. 원래 옹천 - 송현 - 의성으로 노선이 계획되었으나 막대한 추가 비용을 들이면서까지 유교문화의 보고인 안동 지역을 심하게 훼손시켰지요. 평탄하고 곧은 길을 마다하고 마을의 젖줄인 냇물을 막고 마을의 혈맥인 수창산 아래로 터널을 뚫어 백호능선을 잘랐습니다. 그리고 학봉 김성일 선생의 묘소를 전면 차단하고, 독립투사 석주 이상용 선생의 생가인 임청각 안마당을 통과하도록 설계를 변경해 안동의 씨족문화 정기를 철로로 짓밟아버렸습니다."

이하역을 지나니 종손이 다녔던 이계초등학교가 보인다. 학생은 없고 빈 건물만 쓸쓸하다. 구비진 고갯길을 또 한 번 넘어가니 고요한 산록이 해묵은 마을 하나를 숨기고 있었다. 이곳이 바로 조선 최고의 유학자 퇴계 이황의 큰 집으로 진성 이씨들의 600년 대종택이다. 한때는 50여 호가 살았던 씨족마을 이었지만 지금은 25가구만 남아 있고 그나마 집을 지키는 사람들은 노인들뿐이다. 그 마을 맨 위에 소나무와 대나무 숲이 청청한 곳에 대종택이 우뚝하게 앉아 있다.

종가 역사와 함께한 600년 된 향나무

사방이 나지막한 산으로 둘러싸인 분지마을은 주촌(周村)이란 지명답게 둥글지도 모나지도 않은 넉넉한 자리에 위치했다. 용케도 종가 사랑채에서 바라보이는 앞산은 보름달이 아니라 반달 모양이다. 꽉 찬 보름달은 기울어지지만 반달은 채워지는 달이어서 약동과 번영을 상징하는 모습이라 했다. 자연의 법칙도 수학 공식 같아서 그에 순응하는 삶을 살아가면 반드시 좋은 결과가 따르기 마련인가 보다. 반천년 하고도 100년을 더 넘긴 세월을 한곳에 살면서 명문 거족으로 자리매김할 수 있었던 것도 그저 그렇게 생겨나는 것이 아님을 알 수 있게 한 집터였다.

종가는 집을 에워싼 담이 없다. 권위를 나타내는 솟을대문도 없다. 행랑채가 사랑채를 간신히 가리고 있을 뿐이다. 우리나라 고택에서 이런 구조는 보기 드문 사례다. 사람을 경계하지 않는 종가 사람들의 넉넉함과 자신감 때문일 것이다.

"우리 집의 상징이자 자랑은 이 향나무입니다. 조선 세종 때 선산부사를 지낸 4대조 이정 할아버지께서 1433년에 평북 약산성 쌓기를 마치고 고향으로 돌아올 때 6년생 향나무를 가져다 심은 것이니 600여 년의 수령을 자랑합니다. 이 향나무는 줄기가 위로 뻗지 않고 우산처럼 옆으로 퍼지는 모습이 특징입니다."

수령에 비하면 높이가 3미터로 그리 높지 않으나 종가 마당을 50평이나 차지할 만큼 사방으로 가지가 뻗어 둘레가 2.5미터나 되고 한 줄기에서 뻗어나간 수많은 가지가 서로 뒤엉켜 마치 용이 하늘로 비상하려는 모습 같아 신비롭고 기이하다. 향나무 아래에 서면 넉넉한 그림자로 여름에는 더없이 시원하다 했다.

'신의 창조인들 이런 기품이 있을까! 수많은 가지가 엉켜 웅비하는 형상의 노향목은 세계 유일의 괴목이며 주촌 종택의 영물이다'라고 찬탄한 선비들의 글 120수를 엮은 『노송운첩(老松韻帖)』도 남아 있다. 고택에서 치러지는 그 어떤 제사에도 이 향나무를 피운다. 이 댁의 조상들은 살아생전 즐겨 맡았던 그 향기로 강림하여 후손과 마주하는 제사에 참여하는 것이다. 향나무는 서울에 있는 나무종합병원의 보살핌을 받고 있다.

영남지방에서 흔히 볼 수 있는 'ㅁ'자 구조인 종가는 안채와 마루, 안방 부엌을 기본형으로 안마당을 중앙에 두고 있다. 상방, 중방, 고방 등의 부속 공간과 한 몸체를 이루면서 사랑채와 연결된 모습이 새의 날개 같은 집이라 하여 익사(翼舍)라고 한다. 안채에서 서쪽 문을 열고 나가면 마치 조각보를 보는 듯 아름다운 굴뚝과 마주하게 되는데 굴뚝을 경계로 위로는 조상의 공

수많은 가지가 서로 뒤엉켜 용이 비상하는 것처럼 보이는 600년 된 향나무.

▼ (왼쪽) 진성 이씨 4대조인 이정의 불천지위 신주.

▼ (오른쪽) 4대 신주를 모신 사당.

간인 사당이 있다. 아래쪽엔 퇴계 이황이 쓴 '경류정(慶流亭)'이란 당호가 걸린 별당이 품위 있게 자리하고 있다. 종손의 8대조 이연(李演)이 후학을 육성하고 자신을 수양하는 공간으로 동구 밖 정자골에 지었다가 이곳으로 옮겨 온 건물이다. 지금도 화톳불을 피워 불을 밝히고 전통의 예법대로 조상의 제례를 모시고 있다.

안채 왼편 높은 자리에 앉은 사당에는 진성 이씨 4대조인 이정(李禎)의 불천지위 신주를 서쪽에 모시고, 그 아래로 종손으로부터 4대조를 모셨다. 이정은 퇴계 이황의 증조부로서 세조 때 좌익원종공신으로 임명되었으며 향나무를 심은 장본인이기도 하다.

가풍의 범절을 지켜가는 인간문화재, 노종부

종가를 찾은 날은 소한이 지난 3일 후라 살을 에는 듯 매서운 추위였다. 한옥은 아궁이에 불을 지펴야 그 열기가 오래가서 집 안 전체를 훈훈하게 하는데 기름 보일러를 때는 종가의 안방은 바닥만 따뜻했지 썰렁하고 냉랭했다. 이런 추위에도 팔순의 노종부는 움츠림 없이 꼿꼿한 자세로 객을 반겼다. 아무도 없는 고택에 누가 그리 온다고 종부는 동이 트기도 전에 대문을 열고 아침을 맞는다. 이날도 노환의 몸으로 문턱을 몇 개나 넘어 대문을 열다가 넘어졌다고 한다. 아들이 "어머니 어데 다친 데는 없소" 하고 걱정스러워 하지만 노종부는 남의 이야기처럼 태연하다.

234

18세에 종가로 시집와 층층시하 어른들 모시고 수많은 문중 사람들의 모범이 되는 삶을 60년 넘게 보냈으니 그 절제된 기품은 보는 사람을 숙연케 한다. 외롭고 힘든 한평생이 어찌 회환이 없을까마는 격한 감정을 드러낼 수도, 슬픔을 슬픔으로 나타낼 수도, 아무리 좋은 일이 있어도 소리 높여 웃을 수도 없었던 추상같은 범절이 몸에 밴 노종부 모습은 아름다운 품격으로 승화된 '인간문화재' 같았다.

서울의 며느리가 손자를 보느라 함께 오지 못하고 시어머니 좋아하는 갖가지 반찬을 만들어 보냈는데 그 음식을 보고 "간을 만들어 보냈구나" 하며 반찬을 '간'이라는 용어로 차별해 사용한다. 이날 귀하디 귀한 외아들을

25대 종손과 추상 같은 범절이 몸에 밴 노종부.

키우면서 약이 흔치 않던 시절 병이라도 날라치면 온갖 정성을 다해 치료했던 민간요법도 보여주었고, 성주 제사도 재현해주었다.

종가에선 아주 오래 전부터 조상의 영혼 말고도 집안을 지켜준다고 믿고 섬기는 가신(家神)이 많았다. 집안의 화복을 맡고 있다고 믿는 성주신과 자손을 점지해 준다는 삼신할미, 자손의 복을 비는 조상신이 있다. 문설주엔 문신이, 우물에는 용신이 있다. 곳간에는 곡령이 있고, 장독대에는 장맛을 조절하는 장독신이 있고, 뒷간에는 터주신이 있다. 이 신들에게도 그때에 맡는 음식을 차려놓고 고사를 지낸다.

생명의 소중함 일깨우는 민간신앙

1929년 4월 20일 종가건물을 보수하면서 지붕 망와(望瓦)에 '기사사월중건(己巳四月重建)'이란 글씨를 새겼다. 종가에선 이날을 집의 생일로 여겨 대청마루 구석에 모셔진 성주 단지 앞에서 성주 제사를 지낸다. 제주는 종손이다.

아침 일찍 집 안팎을 깨끗이 청소한 다음 먼저 한지로 신체를 한 겹 싸고 실타래를 감아 성주 제단에 앉힌다. 그리고 쌀, 콩, 팥 3색의 곡식과 뿌리나물인 도라지, 줄기나물 고사리, 잎나물인 시금치를 담아 올리고 감주와 백설기로 상차림을 한 다음 쌀을 담은 옥그릇 중앙에 들기름을 붓고 한지로 심지를 세워 불을 밝힌다. 그리고 그 앞에 종손이 꿇어앉아 집안의 평안을 기

약이 없던 시절 민간신앙으로 객귀를 물리치며 무병 무탈을 빌었다.

원하는 고축(告祝)을 읽는다. 축을 읽은 다음 두 번 절하고 소망을 담은 축문을 태워 하늘에 날린다. 옥그릇의 불은 단 위에 올려 사그라질 때까지 그대로 둔다.

아이들을 돌보는 삼신할미를 모시는 제단은 마루에 매단 시렁 위에 올려둔 바가지다. 여기에 해마다 햅쌀을 갈아 넣고 한지로 봉한다. 며느리가 아기를 가지면 시어머니는 정화수를 떠놓고 무사히 출산할 수 있도록 아침저녁으로 빈다. 아이가 출생하면 쌀밥과 미역국을 차려놓고 "아침 이슬에 물외 크듯이 잘 자라고 무병 무탈 비나이다"라며 치성을 드린다. 아들이면 고추와 숯을, 딸이면 솔가지와 숯을 왼새끼줄 사이에 끼운 금줄을 삼칠일까지 안채 대문에 친다. 잡귀의 침범을 막고 출산을 알리며 부정 탄 사람은 출입을 삼가 달라는 뜻이다. 아기가 감기 몸살이라도 나면 정화수를 올리고 손이 닳도록 빌고 객귀를 풀어낸다. 종지에 좁쌀을 적당히 담고 숟가락으로 아픈 아이의 머리를 문지르며 "객귀라. 객귀면 영금을 내라" 하고는 좁쌀을 여미어 숟가락 세우기를 반복한다. 대개 이런 방법으로 세 번 정도 하면 영검(객귀 내림)을 받아 숟가락이 곧게 선다. 이어서 "객귀야~ 썩 물러가거라!" 하고 외치면서 영검 내린 좁쌀을 안마당에 흩어 뿌리고 식칼 씻은 물을 아이에게 먹여서 재우면 신통하게도 열이 내렸다. 싸움질이 잦은 아이와 뒷간에 빠진 아이에게는 수수떡을 먹여 액땜을 했다. 수수떡은 붉은 양색(陽色)이므로 악귀를 좇아내는 축귀(逐鬼) 능력이 있다고 믿었다.

그래서 종가에는 성주 단지며 옥그릇, 용단지 등 민속신앙에 쓰였던 유물이 유난히 많다. 오래된 가풍답게 가신을 섬기는 일 말고도 전통의 향기를 살리는 세시풍속도 그 계절에 생산되는 음식을 올리며 지키고 있다.

자연을 경배하는 아름다운 세시풍습

종부는 볕 바른 툇마루에 앉아 종가의 전통문화로 이어왔던 세시풍습을 덕담처럼 들려주었다.

"섣달 그믐날 밤에는 집 안 구석구석을 깨끗하게 청소하고 마루, 부엌, 뒷간, 곳간, 우물, 마당, 마소간에도 훤하게 불을 밝혀요. 이는 새해를 맞이하여 집 안에 있는 모든 잡귀를 몰아내는 풍습입니다. 귀신은 밝은 곳을 싫어하기 때문이지요."

이날 밤 잠을 자면 눈썹이 센다 하여 어른·아이 할 것 없이 잠을 자지 않고 밤새 이웃 어른들에게 수세배(守歲拜)를 드리러 다녔다.

정월 상축일(上丑日)은 콩을 볶아 먹고, 칼이나 농기구를 만지지 않는 날이다. 소의 날이어서 소에게 나물과 밥을 따로 주어서 나물을 먼저 먹으면 흉년이 든다 했고, 밥을 먼저 먹으면 풍년이 든다고 믿었다. 상진일(上辰日)은 오곡을 볶아 먹었으며 방앗간 출입을 삼갔다. 상자일(上子日)은 "쥐 주둥이 찧는다" 하면서 방아를 찧으면 쥐가 곡식을 축내지 않는다고 믿었다.

열나흘 날은 콩을 볶아 방 네 구석에 놓아두었는데 이것은 잡벌레의 침입을 예방하기 위해서다. 보름날은 찰밥과 나물을 차려 성주신과 삼신할미께 바친다. 집안의 무사형통과 풍년을 기원하는 것이다. 이날 개에게 죽을 주면 눈꼽이 끼어 골병들어 죽는다 해서 종일 굶겼다가 달이 뜬 뒤에 죽부터 먹이는 풍습도 있었는데 "개 보름 쇤 듯하다"라는 속담이 그래서 생겨났다. 보름날은 바느질을 하면 '생손을 앓는다' 하여 이날 하루만이라도 여자들의 일손을 쉬게 하려는 배려도 담겨 있었다.

또 열엿새날 밤에는 대문 밖에 채를 걸어놓고 닭 귀신을 쫓았다. 닭 귀신이 아이들 신을 가져가면 해를 당한다 하여 신발을 감추거나 엎어놓기도 했다. 정월달에는 이렇게 날마다 의미 있는 풍습으로 한 해의 시작을 경건한 마음으로 맞이하라는 선현들의 지혜가 녹아 있는 세시풍습이 많다.

또한 입춘날에는 그 시를 맞추어 집안 곳곳에 춘첩자(春帖字)를 붙인다. 사당에는 '감고태세병술지입춘(敢告太歲丙戌之立春)'이라 하고, 큰 대문에는 용(龍)과 호(虎)를, 방문에는 용(龍)과 귀(龜)를 써 붙였다. 서쪽 문에는 기오복(箕五福) 화삼축(華三祝), 동쪽 문에는 수산복해(壽山福海), 성주단 밑에는 춘축(春祝) 또는 만사형통(萬事亨通), 일실평화(一室平和), 안방문 위에는 대모주평안(大母主平安)이라고 써 붙였다. 각방 문 위에는 입춘대길(立春大吉), 건양다경(建陽多慶), 아이들 방에는 아학일취(兒學日就), 고방에는 내즉내창(乃積乃倉), 마구간에는 구십기돈(九十箕惇), 곳간에는 충일노적(充鎰露積)이라는 글귀를 붙였다. 또한 개구리가 놀라 깨어난다는 경칩(驚蟄)에 흙일을 하면 탈이 없고 벽을 바르면 빈대가 없어진다는 농경시대 풍습을 지금 사람들의 잣대로 이해하기는 어려운 일이다.

한 해가 저무는 동짓날은 태양이 음으로부터 부활하는 날이라 여겨 작은 설날이라 했고, 이날 새알심 넣은 팥죽을 쑤어 삼신할미께 올리고 다락이나 고방, 성주 단지 위에 놓았다가 이웃과 나누어 먹었다. 팥죽과 수수떡은 강한 양기를 상징하기 때문에 집 안 여러 곳에 놓아두어 악귀를 쫓았다. 또

나이를 한 살 더 먹는다고 생각해 팥죽에 새알심을 나이 수대로 넣기도 했다.

동지가 초승에 들면 애동지, 중순에 들면 중동지, 그믐께 들면 노동지라 하는데 애동지에는 아예 팥죽을 쑤어 먹지 않았다. 이날 사자 부적을 병이나 기둥에 거꾸로 붙여 악귀가 들어오지 못하도록 했으며, 참새 세 마리를 먹으면 황소 한 마리 먹는 격이 된다하여 청년들은 저녁에 초가집 새 구멍을 후벼서 참새를 잡아 구워 먹는 동지풍습을 20여 년 전까지만 해도 행했다. 윤달은 공달이라 하여 수의(壽衣) 장만과 묘소 이장을 했고 집수리도 했다.

대종가 내림솜씨, 백일주와 식초

종가에 시집오면 새댁들이 꼭 배우고 익혀야 하는 것이 백일주와 식초 만드는 일이다. 누룩에다 물을 붓고 찹쌀 고두밥을 섞어두었다가 사흘 후 백설기와 국화꽃잎을 넣어 버무려서 100일 동안 숙성시키면 백일주가 완성된다. 노랗게 뜬 청주는 제사 때 사용하는 제주가 되고 가라앉은 술은 막걸리가 되는 것이다.

누룩과 쌀밥, 구운 찰떡을 함께 버무려 항아리에 넣고 백일주를 넉넉하게 부어 15일간 숙성시키면 새콤하면서도 달착지근한 식초가 완성된다. 특이하게도 이 식초는 맛이 매우 민감해 이웃에 초상이 나면 금방 변한다. 그러기에 부고장을 받으면 맨 먼저 식초 항아리 앞에 놓고 고한다. 그래도 맛이 변할 경우 사금파리와 구운 인절미를 넣는 처방을 하면 맛이 돌아온다니, 그저 신통하기만 하다.

유물 2500점을 서울역사박물관에 기증하다

진성 이씨 중에서도 가장 큰 종가인 주촌 종택에는 그 세월만큼이나 조상들의 손때 묻은 유물이 많다. 1600년에 간행된 진성 이씨 족보와 고려 때 사용했던 관모, 토지거래의 관행을 적은 문서와 노비문서, 송간일기, 교지 등이다. 고문서뿐만이 아니라 옥 종지, 표주박 등 앙증맞고 세련된 생활소품들도 있다. 이러한 문화재 2500여 점을 종손 이세준 씨가 서울역사박물관에 기증했다.

"유물은 개인이 집안 역사의 기록으로 가지고 있기보다는 도난, 분실, 훼손하지 않고 영구히 보존되도록 하는 것이 더욱 중요하다고 생각합니다.

유물은 우리 민족의 모두의 유산이니까요. 1982년까지만 해도 사랑마루 시렁에 조상 대대로 전해져온 고문서들을 올려놓아도 누구 하나 욕심내거나 가져가는 사람이 없었어요. 그런데 사회가 고속 성장을 하는 과정에서 역사유물에 대한 소중함과 권위에 대한 기준을 물질화되었고, 개인적인 보존에 한계를 느꼈습니다. 문화재 전문 털이범들이 개를 독살하고 집 벽을 허물고 유물을 몽땅 훔쳐가기도 하고 다락방 문짝을 통째로 떼어가기도 했습니다. 유물각을 지어 보관한다 해도 한 세대를 지키기 어렵고 관리도 큰 문제가 아닐 수 없습니다. 차라리 공공기관에 기증해서 전 국민이 함께 누리는 문화유산이 되어야 영구히 보존될 수 있고 그것이 조상의 뜻을 옳게 잇는 것이 아닐까 싶어 기증했습니다."

유물을 기증하고 나니 시원섭섭하다고 말하는 종손의 말에 긴 여운이 느껴졌다.

돌을 갓 지난 젖먹이에게까지 우리말보다 영어교육을 먼저 시키는 요즘이다. 비공식 집계이긴 하지만 의무교육인 초등학교 교육마저 무시한 채 1년에 1만 6000여 명이나 되는 초등학생들이 어머니와 함께 나라 밖으로 유학을 떠나 '기러기 아빠'라는 말이 생겨날 정도로 우리의 교육열은 뜨겁다. 그런데 교육열은 현대에만 있는 일이 아니다. 옛 사람들도 요즘의 부모 이상으로 자식교육에 지대한 관심을 기울였다. 그 방법이 달랐을 뿐이다. 특히 명문종가일수록 자녀교육이 남달랐다. 가문의 흥망성쇠가 자녀들의 교육에 달렸다고 보았기 때문이다.

그중 전주 류씨 삼가정파(全州 柳氏 三櫃亭派)는 이름 그대로 세 그루 가죽나무를 심어 그 가죽나무로 회초리를 만들어 엄한 교육을 한 것으로 유명하다. 그 회초리 때문인지는 몰라도 10대에 걸쳐 300여 년 동안 350여 권의 문집을 남겼다. 조선 후기 문장가로 이름 높은 수정재 류정문(壽靜齋 柳鼎文, 1782~1839) 선생의 직계 후손들은 120여 년간 60여 권의 저서를 남겼다. 게다가 현존하는 후손 100여 명 가운데 서울대 졸업생이 20여 명, 현역 교수 10여 명을 배출했다. 여류시인 류안진 씨도 이 문중 출신이다. 3명 중 1명을 대학자로 키운 경북 선산군 해평면 일선리에 있는 전주 류씨 집성촌을 찾아 천재교육의 비법이 무엇인지 엿보고 왔다.

구미시 선산읍에서 상주시로 연결되는 국도 33번을 따라가다가 선산읍 생곡리 삼거리에서 오른쪽으로 방향을 틀어 낙동강을 가로지른 일선교를 건너면 오른쪽에 보이는 첫 번째 마을이 문화 류씨 집성촌이다.

아득히 펼쳐지는 아름다운 낙동강을 바라볼 수 있도록 경사진 산세를 그대로 살려 만들어진 마을회관 앞에는 '수류우향(水柳寓鄕)'이라 새긴 우뚝한 자연석이 향촌의 무게를 더해준다.

조선 중엽부터 안동에는 류씨들이 동과 서로 나뉘어 각기 터전을 닦고 살았다. 하나는 하회마을로 유명한 풍산 류씨(豊山 柳氏)이고, 다른 하나는 전주 류씨 수곡(水谷, 무실)파다. 이 두 성씨는 고려 때 개국공신 대성공 유차달(柳車達)을 시조로 하는 문화 류씨(文化 柳氏)에서 본이 나누어진 동조이본(同祖異本)이다. 그러기에 애당초 서로가 크게 다를 것이 없었고 마을을 형성한 시기도 비슷했다. 그러나 지리적 환경과 학문적 취향이 매양 같을 수는 없었기에 하회마을의 풍산 류씨들은 서애 류성룡(西厓 柳成龍, 1542~1607) 선생의 가르침에 따라 하회문화권으로 형성됐고, 전주 류씨 수곡파인 무실의 입향조 류성은 학봉 김성일과 처남매부지간이어서 자연스레 외가의 의법에 따른 문화권이 형성됐다.

　　그랬던 수곡파가 임하댐이 생기면서 마을이 물에 잠기게 되자 고향을 잃고 지난 1987년 73가구가 이곳으로 집단 이주한 것이다. 조성된 마을에는 수백 년 고목과 이끼 낀 돌담은 볼 수 없으나 고가옥 12동 24점을 옮겨와 명문 가문의 면모를 갖추고 있다. 한 마을에 일가친척 수백 가구가 모여 살았던 집성촌들도 뿔뿔이 흩어져 한두 집 명맥만 유지하는 요즘 시대에 혈연 공동체 73가구가 그대로 옮겨와 머리를 맞대고 살아가는 모습이 참으로 귀하고 아름답게 보였다.

244

수정재 류정문의
현판.

새내기 종손의 자부심

이 마을에서 만집으로 불리는 수정재 종가를 찾았다. 안동 동쪽에서는 제일
이라는 무실의 44칸 고택은 이미 낡아 허물어졌고 이곳으로 이주한 뒤 새로
지은 'ㄱ'자형의 조촐한 한옥 한 채가 종가 건물의 전부다. 하지만 대문을 바
라보게 앉힌 사랑채 방문 위에는 문장가의 집안답게 수려한 필체로 류증문의
당호 수정재와 그 손자의 호를 딴 석사(石舍), 증손자의 호 분산(奮山) 등을
나란히 걸어 문자향 서권기(文字香 書卷氣)의 지표가 된 가문임을 보여준다.

사랑채 주인은 아직 혼인을 하지 않은 차종손 류석균(취재 당시 28세) 씨
다. 수정재의 6대 종손 류중곤(柳仲坤) 씨는 10여 년 전 타계했고, 종부 김길
자(취재 당시 64세) 씨가 아들·딸 둘을 데리고 종가를 지키고 있다.

배우라 해도 손색없을 출중한 인물의 젊은 종손 류석균 씨는 훌륭한 조
상의 후손이라는 것에 자부심이 대단했다. 형식과 절차가 엄격한 제사 모시
는 일이 신세대로서 힘들지 않느냐는 질문에 "제사는 자신을 있게 한 조상에
대한 보은이기 때문에 당연히 모셔야 하지 않느냐"고 되묻는다. 그리고 여자
친구가 종손이라는 사실을 알고 헤어지자고 하면 어떻게 하겠느냐는 질문에
는 "종갓집 아들이어서 싫다면 당연히 제 갈 길로 가야할 것"이라고 잘라 말
한다. 반상제도가 무너지지 않았던 예전이라면 국민의 2퍼센트에 해당하는
양반의 핏줄로 태어난 것만으로도 행운으로 여긴다는 젊은 종손의 긍지가 종

가의 밝은 미래를 보여준다.

특히 집안의 선조들께서 문집을 많이 남겼기에 조상을 욕되게 하는 후손이 되지 않기 위해 또래들과는 마음가짐이 달라질 수밖에 없다며 튼튼한 뿌리, 힘찬 줄기, 풍성한 잎과 같은 친족들이 있기에 어려운 세상을 헤쳐나가는 데 쓸쓸하지 않다고 말한다. 종손은 하늘이 내린다더니 수정재 7대 종손 류석균 씨도 하늘이 내린 인물임에 틀림없어 보였다.

직접 키운 약초로 꺼져가는 남편의 생명을 돌보다

조용하고 차분한 인상으로 손님을 맞는 종부 김길자 씨는 넓은 마당에 다양한 약재를 키우고 있었다. 종손인 남편이 간경화로 사형선고를 받고 오던 날, 이대로 남편을 보낼 수는 없다는 생각에 하루라도 더 생명을 연장시키기 위해 『동의보감』 등의 한방 책을 뒤져가며 병에 좋다는 갖가지 약재를 구해 집 뜰에 심었다. 백축, 민들레, 질경이, 엉겅퀴, 율무, 돌나물, 씀바귀, 선학초,

'큰 부자나 대단한 버슬보다 학문이 끊어지지 않는 지세'를 살펴 자리 잡은 전주 류씨들의 해평면 집성촌.

달맞이꽃, 오갈피, 개머루 등등 항암효과가 있고 당뇨 등에도 몸을 이롭게 한다는 여러 약초를 직접 키웠다. 정성껏 키워 봄, 여름, 가을에는 잎을 뜯어 녹즙을 만들었고 겨울에는 음지에 말려 가루로 만든 다음 검은색 약콩가루와 상황버섯 달인 물을 섞어 환을 지었다. 종부의 지극한 정성 때문인지 남편의 병은 더 나쁜 병으로 옮겨 가지 않은 채 5년이나 견뎌서 의사들을 놀라게 했다.

지금도 문중 어른들이 몸이 좋지 않으면 남편이 먹었던 그 약을 만들어 드리곤 한다. 남편의 병환으로 오랫동안 고생을 했을 때, 집을 지을 때, 어려운 일이 있을 때마다 종가 일을 자신들의 일인 양 돕고 보살펴주신 문중분들에게 은혜를 갚기 위해서다. 그래서인지 요즘은 보기조차 어려운 고욤나무가 마당 한쪽에서 까만 곶감이 된 채 매달려 있고, 오갈피나무 성근 가지 사이로 햇살이 지나가고 있다. 봄이 되면 약초들은 질긴 생명력으로 다시 돋아나는데 볕 바른 곳에는 벌써부터 돌나물, 씀바귀, 냉이, 쑥 등이 파랗게 고개를 내밀어 생명의 환희를 보여준다.

종손과 종부는 당시로는 꽤 늦은 나이인 서른을 훌쩍 넘어 혼인을 했다. 두 분 모두 독신을 고집하다 연분이 닿았는지 중매로 만났다. 시집왔을 때 시어른들은 모두 세상을 떠난 뒤라서 예법과 음식을 제대로 배우지 못했다고 하면서도 귀한 대추죽과 흔하지 않은 오가갈피차를 내놓았다.

총명탕으로 불리는 대추죽과 오갈피차

마을의 어른들께 듣고 배운 음식은 대추죽과 대추차 그리고 오갈피차라 한다. 대추는 천연종합비타민이라 할 수 있을 만큼 당분, 전분, 지방을 비롯한 각종 비타민이 많이 함유되어 있어 특히 공부하는 아이들에게 좋다 하여 대추죽을 자주 끓인다. 대추차는 주름진 사이를 깨끗이 씻은 다음 물을 넉넉히 붓고 생강 몇 조각을 넣어 은근한 불에 다려서 씨와 껍질을 걸러내고 마시면 되는데 이를 종가에서는 '총명탕'이라 불렀다.

대추죽 만들 때는 먼저 대추 가운데에 칼집을 넣어 씨를 발라내고 푹 곤 다음 고운 베 보자기에 걸러 걸쭉한 즙을 준비한다. 그다음 멥쌀과 찹쌀을 반반 섞어 물에 불려서 맷돌에 갈아 대추즙에 섞고 은근한 불에 올려 저어가며 끓인다. 소금과 설탕 등으로 간을 하지 않아도 달큼한 게 아주 맛이 좋다.

"땅속에는 인삼, 땅 위에는 오갈피"라는 말이 있을 만큼 약성이 뛰어난 오갈피차를 만들어 수시로 마신다. 오갈피 껍질 50그램을 깨끗이 씻은 다음

◀ 달큰한 맛이
일품인 대추죽.

▶ 총명탕이라
불리는 대추차와
감기 예방에 탁월한
쌍화차.

머리를 맑게 해주는
오갈피차.

물 한 되를 붓고 대추 5개와 생강 2조각을 함께 넣어 은근한 불에 달여 마시면 온몸의 기능이 원활하게 될 뿐 아니라 글을 쓰는 사람은 머리가 맑아진다며 마당에 심어둔 오갈피 가지를 꺾어 손에 쥐어주었다. 종부의 따뜻한 마음이 여운으로 남았다.

자녀교육에 특별한 비법이 있는지를 물었다. 종부는 다락으로 가더니 오래된 LP판을 들고 나왔다. 동그란 가운데에는 어린 남매 사진을 붙여놓았고 그 둘레에는 '수신제가(修身齊家)'라는 글씨를 써두었다. 세상을 떠나면서 아이들에게 남긴 종손의 글씨다. 스스로의 몸을 다스린 후에 집안을 돌보고 나라를 다스려야 한다는 평범한 진리를 깊이 새기라는 애틋한 아버지의 마음이다.

가죽나무 세 그루를 회초리로 삼다

종가와 담을 잇대고 있는 경상북도 문화재자료 제51호로 지정된 수남위종택(水南位宗宅)에 갔다. 이 마을에서는 가장 큰 종가로 마을을 옮겨올 때 추진위원장을 맡았던 류해종(취재 당시 77세) 씨에게 마을 내력과 교육의 비법을 듣기 위해서다. 조용한 사랑채 방 하나에 신주를 모신 감실이 있고 감실문에는 입춘을 알리는 춘축(春祝)도 써 붙여 종가다운 면모를 갖추고 있다.

"조상들이 수백 년 살았던 안동시 임동면 박곡리를 떠나 후세들에게 새

종부가 남편을 위해 만들었던 환약.

로운 고향을 만들어줘야 하는데 그 터 정하기가 참으로 어려웠습니다. 가능한 안동과 가까운 곳이면 좋겠다는 생각에 예천, 상주 등 낙동강 줄기를 따라 오랫동안 찾아 헤맸습니다. 명당을 찾기 위해 지관까지 동원했지요. 지금의 자리로 마음을 굳힌 것은 '큰 부자나 대단한 벼슬보다 학문이 끊어지지 않는 지세'라고 판단한 지관의 말을 따랐기 때문입니다. 우리 집은 대대로 관직에 나가

기보다 글을 숭상한 집안이니까요."

몸에 이롭고 정신을
맑게 하는 전통
먹을거리.

그래서 이 마을 가장 높은 곳에는 삼가정이라는 정자가 이러한 마을의 상징성을 보여주고 있다. 문화재자료로 지정된 이 건물은 수정재의 5대조인 류봉시(柳奉時, 1654~1709) 선생이 두 아들의 교육을 위해 위동이라는 한적한 곳에 옮겨 집 앞에 가죽나무 세 그루를 심어 자식들 회초리로 삼았던 것을 기념하기 위해 세운 정자다. 아버지의 적극적인 교육은 매우 성공적이어서 두 아들 모두 문과에 급제해 맏아들 용와 류승현(慵窩 柳承鉉)은 공조참의로 이조참판의 중직이 내려졌고, 둘째 아들 양파 류관현(陽坡 柳觀鉉)은 형조참의를 지내면서 가문을 빛냈다.

류봉시 선생의 자녀교육법은 그의 맏아들 류승현의 증손으로 이어지다 수정재 류정문에 와서 문집으로 더욱 풍성한 열매를 맺게 된다. 수정재가 남긴 문집만 해도 26권이나 되고 그 아랫대로 죽 내려오면서 120여 년간 60여 권의 문집을 남겼다. 영남 일대에서 이만한 문집을 가진 집은 흔치 않아 유림사회에서도 일찍부터 문장가 집안으로 알려져 있다. 그뿐 아니라 현존하는 인물 100여 명 중 서울대 졸업생이 20여 명이나 되며 현역 교수가 10여 명이나 된다고 하니 학자 집안이라는 말은 그냥 나돈 게 아니었다.

3대가 존경받은 인물로 '도천'을 받다

"혹시 '도천(道薦)'이란 말을 아십니까?" 류해종 씨가 필자에게 물었다. "과거를 보지 않고 경상감사가 추천을 해서 내린 벼슬로 알고 있습니다만…."
"맞아요. 수정재뿐 아니라 그 윗대 노애(蘆厓), 호곡(壺谷)까지 3대가 나란히 도천을 받았는데 이러한 경우는 전국을 뒤져도 흔치 않을 것입니다. 우리 집안의 자랑이지요."

전통적으로 벼슬길에 오르는 길은 우선 과거시험에 합격하는 것, 둘째는 조상 덕에 음직을 받는 것, 셋째가 도천, 즉 주변에 학덕과 인품이 소문나 감사나 암행어사의 추천을 받는 것이다. 영남의 선비들은 과일이 익어 절로 꼭지가 떨어지듯 저절로 벼슬이 내려오는 도천을 가장 자랑스레 여겼다. 도천을 받은 집안과 혼인하는 것만으로도 대단한 영광으로 여기는 것이 전통사회의 관습이었다.

수정재 집안에서 3대가 도천을 받을 수밖에 없었던 이유를 수정재가 남긴 문집에서 찾을 수 있다. 수정재는 아버지가 안변도호부사로 근무할 때 관사에서 생활하게 된다. 이때 그는 형에게 "우리가 부사의 자제로서 조심해서 처신하지 않으면 관가의 수치가 될 수 있을 터이니 매일같이 의관을 정제하고 독서에 전념하면서 잇속이 사사로운 사람들의 접근을 피해야 하지 않겠습니까?" 했다.

지금의 관리 자제들이 귀를 기울여야 할 대목이 아닌가 싶다. 이런 행신을 지켜보던 권돈인은 그를 혜릉참봉으로 천거한다. 하지만 허명으로 왕의 은혜를 입는 것은 옳지 않다며 사직을 청하려다 병으로 뜻을 이루지 못한다. 그의 책 『근사록집해(近思錄集解)』에는 "모든 학문은 그 뜻의 근원을 두어야 한다"고 했고, 그의 책 말미에 적어둔 잡저의 첫머리에는 "한 자를 읽으면 한 자를 행하고 한 구를 읽으면 한 구를 실천하라"는 학행일치(學行一致)를 강조하는 글이 보인다.

최초의 스승은 아버지다

성리학의 대가 한주 이진상(寒洲 李震相)은 수정재가 세상을 떠난 후 그를 추모하는 글에서 "해박하고 풍부한 식견으로 여러 대를 전해오는 문헌의 집안이라 공은 그 적통을 이었도다. 과거길을 사양하고 경서의 연구에 깊이 잠겼네…"라고 썼다. 벼슬보다 학문에 취미가 있었던 것은 이 집안의 대물림이었던 것이다.

　수정재 집안의 내력과 문집을 살펴보면서 전통교육 중에서도 관심을 기울여야 할 대목은 인성을 길러줘야 한다는 점이다. 머리로만 공부를 할 게 아니라 가슴으로 느끼는 공부를 해야 한다는 사실이었다. 그리고 배운 것을 생활 속에 실천해야 하는 것은 천만 번 들어도 모자람이 없는 진리다. 좋은 직장을 얻기 위해 명문대를 가야 하고 그 명문대를 가기 위한 암기 위주의 공부는 바른 교육이 아니라는 것이다.

마을의 내력과
교육의 비법을
들려준 류해종 씨.

　또 하나, 수정재 종가에서 얻을 수 있는 자녀교육의 비법은 아버지가 모범을 보여주는 '생활교육'이었다. '최초의 스승은 아버지'임을 다시 한 번 느끼게 하는 가정교육이 있었던 것이다. 유학비 벌어주는 아버지가 아니라 살갗을 비비면서 사랑을 가르치고, 행동으로 사람됨을 가르쳐야 한다는 사실이다. 그래서 내가 아닌 아버지의 아들로서 자랑스러운 일에 전념할 수 있도록 교육해야 하는데 그러려면 아버지의 솔선수범이 필수다. 아이를 가르치기 전에 아버지가 먼저 솔선수범해야 한다. "아이는 어른의 등을 보고 배운다"는 옛말은 진리다.

　그동안 종가를 찾기가 힘들거나 막상 찾아내도 협조가 잘 이루어지지 않을 때 응원을 청하곤 했던 분이 계셨다. 바로 사단법인 고택문화보존회 이사를 맡고 있는 류일곤(취재 당시 60세) 씨다. 류씨는 깡마른 체구에 빛나는 눈빛으로 조선시대의 꼿꼿한 선비를 연상케 하는, 도시에서는 흔히 볼 수 없는 맑은 분이다. 서울에 살고 있는 류일곤 씨는 영남의 수많은 종가 내력을 종가 종손보다 더 소상히 알고 있으며, 관혼상제의 예의범절에 대해서도 걸어 다니는 백과사전이라 할 정도록 해박했다.

　알고 보니 이분이 바로 수정재 종손의 5촌 당숙이었다. 평소에 전혀 내색이 없어 그저 보학에 관심이 있는 분으로만 여겼는데 이번 종가 취재를 하면서 그 사실을 알게 됐다. 류일곤 씨에게는 쌍둥이 아들들이 있는데, 맏아들

석종은 서울대 경제학과를 졸업한 후 박사과정에 있고, 아우 석창은 카이스트를 조기 졸업하고 미국 스탠퍼드대학 석사과정에 있다.

그에게 자녀교육의 비법을 물어볼 수밖에 없었다. 가장 현실성 있는 경험담이기 때문이다. 그러나 그의 대답은 평범했다. 수정재 할아버지의 정신을 그대로 따르도록 노력한 것밖에는 없다고 했다. 그것은 아버지가 스스로 모범적인 생활을 하는 것이며, 자녀들을 데리고 함께 견문을 넓혀가는 일이라 했다. 어릴 적부터 도서관에 가서 같이 책을 읽었고, 방학 때면 교과서에 나오는 지역을 찾아 여행하면서 조상의 내력을 들려줘서 자긍심을 심어준 것 등이 그가 자녀교육에 기울인 정성의 전부라고 했다.

그리고 말과 글을 동시에 배우도록 벽에 글자를 써 붙였는데 그 일은 아이들 할아버지의 몫이었다. 할아버지로부터 『명심보감』과 『소학』을 배우도록 했다. 저녁에 가족이 모여 앉아 하루를 점검하는 일기를 쓰도록 하는 것도 문장을 익히는 데 도움이 됐을 거라 했다. 일기 쓰는 것은 7대째 이어져오는 가풍이다. 또 하나, 어른에게 고개만 꾸벅하는 인사가 아니라 옷깃을 여미며 절을 하도록 가르치는 일은 어렸을 적부터 철저히 가르쳤다.

그는 요즘 초등학교 아이들에게 영어를 배우게 하기 위해 아이 혼자 보낼 수 없으니 어머니가 따라가고, 아버지는 유학비 마련에 땀을 흘리면서 텅 빈 집을 지키고 앉아 있는 교육은 절대 바른 교육이 될 수 없다고 했다. 최초의 교육은 가족 공동체 내에서 자신의 역할이 무엇인지 잘 알도록 가르치는 것이라고 했다. 이를 통해 가족에게서 느끼는 따뜻한 사랑을 가슴에 품어야 훌륭한 인물로 성장할 수 있고 남을 배려할 줄 아는 사람이 되지 않겠느냐며, 인성을 무시하는 지금의 교육은 한때 지나가는 열풍일 뿐, 사람을 망쳐가는 교육이라며 일침을 놓았다.

풀 향기 그윽한 최초 백과사전
『대동운부군옥』의 산실

예천 권씨
초간 권문해 종가

255

예 천 권 씨 초 간 권 문 해 종 가

4월 20일 곡우 무렵이면 차나무는 겨우내 뿌리에 비축해두었던 영양 풍부한 수액으로 파릇파릇한 새순을 피워 올린다. 이 무렵의 찻잎으로 만든 차를 옛 선비들은 작설차(雀舌茶)라 했다. 찻잎이 너무 작아 참새 혀를 닮았다고 해서 붙인 이름이다. 작설차란 이름의 역사는 유구해 400여 년 전에도 있었다. 우리나라 최초의 백과사전『대동운부군옥(大東韻府群玉)』에는 작설차 외에도 12가지 차 이름이 더 있다. 그 보석 같은 책의 저자이자 조선시대 문신이었던 초간 권문해(草澗 權文海, 1534~1591) 선생이 살았던 옛집에 가보았다.

경북 예천군 용문면 죽림동에 자리한 고색창연한 종가의 별당건물 대소제(大疎齊)는 주택으로는 드물게 국가 지정 보물이었고,『대동운부군옥』초고본과 목판각 677장, 선생의『초간일기』도 보물로 보관돼 있다.

이외에도 가보로 전해오는 옥피리와 신주를 모셨던 감실, 교지 등 박물관에서도 볼 수 없는 진귀한 문화재를 소장하고 있는 13대 종손 권영기(취재 당시 68세) 씨와 종부 이재명(취재 당시 67세) 씨는 전통문화를 지켜가는 인간문화재 같은 분들이었다. 자연의 멋을 한껏 느끼게 해주었던 아름다운 정자 초간정 누마루에서 마셨던 풀 향기 가득한 봄차 한잔의 여운은 종가 답사의 백미였다.

鳳非梧桐不棲　봉은 오동나무가 아니면 깃들지를 않고
非竹實不食　　대나무 열매가 아니면 먹지를 않는다.
非醴泉不飮　　예천이 아니면 마시지 않는다.

물이 많아 지명이 '예천'이라는 예천군 감천면 현내리에는 감천(甘泉)이라는 샘이 지금도 남아 있어 이름값을 하고 있다.

　용문면 죽림리 예천 권씨 종택은 진성 이씨 대종가 취재 때 들렀던 곳이다. 진성 이씨 두루종손 이세준 씨의 고모님이 바로 예천 권씨 종부 이재명 씨다.

'보물' 집에 사는 보석 같은 사람들

종가는 예천 권씨(禮泉 權氏)들이 모여 사는 마을 한가운데 야트막한 야산을 등지고 넓은 벌을 품은 채 앉아 있다. 입구에는 480여 년 된 향나무가 종가의 오랜 역사를 생생하게 전하고, 집으로 들어서면 오른편에 자리한 건물이 바로 보물로 지정된 사랑채인 '대소제'다.

　이 고택은 초간 권문해 선생의 조부 때 지은 건물로, 임진왜란 이전의 주택이 남아 있는 것은 전국에서도 희귀한 일이라 보물로 지정되었다. 산을 헤치지 않기 위해 축대를 쌓아 그 위에 집을 세우고 난간을 돌려서 꾸민 별당 형식의 집이다. 밖에서 보면 소박하나 육간대청 천장을 올려다보면 종보 위에 연잎 받침을 놓고 화려한 조각으로 장식해놓아 종가 사람들의 예술적인 감각이 엿보인다. 안채와 마루로 연결되어 있긴 하나 독립적인 편이라 별당채라고도 한다.

　중문 안에 들어서니 안채 마당은 그리 넓지 않았다. 2칸 크기의 안방이 서편에 있고, 4칸 대청이 동편으로 벌어져 있는 것은 남동여서(男東女西)의 상징성을 보여주는 듯했다. 안방의 서쪽으로 한 칸짜리 장방이 붙어 있고 남으로 3칸짜리 부엌이 길게 달려 있는 점도 매우 이채롭다. 사당으로 가는 쪽문 위쪽은 건넌방에서 이어지는 다락이며, 그 옆의 고방과 안사랑방으로 이어진 건물은 사랑채와 연결되어 있다. 규모와 기능성을 두루 갖춘 안채도 중요민속자료로 지정돼 있다. 건물 말고도 유서 깊은 종가에는 밥 먹을 때 쓰는 젓가락 한짝, 잠잘 때 베는 베갯잇 한 장, 할머니가 신었던 외씨버선 한짝도 단순히 실용적인 도구만은 아니었다. 거기에는 대물림되는 종부들의 마음을 담은 무늬가 새겨져 있었다.

　종가 안방에서 태어난 종손은 칠순을 눈앞에 두었지만 집을 떠나 생활해본 적이 없다. 대학 졸업 후 직장을 한 번도 가져보지 않은 채 오로지 집을 지키고 가문을 돌보는 일에 평생을 보낸 그는 인간문화재 같은 분이다. 버스 몇 대를 대절해 종가를 보겠다고 찾아오는 방문객들에게서 보람을 느끼는 종손이다. 입장료를 받는 것도, 나라에서 보조금을 받는 것도 아니건만, 훌륭한

임진왜란 전에
지어져 보물로
지정된 예천 권씨
종택.

조상을 뵈러 찾아오는 사람들이 귀찮기는커녕 그저 고맙다. 그래서 시도 때도 없이 찾아와 방문까지 열어보는 사람들에게 싫은 내색 없이 은밀한 안채까지 다 보여준다. 따뜻한 차 한잔이라도 대접해 보내야 마음이 편하다. 나라 안 사람들은 말할 것도 없고 나라 밖의 학자들도 방문하는 일이 잦아, 이들 내외는 민간 외교관의 역할까지 해야 한다. 그래서 보물로 지정된 건물에서 살아가는 사람들의 정신세계도 보물급이라는 생각이 절로 들었다.

어머니와 딸, 대 이은 종부 자리

3년째 집을 수리하느라 어수선하다며 행주치마에 손을 닦고 정겹게 객을 맞는 종부의 단아한 모습은 자연을 닮았다. 부드러운 몸의 자태가 야산 능선을 닮은 듯하고 함초롬하게 벌어지는 꽃잎 같은 웃음도 그러했다. 퇴계 선생을 배출한 진성 이씨 대종가 따님으로 어릴 적부터 보고 배운 어머니 삶이 종부의 삶이었으니 명문가의 맏며느리가 된 것은 너무나 당연한 일이었다. 그다지 옛날도 아니건만 선 한 번 보지 못한 채 스물넷의 이씨 처녀는 스물다섯의 권씨 총각에게 시집을 왔다. 자손이 귀한 집에 아들 셋, 딸 하나를 두어 다복했지만 10여 년간 시어머니 대소변을 받아내는 어려움도 겪었다. 하지만 천성이 착한 종부에겐 당연히 해야 할 일일 뿐이었다. 일 많은 종부 자리도 몸에 익숙하면 보람 있는 삶이 된다는 그만의 철학은 외동딸 권재정(취재 당시 33세) 씨에게도 이어져 봉화에 있는 안동 권씨 종갓집 맏며느리로 시집보내는 걸 주저하지 않았다.

전통문화를 지켜가는 예천 권씨 종부.

　대를 이은 종부 자리는 흔치 않은 일이라 딸과 함께 촬영을 하려 했으나 때마침 둘째 아이를 낳고 산후조리 중이어서 아름다운 풍경 하나를 놓친 기분이었다. 양반집 아녀자는 목소리를 높여서도 안 되고, 싫은 일이 있다고 내색해서도 안 되고, 걸음걸이가 빨라서도 안 되고, 천한 말을 해서도 안 되고, 저고리 소매를 걷어서도 안 되고, 남의 말을 해서는 더더욱 안 된다. 표정은 늘 밝아야 한다. 그런 삶에 익숙해서인지 종부의 표정에는 기품이 녹아 있었다. 품격이란 하루아침에 이루어지는 것이 아니라는 사실을 실감케 하는 천생 양반가의 부인이었다.

풍광 좋은 초간정에 올라 듣는 새소리와 물소리

1582년, 초간 선생이 49세 되던 해 지었다는 초간정은 매봉과 국사봉 사이로 흐르는 풍광 좋은 냇가에 있다. 종가에서 초간정으로 가는 길은 두 갈래다. 물 맑고 풍광 좋은 유원지로 소문이 난 초간정을 찾아 많은 이의 발길이 잦은 편한 길이 있지만 초간 선생이 사색하며 걸었던 오솔길을 택했다. 낮은 산과 들, 냇가를 지나야만 하는 굽이진 길 2킬로미터는 임금이 살았던 창덕궁 후원과 다를 바 없는 종가의 넓은 후원이었다.

　　자연과 사람이 어울리는 공간을 만들고자 했던 초간 선생의 마음이 그대로 드러나는 정자는 물가에 있는 자연 암반을 이용하여 그 위에 막돌로 기단을 높이고 정자를 지어서인지 정자에 올라서면 물 위에 두둥실 떠 있는 느낌이 든다. 아래로 보면 사람 키 두서너 배가 되는 냇물이 아득하고도 맑다.

정자에 운치를 더하는 괴석과 화목들이 시상을 떠올리게 하는 초간정에서 조선의 뜻있는 선비들은 시회를 자주 열었다. 학봉 김성일, 한강 정구, 율곡 이이 등과 교류가 깊었던 초간 선생은 여기서 『대동운부군옥』을 지었고 10여 년간 하루도 빠짐없이 일기를 썼다. 초간정 외에도 노을 속에 낚시를 드리운 석조헌(夕釣軒), 숲과 꽃처럼 자손 번창을 기원했던 화수헌(花樹軒), 문장이 세세연년 빛나기를 뜻하는 광영대(光影臺), 100대로 학문이 전승되기를 희망했던 서고 백승각(百承閣) 등 부속건물의 명칭만으로도 정자의 풍광은 그림처럼 떠오른다.

백승각은 종가 마당으로 옮겨져 유물관으로 쓰이고 광영대는 지금도 그대로 있어 초간 선생의 뜻이 전해지고 있다. 정자에서 건너다보면 선생의 행장을 적은 신도비가 우뚝하게 서 있다. 처음엔 초가였던 이 정자는 임진왜란 때 불에 타 다시 세웠고, 그 건물마저 병자호란을 맞아 쓰러지자 다시 세우는 등 여러 차례 병화를 입고 다시 지어지는 곡절을 겪으면서도 오늘날까지 소중한 문화유산으로 전해지고 있다.

최초의 백과사전, 『대동운부군옥』과 『초간일기』

초간 선생은 일찍이 퇴계 이황의 문하에서 학문에 일가를 이루었고 별시문과에 병과로 급제, 좌부승지 관찰사를 지내기도 했다. 하지만 벼슬에 연연하기보다는 학문에 뜻이 있었다. 특히 사학에 관심이 높아 "우리나라에는 고증할 만한 문헌이 없어 선비 되는 자가 입으로 중국의 역사를 어제 일처럼 이야

한 장의 손실도 없이 지켜온 보물급 자료 『대동운부군옥』.

기하면서도 우리나라 역사에 대해서는 마치 문자가 없던 옛날의 일처럼 아득해하니 이는 곧 눈 밑의 물건은 보지 못하면서 천 리 밖의 일만을 주목하려는 것과 같다"며 우리 역사의 새로운 집대성에 강한 집념을 보였다.

이에 중국 송나라 때 사람 음시부(陰時夫)가 지은『운부군옥』의 체제를 바탕으로 우리나라 단군시대부터 조선 초기에 이르기까지의 수천 년 역사를 『대동운부군옥』에 정리해둔 것이다. 지리, 국호, 성씨, 인명, 효자, 열녀, 수령, 산 이름, 나무 이름, 꽃 이름, 가축 이름 등 11개 항목으로 나누고 한자의 운자대로 배열한 이 책은 인용서만도 우리나라 책 174종과 외국 서적 15종으로 방대하다.『대동운부군옥』이란 책 이름 중 '대동'은 '동방대국'을 뜻하고 '운부군옥'은 '운별로 배열한 사전'이라는 뜻으로 우리 민족의 자존심을 세워놓았다.

이 책은 초간 선생이 대구부사로 있을 당시 56세 때인 1589년에 상·중·하로 완성한 후 세 본을 필사해두었다. 그런데 당시 가깝게 지냈던 학봉 김성일이 '이런 책은 국가에서 발행을 해야 한다'며 한 질을 가지고 갔다가 임진왜란 때 없어졌고, 한강 정구가 한 질을 빌려 갔는데 화재로 소실됐다. 나머지 한 질은 외아들 권별이 정산서원 원장으로 있을 당시 그 서원에 보관해두었던 것인데 선생의 8세손 권현상(權顯相)이 자비로 판각을 시작해 24년 동안 677판으로 완료했다. 그때가 1836년이다. 판각한 사람의 이름까지 새겨놓은 방대한 작업을 완성한 열정도 대단하지만 지금까지 한 장의 손실도 없이 지켜온 후손들의 정성 또한 보물급이다. 초간 선생의 필체가 생생한 초본도 그대로 전해지고 있다.

1913년에 최남선이 활자본으로 9권까지 간행한 일이 있으며, 1960년에 또다시 1권으로 영인본을 출간하기도 했다. 그러다 얼마 전 경상대학교 한문과 교수들이 연구비를 지원받아 번역한 20권 중 10권은 시중 서점에서 구할 수 있다.

책의 번역을 맡았던 경상대학교 윤호진(취재 당시 50세) 교수는 "『대동운부군옥』은 임진왜란 이전의 우리나라에 관한 일들을 방대하게 수집한 백과사전으로서 가치가 높다. 임진왜란 이후 소실된 서적의 일면을 참고할 수 있어 서지학적으로도 중요한 가치를 지니고 있으며, 고대 지명이나 고유의 동식물 이름도 이 책을 통해 살펴볼 수가 있어 국어학적으로나 사학적으로도 의미가 크다"고 했다.

초간 선생이 1580년부터 세상을 떠난 1591년까지 쓴『초간일기』는 개인의 일기라기보다 임진왜란 전 사대부가의 일상생활과 사회 전반에 걸쳐 다양한 모습을 살펴볼 수 있는 사료적인 가치가 크다고 여겨 이 책 또한 보물로 지정돼 있다.

　아버지의 학통을 이어받은 외아들 권별(權鼈)이 지었던 『해동잡록』과 『죽소부군일기』도 유형 문화재로 지정돼 있다. 부자가 이처럼 사학에 눈부신 업적을 이룬 예는 흔치 않아 오랜 세월 후학들의 갈채를 받고 있다. 권문해 선생은 『대동운부군옥』을 완성한 2년 후 58세의 아까운 나이로 세상을 떴다. 나라에서는 통정대부 이조참판의 증직을 내렸고 영원히 제사를 지내도록 하는 불천지위도 내려 종가의 사당에 모셔졌다.

400여 년 전에도 있었던 13가지 차 이름

　『대동운부군옥』 권지 6 「차(茶)」 편에는 단군 이래로 불렸던 13가지의 차 이름이 귀하게 기록되어 있다. 무엇보다 어느 책에서 발췌했다는 전적이 자세히 밝혀져 있어 우리나라 차문화사를 살펴보는 데 귀한 자료가 된다.

　'차는 봄에 잎을 갈무리했다가 마실 것으로 쓸 수 있다. 본래는 차 '도(木+茶)'자로 썼다. 일찍 딴 것을 차라 했고, 늦게 딴 찻잎은 명(茗)이라 한다'는 서문을 시작으로, 차에 대해 자세히 알려주고 있다. '… 유차(孺茶)는 진주의 화계에서 일찍 딴 차를 말하는데 지금의 작설차(雀舌茶)다. 이규보는 이것을 유차라고 불렀다. 산차(山茶)의 속명은 동백으로 부른다고 했다. 지리차(智異茶)는 신라 때 대렴공이 당나라에 사신으로 갔다가 차의 씨앗을 얻어 가지고 돌아와 지리산에 심으면서 퍼졌다. 차는 성덕왕(聖德王) 때에 이르러 비로소 성하게 되었다. …' 이 모두는 『삼국사기』에 기록된 차의 전래설을 밝히고 있는 것이다. 소수차(少睡茶)는 선비 권신촌의 차시(茶詩)에서 발췌한 것으로, '남쪽 지방에서 친구가 새 차를 보내오니 / 한낮 창가에서 자다 일어나 마시면 맛이 일품이라네 / 사람이 잠을 적게 자도록 하는 것은 견딜 수 없으니 / 자면 근심을 잊을 수 있는데 잠이 없으면 어찌할거나' 하며 차를 마시면 잠을 적게 한다는 효능도 설명했다. 또한 조계차(曹溪茶)는 조계산에서 나온 차인데 이는 고려 말 문신 익재 이제현(益齋 李齋賢, 1287~1367)의 차시에서 발췌했다고 한다. 또한 첨수차(添水茶)는 고려 후기의 문신 기우자 이행(騎牛子 李行, 1352~1432)이 일찍이 친구인 상곡 성석인에게 갔을 때 그 아들이 두 가지 물로 차를 달여냈음을 지적한 것으로 차의 맛을 내는 데는 물이 상당한 비중을 차지했음을 말하고 있다.

　희철차(喜啜茶)는 일본 차 이름으로 이는 신숙주의 『해동제국기』에서 옮겨온 글이라 했다. 사뇌원차(賜腦原茶)는 고려 때 문종이 팔순 이상의 사람들에게 직접 잔치를 베풀었는데, 나라에 공이 있는 세 명의 원로에게 각각 뇌원차 30각(角)씩을 내려주었다는 기록을 『고려사』에서 옮겨왔음을 밝혀놓아 고려시대는 임금이 신하에게 차를 하사할 만큼 귀한 예물이었음을 보여준다. 구초구차(口焦求茶)는 독서할 적에 입이 마르면 마시는 차로서 이인로의 『파한집』에 있었던 글임을 밝혔고, 쌍각용차(雙角龍茶)는 고려 전기의 문신인 곽여가 청연각에서 임금이 내려주신 차를 받고 지은 시에서 따왔음을 말하고 있다. '뿔이 둘 달린 용이 새겨진 쟁반에 작고 둥근 찻잔을 놓으니 / 촉산(蜀山)에서 새로 딴 차 맛은 봄 내음이 나는 듯 하네.' 철병전차(鐵瓶煎茶)는 이규보가 남쪽 지방 사람들에게서 철병을 대접받아 시험 삼아 차를 다려 마시고 지은 시에 나타난다고 했다. 중엽산차(重葉山茶)는 충숙왕과 상공주가 귀국할 때 황제가 내려준 것으로 『양화소록』에서 옮겨온 것이라 한다. 이외에도 자차각사(煮茶卻邪)에는 은사발에 풍차(楓茶)를 다리면 차의 색과 맛, 향이 아름답다는 차생활의 지혜도 전하고 있다.

　　우리나라 최초의 백과사전 『대동운부군옥』에 기록된 13가지 이름 중에는 희수차가 일본 차이고 쌍각용차, 중엽산차는 중국 차임을 말하고 있다. 나머지 10가지는 우리의 토산 차 이름과 내력으로 선조들의 수준 높은 차생활을 엿볼 수 있게 한다.

500여 년 전에도 여자의 성을 따르다

1534년 예천 권씨 종가 안방에서 맏아들로 출생한 초간 권문해 선생은 20세 되던 해에 4세 연상인 곽씨 부인에게 장가를 든다. 그 부인과는 29년을 살았지만 자식을 얻지 못한 채 선생의 나이 49세 때 부인이 병을 얻어 세상을 떠난다. 그해 겨울에 다시 박씨 부인을 재취로 맞았지만 여전히 자식이 없었다. 어느 날 선생은 길가에 쓰러져 있는 자라를 구해주었다. 그런 다음 꿈에 용왕을 만났는데 용왕이 소원을 말하라 해서 아들 얻기를 소원했더니 그 후 부인이 아들을 낳았다. 초간 선생은 자라의 고마움을 기리기 위해 아들의 이름은 자라 '별(鼈)'자로 짓고 이후에는 자라를 헤치지 말라는 불문율이 종가에 전해지고 있다.

　　예천 권씨의 본래 성씨는 예천의 3대 토성 중의 하나인 흔(昕)씨였다. 그러나 고려 충목왕의 이름자가 '흔'자인 것이 문제였다. 왕권시대에는 국왕의 위엄을 높이기 위해 국왕의 이름자와 같은 글자는 그 어떤 경우에도 사용하지 못하도록 했기 때문이다. 그래서 흔씨 일가도 성을 바꿔야 했는데 흔씨의 6세손인 섬(暹)의 어머니와 할머니의 성씨가 안동 권씨여서 외가의 성을 따라 권씨로 정하고 세거지인 예천을 관향으로 삼았다. 그런 내력이 있으므로 예천 권씨를 안동 권씨의 파종으로 여기는 것은 잘못된 일이라고 한다. 여기서 주목되는 풍습은 500여 년 전에도 여자의 성을 따랐다는 점이다.

봄철 손님상에 오르는 청포묵과 잡채

친정이 대종가였고 시댁이 대종가이니 손님 대접에는 경지에 이른 종부였다. 밥상 차리기엔 마땅치 않은 손님들의 다과상이나 주안상에는 반드시 잡채를 올린다. 간단한 요기가 될 수도 있고 술안주로도 제격이다. 그래서 어른 생신상이나, 집안 잔치에도 절대로 빠질 수 없는 음식이 잡채다. 여기에 때에 따라 시절음식을 준비하는데 청포묵무침은 사랑채의 봄철 손님상에 특별히 오르는 귀한 메뉴였다.

삶은 당면을 밑간하고 계절에 따라 준비되는 채소를 볶아 함께 버무려 내는 잡채는 만드는 법이 여염집과 크게 다를 바 없었지만, 새하얀 청포묵에 아름다운 수를 놓듯 고명을 올린 청포묵무침은 고택에 걸맞은 품격 있는 요리였다.

지금은 시장에서 청포묵을 사다가 쓰지만 예전에는 집에서 만들었다. 녹두 껍질을 벗기고 물에 담가 하룻밤 동안 불린다. 불린 녹두는 맷돌에 갈

◀ 봄철 손님상에 오르는 청포묵무침.

▼ 어른 생신상이나 잔치에 빠지지 않는 잡채.

▶ 흉내 낼 수 없는 종가의 장맛.

264

아서 고운체에 걸러내어 한나절 가라앉힌다. 가라앉은 녹두 앙금에 물을 섞어 풀을 쑤듯이 저어가며 익혀서 네모난 그릇에 부어 굳히면 청포묵이 완성된다.

네모난 청포묵은 포를 뜬 다음 가늘게 채 썰어 끓는 물에 넣고 투명해지도록 데쳐서 소쿠리에 건져 물기를 빼고 소금과 참기름으로 밑간한다. 쇠고기도 채 썰어 양념해 볶고, 당근도 쇠고기 길이로 채 썰어 소금으로 간해 살짝 볶는다. 미나리는 다듬어서 다른 재료와 같은 길이로 썰어 살짝 데치고, 머리와 꼬리를 다듬은 숙주는 데쳐서 참기름, 소금으로 밑간한다. 달걀은 지단을 붙여 곱게 채 썬다. 청포묵을 그릇에 담고 다섯 가지 색을 맞춘 고명을 올린 다음 먹을 때는 소금과 참기름으로 다시 한 번 간을 맞춘다. 일반적으로는 청포묵무침을 초간장에 무치는 데 비해 이 댁에서는 소금과 참기름으로만 간을 한다. 김을 채 썰어 올리면 더욱 맛이 있다.

신록이 눈부신 지난 5월 5일 낮 12시. 서울 종로구 수송동 91번지에 있는 목은 이색(牧隱 李穡, 1328~1396) 선생의 영정을 모신 영당 앞마당에서는 그 후손 500여 명이 모여 봄 차례(茶禮)를 올리고 있었다. 차 한잔으로 몸과 마음을 다스리고 집안까지 바르게 한다는 선비 차인 영정 앞에는 한산 소곡주가 놓였고 차례라고는 했지만 차는 오르지 않았다. 고려 말 문장가로 이름을 떨쳤고 지금의 국무총리에 해당하는 벼슬에까지 오른 목은은 고려가 망하자 두 임금을 섬길 수 없다며 조선왕조에서 내린 벼슬을 끝내 마다한 절의의 인물이다. 그런 목은의 영당이 서울 사대문 안 이씨 왕가 바로 이웃 동네에 서 있다는 사실은 매우 뜻밖이었다.

선생은 고려의 신하로서 도리를 다했지만 그의 손자 이맹진(李孟畛)은 조선시대 사람으로서 지금의 서울시장에 해당하는 벼슬을 했던 인물이었다. 그 손자가 살았던 종가 건물이 바로 영당 자리로 600여 년 동안 한산 이씨들의 구심점이 되었다. 옛 종가 건물은 그동안 대종회 사무실로 쓰이다가 후손들의 뜻을 모아 8층짜리 우뚝한 건물로 거듭나 이날 오전 10시 그의 호를 딴 '목은관' 준공식을 가졌다.

대종가 후손들은 국난을 피해 고향인 한산에 자리 잡았다고 하지만 뚜렷한 종가는 찾을 수가 없어 경기도 고양시 덕양구 도내동에서 대대로 과수원을 운영하고 있는 둘째 아들 이종학(李鍾學, 1361~1392)의 22대 종손 세준(취재 당시 65세) 씨를 만났다. 아들 가족과 함께 3대가 화목하게 살아가는 이들이 반천년 하고도 100년이 넘도록 조상의 땅을 떠나지 못하는 기념비적 이유가 무엇인지, 어떤 전통을 이어가고 있는지, 내림음식은 무엇인지를 취재하고 왔다.

목은관 준공식에
참석한 후손들.

600년 지켜온 사대문 안의 기적 같은 '영당'

어린이날, 석가탄신일 등 공휴일이 겹쳐진 서울 종로구 조계사 앞길은 사람들의 물결로 출렁거렸다. 조계사 앞 연등 길을 지나 오른편으로 난 길을 따라 200미터 정도 들어가면 국세청 건물과 나란히 목은 이색의 영당이 있음을 알리는 홍살문(紅門)이 서 있다. 홍살문을 들어서면 도심 속의 섬 같은 작은 공원이 빌딩 숲에 가려져 있고 공원 때문에 더욱 넓어 보이는 200여 평의 대지에 단정히 앉은 영당에는 600여 년 전에 그려진 목은의 영정이 모셔져 있다. 포은 정몽주(圃隱 鄭夢周), 야은 길재(冶隱 吉再) 등과 함께 고려 말의 삼은(三隱)으로 불리는 선생은 절개와 지조를 버리고 두 임금을 섬기지 않았기에 한산 이씨들의 중시조로 오늘날까지 추앙받고 있다. 초하루, 보름마다 분향 참배를 받고, 양력 5월 5일 봄 차례와 10월 10일 가을 차례에는 술 석 잔과 맛있는 안주와 나물, 과일과 떡을 대접받고 있다.

이날은 그의 호를 딴 목은관 준공식까지 겹쳐 전국에 흩어져 살고 있는 30여 만 명이나 된다는 후손들이 번잡한 휴일임에도 선조의 얼을 새기려 하나둘 모여 들어 영당 뜰을 가득 메웠다. 오전 10시 대종회 이사장 이상복(취재 당시 73세) 씨를 비롯해 전 회장 이일규 씨 등이 목은관 준공식 테이프를 끊었다. 문중 사람들의 정성 어린 성금으로 일구어낸 목은관이 완성되기까지 애환과 감회를 피력한 이상복 씨의 격려사는 종원들의 단합에 힘을 실어주기에 충분했다. 조상이 남긴 땅이 돈이 된다 싶으면 법정싸움까지 마다 않는 문

종손의 19대조
이훈의 불천지위
사당.

중싸움을 많이 보아온 터라 이날 준공식은 참으로 값져 보였다. 고려 말 삼은의 한 분인 이색, 조선조 사육신의 한 분인 이개(李塏), 구한말의 독립운동가 이상재(李商在) 등을 배출한 절의의 명문가 후손들은 4년제 대학에 재직하고 있는 현역 교수가 200여 명이 넘어 학자 집안으로 거듭나고 있다. 권력보다 절의와 학문을 중히 여기는 한산 이씨들의 정신적인 자부심이 응집된 '목은관' 탄생을 축하해주고 싶었다.

제상에 차 대신 술이 오른 '차례'

낮 12시가 가까워지자 영당 안팎은 엄숙한 분위기에 휩싸였다. 준비한 제물이 정성스레 차려지고 제관들은 제례복을 갖추고 각자의 소임대로 차례에 임했다.

차례는 영정을 가렸던 휘장을 걷으면서 시작되었다. 하얀 수염에 품격 있는 웃음을 담은 인자한 모습의 고려인, 고려 관복인 홍포(紅袍)를 입고 머리에는 날개가 아래로 늘어진 오사모(烏紗帽)를 쓰고 허리에는 각띠를 착용한 채 목화를 신은 영정이 신비롭게 나타났다. 오른편에는 양촌 권근이 쓴 「화상찬」이 보인다. 이 영정은 선생이 세상을 떠난 5년 뒤인 1404년에 그려진 것으로 국가 보물로 지정돼 있다.

향을 피워 혼을 강림시키고, 모사에 술을 붓는 강신으로 백을 모신 다음 제관 이하 참석자 모두는 두 번 절했다. 이어 이상복 씨가 첫 번째 술잔을 올렸고 목은의 관직을 두루 적은 축문 낭송이 있었다. 두 번째 술잔, 세 번째 술잔을 마지막으로 차례는 30여 분 만에 끝이 났다. 이날 차례 순서를 집례한 대종회 부이사장 이항규(취재 당시 79세) 씨는 오랜 경륜으로 의례를 절도 있게 이끌었다.

'차례 지낸다'라는 말을 하면서 왜 차를 올리지 않고 술을 올리는지가 궁금했던 참에 이를 묻자 이항규 씨는 다음과 같은 설명을 해줬다.

"차례의 본뜻은 차 한 잔을 올리는 간단한 고유제를 일컫는 말이지요. 하지만 한산에 있는 영당을 비롯해 전국에서 모시는 목은 선조의 차례에는 차를 올리지 않습니다. 선대께서도 올리지 않았던 일이니 우리가 임의로 올릴 수도 없는 일입니다. 목은이 지으신 『한산팔영』의 서문에는 '우리 집 한산은 비록 조그만 고을이지만 우리 부자가 중국에 가서 과거에 급제한 후로부터 천하가 모두 우리나라에 한산이 있는 것을 알게 되었다. 그런즉 그 좋은

조상 35분의 위패가
모셔서 있는 강당
같은 재실.

경치를 노래에 실어 전파하지 않을 수가 없다'면서 고향인 한산을 칭송하셨기에 한산주를 올리고 있어요. 술을 올리면서 한 잔으로는 섭섭한 생각이 들어 석 잔의 술을 올리자는 논의가 있었습니다. 제사가 아니라 간단히 지내는 '차례'이기 때문에 밥은 올리지 않았습니다."

대종회 상임이사 이상구 씨는 600년 동안 서울의 가장 중심 터인 이곳을 지금까지 지켜오면서 느꼈던 애환을 들려줬다.

"지금의 영당 터를 효종의 딸 숙경공주의 집을 짓기 위해 왕가에서 강제 매수하려 한 일도 있습니다. 당시에 사간으로 있었던 이익상이 '전하께서는 동기간의 정리가 계시겠지만 그 대지에는 태조대왕의 친구로서 예우를 받던 한산백 목은 이색의 영당이 있사오며 더구나 인목, 인열 두 왕후와 대왕대비는 모두 목은의 외손이 되시니 공주의 집을 짓기 위해 영당을 헐 수는 없는 줄로 아뢰옵니다'라고 간하여 영당이 무사할 수 있었지요."

왕가에서도 탐을 냈던 금싸라기 땅을 600여 년간 지켜온 문중 사람들의 귀한 정신에 박수를 보내고 싶었다. 조선왕조 500년 역사에서 수많은 양반가의 종가가 사대문 안에 있을 법도 한데 옛 집은 커녕 사당마저 지키고 있는 집이 한 집도 없는 지금에 기적같이 남아 있는 목은 선생의 영당은 그 정신적인 가치가 보석처럼 빛나 보였다. 명리보다 지조와 절개를 목숨보다 중히 여겼던 목은 선생의 고결한 삶이 살아 꿈틀대는 아름다운 풍경이었다.

한산 이씨들의 시조는 이윤경(李允卿)이다. 그다음 중시조로 모시는 분이 바로 목은 이색이다. 목은의 자(字)는 영숙(潁叔)이다. 고려 충숙왕 15년에 외가 동네인 영덕군 영해읍 괴시에서 아버지 이곡과 어머니 함창 김씨 사이에서 태어났다. 2세 때 고향 한산으로 돌아온 그는 어려서부터 문재가 뛰어나 14세에 이미 성균시에 장원을 한다. 일찍이 찬성사라는 벼슬을 지냈던 아버지 이곡을 따라 원나라로 가서 3년간 유학생활을 하던 중 아버지의 부음을 듣고 귀국했다. 그 뒤 다시 원나라에 들어가 과거에 급제하여 벼슬을 살다가 귀국한 후 새로운 학풍인 성리학을 뿌리내린다. 오랫동안 성균관 대사성을 하면서 권근, 변계량, 김종직 같은 수많은 학자를 배출하기도 했다. 하지만 고려와 조선 두 왕권의 교체 시기에 명리보다는 의와 뜻을 따르다가 맏아들 종덕(種德)과 둘째 아들 종학은 피살당하고 그 역시 장단으로 유배되었다가 풀려난다. 조선 개국 후 태조가 그를 한산백으로 책봉했으나 사양하고 고향으로 돌아간다. 나라는 망했고 두 아들도 비명에 간 상처를 안고 방랑의 길을 떠돌아다니다가 여주 여강(驪江)에서 까닭 모를 죽음에 이른다. 향년 69세의 일기로 고고한 생을 마감한 것이다.

목은의 사망 소식을 들은 태조는 매우 슬퍼하며 3일 동안 조회를 파하고 사신과 함께 제물을 보내 제사를 지내게 했다. 조문을 통해 '임금의 도는 반드시 선생에게서 취하여 이루었고, 정의는 옛 친구로 아주 친하였으니 이는 옛날이나 이제나 같도다. 어찌 처음부터 끝까지 혹시라도 변함이 있으리오' 하며 목은을 추모하고 문정(文靖)이라는 시호를 내렸다.

목은의 곧은 절개와 깨끗하고 고매한 품격을 드러낸 그의 시는 높은 평가를 받았다. 홍여하(洪汝河)는 "일찍이 우리나라 문장은 최치원이 근원이며 이규보가 다듬어 윤을 내고 이제현이 절도에 맞도록 잘 고르고 이색에 와서 집대성시켜 후세에 떨치게 했다"고 평한 바 있다. 또한 성균관대학교 동양학부 이기동 교수는 "고려 말에서 조선으로 이어지는 혼란기에 성리학을 이 땅에 완전히 뿌리내린 위대한 석학이다. 그는 정치가이기 전에 학자였고 사상가였으며 진리를 추구하는 삶을 살았기에 진리를 얻었다"고 했다.

『목은시고』와 『목은문고』가 저서로 남아 있다. 충남 서천군 기산면 영모리 기린봉 아래에는 선생의 영정을 모신 영당과 묘소가 있고, 문헌서원에는 아버지 이곡, 아들 종학 등과 함께 모셔져 있다.

군자다도를 실천한 올곧은 유학자

목은 이색 선생은 고려시대를 대표하는 선비 차인이다. 찬성사 벼슬을 지냈던 아버지 이곡(李穀, 1298~1351)은 『동유기』에서 '돌 부뚜막과 돌못과 돌우물이 그 곁에 있으니 신라 화랑들의 찻그릇이라'는 글을 남길 만큼 차를 즐겼던 분이다. 이곡의 스승인 익제 이재현도 '우리나라 작설차는 중국의 월토차보다 우수하다'는 차시를 남겼다. 이런 가풍과 가르침을 이어받은 목은은 그의 시 「다후소영(茶後小詠), 차 마신 후 읊음」에서 차를 잘 끓여 마시는 일은 성의(誠意), 정신(正信), 수신(修身), 제가(齊家)로, 다도는 선비가 수양을 쌓는 길과 같다며 유학 사상에 다도를 접목하기도 했다.

> 작은 병에 샘물을 길어다가
> 깨진 솥에 노아차를 달이는데
> 문득 귀가 밝아지더니
> 코가 열려서 신령스런 향기를 맡네.
> 어느덧 눈에 가리운 편견도 사라지고
> 몸 밖의 티끌도 하나 보이지 않네.
> 차를 혀로 맛본 뒤 목으로 내리니
> 살과 뼈도 절로 바로 된다네.
> 가슴속 작은 마음자리는
> 밝고 맑아 생각에 사특함이 없어라.
> 그 어느 겨를에 천하를 다스릴 수 있으랴.
> 군자는 집안부터 바르게 하는 법 아니던가.

그는 손수 석간수를 길어 와 차를 달여 마셨는데, 차 마신 뒤에는 귀와 코가 즐거우며 눈이 밝아져 모든 사물을 바로 볼 수 있다고 했다. 또한 혀로 차를 맛보니 살과 뼈가 바로 되고 마음이 밝고 깨끗해 편견이 없어진다고도 했다. '그 어느 겨를에 천하를 다스릴 수 있으랴 / 군자는 집안부터 바르게 하는 법 아니던가'라는 대목에서 차를 다룸으로써 유가의 이상적 인간인 군자가 될 수 있다는 차 생활의 실천적 모습을 보여주고 있다. 그의 이러한 군자다도의 정신은 권근, 김종직, 변계량 등의 제자들에게 대물림되어 수많은 차시를 남기게 된다.

두 임금을 섬기지 않겠다는 곧은 절개 때문에 목은의 두 아들은 피살을 당했다. 맏아들 이종덕의 직계 후손들은 한산에 살고 있지만 수많은 국난으로 대종가는 찾을 수 없었다. 둘째 아들 인제공 이종학의 22대손인 이세준 씨 댁을 찾았다.

경기도 고양시 덕양구 도내동에서 과수원을 운영하고 있는 종가가 이곳에 터를 잡은 것은 이종학의 손자인 이축(李蓄) 때다. 황해도 관찰사를 역임했던 이축은 단종이 폐위되자 벼슬을 버리고 이곳에 내려와 단종이 위배된 영월 쪽으로 망월대를 쌓고 그 아래에 연못을 파서 아침저녁으로 절을 하며 안위를 빌었다고 한다. 그러한 유래를 담은 망월대와 은지(隱池)라는 연못에는 아직도 맑은 물이 찰랑거렸다.

274

청렴한 은둔선비의 집이었으니 애초부터 고대광실은 아니었지만 수백 년 살았던 옛집은 집을 보수해주는 문화재법이 없던 시절에 이미 허물어졌다. 그 자리에 조촐한 한옥을 다시 지어 살다가 아들을 장가들이면서 번듯한 2층 양옥으로 지었다. 종가답게 한옥으로 지으려 했으나 어렸을 적부터 살았던 한옥의 불편한 점을 익히 아는 터라 편리한 양옥으로 앉혔다고 한다.

그러나 살림살이 구조는 옛날 그대로였다. 집 뒤뜰에 단을 높인 장독대 옆에는 볏짚으로 만든 토지신 제단이 있고, 고방에는 조왕신, 마루에는 성주신이 수백 년 그 자리 그대로 있었다. 조상을 모신 사당과 재실은 전통한옥으로 지어 종가의 면모를 갖추었다.

◀ 뒤뜰에 단을 높인 장독대.

▶ 볏짚으로 만든 토지신 제단.

고양향교 전교라는 직책을 맡고 있는 종손 이세준 씨와 상냥하고 밝은 표정인 종부 이선호(취재 당시 62세) 씨를 만났다. 40년 전 친구와 배밭 구경을 왔다가 종손 눈에 찍힌 처녀는 자신이 백마를 타고 종갓집 대문 앞에 서 있는 꿈을 꾸고서 종부 자리를 숙명으로 받아들였다고 털어놓았다. 92세까지 사셨던 시어머니 대소변을 받아내는 애환을 겪고 1년에 60상이 넘는 제사를 받드는 등 여느 종부와 다를 바 없는 분주한 생활이었지만 삶을 긍정적으로 받아들이는 천성 덕에 표정이 밝고 친화력이 넘치는 종부였다.

서울에서 대학을 나온 종손은 조상의 땅을 떠날 생각을 한 번도 해본 적이 없다고 했다. 부모님이 그렇게 살아왔듯이 자신도 조상의 땅을 지킬 것이고 외아들 준석과 손자도 이 땅을 지켜나갈 것이라 했다.

시어머니와 며느리 갈등 없는 화목한 종가

종부는 며느리와 한집에서 살면서 한 번도 얼굴을 붉힌 일이 없다 한다. 아들이 예비며느리를 인사시키러 왔을 때 다짐을 했다. "우리 집에 시집오려면 먼저 고부 갈등을 없애는 모범가정을 보여줘야 한다. 내 아들은 네가 책임지고, 내 남편은 내가 책임지면서 중간 역할을 잘하면 된다. 나에게 불만이 있으면 언제든지 털어놓고 대화로 풀도록 하자. 600여 년을 한곳에서 살아온 집이니

배꽃이 활짝 핀 봄날 모인 3대의 단란한 모습.

나쁜 소문은 바람같이 빠르다. 그런 약속을 하지 못하겠으면 살림을 나야 한다"고 했다. 가족이 붕괴되어 간다는 요즘 세상에 손자·손녀 재롱을 보며 젊음을 되찾는 것 같다는 종손과 종부를 바라보면서 송나라 때 『주자가례』를 쓴 주희의 『언행록』에 나온 "인생살이는 쓴맛 후에 단맛(苦盡甘來)이기도 한 차 맛과 같다"는 말이 생각났다.

도시개발로 집 앞으로는 수십 층 높이의 아파트가 산처럼 가로막고 있지만 종가 터만은 아직도 그린벨트에 묶여 과수원을 운영하고 있다. '은지농원'이란 간판이 붙어 있었다. 입향조 할아버지가 은둔생활을 하면서 파두었던 연못이 아직도 있기에 이 마을 이름은 은지가 됐고 과수원 이름도 그렇게 지었다.

집 뒷산 둘레에 심어둔 과수원을 다 둘러보려면 한 시간은 걸리는 넓은 터다. 이곳을 방문하는 사람들은 배밭을 산책하며 달콤한 배를 맛볼 수 있고 훈훈한 종가 사람들과 대화도 할 수 있다. 텃밭을 빌려주어 농사도 지을 수 있게 했다. 파를 어떻게 심는지, 마늘은 어떻게 기르는지, 고추는 어떤 과정으로 식탁에 오르는지…. 농사짓는 법을 잘 모르는 젊은 부부들에게 종부는 농촌지도소장같이 이것저것 자상하게 가르쳐준다.

아버지와 아들이 함께 배밭을 관리하고 시어머니와 며느리는 알뜰하게 안살림을 꾸리고 아이들은 넓은 마당에서 그네를 타는 과수원집 종가의 풍경이 살갑기만 하다.

35분의 위패를 모신 종가의 내림음식

22대 600년 세월을 이어온 종갓집이니 받들어야 할 조상님이 많다. 입향조의 손자이자 종손의 19대조인 이훈(李壎, 1429~1481)은 효령대군의 사위로 한성군에 봉해져 불천지위로 모시게 되었다. 여기다 종손의 4대조 여덟 분까지 합하면 기제사만 1년에 열 번을 지내야 한다. 설 차례 때엔 열 분의 상을 차려야 하고, 추석 차례도 마찬가지다. 가을 시제를 받드는 조상이 또 서른다섯 분 정도이니 1년에 받들어 모시는 제사만 모두 예순다섯 분이다. 여기다 성주신이나 터주신 등을 합하면 숫자는 더 늘어난다.

종손은 가을에 묘소에서 모시는 시제를 일일이 찾아다니다 보면 11월 한 달은 아무 일도 할 수 없어서 가을 시제를 모시는 조상들을 한자리에 모시고 양력으로 11월 첫째 일요일에 시제를 지낸다. 강당 같은 재실에 위패를 모시고 그곳에서 함께 시제를 올리는 것이다. 이 많은 위패 중에는 종손의 21대 선조의 장인·장모 위패까지 있다. 조선 초기에는 외손도 제사를 받들었던 흔적이 그대로 남아 있는 것이다. 이렇게 많은 제사를 종부와 그 며느리는 숙명처럼 받아들이고 즐겁게 그 일을 한다. 명절 차례에는 집 뒤 소나무에서 채취한 송화로 다식을 만들어 올리는 정성을 기울인다.

은지농원에서 맛볼 수 있는 내림음식은 배로 만든 조청이다. 상품 가치가 떨어지는 배를 무쇠솥에 푹 곤 다음 건지는 건져내고 황설탕을 넣어 걸쭉하게 졸여 조청을 만든다. 배 조청은 다양하게 활용한다. 아이들의 간식인 식빵에 발라주고, 풋고추멸치볶음에 양념으로 넣는다. 명태찜을 배 조청으로 양념하면 부드럽고 촉촉한 맛을 유지해주고, 생강과 계피를 넣고 끓인 다음 배 조청으로 단맛을 내면 수정과가 된다. 무엇보다 따끈따끈한 가래떡을 찍

무쇠솥에서 조려
만든 배 잼과
샌드위치.

배 조청을 넣어 만든
풋고추멸치볶음과
명태찜.

어 먹으면 어렸을 적 할머니 생각이 절로 난다. 그런데 이 댁에선 배 조청이
아니라 배 잼이라 부른다. 젊은 주부들이 조청이라는 단어에 익숙지 않기 때
문이란다.

배 조청은 과수원을 대물림하면서 생긴 종부들의 지혜가 만들어낸 음식
이다. 종부 이선호 씨는 시어머님께 배운 솜씨를 이어받아 상품으로 개발했
다. 종가의 배 잼은 시중에서 구매할 수 없다. 맛을 본 사람들의 입소문으로
팔린다. 유명한 요리사들이 단골 고객이라 한다. 감기 기침에 좋고 소화를 도
와주는 배로 만든 조청이니 몸에도 좋을 듯하다. 배를 채 썰어 초간장에 버무
려 내왔는데 시원하고 매콤한 맛이 별미였다.

8부

솟을대문을 넘나들며
만나는 문화의 보고

정선 전씨 채미헌공파 간송 전형필 종가

안동 권씨 추밀공파 권화 종가

경주 김씨 상촌공파 김서오 종가

장흥 위씨 반계공 위정명 종가

안동 권씨 검교공파 송석헌 종가

양천 허씨 소치 허련 종가

대구 서씨 약봉 서성 종가

나주 나씨 송도공파 나천정 종가

전주 이씨 겸산 이국손 종가

청주 정씨 한강 정구 종가

서울 성북구 성북동에 위치한 간송미술관을 모르고서는 한국 예술의 격조를 논할 수 없을 것이다. 간송 전형필(澗松 全鎣弼, 1906~1962) 선생이 일제강점기 때 10만 석 재산을 투입해 구입한 보물급 문화재를 봄, 가을 두 차례 무료 전시를 하고 있기 때문이었다. 1971년에 시작한 이 전시회가 매년 이어지고 있다. 선친이 어렵게 수집한 진귀한 작품들을 입장료도 없이 선뜻 내보이는 그 후손들의 정신 또한 문화재감이다. 미술관 주인 전성우(취재 당시 74세) 화백은 서울대학교 미대 교수를 역임하고 '추상표현주의'를 한국에 도입한 만다라의 대가다. 안주인 김은영(취재 당시 67세) 씨는 무형문화재 매듭장으로 규방문화의 맥을 잇고, 가문의 음식을 책으로 펴내 음식문화를 대물림하고 있었다. 일제 치하인 1938년 우리나라 최초로 사설 박물관 보화각(葆華閣)을 개설해 반만년 문화유산을 은밀히 지켜냈던 문화예술 종가의 조금은 색다른 이야기를 듣고 왔다.

간송미술관을 찾을 때마다 전시관 위쪽 솔숲에 가려진 하얀 집이 궁금했다. 그러다 지난 1998년에 발간된 『엄마가 주는 숨은 비법 요리책』을 만나면서 그 집이 바로 미술관 주인의 살림집이자 한 해 제사만 수십 차례 모셨던 정선 전씨 채미공파 간송 전형필 종가라는 사실에 취재 욕심을 냈다. 고색창연한 고택에서 오래된 풍습을 오롯이 지키는 종가만이 취재 대상이었던 원칙에서 벗어나긴 했지만 조상에게 물려받은 10만 석 재산을 털어 일본으로 유출되는 문화재를 보존했던 더 높은 전통의 향기를 대물림하는 종가라 생각했기 때문이다.

지난 8월 13일 드디어 솟을대문이 아니라 소나무 두 그루가 서 있는 미술관 종갓집에 들어섰다. 옥잠화 향기가 바람결에 묻어나는 종가 마당에서

안주인 김은영 씨가 객을 반겼다. 백일홍 꽃빛 치마에 미색 저고리를 갖추어 입은 우아한 종부의 모습에서 서울 양반가 안주인의 기품을 엿볼 수 있었다. 저고리 깃에는 화려한 금박 대신 소박한 진주로 매화 문양을 수놓아 한복의 미를 재창조한 감각에 매료되었다.

간송의 애장품 돌탁관

종부는 「와사등」, 「추일서정」 등의 작품을 남긴 시인 김광균(金光均, 1914~ 1993)의 둘째 딸이다. 이화여자대학교 미대를 나온 이력을 들추지 않더라도 국보급 미술품을 소장한 한국 대표의 사설미술관 안주인의 안목이니 고졸함 이 엿힌 것은 당연한 일이겠다.

현관 초입에 마련된 사랑방을 구경했다. 간송 선생 생전에 사용했던 애장품으로 꾸며진 이 방의 풍경은 고택 사랑채 그것과 다를 바 없었다. 채색 없는 책가도(册架圖) 병풍 앞으로 먹감 문갑을 놓아 선비의 향취를 느끼게 했다. 특히 눈길을 사로잡은 기물은 사방탁자 위에 놓인 곱돌탕관과 곱돌차통이었다.

"시아버님이 살아 계실 때 사용하시던 애장품들입니다. 아버님께서 타계하신 후에 시집을 왔기 때문에 어떤 차를 즐겨 드셨는지 잘 모르지만 추사가 초의에게 써준 명선(茗禪) 등 차와 관련된 작품을 많이 수집하신 것으로 보아 차문화에 각별한 관심을 갖고 계시지 않았나 싶습니다. 돌탕관은 천지의 수기가 엉켜 있다가 물을 끓일 때 녹아 나와 차 맛을 싱그럽게 한다지요?"

사랑방 이외의 공간은 양식으로 꾸며졌다. 벽에 걸어둔 '수여산복여해(壽如山福如海)'라는 글씨는 간송 선생이 세상을 떠나기 3년 전에 92세로 장수한 친지의 수연례에 초대 받아 즉석에서 휘호한 작품이라 한다. 거실에는 아드님 전성우 화백의 만다라 작품 「운해(雲海)」가 걸려 있다. 부자의 예술세계가 두 작품에 녹아 있었다. 멀리 서울 시내를 조망할 수 있는 넓은 창문 안 거실엔 편안한 의자가 놓였고 외형은 양식이나 실내는 진귀한 옛 물건들로 유연함마저 감돌았다.

종가는 6000여 평 대지에 100평 건물로 앉혀졌다. 간송 선생이 미술관을 지을 때 마련한 땅에 신접살림을 위해 1966년에 지은 건물이다. 실내장식은 자연 소재의 천장과 입체적인 나무 벽으로 마감돼 있다. 웰빙이란 단어조차 없었던 그 시절 이미 웰빙 자재를 사용해 지은 이 집은 당시 명성이 자자했던 김수근의 수제자가 설계한 작품이라 한다. 그 이후 외벽 페인트 칠만 다시 했을 뿐 실내장식 대부분은 처음 그대로라고 한다. 부부는 이 집에서 아들 둘, 딸 둘을 낳고 키우면서 자녀들의 혼인까지 시켜 가족들의 영혼이 깃든 집이다.

맏아들 인건(취재 당시 37세) 씨는 보성중고등학교 행정실장으로 근무하고 둘째 아들 인석(취재 당시 34세) 씨는 외국계 회사에 다닌다. 큰딸 인지(취재 당시 40세) 씨는 국립중앙박물관 학예관으로 있으면서 대학에서 강의를 하고 있다. 둘째 딸 인아(취재 당시 38세) 씨는 서울대학교 미대 박사과정을 밟고 있으며 화가로 활동 중이다.

43년간 지켜온 오후 4시 티타임

선비 풍모의 전성우 화백과 인사를 나눴다. 종부는 얼음 동동 띄운 오미자차를 백자 잔에 담고 수수부꾸미와 화전을 다식으로 내놓았다. 차를 마시면서 자연스레 차 이야기로 질문은 시작됐다. 놀랍게도 부부는 혼인 후 43년간 오후 4시쯤 티타임을 갖는다고 했다. 이들 부부의 소중한 차 마시는 시간엔 어떤 차를 즐기는지, 어떤 대화를 나누는지 궁금했다.

43년간 지켜온 오후 티타임. 오미자차와 수수부꾸미, 화전.

"햇차를 수확하면 차 산지인 하동이나 보성 등지에서 지인들이 차를 보내옵니다. 특히 미술 하는 일본 친구들이 많아 일본이 자랑하는 옥로차와 중국 여행에서 구입한 용정차 등 가리지 않고 마십니다. 보내주는 사람들의 정성을 생각해서 마시다 보니 녹차, 발효차, 대용차 할 것 없이 다양한 차를 마시고 있습니다."

영국처럼 드레스를 입고 화려한 차기를 준비해 모양내는 찻자리가 아니다. 다다미 2장 반의 다실에 꿇어앉아 마시는 일본 다도의 형식적인 차가 아니라 오후의 나른함을 퇴치하는 실용적인 '티타임'이라 했다. 차실이 따로 있는 것도 아니다. 화실이 차실이고 연구실이 차실이다. 낮잠에서 깨면 침실에서도 차를 마신다. 종부가 차를 우려 뚜껑 있는 분청 찻잔에 담아 가면 종손은 마시기만 한다. 이때 다식은 시어머니께서 즐겨 드셨던 수수부꾸미나 화전 등이다.

"티타임 덕분에 우리 부부는 건강한 삶을 누리고 있습니다. 잠깐의 휴식을 통해 나른해진 정신을 깨워 일상의 진지한 이야기도 맑은 정신으로 나눌 수 있어요. 티타임은 영국에만 있는 게 아니지요. 우리나라에서는 그보다 빠른 고려시대에 '다방'이란 관청이 있어 그곳에서 차를 마신 후 머리를 맑게 하고 국가의 중요한 일을 결정했다고 해요."

종부는 바닥에 '차(茶)'자가 쓰인 조선백자 자완 두 개를 보여주었다. 골동품 수집에 조예가 깊은 친정아버지께서 종부에게 내린 소중한 유물이라 특별하다고 했다.

찾아간 시각이 때마침 오후 4시가 넘어 이들 부부의 티타임 시간에 방해가 됐지만 종부가 손수 우려주는 차 한잔을 맛볼 수 있는 기회였다. 백자 다관에 찻잎을 넣고 물을 부어 소반에 담아 와 찻잔에 따라주는 형식의 다법이었다.

"이 차는 하동에서 보내온 찻잎입니다. 담담한 맛과 청아한 향기가 괜찮아 즐겨 마시고 있습니다. 올해는 차 맛이 예전만 못하다고 합니다."

부부의 찻잔에는 세월의 무게가 실렸다. 종손은 수더분한 분청을, 종부는 해맑은 백자 잔을 좋아한다고 했다. 봄에 햇차가 당도하면 꽃비 내리는 정원 정자에서 차벗들이 찾아와 조촐한 차회를 여는 멋도 미술관 종갓집에서 귀하게 볼 수 있는 풍경일 것이다.

55년 전 석굴암 야외 차회 풍경

종손은 55년 전 경주 불국사 석굴암 앞에서 이뤄졌던 차회 풍경을 들려준다. "아버님은 경주에 걸음을 자주 하셨습니다. 유학을 떠나기 전에는 가끔 아버님을 모셨습니다. 이른 봄이었던 것 같아요. 불국사 석굴암 앞에서 야외 찻자리를 펼쳤습니다. 스님 한 분이 차구와 차를 준비해 와서 화롯불에 불을 지펴 석굴암 우물물로 차를 달여주었어요. 그 맛이 지금도 기억나는데 김이 모락모락 나는 찻잔에서 구수한 향기가 풍겼습니다."

『간송문화』 70호에는 1938년 보화각 개관식 기념사진이 실렸는데 서예가 오세창, 소설가 박종화 등이 초대되었고 그 자리에 홍찻잔이 놓여 있었다. 그 잔에 담겼던 차는 홍차인지 커피인지 알 수가 없다고 한다. 당시는 지식인들 사이에서 커피가 한창 유행하던 시절이었다고 한다. 요즘 차 내는 법을 어떻게 생각하느냐고 물었다.

"절에서 스님들이 다려주시는 차는 자연스럽지만 다도 행사장에서 펼쳐지는 기교적인 행다는 편한 모습이 아니었습니다. 손님 앞에서 유희하듯 찻잔을 돌려가며 따르는 것보다 차를 우려서 손님에게 대접하는 게 품위 있는 모습이 아닐까 싶습니다."

이 댁에는 외국인은 물론 예술품을 보는 눈이 매서운 문화인의 출입이 잦을 텐데 차 대접은 어떻게 하는지 궁금했다.

"우리 집 정원에는 매화나무, 모과나무가 여러 그루 심어져 있습니다. 매화가 지고 매실이 열리면 이를 거두어 매실차를 담급니다. 가을엔 모과를 썰어 설탕에 버무려둡니다. 집에서 수확한 재료만 가지고도 일 년 먹을 차농사는 충분합니다. 여름에는 시원한 매실차와 오미자차를, 겨울에는 따뜻한 모과차를 해주반 같은 찻상에 다식과 함께 각상으로 차려냅니다."

이날 대접받은 서울 양반댁의 조촐한 다과상에서 법도 있는 손님 접대의 예절을 엿볼 수 있었다.

반만년 우리 문화 지켜낸 거인 간송의 행적

간송은 어렸을 적부터 준수한 외모에 차분한 성격으로 책을 곁에 두는 선비 취향이었다고 한다. 그는 휘문고등보통학교와 일본 와세다대학 법대를 졸업한 수재였지만 명예나 권력을 탐하지 않았다. 암흑시대를 밝히는 건 민족 문화재를 수호하고 교육을 시키는 일이라 생각해 전 재산을 털어 평생을 문화유산들을 모으면서 육영사업에 바쳤다.

그의 미술품에 대한 안목은 대학 졸업 후 독립운동가이자 뛰어난 서예가였던 위창 오세창 선생과 교유하면서 키워졌던 것으로 알려져 있다. 수집된 문화재 감식을 위해 1934년에는 성북동에 1만여 평의 터를 구입해 북단장(北壇莊)을 개설하게 된다. 국권을 잃고 뜻을 펴지 못하는 문화계 인사들과 교류하면서 일본으로 유출되는 문화재를 사들여 그것을 관리하면서 위로받았던 것이다. 그렇게 모아진 문화재를 전시할 수 있는 공간을 마련하기 위해 박물관을 짓게 된다. 그게 1938년에 개설된 최초의 사설 박물관 보화각이다. 32세의 젊은 시절에 박물관 관장이 된 것이다.

그의 문화재 수집에 따른 일화가 많다. 국보 제70호 훈민정음 원본은 당시 기와집 열 채 값으로 구입했다. 고려시대의 부도가 반출된다는 소식에 인

일본으로 유출되는 문화재를 사들이고 관리하기 위해 세운 박물관이 현재의 간송미술관이다.

◀ 친지의 수연례에
초대 받아 즉석에서
쓴 간송의 글씨.

▲ 미술관 앞 간송의
흉상.

▶ 종손 전성우
화백의 만다라 작품
「운해」.

천 앞바다까지 달려가 일본인과 담판을 벌인 후 거액을 주고 유물의 밀반출을 막은 일도 있다. 신윤복의 「미인도」를 비롯해서 김홍도의 대표작까지 조선시대의 그림 대부분이 성북동 간송미술관에 보존돼 있다.

하마터면 외국으로 흘러갔을 우리의 찬란한 문화재를 봄, 가을로 감상할 수 있도록 소중한 선물을 남기고 떠난 간송 선생을 우리는 추모하지 않을 수 없다.

서울 맛, 개성 맛, 종부의 내림손맛

종부가 간송 집안으로 시집오게 된 건 친정 고모의 중매로 이루어졌다. 대학시절 국전을 보러 갔다가 남편과 시어머니께 선을 보이게 되면서 양가에서는 서둘러 약혼식을 하고 간송 선생이 세상을 떠난 5년 후인 1967년 4월에 혼인을 했다.

종부는 시아버지를 한 번도 뵙지 못한 건 아니라고 했다. 고등학교 다닐 때 서울 경운동에 있는 친정집 대문 앞에서 건넛집으로 들어가는 간송 선생을 뵐 수 있었다. 신문지상에서 한국에서 제일 방대한 양의 미술품 수집가로 소개된 기사를 봤기 때문에 금방 알아볼 수 있었다고 한다. 미술품에 조예가 깊었던 아버지 김광균 선생에게 간송의 치적을 자주 들었던 터라 먼발치에서도 여러 번 뵈었던 일을 기억한다. 그러나 당시는 시아버지가 되실 분으로는 생각 못 했다.

생전에 보필하지 못했던 몫까지 보태 정성을 기울이는 시아버지 제삿날은 종부에게 특별한 날이다. 혹시 음식에 불경스러운 입김이라도 쏘일까 마스크를 쓰기도 한다. 혹 실수로 몇 가지 빠뜨릴까 두려워 시어머니 계실 때 모셨던 제상 사진까지 찍어 붙여두고 실수가 없도록 한다. 종부의 요리 노트에는 1968년 1월 26일에 기록한 제사 음식 가짓수가 적혀 있다. 누름적, 삼탕, 전야, 해삼, 식혜, 수정과, 자반(암치, 굴비), 달걀, 고기포, 나물, 편육, 홍합, 곶감, 약식, 배, 귤, 반사과, 옥춘, 다식, 약과, 대추, 생률, 매엽과다.

시어머니께 배운 대로 다식과 약과도 직접 만든다. 고비, 도라지, 무, 미나리, 숙주 등 다섯 가지 나물도 정성껏 무친다. 생선 간, 고기, 천엽 등 4가지 전야와 누름적으로는 미나리, 고비, 김치, 파, 고기, 당근을 대나무 꼬치에 꿰어 부친 후 지단채, 석이 초대로 고명하여 올린다. 육적으로는 고기 여섯 조각과 숭어 1마리에 지단, 버섯초대로 고명을 하고, 꿩적은 모양을 바로 잡아 대꼬치에 꿰어 지진다. 3색 주악을 만들어 본편 위에 올리고 잣가루를 뿌린다. 국수장국도 올린다.

제사 후 차린 음식은 참석했던 분들에게 나눠 주는데 이를 반기(飯器)라고 한다. 시어머니 살아생전에는 9대조까지 모셔야 했지만 며느리에게 제사를 물려주면서 횟수도 많이 줄여주었다고 한다.

간송의 부인이자 종부의 시어머니 김점순(1905~1987) 여사는 화가 김창섭 선생의 따님으로 음식의 맛뿐 아니라 색까지도 배려한 요리 솜씨 뛰어난 분이셨다. 송밈, 닭김치, 장김치, 어만두 등은 시어머니께 배워 이 댁 손님상에 자주 오르는 메뉴다. 종부의 음식 솜씨는 친정에서 익힌 개성 음식과 서울 양반 댁인 시댁 음식을 창의적으로 표현한 맛의 미학이라는 칭송을 받으며 요리책을 펴내기도 했다.

서울시 무형문화재 13호 매듭장인 종부 김은영 씨.

대학에서 실내장식을 전공한 그는 1996년 서울시 무형문화재 13호 매듭장으로 지정됐다. 종부로서의 역할을 다하면서 무언가 자신만의 일을 갖고 싶어 무형문화재인 김희진 선생께 가르침을 받아 40여 년이 훌쩍 넘도록 매듭 세계에 빠져들었다. 이 분야 책을 다섯 권이나 내는 성과를 이루기도 했다.

7대째 서울생활을 하고 있는 서울 양반

간송 전형필 선생은 고려 말 한림학사를 지낸 정선 전씨(旌善 全氏) 채미헌공파 전오륜(採薇軒公派 全五倫)의 18대손이다.

전오륜은 목은 이색, 포은 정몽주 등 은둔선비들과 교

류했던 고려 말의 충신으로 고려가 망하자 강원도로 내려가 서운산에 숨어 살며 고사리를 캐 먹고 살았다고 해서 채미헌이란 자호를 썼다. 이후 간송의 11대조가 서울로 옮겨오면서 7대째 서울생활을 한 토박이 서울 양반으로 명예와 재력, 문화예술 분야까지 겸비한 보기 드문 가문으로 자리 잡았다.

간송의 9대조 전의룡은 요즘의 검찰과 같은 벼슬인 의금부 도사를 지냈다. 전의룡의 5대손 전성순은 종로4가에 터를 잡고 상업에 종사하면서 부의 초석을 이루었다. 간송 집안이 본격적으로 부자가 된 건 6대조인 전홍주 때부터라 한다. 전홍주의 아들 3형제는 모두 큰 부자로 성공해 재물이 넉넉했고 전홍주의 차남 전계훈은 무과에 급제해 벼슬이 종2품에까지 이르게 돼 명예도 얻는다. 또한 배우개의 상권을 장악하여 서울 주변의 많은 땅을 소유하게 된다. 서울뿐 아니라 황해도 연안과 충청도 공주, 서산 등에 전답도 사들여 수만 석의 추수를 받는 거부가 됐다. 전계훈은 두 아들을 두었다. 큰아들 영기는 무과 출신으로 통정대부 중추원 의관을 지냈고, 작은아들 명기는 정3품 궁내부 참서관을 지냈다. 큰아들은 아들 둘을 낳았지만 작은 아들 명기는 자식이 없었다.

이런 가운데 간송은 종로4가 112번지 99칸 고옥에서 아버지 전영기와 어머니 밀양 박씨 사이에서 차남으로 출생하게 된다. 간송은 태어나자마자 숙부인 명기의 양자로 입적된다. 그러나 간송의 나이 10세를 전후해 간송 집안의 남자들은 모두 세상을 떠나게 되고 본가와 생가의 계승인인 친형 형설마저 28세의 청년으로 후사를 두지 못한 상태에서 세상을 떠났다. 그런 집안 사정으로 간송은 양가의 유일한 혈손으로 모든 재산을 상속받게 되면서 어린 나이에 서울에서도 3대 부자에 속하는 10만 석 재벌가가 됐다. 그뿐만 아니라 9대조까지 모셨던 제사도 상속받아 정선 전씨 채미공파 지파의 종손 소임을 맡게 된 것이다. 자손이 귀한 집안이라 슬하에 12명의 아들딸을 두었지만 2남 3녀가 생존해 있다. 상명대학교 미대 교수를 지낸 차남 전영우 씨도 미술관 초입에 집을 지어 전통사회 집성촌처럼 형제가 이웃해 살고 있다.

안동 권씨
추밀공파 권화 종가

400여 년간
강릉 오죽헌을 지킨 특별한 사연

2009년 6월부터 선보인 5만 원권 화폐에는 신사임당(申仁宣, 1504~1551)의 초상화가 그려져 있다. 5000원권 지폐에는 율곡 이이(李珥, 1536~1584)의 초상이 우뚝하다. 어머니와 아들이 나란히 화폐 모델로 선정되기는 세계적으로 그 유래가 없다고 한다. 걸출한 두 분이 태어난 곳은 강원도 강릉시 죽헌동에 있는 오죽헌(烏竹軒)이다. 사임당의 향취가 서려 있는 집, 율곡이 태어난 몽룡실은 살림집으로는 드물게 보물로 지정돼 있다. 그런데 유구한 세월 동안 고택을 지켜낸 분들은 사임당의 친가도 아니고 율곡의 후손들은 더더욱 아니었다. 안동 권씨 권화(權和, 1518~1573) 종가 사람들이다.

딸만 다섯을 둔 사임당의 친정어머니 용인 이씨는 둘째 사위 이원수의 아들 율곡에게는 제사를 맡겼고 넷째 사위 권화의 아들 권처균에게는 묘소관리를 부탁하면서 현재의 오죽헌을 물려주었던 것이다. 그로부터 18대 400여 년 오죽헌을 지켰던 권씨 종가는 정부의 문화재 정비 사업으로 1975년 고택을 내놓고 가까운 곳에 2층 양옥집을 짓고 살고 있다. 18대 종손 권민구(취재 당시 49세) 씨와 예림회 회장직을 맡은 바 있는 17대 노종부 최승임(취재 당시 74세) 할머니를 종가에서 만나 오죽헌의 내력과 오미자옹심이, 다슬기죽, 감자옹이 등 내림음식을 맛보고 왔다.

오죽헌을 여러 차례 방문하면서 이 집을 지켰던 분들은 어떤 가문이었을까 궁금했다. 하지만 그동안 종가 취재 대상은 고택에서 종손이 살고 있어야만 한다는 규정을 정한 터라 자세히 알아보지 않았다. 그러다 강릉의 율곡교육원 정문교(취재 당시 69세) 원장께 오죽헌을 400여 년간 지켰던 분들은 안동 권씨 권화의 후손들이었다는 뜻밖의 내력을 듣고 놀라지 않을 수 없었다. 신사임당과 그 아들 율곡의 탄생지로 모자가 한집에서 출생하기도 쉽지

▲ 관광객들의
발길이 끊이지 않는
오죽헌.

◀ 율곡이 태어난
오죽헌 몽룡실.

▶ 신사임당 초상화.

않다. 거기다 두 분 다 역사적인 인물로 우뚝해서 오죽헌을 지켰던 사람들은 신씨 후손들일까, 덕수 이씨 가문이 아니었을까 막연한 추측을 했었는데 안동 권씨였다는 사실은 충격이었다. 단걸음에 종가를 찾았다. 오죽헌 정문에서 100미터도 채 안 되는 거리에 있었다.

이웃도 없는 한적한 곳에 현대식 2층 양옥이긴 하나 대문 앞 텃밭에는 고추, 옥수수, 방울토마토, 깻잎, 상추, 쑥갓, 아욱, 근대 등 갖가지 푸성귀들이 전통 고가의 그윽함을 느끼게 했다. 종가를 상징하는 백일홍 꽃도 곱게 피어 있었다. 대문은 이미 반쯤 열린 채였다. 훤칠한 키에 품격과 정겨움이 묻어나는 노종부 최승임 할머니가 반가이 맞아준다. 가만히 있어도 등줄기에 땀이 흐르는 복더위에 취재 손님이 반가울 리 없겠으나 양반은 역시나 양반이었다. 종손 권민구 씨와 노종부는 조금도 귀찮은 기색 없이 인사를 나눈 뒤 조상과 자신들이 살았던 오죽헌부터 가보자고 했다. 윗대 할머니가 시집올 때 가져온 장롱까지 싣고 가는 간 큰 도둑들 때문에 집안에 유물이란 유물은 하나도 남기지 못하고 오죽헌 박물관에 이전돼 있다며 노종부가 앞장을 섰다.

오죽헌은 권처균의 아호를 따서 붙여진 당호

"오죽헌은 저의 17대조 권처균(權處均, 1541~1620) 할아버지의 아호를 따서 붙여진 당호(堂號)입니다. 호조참판을 지냈던 할아버지는 외할머니께 이 집을 상속받아 살면서 집 주위에 자라는 대나무가 까마귀처럼 검다 하여 오죽헌으로 자호(自號)했지요. 율곡 선생과는 이종사촌이었습니다. IT 회사에 다니다 개인 사업을 하고 있다는 종손 권민구 씨는 오죽헌에서 유년을 보냈기 때문에 추억이 많다. 넓은 잔디밭으로 조성돼 있는 오죽헌 경내는 당시에는 논과 밭이었다며 웃었다.

먼저 강릉시립박물관을 찾아 정항교(취재 당시 56세) 관장의 협조로 수장고에 보관하고 있는 유물 『심헌록(尋軒錄)』을 촬영했다. 모두 14책으로 구성된 『심헌록』은 율곡의 영정을 모신 문성사를 방문한 인물들의 방명록이다. 책 한 권에는 이승만 대통령의 자필 서명도 보인다. 400여 년 동안 수많은 격란에도 집과 유물은 소중히 지켰던 권화의 후손들은 『심헌록』 외에도 율곡이 쓴 『격몽요결(擊蒙要訣)』과 벼루, 신사임당 어머니의 용인 이씨가 다섯 딸에게 재산을 나눠 주면서 기록한 「이씨분재기(李氏分財記)」도 있다. 율곡이 이종사촌인 권처균에게 토지를 양여하는 『토지양여서(土地讓與書)』도 긴 세월 기적같이 지켜냈다. 이들 유물은 박물관에 전시돼 그때의 사회풍속과 인물들

율곡의 친필
『격몽요결』.

신사임당의 어머니
용인 이씨가 다섯
딸에게 재산을
나눠 주며 기록한
『이씨분재기』.

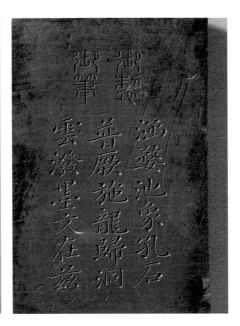

율곡이 이종사촌
권처균에게 토지를
양여한다는 내용의
『토지양여서』.

정조 임금의 글이
새겨진 율곡의 벼루.

의 숨결을 느끼게 했다.

오죽헌, 솟을대문을 열다

한국사를 넘어 인류 역사상 위대한 어머니로 칭송받고 있는 신사임당, 그가 태어나고 성장한 곳이자 아들 율곡이 태어난 성지, 오죽헌을 찾는 이들의 발길은 한여름 땡볕도 아랑곳없었다. 아이들 손을 잡은 젊은 어머니들은 오죽헌 몽룡실 앞에서 자녀들에게 꿈을 키우라 하고, 신사임당의 동상 앞에서는 현숙한 어머니가 되리라 다짐하는 교육의 장이 되고 있었다.

수십 년간 오죽헌 고택에서 생활했던 노종부의 감회는 남달랐다.

"24세 때 오죽헌 솟을대문 집으로 시집을 왔습니다. 당시에는 오죽헌보다 권진사댁으로 더 유명했어요. 여고를 졸업하고 집에서 살림을 배우고 있던 중 중매로 네 살 연상인 남편 권용만(1989년 작고)과 혼인을 하고 첫아이는 친정에서 낳은 뒤 신행을 왔습니다. 율곡 선생이 출생했다는 몽룡실과는 무관합니다."

위인이 출생한 '몽룡실(夢龍室)'에서 혹시 종손이 태어나지 않았느냐는 질문에 노종부는 신행을 와서도 안채 동쪽 방이 신방이었다고 한다. 별당인 오죽헌 몽룡실은 사람들이 거처하지는 않았고 율곡의 출생지로 상징되는 방이었을 뿐이다.

"시집을 오니 시아버님은 이미 돌아가신 뒤였습니다. 삼년상이 끝나지 않아 사랑채에는 상청이 차려져 있었습니다. 종가의 가법은 시할머님, 시어머님 두 분께 배웠지요. 4대조 8분의 신주를 모신 사당은 대나무 숲속에 있었

오죽헌 툇마루에 낮아 담소를 나누는 노종부와
18대 종손.

는데 오죽헌 성역화 당시 철거가 되면서 권씨 종가의 흔적은 찾아볼 수 없게 된 것입니다.”

400년 만에 오죽헌을 떠나다

오죽헌에서 신혼생활을 2년여쯤 하다 남편이 춘천교대 교수로 발령을 받자 근무지로 옮기는 바람에 춘천과 오죽헌을 오가는 생활이 이어졌다. 시할머니와 시어머니께서 오죽헌을 지켰기 때문에 여름·겨울 방학 때는 물론 설, 추석과 일 년에 8번 모시는 제사 때마다 오죽헌으로 와야 했다. 그러다 10여 년만에 남편이 다시 강릉대 교수로 발령이 나서 돌아왔지만 5년 후 정부에서 시작한 문화재 정비 사업으로 1975년 고택을 떠나게 됐다. 400여 년 동안 조상의 향취가 녹아 있는 오죽헌을 멀리 벗어날 수 없는 일이라며 남편은 오죽헌에서 100미터도 채 안 되는 거리에 2층 양옥집을 지었다. 노종부의 기억에는 오죽헌 건물의 특징들이 뚜렷이 남아 있다.

“부엌이 무척 넓고 높았어요. 예전에는 농사일을 도와줄 분들과 부엌일을 하는 분들이 여럿 있었습니다. 우물이 대문 밖에 있어서 물을 길어 오는 일도 무척 힘이 들었지요. 행랑채 끝에 화장실 두 개가 나란히 있었는데 여자 출입구와 남자 출입구가 각각 달랐습니다.”

오죽헌 경내에는 보물로 지정된 별당 건물인 오죽헌을 중심으로 남자들의 공간인 바깥채와 여자들의 살림채, 문성사와 어제각이 있다. 문성사는 율곡의 영정을 모신 사당으로 문성은 1624년 인조 임금이 율곡 선생에게 내린 시호(諡號)다. ‘도덕과 학문을 널리 들어 막힘이 없이 통했으며 백성의 안정된 삶을 위해 정사의 근본을 세웠다’는 의미가 담겼다.

“우리가 이 집을 떠난 후에는 오죽헌만 남기고 낡은 안채는 모두 허물었습니다. 다시 안채를 복원할 때 고증을 많이 해주었지요. 그러나 안채는 예전 모습을 완벽하게 살리지는 못한 것 같습니다.”

종부는 안채 툇마루에 앉아 삶의 한 자락이었던 오죽헌의 풍경을 떠올린다.

“설이나 추석에는 시할머니가 계셨기 때문에 문중 사람들이 많이 찾아왔습니다. 명절날은 아침 먹을 시간이 없어 굶기가 일쑤였지요. 사랑채 손님 상은 반드시 각상으로 차려내야 했어요. 상을 미리 봐두었다가 손님이 닥치면 기다리지 않도록 해야 했습니다. 저희 집안사람 외에도 어제각에 모셔둔 율곡 선생의 영정을 참배하기 위해 오는 특별한 손님들도 많았습니다. 그때마다 다과상을 차려내야 했기 때문에 종종걸음으로 살았습니다."

1788년 율곡 선생의 친필 『격몽요결』과 어린 시절 사용하던 벼루를 정조 임금이 보고 책에는 머리글을, 벼루 뒷면에는 율곡 선생의 학문을 찬양하는 글을 새겨 소중히 보관하라는 어명이 내려지자 이를 위해 지어진 건물이 어제각이라 했다. 종부가 오죽헌에 살았을 적엔 지금의 문성사 자리에 어제각이 있었지만 지금은 안채 왼쪽으로 옮겨졌다.

율곡의 『격몽요결』 「지신장(持身章)」에는 사람의 품격을 가름하는 아홉 가지 행동과 아홉 가지 생각을 적어둔 구용구사(九容九思)가 있다. 강릉에서는 이 문장을 모르면 식자층에 들어갈 수가 없다. 종부의 외할아버지는 딸들이 시집갈 때 구용구사를 여자들이 갖추어야 될 아홉 가지 덕목으로 정리해 손수 적은 후 이층장을 짜서 아래위 네 짝 문에 붙여 보냈다고 한다. 종부는 어렸을 적부터 친정어머니가 시집올 때 가져온 이 장롱 문짝의 덕목을 익히며 성장했다. 그의 맑은 인품 뒤에는 외할아버지의 그 같은 사랑이 큰 역할을 했던 것이다.

발의 거동은 무거워야 하며,
손의 거동은 공손해야 한다.
눈의 거동은 단정해야 하며,
입의 거동은 조용해야 한다.
소리의 거동은 안정돼야 하며,
머리의 거동은 곧아야 한다.
기운의 거동은 엄숙해야 하며,

서는 거동은 유덕해야 하며

낮빛의 거동은 밝아야 한다.

500살 나이, 오죽헌을 떠나야 했던 사연

율곡학회에서 발간한 『시대를 앞서간 여인 신사임당』 편에는 오죽헌의 내력
이 자세히 기록돼 있다. 오죽헌은 사임당의 외조부 이사온(李思溫)이 이곳에
터를 잡은 집으로 살림집으로는 가장 오래된 건물이 아닐까 했다. 이사온에
게는 외동딸이 있었다. 그분이 바로 신사임당의 어머니 용인 이씨다. 이씨 부
인은 서울 사람 신명화(申命和)에게 시집을 갔지만 무남독녀로 친정 부모님
을 돌볼 사람이 없어 강릉 친정에서 생활을 하면서 딸 다섯을 두었다. 세월이
흘러 부모님은 돌아가시고 친정집은 물론 토지와 묘소 등 재산은 이씨 부인
의 관리 하에 있었다. 이씨 부인은 90세까지 장수를 했다. 딸 신사임당은 물
론 사위도 먼저 세상을 뜨자 당시 나이 35세였던 외손자 율곡에게 재산 상속
과 모든 관리를 맡겼다. 이는 율곡이 지은 외조모 이씨 부인의 「묘지명(墓誌
銘)」에서 밝혀졌다.

　　이씨 부인이 다섯 딸에게 나누어 주었던 『이씨분재기』에도 율곡에게는
제사를 받들라는 조건으로 서울 중부 수진방의 기와집 한 채와 노비, 전답 등
을 주었던 기록이 있다. 그리고 넷째 딸의 아들 권처균에게는 묘소를 보살펴
달라는 조건으로 강릉 북평 기와집 한 채와 노비, 전답 등을 유산으로 남긴
것이다. 강릉 북평 기와집이 바로 오늘날 오죽헌으로 그때부터 권씨의 소유
가 되어 지금껏 전해진 것이다. 그 후 권씨들은 대대로 사임당의 친정아버지
신명화의 묘와 어머니 이씨 부인의 묘를 관리하고 가을에는 시제도 모시고
있다.

　　그렇게 오죽헌은 권씨들의 소유이긴 했어도 사임당과 율곡의 유적지라
는 점에서 공적인 보호 관리를 국가에서 행하게 되자 집을 떠나야만 했다.

권화 종가가 된 내력

신사임당 여동생의 남편이자 율곡의 이모부인 권화(權和, 1518~1573)는 안동
권씨 추밀공파다. 자는 희혜(希惠)이고 호는 무진정(無盡亭)이다. 신명화의
넷째 딸과 혼인을 해 사임당의 남편 이원수 공과는 동서가 된다.

안동 권씨 추밀공파가 강릉에 터 잡은 건 낙향시조 권송(權悚)의 처가인 삼척 심씨가 강릉에 세거했기 때문이라 했다. 일설에는 권화의 형 권구(權懼)가 강릉부사를 역임했던 것도 연유였다고 한다. 권송의 후손들은 입향 후 지역의 토성가문들과 통혼관계를 형성하면서 집안은 크게 번창하게 된다.

율곡은 권화의 비문에 다음과 같은 내용을 적어 외할아버지와 이모부의 행적을 기록했다.

"권화는 1518년에 태어나서 1539년 같은 고을에 사는 신씨에게 데릴사위로 들어갔다. 권화의 아내는 바로 나의 외조부인 진사 신명화의 따님이다. 신명화는 문학에 종사하여 한 차례 향시에 합격했는데 이미 장성해서는 그것을 팽개쳐버리고 시험을 통해 습독관이 됐다. 사람됨이 엄격하고 정직했으며 자신이 느낀 대로 곧이곧대로 행동하였다. 말을 하거나 일을 처리함에 있어서는 비굴한 태도가 없었고 어진 선비의 이름을 들으면 반드시 흠모했다."

권화의 아들이 바로 권처균이다. 이종사촌 율곡보다는 다섯 살 아래였다. 벼슬은 교수를 하다 호조참판을 증직했고 오죽헌의 소유권과 외갓집 산소를 관리해줄 소임을 책임지게 된다. 안동 권씨가 오죽헌을 400여 년간 지키게 된 계기가 된 인물이다.

18대 종손 권민구 씨는 권처균의 아버지 권화 선조가 신씨 가문으로 장가를 들어 인연을 맺었기 때문에 권화 종가라고 한다. 권화로부터 종손은 18세가 된다. 강릉 일대에서는 안동 권씨 추밀공파 후손들이 아직도 많아 종회사무실에서 가문의 정체성을 이끌고 있다.

종손은 종가에 기거하는 시간이 많다. 직장과 아이들 교육을 위해 서울 살림을 하지만 연로하신 어머니 혼자 종가를 지키게 할 수는 없기 때문이다. 35년 전 종가를 지을 당시 집의 설계는 물론 원자재까지 서울에서 가져와 지은 2층 양옥집은 당시로는 보기 드문 모습이어서 구경하러 오는 사람들이 많았다고 한다. 넓은 거실과 안방, 작은방과 수세식 화장실 등 현대 건축의 편리함과 넓은 정원은 고택의 유연함을 두루 갖춘 집이다.

감자옹심이와 다슬기죽

딸 셋, 아들 둘을 둔 노종부는 예와 전통을 이어가는 모임인 예림회(禮林會) 회장직을 맡았을 만큼 인품과 덕망을 지녔다. 9회째인 해에는 신사임당의 추모제에 종헌관이 되기도 했다. 취미로 시작한 붓글씨 솜씨도 상당한 수준이다.

보양식인 다슬기 찹쌀죽과
담백한 감자옹심이.

새콤달콤한 오미자옹심이와
효심 어린 음식인 감자옹이.

"남편 제사는 돌아가신 기일날 모시지만 윗대 4대 봉제사는 시어머님 살아 계실 때 합동으로 하루에 모시도록 정리해주셨습니다. 문중회의를 여러 번 거친 후 양력으로 10월 3일 개천절 날 모시고 있습니다. 설, 추석과 함께 일 년에 제사는 네 번으로 줄였습니다. 제사 음식은 바다 음식인 생선이 많이 올라가지요."

오미자 책면은 사랑채 손님상에 올랐고, 멸치 육수를 내어 끓이는 감자 옹심이는 여름날 점심으로 먹었다고 한다. 시어머니께서는 연잎을 따서 일 년에 한 번씩 꼭 연엽주를 빚으셨는데 제대로 배워두지 못한 게 두고두고 후회가 된다며 내림음식을 부탁한 필자에게 미안해했다.

이날 원주에 사는 큰딸 권혜영(취재 당시 46세) 씨가 어머니 일손을 도우러 왔다. 감자를 강판에 갈아 건지는 꼭 짜서 가라앉은 갈분을 섞어 옹심이를 빚는다. 멸치와 파, 다시마, 버섯을 넣고 국물을 만든 다음 애호박과 감자를 나박나박 썰어 넣고 끓여 감자가 익으면 옹심이를 넣고 한소끔 끓인 후 그릇에 담는다.

감자가루에 물을 붓고 끓인 다음 꿀을 타서 만든 감자옹이는 시할머니가 편찮을 때 만들어드렸던 효심 어린 음식이었다. 오미자 우린 물에 꿀을 타서 단맛을 낸 다음 감자옹심이를 삶아서 넣은 오미자옹심이도 새콤달콤한 오미자의 다섯 가지 맛이 감자옹심이에 스며들어 씹히는 맛이 일품이었다.

종손 권민구 씨가 인근 계곡 맑은 물에서 채취했다는 다슬기를 삶아 그 물에 불린 찹쌀과 살을 발라서 함께 끓인 다슬기 찹쌀죽은 여름의 열기를 삭여주는 건강죽으로 그만이었다.

3월을 봄이라고 하지만 그 길목에서 만날 수 있는 꽃은 몇 종류나 될까? 3월 중순 땅끝마을 해남에서 승용차와 사람을 함께 실은 배를 타고 30여 분 만에 다다른 섬 보길도. 매화는 만개해 꽃잎이 낙화했고, 수선화도 애잔한 꽃송이를 선보였다. 빨강, 노랑, 하양, 검정 등 다섯 가지 희귀한 색의 동백꽃도 푸른 바다를 끼고 활짝 피어 찾는 이를 반겼다.

이 꽃들을 키우는 경주 김씨 상촌공파(桑村公派) 김서오(金瑞五) 종가의 10대 종부 김전(취재 당시 82세) 할머니는 서울에서 경기여고를 졸업하던 20살에 시집와 60년 넘게 섬의 종가에서 세월을 보내고 있었다. 종손 김양제와는 10여 년 전에 사별했다. 외아들 김동성(취재 당시 47세) 씨와 딸 넷은 모두 도시로 떠나보내고 조상님의 신주와 네 채의 집, 800여 평의 정원을 가꾸는 낙으로 외로운 섬에서 풍요로운 삶을 누리고 있었다. 종가의 당호는 '심원위재(深原緯齋)'다. 전남 완도군 보길면 정자리가 그 집의 주소다. 고택은 보길도 지방 문화재로 지정돼 있다.

해남 보길도 하면 「어부사시사」로 유명한 고산 윤선도(1587~1671)의 유적지 부용동 정원을 떠올리게 된다. 윤선도는 51세 되던 해 벼슬을 버리고 은거를 결심한 뒤 해남 연동의 본가에서 밀리 떨어지지 않은 섬 보길도에 별서인 '낙서재'를 짓고 세연정을 꾸며 여생을 즐겼다. 차를 다려 마시는 휴식 공간 동천석실도 차를 좋아하는 이들은 가보고 싶은 윤선도의 유적이다. 부용동이란 이름은 사방을 둘러싸고 있는 산에 아지랑이가 어른거리고 무수한 산봉우리들이 마치 피어나는 연꽃을 닮았다 해서 지어졌다고 한다.

경주 김씨 보길도 종가는 윤선도의 유적과는 그리 멀지 않은 곳에 있었

보길도 지방문화재로
지정된 김서오 종가.

김성오 종가를 품고
있는 보길도 해안.

행랑채 정원에
있는 오래된 탑은
불심이 대단한
시할머니가 돌아가신
후 시할아버지가
구해두셨다.

◀ 사랑채인 행율당.

▷ 한국, 중국, 일본 삼국의 특징을 모두 지닌 독특한 건축물.

다. 서울에서 승용차로 아침 10시 30분에 출발해 점심도 고속도로 휴게소에서 간단히 먹고 땅끝마을까지 내처 달려 배를 타고 보길도에 도착한 시각은 오후 5시가 넘었다. 팔순의 종부 혼자 사는 댁에 폐가 될까 싶어 선창가 횟집에서 저녁을 먹고 종가에 도착한 시각은 사방이 어두워진 밤이었다. 전화로 연락을 해둔 터라 종부는 외등을 밝혀두고 대문도 열어 먼 길 오는 객을 반겨주었다.

하늘에서 내린 종부

종부의 첫인상은 미국에서 가장 사랑받는 동화작가 타샤 튜더를 연상케 했다. 자그마한 체구에 고운 얼굴, 큰 눈이 매력적이다. 카랑카랑한 목소리만으로는 절대 팔순 노인으로 믿어지지 않았다. 어휘가 분명한 서울 표준 말씨에 단정한 태도와 범접 못 할 카리스마까지 있었지만 대화가 통하는 상대에게는 상냥하고 관대했다. 그러나 체구보다 두껍고 큰 손의 느낌은 큰 집을 관리한 흔적이 그대로 묻어나서 하늘이 내린 종부구나 싶었다.

할머니는 시집온 후 10년 동안 섬마을 생활에 적응하지 못해 눈물로 세월을 보내다가 어느 날 사주 책을 봤더니 섬에 묻힐 팔자라고 적혀 있더라고 했다. 그 이후부터는 도시로 나가는 꿈을 접고 어린이집을 운영하기도 하면서 보길도에서의 생활에 정을 붙이려고 노력했다.

시부모 살아 계실 적엔 손님이 끊이지 않아 한 끼에 일곱 번씩 밥을 지어야 했고, 먹던 밥도 내놓아야 하는 힘든 생활이었다. 하지만 타샤 튜더처럼 앞치마를 두르고 요리를 만들면서 섬마을 종가 며느리 역할을 즐기려고 노력했다. 앉고 서는 몸동작이 30대 못지않게 가벼운 할머니를 보면서 나이는 숫자에 불과하다는 사실을 새삼 느꼈다. 수인사를 드리고 식탁에 앉아 이곳으로 시집오게 된 내력과 시댁 이야기와 친정까지 총명한 기억력으로 조용조용 들려주었다.

섬 마을로 시집오다

"친정어머니는 서울 배화여전을 졸업하고 초등학교 교직생활을 했던 인텔리 여성이었지요. 그 때문에 결혼도 늦어졌고 자식도 늦게 둬서인지 내 나이 16세 때부터 선을 보라고 성화를 하셨어요."

수없이 선을 보다가 경기고녀를 졸업하던 20세 되던 해 두 사람과 선을 보게 됐는데 종부가 마음에 둔 남자가 선택되지 않고 부모님께서 정한 종가에 시집을 오게 되었다고 한다.

시댁은 한때 전국에서 8대 부자에 들어가는 재력가였고 일제강점기에는 항일 산림전쟁의 주도자로 독립운동을 한 애국자 집안이었다. 보길초등학교를 설립한 교육자였고, 해남과 진도까지 땅을 가지고 있었으며 보길도 산의 70퍼센트가 종가의 소유였다. 산에서 베어 오는 나무로 숯을 구워 바다 건너 목포는 물론 추자도까지 판, 부와 권력과 명예를 갖춘 명문가였다. 무엇보다 종부가 시집온 다음 해에 6·25가 터지자 마당에 큰 솥을 걸어두고 밥을 해 나누어 주는 선행을 베풀었던 사회지도층의 도덕성까지 지닌 가문이었다.

종부가 시집올 당시 여섯 살 연상인 남편 김양제 씨는 경복고교를 졸업하고 일본에서 대학을 다니다 시절이 어수선할 때 귀국해서 은행에 근무하고 있는 엘리트였다. 서울에서 신식으로 혼례를 치르고 신접살림을 차린 다음 해 전쟁이 터지자 고향인 보길도로 피난을 온

자그마한 체구의 종부는 단정한 태도와 함께 범접 못할 카리스마가 느껴진다.

게 어느새 60년 세월이 흘렀다고 한다. 전기도 라디오도 없는 보길도, 서울과는 문화 차이가 100년은 더 있을 것 같은 섬에서의 적응은 참으로 힘겨웠다고 한다.

고향으로 돌아온 종손은 지역 유지로 두각을 나타내면서 노화면에서 민선 면장을 두 번이나 했다. 완도군 도의원에 당선돼 본격적인 정치 활동을 시작했지만 5·16 군사 쿠데타 시절 군사정권에 협조하지 않는다는 이유로 부정부패라는 죄를 씌워 광주교도소에서 옥살이를 하면서 정치 활동을 접을 수밖에 없었다고 한다.

동양 삼국의 장인 솜씨로 지어진 고택

신라의 마지막 왕 경순왕의 후예인 경주 김씨 상촌공파 김서오 선생은 인조 때 통훈대부를 지냈지만 당시 소란스러운 정치판에 연루되는 게 싫어 가족을 데리고 멀리 보길도에서 터를 잡았다. 그 후 10대에 걸쳐 300여 년간 보길도 정자동에 살면서 집성촌을 이뤄 지금도 30여 호의 마을 주민들이 일가친척이다.

다음 날 아침 날이 밝자 보길도에서 가장 큰 집 '심원위재'의 모습이 드러났다. 대문 간채에 들어서면 꾸며둔 정원과 사랑채 앞에 있는 중정(中庭)과 후원에 조성된 후정(後庭)은 150여 종류의 아열대 수종과 난대 수종으로 이루어져 있어 식물원을 연상케 했다.

이 집은 3개의 정원 외에도 안채와 사랑채, 행랑채, 대문채 등 4개 동이 독립적으로 조성되어 있다. 정확한 건립 연대는 알 수 없지만 안채는 1847년 축조된 것으로 추정하고 있다. 당시 인근에 기와 공장을 세워 여기서 구운 기와로 지붕을 이었다고 한다. 중국, 일본인 목수와 건축 기술자까지 참여하여 공사를 했기 때문에 동양 삼국의 특징을 두루 지닌 독특한 건축물로 건축가들의 연구 대상이 되고 있다.

육중한 대문을 열고 들어서면 안채로 들어가는 행랑채가 왼편에 있다. 그리고 사랑채인 '행율당(杏律堂)'이 보인다. 여느 종가처럼 조상의 신주를 모시는 사당 건물이 따로 있는 게 아니다. 안채의 방 하나를 사당으로 꾸며 5대 신주를 모셔두어 종가의 면모를 갖추었다. 지금도 5대조 제사를 모시고 있지만 광주에 사는 아들집에서 제사는 모신다. 무엇보다 이 댁에서 눈여겨

봐야 되는 구경거리는 정원이다. 입구에서부터 꾸며둔 정원에는 완도에 청해진을 설치했던 장보고 시대에 조성된 듯한 혜일스님의 부도가 후원에 있다. 행랑채 정원에는 오래된 탑이 있어 부도와 탑이 왜 이 댁의 정원에 있었는지에 대해 종부는 설명해주었다.

"시할머니께서는 불심이 대단하셨다고 합니다. 그 할머니가 돌아가신 후 시할아버지가 할머니를 위해 절을 지어드리면서 부도와 탑 일부가 여기에 남아 있게 된 것입니다."

종가의 남다른 자녀교육법

종부는 시할아버지의 남다른 교육법을 소개해주었다.

시할아버지는 아들 여섯을 두었다. 어느 해 성장한 아들들을 불러 돈 1만 환씩을 나눠 주면서 10년 후에 갚아야 한다고 했다. 그때 1만 환은 요즘 1억 원 이상의 가치다. 그리고 세월이 흘러 약속한 날짜에 아들들을 불러서 돈을 갚으라고 했다.

그중 한 아들은 그 1만 환으로 간척사업을 해서 원금을 갚고도 돈이 남아 부자가 됐고, 한 아들은 숯을 구워 돈을 벌어서 집문서를 만들어 가져왔다. 그러나 한 아들은 그 돈을 천장에 숨겨두었다가 비가 오거나 습기가 차면 돈이 상할까 봐 햇볕에 말리는 등 돈이 짐이 되다가 아버지가 돈을 내놓으라고 하니 그대로 갖다 바쳤다. 시할아버지는 돈을 가져가서 잘 이용한 두 아들에게는 칭찬을 하면서 그대로 들고 온 융통성 없는 아들은 혼쭐을 냈다고 한다.

어려운 시절에 돈을 빌리러 오는 이웃이 많았다. 시아버지는 이런 분들이 오면 큰 소리로 안채에서 다과상을 가져오라 이른다. 안채에서는 또 돈을 빌리러 왔구나 알아차리고 꼭지와 껍질째 삶은 고구마를 들고 나갔다. 시아버지는 돈을 빌리러 온 사람에게 시장할 테니 고구마를 먹으라고 하면서 먹는 사람의 거동을 살핀다. 꼭지와 껍질을 벗겨 먹는 사람에게는 절대로 돈을 빌려주지 않았다고 한다. 그러나 꼭지와 껍질을 그대로 먹는 사람에게는 돈을 빌려주었다. 고구마 껍질이 목에 넘어가지 않는 사람은 생활이 그만큼 다급하지 않은 거라 생각했기 때문이다.

연필 한 다스를 늘 준비해두었다가 방학 때 손자가 놀러 오면 연필 한 자루를 내주면서 공부를 열심히 해야 한다고 당부한다. 부잣집에서 한 다스도 아니고 한 자루씩만 주는 할아버지의 속내는 여러 자루가 있으면 소홀해지지만, 한 자루만 있으면 귀하게 사용하기 때문이라고 했다.

시아버지는 자신은 근검절약하면서 밥을 굶거나 몸이 아픈 이웃에게는 쌀과 약을 들고 가서 위로하는, 본받고 배워야 할 점이 많은 어른이었다고 종부는 회상했다.

꽃차, 봄을 마시다

안채 뜰에는 수선화가 이슬을 머금은 채 웃고 있었다. 할머니께서는 예쁜 찻잔을 꺼내 와 수선화 한 송이를 담고 뜨거운 물을 부어 향기를 맡아보라고 했다. 고상한 수선화의 진향은 황홀했다.

이날 우리는 종부의 지혜로 만들어진 향기로운 꽃차로 봄을 맛보았다. 겨우내 비축했던 수액으로 피어난 꽃차의 달콤함은 피로를 잊게 해주었다. 할머니가 가장 좋아한다는 목련은 아직 봉오리를 터뜨리지 않아 전해 말려둔 목련꽃차를 마셨다. 앞뜰과 뒤뜰에 심어둔 홍매와 청매가 만개해서 집 안은

314

종부의 지혜로
만들어진 향기로운
꽃차.
수선화차,
매화차,
목련꽃차.

온통 매화 향기로 그윽했다. 우리 일행은 매화 꽃송이를 따 와 맑은 유리잔에 담고 뜨거운 물을 부어 마셨더니 찻잔 속에 매화는 화들짝 놀라 꽃잎을 열면서 표현 못할 향기를 선물해준다. 시(詩)는 인공의 낙원이고, 숲은 자연의 낙원이며, 한 모금의 차는 그 모든 낙원을 다 합친 낙원이라 노래했던 시인의 노랫말에 귀가 열리는 봄날이었다.

내림음식, 나눔음식

종부는 일일 생활권으로 그 지역의 특징적인 음식은 평준화되어 버려서 내세울 만한 요리가 없다며 요리 취재라면 아예 오지 않는 게 좋겠다고 잘라 말했다. 종가의 요리 취재가 가장 어려운 부분은 종부들이 가문의 권위를 내세우는 화려한 음식을 보여주고 싶어 하기 때문이다. 하지만 취재 당일에는 종가마다 흔하지 않은 요리를 한두 가지 찾아낼 수 있었다. 같은 음식이라도 요리 방법이 다르거나 전혀 색다른 맛을 창출해내는 지혜 등을 배우게 된다.

이날 종부에게 배운 요리는 파래김치, 호박전과 양파전, 가지전과 버섯전이다. 파래와 호박 외에는 텃밭에서 농사지은 재료들이어서 비닐하우스에서 속성으로 키운 맛과는 재료 맛부터 달랐다.

종갓집 옆이 바다인 종가에서는 파래 요리가 많은데 오래 두고 먹을 수

갖은 양념으로 무친 파래무침과 달걀물을 입히지 않고 구워낸 전.

양념을 쓰지 않아
재료 본래의
맛을 느낄 수
있는 전복구이와
장어구이.

있는 파래김치를 배웠다. 파래는 씻어 물기를 꼭 짜고 멸치 젓갈과 다진 쪽파, 다진 마늘, 곱게 썬 양파와 풋고추도 다져 넣고 깨소금과 고춧가루로 맛을 내고 청주도 조금 넣어 조물조물 무친다. 파래김치는 즉석에서 먹어도 되지만 보통 김치처럼 충분히 익혀 먹어도 맛있다. 간간하고 시원한 맛이 밥반찬으로 그만이었다.

가지는 모양대로 썰어 걸쭉하게 갠 밀가루 물에 담갔다가 팬에 기름을 두르고 굽는다. 양파는 둥근 모양대로 얇게 썰어 준비된 밀가루 갠 물에 넣었다 은근한 불에 뒤집어가며 지진다. 애호박은 모양대로 얇게 썰어 소금으로 살짝 간한 다음 밀가루 물에 담그지 않고 노릇하게 그냥 굽는다. 수분 많은 애호박은 밀가루 옷에 입히지 않고 부쳐야 깔끔하다고 했다.

사랑채 정원에는 섬에 처음 자리를 잡았던 할아버지(入島祖)가 심었다는 300여 년 된 은행나무가 있다. 그 큰 나무 그늘에서 버섯을 키운다. 버섯전 역시 기둥을 떼고 씻어 물기를 없앤 다음 밀가루 옷을 입히지 않고 소금으로 살짝 간한 다음 노릇하게 지진다.

장어구이, 전복구이

나라 안에서 두 번째로 큰 전복 양식장이어서 전복 요리가 이 지역에서는 일상의 요리다. 서울에서보다 절반 정도 싸게 구입할 수 있다. 전복은 살을 발라내서 사방으로 칼집을 넣어 오븐에 구워서 기름장에 찍어 먹는다. 꾸덕꾸덕 말린 장어를 선창가에서 구입해 먹기 좋은 크기로 썰어 오븐에 앞뒤로 구워서 따뜻할 때 기름장에 찍어 먹는다.

종부는 서울 사람답게 음식의 모양새에 신경을 썼다. 그러면서 특별한 음식을 준비하지 못한 걸 아쉬워했다. 이날 아침에는 촬영 때문에 준비한 반찬으로 화려한 식사를 할 수 있었다. 종부는 모든 훌륭하고 맛있는 음식의 가치는 시간과 공이 들어가야 한다고 말했다. 종가의 고방에는 집 안에 심어둔 비파와 유자, 삼지구엽초와 키위와 목련꽃까지 갖가지 과실과 꽃으로 술을 담가 집안의 행사나 마을 공동체의 화합을 이끌어내는 데 쓴다고 한다.

1370여 년간 같은 성씨들이 한 지역에서 터전을 지키고 있다면 그 유구한 역사에 놀라 감탄을 보내지 않을 수 없을 것이다. 신라 1000년, 고려 500년, 조선왕조 500년도 이 가문의 수명만큼 길지는 못했다. 세계 어느 나라에서 이처럼 장구한 세월을 한 고을에서 친족들이 처마를 맞댄 채 살고 있을까? 전남 장흥군 관산면 방촌 마을의 장흥 위씨 집성촌이 그곳이다.

호남 실학의 큰 별인 존재 위백규(存齋 魏伯珪) 선생을 배출했고, 차시(茶詩)를 20여 수나 남긴 송광사 6대 주지 원감국사(속명 위원개, 1226~1293)도 이 가문의 선조다. 천관산 아래 분지 같은 이 마을은 산이 높고 물이 맑아 차나무가 자라기에 좋은 환경으로 전차(錢茶)의 고향이기도 하다. 차골이라는 지명도 있고 동백나무, 대나무 숲 그늘에서 자라는 야생 차나무가 지천에 깔려 있어 방촌마을 사람들의 생활 음료가 차다.

아직도 100여 가구 친족들로 구성돼 있는 장흥 위씨 계파 중 14대로 이어오면서 양자를 한 번도 들이지 않았고, 대수마다 문집이 남아 전하는 가문, 무엇보다 종가를 비워두지 않았던 병자호란 때 충의 반계공 위정명(磻溪公 魏廷鳴, 1589~1642) 종가를 찾았다. 종손 위성탁(취재 당시 83세) 씨와 종부 정길임(취재 당시 81세) 할머니가 살고 있는 사랑채 온돌방에서 차향 물씬 풍기는 한국 전차의 참모습과 1000년 내력의 집안 이야기를 듣고 왔다.

1940년에 발간된 『조선의 차와 선』은 차를 연구하는 이들의 교과서 같은 책으로 한국 전차의 본향을 소개해두었다. 전차는 찻잎을 시루에 쪄서 절구에 찧어 엽전 모양으로 만들어 말린 후 꾸러미에 끼워 보관했다가 필요할 때 하나씩 꺼내 끓는 물에 넣어 우려 마시는 차다. 지금 우리가 손쉽게 마시는 티백 녹차나 잎차가 아니라 같은 차나무 잎으로 만들지만 보관하기 쉽게 덩이로 만든 것이다. 인사동 차 가게에서 흔히 볼 수 있는 중국의 보이차와 비교하면 비슷하다.

우리 차의 근세사가 실린 유일한 책, 『조선의 차와 선』

1910년 한일병합 조약을 맺은 일인들은 우리나라 전역에 차가 자랄 수 있는 곳을 찾아 조사를 시작했다. 조선총독부의 방침에 따라 술 대신 일본인들처럼 차를 마시게 하기 위한 것이라 했다. 또한 여학교에 예절실을 꾸며 그들의 다도를 교육하면서 우리 민족의 정신문화를 말살시키려는 정책적인 행위였다. 조선의 토산 차는 어디에 있는지, 어떻게 만드는지, 달이는 방법과 어떠할 때 마시는지, 찻그릇 등을 현장 답사기로 묶은 책이 『조선의 차와 선』이다. 이 책에서 조사 대상이 됐던 전차 만드는 마을이 바로 전남 장흥군 천관산 자락 위씨 집안 사람들의 집성촌 방촌마을이다.

1938년 일본인 산림기사 이에이리 가즈오(家入一雄)와 차연구가 모로오카 다모츠(諸岡存)가 장흥 보림사와 그 일대 마을 주민들을 만나 중국 당나라 때의 차책 『다경(茶經)』에 나오는 단차 모양의 청태전(靑苔錢)을 조사하게 된다. 1925년에 장흥군 관산면장을 역임했던 위대랑(魏大良)이 살고 있는 방촌마을을 찾아 당시 이 마을의 차 만드는 풍경을 자세히 기록했다. 방촌에선 차 이름을 '청태전'이라 하지 않고 엽전 꾸러미 같다 하여 '전차(錢茶)'라고 했다.

찻잎을 따서 시루에 찐 다음 절구에 쿵쿵 찧어 찻잔 밑바닥에 젖은 수건을 놓고 손가락으로 눌러서 만든다. 차 덩어리는 소쿠리에 담아 꾸덕꾸덕하게 말린 후 가운데에 구멍을 뚫어 100개 정도 실로 꿰어 온돌방에서 바짝 말린 다음 단단해지면 다음 날부터 마신다. 차를 우릴 때는 옹기 탕관에 6부 정도 물을 넣고 끓으면 차를 불에 살짝 구운 다음 넣어서 2~3분 지난 후 따라 마신다고 했다. 당시 찻잎을 찌는 시루와 차 꾸러미를 확인했다는 기록도 있다. 특히 배가 아프거나, 소변이 불편할 때 차를 약으로 마신다는 증언도 기술돼 있다.

장흥군 유치면 보림사 부근 단산마을 위경규 씨 댁 이야기에서 단차를 만들 때 생강의 뿌리, 유자의 열매 등을 넣는 잡화법을 소개했다. 또 단차를 우려 마실 때는 곱돌탕관을 사용한다는 다구 이야기도 있다.

조선에는 유구한 차문화가 있었지만 차는 조상이나 부처를 섬기는 의례

◀ 종가 마당에 있는
차나무.

▶ 종가에 전해
내려오는 고려시대
찻잔.

◀ 전차 꾸러미.

▶ 종손의
할아버지가 사용했던
무쇠 찻주전자.

물로 사용했다. 신라 화랑들이 심신을 단련할 때 마셨을 뿐 차를 일상음료로
는 즐기지 않았던 건 청정수가 많기 때문이라는 결론도 내렸다. 100여 년 전
차가 나는 남쪽 지역에서 서민들의 차생활과 우리 차의 근세사를 되새겨볼
수 있는 유일한 책이다. 여기에 등장한 위씨들의 집성촌 종가를 찾아 100년
뒤 그들의 차생활과 생활상을 살펴봤다.

낙지산적, 낙지탕, 미역국을 제사상에 올리다

단차의 고향 전남 장흥은 남쪽 바닷가에 있다. 그 서쪽에 다산 정약용이 유배
생활을 했던 강진이 있고, 동쪽에는 보성차로 유명한 보성이 있다. 북으로는
화순과 영암이 있는데 이곳 역시 차 산지다. 이렇게 위씨들의 본관인 장흥 일
대에는 차향이 넘쳐나는 유서 깊은 차유적지로 차와는 인연이 깊은 곳이다.
차나무가 좋아하는 건 수분이다. 그 때문에 높은 산과 강이나 바다가 마주 보
는 곳에서 자라는 차를 양질의 찻잎으로 친다. 장흥의 방촌마을은 차가 자
랄 수 있는 천혜의 조건을 두루 갖춘 곳으로 천관산과 보성만 바다가 인접해
있다.

　마을 입구에 들어서면 산촌의 분위기와 어울리지 않는 현대식 건물 한
채가 우뚝하다. 방촌유물전시관이다. 이곳에서 유물관 명예관장 위성(취재
당시 61세) 씨를 만났다. 마을 지킴이 위 선생은 이곳의 역사, 풍속 등을 손바

닥 들여다보듯 환했다. 질문마다 망설임 없이 답이 술술 나온다. 태어나 마을을 태어나 한 번도 떠난 적이 없기 때문이다.

"방촌마을은 1993년에 문화시범마을로 지정됐습니다. 호남 실학의 대가인 존재 위백규 선생의 생가가 있고 그 외에도 여러 채의 한옥이 민속가옥으로 지정돼 있습니다. 400여 년 이상 지속되고 있는 마을 자치조직과 별산제, 산신제 등 공동 의례도 전승되고 있고요. 유물관의 전시품은 230여 점으로 450여 년 넘게 간직해온 장흥 위씨들의 홍패, 백패 등의 교지와 분재기, 호구단자 등 고문서와 마을이 배출한 인물의 문학과 사상을 한눈에 보여주는 문집들이 많습니다. 이 마을 전체가 박물관이라고 할 수 있지요."

위 선생의 안내로 둘러본 유물관의 전시품들은 매우 친근했다. 음식문화에선 바다가 가까이 있어 해산물이 많이 쓰인 게 눈길을 끌었다. 낙지산적, 낙지탕, 미역국을 제사상에 올리는 건 다른 지역에서 보기 힘든 예다. 놀이문화 전시실엔 정월 보름날 당산제와 함께 치르는 '메귀놀이'가 볼거리다. 메귀는 이 마을 모든 잡귀를 땅에 묻는다는 뜻이다.

통과의례와 세시풍습의 상차림도 이제는 사라져가는 이 마을의 생활문화를 기억할 수 있게 했다. 위씨들이 자랑으로 내세우는 인물 중에는 최면암의 문인으로 호남의병에 참여했던 오헌 위계용(1870~1948)의 초상화와 휴대용 분판과 메모첩, 차를 달이던 무쇠찻주전자와 청자찻잔도 전시돼 있다. 찻잔을 보자 마을 사람들의 차생활이 궁금했다.

"보시다시피 마을 전체가 차밭이라 해도 과언이 아닐 정도로 차나무가 많습니다. 차골이라는 지명을 가진 곳에는 위백규 선생의 위패를 모신 다산재(茶山齋)가 있고요. 그러나 가가호호 잎차를 만들어서 마시긴 하지만 일본인들이 말하는 단차를 만드는 집은 없습니다. 단차를 재현할 수 있는 분은 반계 종가의 위성탁 선생이 유일하지 않을까 싶습니다."

'청태전'이 아니라 '전차'랍니다

이 마을에서 전래되어 오는 단차를 직접 만들어본 유일한 증인이기도 한 종손을 만난다는 설렘을 안고 유물관에서 머지않은 종가를 방문했다. 전형적인 양반가옥 형태로 안채, 사랑채, 사당, 곳간채, 행랑채, 헛간채로 구성돼 있는데 사랑채 처마 아래는 일필휘지의 명필로 종손의 8대조 당호 8개가 나란히 걸려 있다. 문장가 집안임을 한눈에 알게 한다.

사랑채 따스한 온돌방에서 노종손에게 인사를 드렸다. 83세라는 연세가 믿어지지 않을 정도로 정정했고 편안한 인상이다. 50여 년 교직생활을 한 탓인지 고상한 선비의 풍모가 묻어났다. 스물에 열여덟의 신부를 만나 딸 여섯에 아들 하나를 뒀고 회혼례를 치른, 참 닮고 싶은 노년의 모습이다.

전남도전에 입선한 경력의 서예 솜씨로 11대 선조들의 시 문집 일부를 종손이 직접 써서 꾸민 병풍이 쳐져 있는 방 안에는 놋화로에 올려진 무쇠 찻주전자에서 피워내는 따스한 김이 겨울의 정취를 더해준다. 4각 찻상 위에는 다식으로 한과를 담았고 조촐한 찻잔도 올려져 있다. 조선시대 선비들의 차실풍경이 눈앞에 펼쳐졌다.

"조부께서는 이 주전자에 차를 다려 드셨습니다. 화로에 올려놓은 주전자에서 김이 모락모락 오르면 전차 하나를 넣고 서서히 우려내 마시는데 화롯불이라 물이 펄펄 끓지는 않았지요. 은근한 온도를 유지하면서 차는 서서히 맛을 우려내고 다 마시면 부엌에서 뜨거운 물을 가져와 다시 부어 여러 번

우려 마셨습니다."

찻그릇이 따로 있거나 찻상을 따로 두었던 기억은 없다고 했다. 찻잔은 목기였던 게 어렴풋한 기억이다. 귀한 손님이 오시면 다과상을 차려 내기도 했다. 어렸을 적 부엌 아궁이의 잿불을 화로에 옮겨 담는 일이 종손의 중요한 일과였다고 한다. 그 때문에 할아버지의 차생활을 가장 측근에서 볼 수 있었다. 감기 증세가 있을 때는 차를 주셨지만 그다지 맛이 없어서 즐겁게 받아 마시지는 않았다고 전한다.

종손은 일인들이 가르치는 학교 공부는 안 된다는 증조부의 만류로 열한 살에나 초등학교에 입학할 수 있었다. 일곱 살 때부터 천관산 기슭에 있는 마을 서당 장천재(長川齋)에서 한문 공부를 했다. 봄이면 서당 훈장님이 차를 만들었는데 그때 찻잎을 따는 것과 손바닥으로 차를 눌러 만들었던 기억이 종손의 머릿속에 생생하게 남아 있다.

찻잎이 돋아나는 봄이면 서당 훈장님의 지시로 장천재 주변에 널려 있는 차나무에서 잎을 따서 김이 오르는 시루에 찻잎이 누런색이 나도록 찐다. 찐 찻잎은 나무절구에 쿵쿵 찧어 새알 크기로 둥글게 빚어 손바닥으로 누르면 엽전처럼 납작해진다. 만든 단차는 소쿠리에 서로 붙지 않게 담아 햇볕에

조선 영조 때 천재 실학자 존재 위백규 선생의 위패를 모신 다산재.

◀ 종가의 소박한 한 칸짜리 사당.

▶ 방마다 담호가 있다.

잠시 말렸다가 꾸덕꾸덕해지면 가운데 구멍을 뚫어 새끼줄에 끼워 처마에 메주처럼 매달아둔다. 돈차는 마르는 동안 곶감같이 하얀 분이 생기는데 일본 사람들이 이 같은 모양을 보고 청태전(靑苔錢)이란 이름을 붙였다고 한다. 이 지역에선 청태전이란 차 이름은 없었고 '돈차'라고만 했다. 이날 종손이 직접 만든 건 아니지만 시중에서 구입했다는 단차를 불손에 얹어 화롯불에 살짝 구운 후 그 옛적 증조할아버지가 사용했던 무쇠 찻주전자에 차를 넣어 우려주었다. 찻잔을 감싸 안은 따뜻한 촉감과 한 모금 마신 뒤 목에서 올라오는 화한 맛은 첫새벽에 집을 나선 피로를 확 풀어주었다.

차 한잔으로 조상의 기일 제사를 모시다

종가 둘레에는 발걸음마다 차나무다. 안채를 둘러싸고 있는 대나무 숲과 동백나무 숲 사이로 키 작은 차나무가 푸른 잎새를 자랑한다. 집 뒤 텃밭에도 차나무가 있다. 갑자기 추워진 날씨 탓에 피우려다 멈춘 새하얀 차꽃이 찻잎 사이에 숨어 있다.

종손은 지난봄 대나무 숲에서 돋아난 찻잎을 따서 난생처음 차를 만들어봤다. 야생 찻잎이라 5월 초가 돼야 세 잎 정도 돋아났다. 찻잎을 따서 전기 팬에 찻잎을 올려 덖었다. 온도 조절이 가능해 찻잎 덖기에는 전기 팬이 안성맞춤이었다. 이렇게 덖고 비비기를 아홉 번 반복하고 비닐봉지에 담아

일주일간 숙성을 시킨 후 찻주전자에 찻잎을 조금 넣어 뜨거운 물을 부어 차를 우려 마셨다. 처음 솜씨지만 차 맛에 일가견이 있는 분들도 맛있다는 바람에 차는 동이 난 지 오래여서 아쉽게도 종가의 차 맛을 보지 못했다.

종가의 상징인 제사에 대해 물었다.

"3년 전까지만 해도 4대 양위분 제사를 1년에 여덟 번 모셨는데 바쁜 일상 때문에 일일이 참석하지 못하는 자손들을 나무랄 수 없어서 처음엔 할아버지 기일에 할머니를 함께 모시다가 지난해부터는 아예 3월 15일을 조상의 날로 만들었습니다. 시간은 낮 12시로 정했습니다."

이렇게 1년에 한 번으로 정하자 이날만은 형제들은 물론 딸과 사위도 휴가를 얻어 참석한다. 그야말로 후손들의 축제날이 됐다고 한다. 그러나 집안에 사당이 있는 종가로서 기일을 그냥 넘기기 서운해서 신주 앞에 냉수 한 그릇 올려 고유를 한다. 하지만 집 안팎에 차나무가 있고 차도 만들기 시작했으니 내년부터는 물 대신 차를 올릴 계획이라 했다.

"집앞 텃밭에 차밭을 조그마하게 만들어뒀어요. 내년부터는 내 기억대로 단차를 만들어볼 계획입니다. 그때 구경하러 오세요."

차에 관심을 보인 필자에게 종손이 인삿말을 했다.

閑居心自適 한가로이 살아가니 마음은 자적하고
獨坐味尤長 홀로 앉았으니 그 맛이 더욱 좋구나.
古栢連高閣 늙은 동백은 높은 누각에 뻗쳐있고
幽花覆短墻 그윽한 꽃들은 낮은 담을 덮었네.
甕甌茶乳白 질그릇 발우에는 차는 우윳빛
榧机篆煙香 비자나무 책상에는 차 향기 피어나네.
雨歇山堂靜 비 그친 산당은 고요한데
臨軒快晚凉 툇마루엔 저녁 기운 상쾌하도다.

328 「병중독좌서회시(病中獨坐書懷詩)」라는 이 시는 종가의 선조인 원감국사의 차시다. 송광사 6대 주지를 지냈던 원감국사는 고려 고종 때인 1226년에 장흥읍 동동리에서 아버지 소(紹)와 어머니 송씨 사이에서 장남으로 태어났다. 속명은 원개(元凱)로 출가 후의 이름은 충지(沖止)다. 17세에 사마시에 수석 합격하고 19세 때는 예부시에 장원급제한다. 영가서기로 관직생활을 10년 동안 하지만 불가(佛家)에 기우는 마음을 어쩌지 못해 29세 때 세속의 옷을 벗고 승려생활을 시작한다. 충렬왕 12년엔 전남 송광사의 6대 주지가 된다. 국사의 초상화는 송광사 국사전에 있고 부도와 비도 송광사 내에 있다. 원감국사는 차를 무척 좋아해 송광사 역대 주지 중에 가장 많은 차시 20수를 남겼다.

장흥 위씨의 시조는 위경(魏鏡)으로 신라 선덕여왕 7년인 서기 638년에 신라왕의 요청으로 중국 당나라에서 온 8학사 중 한 분이다. 경의 벼슬은 아찬으로 회주군(懷州君)에 봉해졌는데 회주는 지금의 장흥이다. 그로부터 1370여 년간 장흥 일대에는 아직도 위씨들이 400여 호 살아 유구한 세거를 자랑하는 명문가가 됐다. 그러나 긴 세월 세보가 남아 있지 않아 고려 말 관지대각관시중의 벼슬에 있었던 위창주(魏菖珠)를 중시조로 계보를 뚜렷하게 정리하고 있다.

방촌마을의 입향시조는 위정명의 아버지 안항공 위덕후(安巷公 魏德厚, 1566~1605)다. 안항공은 성균관진사 곤의 다섯째 아들로 이웃마을 당동에 살다가 방촌 안항(安巷)마을로 분가하면서 터를 다진다. 안항공의 호 안항은 마을 이름에서 따온 것이다.

안항공은 일찍이 성균진사에 합격하고 벼슬이 내려졌으나 마을을 이끄는 향반으로서 삶을 택하면서 관직에 나가지 않고 후학 양성에 주력했다. 선생의 호 안항은 마을 이름에서 따온 것이다. 정훈, 정열, 정명 세 아들에게 남긴 유훈「계자서」는 농상, 제사, 화목 등 여섯 조목으로 방촌 위씨들의 정신적인 근간이 됐다. 둘째 아들 정열의 현손이 바로 호남 실학의 3대 거두인 존재 위백규로 방촌이 자랑하는 인물이다. 막내아들 반계공 위정명은 향시에 합격했으나 벼슬에 나가지 않고 은둔선비의 삶을 살았다. 그러나 나라가 위급할 땐 앞장서 충의반열에 올랐던 인물이다. 무엇보다 벼슬보다 문장을 높이 쳤던 아버지의 유훈을 잘 지켜 11대로 문장이 끊이지 않아 장흥세고의 정신을 이어가는 종가로 거듭나고 있다.

"차를 마시는 민족은 흥하고 술을 마시는 민족은 망한다"는 말이 있다. 방촌마을 위씨들은 차를 좋아하는 선조를 뒀기에 정체성이 뚜렷한 천년 역사를 고스란히 자랑하는 명문가로 우뚝하다. 재지양반(在地兩班)의 참모습을 볼 수 있는 문화마을이었다.

내림음식 파초장아찌와 싱건지

종가를 찾은 날은 김장하는 날이었다. 남도 종가의 김장 풍경을 제대로 볼 수 있겠구나 싶어 새벽길을 달렸지만 마당 가운데 있는 평상 위엔 플라스틱 통만 가득히 쌓여 있다. 땅을 파서 김칫독을 묻어 그 안에 김치를 갈무리하는 전통의 방식이 아니라 김치냉장고에 들어가는 김장이어서 시골이나 도시나 다를 바 없는 김장 풍경이다.

싱싱한 굴을 넣어
끓인 매생이국.

그러나 팔순이 넘은 노종부 정길임 할머니의 지시로 며느리와 아들, 딸 심지어 사돈댁까지 앞치마를 두르고 김치 통을 나르는 와자한 풍경과 재래식 부엌 가마솥 아궁이에 발갛게 타오르는 불꽃만으로도 전통의 향기는 충분했다. 돼지수육과 어울리는 갓 버무린 배추김치, 갓김치, 매생이국으로 차려진 점심상은 새벽길 나서면서 먹지 못한 아침밥 몫까지 욕심껏 수저를 들게 했다.

이날은 맛보지 못했지만 이 댁에서 전해오는 특미는 파초장아찌다. 늦가을에 파초를 잘라 껍질을 벗긴 후 하얗고 부드러운 대가 나오면 그늘에서 하루 정도 말려 멸치젓갈에 6개월 정도 담가둔다. 상에 올릴 때는 파초를 먹기 좋은 크기로 썰어 고춧가루와 다진 파, 마늘, 통깨를 넣어 조물조물 무쳐낸다. 아삭하면서 상큼한 허브향이 나는 파초장아찌는 입맛 없는 여름 반찬으로 그만이다. 또 시원한 물에 김을 풀고 식초와 간장으로 간해 먹는 간단한 여름 김치인 싱건지도 종가의 별미다.

우리 시대 마지막 선비가
전하는 통과의례

안동 권씨
검교공파 송석헌 종가

선비정신에 따른 통과의례 예법을 듣고자 경북 봉화 선돌마을에 있는 안동 권씨 송석헌(松石軒) 종가를 찾았다. 종손 권헌조(취재 당시 80세) 옹이 살아온 삶 자체가 그대로 전통 통과의례에 의한 것이다. 그는 평생 갓 쓰고 도포 입은 모습으로 살아온 전통 유학파다. 300여 년 된 고택에서 태어나 부모로부터 떡 벌어진 돌상을 받았고, 16세 때 관례를 치른 후 가마 타고 신부 집에 가서 장가를 들었다. 부모가 세상을 떠난 후 삼년상을 극진히 마치고, 뒷동산에 잠든 부모님의 무덤을 하루 세 번 찾아 절을 올린다. 그의 효성이 세상에 알려져 효자상이 일곱 번이나 내렸지만 시상식에는 나서지 않은 꼿꼿한 선비다. 2009년 세상을 떠난 종부 대신 홀로 제사상을 차리는 선생에게서 통과의례는 물질로 이루어지는 형식이 아니라 사람의 도리를 다하는 정신세계의 향기임을 깨닫고 왔다.

"촌 늙은이에게 무슨 들을 말이 있다고 먼 길 오려고 하시오. 나야 영광스런 일이지만 이야깃거리는 되지 않을 것이니 헛걸음하지 않았으면 좋겠소."

유학을 전공한 교수들뿐 아니라 유학의 본향이라는 안동에서도 유학자적 삶을 실천하는 분으로 선생을 추천했던 터라 조심스럽고 긴장됐다. 하지만 2시간여에 걸친 전화 질문에도 시종일관 편안하고 쉬운 말로 응대해주어 긴장감은 사라졌고, 찾아뵙기를 서둘렀다.

때마침 송이 철이라 발길 닿는 곳마다 싱그러운 송이 향기가 군침을 돌게 하는 봉화군 봉화읍 석평 1리 입석 마을을 찾는 일은 그다지 어렵지 않았다. 봉화읍소재지를 지나 봉화농공단지 앞에서 오른쪽으로 2킬로미터쯤 가면 산기슭에 기대앉은 여러 채의 한옥이 눈길을 끈다. 민족자료 제95호로 지

정된 송석헌이다. 손자가 벼슬을 하여 요즘의 서기관 같은 관직을 추증 받은 동암 권이번(東巖 權以蕃)이 아들 권명신(權命申, 1706~1778)에게 지어준 고택으로 오랜 세월 풍상을 견뎌온 건물이라 퇴색돼 있다.

세 개의 특징을 살린 아름다운 종가

긴 행랑채를 거느린 솟을대문에 들어섰다. 마주보는 오른편에 사랑채가 있고 안채와 이어진 口자형 구조이다. 경사진 땅을 그대로 살려 안친 7채의 건물 중 안채가 가장 높다. 사랑채 송석헌 옆으로 영풍루(迎風樓), 석남정사(石南精舍), 경독재(耕讀齋), 일신당(一新堂) 등 건물마다 심오한 뜻을 담은 당호가 걸려 있어 글 짓는 선비가 사는 집임을 보여준다. 그러나 이 큰 집에 식구라곤 종손 권헌조 옹뿐이다. 인기척을 듣고 한복 차림으로 마중 나온 선생의 꼿꼿한 모습은 선비이나 사람을 반기는 정겨움은 친정아버지 같다.

"우리 집에는 다른 고택에서는 볼 수 없는 세 가지 특징이 있습니다. 안채 북쪽 벽에 있는 첩의 신주를 놓아주는 벽감이 그것입니다. 첩에게서 자식이 생길 수가 있고 그 자식은 비록 천한 신분이긴 해도 어머니 제사를 지내주고 싶은 효심이 있지 않겠어요. 그것을 배려한 공간이지요."

안채 대청 북쪽 벽 한쪽에 높이 30센티미터, 길이 50센티미터에 여닫이 문을 달아둔 벽감이 바로 첩의 신주를 두는 곳으로 신주 두 개를 넣을 수 있는 공간이다. 수많은 종가를 찾았지만 첩의 신주를 안주인이 거처하는 정침에 둔다는 이야기는 들어본 바 없다. 그러나 종손으로부터 6대조까지는 첩을 둔 일이 없어 벽감에 놓을 신주는 없었다고 한다.

"우리 집사람은 23년간 병원생활을 하다 3년 전에 세상을 떠났어요. 안채로 드는 중문에 오르다 마당으로 떨어져 허리를 다친 후 고생을 많이 했습니다. 9년 전에 돌아가신 어머니가 안살림을 하셨는데 그 후론 안채가 비어 있습니다. 며느리와 아들은 직장 때문에 이곳에 올 수가 없으니 식사뿐 아니라 때로는 제사도 혼자 지낼 수밖에 없어요. 자식들이 서울로 오라고 조르지만 사당에 신주가 있으니 집을 비울 수가 없어요. 제사 모실 자손이 있으면서 신주를 묻을 수는 없고 불편하지만 이대로 살고 있습니다."

건물의 특징 또 하나는 안채 팔작지붕 측면 합각(合刻)에 기와조각으로 웃는 얼굴상을 만들어둔 것이다. 집이 동향으로 앉았으니 스마일 인형은 북쪽과 남쪽을 바라보고 웃는다. 집이 웃으니 객도 웃음이 난다. 이뿐 아니라 대문간 채 끝방에는 책상 하나를 두고 앉으면 될 만한 조그마한 방이 있는데 이 방에서 공부를 하면 꼿꼿한 자세로 앉을 수밖에 없게 되어 있다. 눕고 싶어도 누울 수 있는 공간을 없앤 서재에서 자녀교육을 시키는 종가의 교육법이 이채로웠다.

종가의 또 다른 특징은 건물 높낮이에 차별을 두었다는 점이다. 정침인 안채가 가장 높고, 할아버지가 기거하는 사랑채가 그다음이고 아버지가 사용하는 별채는 조금 더 낮게 지어졌다. 위계질서를 염두에 두고 집을 앉혔으니 예절을 숭상하는 가문임에는 틀림없어 보였다. 여자들의 공간인 안채가 높은 이유를 종손은 이렇게 설명했다.

"안채는 여성들의 공간이기도 하지만 출산, 임종, 제사 등 집안의 중요

첩의 신주를 모시는 벽감.

한 일이 이뤄지는 곳으로 정침(正寢)이라고도 합니다. 후대에 이름 높일 훌륭한 인물이 탄생하기를 바라는 곳이어서 안채는 반드시 높게 앉힙니다.

색 바랜 고택에선 그동안 본 일 없는 생활의 지혜가 담긴 공간이 많다. 방앗간 채에 쪽방을 들여 안방마님의 시비가 거처하도록 했고, 사위나 외손들이 거처하는 건물도 따로 있어 집의 구조에서 가족관계를 알 수 있도록 했다. 종가는 그 흔한 보일러 시설도 돼 있지 않고 부엌에 싱크대도 없다. 아직도 아궁이에 불을 지펴야 하고 쇠죽 끓이는 무쇠솥도 그대로다.

효자상을 일곱 번이나 받다

집 구경을 하다 보니 어느새 점심때가 됐다. 종손은 지팡이를 짚고 뒷동산에 올랐다. 아버지와 어머니를 함께 모신 묘소 앞에 큰절 두 번으로 인사를 올린 후 묘를 살펴본다.

"『소학』에 부모님이 살아 계실 적엔 이불 밑에 손을 넣어 방이 따뜻한지를 살피고, 돌아가신 부모님의 묘소를 하루 세 번 참배하고 둘러본다고 했어요. 우리 집은 대대로 효자 가문으로 알려졌는데 내 대에서 효를 다하지 못하고 있습니다. 아침에 일어나 몸을 단정히 하고 대문부터 엽니다. 그리고 갓을 쓰고 뒷동산에 올라 묘소를 참배하는 것으로 하루를 시작합니다. 점심 먹은 후 참배하고, 해가 지면 밤새 안녕히 계시라는 뜻으로 또 한 번 인사를 올립니다."

힘들지 않느냐는 질문에 건강을 위해 등산도 하는데 어디 매여 있는 몸도 아니고 묘소 둘러보는 것이 그리 대단한 일이냐고 반문하셨다.

효자상을 일곱 번씩이나 받았다고 들었는데 상장 구경을 하고 싶다고 했더니 시상식에 참석하지 않아 상장이 없다고 한다. 딱 한 번 참석한 일이 있는데 봉화군수가 종손의 아버지를 찾아와 아드님이 시상식에 나가도록 해 달라고 특별히 청을 했고, 효자인 종손은 아버지 명을 거절하지 못해 참석했다고 한다.

갑자기 차가워진 날씨 때문에 군불을 지펴뒀다며 따뜻한 사랑채 아랫목으로 우리를 안내했다. 사랑채 툇마루는 허리보다 높지만 모서리가 닳아버린 섬돌 하나가 놓여 있을 뿐 이를 오를 편안한 계단이 없어 위험해 보였다. 인사를 드리고 올려다본 사랑방 풍경은 어른 다섯이 앉으면 꼭 찰 만큼 작다. 방 안 한쪽에는 수북이 책이 쌓여 있고, 텔레비전도 라디오도 없다. 미닫이로 경계를 둔 옆방에서 종손은 다섯 살 때부터 할아버지 시중을 들면서 기거했다고 하니 80년을 하루같이 생활한 공간이다.

"우리 가문의 시조는 고려 때 개국공신이었던 권행(權幸)입니다. 안동 권씨들은 시조 이전부터 안동에 세거해온 토착성씨였어요. 15개 파가 있는데 우리 집은 검교공파(檢校公派)입니다. 내가 사는 이곳도 옛날에는 안동이었어요. 당호 송석헌은 마을 입구에 큰 바위와 소나무가 있어 조부께서 지으신 것입니다."

뒷동산에 있는
부모님 묘소에 하루
세 번 참배하는 효성
지극한 종손.

"양복은 한 번도 입지 않았어요. 특별한 이유가 있어서는 아닙니다. 조부나 선인께서 이렇게 입으셨기 때문입니다. 내가 사회생활을 하지 않았으니 양복 입을 일도 없었지요. 머리는 빡빡 깎았습니다. 갓을 쓰지 않으면 나보고 스님이라 불러요."

종손은 학교라고는 문턱도 넘어본 적이 없다. 조부께서 왜놈 학교는 안 된다며 보내주지 않았다. 조부 권종도(權宗道)와 부친 권정선(權正善)은 종손의 스승이자 평생을 모신 최고의 어른이시다. 조부는 서른일곱 젊은 나이에 퇴계의 「계몽전」 간행에 교정을 본 큰 학자였다. 그 조부께서는 하나뿐인 손자를 선비로 키우려 애썼다. 다섯 살 때 『천자문』을 읽혔고, 『동몽선습(童蒙先習)』, 『십팔사략(十八史略)』, 『통감(通鑑)』, 『소학(小學)』, 『맹자(孟子)』 등을 가르쳤다. 특히 실천학문을 중시해 『소학』의 글귀를 생활신조로 삼도록 했다. 『소학』은 수신제가(修身齊家)의 학문으로 먼저 인간이 된 뒤 치국평천하(治國平天下)하라는 뜻이 담긴 책이다.

집안 어른의 교육을 받은 종손이 자녀들은 어떻게 교육시켰는지 궁금했다. "내 자신이 부모님 가르침을 다하지 못해 본보기가 될 수 없는데 자식들에게 이래라저래라 할 수는 없지요. 자식은 부모의 등을 보고 배운다고 하지 않습니까. 회갑을 넘긴 큰아들도 신식학교는 안 된다 해서 집에서 한학을 공부하다 열다섯에 초등학교에 들어갔어요. 1년 만에 초등 과정을 마치고 중학교와 고등학교는 정상으로 다녔지요. 대학은 서울에 있는 고려대학교에 들어갔습니다. 아들 자랑은 팔불출이라 했지만 학문과 효성은 저보다 낫습니다. 글씨도 좋아서 우리 집 안채 들보 상량글은 아들이 썼습니다. 고려대 총장이 아주 귀애했다고 합디다."

덕과 학문, 집안 내력을 고려해 최고라고 판단되는 유학자에게 보내는 서원원장의 위촉장인 '망기(望記)'를 60여 통 받았던 종손이다. 30대부터 받은 '망기' 우편물 뭉치가 색은 바랬지만 고이 보관되어 있었다. 초야에서 삶의 원칙을 지키며 살아온 노종손께 배움을 청하러 오는 사람이 많다. 전국의 대학교수와 조상의 비문을 써달라는 사람, 한시 백일장에 심사위원장을 맡아달라는 요청, 상을 당해 그 예법을 묻는 이들, 그 때문에 분주한 일상을 보내고 있다. 안동대학 민속한 교수는 수시로 찾아와 선생의 옷가지를 빨아주고 집 청소를 도와준다. 그리고 살아 있는 민속학을 배우고 간다.

30대부터 받은 서원
원장의 위촉장인
망기가 마루 한편에
쌓여 있다.

고추, 돌, 숯이 있는 '금줄', 출생 의례

"사람이 태어나서 죽을 때까지 행하는 의식을 통과의례라고 합니다. 출생,
삼칠일, 백일, 첫돌, 책례, 관례, 혼례, 회갑, 회혼례, 상례, 제례 등을 말합니
다. 그러나 통과의례의 주체는 살아 있는 사람이며 엄격한 의미에서 제례는
포함되지 않지만 우리나라에서는 사례(四禮)라 하여 관혼상제(冠婚喪祭)를
일반적으로 통과의례라고 하지요. 이런 의례들은 일정한 격식을 갖추어 가족
을 중심으로 행하는 일이어서 가정의례라고도 합니다."

종손이 어른이 돼서 직접 행한 의례의 시작은 큰아들이 태어났을 때 솟
을대문에 금줄을 치면서부터다.

"새끼줄을 왼쪽으로 꼬았어요. 왼쪽으로 꼬는 새끼에는 잡귀가 가까이
하지 못한다는 속설이 있습니다. 그 새끼줄 한가운데 돌을 매달아 단단한 아
이로 성장하기를 기원합니다. 고추와 숯을 꽂아 아들임을 상징했고, 여아는
고추 대신 솔잎을 끼웁니다. 금줄은 삼칠일 동안 쳐둡니다. 삼칠일 날엔 밥
과 미역국, 백설기로 상차림을 해서 태실인 안방에 놓고 조부께서 의관을 정
제하고 삼신에게 빌었습니다. 여아의 경우는 할머니가 빌곤 하지요. 그리고
동네잔치를 했습니다. 집안에 노인이 있는 댁은 음식을 담아 보내기도 했고
요. 이웃들은 그 그릇에 돈이나 실을 담아 보냈습니다. 먹을거리가 귀하던
시절이어서 음식을 나눠 먹는 일이 가장 큰 복을 짓는 일이라 하여 아이들의
의례엔 음식을 푸짐하게 차립니다. 백일상에는 미역국과 밥을 준비하고 수
수팥떡과 백설기를 올려서 비손을 한 다음 집안사람들을 불러서 잔치를 했
지요.

첫 생일 '돌 의례'

"부모가 차려주는 가장 큰 상이 바로 돌상입니다. 아이에게는 오방색으로 만든 색동저고리를 입히고 붉은색 고름을 길게 만들어 한 바퀴 돌려 맵니다. 긴 고름은 수명장수를 뜻합니다. 돌상에는 아기 밥그릇에 밥을 담고 미역국, 신선함을 뜻하는 백설기와 액을 물리치는 수수팥떡은 반드시 올리고 반달로 빚은 속빈 송편을 올립니다. 송편 속을 가득 채우듯 속이 가득 찬 아이로 성장하기를 비는 거지요. 남자아이 돌상에는 활과 붓, 책, 공책 등을 올리고 여자아이의 돌상엔 실패, 바늘, 자, 가위 등을 올려 솜씨 좋은 아이로 성장하기를 빌었습니다. 돌잡이에서 아이가 무엇을 잡느냐에 따라 장래를 점치기도 했지요."

340

5세 때 『천자문』 떼고 '책수례'를 행하다

"우리 마을에서는 책례를 '책수례'라고 합니다. 다섯 살 때 『천자문』을 떼고 처음으로 책수례를 행한 기억이 있습니다. 속을 채우지 않은 송편, 속을 가득 채운 송편, 수수팥떡, 찰떡을 만들어 조부께 올리면서 두 번 절을 했습니다. 이웃에 떡을 나누어 주면서 집안의 대들보인 장손의 성장을 알리는 것입니다. 동네 아이들과 함께 공부를 했을 때는 책을 통째로 외우는 아이가 있으면 조부께서는 종이나 붓을 상으로 내리기도 했습니다. 그러나 손자에게는 한 번도 칭찬의 말씀을 하신 적이 없었습니다. 내가 어릴 때 암기력은 조금 있었는데 그 기억력으로 문장을 외우면 좋겠다는 말씀만 하셨어요. 그러면서 조금만 잘못을 해도 회초리를 만들어 오게 해서 종아리를 때렸는데 매를 들 때는 할아버지께서도 의관정제를 하셨습니다. 장가를 든 후에도 종아리를 수없이 맞았는데 그때는 집사람을 이웃에 보낸 후 매를 들었습니다. 야단맞는 남편을 보게 되면 남편을 소홀히 대할 것을 염려하신 거지요. 아마도 종아리를 나만큼 많이 맞은 사람도 흔치 않을 겁니다."

16세 소년 관례를 행하다

"16세에 장가를 들었는데 장가가기 3일 전에 관례를 행했습니다. 조부께서 삼가례 축을 지으셨고, 관례를 집행하는 빈(賓)은 조부님의 제자였습니다. 초

가례 때엔 두렝이(두루마기)를 입었고, 재가례 때는 도포를 입었습니다. 삼가
례에는 관복을 입었는데 그때마다 축을 읽었습니다. 관례 때 받은 관명이 바
로 헌조(軒祖)입니다. 아명은 영부(寧富)고요. 관례가 끝나면 조부님과 아버
지께 두 번 절을 합니다. 한 번 절하는 것은 단배(單拜)라 하여 일반적인 절
이고, 두 번 절하는 것을 정배(正拜)라 하여 의식 때 행하는 절입니다. 그다
음은 안채에 가서 할머니와 어머니께 절하고, 사당에 가서 사당 차례를 행합
니다. 이웃 어른들을 모시고 음식을 장만해 성년 잔치를 벌이지요. 전통사회
에선 혼례보다 더 큰 잔치가 관례 잔치입니다.”

박씨, 조, 팥이 혼수물목

“하회 류씨 가문의 처녀와 혼인을 했습니다. 예전엔 중매하는 매파가 있어
양가의 혼사를 추진해주었는데 아버지 친구분의 따님이기 때문에 매파가 따
로 없었습니다. 내가 16세이고 신부는 두 살 연상이었습니다. 양가에서 의혼
(議婚)이 있은 다음 신랑 집에서 신랑의 사주단자와 귀한 딸을 허락해주신
데 감사함을 전하는 강선(剛先)을 보내지요. 신부 집에서 허혼서와 혼인날을
잡아 신랑 집으로 보내면 신랑 집에서는 허혼
답서와 신랑 몸의 치수를 적은 의양지를 보냅
니다.

　그리고 혼인날에는 도포와 갓을 쓰고 가
마를 타고 신부 집에 가서 사모관대로 갈아입
고 혼례청에 들어갑니다. 조부께서 상객으로 동
행을 하셨고, 하인이 함을 지고 따랐습니다. 함
에는 치마저고리 한 감씩을 넣고, 그 위에 신랑
이 쓴 예장지(혼서지)를 올렸습니다. 함 바닥에
는 조와 붉은 팥을 깔았던 기억이 납니다. 아마
다산을 의미하는 것 같습니다. 요즘처럼 폐물을
넣거나 화장품을 넣는 일은 없었습니다. 신부
집 마당에 차려둔 초례상에는 곶감 한 접이 놓
였는데 한 접은 100개입니다. 종이로 만든 목단
꽃과 대나무를 꽂은 화병 두 개가 올려져 있었
고요. 대구포가 올려졌는데 술안주였던 것 같습
니다.

342

평생 양복 한 번 입은
일이 없다는 권헌조
씨. 삶의 원칙을
오롯이 지키고 사는
종손의 뒷모습이다.

신랑이 먼저 나무기러기를 올려둔 상을 앞에 두고 북쪽을 향해 두 번 절합니다. 이를 전안례(奠雁禮)라고 합니다. 그다음은 「홀기」에 따라 대례청에서 원삼 족두리를 갖춘 신부와 마주 섭니다. 신부를 이때 처음으로 만나지만 얼굴은 볼 수가 없습니다. 앞댕기를 늘어뜨렸기 때문이지요. 신부가 먼저 두 번 절하면 신랑은 답으로 한 번 절을 합니다. 다시 신부가 두 번 절하면 신랑이 맞절로 예를 갖추는데 이것을 교배례(交拜禮)라고 합니다. 그다음으로 술잔과 표주박에 각각 술을 부어주는 의식을 합근례(合卺禮)라고 합니다. 신부는 마시는 흉내만 내고 신랑은 술을 마십니다. 이로써 혼례는 끝입니다.

신부 집에서는 신랑을 따라온 상객과 신랑에게 큰상을 내립니다. 고임상은 아니었지만 예를 다한 상을 받았습니다. 첫날밤을 신부 집에서 치르고 신랑이 집으로 온 10일 후에 신부가 신행을 왔습니다. 신부가 도착하면 시댁에서도 큰상을 내리게 되는데 당시는 형편이 넉넉지 않아 고임상은 차리지 못했고 예를 갖춘 상으로 신부를 맞이했습니다. 시부모님을 뵙는 현구고례(見舅姑禮) 때도 조부·조모가 살아 계시면 먼저 4배를 올리고, 시부모님께 큰절 4배로 인사를 드립니다. 다음 날 아침 사당 차례를 마치고 이웃 어른들께 인사를 올리면서 신부는 시댁 사람이 되는 것입니다."

부모님이 계셔야 수연상을 받다

"당사자의 양 부모가 살아 계셔야 수연상을 받을 수 있습니다. 낳아주신 부모님이 안 계신데 큰상을 받을 수는 없지요. 우리 아버님 회갑 때는 조부와 조모가 돌아가신 후여서 집에서 상을 차리지 못하고 술과 안주를 준비해 조부님 묘소참배를 하는 것으로 수연례를 대신했습니다. 나의 회갑에는 양 부모님이 살아 계시기 때문에 큰상을 받을 수도 있었지만 집사람이 병원에 입원해 있어 차리지 못하게 했습니다. 부모님이 살아 계셔야 생일의 의미는 있습니다. 생일날에는 반드시 부모님에게 음식상을 올려서 낳아주신 은혜에 감사를 드려야 합니다."

막힘없이 쏟아내는 통과의례 예법을 들으며 종손이 살아온 삶 그 자체가 우리 전통 의례구나 하는 생각을 했다. 일단은 살아생전 행할 수 있는 통과의례만 배우고 돌아왔는데 연로하신 종손께서 생을 마감하면 전통 예법대로 상례를 치를 수 있을지 걱정이 되었다. 종손이 살아 계실 때 이 모든 전통 예법을 기록하여 후대에 전해질 수 있도록 했으면 하는 바람이 생겼다.

우리나라 최대의 화가 집안을 꼽으라 치면 전라남도 진도군 의신면 사천리에
있는 '운림산방(雲林山房)'을 내세운다. 조선 헌종 때의 궁중화가로 시(詩)·서
(書)·화(畵)에 능해 삼절(三絶)이라 불리는 소치 허련(小痴 許鍊, 1808~1893)
선생이 살았던 고택이자 5대 200여 년간 걸출한 화가를 배출한 곳이기도 하
다. 소치를 비롯해 2대 미산, 3대 남농, 4대 임전, 5대 오당이 그들이다. 이외
에도 광주 춘설헌의 의재 허백련(毅齋 許百鍊, 1891~1977) 등 화가로 활동하
는 허씨 가문의 방계 자손들은 수없이 많아 "진도의 양천 허씨들은 빗자루만
들어도 명필이 나온다"라는 말이 생겨나기도 했다.

남종 문인화의 성지라 일컫는 '운림산방' 5대 종손 허은(취재 당시 62세, 초
등학교 교장) 씨는 선조의 예술혼을 받들어 화가의 길을 걷지 못하고 교직을
갖게 된 자신보다 화맥을 이은 후손을 내세워야 한다고 겸손해했다. 하지만
그 역시 핏줄은 속이지 못한다는 말대로 30여 년 전 국전에 입상한 경력의 화
가이다. 나라 안은 물론 세계적으로 보기 드문 국보급 화가를 배출한 소치 종
가를 다녀왔다.

목포에 있는 남농기념관에서 종손 허은 씨를 만났다. 천안에 있는 입장
초등학교 교장 선생님인지라 천안에서 생활은 하지만 방학 때는 목포의 옛집
에서 지낸다고 한다. 종손의 첫인상은 예사롭지 않았다. 총명함과 예기가 감
돌았다. 학생들과 함께 이름난 시인의 무덤을 찾는다는 종손이니 그의 취향
은 알 만했다.

운림산방에서 소치의 5대 맏아들로 태어난 그는 어머니가 젖병(유선염)
을 앓아 젖을 먹지 못했다고 한다. 할머니가 입으로 밥을 곱게 씹어 손주에게

먹여 키워 남자로서 장대한 체구를 갖지 못했다는 말을 했다. 소치 할아버지
는 그의 예술세계도 우뚝했지만 외모 역시 장신에 호남이었음을 자랑해 자신
을 낮추고 조상을 높이는 미덕을 보였다.

조상의 화맥을 잇지 못한 종손의 한

"운림산방에는 당시 소치 할아버지의 유품이 별로 없습니다. 할아버지의 명
성이 알려져 서울에서 이름난 화가들이 저희 집을 드나들면서 작품을 그냥
둘 리 없었을 겁니다. 고서 일부만 남아 있었습니다."

　　종손은 어렸을 적 책읽기와 그림 그리기가 무척 좋았다고 한다. 종이가
귀한 시절이라 부엌 아궁이에서 꺼낸 숯으로 부엌 벽이 까맣게 되도록 그림
을 그리다가 어른들께 야단을 들은 적이 한두 번이 아니라 했다. 궁벽한 섬마
을에서 새 책은 어림도 없고 헌책을 구해 읽었다. 특히 한시를 좋아해 학교를
다니면서도 방학 때는 마을 서당에서 한문을 배웠는데 사전이 없어 뜻풀이가
어려웠다.

　　"하루는 친구가 책 한 권을 보여주며 자랑을 했습니다. 그게 바로 한자
사전이었어요. 친구에게 그 책을 줄 수 없겠느냐고 했지만 안 된다고 하지요.
그해 가을 집에서 추수를 마치고 어머니는 이웃에 나눠 줄 떡을 했습니다. 고
소하고 노르스름한 콩고물을 묻힌 찹쌀떡 60개를
어머님 몰래 바구니에 담아 친구에게 갖다 주고 사
전을 입수했습니다. 책보다 먹을거리가 더 좋았던
친구였거든요. 이 책을 통해 그동안 풀지 못했던
한문 해석을 할 수 있어서 참 행복했습니다."

　　책 한 권을 손에 넣기 위해 애썼던 어려운 시
절을 회상하는 종손은 책을 학교에 두고도 찾아가
지 않는 요즘 아이들을 걱정하고 있었다. 종손은
운림산방에서 진도읍까지 20리 길을 걸어 초·중·
고등학교를 졸업하고 목포교대를 나와 40년째 교
직생활을 하고 있다.

　　"목포에서 초등학교 교사를 하다 사표를 내
고 그림을 그리려고 했는데 남농 할아버지께서 장
조카만은 험난한 화가의 길을 걷지 말라며 극구 말

리셨어요. 그림을 그리면 생활이 곤궁하니 직장생활을 하면서 그림은 취미로 그리라고 말이지요. 그래서 방학이면 남농 할아버지 화실에서 살았습니다. 당시 함께 그림 공부를 했던 친구들은 국전 심사위원으로 명성을 날리고 있지요. 솔직히 부럽기도 합니다. 이제 내년이면 정년퇴직을 하니 늦은 감은 있지만 지금부터 그림을 본격적으로 그리려고 합니다."

종손은 조상으로부터 물려받은 예술적인 자질을 이탈해 보낸 세월이 못내 아쉬운 눈치였다. 그는 1970년에 할머니의 중매로 고향 처녀인 종부 이순희(취재 당시 61세) 씨를 만나 전통혼례를 치른 후 운림산방에서 신혼살림을 꾸렸다. 그러다 직장을 따라 분가는 했지만 운림산방이 국가에 헌납될 1982년 이전까지는 부모님과 선산을 돌보기 위해 한 달이 멀다 하고 종가 출입을 했다. 고향 운림산방에 대한 애틋한 추억은 종손의 문학적 토양이 되기도 했다.

> 맑은 샘물 길어다가 다관에 부어놓고
> 솔가지 주워다가 모닥불 지피우니
> 그윽한 향 내음에 잦은 시름 사라지네.
> 깊은 산은 고요하고 아늑하여 좋아라.
> 이끼 낀 바위틈에 물소리 시원한 곳
> 차 한잔 마시노니 별천지가 여기로세.

고향 풍경을 노래한 「유곡다향(幽谷茶香)」이라는 종손의 차시다. 슬하에 1남 2녀를 두었지만 그림을 전공한 자녀는 없다고 한다.

목포 해양박물관 건너편에 있는 남농기념관은 소치의 손자 남농 허건이 한국 남화의 전통을 계승시키기 위해 1985년에 건립한 미술관이다. 정원에는 남농의 동상이 우뚝 서 있고, 그가 좋아했다는 수석도 곳곳에 놓여 있다. 건물 1층에는 남농의 손자이자 소치의 5대 화주인 허진 씨의 작품이 전시돼 있고, 2층에는 소치로부터 이어온 후손들의 화맥을 한눈에 볼 수 있도록 했다.

1대 소치 허련의 산수도, 2대 미산 허형(米山 許瀅, 1862~1938)의 노매도, 3대 남농 허건(南農 許楗, 1908~1987)의 갈필산수로 피워낸 소나무가 눈부셨다. 4대는 안개 그림으로 유명한 남농의 조카 임전 허문(林田 許文, 1941~현재) 씨, 남농의 장손 허진(1962~현재) 씨가 그린 비구상 찻잔, 1998년에 그린 종손 허은 씨의 하경산수 그림도 눈에 띈다. 이처럼 소치의 문인화 정신을 유지하면서도 시대의 흐름을 놓치지 않는 작가들의 정신세계를 엿볼 수 있는 기념관을 찾는 관광객들의 발길은 날이 갈수록 늘어난다고 했다.

이 집안의 화맥을 귀하게 여긴 독립운동가 위창 오세창(1864~1953)은 '화단세장(畵壇世將, 화단에서 대대로 장수하라는 뜻)'이란 글을 써주었고, 서예가 소전 손재형(1903-1981)은 '서화전가이백년(書畵傳家二百年)'이라는 글씨를 써주어 이 가문의 찬란한 화업을 칭송했다.

소치 허련은 4명의 아들이 있었다. 그중 화가의 자질이 뛰어난 큰아들 은에게 기대를 가지고 그림을 가르쳤으나 19세의 나이로 세상을 뜨자 뒤늦게 넷째 아들 허형에게 큰아들의 호 미산을 물려주고 화맥을 잇게 했다. 그 미산에게는 아들이 다섯 있었는데 맏아들 윤대(允大)에게는 농사를 짓고 조상의 묘를 돌보며 제례를 받들면서 운림산방을 지키도록 종손의 소임을 맡겼다. 평범할 수 없는 예술가의 길은 넷째 아들 허건과 다섯째 아들 허임(許林)에게 전해 자신의 예술 혼을 꽃피우게 했다. 그러나 막내아들 허임은 18세에 선전에 입선하는 등 천재성을 일찍부터 발휘했지만 26세의 아까운 나이로 그만 세상을 떠난다. 그러나 그에게는 다행히 외아들이 있었다. 그가 바로 안개 화가로 유명한 임전 허문이다. 대한민국 미술대전의 심사위원과 운영위원을 역임한 임전은 소치 가문의 4대 화주(畵主)가 됐다. 다음 5대는 허건의 맏손자 허진 씨다. 서울대 미대를 나와 29세에 이미 대학교수가 되는 천재성을 발휘하면서 '오늘의 젊은 예술가상'을 수상한 바 있다.

◀ 1대 소치 허련의
작품 「송하신선도」.

▼ 2대 미산 허형의
작품 「노매도」.

▶ 4대 임전 허문의
작품 「메추리」.

◀ 4대 임전 허문의
작품 「산운」.

▶ (위) 5대 오당
허진의 작품 「다완」.

▶ (아래) 종손
허은 씨의 작품
「하경산수」.

그림을 그리다 동상으로 다리를 절단한 남농 허건

"우리 집안을 우뚝 세운 분이 바로 남농 할아버지십니다. 제가 가장 존경하는 분이시고요. 임금의 붓으로 그림을 그렸던 소치 할아버지와 아버지 미산의 명성은 있었지만 가난한 예술가 집안이니 생활이 무척 곤궁했습니다. 불을 때지 못한 마루에서 밤낮으로 그림을 그리시다가 동상에 걸려 37세 때에 한쪽 다리를 절단하는 불행을 겪기도 하셨습니다. 하지만 1944년 「목포의 일우」로 선전 최고상을 수상하면서 화가로서 이름을 얻으셨습니다."

종손 허은 씨는 남농 선생의 인품을 특히 잊지 못한다고 했다. 당시 이름 높은 화가들은 그림을 그릴 때 아무도 보지 못하게 하는 것이 관례였는데 남농은 손님이 보는 앞에서 그림을 그려주었기 때문에 그 비책(秘策)을 배우기 위해 화가 지망생들이 전국에서 모여들었다고 한다. 그러기에 집안은 늘 사람들로 붐볐고 그 많은 손님의 식사는 인자하셨던 할머니가 손수 대접했다고 한다. 특히 그림과 관계없는 어려운 사람들을 많이 도와줬는데 억울한 누명으로 아들이 감옥살이를 한다는 사람이 있으면 그림을 그려주어 그것으로 인사하고 누명을 벗도록 하는 등 힘없는 사람들의 편에서 힘이 된 분이라 했다. 목포대학교에 남농장학재단을 만들어 가정형편이 어려워 대학 진학을 못하는 학생들에게 용기를 주기도 했던 가슴이 넓은 어른으로 우러르고 있었다. 예술가로서뿐 아니라 덕망을 쌓은 남농은 1982년에 대한민국 문화훈장(은관)을 받기도 했다.

"어려운 사람을 도와줄 때는 큰돈을 쓰기도 했지만 자신에게는 무척 엄격했습니다. 절약하여 모은 사재를 털어 쇠락한 운림산방을 복원해 진도군에 헌납했고, 평생 취미로 모은 수석 2000점을 향토문화회관에 기증했고요.

고향땅 진도 첨찰산 자락 운림산방에서 작품 활동을 하다 생을 마감한 소치 허련 선생.

80세의 일기로 세상을 떠날 때는 목포시민 장으로 치를 만큼 목포의 큰 어른으로 대접을 받으셨습니다."

그림 같은 집을 그리다

신비의 바다가 출렁이는 진도에 다다르니 하늘은 장대비가 그치고 푸른색을 보여줬다. 예술의 섬 진도에서도 대표로 내세우는 소치 허련이 노년에 살았던 운림산방은 소문대로 선경이다. 소치는 1857년 50세가 되던 해 고향으로 내려와 운림산방을 짓고 그 풍광을 그림으로 남기면서 자신의 일상생활을 읊은 작품 한 점을 남겼다. 서울대학교에 소장돼 있는 「운림각도(雲林閣圖)」가 그것이다.

> 깊은 산골에 있는 내 집은 매년 봄이 지나 여름이 오면 뜰에 푸른 이끼가 깔리고 꽃잎이 좁은 길에 가득 떨어진다. 찾아오는 손님도 없이 소나무 그림자 아래 새소리를 들으며 한잠을 즐긴다. 단잠에서 일어나 샘물을 긷고 솔가지를 모아 차를 다려 마시고 생각나는 대로 『주역』과 『서경』을 읽는다. … 그런 연후에 조용히 오솔길을 거닐며 소나무와 대나무를 어루만지고 사슴 새끼나 송아지와 더불어서 숲속의 풍성한 풀숲에 누워 휴식을 취하기도 한다. 앉아서 흐르는 시냇물을 바라보다가 양치질을 하고 발을 씻는다. … 집으로 돌아와 지팡이에 기대어 사립문 앞에 섰노라니 붉고 푸른 색깔이 가득한 채로 석양은 서산마루에 걸려 있고, 소를 타고 돌아오는 목동의 피리소리에 맞추어 달은 앞개울 위로 떠오른다. 병인년(1866) 여름 비 온 날에 소치가 그리다.

그의 그림대로 운림산방은 그림 같다. 동백 숲이 우거진 첨찰산 자락 쌍계사 옆에 나직이 앉은 화실과 사랑채를 겸한 기와집이 한 채 있고, 그 뒤로는 세 칸짜리 살림집 초가 2채가 있다. 여느 종가와 마찬가지로 안채 뒤에는 소치 영정을 모신 재실과 그 위로 위패를 모신 사당이 있어 유가 풍습의 종가 건물 형식을 갖추고 있다. 그리고 넓은 잔디밭을 하나 건넌 소치기념관에는 대물림된 일가의 화풍과 다양한 모양의 괴석들과 영상 자료실이 있어 먼 길 찾아온 발걸음이 헛되지 않도록 했다.

운림산방의 백미는 무엇보다 화실 앞의 연못이다. 연못 속 작은 동산엔 소치가 심었다는 백일홍나무가 꽃을 피웠다. 그 붉은 꽃잎이 얼비치는 연지엔 물고기가 유유히 놀고, 소치가 즐겼던 백련도 소박한 꽃망울을 내밀고 있

다. 이 아름다운 연못은 영화 「스캔들」의 촬영장소로, 배용준이 조각배를 타고 노닐던 장면을 찍은 곳이라 일본 관광객의 발길이 더욱 잦다고 한다.

이제 봄물은 연당에 가득한데
여름 그늘은 축대를 덮었구나.
차나무에 꽃은 떨어지고
연잎은 꼭지에 이어졌네.
맑은 연 그림자 달빛에 어리고
향기는 바람결에 멀리 날아간다.

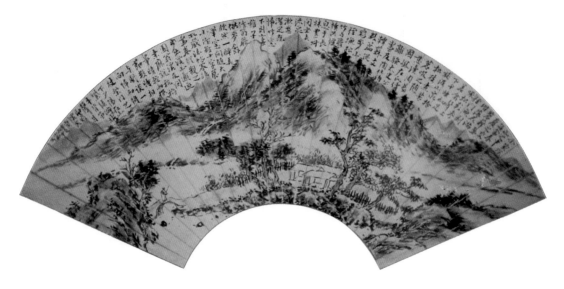

소치문집에 실려 있는 「연화부(蓮花賦)」의 일절이다. 차를 사랑했으니
연못가에 차나무를 심었고, 연꽃을 사랑했으니 백련을 심어뒀다. 거기서 발
하는 향기 또한 어떠할까. 시(詩)·서(書)·화(畵)를 갖춘 안목 높은 선비화가
의 향취가 담긴 종가이니 각박한 시대를 살아가는 이 시대 누군들 탐하지 않
을까 싶었다.

차를 노래하다 차 그림을 그리다

한국의 다성으로 불리는 초의선사에게 차와 그림을, 추사에게 시와 글씨를
배웠으니 소치문집에 차시(茶詩) 한두 점이 없을 리 없다. 그런데 그동안 소
치를 조명한 지면에서는 차시를 찾아볼 수가 없었다. 소치 일대기를 소설화
한 『꿈이로다 화연일세』의 작가 곽의진 씨께 차시를 본 일이 있느냐고 물었
다. 그녀도 처음엔 차시를 보지 못했다고 말해 실망을 금치 못하다가 소치실
록을 꼼꼼히 살펴보던 중 「송화신선도(松下神仙圖)」라는 차 그림 한 폭이 눈
에 들어왔다. 달빛 어린 노송(老松) 아래 동자가 차를 다려 신선에게 올리는
야외 찻자리 풍경이다. 그에게 그림을 배우며 차를 다려 바쳤던 동자와 자신
의 모습을 신선에 비유해 화폭에 담아둔 귀한 차그림(茶畵)이었다.

다화가 있으니 차시 또한 있을 거라는 확신을 갖고 곽씨가 소장하고 있
는 소치문집에서 다시 한 번 차시를 찾아봐달라고 부탁했다. 다음 날 차시
4수가 있다는 전갈은 참으로 반가웠다. 차인으로서 소치 선생의 면모를 가름
할 수 있었다. "차는 물질로 보지 말고 정신으로 봐야 한다"는 옛사람들의 말

처럼 소치 선생도 차는 한갓 마실 거리가 아니라 정신을 지배하는 고귀한 음료로 생각했을 것이다.

차시 4수 중 스승 초의선사에게 올리는 차시 한 수다.

> 우리 집 새로 옮겨온 매화는 자랑할 만해
> 연못가에 한 그루 그림자 비쳤네.
> 호의(縞衣)는 밝은 달을 가져와 머무르게 하였고
> 녹봉(祿鳳)은 소리 없이 차가운 안개와 떨치네.
> 유수(幽愁)를 달래주니 술 한잔 마셨고
> 청운(淸韻)을 끌어오니 차 한잔 마시기 적합하네.
> 종연(縱然)한 시경에 오는 이 없어
> 매화의 고정한 세화에 맡겼을 뿐이네.

봄날 밝은 달빛에서 매화 향기를 즐기며 차 한잔 즐기는 소치 선생의 모습이 선연한 차시다.

소치 영정 앞에 처음으로 차를 올리다

이날 동행한 종손 허은 씨와 종부 이순희(취재 당시 61세) 씨는 찻그릇을 준비해 와 부부가 신방을 차렸던 문간 앞에서 그 옛적 소치 할아버지가 사용했을 법한 다반에 찻잔을 펼쳐놓고 차를 다렸다. 차맛을 돋워주는 다디단 석간수는 연못 앞에 있었다. 처음 한잔은 소치 선생 영정 앞에 올리고 종손이 두 번 절한 후에 부부가 마셨다. 소치 선생 제사에 차를 올리는지 물었다.

"소치 할아버지께서 차를 좋아하셨다는 것은 알고 있었지만 제례에 차를 올리지는 않았습니다. 이 마을엔 집안 분들이 아직 많이 계시니 어른들의 의견을 따를 뿐입니다. 하지만 앞으로는 문중 어른들과 의논해서 소치 할아버지 제상에는 반드시 차를 올리도록 하겠습니다."

종손은 이날 올린 차 한잔은 소치 할아버지 돌아가신 이후 처음으로 후손의 손으로 받아 마셨을 것 같다며 감회를 감추지 못했다.

진도 풍습인 종가의 제례는 육지와 달랐다. 아버지 제사는 맏아들이 지내고 어머니 제사는 작은아들이 지낸다. 할아버지 제례는 손자가 지내지 않고 작은아들이 살아 있으면 작은아들이 지낸다. 최근에는 제사가 많이 간소화 돼서 할아버지 제삿날 할머니를 함께 모신다. 그래서 종손은 돌아가신 부모님 제사만 집에서 모시고 할아버지 제례는 삼촌이 모시고 있다. 고조인 소치, 증조인 미산제례는 일년에 한 번 가을 시제 때 사당에서 한꺼번에 모시기 때문에 종손이라 해도 제례 부담은 없다고 했다.

종부는 시어머니 살아 계실 때 즐겨 상에 올렸던 죽순나물과 고사리나물을 만들어줬다. 운림산방을 짓고 제일 먼저 대나무를 집 둘레에 심었다는 기록대로 집 둘레엔 온통 대나무밭이다. 그 대밭에서 수확한 죽순나물은 소치 선생의 소박한 밥상에 올랐던 대물림된 음식이었다. 데쳐서 보관해둔 죽순은 길이대로 찢어 파와 마늘, 참기름, 깨소금, 국간장으로 조물조물 무친 후 냄비에 담아 물을 조금 부어 볶아내는 평범한 요리법이었다. 소치 할아버지 제사상엔 반드시 올리는 고사리나물도 죽순나물과 같은 방법으로 만든다.

초의와 추사, 소치의 인연

조선 말 흥선대원군 이하응은 "소치는 서화의 대방가(大方家)로 평생에 맺은 인연이 난초처럼 향기롭다"며 운현궁에서 만난 소치를 반겼다. 장안의 고

종가 내림음식인
고사리나물과
죽순나물.

관대작들은 다투어 그의 그림을 탐냈고, 헌종의 어필로 산수화를 그려 바쳤던 천재화가 소치 허련은 진도의 쌍정리에서 이 마을 향반이었던 허각(許珏)의 맏아들로 태어났다. 본은 양천(陽川) 자(字)는 마힐(摩詰)이다. 호는 소치(小癡), 노치(老癡)라고 썼다. 스승인 추사가 내린 아호였다. 원나라 말 황공망(黃公忘, 1269~1358)이라는 이름난 화가의 호가 대치였으니 소치라는 호로 그에 버금가는 인물이 되라는 스승의 애틋한 마음이 담긴 호였다. 소치의 족보상 이름은 련(鍊)이다. 그러나 당나라 때 유명한 문인화가 왕유(王維, 701~761)의 예술세계를 따르고자 유자를 따와 허유(許維)로 훗날 개명을 했다.

그는 어렸을 적부터 천부적인 자질로 그림 그리기를 좋아했다. 그러나 일찍이 부모를 여의고 옹색한 살림에다 궁벽한 바닷가 진도에서는 화법을 배울 만한 곳이 없었다. 그러다 성년이 되어 배를 타고 해남에 있는 고산 윤선도 종가를 찾는다. 그 댁에 소장된 그림과 글씨를 보고 본격적인 화가 수업이 시작됐다. 그리고 초의선사를 만나고부터 소치의 일생은 일대 전환기를 맞게 된다. 그의 나이 28세 때였다. 초의선사 곁에 머물면서 차와 그림, 시와 글씨를 수련하고 있던 소치를 초의선사는 서울에 사는 추사에게 추천을 한다. 초의선사와 추사는 동갑내기로 가장 가까운 차벗이었다.

추사는 소치의 작품을 보자마자 그의 천재성을 인정해 서울로 오라는 전갈을 보낸다. 그렇게 추사와 인연을 맺은 소치는 추사 집에 소장하고 있는 중국의 화첩으로 안목을 넓히며 그림과 글씨를 1여 년간 익히게 된다. 그러다 추사가 모략으로 갑자기 제주도로 유배를 떠나자 서울생활을 접고 스승을 따라 제주도로 떠난다. 초의선사가 만들어준 차를 고이 간직한 채 목숨을 내건 험한 뱃길을 세 번씩이나 올라 유배지의 스승을 찾아갔던 소치의 정성에 감동한 추사는 해남 우수사인 신관호(申觀浩)를 소개해준다.

서울로 돌아간 신관호는 소치를 불러 자신의 집에 머물게 하면서 후에 영의정에 오른 권돈인을 만나게 해줬고 궁궐 출입이 잦은 고관대작들과의 교류도 잦아졌다. 급기야는 서화를 좋아하는 헌종께 그림을 그려 바치는 영광을 안게 된다. 그의 나이 39세 때다. 42세 정월엔 왕실에 들어가 임금의 벼루에 먹을 갈아 그림을 그렸고 왕실의 소장품인 서화를 감정해주기도 하면서 안목은 높은 경지에 다다른다. 그러다 헌종이 갑자기 세상을 떠나면서 소치는 큰 충격을 받아 50세 때 고향땅 진도로 내려온다. 그리고 노년의 준비로 풍광 좋은 첨찰산 자락에 운림산방을 짓고 작품 활동을 하면서 자서전『몽연

록(夢緣錄) 소치실록』을 남기고 86세로 생을 마감한다. 그는 실록 말미엔 이런 글을 남겼다.

호탕한 신세는 갈매기가 무리를 찾아가는 듯하고 세속에 얽매이지 않은 행동은 사슴이 무리를 떠남과 같습니다. 매실의 신맛, 황백의 쓴맛도 이미 다 맛보았습니다. 산수에 대한 고질과 취벽은 아직도 다함이 없습니다. 고향의 선대 무덤가에서 늙어 죽으면 뜬구름 같은 인생살이에 완전한 복락이 아니겠습니까.

양천 허씨 소치 허련 종가

경기도 포천에
위치한 약봉 서성
선생의 종가 사당.

450여 년 전 이야기다. 경상북도 안동 소호헌(蘇湖軒)의 안주인 이씨 부인은 앞을 보지 못하는 맹인이었다. 남편을 잃고 21세에 혼자된 그녀는 3세짜리 외아들을 가슴에 품고 한양으로 이사를 했다. 자식의 교육을 위해서다. 지금의 서울역 뒤편 약현이란 마을에 터를 잡고 70칸이나 되는 넓은 집을 지었다. 이씨 부인은 청풍군수를 지낸 이고(李股)의 무남독녀로 집을 지을 재물은 넉넉했다. 그러나 두 사람이 살기에는 너무 큰 집이었다. 식구도 없는데 집을 왜 그렇게 크게 짓느냐고 이웃들이 물었다. 부인은 대답한다.

"지금은 비록 크게 보일지 모르나 몇십 년 후에는 오히려 협소할 테니 두고 보십시오."

집을 지은 부인은 정성과 솜씨를 다해 약과와 약식을 만들고 약주를 빚어서 학식과 덕망 높은 손님을 초대했다. 다양한 사람들의 정신세계는 아들 교육에 미치는 영향이 크기 때문이다.

맹인 어머니가 자식을 위해 행했던 모든 정성은 헛되지 않아 아들 약봉 서성(藥峯 徐渻, 1558~1631)은 29세 때 대과에 합격해 높은 관직을 두루 거쳤다. 그 아들이 낳은 다섯 명의 손자 중 큰 손자는 우의정에 올랐고 넷째 손자는 선조 임금의 사위가 되어 왕가와 사돈을 맺는 영광을 안았다. 집안은 계속 번창해 6대에 걸쳐 '3정승 3대제학'을 배출시켰다. 이에 그치지 않고 과거제도가 폐지되기까지 300여 년 동안 이씨 부인의 직계 본손 중에 문과 급제자만 140명이나 돼 인재의 보고로 추앙받는 명문가가 되었다.

세상의 밝은 빛을 볼 수 없었던 맹인 어머니가 꾸었던 자식 성공의 꿈은 이루어졌다. 그 감동 스토리를 듣기 위해 경기도 포천시 설운동 종가를 찾았다. 조상을 섬기고 접빈객을 맞이하기 위해 빚었던 가양주가 '약주'의 유래가 됐다는 내림솜씨도 엿보고 왔다.

의정부에서 포천으로 가는 43번 국도를 따라 축석령 고개를 넘고 송우리를
지나 첫 신호등에서 좌회전을 하면 군부대에 다다른다. 부대와 담장을 맞대
고 있는 종가는 부대 입구에서 갈라진 왼쪽 길로 접어들면 된다.

서울에 인접한 도시지만 아직은 집보다 들녘이 많은 종가 동네는 가을
볕에 고개 숙인 문전옥답의 벼 이삭과 하얗게 머리가 센 억새풀이 바람에 살
랑거려 가을 정취를 한껏 느끼게 했다.

종가 마을 들머리엔 약봉 선생의 묘소가 먼저 눈에 띄었다. 왕의 명으로
시호(諡號)를 받은 특별한 신분만이 장식할 수 있는 곡담으로 둘러싸인 묘소
앞으로는 문인석과 망주석이 좌우 대칭으로 서 있어 귀족스러웠다. 조금 비
켜서 있는 신도비에는 묘의 주인공에 대한 내력이 빼곡히 적혀 있었다. 묘는
경기도기념물 제35호로 지정돼 있다.

묘소에서 몇 걸음 더 가면 곱게 단청 칠을 한 사당, 재실과 담을 함께한
종가 건물이 나직이 있다. 3정승 3대제학을 배출한 종가 건물치고는 초라하
다 싶지만 6·25전쟁의 격전지였던 이곳을 되새겨보면 이 정도 버틴 것도 기
적에 가깝다. 종가 뒤 낮은 언덕에는 자식을 잘 키워 정경부인이 된 약봉의
어머니 고성 이씨와 아버지 서해의 묘가 합장으로 모셔져 있고, 예조 참의공
인 약봉의 할아버지 묘도 있다.

키 낮은 대문에 들어섰다. 종손의 아버지 서기원(취재 당시 82세) 씨와
어머니 이전규(취재 당시 82세) 씨가 부드러운 웃음으로 손님을 맞았다.

"형님이 딸 하나를 두고 일찍이 세상을 떠났기 때문에 내 아들은 형님 앞으로 양자를 보내고 나는 대원군 노릇을 하고 있습니다그려." 스스로 대원군이라 말하는 실질적인 종손 서기원 씨는 팔순을 넘긴 고령임에도 조선시대 선비의 풍모인 양 꼿꼿하고 품위가 있다. 아버지 발치에서 조용히 서 있던 15대 종손 동성(취재 당시 52세) 씨와 종부 김금향(취재 당시 47세) 씨는 자녀 교육과 사업 때문에 서울에서 생활을 하지만 다리가 아픈 노모를 살피기 위해 하루가 멀다 하고 종가를 찾는다.

"경술국치 전까지 종가는 서울 아현동 서울역 뒤편에 있는 지금의 약현성당(사적 252호) 자리에 있었습니다. 당시 집안 종조부 되시는 분이 종가를 저당 잡히고 사업을 하다 실패하는 바람에 집이 외국인에게 넘어갔습니다. 그 자리에 한국 최초의 고딕 양식의 성당이 지어졌는데 바로 약현성당입니다. 성당 마당에는 아주 큰 돌절구가 있는데 그 절구가 바로 고성 이씨 할머님이 쓰셨던 절구가 아닐까 생각해보지만 성당에서도 절구를 보물처럼 여겨 돌려 달라고 할 수가 없었습니다."

앞 못 보는 이씨 부인이 고향을 등지고 자식의 성공을 위해 명당을 찾아 지었던 그 종가는 어이없게도 350여 년 만에 남의 손에 넘어가고 만 것이다.

"조부께서는 종가를 옮길 바에는 묘소 옆이 좋겠다는 판단이 섰고, 요 앞 부대 입구에 한옥으로 종가 건물을 지었습니다. 제가 태어난 곳도 그 집이었으니까요. 6·25전쟁 때 약봉 할아버지의 신주를 모시고 안동 소호헌으로 피란 갔다 돌아와 보니 집과 조상의 유물은 모두 불에 타 없어진 뒤였습니다. 종가라 해도 내세울 만한 유물이 별로 없어 부끄럽습니다."

마을에서 가장 큰 집이었던 종가는 인민군 사령부 사무실로 사용되었고 펄럭이는 인공기 때문에 미군기의 집중 폭격을 받아 집과 유물이 흔적도 없이 타버렸다고 한다. 하는 수 없이 묘소 아래 재실을 보수해 살기 시작한 것이 오늘의 종가다.

"지난 윤달에 묘를 단장하다 발굴된 지석(誌石, 돌아가신 분의 성명, 생몰연·월·일, 행적 등을 기록해 무덤 앞에 묻는 도판)에서는 약봉의 할아버지 참의공께서 중국 사신으로 가셨다가 그곳에서 사망하게 됐고, 중국 황제 명으로 시신을 모셔와 이곳에 안장한 내력이 기록돼 있어 선산이 이곳에 있게 된 내력을 소상히 알 수 있게 됐습니다."

아름다운 인연

우리나라 10대 국반(國班, 양반 중의 양반)에 들어갈 만큼 조선 후기에 벼슬을 지낸 인물이 많이 배출된 종가의 자녀교육에 대해 묻자 서기원 씨는 책 한 권을 내밀었다. 『13세 조비 증 정경부인 고성 이씨』라는 제목의 얄팍한 책자였다.

"우리 가문을 일으킨 분은 바로 이 할머니이십니다. 약봉 할아버지를 눈물겹게 키우신 전설 같은 실화를 정리한 책입니다. 우리 역사상 신사임당과 더불어 3대 현모로 추앙받는 할머니는 일찍이 대과에 급제해 청풍군수를 지냈던 고성 이씨 이고(李股)의 무남독녀였습니다. 명문가의 규수로 태어났지만 부모님이 일찍 돌아가시고 종숙님 밑에서 자라셨는데 어렸을 적 홍역 때문에 눈이 멀었다고 합니다. 앞을 볼 수는 없었으나 재색을 겸비한 인물로 전해오고 있습니다."

그 눈먼 할머니와 혼인을 한 분은 약봉의 아버지 함재공 서해(涵齋公 徐嶰) 선생이다. 서해는 어릴 때부터 학문을 좋아해 퇴계 선생의 문하생으로 장래가 촉망되는 인물이었다. 그 역시 일찍이 부모님을 여의고 형님 밑에서 자랐다. 18세 되던 해에 고성 이씨 규수와 혼담이 오갔고 대례를 치르기 위해 말을 타고 신부 집으로 가다 잠시 쉬고 있을 때였다. 마을 사람들과 신부 집 노비들이 신랑 구경을 하느라 우르르 몰려들어 자기들끼리 수군거리는 대화가 수상했다.

"신랑은 잘생겼는데 신부가 맹인이니 아깝기도 하지."

청천벽력 같은 소리를 들은 신랑 측 일행은 충격이 컸다. 즉시 파혼하고 돌아가자며 흥분했다. 그러나 마지막 결정을 내려야 할 신랑 될 사람은 대범했다. "비록 맹인이라 하나 사주단자를 보냈으니 백년가약은 이미 맺어진 것, 만약 내가 규수를 외면한다면 가여운 그 여인은 장차 어떻게 되겠습니까? 하늘이 내린 인연이니 저버릴 수가 없습니다" 하며 혼사를 결행할 것을 주장했다.

가슴 졸이던 신부 집에서는 신랑이 늠름하게 들어오자 감격한다. 그렇게 우여곡절 끝에 대례를 무사히 치른 첫날밤이었다. 신부는 앞 못 보는 자신의 결점 때문에 죄인처럼 떨고 있었다. 그때 신랑의 따뜻한 목소리가 들려왔다.

"부인, 걱정하지 마시오. 내가 비록 보잘것없는 위인이나 어찌 부인의 허물을 탓하며 괄시하겠소. 부인의 정숙한 재덕과 아름다운 용모는 그 허물을 덮을 만하니 오히려 나에게 과분하오."

이 위로의 말에 감동한 신부는 눈물을 흘린다.

"이 몸이 운명이 기박하여 어릴 적에 부모와 이별하고 거기다 하늘과 땅을 보지 못하는 불구가 되었지만 군자의 넓으신 아량으로 거둬주었으니 그 은혜는 죽을 때까지 정성껏 섬기며 성실한 삶으로 갚겠습니다."

그리고 친정부모의 제사를 모실 자식이 없으니 앞으로 외손봉사를 지내줄 수 있을지도 물었고, 신랑은 부인의 말에 흔쾌히 승낙을 했다.

안동시 일직면 망호리에 소호헌이란 별채를 지어 신혼살림을 차렸다. 부부 금실이 남달라 세인의 부러움을 사며 신랑의 나이 22세 때 옥동자를 낳는다. 그가 바로 약봉 서성이다. 약봉이 태어난 곳이라 하여 약봉태실로 유명한 소호헌은 국가 보물 475호로 지정돼 있다.

그러나 이씨 부인의 기구한 운명은 또 한 번 시련을 맞는다. 앞 못 보는 자신을 누구보다 잘 이해해주고 정겹게 대하던 남편이 아들의 돌이 지난 얼마 후 세상을 뜨고 말았다. 갑자기 닥쳐온 참담한 현실을 받아들이지 못한 부인은 남편을 따라 자결을 시도했으나 실패하고 난 후 마음을 달리한다. 아들을 잘 키워 남편의 은혜에 보답해야겠다는 결심이 선 것이다.

아들 교육을 위해 서울로 이사하다

남편의 삼년상을 치르고 난 후 친정집 노비들을 불러 모아 노비 문서를 불태우고 생활 대책으로 전답문서까지 나눠 주었다. 이처럼 자식을 위해 이씨 부인은 덕을 쌓는다. 주인의 결연한 결단에 감동한 노비들은 눈물을 흘리면서 평생 동안 은혜를 갚겠다는 다짐을 한다.

가산을 정리한 부인은 심복 노비 몇 명만을 거느리고 서울로 이사를 한다. 대궐이 있는 서울에 살아야 훌륭한 인재로 키울 수 있다는 생각에서였다. 마침 서울에는 약봉의 중부인 춘헌공 서엄이 성균관에서 벼슬살이를 하며 약현이란 마을에 살고 있었다. 이씨 부인도 이 약현 마을에 땅을 구입해 집 지을 터를 닦았다. 그런데 사당을 앉힐 자리에 뿌리 깊은 고목 한 그루가 있었다. 오래된 고목은 함부로 벨 수가 없다. 이씨 부인은 야밤에 사람을 시켜 고목나무 주변에다 엽전을 묻도록 했다. 그러고는 약현 마을의 고목에서 엽전

15대 종손 서동성
씨와 종부 김금향 씨.

이 나온다는 소문을 퍼트리게 했다. 밤낮으로 사람들이 몰려와 나무뿌리가 흔들릴 정도로 호미로 땅을 파서 엽전을 찾아갔다. 그런 와중에 나무는 저절로 쓰러졌고 그 자리에 조상을 모실 사당을 앉혔다. 부인의 총명한 지혜를 대변하는 일화는 이뿐이 아니다. 도목수의 실수로 큰 기둥이 거꾸로 세워진 것을 손으로 더듬어 알아내고 바로 세우게 하는 등 주위를 경탄케 하는 일화는 많다.

부인은 사람 집에는 사람들이 많이 드나들어야 기운을 받는다는 사실을 명문가인 친정에서부터 익혔다. 사람이 모여들려면 먹을거리가 있어야 한다고 생각해 당시로는 귀하디귀한 약과며 약식, 약주를 빚어 사람들의 발길이 끊이지 않도록 했다. 아들을 위해 빚은 가양주의 맛은 왕가에까지 전해졌고, '약현 마을에서 빚은 술'이라 해서 '약주'의 시원이 되기도 했다.

외아들에게는 학문은 물론이요, 예의범절에서 대외처신에 이르기까지 꼼꼼하게 교육을 시켰다. 총명한 자품으로 태어난 약봉은 하나를 가르치면 둘을 이해해 가르치는 스승마다 큰 인물이 될 것이라며 칭찬을 아끼지 않았다. 무엇보다 책읽기와 문장 짓기를 좋아해 후일 바쁜 관직생활을 하면서, 귀양살이를 하면서도 손에서 책을 놓지 않았던 일화들이 『약봉유고』에 남아 있다.

아들을 잘 키워 정경부인이 된 이씨 부인은 77세까지 장수를 한다. 21세에 홀로 돼 비록 부부 해로의 복을 누리지는 못했으나 생전에 등과한 아들, 손자, 증손이 수십 명에 이르러 부귀와 영화를 한꺼번에 누리다 세상을 떠났다.

3정승 3대제학을 배출한 명문 중의 명문가

대구 서씨의 중시조로 알려져 있는 약봉은 본이 대구이고 출생은 안동이지만 3세 때 서울로 이사온 이후 450여 년 16대에 걸쳐 서울생활을 했으니 그의 후손은 한양 양반들이다. 약봉은 친가와 외가 모두 대대로 벼슬과 학문이 높은 양반 집안으로 약봉의 5대조가 그 유명한 서거정(徐居正)이다. 『동문선』, 『동국여지승람』 등 많은 역사 자료집을 남긴 걸출한 인물이다. 외가 또한 안동에서도 으뜸가는 명문가로 임청각 이명의 아들 이고의 무남독녀가 약봉의 어머님이다.

약봉대에 와서 친가와 외가 모두 단명하여 일찍 세상을 떴기 때문에 가까운 혈육은 어머니와 중부(中父) 한 분밖에 없었다. 그러나 양반의 혈통으로 태어난 자질은 어쩌지 못해 어려서부터 책 읽고 글 쓰는 게 낙이었던 약봉의 최초 스승은 바로 중부 서엄이다. 일찍이 대과에 급제한 서엄은 성균관 사례를 지내면서 조카 서성에게 체계적인 공부를 시킨다. 당대의 문장가로 이름을 날리던 귀봉 송익필, 율곡 이이 등 주변의 많은 거유(巨儒)들과 교유를 하도록 주선해 학문적으로 성장할 수 있도록 한다. 약봉의 나이 14세 때 광주 목사 송녕의 딸을 부인으로 맞이했고, 처가 역시 명문가로 든든한 배경이 되었다.

◀ 약봉의 장남으로 인조 때 우의정을 지낸 서경우.

▶ 약봉의 증손자로 영의정을 지낸 서문중.

송씨 부인은 약봉보다 4세 위인 18세였다. 형제가 없어 외로웠던 약봉은 16세에 맏아들을 얻고 연이어 다섯 아들을 두었는데 막내를 낳았을 때 나이가 22세였다고 한다. 넷째 며느리를 얻을 때가 34세라고 하니 가정경영은 일찍이 튼튼한 뿌리를 내린 셈이다.

약봉은 29세에 알성문과에 급제를 해 관료의 길을 걷게 되면서 명성을 떨치기 시작한다. 6도의 관찰사와 4조의 판서를 두루 거치고 인조 때는 판중추부사의 지위를 누렸다. 그뿐만 아니라 선조가 세상을 떠나면서 남긴 유교(遺敎)를 받은 고명칠신(顧命七臣)의 한 분이 된다. 한때 누명을 쓰고 유배생활도 했지만 비교적 평탄한 관직생활을 유지하면서 아들을 훌륭하게 키워 명가 중의 명가로 자리 잡았다.

약봉의 장남 경우는 인조 때 우의정으로 기로소에 들어갔으며 손자 문중은 숙종 때 좌의정을 거쳐 영의정에 올랐고, 둘째 아들의 아들은 병조참의를 거쳐 승지에 올랐다. 그러다 현손 종제의 딸이 영조의 비가 되면서 영의정에 추증된다. 종제의 현손 용보는 순조 때 좌의정을 거쳐 영의정에 올라 가세를 더욱 일으켰다.

선조의 사위가 된 넷째 아들 집안에서는 경주의 증손 종태가 좌우 영의정을 모두 역임했고 그 아들 명균은 우의정, 좌의정을 지내는 등 6대에 걸쳐 3정승과 3대제학을 배출했다. 대제학 한 사람만 배출해도 명문가 반열에 오르는 조선시대에 놀랍게도 대를 이어 최고의 벼슬을 누린 이만한 가문은 흔치 않다.

종가에는 물태위선(勿怠爲善, 착한 일을 하는 데 게으르지 말라)이라는 가

훈이 전해오는데 이는 이씨 부인의 게으르지 않은 선행을 가리킨다. 약봉 종
가 교육의 핵심은 어려운 사람을 도와 덕을 쌓으며, 그 어떤 경우에도 중립
을 지키는 뚜렷한 소신을 지니는 것이었다. 훌륭한 조상을 모델 삼아 학문에
정진했고 명문가와의 혼인을 통해 명사들과 두터운 교분을 맺었다. 무엇보
다 책을 많이 읽어야 한다는 만고의 진리가 이 가문에서도 진리로 통하고 있
었다.

◀ 모양이 네모난
모약과. 약과 속에
고명이 들어간다.

▲ 약봉 종가에서만
맛볼 수 있는 별미
밤떡.

▶ 가을 시제에
올리는 밤떡을 위해
해마다 뒷산에서
밤을 거두어 들인다.

450여 년 전해오는 내림음식 약주와 약과

몇 년 전 종가에선 '약봉 약산춘'이란 술 이름을 상표 등록했다. 술을 만들어
시판하려는 것이 아니라 다른 사람들이 먼저 상표 등록이라도 해버리면 수백
년 가양주로 내려오는 가문의 술을 남에게 빼앗길 우려가 있었기 때문이다.

약산춘이란 술 이름은 약봉의 7대손인 서유구의 책 『임원십육지』에 기
록돼 있다. "인조 때의 정치가 서성의 호가 약봉인데 서성은 좋은 청주를 빚
었고 그의 집이 약현에 있으므로 그 집 술을 '약산춘'이라 한다"는 기록이 그
것이다. 이뿐 아니라 서유구의 형수인 빙허각 이씨가 쓴 『규합총서』에도 약
주라는 이름이 보인다.

종손의 어머니 이전규 씨는 15년 전 시어머니께서 돌아가시기 전까지는
제사 때 반드시 술을 집에서 빚어 올렸는데 지금은 청주를 올리고 있어 조상
님 뵐 면목이 없다고 한다. 앞으로는 약봉 할아버지 제례 때는 약산춘을 빚어
서 올리려고 준비하고 있다. 술뿐 아니라 약과도 집에서 만들었는데 모약과
라 하여 모양이 네모났으며 아주 컸다고 한다. 약과에 꿀로 소를 넣어 한입

세 가지 나물과
탕국을 부어 먹는
장국밥.

베어 물면 꿀이 녹아 입안을 가득 채우는데 그 맛을 기억해 종부인 며느리에게 전수시켜 앞으로는 모약과를 만들어 올릴 것이라 했다.

유서 깊은 종가답게 다른 종가에서 맛볼 수 없는 별미는 또 있다. 밤 수확을 한 가을 시제 때는 밤떡을 올린다. 생밤 대신 밤을 좀 더 맛있게 올리는 방법이다. 밤떡 만들기는 참으로 어려운 작업이다. 뒷산에서 밤을 거두어 껍질을 까야 한다. 수십 말을 까야 네 분의 상에 올릴 수 있다. 이때는 어른·아이 할 것 없이 온 가족이 힘을 모아 밤 껍질 벗기는 작업에 들어간다. 오래 하다 보니 요령도 생겼다. 밤을 한 번 삶은 후 껍질을 벗기면 쉬워진다. 겉껍질·속껍질을 모두 벗겨 무쇠솥에 넣고 물을 부어 메주콩을 삶듯 푹 삶는다. 삶은 밤은 절구에 찧는다. 찧은 밤에 계핏가루와 꿀을 섞어 맛을 더한다. 이렇게 찧어둔 밤을 제기에 담는데 제기 가운데 무로 기둥을 만들고 그 둘레에 둥글게 밤을 쌓는다. 무 기둥이 없으면 무너지기 때문이다. 그리고 잣으로 모양을 내 제상에 올린다. 먹을 때는 다시 네모나게 만들어 먹기 좋은 크기로 썰어서 잣으로 꽃 모양을 내 상에 낸다. 종가를 찾는 집안사람들은 이 밤떡을 모두 좋아해 시제 날은 다른 일 다 접고 밤떡 먹으러 오는 사람이 있을 정도라고 한다. 어릴 때 부모님을 따라와 밤떡을 먹은 기억 때문에 어른이 되어서도 종가를 찾게 하니, 푸근한 고향의 정을 느끼게 하는 밤떡을 아무리 힘들어도 반드시 만들게 된다.

많을 때는 수백 명씩 참석하는 가을 시제 때의 식사 대접이 가장 힘들다. 요즘은 대부분 도시락을 맞추는데 성의가 없어 보여 직접 만든 음식으로 대접한다. 그 역시 요령이 생겼다. 제사에 올릴 탕국을 무쇠솥에 가득 끓인 다음 그릇에 밥을 담고 고사리, 시금치, 도라지 등 세 가지 나물을 올리고 탕국을 부어 낸다. 이를 장국밥이라 한다. 김치만 상에 올려도 먹기가 편하다. 무엇보다 제사상에 오르는 음식을 활용할 수 있고 음복의 의미도 담겨 있다.

나주 나씨
송도공파 나천정 종가

사람 발길이 닿지
않는 산 중턱 차밭에
오르는 길.

차례상에 술 대신 녹차를 올리는 종가가 있다. 시중에서 구매한 차가 아니라 스스로 야생 차밭을 일궈 무쇠솥에 덖어 직접 만든 차다. 전남 광양시 칠성읍 칠성리 나주 나씨 송도공파 나천정(羅天鼎, 1649~1713)의 종가다. 아들 셋, 손자 일곱〔三子七孫〕이 진사를 해 나주에서는 알아주는 집안의 12대 종손 나상면(취재 당시 58세, 보광한의원장) 씨와 종부 김영순(취재 당시 56세) 씨는 주말이면 종가에서 한 시간 거리에 있는 산속 야생 차밭으로 달려가 차나무 돌보는 일을 낙으로 여긴다. 종손은 제초제 대신 일일이 풀을 뽑아주고, 종부는 찻잎을 따서 정성껏 만든 차를 추석 차례는 물론 종가에서 모시는 모든 제례에 술 대신 쓰고 있었다. 의례물로 차뿐 아니라 찻잎 송편과 찻잎 적 등 차 음식 일색으로 차례상을 차렸다. 지금까지 여든 집이 넘는 종가의 글을 쓰고 있지만 이러한 종가는 처음이어서 귀가 쫑긋해졌고, 가슴을 뛰게 하는 취재였다. 500여 년 전 『조선왕조실록』에 처음으로 선보인 '차례(茶禮)'라는 용어의 본질에 맞는 종가를 비로소 찾은 것이다.

종가 취재를 위해 천치다원(天峙茶園)으로 가는 날은 발걸음이 유난히 가벼웠다. 한창 차 공부에 빠져 있던 젊은 시절 역사서에 쓰인 한 줄의 기록 때문에 평생을 차 유적지를 찾아 헤매게 됐고, 고서를 갈피갈피 뒤지는 일이 즐거움이 되다가 결국 종가 취재를 다니게 되었다. 차 공부를 한 지 30여 년이 지난 이제야 그 기록대로 차례에 차를 제대로 올리는 종가를 찾았으니 이보다 더한 기쁨이 있을까 싶다. 지금껏 차에 빠져들게 한 그 기록이 바로 『삼국유사』 「가락국기」 편이다. 661년 삼국을 통일한 신라 문무왕이 "가야는 망했지만 수로왕은 나의 외가 쪽 선조이니 제사를 잇도록 하라. 세시 때(음력 1월 3일, 1월 7일, 5월 5일, 8월 8일, 8월 15일)마다 술과 단술, 떡, 밥, 차, 과일을 올려라"는 내용이다. 차를 제례에 올리는 것은 고려시대로 이어진다. 국가의 크고 작은 의례에 진다(進茶)의식이 있었고 왕가의 행사에도 차가 주인공이 되었다. 불교가 국교였던 신라, 고려는 술보다 차를 올릴 수밖에 없는 상황이었지만 유교 이념을 받아들인 『조선왕조실록』에도 '차례'라는 용어가 수없이 나온다.

차례의 전통을 되살리다

1447년 세종 29년에 세자가 능에서 지낸 '주다례(晝茶禮)'를 시작으로 '다례', '별다례'의 이름으로 조선시대 말까지 1300여 회 이상 제사, 즉 '다례'가 행해진 기록이 보인다. 왕가에서만 '다례'가 있었던 것이 아니라 예천 권씨 권문해의 『초간일기』에는 비교적 이른 시기인 1580년에서 1589년까지 초하루와 보름에는 사당 '차례'를 올렸다는 기록이 뚜렷하다. 제사의 교과서로 여기고 있는 400여 년 전 책 『가례집람(家禮輯覽)』에도 초하루 보름에는 사당에서 차례를 모시되 차와 과일 한 접시만 올리도록 그림을 그려놓고 설명도 덧붙여놓았다.

차가 대중화되지 않았던 1500여 년 전부터 옛사람들은 차를 제사에 올리고 있었지만 국민 1인당 차 소비가 70그램이 넘는 지금 설, 추석을 '차례 지낸다' 하면서도 주변을 다 둘러봐도 제사상에 차를 올리는 집이 없었다. 차인이라 자칭하는 몇몇 지인들조차 "우리나라에서는 제사에 차를 올린 일은 없다"고 말한다. 예절의 전범이 되고 있는 성균관 의례팀에서도 차는 중국 풍습이지 우리는 차 대신 숭늉을 올렸다고 잘라 말하곤 했다. 그렇다면 조선시대 의례를 가장 잘 지키는 종갓집은 어떠한지 그 궁금증을 풀기 위해 종가 취재를 나섰다.

찾아간 종가에서 제사 순서를 기록한 「홀기(笏記)」에는 설, 추석뿐 아니라 기제사에도 차를 올리도록 돼 있지만 실제 차를 올리는 댁은 몇몇에 불과했다. 이런 실정에서 모든 제사에 술 대신 차를 올리고, 차 음식까지 만들어 제사상에 올리고 있는 나주 나씨 나천정 종가는 '차례'의 전통을 되살리고 있는 종가라 할 수 있을 것이다.

풀벌레와 싸워 이긴 무공해 찻잎 '천치차'

전남 광양시 칠성읍 칠성리에 있는 '보광한의원'이 바로 그 종가였다. 종손이 태어나고 어머니 손때 묻은 옛집이 아직도 나주에 남아 있긴 하지만 고대 광실 고택이 아닐뿐더러 종손의 생업이 이곳에 있으니 옛집을 지키지는 못한다. 가끔 가서 집을 관리할 뿐 지금은 비워둔 상태라 했다.

한의원에서 만난 종손 나상면 씨는 육순을 바라보는 나이에도 피부가 맑고 그늘이 없이 젊다. 차를 물처럼 마시고, 아픈 환자를 돌보는 순수한 마음 때문일 것이다. 따뜻하고 친절했으며 언어 구사력이 대단히 문학적이어서 내재된 지적 수준이 범상치 않아 보였다. 고택이 아니니 취재는 차밭이 좋을 거라며 우리 일행을 차밭으로 안내했다.

종가에서 40여 분 거리에 있는 차밭으로 가는 길은 보성군 벌교읍에서 율어면으로 가는 옛길이다. 차밭이 있는 존제산(尊帝山, 740미터) 산속 하늘고개(天峙)를 올라가는 길은 순탄치 않아 일반 승용차로는 어림도 없다. 비포장 비탈길은 사륜구동의 지프라야 겨우 오를 수 있는 산중에 새의 날갯짓 같은 모습으로 앉혀진 집 한 채가 눈길을 끈다. 종손이 주말이면 기거하는 별서(別墅)이다. 하늘고개라는 지명답게 땅보다 하늘이 더 많이 보이는 이곳에서 종손은 부처님과 조상의 신주를 모시면서 차를 만들고 있었다. 집 옆으로는 맑은 개울이 흐르고 울창한 자연림 사이에 차나무는 푸른 잎새를 자랑하며 건강하게 자라고 있었다.

376

　　사람의 발길이 닿지 않는 밀림 같은 산 중턱 중심부 3만여 평이 종손의 차밭이다. 30여 년 전에 차씨를 뿌려놓고는 관리를 하지 않아 방치된 차밭을 종손이 인수해 지난 2001년부터 연인원 500여 명을 동원해 1만 평 정도 사람이 드나들며 찻잎을 딸 수 있도록 길을 텄다. 지금도 찻잎을 따려면 장화를 신고 들어가야 한다. 습기를 좋아하는 차나무의 생리 때문에 뱀이 많다. 공해가 없고 비료나 농약을 주지 않았으니 뱀뿐 아니라 별의별 풀벌레들이 살고 있는 곳이다. 야생차가 우리 몸에 이로운 이유가 여기에 있다. 약으로 벌레를 퇴치하는 것이 아니라 풀벌레들과 싸워 이겨내는 강인한 힘이 응축돼 있는 찻잎이기 때문이다.

　　기계로 찻잎을 따고 기계로 만들어내는 대단위 신식 다원과는 상황이 다른 산중다원의 문제점은 찻잎을 딸 인부 구하기가 하늘의 별따기라는 점이다. 산세를 잘 아는 사람이어야 하므로 인건비도 부르는 게 값이다. 그런데도 애를 태운다. 찻잎이 활짝 피기 전인 곡우 전후에 찻잎을 따야 맛있는 차를 만들 수 있는데 이때의 인건비는 찻값보다 훨씬 높다. 어렵사리 사람을 동원해 차를 따서 만들어보았지만 녹차 만들기는 생각보다 까다로웠고 경험 부족으로 실패를 거듭한 끝에 2003년에야 겨우 첫 수확을 하는 기쁨을 맛볼 수 있었다. 이제는 초의선사가 펴낸 『다신전(茶神傳)』의 조다법대로 한 치의 오차 없이 차를 만든다. 부처님 고르듯 센 잎과 억센 줄기 부스러기를 골라내고 지름 80센티미터의 무쇠솥에 생잎 900그램을 넣고 덖어서 손으로 비빈 다음 다시 솥에 넣어 말리는 덖음 녹차를 만든다.

378

찻잎으로 만든
송편과 부꾸미.

찻잎을 넣은 전과
명란젓,
무장아찌.

많은 투자와 공력을 들여서 만든 차를 만든 만큼, 차를 만든 해부터는 종가에서 지내는 모든 제례에 차를 올렸다. 청정한 차를 반드시 제례에 올려야 한다는 것은 집안에 전해오는 제사 순서인 「홀기」에 나타난 '국을 내리고 차를 올린다'는 기록이 있기 때문이다. 그뿐만 아니라 부처님 앞에 차를 올리듯 조상님께도 차를 올리고 싶었다.

부처 옆에 조상의 신주를 나란히 모시다

나무와 흙으로 앉힌 3칸짜리 별서 툇마루 이마엔 '천치원(天峙園)'이란 당호가 편액으로 걸려 있다. 하늘 '천(天)'자는 중시조 할아버지의 이름자 '천정(天鼎)'에서 따왔는데 그 후손이 사는 집이란 뜻을 담았다. 고갯마루 '치(峙)'자는 천치라는 이곳 지명에서 옮겨온 글이다. 세 개의 방으로 꾸며진 별서 가운데 방 벽장을 열면 종손의 정신세계를 지배하는 유(儒), 불(佛)이 함께 있다. 벽장 가운데는 부처님을 모셨고 그 왼쪽으로 종손이 존경해 마지않는 「동다송(東茶頌)」을 쓴 초의선사 영정과 성철, 서옹, 청화 등 입적하신 큰스님의 사진이 있다. 또 그 옆으로는 선사대지가령(先四代至家靈)이란 글을 새긴 신주가 모셔져 있다. 이곳은 부처가 모셔져 있으니 불당이고, 조상이 모셔져 있으니 사당이라 했다.

"제가 불가에 마음을 빼앗긴 것은 14세 때였습니다. 중학교 1학년 때 사회 선생님께서 4대 성인(석가, 예수, 공자, 소크라테스)에 대해 설명해주셨어요. 사람은 누구나 종교를 가져야 하며 이들 중에서 선택해야 한다는 것입니다. 저는 그때부터 어떤 성인을 섬겨야 할지 심각한 고민에 빠졌습니다. 그러던 어느 날 '다보사'라는 절에 소풍을 가게 됐습니다. 그런데 울긋불긋 단청칠을 한 대웅전 건물이 '상여(喪輿)'처럼 느껴져서 무서운 마음에 가까이 갈수 없었어요. 그래서 저 혼자 절 마당에서 서성이고 있는데 노스님 한 분이 유심히 보시더니 저를 자기 방으로 데리고 갔습니다. 그리고 함께 절에서 살지 않겠느냐고 물으셨습니다. 그분이 우화스님으로, 이미 돌아가셨지만 전라도 지역에서는 지금도 도인스님으로 추앙받는 분입니다. 그 스님께서는 평범할 수 없는 제 운명을 보셨던 것 같습니다. 처음 들어간 노스님 방인데도 어린 마음에 그렇게 편할 수가 없었습니다. '아! 이곳이 바로 내가 살 곳이구나'하는 생각이 너무나 강렬해서 어떻게 수습할 수가 없었습니다."

종손은 그날 이후 공부가 머리에 들어오지 않았다. 하루는 결심을 하고 도시락과 책가방을 학교에 그대로 둔 채 혼자서 다보사를 찾아가 그냥 눌러앉아 버렸다. 부엌에서 아궁이에 불을 때기도 했고, 물을 길어오고 잔심부름을 하는 일도 즐거웠다. 불경 공부는 학교 공부보다 훨씬 재미있었다. 종손이 절집생활에 제법 익숙해질 무렵 절 마당에서 어머니의 통곡 소리가 났다. 한 달 동안 행방불명이 된 맏아들을 찾아 전단까지 만들어 찾아 헤맸던 것이다. 어머니의 애끓는 울음소리에 마음이 약해진 종손은 집으로 돌아오지만 생각은 절집에 가 있었다. 도저히 견딜 수가 없어 또다시 가출을 해 절에 숨었지만 그때마다 어머니는 그냥 두지 않았다. 그렇게 절과 집을 왔다 갔다 하면서 평생의 업이 된 한방에 관심을 갖게 됐고, 15세 때는 화엄사에서 평생의 벗이 된 차와도 인연을 맺었다.

"18세 때 경남 다솔사에서 효당 최범술 스님을 만났습니다. 그때 처음 갖춰진 다구를 보았고 '다도'라는 말도 들었습니다. 돈을 모아 차그릇 일습을 구했는데 그 다구는 저의 재산 목록 1호가 됐습니다. 차에 그처럼 빠져들게 된 것도 불가에 귀의하지 못한 허전한 마음을 달래기 위한 방편이었던 것 같습니다. 종손이란 소임만 아니었어도 어머니는 아들의 소원을 들어주셨을 겁니다."

어찌 해볼 수 없는 맏아들의 정신세계 때문에 가슴이 까맣게 탔던 어머니는 5년 전 72세로 세상을 떠났다. 어머니가 돌아가시자 그는 밤마다 울면서 용서를 비는 눈물의 편지를 화선지 전지 3장에 써서 유골과 함께 묻었다. 하늘에서 아들의 절절한 편지를 읽으신 어머니께서 불효자를 조금이나마 용서하셨을지 모르겠다며 허전한 미소를 지었다.

종가의 별서에는 부처님과 조상의 신주를 함께 모셨다.

종손의 꿈은 우수한 인재 출산을 도와주는 태교 명상원 건립

어머니의 성화에 28세 때 혼인을 한 종손은 딸 셋과 아들 하나를 두었지만 채워지지 않는 허전함으로 조용한 산속이나 토굴에 들어가 시간만 나면 그곳에서 좌선을 하며 마음을 달랬다. 1988년에는 지리산 청학동 근처에 토굴을 구해 해가 지면 토굴에 들고 날이 밝으면 한의원을 운영하는 삶이 이어졌다. 그러다 평생의 소원인 차밭을 구입하고 절집 같은 별서를 지었다.

종손의 꿈은 태교 명상원을 만드는 일이다. 훌륭한 인재가 나와야 나라가 부강하기에 우수한 인재 출산을 도와주는 태교 명상원을 천치다원에 지을 계획을 세우고 있다. 태교는 아이를 갖기 전부터 해야 효과가 있다. 태교를 위해 마음가짐, 몸가짐, 섭생을 바르게 해야 하는 행동 규범을 명상원에서 배우게 된다. 그 때문에 갓 혼인한 부부나 아이를 갖고 싶은 젊은 부부는 이곳에 와서 종손의 지도를 받고 간다. 명상을 할 때는 반드시 차를 마신다.

천치원에서 만난 종부 김영순 씨는 인상이 천생 종부였다. 훤칠한 키에 넉넉한 마음을 가진 분이었다. 무엇보다 솥뚜껑 같은 두툼한 손이 예사롭지 않았다. 불가에 마음이 가 있는 종손 때문에 마음고생이 무척이나 심했을 텐데 남의 이야기처럼 태평했다. 토굴에서 생활을 하든 함께 살든 모든 게 다 인연법칙이 아니겠느냐며, 그래도 이렇게 함께 있을 때는 행복하다고 했다. 도인 같은 종손과 함께 사는 분이라서 종부도 도인을 닮았다.

세상 물정 모르는 종손 대신 집을 짓는 큰일부터 차밭을 관리하는 일까지 세파에 시달리는 모든 일은 종부가 다 한다. 그러면서도 4남매를 훌륭히 키웠다. 큰딸은 수의사로, 둘째 딸은 약사로, 셋째 딸은 의대생이다. 종부의 소임을 다하기 위해 네 번째 아들을 낳았다. 그 아들은 대학 재학 중에 군에 들어가 군대생활을 하고 있었다.

어버이날과 개천절로 제삿날을 정하다

"저희 나주 나씨 시조는 나부(羅富)로 고려조에 벼슬을 했던 인물입니다. 그는 중국 예장 사람인데 봉명사신으로 동쪽으로 왔다가 돌아가기 전에 송나라가 망하자 그대로 눌러앉아 나주를 본관으로 삼았다고 합니다. 지금껏 나주에서 생활하는 나주 나씨들은 대부분 직장공파인데 그 직장공파에서 분파된 송도공파가 우리 집안입니다."

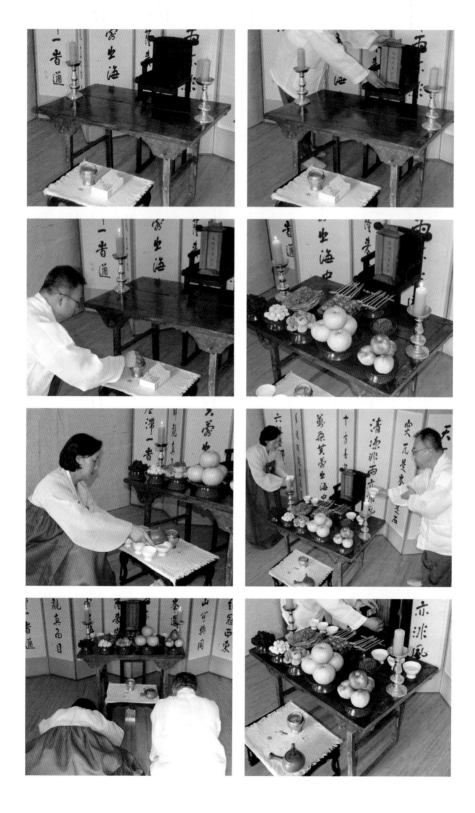

　　종손은 다른 종가들처럼 조상이 큰 벼슬을 한 집안은 아니라 한다. 송도
공파인 나해윤 할아버지대에 와서 아들 셋과 손자 일곱이 진사를 해서 나주
에서도 제법 유명한 집안으로 알려졌다. 화약 기술자이신 종손의 증조부께서

는 일제강점기 초에 의병에 가담해서 독립운동을 꾀했으나 일본 헌병과 접전 중에 총상을 입고 세상을 떠났다. 그래서 종손의 할아버지께서는 애국자 집안임에 자부심을 갖고 있었다. 증조모님이 돌아가시자 할아버지는 시묘살이 대신 집 안에 상방을 차려서 삼년상 내내 그 방에 기거하며 조석 상석을 올리는 전통의 예를 지키며 효를 다했다. 할아버지와 아버지대까지 엄격하고 철저했던 수많은 제사를 종손이 대물림해 지내다가 3년 전에 지금까지의 제사를 혁신했다.

아이들이 성장해서 제 갈 길을 가고, 형제들은 종교적인 이유로 제사의 의미를 잃어가고 있어 제사혁명을 시도했다고 한다. 번잡한 예법의 부담 많은 제사를 지내다 보면 제사의 본질은 사라지고 허례허식이 될 것 같았기 때문이다. 부담은 줄이고 또 줄이되 정성스런 마음만은 지키자는 생각이었다.

4대조 기일 제례를 하루에 모시되 봄에는 5월 8일 어버이날로, 가을엔 개천절로 정했다. 4대가 아니라 지금은 증조까지 3대만 모신다. 어버이날은 살아 있는 부모를 보기 위해 자식들이 모여들기 때문에 이때 제삿날을 정하면 부담 없이 참석할 것이라는 판단에서였다. 제삿날을 통해 자신의 정체성을 찾고 조상 앞에서 반성도 하고 감사한 마음을 갖는 교육적인 날로 삼으려는 의도도 있다. 10월 3일 개천절은 예로부터 하늘에 제사를 지낸 날이어서 의미 있는 날이다. 시제는 양력으로 4월 첫째 일요일 하루를 정해 묘소에서 지낸다.

혁신된 제사 예절

1. 부모님 사후 3년간은 기일(忌日) 제사를 모신다.
2. 3년 후부터는 제삿날에 합제한다.
3. 제삿날은 봄 어버이날과 가을 개천절로 한다.
4. 제수는 제철에 나는 과일 세 가지와 술 한 잔, 젓갈(명란), 포(전으로 대용), 밥, 국을 올리며 녹차는 신위마다 한 잔씩을 올린다.
5. 설날은 밥과 국 대신 떡국 한 그릇을 한 분마다 올리고 추석은 떡국 대신 송편을 올린다.
6. 절은 한 사람이 두 번 한다.
7. 설·추석 차례는 아침 6시, 봄·가을 제사는 저녁 식사 시간을 기준으로 한다.

차와 차 음식 일색으로 지내는 종가의 추석 차례

이날 차를 올리는 추석 차례상을 보고 싶다 했더니 종부가 정성스레 상차림을 해주었다. 추석 차례는 오전 6시에 지낸다.

먼저 병풍을 펴고 병풍 앞으로 위패를 모실 교의를 놓는다. 그 앞으로 제상이 놓였는데 길이 1미터, 폭 64센티미터, 높이 61센티미터로 자그마하다. 이 제상은 조상 대대로 물려받은 것이다. 제상 앞으로 향상을 놓고 향상 위에는 향로와 향갑을 놓는다. 이런 준비를 설상(設床)이라 한다. 그다음은 위패를 모신 독문을 여는 영신(迎新), 촛불을 켜고 향을 피워 분향하는 강신(降神) 의식이 이어진다. 일반적으로 모사(茅沙)에 술을 붓는 의식은 없다. 이어서 제물을 차린다. 대추, 밤, 곶감, 배, 사과 등 다섯 가지 과일이 놓이고, 그다음은 쇠고기를 다져 찻잎을 섞어 구운 육적과 여러 가지 채소와 두부, 고기, 찻잎을 섞어 구운 전을 적 위에 놓는다. 그리고 찻잎으로 만든 예쁜 송편을 담은 그릇을 놓는다. 준비한 음식 진설이 끝나면 미리 우려놓았던 차를 여섯 개의 찻잔에 부어 종손과 종부가 함께 올린 다음 음식을 드시라는 뜻으로 참석자 모두 두 번 절한다. 조상이 음식을 드실 동안을 기다렸다가 안녕히 가시라는 사신(辭神)의 예로 두 번 절한다. 위패 문을 닫고 상을 거두는 것으로 차례는 끝난다. 찻잔은 받침도 뚜껑도 따로 없고 다만 찻잔대가 높은 헌다잔을 썼다.

종가 차례 모시기의 특징은 차와 과일, 적과 송편 등 네 가지 제물이 전부여서 신세대 주부들이 솔깃해할 듯했다. 무엇보다 '차례'라는 용어에 걸맞게 차 음식을 올렸다는 점도 일반 종가와는 차별된 모습이었다.

기일 제사 모시기

아침 혹은 점심때에 교의와 제상과 향로, 촛대를 갖추어 설상을 한다. 위패를 교의로 모신 다음 독문을 열어 영신한 후 촛불을 밝히고 향을 피워 강신한다. 이때도 모사에 술을 붓는 의식은 없다. 차와 다식을 올리고 절을 올리는 참신(參神, 불교에서 말하는 참배의

기제사는 아침부터 제상에 촛불을 켜 차 한 잔을 올려두고서 가족들이 오는 순서대로 절을 올리는데, 이것이 다른 종가와는 다른 모습이다.

384

예절)을 행한다. 여섯 분의 신위 앞에 차를 한잔만 놓은 것은 상징적인 모습이다. 참제자는 도착하는 대로 참신하고 오랜만에 만난 혈족끼리 안부를 묻고 덕담하면서 제사 준비를 한다. 저녁 시간 무렵 메쌀을 씻기 시작하면 제철 과일 다섯 가지와 명란젓, 전 한 그릇을 올리고 메가 다 되면 여섯 그릇의 메와 국을 올리고 술은 상징적으로 한 잔만 올린다. 그리고 미리 우려놓은 차를 6개의 잔에 따라 종손, 종부가 같이 올린다. 메 그릇에 수저를 꽂는 삽시(揷匙)를 한 다음 독축을 하고 참석자 모두 두 번 절한다. 식사하실 동안 15분 정도 조용히 앉아 있다가 술을 내리고 다시 차 여섯 잔을 올린다. 차를 드실 시간 동안 잠시 서 있다가 사신(辭神)의 예절로 두 번 절한다. 아쉬운 마음에서 15분쯤 더 있다가 위패를 닫고 철상을 하고 음복을 한 후 저녁 식사를 한다. 독축도 현대에 맞게 아주 간단하고 쉽게 만들었다. "오늘, 저희 부족한 후손들이 간소한 제수를 갖추어 선령께 올리오니 흠향하소서."

차례상과 비교해 제물은 별 차이가 없으나 설상을 하고 위패를 모신 다음 강신을 하고 차와 다식을 올려 참신을 한다. 하루 종일 그대로 두어 찾아오는 후손들이 그때그때 인사를 올릴 수 있게 한 것도 특징적이다.

385

나주 나씨 송도공파 나천정 종가

가정교육의 집으로 선정된
한학의 명가

전주 이씨
겸산 이국손 종가

옛사람들은 세상에서 가장 듣기 좋은 소리를 '어린아이 글 읽는 소리'라 했
다. 희망의 책 읽는 소리는 아이의 미래를 위한 '프로젝트'가 있기 때문일 것
이다. 그러기에 책을 읽을 때는 눈으로만 보지 않고 글씨를 짚어가며 낭랑하
게 목소리를 돋우고 몸을 좌우로 흔들면서 음률에 맞추어 읽게 함으로써 내
용을 이해하고 머릿속에 깊이 새기도록 했던 것이다. 책 읽는 소리 대신 컴퓨
터 자판 두드리는 소리가 더욱 요란한 세상에서도 글 읽는 소리가 아랫마을
까지 울리고 있다는 한학의 명가를 찾아갔다.

굴비의 고장으로 알려진 전남 영광군 홍농읍 풍암마을의 겸산 이국손(兼
山 李國孫, 1764~1792) 선생의 종가, 덕림정사(德林精舍). 한문에 조예 깊은 영
광 사람치고 이곳을 거치지 않은 이가 드물 정도로 4대째 수많은 한학자를
배출한 종가에는 7대 종손 이학용 씨가 90세의 연세임에도 붓을 놓지 않아
집안 가득 묵향이 감돌았다.

17세에 시집와 혼인 60주년인 회혼례를 맞이한 종부 강순애(취재 당시
77세) 할머니와 종가지킴이로 선정된 막내며느리 조화순(취재 당시 50세) 씨
가 내놓은 고구마 조청과 쑥개떡, 그리고 수정과는 이곳에서 공부한 학도들
의 간식이자 학문을 다지는 데 도움을 준 음식이라 한다. 특히 여름 더위를
식혀준다는 팥 칼국수는 별미 중 별미였다.

종손의 막내아들 이경회(취재 당시 50세) 씨의 안내로 종가를 찾는 길은
쉬웠다. 풍암마을은 영광읍에서 승용차로 15분 남짓한 거리에 있었다. 그러
나 종가는 마을에 있지 않고 마을에서도 산길로 1킬로미터 정도 접어들어야
만 하는 골 깊은 산록에 외로이 있었다.

은밀한 숲속에 도무지 집이 있을 것 같지 않은 곳에 있는 집은 은둔처사가 살 만했다. 지금도 승용차 한 대가 겨우 다닐 수 있는 산길을, 승용차가 없다면 버스에서 내려 20분을 걸어야 하는데 100여 년 전 사람들은 어떻게 다녔을까? 경회 씨가 이 궁금증을 풀어주었다.

100여 년 지켜온 영광의 대안학교, 덕림정사

"제가 어렸을 적 기억만 해도 10리 길은 보통이고 20~30리 길을 걸어서 다녔습니다. 며칠씩 또는 몇 달씩 묵으면서 공부하는 분들은 쌀과 책을 등짐지고 수십 리를 걸어서 왔지요. 그때는 이 길이 오솔길이어서 차가 다닐 수가 없었고 다닐 차도 없었습니다. 영광 사람들은 물론 멀리 전주나 광주에서도 찾는 분들이 많았어요. 그렇게 먼 길 찾아 수업에 임한 분들이 많을 때는 수십 명이 되기도 했습니다. 그랬기 때문에 이곳에서 책 읽는 소리가 마을에까지 울렸다고 합니다."

4대째 한학의 맥을 이어온 가문답게 솟을대문 대신 돌로 세운 아치형의 입덕문이 마치 성전에 들어서는 듯 엄숙함으로 다가왔다. 돌기둥엔 "덕을 베풀면 반드시 이웃이 따르고〔德必有隣〕, 도리는 절대 땅에 떨어지지 않는다〔道不墜地〕"라는 글귀가 방자한 걸음마저 조신하게 만든다. 이 글을 짓고 힘차게 붓글씨를 쓴 이는 바로 종손 이학용 씨다.

입덕문에 들어서면 집 앞으로 펼쳐진 연못 위에 놓인 돌다리를 건너야 하고 축대를 쌓아 만든 돌계단을 올라야 종가 마당에 닿는다. 가쁜 숨을 몰아쉬며 내려다본 눈 아래로 멀리 칠산 앞바다의 쪽빛 물결과 소금밭이 끝없이 이어지는 절경이 펼쳐진다.

종가에서 가장 긍지로 내세우는 사랑채이자 서당이었던 덕림정사는 정면 4칸 측면 2칸으로 뼈대만 한옥이지 지붕은 초라한 슬레이트다. 애초에 튼실한 주춧돌을 놓지 못한 탓인지 100여 년밖에 안 된 건물이 기와지붕의 무게를 못 이겨 내려앉기 시작했다. 하는 수 없이 10년 전에 기와를 내리고 가벼운 슬레이트로 지붕을 갈아 덮었는데 그 슬라브 지붕 때문에 한옥으로 인정받지 못해 문화재 지정이 어렵게 되었다고 한다.

수많은 한학자를 배출했던 영광 지역 서당교육의 산실이 하루가 다르게 쓰러져가는 모습을 노종손과 경회 씨는 안타까운 마음으로 바라볼 수밖에 없다. 종가의 형편으론 덕림정사의 옛 모습을 복원할 능력이 없기 때문이다.

솟을대문이 없다.
돌대문을 달아
종가의 정신을
대변하는 글귀를
새겼다.
'도불추지'
도리는 절대 땅에
떨어지지 않으며
'덕필유린'
덕을 베풀면 반드시
이웃이 따른다.
마음 깊이
담아두어야 할
명문이다.

전주 이씨 겸산 이국순 종가

정사 왼편엔 안채랄 것도 없는 방 두 칸에 부엌 하나가 전부인 초라한 건물 한 채가 있다. 처음엔 초가삼간의 종가 건물이 마을에 있었다고 한다. 서당 덕림정사로 종손이 살림을 옮긴 것은 40년 전, 종손의 선친이 세상을 뜬 이후였다. 효성이 지극한 종손은 덕림정사 뒷산 언덕에 아버지를 모신 다음 3년 시묘(侍墓)가 아니라 30년 시묘살이를 했다. 하루도 빠짐없이 아침저녁으로 아버지 묘소를 참배했던 그 흔적은 종손의 발자국이 묘소 앞에 움푹 파여 풀도 자라지 않는 '효자 발자국'으로 남아 있다.

덕림정사 뒤 언덕에는 조상의 신주를 모신 사당과 제사를 지내는 재실이 종가의 면모를 갖추고 있다. 조상을 섬기는 사당과 교육을 하는 서당 건물은 애지중지하면서 자신의 살림집은 비가 새도 태연한 종손에게서, 자신에게는 박하고 남에게는 후한 청렴한 선비의 삶을 엿본 듯했다.

390

덕림정사 기둥마다 새겨져 있는 글씨 '충국효친 수신제가(忠國孝親 修身齊家)'의 가르침을 받도록 영광군은 종가를 '가정교육의 집'으로 선정했다. 이곳을 찾는 사람들에게는 붓글씨로 자신의 본관 쓰기와 가훈 쓰기, 전통적인 인사법인 절하기 등을 체험하도록 하고 있다. 종가에서 지내는 제사예법도 제삿날에 맞춰 오면 볼 수 있다고 한다.

종가가 영광에 자리 잡은 것은 조선 태종의 아들이었던 근령군파(謹寧君

종가의 사랑채이자 서당인 '덕림정사'는 빼대만 한옥이지 지붕은 초라한 슬레이트다. 기와지붕의 무게를 이기지 못해 슬레이트로 바꾼 탓에 문화재 지정에서 제외되었다. 100여 년 동안 이어온 전통 서당교육의 현장이 쓰러질 위기에 처해 있다.

수많은 국란에도
문을 닫지 않고
지금까지 이어지고
있는 서당, 덕림정사.
맑은 선비가사는
집이란 '백세청풍'의
글씨가 힘차 보인다.

派)의 후예로 현 종손의 10대조인 덕은공(德隱公) 때다. 덕은공의 후손인 성와 이승달(醒窩 李丞達, 1875~1952) 선생은 어릴 때부터 문장력이 뛰어났다. 절개가 곧은 학자로서 호남의 대표적인 유학자 성제 기삼연(省濟 奇參衍)의 학통을 이어받은 제자다. 한말 명성황후 시해와 단발령이 내려져 스승인 성제가 의병봉기에 나서자 이승달도 영광 지역 선비들과 함께 의병봉기에 나섰다. 성제가 이끄는 의병은 1907년 호남 창의회맹소까지 결성해 고창 문수사 전투와 영광 법성포 일대에서 큰 전과를 올렸다. 그러나 이듬해 스승 성제가 사망하자 더 이상 힘을 쓰지 못한 의병들은 뿔뿔이 흩어졌고, 이승달은 나라 잃은 백성은 죽은 목숨이나 다름없다며 덕림산 기슭에 칩거해 조용히 학문을 닦으면서 교육을 하기 위한 덕림정사를 지었다.

이 시대 마지막 선비, 종손 이학용 씨

초·중·고·대학을 통틀어 나라 전체를 훑어보아도 100년이 넘은 학교는 드물다. 전국에 남아 있는 향교나 서원에서도 지금까지 꾸준히 교육을 하고 있는 곳은 찾아보기 힘들다. 그런데 4대에 걸쳐 한 가문에서 100여 년 동안 육영사업을 계승하고 있는 곳이 바로 '덕림정사'다. 전주 이씨 겸산 종가의 대물림되는 교육사업은 수많은 국란에도 문을 닫지 않고 지금까지 이어져와 많은 이들의 존경을 받고 있다. 나라 잃은 설움으로 시작된 이승달 선생으로부터 그 아들 운초 이택근(芸樵 李澤根)이 이어받았고, 손자인 지수 이학용(止修 李學庸)이 서예와 금석문까지 학문의 숲을 넓혔다. 그리고 그의 증손자 이경회도 가업을 이어 흥농읍에서 한문과 서예를 가르치는 서당을 운영하고 있다.

일제강점기에 덕림정사는 지금 식으로 말하면 '대안학교'였다. 뜻있는 민족지사들은 자녀들을 일본식 교육으로 일관된 제도권 학교에 보내지 않았다. 인품과 학문을 두루 갖춘 선생을 찾아 한학과 민족교육을 시켰다. 그래서 지금도 전국의 종손 중에는 학벌은 무학이되 뛰어난 한학자가 많다. 종가의 종손 이학용 옹이 그런 분이다.

종손은 일부러 스승을 찾아 나설 일이 없다. 집안에 스승이 있고 학교가 있었기 때문이다. 덕림정사에서 태어나고 자란 종손은 5세 때부터 할아버지 방에서 잠을 자야 했고, 7세 때부터 할아버지 시중을 들면서 할아버지가 가르치는 학생들 틈에서 성장했다. 그랬기 때문에 무엇보다 예의범절이 반듯해야만 했다. 나이나 입학 서열에 따라 앉을 자리도 눈치를 봐야 했고, 노소를 가려 존칭예절을 잘 익혀야 했다. 종손이 잘못하면 할아버지께 누가 되기 때문에 매사에 소홀함이 없어야 했다. 학문을 연마하는 것은 물론이려니와 새벽에 일어나 세수하고 옷을 바르게 차려입고 부모님께 인사한 후에 바른 자세로 글을 읽어야 하는 인격수양도 모범이 되어야 했다.

이상적인 인간상, 선비의 세 가지 요건

할아버지가 강조하신 선비의 세 가지 요건을 들어보자. 먼저 학문을 연마해 지식인이 되어야 하고, 나라가 어려울 때 전쟁터에 나아가서 의리를 지키며, 어려운 사람을 감싸 안을 줄 아는 인품을 갖추어야만 지조 있는 선비가 된다.

할아버지가 바라는 선비 학습을 위해 종손 학용 옹은 일상생활에 필요한 기초 문자학습서 『천자문(千字文)』을 어릴 때 뗐다. 다음은 청소하고 어른 모시는 예절과, 나가고 들어가는 예법 등 사람으로서 일평생 행해야 할 기초적인 행동규범을 익히는 『사자소학(四字小學)』을 공부했다. 그 이후론 사람으로서 지켜야 하는 도덕적 의무인 천리(天理)의 구체적인 오륜(五倫)인 군신유의(君臣有義), 부자유친(父子有親), 부부유별(夫婦有別), 장유유서(長幼有序), 붕우유신(朋友有信)의 내용이 담긴 『동몽선습(童蒙先習)』을 읽고 외워야 했다.

이런 책을 읽고 이해될 즈음이 되면 어느새 나이가 열 살을 훌쩍 넘는다. 이후부터는 사서삼경(四書三經)을 공부했다. 책을 읽고 내용을 이해하기만 하면 되는 것이 아니라 배운 내용을 생활 속에 실천하는 실천적 학문을 중요시했다.

인류의 근본은 곧 조상을 섬기고 부모에게 효도하는 일이며 형제간의 우애는 말할 것도 없다. 나아가서는 개인적인 욕망을 이겨내고 다 함께 잘살

수 있는 인정과 의리를 실천해야 한다. 한국전쟁 때 산속으로 숨어든 피란민들을 덕림정사에 품어 한 사람도 희생자가 없도록 한 점도 덕림정사의 일화로 전해진다.

종손은 가슴과 머리에 담은 학문을 요약해 문장을 잘 짓고 글씨를 유연하게 써서 남들이 쉽게 이해할 수 있는 현판이나 비석 글을 쓰기 위해 붓글씨를 습작하는 것도 게을리하지 않았다. 다양한 서체를 익히기 위해 서예의 대가들을 찾아다니며 배웠다.

그렇게 세월이 흘러 할아버지가 세상을 떠나고, 선친이 학통을 이어받아 가르쳤지만 선친마저 40여 년 전에 세상을 버리자 종손이 덕림정사를 찾는 학도들을 맡을 수밖에 없었다. 할아버지가 시회를 열 때 근동의 선비들이 종손의 총명한 자질과 학문의 열정을 칭찬한 바 있어 이미 입소문이 나 있었다. 그래서 종가에는 전통 생활문화와 한학과 서예에 뜻있는 분들의 발길이 끊이지 않았다.

당시에는 끼니조차 챙기기 힘든 때라 교육을 한다 해도 수강료를 제대로 받지 못했다. 무료교육이었다. 그래도 학문에 뜻을 두고 찾아오기만 해도 반가웠다. 뒷산에 지천으로 자라는 약쑥을 뜯어 보릿가루와 섞어 쑥개떡을 만들어 허기를 면하게 하면서 글을 읽혔다. 책 한 권을 떼면 떡을 해서 나눠

컴퓨터 게임에 푹 빠져 있을 나이에 『명심보감』을 소리 높여 낭송하고 그 뜻을 머리 깊이 새기기 위해 책장을 덮지 못하는 아이들의 표정에서 눈부신 햇살 같은 미래가 엿보인다.

먹는 책거리 풍습도 넉넉한 집안 사람들의 이야기다. 덕림정사를 찾는 학도들의 부형들은 형편 닿는 대로 미역을 가져오기도 하고, 굴비 한 두루미를 들고 와 감사한 마음을 대신하기도 했다.

종손의 교육방법은 할아버지에게서 비롯됐다. 공부에는 왕도가 없다는 것이다. 많이 읽고 많이 짓고 많이 써보는 '다독다작다서(多讀多作多書)'가 전부다. 그렇게 배워 이곳을 떠난 학도들이 여러 지역에서 서예학원을 차리기도 했고, 한문서당을 연 제자도 있다.

특히 금석문에 조예가 깊은 종손의 서예작품은 고창 선운사의 비석과 영광에 있는 내산서원의 현판 등 각지에서 빛을 발하고 있다. 한때는 법성중학교와 법성상고에서 한문강사를 역임하기도 했고, 영광향교

의 전교(典敎)도 지냈다.

얼마 전까지만 해도 강학을 해왔던 노종손은 이제 노환으로 거동조차 불편하다. 하지만 이날 먼 길 찾은 손님을 맞아야 한다면서 노구를 지팡이에 의지하고 정사 툇마루에 정좌했다. 하얀 수염에 두루마기를 단정히 차려입은 노종손에게서 그윽한 초절(超絶)의 향기가 느껴졌다. 어쩌면 마지막이 될지 모르는 노학자의 말씀을 청해 듣기 위해 이날 학생들이 모여들었다. 27년 전 고등학교 시절 이곳에서 자취를 하면서 한학에 열중했던 성기청(취재 당시 47세, 전직 홍농우체국장) 씨는 초등학교 6학년인 딸과 함께 참석했다. 아버지는 노종손의 제자였고, 딸은 그 아들의 제자로 대를 이어 한학을 배우고 있는 것이다. 성씨는 젊은 시절에 익힌 한학과 사람 사는 도리를 사회생활에서 실천하려 애쓴 덕을 톡톡히 보았다며 딸은 초등학교 1학년 때부터 아드님이 운영하는 서당에 보낸다고 한다.

노학자는 화선지에 힘을 모아 일필휘지했다. '근배지무' 나무는 뿌리를 북돋우면 가지가 무성하고, 사람도 근본이 튼실하면 널리 펼칠 수 있다는 문자의 향기를 남겼다. 80년 필력이 붓 끝에 녹아 한 치의 떨림도 없었다.

이날 강학 교재는 조선시대 아동교육의 지침서인 『소학(小學)』이다. 소학에는 종손이 이 시대에 말하고 싶은 '수신제가 치국평천하'가 들어있기 때문이다. 학생들은 선생님께 절로써 인사를 올린 후 잠시 눈을 감아 마음을 다스린 다음, 선생님이 한 소절을 낮은 소리로 읽자 한 톤을 높여 따라 읽는다. 그렇게 낭랑하게 목소리를 돋우고 음률에 맞추어 읽는 책읽기는 지나가는 바람에 실려 아랫마을까지 들릴 법도 했다.

그러고는 붓을 달라 하시더니 화선지에 일필휘지했다. 나무는 뿌리를 북돋우면 가지가 무성하고, 사람도 기본이 튼실하면 널리 펼칠 수 있다는 '근배지무(根倍枝茂)'라는 문자의 향기를 남겼다. 80년 필력이 붓끝에 녹아내려 한치의 떨림도 없었다.

참교육은 실천교육에 있다

종손의 10남매 중 막내아들인 경회 씨는 다른 형제와 달리 아버지 그늘을 한 번도 떠나본 적이 없다. 아버지가 할아버지 곁에서 그랬듯이 경회 씨도 어릴 때부터 아버지 옆에서 벼루를 챙기고 먹을 가는 일 등을 도맡아 했다. 덕림정

後海人日仁曰義

誦無端禮樂詩書

혼인 60주년을
맞은 당시 노부부와
효자 효부상을 받은
막내아들 경회 씨
내외, 그리고 손자
안재 군 3대가
한자리에 앉았다.
집은 비록 낡았으되
전통을 이으려는
가족들의 정신만은
푸른 소나무를
닮았다.

사를 찾는 사람들 틈에서 한학도 차분히 익혔다. 특히 묵향이 좋아 서예에 관심이 높았다. 아버지께 익힌 서체 외에도 견문을 넓히기 위해 멀리 광주까지 가서 사사를 받고 온다. 혼인을 하고서도 부모님을 25년째 곁에서 모시고 있다. 그래서 부인 조화순 씨는 영광군에서 종가지킴이로 선정됐고, 장남이 아니면서도 부모 모시는 정성이 남달라 영광향교에서 부부에게 효자 효부상을 내린 바도 있다.

경회 씨의 형제들은 전국에 흩어져 산다. 장남인 큰형님은 아랫동네에 살고 있지만 연세도 높고 아버지 가업을 이을 생각이 없다. 그런데 경회 씨는 달랐다. 한 번도 다른 직장을 가져보겠다는 생각을 하지 않았다. 그것은 증조할아버지 때부터 닦아놓은 가학을 누군가가 이어야 하는데 자신밖에 없음을 일찍부터 알기 때문이었다. 가업을 이어가는 것을 천직으로 여겼기에 학교를 졸업하고 종가에서 부친의 조교 노릇을 하다가 지금은 홍릉읍에서 서당을 열어 15년째 운영하고 있다.

유치원부터 노인에 이르기까지 서당을 드나드는 학생은 하루에 50여 명이나 된다고 한다. 10년이 넘게 다니는 학생도 있다. 대학입시에 필요한 영어도 아니고 수학도 아닌, 이 시대에 꼭 필요한 학문도 아닌 한문과 서예를 배우기 위해 하루에 50여 명씩이나 모여든다니 참으로 놀라운 일이다. 그래서 남도를 두고 멋의 고장이라 일컫는 모양이다.

경회 씨 말에 따르면 한문공부를 시작하는 것은 유아기 때부터가 바람직하다고 한다. 『사자소학』을 읽되 그 뜻을 새겨서 실천을 하도록 해야 참공부란다. 실천공부의 구체적인 요소는 스승 앞에서는 늘 옷을 단정히 하고 자세를 바로 할 것을 일러준다. 그리고 아침저녁으로 부모님께 반드시 인사하도록 가르친다. 아주 쉬운 일상의 예절 같지만 매일같이 실천하는 사람들은 그다지 많지 않다. 어렸을 적에 바르게 익혀야 커가면서 주체성 없는 세태에 물들지 않을 것으로 보기 때문이다.

경회 씨는 요즘 한자는 급수를 따기 위한 가르침으로 일관되고 있는 것을 안타깝게 여긴다. 학행일치(學行一致), 배운 것은 행동으로 옮길 때 의미가 있기 때문이다. 문자 속의 뜻을 실천하지 않으면 헛된 학문이 될 수밖에 없지 않겠느냐고 되묻는다. 실천교육은 스승 스스로 솔선수범을 보여줘야 한다. 그 실례는 아버님을 통해 깨닫게 됐다. 부부의 소망은 덕림정사가 하루빨리 복원되는 것이다.

머리 좋아지게 하는 종가음식, 쑥개떡과 고구마 조청

17세 꽃다운 나이에 자녀를 셋이나 두고 혼자 된 30세 종손에게 재취로 시집온 종부는 올해가 혼인한 지 60년을 맞이하는 회혼(回婚)의 해다. 일 년에 수십 번의 제사 모시기도 벅찬 종부의 일상에 서당 찾은 학도들 뒷바라지까지 해야 하는 이중 고생이었지만 청빈한 선비의 삶을 지향하는 종손을 내조하는 일에 보람을 느꼈다고 한다. 많은 자식들 뒷바라지에 어려운 살림살이 등 분명 힘든 삶이었지만 사람의 도리에 한 치도 어긋남이 없는 종손을 존경하는 마음으로 섬겼다.

그런 종손이 강학에 들기 전에는 고구마 조청 세 숟가락을 들게 했다. 흡수가 빠른 당분을 섭취함으로써 머리를 맑게 하려는 것이었다. 고구마 조청은 고구마를 삶아 엿기름과 함께 삭힌 다음 설탕을 조금 넣어 오랫동안 줄여서 만든 것이다. 쌀이 귀하던 시절에는 밥을 지을 때 말고는 쌀을 아껴야 했기 때문에 고구마가 쌀을 대신했다.

점심을 굶어가며 공부하는 학생들을 위해 종가 주위에서 지천으로 자라는 약쑥을 뜯어 삶아두었다가 밀가루를 넣어 반죽해 먹기 좋은 크기로 빚은 다음 솥에 쪄서 점심을 대신한 쑥개떡도 종가에선 힘을 발했다. 섬유질이 많은 쑥은 배를 든든히 하고, 쌉쓰레한 쑥맛은 머리를 맑혀서 공부에 도움이 되는 음식이라 한다.

여름철 뜨거운
열기를 내려주는
팥 칼국수와
섬유질이 풍부해
배고픔을 면해준다는
쑥개떡, 머리를 맑게
해주는 수정과는
'덕림정사'의
책거리 음식으로
전해오고 있다.

또한 삼복더위인 초복·중복·말복 때마다 종가 밭에서 심어둔 팥으로 칼국수를 만든다. 팥을 푹 삶아서 걸러낸 다음 칼국수를 넣어 끓여서 학생들과 나누어 먹는 별미였다. 이는 붉은 팥은 한여름에 역신을 물리치기 위한 주술적인 의미가 있는 데다 전분이 많아 배고픔을 면해주고 시원한 팥의 성분이 여름의 열기를 식혀주기 때문이다.

여름철에 마시기 좋은 수정과도 종가에서는 떨어지지 않는다. 지금이야 곶감이 들어가야만 수정과인 줄 알지만 예전에는 곶감을 넣지 않았다. 생강과 계피와 대추를 넣어 달여서 감기 기운이 있을 때엔 꿀을 넣기도 하고, 더위에 지쳤을 땐 설탕을 넣어 차게 마셨다. 생강과 계피의 향기는 머리를 맑게 하는 성분이 있어 수정과를 마신다고 한다.

특히 늦게까지 손에서 책을 놓지 않는 종손을 위해 아침에는 날달걀을 깨뜨려 간장을 조금 넣고 참기름을 타서 마시게 했다. 아침마다 먹는 날달걀 하나가 종손의 유일한 영양식이다. 종가의 내림음식은 종손의 어머니가 학문하는 아들의 건강을 위해 평생을 챙겼던 머리 좋게 하는 음식들이라 했다.

예학의 정신
100그루 백매화 향기에 깃든

청주 정씨
한강 정구 종가

399

청주 정씨 한강 정구 종가

5년 전 종손이
먼저 떠나 종부
혼자 집을 지키고
있지만 부지런한
종부는 마당은 물론
집둘레에 한 뼘의 빈
터도 남기지 않고
꽃과 약초와 박을
심었다. 안채를
가리는 내외 담
둘레에는 꽈리,
금잔화, 설압초,
쑥부쟁이 등 이름도
정겨운 꽃들이
가을의 정취를 한껏
돋우었다.

사곡에 구름 걷혀 바위는 백 척이요.

바위 끝 풀꽃들은 바람결에 머리 푸니

이 중에 누가 알리 저 맑은 뜻을.

천심에 개인 달빛 못에 비침을.

경북 성주가 낳은 대유학자 한강 정구(寒岡 鄭逑, 1543~1620) 선생이 지은
「무흘구곡가(武屹九曲歌)」 중 4곡을 담은 시다.

　　탁월한 예학자로, 대사헌이란 벼슬로 이름을 높였던 선생이 후학을 양
성했던 '회연서원' 옆으로 흐르는 80리 대가천 주변의 빼어난 풍광 아홉 곳
을 골라 차례로 이름을 붙였다. 중국 남송시대 주자의 무이구곡을 본떠 지은
7언 절구의 시가 그것이다.

　　성주군 수성면 수정리 '갓말'에 있는 선생의 종가도 경계를 알리는 담 대
신 꽃으로 치장해 선조의 멋을 대물림하고 있다. 2003년 세상 떠난 종손 정
염(鄭炎) 씨의 빈자리를 꽃 기르는 낙으로 채워간다는 17대 종부 김기(취재
당시 68세) 씨는 꽃처럼 향기로운 음식 솜씨도 지니고 있다. 소박한 등겨장과
다섯 가지 약재로 만든 약감주 등이 바로 그것이다.

　　"땅은 아름다운 사람이 있어 아름다운 글을 남겨야 그 아름다움이 천하
에 떨친다"고 했다. 옛사람들은 풍월의 주인이 되기 위해 이름 없는 산과 물,
바위에 이름을 붙이고 풍성한 글을 지어 후세에 남겼다. 소동파는 「적벽부」
에서 만물은 주인이 있지만 맑은 바람과 밝은 달은 주인이 없어 취하는 자가
주인이라 했다. 팍팍한 세상을 살아가는 우리는 지금 옛 선비들이 누렸던 자
연의 흥취를 쫓아 여행이란 이름으로 즐기는 것 또한 풍류가 아니겠는가.

맑은 가을 하늘 따라 어디론가 떠나고 싶은 계절, 「무흘구곡가」를 남긴 한강 선생의 채취가 서려 있는 회연서원과 종가를 찾아 나섰다. 경북 성주군 수륜면 신정동 양정마을에 있는 서원은 성주읍에서 고령으로 가는 33번 국도를 따라 약 12킬로미터 거리에 있다.

서원에서 청주 정씨 문목공대종회 회장 정재담(취재 당시 67세) 씨와 문중의 어른 정목용 씨, 정수용 씨, 서원 관리를 맡고 있는 정능식(취재 당시 68세) 씨를 만났다.

"이곳은 벼슬보다 교육에 힘썼던 한강 선조께서 41세 때 회연초당을 짓고 제자들을 교육하던 곳입니다. 할아버지가 세상을 떠난 인조 5년(1627)에 이 지역 유림들의 공론으로 서원이 됐고요. 이후 숙종 때인 1680년에는 사액서원이 되는 영광을 안았습니다. 그러나 고종 때 서원 철폐령이 내려져 서원현판을 가리고 다른 용도의 건물인 양 위장을 해 본당 건물을 살려놓았습니다."

조상의 위업을 지키려는 후손들의 정성이 아니었으면 하마터면 없어질 뻔했던 400여 년 된 건물이 오롯이 보존됐기 때문에 1974년 경상북도 유형문화재로 지정됐다. 이후 동제, 서재, 전사청 등은 다시 복원해 지금의 모습이 갖추어졌다.

예학을 체계화한 선생의 유지를 받드는 일로 종중에서는 봄·가을로 제향을 모시고 '충효사상'을 교육하고 있다. 한강 선생의 예사상과 현대생활에 알맞은 기본예절 등을 2박 3일간 합숙하면서 가르친다고 한다.

청주 정씨
문목공대종회 회장
정재담 씨를 비롯한
정목용, 정수용,
정능식 씨 등 문중
대표들은 서원에
자주 모여 문중의
중요한 일들을
의논한다.

주 정씨 한강 정구 종가

"이 서원을 거쳐 간 한강 선생 문인은 모두 344명으로 과거 합격자가 110명, 시호(諡號)를 받은 사람도 9명이나 됩니다. 당대에 이만한 숫자의 문인을 뒀던 인물은 흔치 않지요."

종회장 정재담 씨의 자긍심 넘치는 설명이다.

충효교실 열어 조상의 얼을 알리다

일반적으로 서원 건축은 교육 공간과 선현추모의 공간이 앞뒤로 놓이는 전학후묘(前學後廟) 또는 전묘후학(前廟後學)의 모습을 갖춘다. 하지만 회연서원은 강당의 오른편에 사당이 나란히 앉은 특징을 보여준다.

강당 6칸 대청에는 선조대왕의 어필 '회연서원(檜淵書院)'이란 글씨 외에도 한강의 제자였던 미수 허목이 쓴 망운암(望雲巖), 옥설헌(玉雪軒) 편액이 좌우에 걸려 있다. 왼쪽 측실 옆 퇴보 위에는 미수의 글씨로 불괴침(不愧寢, 부끄럼 없는 잠자리)이란 또 한 장의 현판이 눈길을 끈다. 옛사람들은 좋은 글귀로 방 이름을 짓고 그 글에 맞는 삶을 꾸려가려 했던 것이다.

"한강 선조께서는 21세 때 퇴계 이황 선생께 배움을 청했고, 24세 때는 남명 조식 선생의 학통을 이어 예학을 체계화하는 데 평생을 받친 영남예학파의 종장이십니다. 그 유지를 받드는 일로 봄·가을 이곳에서 제향을 모시고

30년 전부터 '충효사상'을 무료로 교육하고 있습니다. 2박 3일간 합숙하면서 옛 서원의 교육방식대로 한강 선조의 예 사상과 현대생활에 알맞은 기본예절 등을 가르치고 있습니다."

　서원관리를 맡고 있는 정능식 씨는 서원의 또 하나 자랑은 정원에 심어진 100그루의 백매화라 한다. 한강이 회연초당을 꾸밀 때 뜰에 가득 백매화를 심고 다음과 같은 시를 읊었다.

> 자그마한 산 앞에
> 자그마한 집 하나
> 뜰 가득 매화 국화 해마다 늘고
> 물과 구름 있으니 그림이어라.
> 뉘 있어 나만큼 사치로울꼬.

사학, 지리학, 의학, 문학 등 다방면에 걸쳐 학식이 남달랐던 한강 정구 선생. 특히 예학에 밝아 영남 일대의 선비들은 물론 전국의 선비들이 예에 대한 의문이 있으면 선생께 물어 답을 구했다. 벼슬보다는 교육에 힘썼던 선생은 회연초당을 짓고 제자를 교육했는데 사후에 지역 유림들의 공론으로 서원이 됐다. '회연서원' 현판 글씨는 선조임금이 친히 내려주신 어필이다.

　선생의 손길이 느껴지는 당시의 백매화는 4그루 정도 고목으로 살아 있고 나머지는 후손들이 심었다고 한다. 서울에서 직장생활을 하다 정년퇴직 후 의미 있는 삶을 위해 서원관리를 자청했다는 정능식 씨는 매실을 수확하여 차로 만들어 이곳을 찾는 손님들에게 대접한다고 했다. 달 밝은 봄밤에

는 매화 향기에 취해 잠을 설칠 정도라며 매화가 필 때 놀러 오라며 초대해주었다.

산, 들, 바위, 물 등의 절경에 이름을 짓다

한강 선생의 업적 중에 성주 사람들이 자랑으로 내세우는 건 무흘구곡이다. 중국 송나라 때의 인물 주자가 읊었던 무이구곡을 본떠 서원 뒤 대가천 물길에 담긴 봉비암을 1곡으로 이름 없는 산과 강과 나무에 아름다운 이름을 붙이고 시를 지었다.

첫 구비 여울에다 낚싯배 띄우노라.
석양 냇가 바람에 흔들리는 낚싯줄 뉘 알랴.
인간 세상 온갖 생각 다 버리고 박달 삿대 짚고서
저녁 안개 헤치는걸.

1곡의 풍광을 읊조리던 한강은 종가가 있는 갓말소의 절벽을 2곡이라 했다. 무학동의 배바위를 3곡으로 하고, 영천동의 선바위를 4곡, 영천동 사인암은 5곡, 유성의 옥류동이 6곡, 평촌리의 만월담이 7곡, 평촌의 와룡암을 8곡이라 했고, 마지막 9곡은 수도리의 용소다.

무흘구곡이 펼쳐진 길이는 30킬로미터에 이르며 골골마다 시를 지어 아름다운 풍광의 느낌을 달리했다. 지금은 행정구역이 바뀌어 6곡부터는 성주가 아니라 김천에 속한다. 9곡을 다 구경하려면 1박 2일은 잡아야 한다니 무흘구곡 구경은 포기하고 서원에서 1킬로미터 남짓한 종가에 들렀다.

꽃담과 종부의 친절이 아름다운 종가

"한강 할배 종가인 우리 집을 이제야 찾으면 어떡해요. 성주를 대표하는 예학의 선구자이신 한강 할배를 먼저 찾아야지요."

앞서 취재한 성주의 여러 종가들을 책으로 봤던 종부의 말이다. 훤칠한 키에 미모까지 갖춘 종부 김기 씨는 친화력 있는 목소리로 손님을 반긴다. 대청마루에 올라 공손히 절을 올리는 일행에게 시원한 약감주와 방금 쪄낸 듯 따뜻한 옥수수를 한 소쿠리 내놓는다.

"잡풀이 크지 못하게 옥수수를 심었더니 쫀득한 맛이 일품이지요. 찰옥수수는 분홍빛이 날 때 거두어야 부드럽습니다. 자주색으로 익어버린 딱딱한 옥수수는 말려뒀다가 알을 뜯어서 불린 후 콩처럼 밥에 넣으면 밥맛이 한결 좋아요."

부지런한 종부는 마당은 물론 집 둘레에 한 뼘의 빈터도 남기지 않고 꽃과 약초와 박을 심었다. 사당 들머리엔 조롱박과 수세미가 아치형으로 매달려 있고, 안채를 가리는 내외담 둘레에는 꽈리, 금잔화, 설압초, 쑥부쟁이 등 이름도 정겨운 꽃들이 가을의 정취를 한껏 돋우었다.

종가 둘레에 심어둔 골담초, 인진쑥, 익모초, 느릅나무, 가시오가피 등 약초를 종부는 지혜롭게 사용한다. 이를 거두어 가마솥에 넣고 물을 부어 하룻밤 달여 그 물에 엿기름을 삭히고 지에밥을 쪄서 약감주를 만든다. 거무스레한 색과 첫맛에 약간 쓴맛과 한약 냄새가 나서 거부감이 들었다가 한 사발 쭉 들이켜고 나면 늦더위에 쌓였던 번열이 싹 가시고 한 사발 더 청하게 만드는 매력적인 맛의 음료였다.

종부는 안동에서도 첫손에 꼽는 내 앞 마을 의성 김씨 문중 셋째 딸로 22세에 다섯 살 위인 종손에게 시집을 왔다. 안동여고를 졸업하고 신부 수업을 받던 어느 날 친정 할아버지께서 종부를 불러놓고 근동에서도 알아주는 양반 가문이라 더 볼 것도 없다며 혼사를 서둘렀다. 할아버지 말씀이 바로 법이었던 가문의 법도 때문에 신랑 얼굴도 보지 못한 채 혼례를 치렀다. 이듬해 여름 성주 시댁으로 신행을 왔는데 대문 입구에 놓은 쥐불을 넘어 집 안에 들어왔다. 이 마을 며느리맞이 풍속이다. 모든 액을 물리치고 새사람이 들어와서 불처럼 재물을 일궈야 한다는 의미다. 큰상차림 옆에도 화롯불을 피워두어 어떤 음식이 올랐는지는 생각나지 않고 오로지 더웠던 기억밖에는 없다며 그때의 기억을 떠올리며 새댁처럼 볼이 발그스레 물든다.

종가에는 솟을대문도, 집을 가리는 담도 없다. 사랑채, 안채, 사당채가 전부인 조촐한 모습이다.

"이 집은 제가 시집오는 해 이사를 왔기 때문에 유서 깊은 고택은 아닙니다. 저 아래에 옛집이 있었다는 이야기는 들었지만 이곳으로 이사를 한 연유는 어른들께 듣지 못했습니다."

종손이 외동이라 두 번째 딸을 낳자 시어머니는 은근히 눈치를 줬다. 어려운 시집살이에다 시어른 눈치까지 살펴야 했으니 마음고생은 이루 다할 수 없었다. 시어른 몰래 아들 낳는 부적을 베갯잇에 넣기도 한 노력 덕분인지 두 딸 이후 두 아들을 얻어 종부로서 큰 소임을 이뤘다.

하지만 글만 읽는 선비 집안이라 생활이 곤궁했다. 남편의 사업도 여의

사당 들머리엔 조롱박과 수세미가 아치형으로 매달려 있다.

치 않아 경제적인 어려움 또한 참기 힘든 일이었다. 서울생활을 하는 남편 대신 시어른과 함께 종부는 팔을 걷어붙이고 하천을 개간해서 논 60마지기를 만드는 억척 종부로 변했다. 그렇게 경제적인 압박에서 벗어나자 성주에서 주말 농장을 하던 종손이 쓰레기통에 버려둔 부탄가스가 터지는 바람에 심한 화상을 입는 불행을 겪게 된다. 대구병원에서 10여 년간 투병생활을 하던 남편은 지난 2003년 기어이 세상을 떠났다. 출가한 두 딸과 큰아들은 미국에서 생활을 하고 작은아들은 서울에 살아 종부 홀로 집을 지킨다.

　일손 바쁜 종부였지만 한때는 운전면허도 따고, 마음을 다스리기 위해 붓글씨도 배웠다. 운전면허는 차를 한 번도 몰아보지 못한 장롱면허지만 붓글씨는 종부에게 변하지 않는 유일한 벗이 되어주었다. 손자·손녀들에게 한강 할아버지가 남긴 좋은 글귀를 써서 선물하고 싶은 꿈을 이루기 위해 방 하나 가득 묵향으로 넘쳐났다.

　"미국에 사는 딸들이 혼자서 고생하지 말고 오라고 하지만 한강 할배 제사를 누가 받듭니까. 아들대에는 어떻게 될지 몰라도 내대까지는 조상 제사를 모셔야지요. 그동안 어려운 고비가 많았지만 친정 욕 먹이지 않으려고 참았는데 남은 생도 양반의 상징인 제사 모시는데 바쳐야 할 것 같습니다. 그게 종부로서 끝까지 지켜야 할 소임이라고 생각합니다. 책임을 다하고 가야겠지요."

　아직도 일 년에 아홉 번 제사 때문에 오랫동안 집을 비울 수 없어 딸과 아들이 사는 미국 나들이가 자유롭지 못하다는 종부의 환한 웃음 뒤엔 쓸쓸함이 그림자처럼 배어났다.

친정에서 준비해 온 밑반찬과 시댁 음식 등겨장

종부는 약감주 외에도 시집올 때 준비해온 밑반찬 세 가지와 시집와서 배운 이 지역의 토속음식 등겨장을 만들어줬다. 친정 음식 멸치볶음, 북어 보푸라기, 쇠고기 고추장볶음은 낯설기만 한 시댁 부엌에서 서툰 솜씨로 살림하던 종부에게 요긴한 밑반찬이었다.

　그때를 회상하며 만들어준 멸치볶음은 요즘 모습과는 많이 달랐다. 일단 사용하는 멸치의 크기부터 달랐다. 국물용 멸치보다 커 보이는 왕멸치의 대가리, 가시를 발라내고 참기름에 살짝 볶은 다음 간장, 고추장, 조청을 넣어 약한 불에서 조려 만든다.

　종부의 친정 동네는 안동식혜가 별미였지만 시댁 마을에선 집집마다 엿

시집올 때
친정어머니가 이바지
음식으로 준비해주신
멸치볶음, 북어
보푸라기, 쇠고기
고추장볶음은
낯설기만 한 시댁
부엌에서 아직은
서툰 솜씨로
살림하던 종부에게
아주 요긴한
밑반찬이었다.
어머니 생각이
새록새록 나게 하는
음식이기도 하다.
성주 지역의 향토
음식인 등겨장.
디딜방아로 보리를
찧으면 고운
'등겨'가 나오는데,
이것을 물로 반죽해
둥글납작하게 빚어
아궁이에 구워
발효시킨 다음
가루를 내어 조청과
소금, 무, 고춧가루를
넣어 만든다.

5가지 약재를
우려낸 물에
엿기름을 삭히고
지에밥을 쪄서 만든
약감주.

과 등겨장을 만들었다. 등겨장은 6~7월 보리 추수 때 만든다. 예전에는 집집마다 디딜방아로 보리를 찧어 그때 나오는 고운 '등겨'로 만들지만 지금은 방앗간에서 구해 온다. 보리등겨에 적당한 양의 물을 넣어 반죽해 둥글납작하게 빚은 다음 가운데 구멍을 내고 부엌 아궁이에 넣어 노릇노릇하게 굽는다. 구운 등겨를 통풍이 잘되는 곳에 매달아 7개월 동안 발효시킨다. 속이 노랗게 곰팡이가 핀 등겨를 방망이로 두드려 방앗간에서 곱게 갈아 온다. 묽은 조청에 가루 낸 등겨와 소금을 넣고, 깍두기보다 작게 썬 무를 소금에 절였다 물기를 없앤 뒤 함께 넣는다. 고운 고춧가루도 불그스레할 정도만 넣어 버무리는데 하룻밤만 지나면 먹을 수 있다. 봄철 푸성귀 쌈장으로 그만이다. 따뜻한 쌀밥에 비벼 먹기도 하지만 찌개를 끓이면 맛이 없다.

가을에 김장을 하듯 여름엔 '등겨장' 만드는 일이 연례행사다. 집집마다 넣는 재료에 따라 맛이 조금씩 다른 등겨장이 된다. 쌉싸래하면서도 담백한 맛이 나는데 막장이나 된장처럼 짜지 않고 보리로 만든 식품이라 소화가 잘 될 것 같았다.

이날 한강 선생의 후손 중 성주군에서 '솜씨장'으로 지정한 이필순(취재 당시 74세) 할머니는 혼례음식으로 구절판과 유과, 다식을 정성껏 만들어 와 종가의 내림음식에 격을 더해주었다.

수많은 예서 펴낸 한강의 예학사상

한강 정구 선생의 아버지 판서공이 성주 이씨와 혼인해 성주에 정착했다. 선생의 출생지는 성주군 대가면 칠봉산 유산이라는 마을이다. 지금도 그의 태실을 기념하는 비가 남아 있다. 윗대는 한양에서 살았으나 조부인 승지공이 성균관 문묘에 배향된 한훤당 김굉필의 사위가 되었다. 한강은 한훤당의 외손이 된다.

어려서부터 총명했던 그는 과거를 보러 한양에 갔다가 과거장의 문란함을 보고 시험에 응하지 않고 고향으로 돌아와 학문에만 전념한다. 이를 안타깝게 여긴 동향이자 벗이었던 동강 김우옹의 추천으로 예빈시참봉에 제수됐지만 역시 벼슬길에 나가지 않았다. 이후 여러 벼슬을 거쳐 광해군이 즉위하던 1608년에는 대사헌에 오르기도 했다. 하지만 당쟁으로 시끄러운 내직을 피해 주로 외직에 있으면서 지방 학문의 육성과 백성의 교화에 자신의 이상을 심으려 노력했다.

그의 학문은 광범위하다. 성리학, 예학, 역사, 지리, 의학, 문학 등 다방면에 걸친 것이었는데 예학에 특히 밝아 영남 일대의 선비들은 물론이고 전국의 선비들이 예에 대한 의문이 있으면 그에게 물어 답을 구했다.

선생의 예학적 관심은 하늘이 내린 성품 탓이라 했다. 그가 26세 때 어머니 상을 당하면서 제복(祭服)과 제주(祭主), 신주(神主)에 대해 퇴계 선생께 편지로 질문을 할 만큼 모범적인 예절에 관심이 높았다. 당시 사대부가에서 관혼상제는 풍속의례(風俗儀禮)로 행할 뿐 규범화된 예절은 정리되지 않은 상태였다.

예학은 인간 삶의 모든 현실과 행위의 절차 속에서 가장 구체적으로 나타나는 유교적 이념의 형식이며 규범이다. 그런 예학을 학문적으로 정리해 수많은 예학 책을 저술하게 된다. 31세 때 『가례집람보주(家禮輯覽補註)』, 37세 때는 『혼의(婚儀)』, 40세에는 『관의(冠儀)』를 썼다. 44세 때는 함안군수로 부임하자 몸을 정갈히 하고 사직신(社稷神)에 고하는 의례를 행하고, 이듬해 이곳에 피폐한 사직단을 제도에 맞게 보수하는 등 국가적인 의례에도 관심이 높았다.

61세 때인 1603년에는 송나라 때 유학자인 이정자(二程子), 사마광(司馬光), 장횡거(張橫渠), 주자(朱子) 등의 예설을 모은 『오선생예설분류(五先生禮說分類)』를 편찬하는 작업도 했다. 이들 책은 선생의 나이 72세 때 한 차례 화재를 입어 지금은 전하는 것이 많지 않지만 『오선생예설분류』는 76세 때 다시 완성을 보아 남아 있다. 73세 때는 『예기상례분류(禮記喪禮分類)』를, 『오복연혁도(五服沿革圖)』 등 그가 세상을 떠나는 78세까지 여러 예서를 펴내면서 조선 예학의 토대를 만든 빛나는 업적을 일구었다.

9부

전통을 지키는 사람들
그리고 오늘을 걷는 발걸음

경주 최부잣집 300년 부의 비밀

거창 강천마을의 초계 정씨 동계 정온 종가

문화 류씨 곤산군파 류이주 종가

고성 이씨 귀래정파 종가

은진 임씨 갈천 임훈 종가

남평 문씨 애송당 문익현 종가

신안 주씨 경안 종가

제주 양씨 유향별감 양통해 종가

밀양 박씨 국담공파 승지공 박뢰 종가

선산 유씨 문절공 미암 유희춘 종가

경주 최부잣집 300년 부의 비밀

경주시 교동 69번지에 있는 최부잣집은 10대에 걸쳐 300여 년간 만석꾼의 부자로, 또 9대 진사 집으로 유명하다. 역사상 가장 오랫동안 부를 지켜내면서 서민의 존경까지 받아왔던 종가에는 남다른 철학이 있다. 사람의 도리를 일깨워주는 22가지의 교훈이 그것이다. 더러 최부자보다 더 많은 재물을 가졌던 사람도 있었을 것이다.

하지만 '부불삼대(富不三代)'라고 했으니 대부분은 당대에 부를 일궈 당대에 망했거나 3대를 넘기기 힘들었다. 해외까지 눈을 돌리더라도 200년 동안 부를 유지하며 르네상스 시대를 여는 데 기여했던 중세 이탈리아의 메디치 가문보다 100년이나 더 긴 세월이다. 국내는 물론 세계 역사에서도 큰 의미를 지닌 경주 최부잣집의 종손 최염(취재 당시 74세) 선생과 종부 강희숙(취재 당시 69세) 여사를 찾아뵙고 부의 근원에 얽힌 여러 가지 일화들을 듣고 왔다.

종가 사람들은 뜻밖에도 서울 근교에 살고 있었다. 경주 최씨(慶州 崔氏) 사성공파 교동계(司成公派 校洞契) 파조(派祖)인 최의기(崔義基, 1653~1722) 선생의 11세손 최염 선생과 종부 강희숙 여사가 살고 있는 곳은 경주의 고택이 아니라 분당의 최신식 고층 아파트였다. 하지만 현관에 들면서부터 풍겨오는 향취는 역시나 종가였다. 새콤하면서도 달착지근한 술 익는 향기가 방문객의 미각을 자극했다. 수백 년 전해오는 종가의 가양주 교촌법주는 한옥이 아닌 아파트 술독에서도 그렇게 익어가고 있었다.

거실 한편에는 그 술을 담았던 호리병과 술잔도 시대를 넘나들며 가지런히 놓였다. 300년 부잣집의 내력을 말해주듯 10대에 걸친 선조들의 낙관도 소중히 보관돼 있었다. 사랑채 어른들의 겨울 난로였던 은입사 백동화로도 귀품이었고, 외출할 때 상징적인 의미를 갖고 있는 갓이며 종손이 혼인할 때 신부에게 보낸 함 속엔 낡은 혼례복이 고이 간직돼 있다. 아파트이긴 하나 조상의 공간인 방 하나는 따로 있다.

이것이 바로 아름다운 노년

그곳에 종가의 상징인 제례용품, 제사상과 제기가 신령스레 보관돼 있다. 한국전쟁 때 조상의 신주가 혹시라도 적들에게 욕을 보일까 봐 아예 묘 옆에 묻었기 때문에 신주 대신 지방으로 제례를 모신다는 위패함도 그 디자인이 예술적이었다. 닭 울음소리, 개 짖는 소리 들리지 않는 호젓한 곳에서 갖가지 약재를 넣어 뽕나무 가지로 불을 지펴 다렸던 경옥고(瓊玉膏) 백자 항아리도 긴 세월 종가 사람들의 건강을 지켰을 것이다.

나라 안은 물론 세계사에서도 그 유례가 없다는 300년 최부잣집의 세간은 의외로

소박했고 실용적인 것들만 있었다. 세월의 켜가 쌓인 종가의 생활용품을 살펴보면서 거실 가득 값비싼 장식품으로 채워진 요즘 부자들의 겉모습과 절로 비교가 되었다.

종손은 권위적이지 않았다. 단아한 선비 풍모로 친화력이 있었으며 말씨는 따뜻했다. 한복이 양장보다 더 편해 보이는 종부의 절제된 거동과 고운 모습에서도 양반 마님의 귀품이 은은히 풍겼다.

경북 봉화에서 만석꾼 집안으로 알려진 강씨 문중에서 경주 최부잣집 큰아드님께 시집올 때는 마을 전체가 떠들썩했다. 요즘으로 치면 이름난 재벌 가문의 혼사였으니 뉴스거리가 될 법했다. 신부는 23세였고 신랑은 28세였다. 그러나 세간에서 말하는 만석꾼의 재물은 이들의 삶에서는 제외됐다. 종손은 직장생활과 사업을 했고, 종가 살림은 종손이 능력껏 꾸려왔다.

"유산은 못 받았습니다. 10대로 이어오던 만석 재산은 준(浚, 1884~1970)자 할아버지대에 끝났습니다. 육영사업을 꿈꾸었던 조부께서 경북에 있는 영남대학교의 전신인 대구대학교 설립 때 모두 내놓았습니다. 조부께서는 저희를 불러놓고 조상님이 이루신 모든 재물은 독립된 나라에 대학을 설립하여 국가를 이끌고 갈 인재 양성에 쓸 것이니 너희는 이제 스스로의 능력껏 살아가도록 해라'는 말씀을 단호히 하셨습니다."

종손은 할아버지가 세운 영남대학교의 전신인 대구대학교를 졸업하고 할아버지 일을 돕다 독립적으로 사업을 시작했다. 그 때문에 일찍부터 서울 살림을 했다. 그러나 한 달에도 수차례 고택으로 내려가야 했다. 96세로 돌아가신 어머니가 그곳에 계셨고 4대 봉제사도 어른이 계실 동안은 경주에서 모셨기 때문이다.

한때는 100여 명의 하인을 거느렸던 최씨 문중의 맏아들 최염 선생도 변해가는 세월을 거스를 수는 없는 모양이다. 요즘은 배낭을 메고 직접 장을 보러 다닌다. 제사장은 물론 종손이 즐겨 먹는 싱싱한 채소도 직접 산다. 단골가게도 있어 종손이 가면 특별 서비스도 챙겨준단다. 건강을 위해 하루 만보를 걷는다. 자가용도 없애버렸다. 지하철과 대중교통을 이용하니까 그렇게 편할 수가 없다고 한다.

요즘 종손의 일과는 종부의 병간호 때문에 더 바쁘다. 평생 병원이라고는 몰랐던 건강한 체질의 종부가 4년 전 시어머니가 돌아가시자 긴장이 풀렸는지 몸에 문제가 생기기 시작했다. 3년 동안 대소변을 받아가며 효성스런 간호를 했지만 '지구의 종말을 맞은 것 같다'며 시어머니와 이별을 아쉬워했고, 그간 고부간의 정을 안쓰럽게 지켜보던 종손은 몇 년 전 사회생활을 모두 접고 종부의 건강을 보살피고 있다.

"돌아가신 조모나 어머니께서 배낭을 메고 시장을 보러 가는 지금의 내 모습을 보셨으면 어떤 표정을 지으실까 생각해보면 웃음이 납니다. 만석꾼 집안의 맏아들로 태어났으니 금지옥엽 얼마나 귀히 여기셨겠습니까. 특히 전통사회에서는 남자들이 부엌에 드나들거나 여자들의 일을 거들면 체신 깎이는 일로 여겼지 않았습니까?"

11대 종손 최염 씨.

이제 노부부는 종가의 대를 이을 차종손 최성길(취재 당시 46세, 서울지방법원 판사) 씨가 해외 연수에서 돌아오면 경주 고향집으로 돌아가 여생을 마치겠다고 한다. '부귀영화가 한갓 뜬구름 같다'는 노부부의 편안한 모습에서 아름다운 노년의 초상을 발견한 듯했다.

새겨들어야 할 22가지 가법

"3년 부자 없고 3년 거지 없다"는 옛말이 있다. 하지만 경주 최부잣집은 그런 속담이 무색하다. "사촌이 땅을 사면 배가 아프다"는 이야기도 이 댁에서는 통하지 않았다. 최부잣집에서 논을 사면 마을 사람뿐 아니라 사방 100리 밖의 사람들도 박수를 쳤다고 한다. 은혜를 받고도 돌아서서 비난하는 부자가 아니라 이해관계 없이도 존경을 보내는 부자의 모델이 바로 경주 최부잣집이라 한다. 그 때문에 최부잣집에는 후손들에게 남긴 엄격한 교훈이 많다. 이는 부를 이루기도 어렵지만 이를 지켜가는 것이 더 어렵다는 사실을 알고 있는 선조들이 남긴 삶의 지혜였다.

"우리 집은 정무군 할아버지 때부터 전해오는 여섯 가지 조목의 가헌(家

憲)이 있습니다. 첫째, 과거를 보되 진사 이상은 하지 말라. 둘째, 재산은 만석 이상 지니지 마라. 셋째, 과객을 후하게 대접하라. 넷째, 흉년에는 땅을 사지 마라. 다섯째, 며느리들은 시집온 후 3년 동안 무명옷을 입어라. 여섯째, 사방 100리 안에 굶어 죽는 사람이 없게 하라"는 내용입니다. '하라'가 아니라 '하지 말라'가 더 많은 특별한 가훈이지요.

이외에도 처신의 방법인 육연(六然)이 있습니다. 첫째, 스스로 초연하게 처신하라. 둘째, 남에게 부드럽고 온화하게 대하라. 셋째, 일이 없을 때는 맑게 처신하라. 넷째, 일이 있을 때는 과단성 있게 처신하라. 다섯째, 뜻을 얻었어도 담담하게 처신하라. 여섯째, 뜻을 잃었어도 태연하게 처신하라. 어렸을 때 아침 문안을 드리러 가면 할아버지는 이 육연을 하루에 한 번씩 써보게 하셨습니다."

이뿐 아니라 가정에서 행해야 하는 '가거십훈(家居十訓)'도 있다. '첫째, 인륜을 밝힌다. 둘째, 어버이를 섬김에 효도를 다한다. 셋째, 임금을 사랑함에 충성을 다한다. 넷째, 가정을 잘 다스린다. 다섯째, 형제 사이에는 우애가 있다. 여섯째, 친구 사이에는 신의가 있다. 일곱째, 여색을 멀리한다. 여덟째, 술에 취함을 경계한다. 아홉째, 농업과 잠업에 힘쓴다. 열째, 경학을 익힌다' 등도 있다.

만석꾼 부잣집 새색시가 배곯던 사연

종손은 과객에게 후하게 대접하라는 대목에 얽힌 일화를 들려줬다.

"돌아가신 모친은 가끔 저에게 이런 말씀을 하셨습니다. '내가 열여섯 나이로 최부잣집으로 시집을 간다니까 마을 사람들은 낙원으로 간다며 부러워했었지. 그런데 시집을 오자마자 끼니를 제대로 챙기지 못해 배가 무척 고팠다. 시도 때도 없이 찾아오는 손님상을 차리기 위해서는 먹던 밥도 손님상에 올려야 했기 때문이다. 층층시하에서 배가 고파도 내색하지 못한 채 그대로 잠들기가 일쑤였단다. 최부잣집 맏며느리가 배가 고팠다면 누가 곧이 듣겠니…'라고 하셨습니다. 이는 '과객을 후하게 대접하라'는 저희 집 가풍을 엄하게 지켰기 때문입니다. 곡식이 귀하던 시절이었으니 밥상을 차려주는 일을 가장 고맙게 여겼던 것입니다. 한때는 사랑채 과객을 위해 일 년에 1000가마의 밥을 해줬던 일도 있었습니다."

흉년이 들면 최부잣집에서는 쌀 창고의 문을 활짝 열고 마을 주민들에게 양식을 내주고 보릿고개에는 절대로 쌀밥을 먹지 않았다. 그렇게 절약한 곡식으로 '사방 100리 안에 굶어 죽는 사람을 없이 하라'는 가훈에 충실했다. 특히 눈길을 끄는 대목 중에 '며느리들은 시집온 후 3년 동안 무명옷을 입어야 한다'는 것이다. 종손의 7대 조모는 삼베 치마를 누덕누덕 기워 입었고 그 치마를 세탁하려면 큰 가마솥 하나가 누더기 천지였다고 했다. 그 가마솥은 '서말치 솥'이란 이름이 붙었고 최부잣집 부인들의 절약정신을 상징적으로 나타내주었다.

판사가 되어 가법을 어긴 차종손

신라의 석학 고운 최치원(孤雲 崔致遠, 857~?)을 시조로 하는 경주 최씨 사성공과 교동계 사람들이 10대 300여 년에 걸쳐 만석꾼 부자의 기틀은 세운 것은 경주 이조 마을에 살았던 병자호란 때의 영웅 최진립(崔震立, 1373~1398) 장군 때부터였다. 무과에 급제해 공조참판, 오위도총부 등 관직을 두루 거친 청백리의 사표였던 선생은 병자호란이 일어나자 69세의 노구를 이끌고 출정, 용인에서 장렬히 전사한 충신이었다. 생사를 헤매는 전쟁터에서도 자식들에게 자상한 안부를 전했던 편지 내용에는 '나라를 구하고 가문을 지키며 공부를 게을리하지 말되 과거를 보더라도 진사시험만 보도록 하고 이외의 벼슬은 하지 마라'는 당부의 글을 남겼다. 벼슬이 높아지면 부와 권력에 탐닉하여 패가망신의 우려가 있으므로 과거를 보더라도 양반입문 자격시험에 불과한 진사시험만 보아 가문의 품위를 유지할 수 있는 정도면 된다는 뜻이었다.

이때부터 최부자 가문에서는 진사 이상의 과거시험엔 응시하지 않았다. 그런데 400년 전통을 깨고 차종손 최성길 씨는 사법고시에 합격해 서울 지방법원 판사로 재직 중이다. 종부가 종가의 가법을 어기게 된 내력을 들려줬다. 서울 법대를 나온 아들은 판사가 꿈이었다. 그 꿈을 이루기 위해 10번이나 고시에 떨어져도 포기하지 않았다. 커트라인에서 근소한 차이로 떨어지니 본인은 물론 주위에서도 말릴 수가 없었다. 지독히도 운이 없다는 생각으로 종부는 신통력이 뛰어나다는 스님을 찾아가 속마음을 털어놨다. 스님은 '진사 이상의 벼슬은 하지 말라'는 조상의 유훈을 어기는 고시 합격은 어려울 것이니 조상님을 달래는 기도를 열심히 하라고 권했다. 스님이 일러준 대로 부적과 과일을 차려놓고 밤새워 절을 하면서 정성을 드리던 종부는 꿈인지 생시인지 모를 경험을 하게 된다. 꿈에 할아버지가 나타나 종부 손에 도장을 쥐어주면서 '이제 됐다'고 말씀하시는 것이었다. 정신을 차려보니 꿈이었고 차종손은 11번째 시험에서 우수한 성적으로 합격을 한 것이다. 합격을 한 후 할아버지 묘를 찾아 감사의 인사를 올리고 왔더니 아들이 원하는 판사 발령이 났더라며 조상의 음덕에 종부는 감사했다.

만석 이상의 재산은 모으지 말라

최진립 장군이 세상을 뜨자 외가로부터 물려받은 재산을 자식들에게 나누어 주면서 최씨 가문의 부는 초석을 다졌다. 그리고 그 아들 최동량은 개천을 막아 논을 만들고 땅을 개간해 당시 나라에서 펴고 있는 식량증산 정책에 이바지했다. 땅을 개간하는 자에겐 3년 동안 세금을 면제해주고 주인이 없는 밭이나 개간을 하는 자에게는 소유권을 인정해주는 권농책으로 최씨 집안의 재산은 나날이 늘어났다. 한편 최동량은 '어떠한 삶이 가치 있는 삶인가?'에 대한 신념을 세우기 위해 나라에 몸 바친 아버지를 표본으로 가문의 이념인 '가훈'을 정립하기 시작했다. 그 노력은 헛되지 않아 그 아들 최국선 때엔 이미 만석꾼의 반열에 올랐다. 전쟁을 피해 떠돌던 유랑민들은 최씨 집에서 일을 하면 점심을 배불리 먹고 소작료의 절반은 가져간다는 소문을 듣고 모여들었다. 아랫사람에게만 일을 시키는 것이 아니라 손을 걷어붙이고 함께 일을 하는 모습을 보면서 존경받는 가문으로 번창했다.

최국선은 아들 셋과 딸 셋을 두었는데 그중에서도 아버지의 뜻을 잘 이어받은 아들은 둘째 아들 최의기였다. 큰 부자는 하늘이 내린다고 했던가? 유산으로 받은 벼 가마니 속에서 구렁이가 나타나는 이변이 일어난 둘째 아들 집에서는 다른 형제와 달리 해마다 재물이 눈처럼 불어났다. 천석의 유산을 받은 최의기는 당대에 만석을 이루게 되었고 오늘날 경주 최부잣집이 된 것이다. 그는 진사는 못 됐지만 일흔의 나이까지 수를 누리면서 세상을 뜰 때 자식들에게 다음과 같은 유언을 남긴다.
"재산은 만석 이상 하지 말라."

이 같은 유훈은 절에서 만난 한 스님에게서 받은 감동 때문이었다. 수석 모으기가 취미인 스님은 돌 하나를 주워 오면 앞서 주워 온 돌을 제자리에 갖다 놓았다. 그 이유를 물었더니 한때는 수백 개의 수석을 정원 가득 채웠는데 돌이 모이면 모일수록 더 좋은 돌을 찾게 되고 그것은 집착이 되어 마음에 번

뇌가 생기기 때문이라 했다. 뒤뜰의 돌을 다 버리는 날이 집착이 없어지는 날
인데 죽기 전에는 어려울 것 같으니 서서히 집착을 버리는 훈련을 하는 중이
라 했다. 최의기는 그 스님의 수행 방법을 지켜보면서 영감을 얻고 자식들에
게 "재산은 만석 이상 하지 말라"고 했던 것이다. 그 이상의 재산은 주위의
어려운 이웃을 위해 쓰게 하면서 덕을 쌓았기에 부자들에 원한이 많았던 동
학당과 활빈당의 무리들도 이 댁만은 보호를 해줬던 것이다.

최부잣집 전 재산으로 대학을 설립하다

경주시 교동의 최씨 고택을 찾은 것은 아파트 종가를 방문한 일주일 후였다.
요석궁터라 전해오는 길지에 자리한 종가의 오른쪽에는 신라 신문왕 2년부
터 자리 잡은 경주향교가 있고 그 옆에는 신라 출신들이 신성한 숲으로 여겼
던 계림이 있었다.

이조리마을에서 교동으로 옮겨온 것은 종손의 7대조인 최언경(崔彦璥,
1743~1804) 때다. 200여 년 전의 일이다. 살림이 불어 더 넓은 곳을 찾다가
이곳에 터를 닦아 지었던 고택은 안채와 700~800석을 저장할 수 있는 거대
한 쌀 창고만 남아 있다. 한국 근세사에 빛났던 인물들이 수없이 찾아들었던
종가의 사랑채는 1970년 원인 모를 화재로 소실됐다가 경주시가 최근에 복원
했다. 종손이 어렸을 적에는 대지가 2000여 평에 99칸 거대한 저택에 1만여
평의 후원이 있었다고 한다. 이 집에서 생활했던 노비만도 100여 명이 되었
다고 하니 그 규모가 어떠했는지 상상이 된다.

종손의 설명에 의하면 종가의 사랑채를 방문한 인사들은 스웨덴의 구스
타브 황태자, 이방자 여사, 최익현, 손병희, 여운형, 조병옥, 이병철 등과 일
제 침략에 마지막으로 항거했던 의친왕 이강 공도 사랑채에서 엿새 동안 묵
으면서 최준의 호 문파(汶坡)를 글씨로 남기고 갔다. 육당 최남선, 위당 정인
보는 이 댁에서 1년 이상 머물렀고, 「동경지」를 편찬한 인촌 김성수도 1년에
한 번은 꼭 들를 정도로 최준과의 친분이 두터웠다. 최준은 당시 사회 여러
분야의 지도자들과 교류하면서 세상 돌아가는 이치를 깨닫고 전 재산을 어떻
게 써야 하는지 결심을 하게 된다. 여기다 김성수와는 영호남의 제일가는 부
자로 인연이 두터웠다.

그런 인연으로 동아일보 발기위원이 됐으며 독립투사 안희제가 설립한
무역회사 백산상회의 사장이기도 했던 최준은 상하이 임시정부에 독립자금

주변 사람들의
어려움을 돌아볼 줄
아는 경주 최부잣집
고택.

을 보내다 일본 헌병에 끌려가 두 번이나 옥고를 치르면서 모진 고문을 당하기도 했다.

해방이 되면서 가옥과 전답, 선산뿐 아니라 종가 건물까지 대구대학교 설립에 투자해 이사장에 취임하지만 교육사업 역시 5·16 군사 쿠데타 후 대학 설치 기준령의 변화로 운영난을 겪게 된다. 이윽고 대학의 장래를 위해 아무 대가 없이 삼성 이병철 회장에게 넘겼다가 대구가 본향인 박정희 전 대통령에게 다시 넘어가 오늘날 영남대학교가 되었다. 대학이 나날이 발전되어 가는 모습을 지켜본 최준 선생은 "이제 내가 할일은 끝났다"는 한마디로 학교 이사직을 떠났다. 10대 300년 최부잣집 재산은 그렇게 인재를 육성하는 대학 설립에 바쳐졌고 이제 남은 재산은 없다.

고택은 현재 영남대학교 소유지만 종손이 이 집에서 살 자격은 있어 조만간 서울생활을 정리하고 내려와 여생을 보내겠다고 한다. 한편 경주시는 한국의 '노블레스 오블리주'를 보여주는 최씨 가문의 유적지 일대를 복원해 관광명소로 가꿀 예정이라고 밝혔다.

최부잣집의 내림음식

전복구이, 고추찜, 수란 등 최부잣집 내림음식.

불편한 몸으로 종부는 한사코 밥상을 차려냈다. 어느새 준비했는지 상위에는 갖가지 내림음식이 놓여졌다. 꼭지를 따지 않은 풋고추에 길게 칼집을 내 씨

명가의 기품이
느껴지는 종부.

사랑채 어른들의
겨울 난로 은입사
백동화로.

426

를 바른 뒤 양념한 쇠고기를 볶아 소를 넣은 후 살짝 쪄낸 고추소, 전복구이
는 눈으로 식욕을 자극한다. 전복에 열십자로 칼집을 넣은 뒤 간장과 물을 동
량으로 섞어 곱게 채 썬 마늘과 파, 실고추, 설탕과 참기름으로 양념장을 만
들어 손질한 전복을 넣어 30분 정도 재운 다음 먹기 직전에 석쇠에 굽는다.
전복 껍데기에 구운 전복을 다시 넣고 고명을 올리면 되는데 임금님 상에 놓
아도 손색이 없을 만한 고급 음식이었다.

　　양반집 음식인지라 어디가 달라도 달랐다. 잣국물에 띄워낸 수란도 단
순한 수란이 아니다. 게살, 쑥갓, 석이버섯, 미나리, 당근 등의 고명을 넣어
화려하면서도 영양만점의 자연식이었다. 김장철에 담가두었다가 설까지 먹
을 수 있는 보쌈김치를 두고 '사연지'라 했고 배추김치는 '처연지'라 부르면
서 서민들과 차별된 언어를 썼다.

　　종가를 찾았던 수많은 명인들의 미각을 자극했던 경주 교촌법주는 종부
들에게만 전해주는 내림 가양주다. 종부도 시어머니 살아생전에 배워 큰며느
리에게만 술 빚는 방법을 전수했기 때문에 딸도 가양주 만드는 법은 잘 모른

다. 법주는 가을걷이 후 햅쌀로 빚어 초봄까지만 먹던 술이다. 기온이 올라가는 여름에는 식초가 되므로 내다 팔 수도 없는 술이라 한다. 진간장에 생강을 넉넉히 다져 넣고 후춧가루, 설탕, 물엿, 참기름으로 버무려 말린 육포를 안주 삼아 마신 교촌법주 한잔은 술맛을 모르는 필자의 머릿속에도 오랫동안 그 고운 향기가 남아 있다.

문전옥답(門前沃畓). 이는 농경사회에서 부(富)를 상징하는 말이다. 조선 인조 때 문신이며 명재상으로 알려진 동계 정온(桐溪 鄭蘊, 1569~1641) 선생이 살던 곳의 풍경이 그러했다. 경남 거창군 위천면 강천마을 종갓댁 솟을대문 앞 들판에는 벼 이삭이 가을 햇살에 누렇게 익어가고 있었다.

종가를 지키고 있는 14대 종부 최희(취재 당시 75세) 할머니가 원삼족두리 차림으로 혼례를 치르던 59년 전, 그해 가을 하늘도 오늘처럼 햇빛으로 눈부셨고 종가의 문전옥답도 황금물결로 출렁거렸다. 솜털 보송보송한 열여섯 9월의 신부는 나라에서 최고 가는 경주 최부잣집 맏따님이었다. 장남이라면 고개를 돌리는 지금과는 달리 명문종가의 종손에게 시집가는 것은 그 시절 최고의 명예였다.

12대에 걸쳐 만석의 재물을 이어온 소문난 부잣집의 맏따님답게 바리바리 싣고 온 종부의 혼수물목(婚需物目)에서 그 당시 혼례풍속과 흔하지 않은 내림음식을 배울 수 있었다. 종가 촬영을 위해 거창의 명소 '수승대' 국민관광지로 가는 37번 국도를 따라 강천(薑川)마을을 찾은 날은 온 국민의 축제라 할 수 있는 추석 연휴가 막 끝나고 일상으로 돌아간 9월 18일이었다. 답사를 위해 찾았던 2주일 전에는 등줄기에서 흐르는 땀을 주체하지 못했는데 어느새 마을 앞을 가로지르는 위천(渭川)의 물빛이 시리도록 맑아 보여 이제는 등줄기가 서늘했다.

강천마을에 초계 정씨(草溪 鄭氏)가 터를 잡은 것은 조선조 태종 때 성균관 진사를 지낸 초계 정제안(草溪 鄭齊安) 선생이 처음이었다. 지금도 이 마을은 초계의 후손 25가구가 살고 있다. 종가는 동계 정온 선생의 부친이 분가하면서 지어졌다. 정온 선생도 이곳에서 출생했고 이후 430여 년 동안 종손과 종손으로 이어오면서 고치고 다듬어온 덕택으로 중요민속자료로 지정됐다.

명문 대갓집이 자리 잡은 강천마을

종가에서뿐만 아니라 거창에서도 앞세우는 인물인 정온 선생은 문과에 급제, 광해군 때는 부사직이란 관직에 있으면서 영창대군(永昌大君)을 처형하는 것은 인륜을 어기는 일이라 상소했다가 10년간 제주도에서 귀양살이를 하기도 했다. 10년이란 짧지 않은 유배 기간에 『덕변록(德辨錄)』, 「망북두시(望北斗詩)」 등을 지어 군주를 사랑하고 나라를 염려하는 마음을 글로써 남겼다. 그의 충절은 조정에 알려져 1623년 인조반정 후 석방되었다. 그리고 관직에 복귀하여 이조참판 등을 지내다 병자호란 때는 화친(和親)을 반대하는 투쟁으로 자결하려던 뜻을 이루지 못한 충신이었다.

문전옥답으로 둘러싸인 초계 정씨 사랑채의 진경. 1984년에 중요민속자료 제205호로 지정되었다.

충언이 역모로 몰리는 당쟁 싸움에서 벼슬의 덧없음을 느낀 그는 관직을 버리고 고향으로 돌아와 72세에 타계했다. 훗날 나라에서는 그의 문재와 충절을 흠모해 문간공(文簡公)이란 시호(諡號)를 내려 함양의 남계서원과 제주의 귤림서원 등에서 제향(祭享, '제사'의 높임말)을 받들고 있으며 종가 사당에는 영원히 제사 지내는 불천위(不遷位)로 모시고 있다.

최희 할머니의 손때와 알뜰함이 묻어나는 종가

거창여고에서 교장직으로 퇴임한 14대 종손 정우순(鄭禹順) 씨가 5년 전 지병으로 타계한 후 지금은 종부 최희 할머니가 덩치 큰 종가를 지키고 있다. 인조 임금이 내린 '문간공동계정온지문(文簡公桐溪鄭蘊之門)'이란 편액이 걸려 있는 솟을대문에 들어서면 사랑채가 보이고 사랑채 왼편으로 중문이 나 있어 안채를 드나들 수 있게 했다. 사랑채와 안채 사이에 동·서로 지어진 곳간, 아래채 등이 있고 안채의 후원에는 단층 사당이 있다. 사당 문 위에 걸려 있는 낡은 편액에는 후에 정조 임금이 정온 선생의 충절을 기려서 내린 시가 새겨져 있다.

> 세월은 흘러도 산은 푸르고 높으며
> 정의로운 기운은 온 천지에 가득하네.
> 북으로 가거나 남으로 오거나 의리는 매한가진데
> 금석같이 정결하고 굳은 지조야 닳지 않았으리.

"나무로 지은 집은 생명이 있제. 사람이 살아야 그 기를 받아 나무의 수명도 오래가고 오히려 손때 묻은 나무는 더욱 단단해지거든. 옛사람은 집을 지을 때 얼마나 지혜로운지 알아요? 주춧돌 아래 소금을 넣어 집을 바치고 있는 기둥을 썩지 않게 했어요."

빗물이 튀어도 나무기둥이 썩지 않은 이유를 종부가 설명해주었다. 종가 안채를 꼼꼼히 살펴보면 안방 곁의 작은 방은 원형을 그대로 두면서 한편에 싱크대를 놓았고, 수도를 끌어와 실내에서 조리할 수 있도록 고쳐두었다. 종부는 싱크대 곁에 사과 궤짝 네 개를 놓아 냄비며 그릇을 올려두고서는 자랑했다. 조금만 신경 써 주위를 살피면 새 물건을 들여놓지 않아도 필요한 공간을 만들 수 있다는 살림의 지혜를 일러준다. 싱크대 페인트만 벗겨져도 갈아치우는 요즘 시대에 종부의 알뜰함이 더욱 돋보였다. 부엌 곁에 수세식 화

솟을대문 위에 걸린 편액. 동계 정온 선생의
문재와 충절을 흠모해 내린 '문간공'이란
시호가 뚜렷하다.

야트막한 돌담 너머로 보이는 사당. 불천위 정온
선생과 그의 부인 정부인의 신주가 모셔져 있다.

430여 년 동안 대를 이어온 종가의 장독이 있는 안채.

장실도 들여 고택의 불편함은 없어 보였다.

큰 집에 혼자 외롭지 않느냐는 질문에는 그동안 하도 많은 식구들에 치여 이제는 조용히 글을 쓰며 지내는 것이 오히려 바라던 일이라 한다. 종부는 슬하에 아들 다섯과 고명딸을 두었다. 15대 종손인 완수(취재 당시 58세) 씨는 영주에 있고 다른 자제들은 전국에 흩어져 있어 제사 때나 명절이 돼야 모두 모일 수 있다고 한다.

거창고을이 떠들썩했던 신행 행렬

70세가 넘은 대부분 종부들은 전쟁통에 혼례 때의 물품들이 남아 있지 않아 개화기의 혼례풍속을 알 수 있는 자료가 흔치 않다. 다행스럽게도 종부는 신행 때 가져온 혼수의 가짓수를 적은 '혼수물목'이며 신랑의 사주(四柱)를 적은 사성과 신부집에서 혼례 날짜를 택일해 신랑집으로 보낸 연길(涓吉), 혼인의 문서라 할 수 있는 혼서(婚書) 등을 고이 간직하고 있었다. 또한 신랑집에서 신부집으로 보낸 함에 넣은 채단(綵緞)을 싼 청·홍색의 한지며 동심결을 맺었던 청·홍 타래실도 남아 있었다. 그뿐만 아니라 혼례 때 신부가 입었던 원삼족두리와 신랑이 입었던 사모(紗帽)와 관복도 거창민속박물관에 전시되어 있다. 반닫이 위에는 솜털 뽀얀 열여섯 살 신부와 스물한 살의 학생 신랑이 전통 혼례복을 입고 찍은 흑백 사진이 놓여 있어 그 당시 혼례풍속을 꼼꼼하게 살필 수 있었다.

누렇게 빛바랜 혼수물목(婚需物目)에는 생선 대금 250원, 술 대금 250원, 산 소 한 마리, 죽은 소 한 마리, 흑임자 한 말, 좁쌀 한 말, 녹두 한 말 등의 혼수물목들이 빼곡히 적혀 있어 양가의 경제력을 짐작하게 했다. 냉장고, 텔레비전, 자가용 등이 신부가 갖추어야 하는 필수의 혼수품으로 여겨지는 지금과는 달리 모두가 먹거리라는 점이 눈길을 끌었다. 시부모께 올리는 폐백 또한 흔히 준비하는 구절판 같은 건 하지 않았고 시아버님께 꿩, 시어머님께는 밤과 대추를 올렸다. 꿩은 색사지(色絲紙)로 장식하여 화려함을 더했으며 꿀과 술을 섞어 불린 실한 대추에는 일일이 잣을 박았다.

음식뿐 아니라 시댁에서 보내주는 의양지(衣樣紙, 옷의 치수)에 따라 신랑의 한복은 물론 제사 때 입는 신랑의 도포까지 준비했다. 시부모께 드릴 사계절 옷이며 이불도 철철이 준비했다. 가을에 혼례를 치르고 이듬해 3월에

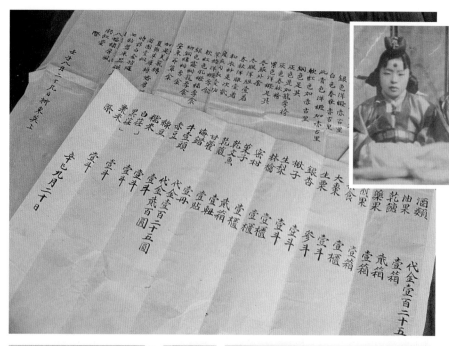

▲14대 종손 정우순 씨와 최희 할머니가 찍은 혼례날 사진.

◀생선 대금 250원, 술 대금 250원, 산 소 한 마리, 죽은 소 한 마리 등이 적힌 누렇게 빛 바랜 혼수물목.

◀개화기의 혼례 풍습을 알 수 있는 귀중한 자료 혼서지.

▶동심결을 맺은 청홍실. 신부에게 함을 보낼 때 청홍 치마 감을 청홍지에 싸고 동심결을 맺었다.

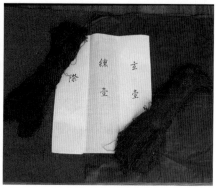

집안 대대로 물려 입었던 혼복. 거창의 민속박물관에 보관되어 있다.

시댁으로 신행 올 때는 거창고을이 떠들썩했다고 한다. 경주에서 제일가는 부잣집 맏딸의 신행이라 문중에서는 물론 인근에 사는 하인들까지 구경 와 그 화려한 신행 행렬에 입을 다물지 못할 정도였다고 한다. 첩첩산중 거창 땅에서는 구경조차 하기 힘든 까만 세단 차엔 신부가 타고, 비단 이불이며 모본단 비로드 같은 옷감으로 만든 혼수와 백자 항아리에 담은 다식, 정과, 유과 등의 진귀한 음식들은 석탄버스에 바리바리 실어 왔다.

신부는 시댁 가까이에 있는 시댁 친척집에 먼저 든다. 이것을 '중방(中房) 든다' 했다. 신부를 맞이하기 위해 미리 도배를 하고 기다리는 중방에서 신부는 단장을 한다. 신부 화장을 고치고 녹의홍삼(綠衣紅衫)에 원삼(圓衫)을 입고 족두리를 쓴다. 얼굴에는 연지 곤지를 찍는다. 원삼족두리는 종가의 종부들이 대대로 입었던 예복으로 혼례 전에 시댁에서 친정으로 보내진 것이다.

새댁의 몸단장이 끝나면 다시 가마를 타고 시댁으로 간다. 이때에는 채색 그림을 그린 청사초롱을 든 사람이 앞장을 서 신부 행차임을 알린다. 또 청홍색의 화개(華蓋, 임금의 행차 때 궁녀들이 들고 있는 자루가 긴 양산처럼 생긴, 의식행사에 쓰는 것)를 든 두 사람이 신부를 태운 사인교를 사이에 두고 걷는다. 가마에는 색실을 드리워서 술도 달았다. 가마 한 허리에 통나무를 받쳐서 푸른 밧줄로 가로 묶고, 그 통나무 앞뒤로 다시 짧은 막대를 가로지르며 얽어매어서 그 양쪽 머리를 네 사람이 메었는데, 여덟 발자국이 꼭꼭 발맞추어 한 줄로 가므로 흔들리거나 출렁거리지 않고 그저 허공에 떠서 가는 기분이었다며 종부는 시집오던 일들을 어제 일인 양 기억해냈다.

가마꾼이 종가의 솟을대문을 넘을 때는 볏짚으로 불을 놓아 모든 액을 면하게 한다. 가마는 현구고례(見舅姑禮)를 올릴 방문 앞까지 와서 신부를 내리게 했다. 먼저 시할아버지와 시할머니께 폐백을 올리고 큰절 두 번씩을 드렸다. 다음으로 시부모님께 큰절 두 번씩을 했다. 큰절은 네 번을 해야 하지만 색시가 힘들다며 시조부의 배려로 두 번만 했다. 집성촌으로 일가친척이 많아 신부는 다리가 저리도록 수십 번의 절을 올렸다. 이렇게 시댁 가족에게 인사를 드리고 안채 건넌방에서 첫날밤을 보냈다. 3일 후에는 사당에 모셔진 조상에게 고한다. 이때도 원삼족두리의 신부 차림이었다. 사당 폐백까지 마쳐야 종부로서 완전한 신고식이 끝나는 것이다.

● 종부의 혼례 순서

1. 혼담(婚談): 매파를 통해서 남자 측에서 청혼하고 여자 측에서 허혼하는 절차를

거쳤다.

2. 사주(四柱): 남자의 생년월일시를 적은 사주(四柱)를 규수집으로 보냈다.

3. 택일(擇日): 사주를 받은 신부집에서는 혼인 날짜를 적은 연길(涓吉)을 신랑집에 보냈다.

4. 납폐(納幣): 여자 측에 예물을 보내는 절차(함에는 청·홍 치마 두 감에 청·홍 타래실로 동심을 맺은 것만 받았다고 함)

5. 대 (大禮): 신부집 안마당에서 치렀다.

6. 우귀(于歸): 신부가 혼례를 치르고 해를 묵힌 뒤 시댁으로 신행 가는 절차다. 이런 혼례 절차를 고유한 우리의 육례라 했다.

혼례식 전에 치르는 성인식, 계례식

종부 나이 열넷 어린 나이에 혼담이 들어왔다. 이때는 양가의 가격(家格)이 맞아야 혼인이 성립되므로 영의정을 지낸 명문 대갓집과 만석꾼의 혼맥이니 망설임 없이 정혼을 했다. 신부가 조금 더 큰 2년 뒤 9월로 혼례날을 받았다.

진주고보를 나와 일본 유학길에 올라 있던 신랑은 할아버지의 명으로 돌아와 혼주인 할아버지와 하인에게 함을 지우고 경주에 도착했다. 여관에서 하룻밤을 묵게 되는데 이때 신랑 일행을 대접하기 위해 최부잣집 하인들은 산해진미를 큰 교자상 두 개에 차려 들고 5리 길을 왔다. 사돈에 대한 첫 예이니만큼 한 치의 소홀함도 없어야 했던 것이다.

"하인들에게 못 할 짓이었지. 그 무거운 상을 들고 5리 길을 걸을래 봐. 얼마나 힘이 들었겠어…."

종부는 함이 오는 날 지금의 성인식 같은 계례(笄禮)의식을 갖추었다. 이때의 성인식은 조혼으로 혼례식 전에 치르게 된다. 정갈한 상 위에 함을 올려놓고 친정 조부인 최(崔) 준(俊)자 할아버지께서 큰손님 역할을 맡아주셨다. 금지옥엽 키운 맏손녀가 아들·딸 많이 낳고 시부모 사랑받고 금슬 좋게 잘살기를 바라는 마음에서 손녀의 댕기머리를 풀어주셨고 비녀도 손수 꽂아주셨다.

"교만은 금물이다. 노비 학대하지 말고 가난한 일가들 거두어주며 태임태사 본받아라" 하시며 중국의 후덕했던 황후 태임태사의 이름을 본떠 맏손녀의 이름도 최희로 지어주셨던 그 할아버지가 댕기머리를 풀어주셨던 것이다.

대례(大禮)는 신부집 마당에서 치렀다. 신랑·신부는 이때 처음으로 얼굴을 볼 수 있었다. 첫날밤은 친정에서 보냈다.

"글쎄, 첫날밤에 신랑이 진주반지를 끼워주었어. 아마 시고모님께서 시켰을끼라."

그땐 가락지 같은 패물은 예물로 주지 않았지만 시댁도 개화된 집안으로 비공식으로 정표를 주었던 것이라 한다. 신랑은 처가에서 이틀 밤을 지내고 본가로 돌아가야 하는데 개화된 처조부 덕분에 처가 식구와 함께 신혼여행을 갔다. 부산 동래 온천장의 내성관이라는 여관에서 묵었던 신혼여행의 꿈 같았던 추억을 이렇게 회상했다.

"기생들이 잘 차려입고 나와서 절들을 하는데 절은 평절을 하드라구. 음식도 어쩌면 그렇게 모양을 냈는지. 옛날 기생들은 양가집 규수 못지않게 예의범절이 깍듯했는기라."

종부는 그때의 행복을 가슴속에 묻고 있었다.

"술을 좋아한 것 외에는 달리 마음 쓰게 한 일이 한 번도 없었지."

종부는 글솜씨가 있어 먼저 간 종손을 그리는 「사부곡(思夫曲)」을 한지에 붓으로 써두었다. 시집가는 딸에게 보내는 「송여가」며 뜬구름같이 흘러간 일생을 적은 『나의 회고록』도 긴 두루마리에 궁체로 절절히 풀어두었다.

● 초계 정씨 종가의 절
종부는 여자의 큰절은 시부모를 처음 뵐 때와 제사 때, 상례 때 시부모나 친정 부모님의 수연 때만 하는 귀한 절이라 했다.

절하는 방법은 여자는 오른손이 왼손 위로 가도록 해서 맞잡고, 맞잡은 손을 어깨 위로 올려 고개를 숙여 이마에 닿을 듯해서 살포시 책상다리를 하고 앉아 45도쯤 몸을 굽힌다.

그 외의 절은 모두 평절로 하는데 절하는 방법은 두 손을 옆으로 내려 바닥을 짚고 옆으로 꿇어앉으면서 몸을 45도로 굽힌다.

남자의 절은 왼손이 오른손 위에 가도록 하고 큰절의 경우 공수한 두 손을 눈높이로 올렸다가 손을 바닥에 먼저 대고 무릎을 꿇고 절하는데 머리에 쓴 갓이 바닥에 닿지 않게 한다. 머리를 숙여 조금 오래 머무르는 것이 큰절이다. 평절은 머리를 적게 숙이고 빨리 일어난다.

종가는 일 년에 11번의 기제사와 설·추석 차례를 지낸다. 차례는 사당에서 지내고 기제사는 안채에 있는 대청에서 지낸다. 차례는 아침 9시에서 10시 사이에 모시고 기제사는 돌아가신 날 이른 새벽이 되는 자시(子時)에 모신다.

　　"나까지만은 제사 시간을 한밤중에 모시지만 나 죽고 나면 젊은 사람들이 어렵지. 며느리께 너희는 조상이 돌아가신 날 해가 진 후에 모시도록 하라고 일러두었어."

　　제기는 놋 제기를 쓴다. 설 차례는 밥 대신 떡국을 올리고 적, 삼탕, 포와 다섯 가지 과일을 올린다. 추석 차례는 찹쌀로 만든 모듬떡에다 모시, 송기로 빚은 송편과 대추지짐이, 잣고물과 대추고물을 무친 단자를 웃기떡으로 올려 밥 대신 올린다. 꿀도 곁에 둔다. 차례에는 축문이 없다. 술은 한 잔씩만 올린다. 명절 차례는 사당에 모셔진 두 분마다 제수품을 차려야 하기 때문에 다섯 상을 차린다. 안채 대청마루에서 모시는 조상의 기일 제사에는 삼색 나물과 아홉가지 과일과 메와 국을 올리고 어적, 육적, 소적 세 가지를 구워 올리고 어탕, 육탕, 소탕 3탕과 3적과 일반적인 식혜와 달리 밥을 참기름에 비벼 담고 데친 문어를 고명으로 한 식혜를 올린다. 과일은 대추와 밤과 배와 곶감의 순으로 올린다. 제주는 맏아드님이고 주부는 할머니가 한다. 제주는 도포에 유건을 쓰고 종부는 옥색 치마저고리인 천담복(淺淡服)을 입는다.

독특한 내림음식, 수란·고추소찜·전복구이

"이게 바로 우리 집 콩밭에서 딴 콩잎을 된장에 박아둔 경상도 토박이 음식이에요. 그러나 이런 음식은 상스러워 어른 상에는 올리지 않았지."

　　점심상 소반에 오른 콩잎장아찌의 짭조름하고 정갈한 감칠맛이 그리운 시어머니의 옛 솜씨 같아 사뭇 감회를 느끼게 했다. 고추장 더덕장아찌는 씹을수록 향기가 그대로 배어났다. 더덕 향보다 고추장 맛만 나는 시중의 더덕장아찌에 비할 바가 아니었다. 즉석에서 만들어내는 수란은 처음 먹어보는 음식이었다. 수란은 만들기 간편한 고급 음식이었고, '고추소찜'도 깔끔했다. '전복구이'도 어렵지 않게 즉석에서 배울 수 있었다.

◀ 종가의 주안상에는 꼭 올랐다는
수란. 달걀을 끓는 물에 데친 다음
고소한 잣국물에 띄운다.

▼ 전복에 열 '십'자로 칼집을 넣은
뒤 갖은 양념을 하여 구운 전복구이.
전복은 첩첩산중의 거창에서는
쉽게 구할 수 없지만 음식을 좋아해
전복 요리도 즐겼다 한다.

▶ 풋고추 속에 양념한 쇠고기를
넣어 살짝 찐 고추소찜.
담백한 맛이 일품이다.

수란

신선한 달걀과 석이버섯, 미나리, 고추채, 쑥갓, 잣을 준비한다. 냄비에 달걀이 잠길 정도의 물을 붓고 끓인다. 물이 팔팔 끓으면 소금을 넣고 달걀 가운데를 깨뜨려 넣어 반숙이 되도록 한다.

이때 주의할 것은 달걀이 흐트러지지 않도록 해야 한다는 것이다. 프라이하듯 모양을 그대로 살려야 하는데 달걀이 익기 전에 숟가락으로 달걀을 굴려 흰자가 노른자를 감싸도록 한다. 달걀을 건져 찬물에 헹궈 냉장고에 차게 둔다. 잣은 고깔을 떼고 분마기에 가는데 식초와 소금을 넣고 갈면 잣의 기름기가 그릇에 달라붙지 않는다.

믹서보다 분마기를 사용해야 제맛이 난다. 곱게 갈린 잣에 물을 붓고 다시 소금과 식초로 간을 해 냉장고에 넣어 차게 한다. 쑥갓은 녹말가루를 묻혀 끓는 물에 살짝 데친다. 석이버섯은 불려 채 썰어놓는다.

미나리도 뜨거운 물에 살짝 데친다. 그릇에 쑥갓을 놓고 그 위에 달걀을 담는다. 잣물을 달걀 위에 붓고 미나리, 실고추, 석이버섯 등을 고명으로 올려 모양을 낸다. 주안상에는 꼭 올리는 종가의 별미다.

고추소찜

재료는 풋고추와 녹말가루, 다진 쇠고기, 진간장, 실고추, 파, 잣가루다. 풋고추를 씻어 꼭지를 따지 않은 채 가운데를 길게 칼집 내 씨를 발라낸다.

다진 쇠고기에 갖은 양념을 한 다음 볶아 소를 만든다. 고추 속에 밀가루를 뿌리고 양념한 고기 소를 넣는다. 그 위에 다시 밀가루를 살짝 뿌려 찜

◀ 양념에 참기름을 넣지 않아 깔끔한 맛이 나는 육포.

▶ 모시, 송기로 빚은 송편과 대추지짐이, 잣고물과 대추고물로 무친 단자가 맛깔스러워 보인다. 입안에 사르르 녹는 맛은 거창에서도 소문나 있다.

통에 넣고 김이 한 번 오를 정도만 찐다.

　　간장에 설탕을 넣고 실고추와 길게 채를 친 파를 넣어 양념장을 만들어 쪄진 고추에 뿌리고 잣가루를 고명으로 뿌린다.

전복쌈

중간 크기의 전복은 껍질에서 살을 떼낸 다음 소금물에 씻는다. 전복에 열 자로 칼집을 낸다. 간장, 간장과 동량의 물을 넣고 마늘, 참기름, 곱게 채 썬 파와 실고추, 설탕도 넣는다. 양념장에 전복을 30분 정도 재워둔다. 전복 껍 질에 양념한 전복을 담아 석쇠 위에 올려 굽는다. 먹을 때는 썰어 전복 껍질 에 담아낸다.

박물관에 보관된 종가의 유물들

현존하는 조선시대 복식 중 조선 중기의 복식연구에 귀한 자료로 쓰여지고 있는 정온 선생의 제복 일습은 문화재 제218호로 지정돼 거창민속박물관에 보관 전시 중이다.

1. 조복(朝服)

조복은 적초의(赤綃衣, 붉은 명주로 만든 예복)라고도 하는데 정온 선생이 임 금을 알현할 때 입었던 관복이다. 조선 후기의 소매는 진동 밑이 거의 직선에 가까운 데 비해 이 조복은 둥근형의 두리소매다. 특히 고름에 검은색을 사용 한 점이 눈에 띄는데 이는 조선 중기 조복의 특징이다.

2. 제복(祭服)

푸른 비단으로 만든 예복으로 청초의(靑綃衣)라고도 불리며 나라의 큰 제사 (祭祀) 때 입는 제례복(祭禮服)이다. 조선 후기의 제복은 보통 검은색인데, 청색 항라(亢羅)로 만들었다는 것은 좀처럼 보기 드문 독특한 복식양식이라 할 수 있다. 소매통이 좁고 소매 길이는 긴 편이다.

3. 상(裳)

붉은색으로 만든 웃옷으로 조선 후기의 옷은 밑단 검정선에는 주름이 잡혀 있지 으나 정온 선생이 입었던 이 옷은 검정선 위까지 잔주름이 계속해서 잡 혀 있는 것이 다르다고 한다. 그리고 전삼후사(前三後四)의 기준에 따라 앞의 신랑의 관복과 신부의 원삼족두리를 비롯 36점의 유물이 중요민속자료로 지정돼 거창민속박물관에 보관 전시 중이다.

1. 종가에서 대대로 전해오는 신부의 원삼과 신랑의 관복.
2. 정1품 이상의 관리들이 썼던 금관.
3. 제복에 다는 장신구. 품계를 상징한다.
4. 관복을 입을 때 쓰는 사모(紗帽)와 목화(靴).
5. 여인들의 장신구. 왼 부터 족두리, 비녀, 남바위.

442

1

2

3

4

5

상이 좁고 뒤가 넓은 것도 특징적이라는 것이 전문가들의 견해다.

4. 중단(中單)

옥색으로 만든 곡선의 두리소매와 소매 길이가 긴 점이 특징이며 제례복 안에 받쳐 입는다.

5. 금관(金冠)·양관(梁冠)

갓을 만들듯 대나무를 가늘게 잘라서 모자를 짜 부분적으로 종이를 붙이고 그 위에 금물을 칠했다. 뒷부분에는 당초문에다 봉황을 새겼고 앞에는 세로로 몇 가닥의 줄을 넣었다. 이 줄을 량(梁)이라 하는데 량의 숫자에 따라 벼슬 품위가 달랐으며 이 금관은 5량관에 해당되며 정1품 이상의 관리들이 쓰는 관이다.

운조루는 풍수가들이
최고의 찬사를
보내는, 하늘의
선녀가 금가락지를
떨어뜨린
금환낙지(金環落地)
터에 자리 잡았다.

"바람과 흙이 천재를 낳는다."

1850년대 이탈리아의 롬브로조가 쓴 『천재론』에서 기후와 땅이 미치는 영향을 통계적으로 검증한 데서 비롯된 말이다. "좋은 산천에서 좋은 인물 난다"는 우리 속담과도 통한다. 그러기에 호적에 출생지를 기록하고 위대한 인물이 태어난 곳을 사람들은 잊지 않으려 한다. 전국의 이름난 종가는 모두가 풍수지리설에 따른 명당터라 하여도 지나치지 않을 것이다. 다녀본 종가 또한 대부분 산수가 빼어난 자리에 지어졌고 한 시대를 풍미했던 인물들이 그곳에서 나고 자랐다.

전남 구례군 토지면 오미리에 터 잡은 문화 류씨 류이주(柳爾胄, 1726~1797) 선생의 99칸 고택 '운조루(雲鳥樓)'는 명당 중의 명당에 자리한 대표적인 종가이다. 지리산과 섬진강이 어우러진 구례는 예로부터 길지 중의 길지로 꼽혔다. 그 중에서도 운조루는 하늘의 옥녀가 지리산 형제봉에서 금가락지를 떨어뜨렸다는 금환낙지(金環落地)로 풍수가들이 최고의 찬사를 보내는 땅이다. 그곳을 찾아 류이주의 9대 종부 이길순(취재 당시 70세) 씨와 10대 종손 류홍수(취재 당시 49세) 씨께 종가 이야기를 듣고 왔다.

지리산을 두고 어머니의 젖줄 같은 산이라 하고 포근한 할머니의 산이란 뜻으로 노고단(老姑壇)이란 이름도 지었다고 한다. 산은 크고 우람하지만 따뜻한 기운 탓으로 우리나라에서 가장 살기 좋다고 손꼽히는 곳이다. 전남 구례에서 경남 하동으로 흘러가는 섬진강을 따라 난 19번 국도를 10리쯤 가다 보면 끝없이 펼쳐진 푸른 들판을 만나게 된다. 그 들판 아늑한 곳마다 둥근 가락지 모양으로 대나무 숲에 둘러싸여 작은 마을들이 옹기종기 자리 잡고 있다.

선녀가 가락지 떨어뜨린 금환낙지의 명당

토지면(土旨面)이란 지명도 명당과 무관하지 않다. 하늘의 선녀가 금가락지를 떨어뜨린 좋은 땅, 복받은 땅이라는 뜻이 담겨 있다. 여자들이 정표로 받은 가락지를 뺄 때는 잠자리에 들거나 출산할 때만 빼는 것으로 가락지를 빼놓았다는 자리는 바로 다산(多産)을 의미한다. 농경사회에서는 일손이 많아야 생산이 많아지고 그래서 다산은 부귀로 연결될 수 있다. 이뿐 아니라 오미동(五美洞)이란 유래도 이 지역의 특성과 잘 맞는다. 노종부는 종가가 오미동에 앉은 이유를 시아버지께 들은 대로 전해준다.

"종가 뒤로 펼쳐지는 병풍산이 바람을 막아주며, 촛대봉은 마을을 밝히고, 앞으로 펼쳐지는 오봉산은 다섯 재상들이 절을 하는 형국이며, 섬진강 물과 지리산 물이 만나서 문전옥답(門前沃畓)을 기름지게 하고, 터가 좋으니 인심이 후하다는 다섯 가지 아름다움을 갖춘 땅이라 하셨습니다."

이런 이유로 이 마을은 한때 외지 사람들이 줄지어 이사를 왔는데 마치 요즘 서울시 강남에 이는 아파트 투기처럼 붐을 이루었던 모양이다. 1931년에 간행된 『조선의 풍수』에는 1910년대 초부터 오미동에는 전국 각지에서부터 이주자들이 모여들어 충청·경상·전라 지역의 양반들이 이곳에 100여 호나 옮겨왔고 이런 추세는 계속 증가되고 있다고 기록되어 있다. 풍수지리설에서 말하는 금구몰니(金龜沒泥), 금환낙지(金環落地), 오보교취(五寶交聚)의 명당이 이곳 어딘가에 있다는 소문이 났기 때문이다.

그러나 옥녀가 금가락지를 떨어뜨린 바로 그곳에 주춧돌을 앉히지 못한 탓인지 이 주변에 집을 짓고 도리어 망했던 가문들이 많아 마을은 점차 퇴락해갔다고 한다.

구름 속의 새처럼 숨어 있는 집 '운조루'

명당으로 소문난 이곳에 자리 잡은 대표적인 가옥 운조루는 조선 영조 때인 1776년에 당시 삼수부사(三水府使)를 지냈던 류이주 선생이 지은 건물이다. "하늘이 이 땅을 아껴 나를 기다리 신 것"이라며 돌이 많고 척박한 땅을 수백 명의 장정을 동원해 집터를 다듬은 후 종가를 앉혔다고 했다. 대지 1400평, 건평 273평, 99칸 기와로 조선시대 선비의 품격을 상징하는 품자형(品字形)으로 지었다. 선생은 본래 경상도 사람으로 이곳에 이사온 후 이 지

삼수공 류이주가
어린아이를 안고
집의 서극(西極)
난간 앞에 앉아 있는
모습을 부감법으로
그려낸 그림이다.
우리나라의
초상화는 대체로
인물의 묘사에
중점을 두어 배경
표현이 없는 것이
특색인데 이 작품은
가옥을 조영한
인물을 묘사하면서
자신이 지은 집의
한 장소에 배치하여
그린 것으로 보여
멋스럽다.

448

전남 구례군 토지면
오미동에 있는 조선
후기의 대표적인
호남지방 건축물인
운조루 그림.

집터를 다질 때 땅 속에서 어린애 머리만 한 돌거북이 나왔다. 그 돌거북이 말라 죽지 않도록 집을 지을 때 그 자리에 부엌을 만들었다. 그때 나온 돌거북은 누대로 종가를 지켰으나 1989년 도난당하고 지금은 거북같이 생긴 맷돌과 돌확만 남아 있다.
ⓒ윤종상

역의 이름을 따 호를 귀만(歸晩)이라 짓고 집이름을 귀만와(歸晩渦)라 했다. 그러다 사랑채 대청 누마루에서 바라보는 전경이 아름다워 '운조루'라는 낭만적인 이름을 붙인다. 도연명의 「귀거래사」에서 따온 글귀라 한다.

비기(秘記)에 전해오는 명당 자리는 앞에서 말한 금가락지가 떨어졌다는 금환낙지(金環落地)와 금거북이 묻혀 있다는 금구몰니(金龜沒泥), 다섯 보석이 한데 엉켜 빛을 발한다는 오보교취(五寶交聚)형. 이 모두 종가와 무관하지 않다. 이 세 곳의 명당이 모두 운조루 안에 있는데 종가의 사랑채 운조루가 바로 금구몰니 자리이고, 행랑채 밖 연못자리가 금환낙지이며 류이주가 세웠다는 돌탑자리가 오보교취 자리라는 것이 풍수가들의 지적이다. 그 말을 뒷받침하듯 놀랍게도 집터를 다졌을 때 땅 속에서 어린애 머리 크기만 한 돌거북이 나왔다고 한다. 그 돌거북이 말라 죽지 않도록 집의 구조를 배치할 때 돌거북이 나온 자리에 부엌을 만들었다. 그때 나온 돌거북은 누대로 종가를 지켰는데 1989년 도난당하고 안채 마당에 거북같이 생긴 돌, 맷돌만 돌확과 함께 있다.

백수를 바라보는 할머니의 애틋한 딸 사랑

운조루 취재는 여러 차례 걸음하여 이루어졌다. 종부가 시집왔을 때만 해도 아랫사람들이 농사를 지었건만 지금은 종가 사람들이 직접 들에 나서야 한다. 게다가 취재차 오는 사람, 연구논문을 위해 찾는 사람 등등을 일일이 응대하자면 들에 나갈 틈이 없다고 한다. 이날도 드라마 촬영이 있다며 집안이

어수선했다. 우리나라에는 200년이 넘게 원형이 보존된 고택이 그리 많지 않아 운조루 종가는 영화와 드라마에 자주 등장한다.

매스컴을 통해 일반인에게는 꽤 알려져 있지만 막상 이곳에 사는 가족들은 이 큰집을 지켜 나가기가 여간 어려운 일이 아닌 듯했다. 지금은 그나마 입장료를 받아 사람을 사서라도 집을 치울 수 있지만 예전에는 주인 없는 집에 들어와 구경만 하고 담배꽁초와 휴지만 아무렇게나 버리고 갔다고 한다.

"드라마를 찍는다고 해서 들에 나가 일을 할 수 없구먼요."

대문까지 마중 나온 칠순의 노종부는 작은 체구에 단아하게 비녀를 꽂은 모습이 고와 보였다.

"돌아가신 시아버지께서는 얼굴에 분바르고 머리 지지는 것은 얼굴을 파는 기생들이나 하는 짓이라며 못마땅하게 생각하셨어요. 그래서 지금껏 미장원에 가본 일도 없고 얼굴에 분을 발라본 적도 없이 이러고 살아요."

격동의 세월에 주름은 패었지만 아직도 마나님의 품위는 간직하고 있었다. 노종부는 19세에 이웃마을 구례에서 시집와 3남 2녀를 두었다. 10여 년 전 종손 류종숙(柳鍾淑) 씨와 사별한 후 큰아들 내외와 3명의 손자·손녀와 함께 3대가 살고 있다. 작은 종부는 이날 집에 없었다.

종가는 입구부터 들어서는 이의 눈과 마음을 단번에 사로잡았다. 솟을 대문 앞으로 좔좔 흐르는 시냇물은 너무 맑아 바가지로 퍼마셔도 기분 상하지 않을 듯했다. 이 물은 종가 동북쪽에 앉은 왕시루봉(1212미터)에서 흘러내리는 물이다. 커다란 시루떡을 놓고 하늘에 제사 지내는 산이라 하여 왕시루봉이란 이름을 가졌다. 그 산에서 흘려보내는 물이 대문 앞으로 지나니 어찌 명당이라 하지 않을까 싶었다. 홍수가 나도 물이 넘쳐나는 일이 없었다니 더욱 신기한 일이다. 이 물만으로도 등줄기 땀을 시원하게 씻어주었는데 시냇물을 끌어다가 종가 앞 텃밭 곁에 또 하나 인공 연못을 만들어놓았다. 그것도 풍수지리에 따라 남쪽의 산세가 불의 형세를 하고 있어 화재를 예방하기 위해 조성한 것이라고 한다.

종가는 1968년 중요민속자료 8호로 지정되었고 지금 이 댁을 구경하려면 입장료 1000원을 내

9대 종부 이길순 할머니. 격동의 세월에 주름은 패었지만 아직도 마나님의 품위는 간직하고 있었다.

◀ 사당에 모셔진
신주와 사진

▶ 류이주 선생의
10대 종손 류홍수
씨가 사당에 고유를
하고 있다.

야 한다. 홍살문 아래에 의자를 놓고 입장료를 받는 분은 놀랍게도 노종부의
친정어머니였다. 92세라는 연세가 믿어지지 않으리만치 기억력과 눈썰미가
있어 수십 명의 단체손님도 다 기억한다. 큰 종손이 타계한 후 큰살림을 맡아
힘든 생활을 하고 있는 칠순의 따님이 안스러워 도와주고 있다는 것이다. 백
수를 바라보아도 애틋한 부모 마음은 그대로인 모양이다.

어려운 사람 배려하고 덕을 베푸는 종가 사람들

솟을대문을 들어서면 마당을 만나고 맞은편에 할아버지가 기거했던 큰사랑
이 보인다. 왼편에는 아담하고 정취로운 옛 정원을 만들었다. 소나무와 대나
무가 심어진 사이마다 석물이 놓여졌고 국화며 매화, 작약 등도 정취롭게 앉
아 있다. 200여 년이 된 '위석류'라는 희귀종 나무 한 그루도 보호수로 지정
돼 있다. 이 나무는 종가의 윗대 할아버지가 중국에 사신으로 갔다가 기념으
로 받아 온 것이라 한다.

　큰사랑 오른편에는 조금 낮은 위치에 아래 사랑채를 두었다. 아버지가
기거하며 손님을 맞기도 해 귀래정이라 했다. 이름난 선생을 모셔다가 공부
를 하던 서당으로도 쓰였다. 그리고 방 앞으로 마치 대궐의 전각처럼 누마루
를 놓아 건너산 풍경을 감상하도록 했다.

　귀래정에는 안채로 난 재미있는 문이 하나 있다. 밥상 하나를 올려놓을
공간의 예쁜 초마루와 작은 문이 그것이다. 남녀가 유별했던 시절 부인들과
얼굴을 맞대지 않고도 상을 받을 수 있도록 만든 공간이다. 마당에서 높은 사
랑채를 거쳐 안채로 이르는 길목은 계단을 만들지 않고 경사로 만들어 수레
가 올라가거나 짐을 지고 다닐 때 편리하도록 만들었다.

안채 입구에는 통나무 속을 파내고 만든 둥그런 뒤주 하나가 눈길을 끈다. 이 뒤주 아래에는 조그만 직사각형 구멍을 만들어놓고 그 구멍을 여닫는 마개를 달았다. 그리고 이 마개에는 '타인능해(他人能解)'라는 글씨를 써두었다. 누구나 이 문을 열어 쌀을 가져가도 된다는 뜻이다. 마개를 돌리면 지금의 쌀통처럼 쌀이 나오도록 장치가 되어 있는데 한 사람이 가져가는 쌀의 양은 보통 1~2되 분량이라 한다. 그러나 주인이 보지 않는다 해서 쌀을 많이 가져가는 일은 없었다고 한다.

뒤주에는 2가마 반의 쌀이 들어가는데 한 달에 한 번씩 이 뒤주를 비워 다시 채워두는 형식으로 자선을 베풀었던 것이다. 만약 한 달이 지나도 쌀이 남아 있으면 며느리는 시어른께 꾸중을 들어야 했다. 뒤주의 내력을 써서 뒤주 위에 붙여두어 선행의 본보기로 삼았다.

안채로 들어서면 작고 아담한 네모난 마당을 밟게 되고 장독대가 눈에 먼저 들어온다. 안채라 하여 마당을 낮게 하지 않고 큰 사랑채 높이와 같이 해 남녀의 공간을 동등하게 했다. 안채 동편에는 방과 다락을 두어 사람이 거처하게 만들었고 오른편에는 김치광, 쌀광을 두어 부엌생활이 편하도록 배려했다.

뜰아래채 날개에는 흔히 볼 수 없는 여자들만의 사랑채와 누마루가 있었다는데 허물어져 복원을 서두르고 있다. 안채 왼편에 쪽문을 열고 나가면

솟을대문을 들어서면 마당을 만나고 맞은편에 할아버지가 기거했던 큰 사랑이 보인다. 오른쪽 작은 사랑채로 오르는 길은 계단을 만들지 않고 수레가 올라가거나 짐을 지고 다닐 때 편리하도록 경사지게 만들어 옛 선인들의 지혜를 엿볼 수 있다.

종가에서 가장 신성시되는 2칸짜리 소박한 사당이 있다. 사당에는 종손으로부터 4대의 신주와 사진을 나란히 모셔 두었다. 신독 앞으로는 오래된 광목 쌀포대로 커튼을 만들어 종가의 검박한 생활을 보여주고 있다. 운조루의 옛 모습은 집안에 대대로 전해오는 『전라구례오미동가도(全羅求禮五美洞家圖)』에서 살펴볼 수 있다.

뒤주 아래에는 조그만 직사각형 구멍을 만들어 놓고 그 구멍을 여닫는 마개를 달았다. 그리고 이 마개에는 '타인능해 (他人能解)'라는 글씨를 써두었다. 누구나 이 문을 열어 쌀을 가져가도 된다는 뜻이다.

여인네를 배려한 안사랑과 누마루의 미학

담묵을 풀어 놓은 듯한 회색 구름 사이로 오봉산 다섯 봉우리가 섬 같이 떠 있다. 그 산자락 발치에는 섬진강 쪽빛 물이 흐르고 그 강을 젖줄 삼아 아득히 펼쳐지는 '구만들'이 종가의 문전옥답(門前沃畓)이다. 사랑채 운조루에서 바라본 풍경이다.

지리산 반야봉과 노고단, 병풍산을 등에 업고 왕시루봉을 옆으로 거느린 운조루의 특징은 사면에 펼쳐진 천연의 아름다운 경관을 생활 속으로 끌어와 가족 모두가 즐길 수 있도록 세 개의 누마루를 설치했다는 점이다. 사랑채와 중사랑채, 안사랑채에 딸려 있는 누마루가 바로 그것이다. 특히 주목되는 것은 안사랑채와 누마루다. 지금은 허물어져 복원을 서두르고 있지만 이 집의 본래 모습을 그린 가도(家圖)에서는 4칸짜리 안사랑채와 누마루가 분명히 그려져 있다. 당시의 사회 규범상 여자들만 쓰는 사랑채 공간을 따로이 마련한다는 것은 흔하지 않는 일로 편견 없는 종가 사람들의 정신이 아름다워 보인다.

종부가 시집왔을 때는 이미 안사랑과 누마루는 허물어져 보지 못했다고 한다. 남편에게 안사랑채가 있었다는 말만 들었을 뿐이다. 시조모께서는 그곳에서 손님을 맞이하기도 하고 명절에는 여자들끼리 윷놀이 등을 즐겼다는 이야기도 남편이 들려주었다. 놀이공간으로써뿐 아니라 길쌈과 바느질도 했고 외출이 쉽지 않았던 시절이라 먼 산을 바라보며 시름을 달래기도 했을 것이다. 그러나 노종부는 안채 동편에 있는 이층 누다락에서의 추억을 더 생생하게 들려준다.

층층시하의 눈을 벗어나 잠시 휴식을 취할 때도, 더위를 식힐 때도 친정

안채로 들어서면
아담하고 네모난
마당을 밟게 되고
장독대가 먼저 눈에
들어온다.

이 그리워 눈물지을 때도 누다락은 더없이 편한 공간이었다. 툇마루에 있는 나무계단을 밟고 누다락에 올라가 보았다. 서 있어도 머리가 닿지 않을 만큼 천장이 높아 다락이라고 하기에는 꽤 넓었다.

아마도 젊은 며느리의 쉼터로 배려한 공간으로 보였다. 그러기에 새댁이 머무는 방 안에도 누다락 계단을 만들어두었을 정도다. 누다락에서 남쪽으로 난 예쁜 반달문을 밀치고 바라본 바깥 세상은 절경이었다. 거침없이 펼쳐지는 자연의 파노라마가 그곳에 있었다. 겨울에는 햇살이 따사로운 남향이다. 누다락 아래는 군불을 땔 수 있는 아궁이만 있을 뿐 트인 공간이다.

모심기가 끝나면 즐거운 서리시침

"내림음식은 없어요. 된장과 김치라면 모를까. 시아버님께서는 세상이 이리 어려운데 좋은 음식, 좋은 옷을 어찌 입을 것이냐고 하시며 김치와 된장 외에는 밥상에 올리지 못하게 하셨어요. 특별음식이라면 제사 때나 먹을 수 있었습니다."

그러나 이 마을에서는 모심기가 끝나면 '서리시침'이라 하여 마을에서 돼지를 잡아 나누어 먹기도 하고 그렇지 못할 때는 삼계탕을 끓여 먹는다고 했다.

'서리시침'이란 무리 지어서 남의 물건, 주로 농산물을 훔쳐먹는 일종의 장난이다. 봄에는 밀서리, 여름에는 참외서리, 가을에는 콩서리, 겨울에는 닭서리를 한다. 먹거리가 넉넉했던 양반이야 이런 장난을 할 리 없겠지만 종부가 거침없이 '서리시침 음식'을 말하곤 하는 것은 그만큼 이 가문에서는 아랫

▲ 안채 동쪽 방에
딸린 누다락의 예쁜
반달문.

▼ 밖에서 본 2층
누다락.

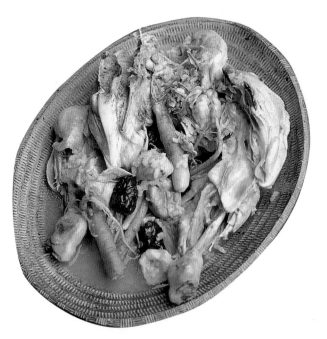

모심기가 끝나면
서리시침으로 먹던
삼계탕.

운조루에 소장된 유물들은 전적, 고문서,
서화와 생활의례에 관한 기록 등 하나의
박물관으로서 손색이 없을 만큼 매우
다양하다. 18세기 이래 9대 200여 년간
운조루 유씨 집안에서 실제 사용되었던
유물이다.

사람과 격을 두지 않고 살았다는 뜻으로 들린다.

　모심기가 끝나면 몸을 보하기 위해 서리시침으로 먹는다는 삼계탕을 이
날 끓여주었다. 구례 장날에 일부러 씨암탉을 사서 푹 고와준 삼계탕에 들어
가는 것은 일반 삼계탕과 다를 바가 없었지만 고기 살이 쫀득하고 국물이 구
수해 같은 재료지만 노련한 솜씨에서 이렇게 맛이 달라질 수도 있구나 감탄
하면서 닭다리 하나를 뜯고 왔다.

　삼계탕은 씨암탉 1마리와 찹쌀 3큰술, 수삼 3뿌리, 대추 5개, 밤 2개, 마
늘 5 , 후춧가루 조금, 소금 약간으로 만든다.

영계는 항문을 도려내어 내장을 빼낸다. 뼈에 붙어 있는 핏자국을 말끔히 긁어 씻는다. 물기가 빠지도록 세워둔다. 찹쌀은 씻어 2시간 이상 물에 불렸다가 소쿠리에 건져 물기를 뺀다. 대추는 씨를 발라내고 수삼도 씻어놓는다. 닭의 뱃속에 준비한 재료들을 넣고 실로 묶어서 고정시킨다. 큰 찜통에 닭을 담고 물 10컵을 부어 끓인다. 끓어 오르면 불을 약하게 줄여서 1시간 반을 고운다. 닭이 충분히 익으면 먹을 때 소금과 후춧가루로 간을 맞춘다.

할아버지와 손자 대 이은 종가일기

류씨 가문에는 수많은 책이 소장되어 왔다. 이들 전적들은 입향조 류이주 선생 때부터 대대로 전승된 것이다. 이 중에도 류이주의 5세손인 류제양(柳濟陽, 1846~1922)과 그의 손자 류영업(柳營業, 1886~1944)에 이르기까지 80년간 하루도 빠지지 않고 써온 「시언(是言)」이란 일기장이 관심을 끈다. 생활일기와 농가일기 등이 세세하게 기록돼 있어 유씨 가문의 변천사를 볼 수 있다. 또한 41건에 달하는 호구 단자와 분재기 등은 명당에 자리 잡은 류씨 가문의 경제적 기반 형성을 살펴볼 수 있는 문서들이며 호남지방의 한 양반가가 성장하는 과정을 사례로 보여주고 있다.

이 밖에도 종가에 소장된 서화 등이 많은데 이 중에는 추사 김정희의 8폭 병풍도 있어 당대의 이름 있는 화가와 서예가들과의 교분을 짐작하게 한다.

옛사람들은 어떤 옷을 입고 어떻게 살았을까. 사랑하는 사람들을 떠나보낼 때는 어떤 마음이었을까. 1998년 문중 묘의 이장 작업 중에 발견된 미라와 편지, 부장품들은 450여 년 전 조선시대 안동 양반의 생활을 짐작하게 해주었다.

이곳에서 출토된 31세의 젊은 나이로 죽음을 맞이한 남편에게 보내는 아내의 애절한 편지는 조선판 「사랑과 영혼」이라며 우리의 가슴을 뜨겁게 했다. 이와 더불어 머리카락은 물론 피부결까지 산 사람 그대로인 미라 할머니가 발굴되어 「미라 그것이 알고 싶다」라는 프로그램으로 방영되기도 했다.

경이롭고 놀라운 이야기의 주인공들은 고성 이씨 귀래정파(歸來亭波) 종가 사람들이다. 미라 할머니는 귀래정파 3대 종부였고 편지의 주인공인 이응태(李應台, 1556~1586)는 그 할머니의 친손자였다. 더 놀라운 것은 그분들이 살았던 옛집이 무덤에서 300미터 거리에 지금도 그대로 보존되고 있다는 점이다. 그리고 그곳에는 450여 년 아침저녁으로 조상들이 묻힌 눈앞의 선산을 바라보며 그 선조들의 제사를 받들고 묘를 관리하면서 살고 있는 종갓집 사람들이 있었다. 1998년 4월 5일 안동시 정상동에 있는 고성 이씨 귀래정파 문중 선산에서는 안동시가 종가의 선산을 택지개발 지역으로 선정하는 바람에 이날 윗대 조상의 분묘부터 옮기기 시작했다.

이장을 시작한 이틀 뒤인 4월 7일, 문중 사람들은 물론 세상 사람들을 깜짝 놀라게 한 미라 한 구가 450여 년 만에 모습을 드러냈다. 머리카락은 물론 피부까지 부식되지 않은 채 온전한 상태인 미라는 바로 귀래정 종가의 3대 종부였다. 종손 이명정(李命貞, 1504~1565)과 함께 묻힌 부인은 족보에 일선

귀래정 대청마루에는 지금도 안동에서 이름난 이현보, 이유, 이식 등 선비들이 모여 시회를 즐겼던 흔적들이 현판에 소중히 남아 있다.

문씨로 기재되어 있다. 부부가 함께 합장되었지만 남편의 관은 대부분 부식되었고 부인의 관은 하나도 손상되지 않은 상태로 발굴되었다. 현장에 있었던 차종손 이만용(취재 당시 45세) 씨가 재빨리 안동대학교 박물관에 조사를 의뢰했다. 박물관 팀이 달려와 내관을 종가로 옮겨 사진을 찍고 미라의 수의를 수습했다. 미라 종부는 450년 전 자신이 살았던 귀래정에서 19대 종손 이도형(취재 당시 72세) 씨가 입혀주는 새로운 수의로 갈아입고 새 관에 안치되어 다시 새로운 선산에 안치되었다.

지금껏 출토된 미라 중에서 종가의 미라 할머니만큼 상태가 좋은 미라는 흔치 않아 연구 대상이 되었는데 외곽에 칠한 회칠이 외부의 습기를 차단했고 시신과 함께 넣어둔 향주머니가 방부제 역할을 했던 것으로 밝혀졌다. 게다가 바닥에는 숯을 깔았고 숯 위에는 돗자리를 깔았던 것도 습기를 막는데 도움이 되었을 거라 했다.

병든 남편 위해 머리카락 잘라 정성으로 삼은 미투리

3대 종부의 미라가 발견된 날로부터 18일이 지난 후에는 주인없는 묘로만 알려졌던 또 한 기의 무덤에서 180센티미터의 키에 하얀 피부와 검은 수염까지 그대로인 남자 시신 한 구가 반미라인 채 발굴되었다. 그 망자의 가슴 위에 덮혀져 있는 한지에 빼곡히 쓰여진 글은 사랑하는 이를 떠나보내면서 살아있는 아내가 쓴 마지막 편지였다.

절절한 그리움을 담은 이 사랑의 편지는 출토된 만사(輓詞) 중 가장 오래된 것으로 412년 만에 다시 살아나 어떤 문학작품보다 많은 사람들의 심금을 울렸다. 또한 그 편지 덕분에 묘의 주인이 누구인지가 밝혀졌다. 6척 장신의 남자는 미라 할머니의 손자이기도 한 이응태로 31세의 나이에 사랑하는 아내와 아들 하나를 두고 세상을 떠났던 것이다.

사람들의 가슴을 더욱 뭉클하게 한 것은 병중이었던 남편이 회복하면 신을 수 있도록 아내는 자신의 머리를 잘라 한 올 한 올 정성을 다해 미투리를 삼았다. 그러나 끝내 남편은 숨을 거두자 북망산 가는 길에 신도록 시신의 머리 위에 고이 넣어주었다. 전통상례에서는 망자의 가까운 사람들이 애도의 표시로 관에 물건을 넣어주는 풍습이 있다.

이응태의 관에서도 편지를 쓴 부인의 옷 4점과 '원'이라 부르는 아이 1점이 출토되기도 했다. 이응태는 세상을 달리했지만 사랑하는 아내와 아이를 가슴에 품고 잠들어 있었던 것이다.

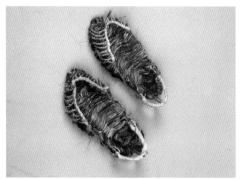
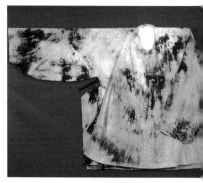

◀ 머리카락은 물론
피부까지 부식되지
않채 온전한
상태인 미라는 바로
귀래정 종가의 3대
종부였다.

▲ 병중이었던
남편이 회복하면
신을 수 있도록
아내는 자신의
머리를 잘라 한 올
한 올 정성을 다해
미투리를 삼았다.

▶ 미라가 입었던
수의는 450년 전
복식 연구의 귀중한
자료가 되고 있다.

아내의 편지는 415년간 남편의 시신을 지켰고 남편의 신원을 되살려 준 소중한 단서가 되기도 했다. 이응태의 묘에서는 아내의 편지 외에도 그의 죽음을 애도하는 18점의 글이 출토되었다. 그의 형 이몽태는 「아우를 떠나보내며」라는 만시(輓詩)를 적어 넣기도 했다.

출토된 편지 중에서 아버지가 아들에게 보낸 편지에서는 부자간의 따뜻한 사랑뿐 아니라 이응태는 장자가 아니어서 장가든 후에는 처가에서 살았음을 알 수 있게 하는 대목도 있었다. 그 때문에 16세기 후반 안동 지역의 혼인 풍습도 엿볼 수 있었다. 매사냥이 취미였다는것, 또 무서운 전염병이 돌고 있으니 집에 오는 것을 삼가라는 주의 사항과 노비들이 달아난 사실, 농사일에 관한 내용이 기록되어 있어 그 당시 종가의 생활상을 짐작할 수 있는 글들이 많다.

종가의 선조 묘 두 기에서 발굴된 옷가지들은 그 당시 안동 양반들의 복식연구에 큰 기여를 하였고 편지글에서는 기록문화의 소중함을 느낄 수 있게 했다. 이들 묘에서는 안동 양반의 옷 120여 벌과 원이 엄마의 한글편지, 형이 쓴 만시, 미투리, 장신구 등이 수습되었다. 조선 전기 상례문화를 소상히 살 수 있는 고성 이씨 귀래정파의 출토품들은 현재 안동대학교 박물관에 보관, 전시되고 있다.

300미터 거리에서 조상과 후손이 마주 보며 살았던 곳

종가 이야기를 쓰는 입장에서는 미라 할머니와 그 손자가 살았던 종가가 아직도 있는지, 있다면 그 후손들이 살고 있는지, 또 편지의 주인공 이응태의 후손들은 어디에 살고 있을까가 주된 관심사였다. 수소문 끝에 이응태가 태어나고 성장한 종가는 놀랍게도 무덤에서 300미터 거리에 있음을 알아냈다.

그 종가를 찾은 날은 수십년 만의 천재지변으로 철길이 끊기고 고속도로가 물에 잠기는 난리를 간신히 피한 2002년 8월이었다. 이날은 오랜만에 햇빛을 볼 수 있어 '종가 취재는 하늘이 돕는다'는 생각까지 들게 했다. 직장과 아이들 교육 때문에 서울에 살고 있는 차종부 권덕인(취재 당시 43세) 씨가 고맙게도 동행을 해주어 힘들지 않게 찾을 수 있었다.

안동 시내에서 3킬로미터 거리에 있는 신개발 지역에 종가가 있었다. 서울에는 한강을 가운데 두고 강북과 강남이 나눠지듯 이곳 안동에서도 동에서 서로 흐르는 낙동강을 사이에 두고 남북으로 나눠져 있었다. 강을 넘는 다리가 하나둘 늘어나면서 안동의 강남도 서울의 서초동 못지않은 모습으로 변해가고 있었다. 공설 운동장이 지척에 생겼고 종가 들머리에는 법원과 검찰청이 들어설 터를 닦고 있었다. 유물이 발굴된 종가의 선산자리에는 벌써 아파트가 산 높이보다 높게 서 있었다. 종가 앞으로는 안동과 포항을 잇는 4차선 도로가 생겨났고 새로운 고층건물들이 종가를 압박하듯 둘러싸고 있지만 종가는 아직도 종가다운 풍모를 지니고 있었다.

정상동에 자리 잡은 고성 이씨 입향조는 연산군 때 개성부 유수를 지낸 이굉(李肱, 1414~1516) 선생 때부터이다. 갈라산 줄기가 뻗어 야트막한 능선을 이룬 동산이 안산(案山)으로 앉았고, 종가 뒤로는 낙동강 700리의 발원지로 푸른 강물이 유유히 흘러 지금 보아도 탐나는 집터이다.

이굉 선생은 이곳에 도연명의 「귀거래사」를 따와 정자 이름을 귀래정(歸來亭)으로 삼았고 조상을 모실 사당과 사랑채와 안채를 지었다. 귀래정 대청마루에는 지금도 안동에서 이름난 이현보, 이유, 이식 등 선비들이 모여 시회를 즐겼던 흔적들이 현판에 소중히 남아 있다. 귀래정을 지을 때 기념식수한 은행나무 한 그루도 종가의 수많은 이야기를 품은 채 푸른 잎새를 자랑하며 안마당에 서 있다.

귀래정 옆으로는 허물어져 가는 옛집을 헐고 3년 전에 다시 지었다는 종가가 솟을대문은커녕 쪽대문도 없이 들깨나무 울타리만 쳐져 있어 종가 사람들의 소박한 인품을 느낄 수 있었다.

종가 마당에서 마중 나온 종손을 뵙고는 또 한 번 놀라고 감탄했다. 사진에서 본 출토 당시의 미라 할머니와 너무나 닮았다. 어쩌면 어머니를 닮듯 450년이 지난 후손이 선대를 저토록 닮을 수가 있을까? 어쩌면 내 몸속에도 조상들의 피가 저렇게 진하게 흐르고 있지 않을까? 뿌리 없는 나무같이 살아온 자신을 되돌아보게 했다.

입향조 이굉 선생이
지은 정자 '귀래정'이
아직도 그대로이다.
지금은 아파트가
들어선 300미터
거리에 있는 선산
자리를 종손이
가리키고 있다

정체성을 찾을 수 있는 족보문화

종가는 밖에서 보면 한옥인데 실내는 가운데 마루를 두고 둘레에 방을 들인 아파트 구조였다. 그 연배로는 늦은 감이 있는 26세에 23세 신부와 혼인해 6남매를 두었다는 종손은 명절날 자식들이 다 모이면 이 집이 가득해진다며 후손이 많음을 든든해했다. 새하얀 모시 두루마기를 단정히 차려 입고 족보를 상위에 올려 집안의 내력을 꼼꼼하게 설명하는 종손의 모습에서 꼿꼿한 옛 선비의 기품을 다시 보는 듯했다.

"이것 보세요. 미라로 출토된 할머니는 이곳에 집터를 정한 귀래정 할아버지로부터 3대째 종부가 됩니다. 나에게는 16대조 할머니가 되시고요. 이분의 아버지는 군수를 지낸 분이며 할아버지와의 사이에는 군자감 참봉을 지낸 유신이라는 아들이 한 분 계셨습니다. 그 아드님은 2남 3녀를 두었는데 편지가 발견된 응태 할아버지는 둘째 아드님이지요."

종손이 족보를 짚어가며 설명하는 자리에는 이응태의 이름만 보이고 묘는 미상으로 기재되어 지금까지 무연고로 있을 수밖에 없었다. 또한 아쉽게도 편지를 쓴 부인의 이름은 보이지 않았다. 그리고 그의 아들은 성회(誠會)라는 이름으로 기재되어 있었다.

부인의 편지에는 둘째 아이를 임신 중에 있노라고 했지만 족보에는 기록돼 있지 않았다. 이응태의 묘가 확인되면서 종손은 족보에 기록된 성회의 자취를 찾다가 경북 영양군 홍구리 마을 옆 소나무 숲에서 고성 이씨 문중의 무덤 한 기를 찾아냈다. 그리고 수소문 끝에 부인이 쓴 '원'으로 추정되는 이응태의 아들 성회의 무덤임을 확인할 수 있었다고 했다. 그러나 편지를 썼던 원이 어머니의 무덤은 찾을 수가 없었다고 한다. 다만 남편의 나이와 비슷한 나이에 출토된 옷치수로 보아 키가 160센티미터 정도가 될 것라는 추측만 할 뿐 더 이상 알 수가 없다고 한다.

고성 이씨의 내력

종손의 설명은 고성 이씨의 시조는 이황(李璜)으로 고려 덕종 2년(1033)에 밀직부사로서 거란의 침공을 물리친 공으로 호부상서에 올라 철령군(鐵嶺君)으로 봉해졌다. 철령은 현재의 경남 고성이다. 안동에 처음으로 정착한 분은 이증(李增)으로 조선 세종 때에 좌의정을 지낸 이원의 여섯째 아들이며 참판공파(參判公波)의 파조이다. 안동 시내에 지금까지 살고 있는 고성 이씨는 이증의 차남인 '굉'과 삼남인 '명'의 후손들이다. 귀래정파로 알려진 굉의 후손은 정상동에, 명의 후손은 법흥동에 각각 살고 있다.

선산이 택지개발에 들어간다는 통보를 받고 종손은 문중 회의를 열었다. 지금은 모두 화장 문화가 장려되고 있으니 선조들의 유골을 화장하고 납골당을 만들자고 했지만 다른 지역이라면 몰라도 안동에서는 아직은 이르다는 결론이 내려졌다. 다시 종가에서 30분 거리인 안동시 풍천면 어담리에 산을 구입하고 조상의 묘는 모두 이장했다.

얼마 전에는 묘 앞에 세워 둔 문인석을 나쁜 사람들이 모두 가져가버렸다고 한다. 눈만 뜨면 바라볼 수 있는 자리에서 묘를 지키다 이제는 매일 가볼 수도 없어 조상들에게 죄송스럽다고 했다. 종손에게는 또 미라 할머니를 영구히 보존하지 못한 아쉬움이 있다. 영구 보존비가 60억 원이나 든다니 문중의 능력으로 어쩔 수 없었기 때문이다.

새하얀 모시 두루마기를 단정히 차려입은 종손이 수백 년 전 집안 내력을 어제 일인 양 생생하게 들려준다.

남편의 임종과 장례 전까지의 짧은 시간 동안에 원이 엄마가 쓴 편지를 옮겨 본다.

> … 당신을 여의고는 아무리 해도 나는 살 수 없어요. 빨리 당신께 가고 싶어요. 나를 데려가 주세요. 당신을 향한 마음을 이승에서 잊을 수가 없고 서러운 뜻한이 없습니다. 내 마음 어디에 두고 자식 데리고 당신을 그리워하며 살 수 있을까 생각합니다. 이 내 편지 보시고 내 꿈에 와서 자세히 말해주세요. 꿈속에서 당신 말을 자세히 듣고 싶어서 이렇게 써서 넣어 드립니다. 자세히 보시고 나에게 말해주세요. 당신 내 뱃속의 자식 낳으면 보고 말할 것 있다 하고 그렇게 가시니 뱃속의 자식 낳으면 누구를 아버지라 하라시는 거지요? 아무리 한들 내 마음 같겠습니까? 이런 슬픈 일이 하늘 아래 또 있겠습니까? 당신은 한갓 그곳에 가 계실 뿐이지만 아무리 한들 내 마음같이 서럽겠습니까? 한도 없고 끝도 없어 다 못 쓰고 대강만 적습니다. 이 편지 자세히 보시고 내 꿈에 와서 당신 모습 자세히 보여 주시고 또 말해주세요. 나는 꿈에 당신을 볼 수 있다고 믿고 있습니다. 몰래 와서 보여주세요. 하고 싶은 말 끝이 없어 이만 적습니다.
>
> (안동대학교 번역본)

구구절절 애절한 그리움으로 아로 새겨진 편지는 하고픈 말을 다 끝맺기도 전에 종이가 다하자 모서리를 돌려 써 내려갔다. 모서리를 채우고도 차마 끝을 맺지 못하자 아내는 다시 처음 시작한 부분의 여백으로 계속 이어서 써 내려갔다.

이 편지에서 눈길을 끄는 것은 요즘 아내들의 호칭과는 달리 남편을 '자내'라고 부르고 있다는 점이다. "자내다려 내 닐오되"(당신에게 내가 말하기를), "자내 몬저 가시난고"(당신 먼저 가시나요) 등 편지의 원문에서는 '자내'라는 말을 서슴없이 모두 14번이나 사용했다. 그들이 살던 시대에는 남녀가 대등한 관계였음을 시사하는 대목이기도 하다.

실제로 사대부 가문에서 볼 수 있는 분재기(分財記)에서도 재산을 분배할 때는 아들·딸 차별 없이 공평하게 물려주었던 기록들을 볼 수 있다. 재산뿐 아니라 조선 초기에는 제사 상속도 여자들이 물려받는 기록을 볼 수 있다. 우리가 막연히 상상하는 조선시대 풍속과는 거리가 있다.

울면서 아우를 떠나 보내며

이외에도 이응태의 묘에서는 그의 형님이자 종가의 5대 종손이었던 이몽태
가 동생에게 보내는 만시가 발견되었다.

> 울면서 아우를 떠나 보내며
> 아우와 함께 부모님 모신 지
> 지금까지 31년이 되었는데
> 갑자기 이 세상을 떠나버리니
> 아우는 이렇게 급히 간단 말인가.
> 땅을 친들 그저 망망할 뿐이요
> 하늘에 호소한들 말이 없구나.
> 외로이 나만 내버려두고
> 죽어서 뉘와 더불어 함께 할는지
> 자네가 남기고 간 어린 자식
> 내 있어 보살필 수 있구려.
> 바라는 바는 어서 하늘에 오름이니
> 삼생은 어찌 빠르지 않을쏜가.
> 또 바람은 힘껏 도움을 내려
> 부모님 만세토록 장수하심이라.
> 형이 경황 없이 곡하며 쓴다.

466

애달픈 마음을 담은
형이 부채에 편지를
써넣었다.

형은 이 시편만으로는 애달픈 마음을 다하지 못했는지 부채에도 만시를 써 넣었다.

> 아우님의 곧음은 대쪽 같았고
> 아우님의 깨끗함은 백지 같았네.
> 내가 손수 쓰던 이 부채를
> 길을 떠나는 아우님에게 준다.
> 형이 곡을 하며.

나물잡채와 안동국시

노종부 김승귀(취재 당시 69세) 씨와 차종부가 정성을 다해 만들어준 집안의 내림음식은 나물잡채와 건진국시였다. 안동에서는 국수를 국시라 한다. 나물 잡채는 시집와서 수많은 제사를 모시면서 생겨난 차종부의 지혜이다. 제상에 기본으로 오르는 나물이 늘 남아돌아 당면을 넣어 무쳐 상에 올렸더니 나물로 올리는 것보다 훨씬 인기가 있었다. 나물을 좋아하지 않는 아이들에게 다양한 나물을 먹을 수 있게 하는 방법으로도 좋았다. 또 빨리 먹지 않으면 자칫 쉬어버리기 쉬운 나물 처리에도 좋았다.

건진국수는 평양냉면만큼 안동지방에서는 명성 있는 음식이다. 국수라면 밥 대신 가볍게 먹는 음식으로 알고 있지만 건진 국수를 대접받으면 특별한 손님이 된다. 건진국수는 숙련된 솜씨가 있어야 한다.

노종부가 만들어준 건진국시는 밀가루 4와 콩가루 1의 비율로 반죽을 잘해야 된다. 건진국수의 특징은 안반에다 밀가루 반죽을 홍두깨로 밀 때다. 종이 짝처럼 얇게 밀어야 실같이 가늘게 썰 수 있기 때문이다. 썰어둔 국수는

法會當為
世所重當廿于七三廿一春時
至家鵝廣有去歲松柏一蓝
至以然已下升亦獨有以歸
匹歲苗遺後況亦在將可
而當而止命三生勿速品
有助親庭壽寄信
當已卿榮望

뜨거운 물에 삶아 국수가 물 위에 뜨면 건져서 찬물에 헹구어 식혀 낸다. 그래서 건진국수라고 한다. 식혀진 국수를 그릇에 담아 본래는 은어 달인 국물에 말아야 하는데 이날은 멸치국물로 대신했다. 멸치국물은 차게 식혀 붓고 그위에 애호박을 썰어서 기름에 볶은 꾸미를 얹은 다음 다시 실고추와 파 지단을 채로 설어 고명으로 얹는다. 양념장으로 간한다.

소중한 문화유산으로 본받을 편지문화

고성 이씨 귀래정파 종가에는 『사례요약(四禮要約)』이란 종가만의 의례서가 전해져 오고 종손도 의례에 무척 밝다. 응태 할아버지의 신원을 편지글 때문에 찾을 수 있어서인지 선현들의 편지문화를 본받아야 한다고 종손은 강조한다. 선조들은 사람이 일생을 살아가면서 누구나 치러야 할 통과의 때마다 의미 있는 글을 남겼다고 한다. 이름을 지을 때는 그 이름의 뜻과 조상의 내력을 적어 아이가 자라면서 자신의 뿌리를 알게 하는 작명례(作名禮)를 행하였다. 돌날에는 할아버지가 글을 아는 선비 1000명을 찾아다니며 천자문 한 글자씩을 받아 책을 만들어 손자의 돌상에 올리면서 그 뜻글을 편지에 담아 주었다. 성인식 때는 성인으로서 갖어야 할 덕목의 글을 집안 어른이나 아버지가 남겨 주었다.

그뿐만 아니라 혼인을 하면 신랑집에서 신랑의 사성을 보낼 때도 사돈에게 정중한 편지를 썼고, 여자 집에서는 혼인날이 잡아지면 그 날짜와 사돈에게 예를 갖춘 그 편지를 써서 남자 집에 보냈다. 그리고 신랑집에서 함을 보낼 때 신부 아버지께 편지를 보냈다. 이것을 혼서지라 한다. 그 혼서지는 늙어 세상을 떠날 때는 관에 넣어 간다. 혼서지를 가지고 가야 남편과의 인연이 다시 이루어진다고 믿었다. 회갑이 되면 그분의 일생을 바라본 친구들이 축하의 편지를 쓴다. 상례에는 죽음을 애도하는 만사(輓詞)를 지어 관 속에 넣어준다. 제례에도 제문이 있다. 축문도 바로 편지글이다. 이렇게 우리 민족은 일생을 통해 의미 있는 날은 글로써 남겼다고 했다. 그 글들이 소중히 전해져 와 선조들의 생활상을 후세 사람들이 표본으로 삼게 된다며 편지 문화의 중요성을 종손은 일깨워주었다.

450년 전 짚신 신고 올랐던
덕유산 산행기를 전하다

은진 임씨
갈천 임훈 종가

53세의 노선비는
몸이 더 쇠하기
전에 평생
소원이던 향적봉을
다녀와야겠다며 5월
하순에 등산복과
등산화 대신 짚신에
죽장 하나만을
의지해 산에 올랐다.
그리고 5박 6일 동안
보고 느꼈던 향적봉
정경과 풍물을
뛰어난 문장력으로
묘사해 후세에 길이
남기고 있다.

지금으로부터 450년 전, 우리나라 12대 명산 가운데 하나인 덕유산 최고봉인 향적봉(해발 1614미터)을 오르면서 산행기를 남긴 선비 한 분이 계셨다. 조선 조 연산군 때 문인이자 효자로 이름 높은 갈천 임훈(林薰, 1500~1584) 선생이 바로 그 주인공이다.

53세의 노선비는 몸이 더 쇠하기 전에 평생 소원이던 향적봉을 다녀와 야겠다며 5월 하순에 등산복과 등산화 대신 짚신에 죽장 하나만을 의지해 산 에 올랐다. 그리고 5박 6일 동안 보고 느꼈던 향적봉 정경과 풍물을 뛰어난 문장력으로 묘사해 후세에 길이 남기고 있다.

여기서 더욱 귀하게 보이는 대목은 갈천 선생이 등정기를 썼던 산실이 지금도 옛 모습 그대로 보존돼 있다는 사실이다. 선생은 『등덕유산향적봉기 (登德裕山香積峰記)』 머리글에서 "덕유산은 내 고향 진산으로서 내 집 또한 그 아래 있다"며 글을 썼던 곳이 바로 사랑채 '자이당(自怡堂)'임을 밝히고 있다.

경남 거창군 북상면 갈계리에 있는 자이당을 찾았다. 400년이 훌쩍 지 난 지금에도 선생의 향취가 눅진하게 풍기는 이 고가는 경상남도 지방문화 재 9호로 보호받으며 그 후손들이 대를 이어가며 지키고 있다. 14대 종손 임 영익(취재 당시 45세) 씨와 부인 문정순(취재 당시 40세) 씨가 5년 전에 홀로된 노종부 신화범(취재 당시 64세) 씨를 모시고 두 아들과 함께 살고 있다. 핵가 족화, 개인주의가 보편적인 요즘 세대에는 보기 드물게 3대가 조상의 사당을 지키며 살고 있는 모습이 정겹다.

갈계마을 곳곳에 서린 선생의 향취

종가마을 갈계리는 거창의 명승지 국립공원 수승대(搜勝臺)에서 북쪽으로 3킬로미터쯤 가면 나온다. 품 너른 덕유산에서 발원한 계곡물이 30리를 흘러 이르는 지점을 이곳에서는 갈천(葛川)이라 부른다. 그 옛날 선생도 마을 이름을 그대로 따서 갈천이란 호를 지었다. 고장을 빛낸 인물인지라 수백 년이 흐른 지금에도 갈계마을 곳곳에는 선생의 향취가 가득 배어 있다. 마을 들머리에 들어서면 하늘이 내린 효자라 하여 선생이 살았을 때 받은 효자비각이 지나는 사람을 숙연케 한다. 비각에는 선생뿐 아니라 그 아우와 후손들이 받은 효자비가 세 개 더 있다. 한 집안에서 네 명씩이나 효자상을 받은 것도 흔치 않은데다 살았을 때 받은 것은 더욱 귀한 일이어서 거창이 낳은 효자집안이라 일컫는다. 여기에 남편을 따라 자결한 고령 박씨의 열녀비가 더욱 눈길을 끈다.

맑은 냇물이 남실남실 흐르는 갈계 숲속에는 갈천 선생의 문인들이 선생을 추모하며 지었다는 조촐한 정자 가선정(駕仙亭)이 한여름의 정취를 더해 준다. 후학을 가르쳤던 갈천서당 건물도 옛 그대로이다.

연산군 4년에 일어난 무오사화를 피해 이곳에 자리 잡은 갈천 선생의 부친 석천 임득번(石川 林得蕃) 선생의 별묘와 제사를 지내는 재실이 마을을 굽어보고 있다. 이외에도 주변에는 은진 임씨들의 유적이 많다.

그도 그럴 것이 입향조인 임득번 선생은 벼슬을 버리고 이곳에 은거하

노종부, 종손 부부와 종손의 두 아들. 3대의 단란한 한때가 정겹다.

마을 들머리에 있는
하늘이 내린 효자라
하여 선생이 살았을
때 받은 효자비각.

면서 오로지 경전을 읽고 후학 양성에 힘써 임훈(林薰), 임영(林永), 임운(林芸)등 세 아들을 훌륭한 인재로 키워냈다. 이들 형제는 이 고장뿐 아니라 다른 지역에까지 알려질 정도로 우애와 효성이 지극한 선비들이었다. 그래서 그의 제자와 후손들이 추모하는 마음을 담아 지킨 유적들이 많을 수밖에 없다. 이 마을 대다수가 은진 임씨들로, 농촌에 거주하는 재지양반(在地兩班)이 흔히 그러하듯 집성촌을 이루고 있다.

훈훈한 가족애로 뭉친 종갓집 사람들

마을 농협에 근무하는 키가 크고 미남형인 종손은 아는 것이 적다며 말을 아끼고 문중 어른들을 내세웠다. 찾아간 날은 종중회장 임기준 씨와 문중 어른 임유도 씨, 임기술 씨 등 문중을 대표하는 분들이 반겨주었다. 선생의 문집과 화첩 등 자료를 한아름 안고나와 조상을 빛내는 일에 정성을 다하는 후손들의 결속력이 예사롭지 않았다.

종중사무실에서 찻길을 건너 골목길에 접어들면 갈천 선생이 살았던 옛

대문의 좌우 기둥을
받치고 있는
화강암으로 조각된
주춧돌이 이채롭다.
몸은 거북이고 머리는
용, 꼬리는 봉황처럼
생겼다. 이 댁에서만
볼 수 있는 특징이다.

474

북상면 갈계마을 양지바른 종산에 있는 별묘.
효종 9년(1658)에 영건하여
석천 선생과 갈천, 도계, 섬모당 등 4부자의
춘추행례를 지내고 있다.

집이 나타난다. 이 댁의 솟을대문은 그냥 들어갈 수 없다. 높은 대문 위에 갈천 선생에게 이조판서를 추증했다는 기록과 함께 시호(諡號, 사후에 국가에서 내리는 호)가 효간공(孝簡公)으로 내려졌다는 글씨가 붉게 새겨져 있다. 이런 문을 일러 홍문이라고도 하는데 들어갈 때도 머리를 숙여 예를 표해야 한다. 그뿐만 아니라 대문의 좌우 기둥을 받치고 있는 화강암으로 조각된 주춧돌이 이채롭다. 몸은 거북이고 머리는 용, 꼬리는 봉황처럼 생겼다. 흔히 비석을 바치는 데 쓰이긴 하나 대문채 기둥 주춧돌로는 드문 것으로 이 댁만의 특징으로 보인다.

대문채를 지나면 바로 그 옛적 선생이 기거하던 사랑채 자이당(自怡堂)이 나타난다. 자이당은 선생의 호이자 사랑채 당호이다. 1507년에 지어졌다니 500년 세월 동안 그의 후손들과 함께한 셈이다.

사랑채 뒤에는 안채가 있고, 안채 뒤로는 갈천 선생과 그 부인 고령 유씨의 신주를 모신 불천지위(不遷之位) 사당이 있다. 사랑채와 안채 사이에는 이 댁에서 가장 애지중지하는 갈천 선생의 문집과 선생의 아우 임운 선생 문집 등 목판본 233판이 보관된 장판각(藏版閣)이 있다.

이 목판본에 선생의 등정기가 수록돼 있다. 400년 이상을 장판각에서 지내온 『등덕유산향적봉기』는 거창문화원 부원장인 정태준(취재 당시 60세) 씨가 20년 전에 발굴해 한글로 번역, 세상에 알려져 화제가 되었다. 이 판각은 1655년 1월 갈천집 서문을 쓴 송시열(宋時烈, 1607~1689) 선생이 안의현감에게 일러 배나무를 수집, 갈계리 마을 앞 논물에 가두어 3년 동안 담가두었다가 판각했다고 전한다. 두 문집은 경상남도 유형문화재 168호로 지정되어 있다.

장판각에는 가죽은 떨어져 나가고 몸통만 남은 오래된 북 하나가 눈길을 끈다. 갈천서당에서 학생들에게 수업시간을 알리던 북이라 한다. 북통 안 에는 누렇게 빛 바랜 종이에 글씨가 빼곡히 쓰여 있어 그 시절의 면학 분위기가 느껴진다.

사랑채 오른편에는 근세에 지은 또 한 채의 집이 있는데, 한옥 같지만 실내는 현대식으로 꾸며져 가족들이 생활하기에 편리하도록 설계되어 있다. 종손의 품성이 느껴지는 갖가지 분재며 정원석이 1000여 평에 앉은 여러 채의 종가 건물에 운치를 더해주고 있었다.

기말시험을 끝내고 돌아온 종손의 두 아들과 노종부에게 물어가면서 내림음식을 만드는 차종부. 종가일이라면 발 벗고 나서는 문중 사람들의 우애 있는 모습에서 뿌리 깊은 가문의 가족애를 훈훈하게 느낄 수 있었다.

사람의 근본을 앞세운 하늘이 내린 효자, 갈천 선생

연산군 때 태어나 선조 때 세상을 떠난 16세기 인물 갈천 임훈 선생의 본은 은진(恩津)이다. 성인이 되면 받는 자(字)는 중성(仲成), 흔히 부르는 호(號)는 갈천 또는 자이당이다. 만년에는 고사옹(枯査翁)으로도 불리웠다.

갈천 선생은 어릴 때부터 비범한 자질을 타고났던 모양이다. 여기다 효성과 우애는 하늘이 내렸다 할 정도로 대단해 전하는 이야기가 많다.

선생의 나이 5~6세 되던 해에 마을에 전염병이 돌았는데 형이 그만 병에 걸리고 말았다. 약이 귀하던 시절에는 전염병이 한 번 돌면 어쩔 수 없이 환자를 두고 모두 피난을 가게 마련인데, 선생은 병든 형을 홀로 남겨두고 떠날 수는 없다며 혼자서 밤늦도록 간호하면서 형을 지켰다고 한다. 어린 나이에 어디서 그런 우애가 샘솟을 수 있는지 놀라울 따름이다.

선생은 또한 생원시를 거쳐 벼슬길에 올랐으나 부모를 봉양하기 위해 벼슬까지 마다한 효자였으며 영남학파의 거목인 남명 조식, 퇴계 이황 선생 등과 교류했다. 지금도 덕유산 수승대 거북바위에는 퇴계 선생의 시와 갈천 선생의 시가 나란히 새겨져 있기도 하다. 문장이 뛰어났고 경학에 밝아 경명행수(經明行修) 6인으로 추천되기도 했다.

선생의 인품을 흠모하던 임금이 어느 날 대궐로 선생을 불러 "어떻게 하면 나라를 잘 다스릴 수 있느냐"고 물었다. 선생은 곧 "수신이 바로 치국하는 길"이라고 대답했다. 임금은 선생의 진솔한 말에 매우 흡족해했다는 일화는 사람의 근본을 앞세우는 선생의 면모가 엿보이는 대목이다.

임훈 선생은 1566년 8월에 언양(彦陽)현감에 제수되어 부임하게 된다. 백성들의 생활은 가혹한 세금 등으로 피폐해져 있었고 선생은 이를 구제하기 위해 임금님께 상소를 올려 특단의 조처를 해줄 것을 요청하기도 했다. 요

갈천서당에서 학생들에게 수업을 알리던 북. 가죽은 떨어져 나가고 몸통만 남아 있다. 북 안에 빼곡히 적힌 글씨에서 만학의 분위기가 느껴진다.

산요수(樂山樂水)의 문인으로서만이 아니라 어진 관리로도 기록되어 있다. 83세 때는 임금의 특지로 통정대부 당상관에 올랐고, 그 뒤로 나라에서 여러 벼슬을 내렸지만 과분하여 받아들일 수 없다며 사양했다. 이때 받은 숱한 교지가 현재 거창박물관에 보관돼 있다.

선생은 백성 위에 군림하는 벼슬보다 선현들의 글을 읽고 고향의 산수 간을 노닐며 호연지기(浩然之氣)와 함께 인자(仁者)와 지자(智者)의 덕을 기르는 데 전력을 다했다.

"후생들이 학문은 미처 완성하지도 못한 채 먼저 저술부터 일삼으려 하는 것은 가당치 않다"는 부친 석천공의 가르침에 따라 많은 책을 남기지는 않았지만 『갈천문집』에는 시와 상소, 행장기, 서문, 등 2책 4권이 있다. 이 가운데 『등덕유산향적봉기』는 3권에 실려 있다. 84세로 세상을 뜬 후에는 이조판서에 추증되어 안의의 용문서원에 제향되기도 했지만, 대원군 때 서원이 훼철되었다.

"9000명이 수도해서 구천동이라"

갈천 선생은 평생을 그리워만 하던 향적봉에 오르게 된 동기를 다음과 같이 적고 있다.

"덕유산은 내 고향 진산으로 내 집 또한 그 아래 있다. 내가 어렸을 때 영각사에 머문 인연으로 황봉(黃蜂, 남덕유산)에 올랐고, 삼수암에서 공부하던 인연으로 불영봉(佛影峰, 무룡산)에 올랐지만 향적봉에는 인연이 없었는지 한 번도 오르지 못했다.

세 봉우리 가운데 향적봉이 가장 높고 경치가 빼어나다고 하는데 오르지는 못하고 세상일에 얽매여 있음을 한탄했다. 세월이 덧없이 흐르고 나이 50세를 지나 이미 몸도 쇠진했음을 깨닫고 평생에 하나 한스러움은 장차 향적봉에 올라가는 바람을 풀지 못할까 두려웠다."

드디어 선생에게 등정의 기회가 왔다. 향적봉에 오르기를 결행한 해는 나이 53세 되던 1552년 5월이었다. 덕유산 산길에 밝은 삼수암의 혜웅(惠雄) 스님과 성통(性通)스님이 길을 안내했다. 그리고 친척인 표질(表姪)도 동행했다. 5월 24일 출발해 덕유산 탁곡암에 도착했고, 암자에서 하루를 묵은 후 이튿날 향적봉 정상 아래에 도착했다. 셋째 날 새벽에 일출을 구경한 다음 정상에는 오르지 않은 채 하루 종일 향적봉 아래서 산나물을 뜯고 숲 사이를 소요하면서 즐겼다. 넷째 날 드디어 향적봉 정상에 올라 덕유산 사방 경계와 지리

후학을 가르쳤던
갈천서당.

를 두루 관찰했다. 다섯째 날 하산해 탁곡암에 도착했다. 여기서 1박 하고 여섯째 날 집으로 돌아왔다.

산을 오르면서 성통스님은 향적봉을 오르는 구비마다 서려 있는 전설 같은 이야기를 쉼없이 선생께 들려주었다. 지금의 가야산 해인사가 처음에는 향적봉 자락에 앉을 뻔했던 이야기며, 지금의 무주구천동은 구천둔곡(九千屯谷)이라는 옛 이름이 있었다는 것, 그리고 그 계곡에서 성불한 사람이 9000명이나 되었기에 구천동이 되었다는 이야기….

향나무가 많아 '향적봉'이라 이름 짓다

짚신을 추슬러 신고 죽장에 몸을 의지하고서 가파른 산길을 간신히 올라 향적봉 정상에 오른 선생은 "이 봉우리는 반석처럼 평평하고 넓어서 어디가 봉우리인지 알 수 없다. 산신당 앞에 땅을 파서 웅덩이가 된 못 가장자리에 돌담을 쌓았으나 오래되어 묻혀 있다. 서쪽에는 향나무가 즐비해서 향적봉의 이름을 얻은 것이다"라고 했다.

향적봉에 올라 해를 본 소감을 다음과 같이 적고 있다.

"여러 봉우리가 변화무쌍하고 붉은 구름이 포말같이 북으로부터 남쪽으로 섞여져 색깔을 이루는데 수도산이 가장 밝았다. 잠깐 동안 붉은빛이 반사되더니 샛별이 반짝거리면서 둥근 해바퀴가 봉우리에서 솟아 나왔다. 참으로 장관이었다. 이 덕유산은 맑고 높고 웅장하여 경치 좋기는 지리산 다음간다. 세상에 짚신 신고 죽장 짚은 사람은 지리산과 가야산을 좋다고 하면서 이 덕유산은 말하지 않는다. 저 지리산과 가야산은 선현들의 유풍과 옛 자취가 있어서 사람들로 하여금 경모케 하지만, 이 덕유산은 선현들을 만나지 못해 알려지지 않았다."

선생은 향적봉을 다녀온 그 해 8월에 지금의 종가 사랑채 '자이당(自怡堂)'에서 『등덕유산향적봉기』를 썼다고 책 말미에 적고 있다. 『거창의 명산』을 쓴 정태준 씨는 이 책의 가치를 다음과 같이 설명한다.

"16세기 당시의 덕유산 산속 풍물들이 사실적으로 묘사되어 있고 산속에 널려 있었던 절 이름들이 자세히 기록된 점, 향적봉이라 부르게 된 내력과 구천동의 내력을 알 수 있다. 이에 더해 유교 사회 속에서 차지하고 있는 불교의 위치를 엿보게 된 것은 상당한 자료적 가치가 있다. 그림을 그리듯 묘사된 문장을 읽어 내려가면 당시의 모습이 생생하게 떠오르게 되고 자연을 아끼고 사랑했던 선생의 마음이 잘 나타나 있다."

◀ 갈천 임훈 선생이 쓴 『등덕유산 향적봉기』.

▶ 종가에는 갈천 선생의 문집을 보관하고 있는 장판각이 있다. 문중 어른 임유도 씨가 나와 설명을 해주었다.

479

은진 임씨 갈천 임훈 종가

국화주와 짝 맞는 안주 '부각', 입맛 돋우는 푸른 콩잎김치

노종부는 가을이 오면 국화주를 넉넉히 담근다. 그 향기로운 국화주는 종가를 찾는 접빈객의 발길을 잡는다. 국화주 안주에는 부각이 제격이라 했다. 초보 주부들에게는 만들기 어렵기만 한 부각이지만 노종부는 달인의 경지다. 부각은 3색으로 만든다. 하얀 감자부각, 검은 김부각, 푸른 컴프리부각이다. 감자부각은 요령이 필요하다. 감자를 얇게 썰어 물에 담가 자주 물을 갈아주

어서 녹말을 충분히 빠지게 해야 깨끗한 부각이 된다. 녹말을 뺀 감자는 소금 물에 살짝 데친 후 볕에서 말린 다음 튀긴다. 이때도 기름의 온도가 너무 높지 않게 신경을 써야 한다.

김부각은 찹쌀 풀을 끓여서 소금으로 간한 다음 김을 펼쳐놓고 찹쌀 풀을 절반만 바른 다음 겹쳐 말린다. 서로 붙지 않게 하는 요령이다. 종가 뜰에 심어 둔 컴푸리는 씻어서 물기를 없앤 다음 찹쌀을 되직하게 끓여서 발라야 바삭거린다.

잦은 제사 음식을 활용한 북어 보푸라기와 육장, 덕유산 특산물 석이버섯볶음 등은 아무래도 특별한 손님상에 오르는 밑반찬이다. 마른 석이버섯은 따뜻한 물에 10분간 담가 부드럽게 한 다음 깨끗이 씻어 먹기 좋은 크기로 채썬다. 쇠고기도 채 썰어 냄비에 참기름을 넣고 고기를 먼저 볶다가 석이를 넣어 볶은 후 맛소금으로 간한다. 다진 마늘과 설탕을 조금 넣어 양념한 다음 통깨를 뿌린다. 쇠고기찌개 만드는 방법은 쇠고기와 무, 홍당무를 굵게 채썬다. 달군 냄비에 참기름을 두르고 고기를 넣고 소금을 넣어 볶다가 물을 자작하게 붓는다. 고기가 익으면 썰어 둔 무와 홍당무를 넣고 한 소끔 더 끓이다가 다진 마늘, 다진 파를 넣어 양념하고 달걀을 풀어 넣어 국물을 걸쭉하게 한다. 상에 낼 때는 실고추와 석이채를 올려 색을 맞춘다. 여름철 입맛 없을 때는 푸른 콩잎김치가 그만이다. 푸르고 부드러운 콩잎을 소금물에 하루 정도 절여 둔다. 물에 씻지 말고 그대로 소금물을 짠 다음 진간장에 꿀과 생강채와 마늘채를 넣어 끓인 후 콩잎 중간중간에 바르고 양념장을 부어 둔다. '밥도둑'이란 소리를 들을 만큼 짭짤하고 깔끔했다. 이 음식들은 지난 2000년 갈천 선생 탄신 500주년 기념행사 때 종가에서 종부와 문중부인들의 솜씨로 200여 명의 손님들을 대접했던 메뉴이다. 이 음식으로 하여 갈천 문중부인들은 오랫 동안 칭찬을 들었다.

종가에서 또 하나 인상 깊었던 것은 차종부가 식후에 내는 박하차였다. 입안에서뿐 아니라 가슴까지 시원한 박하차는 종가 뜰에서 지천으로 자라는 박하 잎을 따서 만든 것이다. 잎을 깨끗한 물에 헹군 후 찻잔에 넣고 뜨거운 물을 부어 내면 시원한 박하차가 된다. 여기다 단맛을 내려면 꿀을 조금 탄다. 박하차를 맛본 이들은 독특한 향기 때문인지 종가를 오랫동안 기억해 다시 찾곤 한다고 했다.

종가 초입에 있는
애송재. 문익현
선생은 푸른 기상을
잃지 않는 소나무를
무척이나 좋아해 집
둘레에 솔을 심고,
호를 '애송'이라
지었다.

문중의 화합을 도모하는 남평 문씨 문계와 마을 친목단체인 대동계에 대한 자료가 발견되어 사람들의 이목을 집중시키고 있다. 300년 동안의 계금 출납 기록을 유리알처럼 투명하게 남기고 있는 회계장부 『용하기(用下記)』는 우리 나라는 물론 세계 경제사학계의 비상한 관심을 모으고 있다.

조정이나 관청도 아닌 시골마을의 계모임에서 작성한 장부를 수백 년 동안 보관해왔다는 사실이 놀랍기만 하다. 더욱 놀라운 것은 그 회계장부의 기록방식이 현대의 복식부기 원리에도 정확하게 일치되어 있다는 점이다.

우리 조상들이 공동재산을 얼마나 엄격하고 세심하게 관리해 왔는지를 한눈에 볼 수 있게 한 『용하기』를 기록했던 남평 문씨 문익현 종가를 찾았다. 영암 아리랑과 월출산으로 유명한 전라남도 영암군 장암리에 있는 남평 문씨 종가는 조선 선조 때의 선비 애송당 문익현(愛松堂 文益顯, 1573~1646) 선생이 이곳에 정착한 이후 14대째 이어오는 종가다. 누대에 걸친 기록인 '대동계' 장부도 독특했지만 추석 명절 차례를 음력으로 9월 9일 중구절에 모시고 제례 때는 술 대신 식혜를 올리는 것도 종가만의 독특한 예법이었다. 제례복이 검은색인 것도 다른 종가와 차별되는 점이다.

월출산 자락에 있는 고즈넉한 종가에서는 내년이면 혼인 60주년 회혼(回婚)을 맞이하는 12대 종손 문창집(취재 당시 79세) 씨와 종부 조순현(취재 당시 79세) 씨가 예스런 풍습을 간직한 채 봉제사를 모시고 접빈객을 맞으며 품위 있는 노년을 보내고 있다.

월출산 자락에 있는 서정적인 종가 풍경

서울에서 영암까지 413킬로미터, 영암읍에서 동북쪽으로 3킬로미터 거리에 장암(場巖)마을이 있다. 월출산 자락이 굽이쳐 내려앉은 마을 뒷산의 생김새가 마당같이 넓은 바위산이어서 이 마을은 오래전부터 마당바위로 불려져 왔다. 그래서인지 마을 들머리에는 '마당바우'라는 커다란 빗돌이 세워져 있다.

마당바우가 서 있는 고샅길을 접어들면 정겨운 돌담길이 이어지고 개구리 울음 들리는 종가의 문전옥답을 먼저 만난다. 종가 초입에는 명당 중에 명당 터라는 스승의 추천을 받아 늘그막에 이 마을에 터를 잡은 문익현 선생을 추모하는 애송재와 선생의 행적을 적은 사적비가 서 있어 유서 깊은 마을에 무게를 더했다. 애송재에서는 음력으로 9월 9일 중구절에 문중에서 입향조를 추앙하는 제사를 모신다.

느티나무 그늘 정자에서는 마을 어른들이 한가롭게 담소를 나누고 있고 순한 눈을 한 누렁이 한 마리가 어슬렁거리며 마을을 지키고 있다. 수천 년 지켜온 우리의 정서가 아직도 살아 있는 듯한 아름답고 서정적인 농촌 풍경이었다. 하루가 다르게 높은 아파트가 산을 가리는 농촌의 현실을 아직은 비켜가고 있는 마을이다.

술 대신 식혜로 제사 모시고 추석 차례는 9월 9일

'교장 선생님'으로 불리는 종손이 대문 어귀에까지 나와 반가이 맞아준다. 팔순 노인으로 보이지 않는 꼿꼿한 자태며 선비의 기상이 묻어나는 종손은 '아무것도 내세울 것 없는 종가'라며 겸양의 인사말을 건넨다.

종손의 안내를 받아 3칸의 솟을대문에 들어서면 깔끔하게 손질된 잔디마당이 시원스레 펼쳐진다. 마당을 중심으로 안채·사랑채·나뭇간·곳간·텃밭들이, 2000여 평 대지에 앉고 서 있는 고가는 대갓집의 전형 그대로이다. 안채 뒤에 있었던 사당채는 오래전에 허물어졌고 4대조 신주는 안채 대청 벽에 벽감(壁龕)으로 모셔 놓았다.

전통의 법도대로 손님을 안채에서 맞이하는 종부와 종손께 절로써 인사를 드렸다. 모 월간지 발행인으로 있는 차종손 문병호(취재 당시 58세) 씨를 비롯해 3남 4녀 모두 내세울 만한 인물로 장성해 출가시켰고 지금은 넓은 종가에는 두 분만이 산다. 이날은 문중 어른도 여러 분이 와 계셨다.

검은 제례복을 입은 종손은 벽감에 모셔진 신주 앞에 향을 피우고 선조

'교장 선생님'으로
불리는 문창집 옹은
가족은 물론 이웃과
우애 있게 지내라는
선조의 가르침을
병풍에 옮겨놓고
자손들에게도
강조한다.

님들의 이야기를 세상에 알리려는 손님이 멀리서 왔다는 축문을 읽으면서 고유를 했다. 제례복은 천담복(淺淡服)이라 하여 옥색을 입거나 베옷 도포를 입는 것이 일반적인 데 반해 검은 단령을 입었다.

검은색 제례복을 입는 이유를 종손은 이렇게 말한다.

"오방색은 각각 방위를 나타내기도 합니다. 동쪽은 푸른색, 서쪽은 흰색, 남쪽은 붉은색, 북쪽은 검은색, 중앙은 황색입니다. 조상의 신주를 모시는 자리가 북쪽인지라, 북쪽을 상징하는 검은색을 제례복으로 정하지 않았을까 생각합니다."

종가의 또 하나 특징은 기제사는 물론 설·추석 차례상에도 술 대신 식혜를 올린다는 것이다. 술이 없으면 제사를 지내지 못할 것 같은 상식을 뛰어넘는 가법이다. 종손은 윗대 선조 모두 술을 전혀 마시지 못하기 때문에 술 대신 식혜를 올린다고 했다. 추석 차례도 음력으로 9월 9일 중구절에 모신다. 추석에는 과일이며 곡식을 추수하기에는 이른 계절이다. 중구절이 돼야 조상이 남긴 땅에서 거둬들인 햇곡식으로 차례를 모실 수 있기 때문이라 한다. 서울 등지에 사는 자제분들의 고향 나들이도 밀리는 추석 때보다 한결 편한 점을 들었다.

종가 사람들이 긴 세월 동안 우려낸 그윽한 멋과 향취가 느껴지는 곳은 바로 대나무 숲 울타리가 성성한 안채 뒤뜰이다. 사당이 있었던 자리까지 나무가 심어져 작은 동산이 되었다. 수십 그루의 늙은 동백나무와 하늘을 찌를 듯한 대나무 아래로 이름 모를 나무들이 자라고 있다.

대밭 깊숙이 들어가면 아름드리 팽나무 한 그루가 기괴한 모습으로 서 있다. 10미터나 돼 보이는 뿌리가 나무 둥치를 휘감고 올라간 끝자락에는 용의 두 눈 같은 모습이 선명해 그림에서나 볼 수 있는 용이 승천하는 모습 그대로이다. 자연의 신비함에 오싹하는 전율이 느껴졌다.

팽나무는 종가를 지을 때 심었던 것으로 수백 년 종가의 희노애락을 말없이 지켜보고 있는 나무다. 대밭에는 물오른 죽순이 곳곳에서 고개를 내밀고 있다. 가꾸지 않아도 자라는 머윗대는 종가의 찬거리가 되고, 줄지어 돋아나는 돌나물은 종부의 솜씨로 물김치로 변신해 접빈객의 상위에 오른다.

텃밭에서 거둬들인 마늘과 감자, 양파, 고사리, 취나물 등 봄부터 초여름까지 수확한 찬거리들을 갈무리하고 있다. 자연이 인간에게 주는 천혜의 선물들을 이 댁은 대대로 한껏 누리며 살고 있는 것이다.

집 뒤뜰에서 딴 죽순으로 만든 죽순회

허리를 다쳐 불편한 몸이었지만 종부는 정성껏 점심상을 차려냈다.

"이게 바로 우리 집 뒤뜰에서 딴 죽순으로 만든 죽순회랍니다."

종부는 친정 온 딸을 대하듯 이것저것 밑반찬 만드는 방법을 일러주며 많이 먹으라고 권한다.

"비가 내린 다음 날 대밭에 나가 보면 보이지 않던 죽순이 여기저기 솟아 있어요. 우후죽순(雨後竹筍)이란 말이 그래서 생긴 것 같아요. 죽순은 한꺼번에 빨리 자라기 때문에 솟아오르면 열흘 안으로 채취하지 않으면 어느새 대나무가 됩니다. 우리 집 죽순은 6월 초가 되야 올라옵니다. 지금이야 흔한 반찬이 되었지만 예전에는 귀한 손님상이 아니면 죽순 찬은 어림없었어요. 시아버님께서는 죽순을 꺾으면 꾸중하셨어요. 대나무를 두고 생금(生金)이라 하셨거든요."

맛있는 죽순요리를 하려면 죽순을 따서 손질하기까지 걸리는 시간이 짧아야 한다. 죽순 살이 햇볕이나 공기에 노출되면 맛이 없어지므로 채취한 즉시 삶아서 보관해야 한다고 일러준다. 죽순에는 떫은맛이 있어서 요리를 할 때는 일단 삶아서 우린 다음에 써야 하는데 삶을 때는 쌀뜨물이나 겨를 넣어

▲ 종가의 안채 뒤뜰에는 수십그루의 늙은 동백나무와 하늘을 찌를 듯한 대나무 등이 작은 동산을 이루고 있다. 종가의 그윽한 멋과 향취가 느껴지는 곳이다.

▼ "비가 내린 다음 날 대밭에 나가보면 보이지 않던 죽순이 여기저기 솟아 있어요. 우후죽순(雨後竹筍)이란 말이 그래서 생긴 것 같아요."

남평 문씨 애송당 문익현 종가

내년이면
혼인60주년
회혼(回婚)을
맞이하는 종손
문창집 옹과 종부
조순현 여사.

삶으면 떫은맛이 빠진다는 지혜도 일러준다.

종가의 죽순은 6월에 올라오는 맛이 가장 좋다는 '왕죽'이다. 길이가
35센티미터 정도일 때 죽순을 채취해 씻은 후 30분 정도 삶아서 껍질을 벗겨
냉동실에 보관하면 일 년 내내 죽순 요리를 즐길 수 있다 한다.

엄격한 의례로 치러지는 대동계 결산보고

마을 초입에는 앞면 4칸 옆면 3칸 규모의 팔작지붕으로 꾸며진 장암정(場巖
亭)이 있다. 이 정자는 대동계가 결성되던 1668년에 동약의 모임장소로 지어
진 350년 된 건물이다. 대동계 건물은 이 정자 말고도 3채의 부속 건물이 있
다. 예전에는 총회뿐 아니라 학덕과 연륜이 높은 분을 큰손님으로 모시고 선
비들의 음주 예절을 익히는 향음주례(鄕飮酒禮)를 이곳에서 행하기도 했고,
해가 바뀌는 섣달 그믐날에는 마을 어르신들을 모시고 경로 잔치를 열었다.

학동들의 글짓기도 여기서 했으며 때로는 아이들이 책을 읽는 독서실이
기도 했다. 나라에서 하는 크고 작은 행사장소로도 쓰였는데 임금이 세상을
뜨면 호상소가 되기도 했다. 장암정은 이 마을의 종합문화센터 역할을 톡톡
히 해내 왔던 것이다.

이날 종손과 대동계 계원들의 입회 아래 장암정 부속 건물 서고에 보관

1668년 처음 계가
결성된 이래 지금껏
탈퇴한 계원이 한
명도 없을 정도로
결속력 또한 대단한
장암마을의 '대동계'.

대동계는 매년 4월
엄숙한 의식으로
결산보고를 하고
총회를 연다.

490

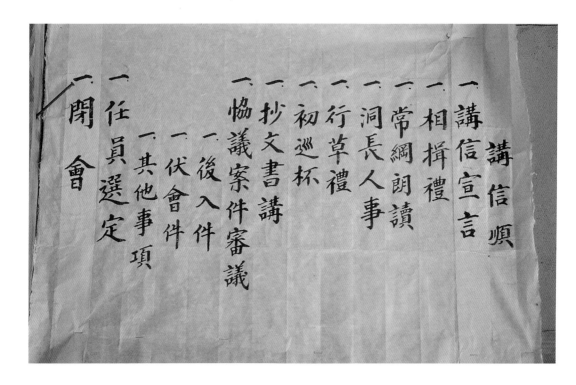

講信順
一 講信宣言
一 相揖禮
一 常綱朗讀
一 洞長人事
一 行草禮
一 初巡杯
一 抄文書講
一 恊議案件審議
一 後入件
一 伏會件
一 其他事項
一 任員選定
一 閉會

하고 있는 용하기를 볼 수 있었다. 빛바랜 30여 권의 장부에는 아직도 먹빛이 선명한 18명의 창설자 명단이 있다.

2003년 4월 12일에 있었던 총회 때의 강신순(講信順)이 강당 앞 대청마루 벽면에 그대로 붙어 있었다. 그 강신순의 순서를 종손께 물어보았다. 강신은 오늘날의 주주총회에 해당된다고 한다. 순서는 아래와 같다.

먼저 강신선언(講信宣言)으로 인사를 서로 나눈다. 인사법은 두 손을 맞잡아 공수한 채 두 손을 눈 높이로 올렸다 내리는 상읍례(相揖禮)를 취한다. 그다음은 규약을 확인하는 절차로 상강낭독(常綱朗讀)을 한다. 세 번째는 담배를 나눠주는 행초례(行草禮) 순서인데 집사가 두 손으로 담배 한 개비를 올리고 상읍례를 취하면 계원은 담배를 받고 답례한다. 네번째는 술을 나누는 초순배(初順杯)가 있다. 다섯 번째는 지난 한 해 수입과 지출 내역을 소리내어 낭독하는 초문서강(抄文書講) 순서로 이어진다. 그다음은 협의안건 심의, 임원선출, 폐회 순서이다.

이렇게 엄숙하게 결산보고를 하는 것은 이 마을만의 독특한 방식이다. 그 방식을 한 치의 오차도 없이 300여 년을 이어온다. 총회 때는 전국에 흩어져 있는 계원 대부분이 참석해 마을은 축제 분위기가 된다.

이 『용하기』는 한국정신문화연구원 책임연구원 전성호(취재 당시 41세) 박사가 내용을 분석하고 관련 자료를 정밀 검토한 결과 지금까지 국내에서 발견된 최고의 복식부기임을 확인했다고 한다.

전박사에 따르면 남평 문씨의 대동계 회계장부인『용하기』는 한 지역사회의 미시적 자료이지만 그 속에는 조선 경제 300년의 역사가 함축되어 있다고 한다. 역사적인 사실을 기록으로 남겨놓은 사료야 얼마든지 있지만 물가의 추이를 한눈에 들여다볼 수 있고 그 흐름이 조선 경제사의 흐름과 일치되는 사료는 흔치 않다고 했다.

용하기는 영국 옥스퍼드대학 한국학과 제임스 루이스 교수와 전성호 박사가 공동연구를 해 지난 2001년 11월 영국 옥스퍼드대학의 누필드 칼리지 세미나에서 루이스 교수의 발표로 그 존재를 세계 학계에 알려 큰 반향을 일으키기도 했다.

이 마을 남평 문씨들의 정신적인 지주 문익현 선생의 사적기를 보면 꼭 높은 벼슬을 하지 않아도 남에게 존경받는 인물로 길이 남는다는 사실을 깨닫게 된다.

선생은 일찍이 명필로 유명한 한석봉 선생과 대제학을 지낸 문신 노수신(盧守愼, 1515~1590) 선생에게서 학문을 익힌다. 어릴 때부터 남다른 자품으로 많은 이들의 칭송을 받았다. 18세에 진사시험에 합격한 후 지금의 기상대 직원 같은 '승사랑관상원'으로 부임해 일하기도 했지만 노부모님을 모시기 위해 고향으로 돌아온다. 부모 모시는 일을 우선순위로 여긴 선생은 나랏일은 누구나 할 수 있지만 부모님 돌보는 일은 자식이 아니면 안 된다는 생각이었다. 그 부모가 병을 얻자 자신의 손가락을 잘라 피를 먹게 했고 세상을 떠나자 묘 옆에 초막을 짓고 3년 동안 아버지 묘를 한결같이 지켰던 지극한 효자였다.

선생은 언제나 이른 새벽에 일어나 갓끈을 바로 하고 의복을 갖춘 후 글을 읽으면서 자신을 엄격하게 다스리는 선비의 삶을 지향했다. 가까운 사람일수록 예를 갖추어야 한다면 향음주례(鄕飮酒禮)법을 일러주기도 했다. 또한 일생을 두고 거쳐야 하는 통과의례인 관혼상제를 제대로 치를 수 있도록 의례 순서인 「홀기(笏記)」를 만들어주기도 하고, 문맹자에게는 글을 깨우쳐 주었다.

그러나 나라가 위급한 상황에서는 그냥 있지 않았다. 임진왜란의 재침 때는 분연히 일어나 곳간 문을 열어 군량미를 조달하고 집안의 장정들과 의병을 일으켰다. 명나라 장수 양호를 도와 적과 싸우다 화살을 맞게 된 그는 치료를 받던 중 모친상을 당해 더 이상 전쟁터에 나가지 못하게 되었고 이런 연유로 선생의 공적은 널리 알려지지 않았다.

이 점을 애석하게 여긴 주변에서 나라에 주청을 올려 '통정대부사조정랑' 벼슬을 받았으나 끝내 사양하고 스스로 산림처사를 자처하면서 이론보다는 실천을 강조했고 공(敬)과 신의(信義)를 골자로 후진 양성에 매진했다. '정주후 학자불필저술(程朱後 學子不必著術)'이라 하여 저술보다는 실천에 주력했다. 즉 정자(程子)나 주자(朱子) 등의 연구로 이미 이론적인 개척은 모두 되어 있으니 오로지 그들의 이론을 실천하는 것이 바람직하다 하고 저술에는 크게 힘을 기울이지 않았다.

492

마을 초입에는 앞면 4칸, 옆면 3칸 규모의 팔작지붕으로 꾸며진 장암정(場巖亭)이 있다. 이 정자는 대동계가 결성되던 1668년에 동약의 모임장소로 지어진 350년 된 건물이다.

언제나 푸른 기상을 잃지 않는 소나무를 무척 좋아해 집둘레에 솔을 심고 호를 '애송'이라 했다. 선생은 가정을 소중히 지키며 인격을 닦는, 글을 읽으면서 학문속에 담긴 선현들의 금과옥조(金科玉條)를 생활 속에 실천한 어쩌면 너무나 조촐한 삶으로 일생을 마친 분이다. 하지만 그 올곧은 사상이 남평 문씨 '문계'와 '대동계'의 정직한 회계로 지금까지 이어져 그 빛을 발하고 있다 하겠다.

머윗대나물

이날 점심상에 오른 죽순회는 삶은 죽순을 잘게 썰고 죽순의 하얀색을 돋우기 위해 당근도 죽순 크기로 채썰었다. 풋고추는 씨를 털어 내고 죽순 길이로 채썬 다음 고추장, 고춧가루, 설탕, 식초, 다진 마늘, 깨소금, 국간장을 넣고 조물조물 무치면 새콤달콤한 감칠맛 나는 죽순회가 된다.

'머윗대나물'은 이곳 순천만 개펄에서 캐온 맛조개를 넣어서인지 맛이 각별했다. 머윗대의 쌉싸름한 맛과 들깨의 고소한 향이 잘 어울렸다.

머윗대는 씻어서 끓는 물에 데친 후 찬물에 하룻밤 담가 두어 쓴맛을 없앤다. 데친 머윗대는 얇은 껍질을 벗겨내고 굵은 것은 여러 등분으로 손으로 찢어 놓는다. 맛조개는 깨끗이 씻어둔다. 풋고추는 씨를 발라내고 길이로 썰어 둔다. 냄비에 다듬어둔 머윗대와 맛조개, 풋고추를 담고 진간장과 다진 마

늘을 넣고 볶다가 물을 조금 붓고 끓으면 들깨가루를 술술 뿌려 다시 한 번
끓이면 완성이다.

종가의 특미는 또 하나 있었다. 조기찌개에 들어간 고사리였다. 아주 귀
한 손님상에는 반드시 고사리를 넣어 생선찌개를 끓인다고 했다. 찌개에 들
어간 햇고사리 맛은 고기 맛보다 좋았다.

대 동 계 의 역 사

대동계를 창설한 것은 남평 문씨 문익현 선생의 손자 문봉이(文鳳移) 선생이
문중의 화합과 어려움에 처한 이들을 도와 주는 목적으로 창설했던 문계가
먼저였다. 이후 성이 다른 이들도 계에 합류하면서 대동계가 창설되었다. 남
평 문씨들의 문계와 마을 사람들의 대동계가 수백 년 동안 마을의 평화를 지
탱해온 중추 역할을 하고 있었다. 18명으로 시작한 계원수는 300여 년이 지
난 지금은 130여 명으로 늘어났다. 지금껏 탈퇴한 계원은 한 명도 없다. 계원
이 세상을 떠나면 그 아들이 대를 이어 계원이 되는데 큰아들의 경우는 나락
1섬의 입회비를 내야 하고 작은아들은 두 배를 내야 한다. 나락 12섬을 내면
특별회원이 될 수도 있지만 계의 규약을 읽을 수 있는 학문과 행실이 반듯해
야만 계원이 될 수 있다.

대동계의 기본 자산은 논 15마지기에서 소출한 것으로 운영되고 있다.
계원들이 내야 하는 연회비는 없다. 일 년에 두 번 모임을 갖는데 4월 총회와
여름 중복 때에 몸보신을 한다. 지금은 여행을 떠나는 것으로 중복계를 대신
한다. 마을에 홀로된 과부들의 생활이 어려울 때 얼마씩 도와 준다는 규약도
있다.

계원 중에 상(喪)을 당하거나 자녀들의 혼인 때는 물론 제사비용도 보탰다. 그러면서 모여진 회비를 빌려주어 이자를 받아 원금을 늘리기도 했다. 회비의 쓰임은 지금의 친목계와 크게 다를 바가 없었지만 꼼꼼하고 투명하게 이중으로 기록한 『용하기』를 보면 옛사람들은 작은 돈이라도 공공기금을 얼마나 어렵게 생각했으며 그것을 통해 신뢰 있는 삶을 살았음을 능히 짐작할 수 있다. 그러기에 총회 날은 단순히 모여서 음식을 나누고 친목을 도모하는 것에서 끝나는 것이 아니라 엄숙한 식순에 따라 회계감사를 하는 것이다.

이 집을 지을 때
심었다는 500년
된 백일홍이 때마침
붉은 꽃을 피워
정취를 더해주고
있다.

우리의 큰 명절 설, 추석을 맞이해 조상에게 예를 올리는 제례를 차례(茶禮) 또는 차사(茶祀)라 한다. 이름은 차례라 하면서도 제상에 차는 보이지 않고 술이 오른다. 술을 올리는데 왜 주례(酒禮)라 하지 않고 차례라는 말을 그냥 쓸까? 차례라는 말은 언제부터 쓰였으며 왜 기호 음료인 '차'가 '례'의 앞자리에 놓였을까.

차례뿐만이 아니라 기제사 등 각종 제례에 차를 올리도록 한『주자가례』를 쓴 주희(朱熹, 1130~1200)의 한국 후손들을 만나러 가는 길은 차를 공부하는 사람으로서 설레지 않을 수 없었다.

마침 추석을 며칠 앞두고 종가의 가장 큰 행사인 불천지위 제사에 처음으로 차를 올린다는 기별을 받고는 신안 주씨 경안(景顏, 1536~1614) 종가를 찾았다.

『주자가례』의 예법은 고려 말에 들어와 지금까지 700여 년, 이 나라 각종 제의 바탕이 되어왔지만 그 기록대로 제례에 차를 올리는 집은 흔치 않은 것이 현실이다. 그런데다 주자의 고향인 중국에서조차 제례에 차를 올리는 풍습은 물론 제례라는 의식조차 사라져가고 있다는 사실을 감안한다면 주자의 한국 후손들이 앞으로 영원히 차를 올리겠다는 맹약은 동양 삼국에서도 주자의 후손으로서는 유일하다고 할 것이다.

남송(南宋) 때 대유학자이자 차인이었던 주자는 태어난 곳도 차산지인 강서성 무원(婺源)이었고, 주자학을 완성시킨 곳 또한 차의 본고장인 복건성 무이이다. 그뿐 아니라 8대 선조는 황실의 차밭을 관리하는 최고의 관직인 제치다원공(制置茶園公)으로 신안 주씨는 한때 '다원 주씨'로 불려지기도 했다.

2년여 회의 끝에 제례에 차를 올리다

이태 전 여름에도 울진에 있는 종가를 찾은 적이 있다. 『주자가례』를 쓴 주희 후손 집에서는 제사에 차를 올리는지 궁금해서였다. 효자로 이름높은 충효당 경안공의 14대 종손 주명돈(취재 당시 70세) 씨께 제사에 차를 올리는지부터 물었다. 30여 년 공직생활을 하다 부모님이 세상을 뜨자 종가 살림을 맡아 뿌리공부인 보학(譜學)에 열중하고 있는 종손의 대답은 차 대신 숭늉을 올린 다는 것이었다.

"사실 집안에 전해오는 「홀기(笏記)」(제사 지내는 순서)에도 국을 내리고 차를 올리도록 기록되어 있습니다만 수많은 변란통에 차를 구하기 어려워 차 대신 물을 올린 것이 선 가 되어 지금까지 그대로 행해왔을 뿐입니다. 이제는 차를 쉽게 구할 수 있으니 문중회의를 거쳐 선조께서 기록하신 그대로 설, 추 석 차례뿐 아니라 각종 제례에도 차를 올리도록 해보겠습니다."

그로부터 2년 여 여러 차례 회의를 거듭한 끝에 『주자가례』그대로 모든 제 에 차를 올리기로 결정을 보았다는 연락이 왔다.

2년여 문중회의 끝에 처음으로 가을 향사에 차를 올렸다.

어머니 등창고름을 입으로 빨아 치료한 효자

"예란 일상생활에서 그 실천이 중요하다"는 『주자가례』의 머리글처럼 손님을 정성스레 맞이하는 예를 모를 리 없는 종가에서는 울진읍까지 사람을 보내 마중을 나왔다.

울진읍 터미널에서 1킬로미터 채 못 되는 가까운 거리에 종가가 있었다. 전형적인 농촌 마을이었다. 시원스레 펼쳐진 구만동 푸른 들을 앞으로 두고 선비의 지조를 상징하는 울창한 소나무와 대나무가 종가를 품고 있었다. 어머니 등창의 고름을 입으로 빨아 치료한 효자, 아버지 병을 고치기 위해 손가락을 잘라서 불에 태워 마시게 해 학질을 물리친 아들. 전설 같은 효행이 알려져 살아 있는 사람인데도 특별히 '효자 정려(旌閭)'가 내려졌던 경안 선생이 출생한 종가. 그 어떤 벼슬보다 조촐한 선비의 삶을 지향하며 『삼강행실록』에 오른 효자를 귀하고 자랑스레 여기는 후손들에 의해 지켜진 효자비각도 마을 들녘에 세워져 지나는 사람을 숙연케 한다.

종가는 종가의 상징 같은 솟을대문은 있지도 않았다. 특별히 쳐진 울타리의 경계도 없다. 자동차 한 대가 지날 수 있는 좁은 골목길이 끝나면 바로 종가의 충효당이 한눈에 들어온다. 충효당은 1644년에 경안공의 사당과 같이 지어졌으나 일제강점기 때 화재로 소실되었다가 1927년에 다시 지은 건물이다. 충효당과 사당은 새로 단청을 해 산뜻했다. 경안공이 태어났다는 안채는 오랜 세월을 견디지 못하고 옛집은 없어졌다. 그 자리에 살림하기 편한

구만동 푸른 들에 서 있는 충효당을 알리는 이정표.

현대식 한옥이 새로 지어져 있다. 고색창연한 종가라곤 할 수 없지만 문중 사람들의 정성과 종손의 의지가 곳곳에 엿보이는 종가다. 이 집을 지을 때 심었다는 500여 년 된 백일홍 두 그루가 때마침 붉은 꽃을 피워 종가의 정취를 더해 주고 있었다.

도포와 유건으로 예복을 갖춘 종손과 신안 주씨 울진군 종친회 회장 주진용(취재 당시 65세) 씨 등 30여 명이 충효당 누마루에서 기다리고 있었다. 주인은 동쪽에 서고 손님은 서쪽에 서는 전통의 예법을 그대로 지키며 절로써 인사를 했다. 종손은 손님의 이력을 소개하고 문중의 대표가 종가의 내력을 간단하게 설명해 주었다. 이어 사당에서 모시는 효자 경안공의 불천지위 제사에 차를 올리는 모습을 볼 수 있었다.

마을 들녘에 세워져 있는 효자비각.

제사에 숭늉 대신 차를 올리다

이날 경안공과 그 부인 울진 장씨에게 400여 년 만에 처음으로 차를 올리는 가을향사는 종손을 비롯한 문중분들의 엄숙하고 정결한 분위기 속에서 진행되었다. 도포와 유건으로 예복을 갖춘 문중 어른들도 경안공의 불천지위 제사를 위해 모였다. 문중 어른들이 정성을 다해 모신 이날 제 는 주자 선생의 가르침인『주자가례』의 예법대로 제상에 차를 올렸다. 경안공의 제사는 종가뿐 아니라 문중 사람들에게도 가장 큰 제례이므로 매년 음력 2월 27일에 모시고 있다. 하지만 차를 올리기로 결정을 했으니 추석 전에 할아버지께 먼저차로서 제사를 모신 후에야 아랫대에도 올릴 수가 있어 가을 향사를 조금 앞당겨 모시게 된 것이라 했다.

세 칸 건물의 아담한 사당 안 제상 위에는 종부 황옥조(취재 당시 71세)씨와 문중부인들이 정성을 다해 마련한 제물이 한 상 가득했다. 더운 날씨 탓에 떡은 절편과 찰편, 기주편을 준비했다. 식혜 대신 수정과를 올린 것도 더운 날씨 때문이라 한다. 이곳의 특산품인 영덕 대게가 모양 그대로 올려진 것도 이 적이었다.

더욱 눈길을 사로잡은 것은 길이 50센티미터나 되는 문어 한 마리가 살짝 데쳐진 채 올려져 있어 다른 지역의 제상 음식과는 달라 보였다는 점이다. 제사 음식은 가가례라 할 수밖에 없다는 것을 실감할 수 있었다.

제례 순서는『주자가례』에 준거해서 먼저 식어도 관계없는 과일 등을 올려놓고 독문을 열어 신주께 인사를 올리는 참신으로 시작됐다. 이어 종손이 분향강신을 하고 떡과 적을 올리는 진찬이 끝나면 종손이 첫 잔을 올리는 초

경안공과 그의 부인 울진 장씨에게 400여 년 만에 처음으로 차를 올린 14대 종손 주명돈 씨와 종부 황옥조 여사.

헌을 한다. 술잔을 올린 후에 축관이 독축을 했고, 문중 어른 한 분이 손을 씻고 사당에 들어 두번째 술을 올리는 아헌을 한다. 마지막 종헌 역시 문중 분중에 연장자가 올렸다.

종손이 음식과 술을 권하는 첨작과 음식을 잡수시라는 뜻으로 숟가락과 젓가락을 시접과 밥에 꽂는 삽시정저 후 조용히 식사를 드시라는 뜻으로 합문을 했다. 제관 모두 무릎 꿇어 앉아 있다가 축관이 헛기침을 하고 계문(啓門)을 한 다음이 차를 올리는 헌다 순서였다.

이때 종부가 옥색 치마저고리와 옥색 당의 제례복을 입고 안채에서 하얀 분색 찻잔에 차를 담아 왔다. 주자 선생의 가르침 그대로 차를 올리는 역사적인 모습이었다. 새로운 차의 명가가 탄생되는 순간이었다. 차를 올린 후에는 수저를 내리고 잠깐 후에 제주 이하 참제자 모두 두 번 절하여 조상을 보내는 사신의 예를 취했다.

제사를 마친 종손은 『주자가례』에 기록된 제 편에는 계문 후에 "주인과 주부가 차를 받들어 할아버지와 할머니 앞에 나누어 바친다"라는 기록이 있는데 그 기록 그대로 차를 올렸다고 했다. 그러나 주부인 종부 대신 집사가 대신 차를 올렸다. 『주자가례』에는 두번째 술잔을 올리는 아헌(亞獻)은 주부가 올리도록 기록돼 있지만, 큰제사여서 문중 어른이 올리도록 했다고 한다.

 분향강신후 첫 술잔을 올리는 종손.

▲ 문중분이 제사순서를 적은 「홀기」를 읽고 있다.

▶ 두번째 술잔을 올리기 위해 손을 씻는 문중 어른.

나라에 충성하고 부모에 효도함을 가정의 보물로 삼아

"충효전가보(忠孝傳家寶) 시서처세장(詩書處世長)." 나라에 충성하고 부모에 효도하는 것은 가정의 보물로 전하는 것이며, 시와 글은 세상을 살아가는 으뜸이라는 주자 선생이 남긴 글은 종가의 가훈뿐 아니라 주씨 문중 모두의

502

◀ 옥색 당의
제례복을 입고
종부가 안채에서
다려 내온 차.

▲ 문중 어른이
제상에 올릴 차를
종부로부터 받고
있다.

▶ 제사순서인
「홀기」에도 진다,
점다가 적혀 있다.

가훈이다.

가훈이 걸려 있는 충효당 누마루에서 음복 겸 점심상이 차려졌다. 제상에 오른 대게는 먹기 좋은 크기로 잘라져 나왔다. 문어는 한입에 먹을 수 있는 크기로 썰어서 초장과 함께 올려졌다. 종가와는 가까운 거리에 있는 영덕의 특산물인 영덕 대게는 '큰 게란 뜻이 아니라 발 모양이 대마디 같다는 뜻에서 대(竹) 게'로 부른다는 종손의 설명을 들으면서 모처럼 싱싱한 대게 다리살을 발라먹는 맛에 모두가 말이 없었다.

제상에 오른 나물은 물나물이라 하여 국물을 넉넉히 부어 국처럼 먹도록 했다. 여러 가지 생선은 갯가를 끼고 있는 탓에 싱싱하고 간이 알맞아 비린 맛이 전혀 없어 서울에서 먹는 생선과는 비교할 수가 없었다. 남다른 음식 솜씨라는 문중부인들의 종부자랑에 공감이 갔다.

종손은 20세, 종부는 21세에 중매로 혼인을 했다. 딸 여섯을 내리 낳으면서 아들을 낳지 못해 얼마나 마음을 조렸던지…. 일 년에 15번이 넘는 제사와 그에 따른 수십 명이 넘는 제관들을 대접하는 일보다 대를 못 잇는 마음고생이 더했다. 조상이 돌보았는지 일곱 번째로 늦둥이 아들을 생산했다. 그제야 소임을 제대로 한 것 같아 눈물이 나더라고…. 그런데 노복이 터졌는지 그 아들 동국(취재 당시 33세) 씨가 혼인을 하자마자 첫 손자를 안겨주었다.

"손주 돌날에는 시어른이 하셨듯이 전통적인 돌상을 그대로 차려볼 생각입니다. 사람 사는 맛이 바로 이런 데 있는 것 같아요."

종부의 얼굴에 피어오르는 넉넉한 미소는 수많은 문중 사람을 편안하게 감싸주는 그런 미소였다.

504

주희 선생 영정을
모신 도통사에서
처음으로 차로써
고유를 했다.

주자 선생의 영정을
모신 도통사.

505

신안 주씨 경안 종가

경안공을 모신
종가의 사당.

◀ 불천지위 제례를
위해 두손을 맞잡고
사당으로 드는 문중
어른들.

▶ 충효당에서 집안
내력을 설명하고
있다.

주자의 영정 앞에 고유하다

종가에서 영덕으로 가는 국도를 따라 1킬로미터가량 산성 길로 접어들면 주
자 선생의 영정을 모신 도통사(道統祠)가 있다. 1932년 30세손인 주병열(朱
秉烈) 씨가 중국 산둥성 곡부까지 가서 구해 온 것이다. 가로 53센티미터 세
로 90센티미터의 주자 영정 좌우에는 한국 시조가 된 청계공 주잠(朱潛)과
잠의 손자 문절공 주열(朱悅)을 함께 모시고 매년 음력 3월 9일에 제향을 모
시고 있었다.

이날 문중 어른들은 주자 선생의 영정을 모시고 고유제를 올렸다. 우선
문중 대표가 차 한잔을 올리면서 그 동안 후손들이 미련하여 할아버지가 좋
아하신 차를 올리지 못했던 점을 너그러이 용서해 주시고 앞으로는 『가례』
의 예법대로 제향 때뿐 아니라 초하루 보름마다 차를 올려 드리겠다고 고하
였다.

고유제를 끝낸 문중 어른들은 도통사 옆에 있는 계개당(繼開堂) 누마루
에서 차를 마시면서 『주자가례』「통례편」을 펼쳐 들었다. 사당조에는 있는
"정월 하루(설)와 동지 때와 초하루 보름에는 신주 앞에 찻잔과 받침, 술잔과
받침을 각각 하나씩 진설한다"는 대목과 "주부가 차선(茶筅, 가루차를 휘젓는
솔)을 잡고 집사가 탕병을 들고 따라가서 차를 넣는 것이다"라는 구절을 꼼
꼼히 살폈다. 또 「상례편」에는 수많은 상중제 에 차가 올랐으며 일 년에 네
번 모시는 사시제와 조상이 돌아간 기일에 모시는 기제뿐 아니라 추석 차 까
지 차를 올리도록 한 대목을 확인하면서 다시 한 번 시조 할아버지의 차사랑
에 놀라워했다.

울진에 신안 주씨가 정착은 것은 전적공 주선임(典籍公 朱善林) 때부터이
다. 그로부터 500여 년 동안 높은 벼슬을 하기보다 은둔선비의 삶을 지향하

종가 근처의 구만
동산에 있는 효자
경안 선생이
임진왜란 때 이곳에
단을 쌓고 7년 동안
왜적이 물러날 것과
백성들의 안녕을
위해 새벽마다
기원했다는
축천대(祝天臺).

면서 효자와 충신을 배출했다. 무엇보다 동양삼국의 정신적인 지주인 주자의 후손으로서 남다른 자긍심을 지녔음인지 문중 어른들 눈빛 하나에도 기품이 엿보였다.

성리학의 대가 주자는 차인이었다

주자가례대로 살아왔던 신안군(新安郡)은 오늘날 중국이 자랑하는 명차의 생산지인 황산, 또 세계 3대 홍차의 생산지인 기문(祁門), 그리고 무원(婺源)이 소속된 지역이었다. 주자는 무원에서 송나라 황실의 차밭인 어차원(御茶園)이 있는 복건성의 북쪽 무이에서 『가례』를 완성시킨 차인이었다.

선생은 남송 때 사람으로 이름은 희(熹)이며 관 때 받은 자는 원회(元晦) 또는 중회(仲晦)라 했고 호는 회암(晦庵), 회옹(晦翁)으로 불렸다. 그의 묘는 중국 푸젠성(福建省) 건양현 당석리 황갱다구 봉상대림곡에 있는데, 그 지역 역시 차의 산지다. 주자의 기념관도 중국 복건성에 있으며 아름다운 무이구곡을 시로 남긴 분이 바로 주자 선생이다. 아름다운 시와 아름다운 글씨 그리고 만인의 사표가 되기에 부족함이 없었던 문집이 700여 권에 달하는 현인으로 추앙받고 있는 분이다.

종가일이라면 발 벗고 나서는 문중 어른들.

왜장을 끌어안고 순절한 논개는 주자의 후손

그 주자 선생의 후손이 한국에 정착한 것은 800여 년 전, 증손인 주잠(朱潛, 1194~1260) 때이다. 송나라 한림원 태학사이던 주잠이 원나라의 침공으로 남송이 망하자 1224년에 문하생 칠학사와 아들과 딸을 데리고 고려로 망명해왔다. 전남 화순군 능주면에 정착하고부터 한국의 신안 주씨 시조가 되었다. 그 따님 또한 구씨 집안으로 시집가서 능성 구씨(綾城 具氏) 시조가 된다.

그러나 주잠의 후손들은 원나라의 핍박을 피해 한동안 신안이란 본을 숨긴 채 살아야만 했다. 그러므로 사는 곳에 따라 본관을 따로 썼기 때문에 한때는 45개 파로 갈라지기도 했는데 고종 때 주선면(朱錫冕)의 상소로 1901년 신안 주씨로 통일이 됐다.

신안 주씨들은 본을 숨기고 살아야 할 만큼 핍박을 받았으면서도 많은 인물을 키워냈다. 고려 때는 세자 사부가 된 인물도 있었고, 조선조 때는 임진왜란 때 의병을 일으켜 왜적과 싸웠으며, 왜장을 끌어안고 남강에 투신하여 장열하게 순절한 유명한 주논개를 비롯, 숱한 충열지사를 배출한 명문 집안이다.

제주 양씨
유향별감 양통해 종가

돌담과 초가
제주도의 정체성이 그대로 녹아 있는

초가 둘레 1000여
평의 대지에는
밀감나무가 빼곡히
심어져 있었다.
밀감나무에 가려
이웃집이 잘 보이지
않을 정도이다.
『탐라순력도』에는
왕실에 당유자를
진상하는 장면이
있는데
그 마을이 바로
이곳으로 당시에는
당금귤, 동정귤 등
10여 가지의 다양한
이름으로 불리운
귤이 생산되었음을
알려준다.

돌, 바람, 여자가 많아 삼다도라 불리는 제주도의 종가 풍습은 어떠할까? 오랜 수소문 끝에 제주도 남쪽 서귀포시에서 동쪽으로 10여 킬로미터를 더 가면 제주 양씨들의 집성촌이 있음을 알게 됐다.

제주밀감의 원산지로 알려진 제주시 남원읍 신례리가 그곳이다. 마을 전체 400여 가구 중 80퍼센트가 양씨들로 이뤄진 이 마을 입향조는 고려 말엽에 중랑장공 양홍(中郎將公 梁鴻)의 손자 부위공 양윤(副尉公 梁潤)이라 했다.

600여 년 유서 깊은 마을이지만 23세 대종손 양완호(취재 당시 75세) 씨 집을 비롯해 전통적인 옛집의 향취는 찾을 수가 없었다. 이곳 사람들에게 가장 아픈 상처로 남아 있는 1948년 4·3항쟁 때문이라 했다.

그런데 그 참혹한 변란에도 굳건히 살아남은 전통 초가 한 집이 있었다. 조선말 유향별감직을 지냈던 양통해(梁通海, 1824~1884)의 현손이 살고 있는 집이다. 종가라고 하기에는 짧은 연륜이지만 제주도 양반 풍습을 고스란히 지키고 있는 이만한 집을 찾기도 그리 쉽지 않았다. 제주시는 이 집을 '양씨 종갓집'으로 시도민속자료로 지정해두었다.

지난 2002년 태풍 루사 때는 지붕이 날아갔지만 태풍 매미에는 피해가 없었다는 종가 안채에는 보기 드문 실내 난방용 '부섭'이 원형 그대로 남아 있었다. 하늘과 땅, 달과 별의 모양을 갖춘 이색진 제사떡도 전해지고 있었다. 종손 양금석(취재 당시 67세) 씨와 종부 고방순(취재 당시 67세) 씨가 노모 정인숙(취재 당시 92세) 할머니를 모시며 봉제사도 받들고 있었다.

"태곳적에는 제주도에 사람이 살지 않았다. 어느 날 홀연히 세 신인〔三神人〕이 땅에서 동시에 솟아났다. 한라산 북쪽 기슭에 있는 삼성혈(三姓穴)이 바로 그곳이다. 세 신인은 고을나(高乙那), 양을나(良乙那, 良은 뒤에 梁으로 바뀜), 부을나(夫乙那)였다. 이후 이 세 을나는 배를 타고 온 벽랑국의 세 공주를 각자의 배로 맞아들여 농목축업을 시작하며 뿌리를 내린 것이다."

제주 양씨 시조설화는 그 자체가 바로 제주도의 개국신화이기도 하다. 남제주군 성산읍 온평리에 있는 혼인지(婚姻地)는 제주 양씨와 벽랑공주가 혼례를 올린 곳으로 전해지고 있다.

제주시의 자랑거리이자 제주 양씨의 시조설화 무대인 삼성혈은 제주시내 이도 1동에 있다. 가까운 거리에 제주공항이 있어 모두가 둘러보는 기본 관광 코스기도 하다.

찾아간 날이 마침 삼신인의 제삿날이었다. 양씨 시조의 제사날이기도 하다. 삼성혈 입구 건시문 앞에는 제주의 상징 돌하르방이 좌우에 서서 반갑게 객을 반겼다. 건시문에 들어서면 하늘을 가린 나무들이 무성하고 숲 사이에 넓은 잔디밭이 있다. 잔디밭 가운데 '품(品)'자 모양으로 배열된 우묵하게 패인 구덩이가 3개 있는데 여기가 바로 삼신인이 솟아올랐다는 신화의 현장이다. 삼성혈 둘레에는 24절기를 상징하듯 24개의 오래된 돌 울타리가 둘러쳐져 있어 신령스러움을 더했다. 돌 울타리 옆에는 혈단비가 세워져 있고 그 옆으로 삼신인의 위패를 모신 삼성전(三聖殿)이 있다. 그곳에서 제사를 모시고 있었다.

이날 전국에서 모인 고·양·부씨들의 후손들로 구성된 제사는 오전 10시부터 시작됐다. 오랜 제사 경험을 바탕에 두어서인지 경건하고 엄숙하게 「홀기(笏記)」에 따라 진행됐다. 무엇보다 동·서로 나뉘어서 부르는 두 집사의 리듬 있는 홀기소리로 분위기는 더욱 숙연해졌다.

제례를 지휘하던 삼성사재단 사무국장 부희종(취재 당시 58세)씨는 삼신인의 제사 형식은 종묘제에 따른다고 했다. 이는 1785년 정조임금이 삼성사라는 편액을 내리면서 삼신인 제사를 임금의 예우로 모시도록 했기 때문이다. 그러기에 절도 4배를 했다. 시조제는 매년 양력으로 4월 10일에 춘제, 10월 10일에 추제를 모시는데 삼헌(三獻)관은 윤번제로 하고 있다. 고·양·부씨

삼성혈 입구 건시문 앞에 있는 제주의 상징 돌하르방.

"태곳적에는
제주도에 사람이
살지 않았다.
어느 날 홀연히 세
신인(三神人)이
땅에서 동시에
솟아났다…"는
제주 양씨 시조설화.
잔디밭 가운데
'품(品)'자 모양으로
배열된 우묵히 파인
구덩이가
세 개 있는데 여기가
바로 삼신인이
솟아올랐다는 신화의
현장이다.

는 누가 먼저라는 서열이 없어 윤번제로 돌아가며 정한다고 했다. 삼성혈 앞에 마련된 제단에서는 12월 10일에 도민제로 건시제를 모시고 있다. 이곳에서 제주도의원을 지내기도 했던 종손 양씨를 만났다. 종가로 가는 길은 승용차로 50분 거리다. 자갈에 뿌리를 박은 억세가 온통 은빛으로 빛나는 제주의 가을 풍광을 즐기며 종손의 뿌리 이야기를 들었다.

제주도의 정체성이 그대로 녹아 있는 돌담의 '초가'

종가에 터잡은 것은 유향별감직을 역임했던 고조 때라 한다. 할아버지는 유학자로 성균관 향교 전의였으며 선친은 법관이었다. 그런데 그 당시 악몽 같은 4·3사건이 터졌다. 선친은 사법관 시보로 재직하다가 까닭 없이 그 사건에 연루되었다는 죄목으로 모진 고문을 당했다. 결국 무죄 판결을 받고 돌아왔지만 병을 얻어 세상을 떠났다. 종손은 선친의 명예 회복을 위해 제주 4·3사건 진상규명 및 희생자 명예회복실무위원회 위원직을 맡아 동분서주하고 있다고 했다.

종가는 한라산 백록담을 뒤로하고 태평양 푸른 바다가 넘실대는 명당에 자리했다. 큰길에서 종가로 들어가는 골목길을 이곳에서는 '올레'라고 한다.

외부로부터 시선을 차단하고 바람을 막기 위해 만들어진 공간이다. 골목 담은 까만 현무암으로 만들어졌는데 그 돌담에 기대 피어난 새하얀 꽃창포가 가을 바람에 살랑이며 객을 반겼다.

　달콤한 밀감 향기가 넘쳐나는 종가에는 육지의 솟을대문 같은 그런 대문은 없다. 정주석과 정낭이 이를 대신한다. 정주석은 정낭을 거는 돌로 구멍이 세 개 나 있다. 이 세 개의 구멍에 막대인 정낭이 세 개 걸리면 주인이 출타한 것이고, 한 개만 걸쳐 있으면 가까운 곳에, 세 개 모두 내려져 있으면 주인이 안에 있다는 신호다. 이는 삼다(三多)와 더불어 도둑과 거지와 대문이 없다는 삼무(三無)의 풍속을 고스란히 보여주는 것이다.

　오른편에 사랑채가 있고 마주 보는 곳에 안채가 있는데 이곳에서는 사랑채를 '밖거리 한채'라 하고 안채는 '안거리 한채'라 했다. 안채와 사랑채 사이에는 고방채 한 채가 더 있다. 예전에는 안채 동편으로 조상을 모시는 공간인 '사당채'가 있었지만 지금은 없다.

남제주군 남원읍 신계리는 제주 양씨의 집성촌. 4·3사건, 새마을운동 등으로 옛 모습을 갖춘 초가는 거의 없다. 조선말 유향별감직을 지낸 양통해 종가가 유일하다고 할 수 있다.

차를 나누는 다실이 되기도 했던 마루 '부섭'

바람이 많이 불어서인지 대청마루에도 통나무로 된 여닫이문이 달려 있는 제주만의 독특한 집안구조를 구경하던 중에 눈길을 잡아끄는 것이 있었다. 안채마루 한쪽에 있는 겨울난방 '부섭'이었다. 마루를 네모나게 판 다음 흙을 바르고 불을 피울 수 있게 화로처럼 만들어놓았다. 턱이 높지도 낮지도 않아 다양한 쓰임새로 활용되었다.

불을 피워놓고 언 몸을 녹이고 고구마를 구워 먹기도 했고 뚝배기를 끓이기도 했다. 따뜻한 차를 나누는 추운 겨울에는 여기서 차를 다려 마시는 다실이 되기도 했다. 여자들은 곁에서 바느질을 하면서 담소하는 소박한 화로였다. '부섭'에서 새어나는 연기는 집안에 벌레를 없애는 역할도 한다. 이 때문에 마루와 벽과 문이 까맣게 그을린 것도 바람 많은 제주 가옥의 특징으로 볼 수 있다.

이 부섭은 일본의 전통차실에서 볼 수 있는 '이로리'와 그 기능이 같아 보였다. 다다미 방바닥을 네모나게 파서 바닥을 흙으로 메우고 그 위에 화로를 걸어두고 솥을 올려 찻물을 끓이는 모습 그대로였다. 혹시 일본 사람들이 제주도의 '부섭' 모양을 모방하지 않았을까 하는 생각마저 들었다.

일 년에 한 번씩 이어야 하는 초가지붕, 재래식 화장실, 허리를 굽혀 일해야만 하는 아궁이 부엌 등 지금 시대에 이런 주거환경에서 생활을 한다는 것은 힘든 일이다. 형편이 아주 어려운 집이 아니고서는 있을 수 없는 일일

마루를 네모나게 판 다음 흙을 바르고 불을 피울 수 있게 화로처럼 부섭을 만들어놓았다. 추운 겨울에는 여기서 고구마를 구워 먹기도 하고 찻물을 끓이기도 했다.

큰길에서 종가로
들어가는 골목길을
이곳에서는
'올레'라고 한다.

것이다. 하지만 종가 사람들은 이 집에서 모두 생활을 했다. 아직도 손때 묻은 가구들이 그 쓰임새에 따라 제자리에 그대로 놓여 있다.

지금은 초가를 보수하기 위해 초가 옆에 현대식 집을 짓고 살림을 한다. 관리하기 힘든 초가를 굳이 지키고 있는 이유를 종손은 이렇게 말했다. "참으로 관리가 어려웠습니다. 하지만 92세의 내어머니가 평생을 이집에서 생활을 했고, 그 이전에는 고조 할아버지가 살았습니다. 이 집을 없애버리면 어디에서 전통생활을 이해할 수 있겠습니까. 박물관에 전시된 박제된 유물밖에 없지 않겠습니까? 땅이 척박한 어려운 환경을 헤쳐온 우리 선조들의 삶의 방식을 다음 세대들에게 꼭 전하고 싶었습니다. 제주도의 정체성이 담긴 집이이까요."

일주일 후에 있을 아들 진혁(취재 당시 31세) 씨의 혼인식도 종가 마당에서 치를 것이라 했다. 초가 둘레 1000여 평의 대지에는 밀감나무가 빼곡히 심어져 있다. 이 마을은 밀감나무 집산지여서 밀감나무에 가려 이웃집이 잘 보이지 않을 정도였다. 조선 영조 때 제주목사 이형상(李衡祥, 1653~1733)의 『탐라순력도』에는 당유자를 왕실에 진상하는 장면이 있는데 그곳에 그려진 곳이 바로 이 마을이라 한다. 당시에는 당금귤(唐金橘), 동정귤(洞庭橘) 등 10여 가지의 다양한 이름으로 불리는 귤이 생산되었음을 알 수 있는 그림이다. 마을 입구에 있는 대종가댁을 과원(果園)댁으로 부르는 것도 이 마을이 유명한 밀감산지임을 말해주는 것이다.

중학교 교감으로 퇴임했다는 종부 고씨는 걸음이 어려운 92세의 시어머니를 극진히 모시고 일 년에 10여 차례 봉제사를 지내면서 육지 종부와 다를 바 없는 종가살림을 꾸려나가고 있다.

육지와 다르지 않은 제주도의 제례 풍습

이 마을 대종손 양완호 씨 댁은 옛집이 아니어서 취재를 못했지만 풍습과 내력은 소상히 들을 수 있었다.

"마을의 옛 지명은 '예촌(禮村)'입니다. 예를 숭상하는 마을이란 뜻이지요. 밀감나무 집산지로 경제적으로 다른 지역보다 윤택했기 때문에 우리 마을은 오래전부터 통과의례를 유가의 법도대로 지키려 했습니다. 흔히 제주도 풍습은 육지와 현저히 달라서 제사도 형제들이 나누어 지내고, 부모도 모시지 않고 따로 사는 모습을 제주도의 전통적인 풍습이라 말하고 있지만 이는

일부만을 보고 평가한 것입니다. 한라산을 가운데 두고 산 남쪽과 북쪽의 기후와 토양이 다르듯 제주도 내에서도 지역에 따라 생활 풍습도 무척 다릅니다. 우리 마을은 아직도 장손이 4대 봉제사를 모시고 있습니다. 부모님을 모시는 것은 물론이고요."

얼마 전까지만 해도 한식이나 단오제까지 4대 명절 차례를 모셨지만 현재는 설과 추석, 기제사와 가을 시제를 모시는 육지 종가 풍습과 같다. 그러나 조상들의 유물은 전해진 것이 없다고 했다. 왜구의 침입이 잦은 데다 일제 강점기 때는 어느 집에서 제사를 지내는지 속속들이 조사를 한 후 제사를 모시는 시간에 덮쳐서 유기로 된 제기를 뺏어 갈 정도였으니 무엇이 남아 있겠는가.

그뿐 아니라 4·3사건 때는 이 마을 모두 지붕을 없애고 피난을 갔다. 지붕이 남아 있으면 불을 질러 마을 전체를 없앨 우려가 있었기 때문이다. 옛집을 보존할 수 없었던 것은 그런 연유도 있었지만, 박정희 전 대통령 시절에는 새마을 시범마을로 지정되어 집들을 모두 현대식으로 고쳤기 때문이라 했다. 그러나 대종손은 제사 음식에는 제주도의 정체성이 그대로 남아 있다고 했다.

◀ 입향조로부터 23대 대종손 양완호 씨. 마을의 풍습과 내력을 자세히 설명해 주었다.

▶ 옛 모습 그대로 종가 가옥을 유지하는 데 힘쓰는 종손 양금석 씨와 종부 고방순 씨.

이 마을 양씨 가문에서는 기제사를 지낼 때 올리는 삼적(三炙) 중에 묵으로 만든 적을 올린다. 메밀 생산이 많기 때문이다. 묵을 쑤어 사방 4센티미터 정도로 썬 후 네 개씩을 한 꽂이에 끼워 다섯꽂이를 만든 다음 참기름을 발라서 팬에 살짝 지져 제상에 올린다. 네 개를 꽂는 것은 4대(四大, 땅·물·불·바람)를 상징하며 다섯꽂이를 올리는 것은 오상(五常)으로 사람이 마땅히 지켜야 할 도리인 인의예지신(仁·義·禮·智·信)을 뜻한다고 했다. 또 제상에 올리는 떡에도 자연의 이치를 담았다.

제상에 올리는 다섯 가지 떡은 사람이 세상을 뜨면 그 자식들이 상복을 입을 때 지내는 성복례(成服禮)에 올리는 떡이다. 이때 이 떡을 올리지 못하면 제사 때는 물론 그 아랫대도 올리지 못하는 풍습이 있다.

◀하늘, 땅, 해, 달을 상징하는 독특한 모양의 떡을 제사에 올린다.

▶제상에는 또 메밀로 묵을 쑤어 꼬치에 꿰어 구운 묵적을 올리기도 한다.

▼제주 특산물 중 으뜸인 성게를 넣어 끓인 미역국.

다섯 가지 떡이란 백시루편을 제기 바닥에 놓고 그 위에 올라가는 떡을 말한다. 네모 모양의 절편은 땅을 상징했고, 둥글게 빚은 떡을 겹쳐놓고 가운데 햇살무늬를 찍어 만든 은절미는 해를 상징했으며, 반달 모양의 달떡은 달을 상징했지만 종가에서는 솔잎을 넣고 찐다 하여 '솔편'으로 부른다. 둥글게 만든 떡 가장자리를 톱니바퀴처럼 뾰족뾰족하게 별 모양으로 만드는데 그 떡은 별을 상징했다. 별 모양의 떡을 이곳에서는 '윗징'이라 했다.

바람과 비, 태풍 등 끊임없는 재앙이나 재난을 예방하기 위해 조상에게 올리는 재물에도 이 같은 문양을 표현해 재난에서 보호해주기를 빌었다. 종가에는 이 네 가지 문양의 떡쌀이 대대로 전해오고 있었다.

성게는 제주의 특산물 중에 으뜸이다. 종가에서는 큰일을 치를 때면 성게를 넣은 미역국을 끓인다. 껍질을 깨면 노란색이 나오는 성게는 향긋하고 달콤한 맛을 낼 뿐 아니라 단백질과 비타민, 철분이 많아 임산부에게 더없이 좋은 음식이다.

성게미역국은 끓이려면 성게는 껍질을 까놓고 미역을 불려서 먹기 좋은 크기로 썰어둔다. 냄비에 물을 붓고 물이 끓으면 성게와 미역을 넣고 소금으로 간을 맞춘다. 성게미역국은 간장보다 소금을 넣어야 향긋한 바닷맛을 더해준다고 한다.

조금 끓일 때는 미역과 함께 넣지만 많이 끓일 때는 미역을 미리 국그릇에 담아두고 뜨거운 성게국물을 부으면 미역이 붓지 않아 맛있다는 비결도 일러주었다. 먹을 때는 깨소금을 넣어 고소한 맛을 더하기도 한다. 성게의 또다른 이름은 '구살'이라 했다.

메밀과 무맛의 환상적인 조화 '쟁기떡'

논농사보다 밭농사가 많은 제주 지역의 특성 때문에 명절이나 특별한 날에는 별미로 쟁기떡을 만든다. 메밀가루로 만든 대표적인 음식으로 쟁기떡을 북제주에서는 '빙떡'이라 부르기도 했다.

쟁기떡은 메밀가루에 소금을 넣고 묽게 반죽을 한 다음 팬에 기름을 두르고 얇고 둥글게 지진다. 여기다 곱게 채 썬 무를 뜨거운 소금물에 데친 후 성근 베수건에 넣어 물기를 뺀 다음 지져 둔 메밀떡에 놓고 돌돌 말아서 속이 나오지 않게 양끝을 살짝 눌러주면 끝나는 간단한 음식이다. 하지만 메밀의 고소한 맛과 맵싸한 무맛이 어우러져 음식 궁합으로는 환상적이다. 이 떡은

메밀가루를 묽게 반죽하여 프라이팬에 기름을 두르고 얇고 둥글게 지진 다음 소금물에 데친 채 썬 무를 얹어 돌돌 말아 만든 쟁기떡. 메밀가루로 만든 쟁기떡을 북제주에서는 '빙떡'이라 부르기도 했다.

썰지 않고 손으로 들고 베어 먹어야 제맛을 느낄 수 있다. 보통 때는 무에 실파를 다져 넣으면 매콤한 맛이 더욱 깔끔하지만 제사에 올릴 때는 파를 넣지 않는다.

쟁기떡은 제주의 특미로 종가가 아니어도 맛볼 수 있지만 종가 안채마루에 있는 '부섭' 위에 솥뚜껑을 걸치고 전통적인 방법대로 만든 쟁기떡의 맛은 또 다른 별미였다. 종가 사람들의 겨우살이 멋은 이 '부섭'에 둘러앉아 쟁기떡을 지져 먹고 차를 마시며 오순도순 이야기꽃을 피우는 거라 했다.

종손은 법대를 나와 고시 준비를 하느라 노총각이 되었고, 종부는 시집 안 간 언니 때문에 혼인이 늦어져 서른일곱 동갑내기로 늦은 혼인을 했다. 아들과 딸 두 자제를 두었는데 그 아들이 며칠 후 종가 마당에서 혼인을 치른다고 했다. 그 잔칫날에도 성게국과 쟁기떡을 만들어 손님 접대를 할 거라며 종부는 며느리 맞이하는 기쁜 마음을 감출 줄 몰랐다.

밀양 박씨 국담공파
승지공 종가에는
'국화가 피는 깊은
연못', 국담이 있다.
이 마을 입향조인
국담 박수춘 선생이
사랑채를 짓고
정원을 꾸밀 때
연못을 팠다고 한다.
마을 뒷산에는
선비들의 공부방
'남강서원'이 있다.

밀양 박씨 국담공파 승지공 박뢰(承旨公 朴瓃, 1608~1674)의 12대 종가는 경북 청도군 각북면 남산 2리에 있었다. 이 마을 입향조는 은둔 선비로 진정한 선비상을 보여준 박뢰의 아버지 국담 박수춘(菊潭 朴壽春, 1572~1652) 선생이다. 선생은 산세 수려한 이곳에 터를 닦고 집을 지어 살면서 아들 셋을 두었다. 자식들이 성장하자 큰아들 유는 고향인 밀양으로 보내 국담 종가가 됐다. 둘째 아들 뢰는 아버지 곁에서 살다 그 후손들이 400여 년간 이 마을을 떠나지 않아 요즘 시대 보기 드문 집성촌이 되었다.

나지막한 산을 병풍처럼 등에 걸고 황금빛으로 물들어가는 들판을 앞마당 삼은 곳, 평화롭기 그지없는 한적한 풍경 속에 종가는 자리하고 있다. 조촐한 모습이지만 연륜을 말해주는 연못이 눈에 띈다. 수양버들 늘어진 아름다운 연못은 국담 선생이 사랑채를 짓고 정원을 꾸밀 때 선비의 기개를 상징하는 매란국죽(梅蘭菊竹)을 심고 연못을 팠다. '국화가 피는 깊은 연못'이라는 뜻을 담아 국담으로 이름을 지었다. 스스로의 호도 국담이라 했다.

연못을 비켜 사랑채로 들어서니 사람의 손길이 닿지 않은 듯 고택은 허물어져 가고 있었다. 한국전쟁 때 종손 박원흠(朴元欽)이 행방불명되자 주인 잃은 사랑채는 서서히 퇴락하고 있었다. 사랑채 덧문에 걸어둔 사우당(四友堂)이란 현판의 글귀는 '의좋은 네 형제가 살았던 집'이란 뜻으로 따뜻한 가족애가 느껴진다. 국담 선생의 증손자 네 명은 유교 이념인 삼강오륜(三綱五倫)을 잘 지키는 학행일치(學行一致)의 모범생들이었다. 형제 우애가 남다르고 학문도 열심히 익혀 문과, 무과 등의 대과에 합격하면서 가문의 명예를 더 높였다. 영조 임금이 영남의 쓸 만한 인물을 찾았을 때 주저 없이 이들 4형제를 천거했다는 기록도 문집에 남아 있다. 후손들은 이들의 아름다운 삶을 닮으라는 뜻에서 사우당이란 현판을 달아두었다고 한다.

"내 힘들게 산 이바구는 뭐하로 들을라 카노?"

안채는 홀로 사는 노종부가 불편함이 없도록 고쳐져 있다. 연세 높은 분으로 말씀이나 제대로 하실까? 옛일들을 기억할 수 있을까? 우려했던 건 모두 기우였다. 취재 당시 93세 노종부 도종열 할머니의 연세는 숫자에 불과했다. 믿어지지 않을 정도로 자세가 꼿꼿했고 형형한 눈빛은 문벌 있는 가문의 안주인임을 말하고 있었다. 골 깊은 주름 사이로 굴곡진 삶이 엿보이긴 했지만 목소리도 힘차고 수십 년 전 일도 어제 일인 양 기억하고 있었다. 지팡이에 몸을 의지하는 것 외에는 지병도 없다 했다.

"내 힘들게 산 이야기를 뭐하로 들을라 카노? 방송국에서도, 신문사에서도 찾아왔지만 대답 안 했다. 법도 있는 가문의 아녀자들은 집안 이야기를 나불나불하는 법이 아니라"며 입을 다문 종부의 이야기를 듣기 위해 자리를 뜨지 않자 말문을 조금씩 열기 시작했다.

"어르신 외롭지 않으세요?" "외롭기는 뭐 땀시 외로울꼬. 딸이 넷이고 손자가 10명인데…. 어제도 서울 사는 딸이 다녀갔어."

일주일이 멀다 하고 찾아오는 딸들이 있어 쓸쓸하지는 않지만 밤에는 대문을 잠그지 못한다고 한다. '남편이 집에 왔을 때 문이 잠겨 있으면 안 되지'라는 마음으로 그리운 사람을 기다리다 잠이 든다.

"문장에 남다른 재주가 있는 것 외에는 아무 잘못도 없는 사람을 붙잡아가서 지금껏 보내주지 않는 처사가 어디 있어. 금방이라도 저 대문으로 들어올 것 같아 기다리는 거지. 그때는 글줄이나 아는 사람은 다 잡아가는 시대였잖아." 도덕성을 첫째로 여기는 성주 도씨 집안에서 성장한 종부는 19세에 두 살 많은 종손 박원흠 씨와 혼인을 했다.

한국전쟁 당시 이유도 모르고 끌려간 종손을 기다리며 홀로 종가를 지켜온 노종부 도종열 할머니. 60년이 지난 지금도 남편이 돌아올 거라는 믿음이 할머니를 꼿꼿하게 만드는 비결(?)인 것 같다.

524

"선 한 번 보지 못하고 어른들 말씀에 따라 2월에 혼인해 그해 9월에 신행을 왔지. 시할아버지는 일찍 세상을 떠나셨고 시할머니와 시어머니 내외, 시동생 등 당시에 비하면 식구가 많지 않았어."

63년 동안 망부석이 된 종부

낮에는 농사짓고, 밥하고, 빨래하고, 길쌈을 했다. 밤이면 가물가물 호롱불 아래서 가족들 옷을 지어야 했고 일 년에 16번의 제사를 모셔야 하는 고된 삶이었지만 따뜻한 성품을 지닌 남편과의 사이에 딸 셋을 낳고 배속에 유복자를 가질 때까지가 잠시 잠시 행복했던 시절도 있었다고 회상한다.

30세 되던 해 어느 날 보도연맹에서 나왔다는 사람이 찾아와 종손을 데리고 나간 후 소식이 없자 꼭 돌아올 것만 같아 밤마다 종손이 오가는 길목을 마중 나가 서 있었다. 바람소리에도 그 사람이 돌아오나 가슴 두근거리며 쫓아 나가고 낙엽 뒹구는 소리만 들어도 소스라치게 놀랐다. 그 세월이 10년이 넘자 절망감에서 쏟아지는 눈물을 감당할 수 없었다. 울어도 울어도 그리운 사람은 소식이 없었다.

유복자는 기다렸던 아들이 아니었다. 그렇게 아버지 없는 딸 넷을 키우고 교육시키느라 정신이 없었다. 딸들이 성장해 짝을 찾아 곁을 떠나자 나이 들면서 남편의 빈자리는 더욱 크게 느껴졌다. 기다리는 마음도 세월이 갈수록 더욱 절절해 오래 사는 것 같다며 웃음을 보인다.

소식이 묘연한 종손을 더 이상 기다릴 수 없다며 문중에서는 종가의 후계자로 시동생의 아들을 양자로 들였다. 고등학생 때 큰댁으로 양자로 온 박해인(취재 당시 61세) 씨는 종가에서 지내던 4대조 제사를 지내고 있다. 고령이신 종부에게 맡길 수 없어 대구에서 지내고 있지만 노종부가 세상을 뜨면 종가를 지키러 올 것이라 한다. 이날 부인 김완순(취재 당시 57세) 씨와 일주일 후면 장가든다는 잘생긴 차종손 박근후씨도 서원제사를 도우러 왔다.

할머니를 취재하면서 6·25전쟁은 끝났지만 당시 피해 입은 가족들의 상처는 아직도 아물지 않았다. 전쟁의 참상을 경험하지 않은 세대들은 이 가족들을 교훈삼아 전쟁의 참혹함을 알아야 한다. 그리고 고통받는 피해 가족들에게 따뜻한 시선을 보내야 하지 않을까 싶다.

찾아간 날은 마침 이 마을 뒷산 명당에 세워진 덩실한 남강서원(南岡書院)에
서 봄향사를 모시고 있었다. 박씨들의 정신적인 지주 두 분을 추모하는 자
리였다. 조선전기 문신이자 청백사에 빛나는 우졸재 박한주(迂拙齋 朴漢注,
1459~1504) 선생과 17세기 진정한 선비상을 실천해 존경받았던 국담 박수춘
선생이다.

우졸재 박한주는 김종직의 문인으로 성종 때 문과에 급제해 벼슬길에
오른 뒤 한성부참군, 사헌부감찰, 성균관전적(成均館典籍) 등을 지낸 인물이
다. 그러다 고향에 계신 부모님의 연세가 많아지자 창녕현감으로 자청해 부
모님을 돌본 효자였다. 선생의 나이 40세 되던 해 무오사화(1498)가 일어났
다. 그때 선생은 '조의제문'을 쓴 김종직의 문도로써 붕당을 만들어 국정을
비방했다는 죄목으로 평안도 벽동으로 억울한 유배를 당한다. 유배생활 6년
동안 「미암일기」의 저자 류희춘, 신재 최산두 등 역사 속에 기록된 기라성 같
은 문인을 배출해내기도 했다. 그러나 갑자사화가 다시 일어나자 가족의 품
으로 돌아가지 못한 채 사약을 받고 숨을 거둔다. 46라는 아까운 나이에 자신
의 재능을 펼쳐보지 못한채 생을 마감했다. 선생의 억울함은 중종반정(1506)
후였다. 사후 나라에서는 승정원, 도승지 등을 증직으로 내렸다. 예림서원 등
에 배향돼 있다.

이 마을 입향조 국담 박수춘 선생은 관직을 갖지 않으면서도 400여 년
영남 일대의 유학자들이 추모하는 걸출한 인물이다. 일찍이 『소학』을 읽어
어버이 섬기는 데 정성을 다하고 어른들에게 극진한 예로써 대하니 주변에서
는 범상치 않은 인물로 기대했다. 그러나 일찍이 향시에 급제했으나 대과에
나서지 않고 지역 발전을 위해 힘썼던 은둔선비의 삶을 선택했다.

하지만 나라가 위급할때는 분연히 일어났다. 정유재란 때는 의병을 모
아 망우당 곽재우 선생과 함께 화왕산성을 지켜냈다. 또한 광해가 대비를 유
폐하자 광해의 불윤을 고발하는 충의의 선비였다. 예학자로 이름높은 한강
정구의 문화에서 예와 시, 문을 공부해 당대 문장가들과 어깨를 겨루며 시
문집도 남겼다. 81세로 세상을 뜨자 나라에서는 통정대부 호조참의에 증직
했다.

1691년 숙종 17년에 세워진 남강서원은 1868년 대원군의 서원철폐령으
로 훼철되었다가 1994년 국담 선생 후손들의 성금으로 복원된 것이다. 강당

대원군의
서원철폐령으로
훼철되었다가
1994년 국담 선생
후손들의 성금으로
복원된 남강서원에서
봄 향사를 모시고
있다. 종가 사람들뿐
아니라 도포와
유건을 갖춘 영남
일대의 유림 60여
명이 엄숙하게
제례를 모셨다.
성인들의 제례에는
익히지 않은 음식을
올리는 게 관습이라
제물은 날것뿐이다.

뒤편 사당에서는 종가 사람들뿐 아니라 도포와 유건을 갖춘 영남 일대 유림들 60여 명이 허리 굽혀 절하며 엄숙한 제례를 모셨다.

제물은 익히지 않고 날것을 올렸다. 생무, 미나리, 날고기, 닭 한 마리, 안주와 밤, 대추도 있었다. 밥이 오르지 않으니 반찬은 오르지 않았다. 성인들의 제례에는 익히지 않은 음식을 올리는 게 관습이라 했다.

아름다운 찻자리

향사를 끝내고 서원 강당에 모인 어른들 앞으로 아름다운 찻상이 일일이 놓여졌다. 이를 준비한 분은 화정다례원 원장 박순조(朴順祚) 씨다. 같은 박씨로 친정 집안일이니 도와드리는 건 당연하다며 제자들과 함께 고운 한복 차림으로 찻상을 준비했다. 감의 고장답게 어린 감잎을 여러 장 따서 찻주전자에 넣고 뜨거운 물을 부어 우린 엽록색의 감잎차와 찬물에 우려낸 연꽃차도 은은한 향기를 선물한다. 무화과정과와 다양한 꽃으로 변신한 사과정과, 인삼정과의 화려함은 예술이었다.

금귤을 절반으로 잘라 구멍마다 잣을 박아둔 다식도 신선해 보였다. 작은 상에 찻잔과 다식 그릇, 계절 꽃까지 올려 품위를 갖춘 다과상을 받은 어른들은 찻잔을 쉽게 들지 못했다. 자신이 주인공이 아니라며 사진 촬영을 극구 사양하는 박회장에게서 겸손한 차인의 품격을 엿 볼 수도 있었다. 이날 함께 수고해준 회원들에게 지면을 통해 감사하다는 말을 전한다.

528

향사를 마치고 서원 강당에 모인 어른들 앞으로 아름다운 찻상이 놓였다. 화정다례원 박순조 원장이 제자들과 함께 친정 집안 행사를 돕는 것은 당연한 일이라며 팔을 걷어붙이고 나선 것이다. 은은한 향의 연꽃차와 무화과정과, 사과정과. 금귤을 절반으로 잘라 구멍마다 잣을 박아둔 다식 등 품격 높은 찻자리를 만들었다.

529

밀양 박씨 승지공 박리 종가

종가를 소개해준 분은 인성교육에 남다른 열정을 가진 한국차인연합회 박권흠((취재 당시 83세) 회장이다. 선생은 3선 국회의원을 지냈고 대구일보 사장 등 권좌에 있었지만 언제나 낮은 자세로 어려운 일에 잘 대처하는 지혜로운 어른이라는 평가를 받고 있다. 특히 20여 년이 넘게 차인연합회 회장직에 있으면서 한국 차문화 발전에 큰 역할을 하신 분이다. '한국 차의 정신은 학예일치의 선비정신에서 찾아야 한다'는 신념으로 전국 차인들에게 조선시대 선비정신을 강조하기도 했다. 혼탁한 세상에 한줄기 맑은 바람 같은 차가 돼야 한국 차는 발전이 있다는 것이다.

530

박 회장은 "선비정신은 지식을 아는 동시에 행동으로 실천하는 것이다. 그런 후 나를 낮추며 상대를 배려하는 것도 선비의 덕목"이라며 우리가 세계인들에게 내놓고 자랑할 만한 정신유산이 바로 선비정신임을 강조했다. 그러면서 연합회 소속 수천 명 차인들에게는 끊임없는 교육과 다양한 이벤트로 한국 차의 위상을 한 단계 올려놓았다. 박 회장의 외유내강의 성품은 어린 시절 종가에서 형성된 것으로 분석하고 있다.

어느 날 식사자리에서 "우리 4촌 형수를 생각하면 가슴이 먹먹해집니다. 성주 도시 양반 가문에서 19세에 시집와 6·25전쟁이 일어난 다음 해 까닭 없이 잡혀간 종손 형님과 생이별을 한 청상과부입니다. 형수는 그 슬픔을 좀처럼 나타내지 않고 지금까지 소식이 없는 형님 대신 집안의 수많은 제사와 대소사를 치르면서도 누굴 원망하거 탓하지 않고 묵묵히 종가를 지켜낸 가문의 공로자입니다. 병든 시부모님 대소변을 6년씩이나 받아내고 네 명의 딸

밀양 박씨
국담공파 후손인
한국차인연합회
박권흠 회장. 한국
차문화 발전에 큰
역할을 했고 다도를
통한 인성교육을
강조하고 있다.

을 혼자서 키우며 63년 동안 남편을 기다리는 망부석 같은 형수님을 위해 제가 할 수 있는 일은 그 이름 석 자를 남길 수 있도록 도와주는 게 아닐까 싶습니다."

박 회장은 어렸을 적 사우당에서 한학을 배우며 제사 때 참여하는 어른들 시중들면서 예절을 익혔던 게 사회생활에 많은 도움이 됐다고 한다. 경제성장도 중요 하지만 먼저 인성이 바로서야 사회질서가 바로 선다며 염치와 예의를 중요시하지 않는 지금 세태를 더 늦기 전에 바로잡아야 한다는 것이다.

얼마 전 국회에서 인성교육진흥법이 통과 되면서 다도를 통해 인성을 바로 잡자는 캠페인을 벌이고 있다. 그 기념으로 지난 5월 20일 국회 마당에서 1000여 명의 차인들이 찻자리를 펼쳐 보이는 큰 행사를 주도했다. 국회에 통과된 인성예절 진흥법의 8가지 조목은 ① 예, ② 효, ③ 정직, ④ 책임, ⑤ 존중, ⑥ 배려, ⑦ 소통, ⑧ 협동 등이다.

내림음식 감 장아찌, 북어식해

이날 노종부의 구술로 종가의 내림음식을 선보여 준 분은 화정다례원 회원이자 음식동아리 회장인 김순주 씨가 북어식혜를, 향토음식을 연구하는 문순연 씨가 감장아찌를 수고해주었다. 감의 고장답게 감장아찌는 청도의 향토음식으로 자리 잡고 있다.

● 소금 감장아찌
감 5킬로그램, 물 6리터, 소금 300그램, 감식초 300시시, 산성당 1티스푼을 준비한다. 감은 붉은빛이 살짝 나고 흠이 없는 게 좋다. 감꼭지는 잘라내고 씻은 다음 소쿠리에 건져 물기를 말린다. 감이 잠길 만큼 물을 준비해 소금과 단맛나는 삼성당을 넣고 끓으면 감식초를 넣어서 다시 끓인다. 물끼 없는 항아리에 감을 넣고 끓여둔 시럽을 감이 잠길 정도로 붓는다. 뚜껑을 덮은 후 2~3개월 숙성시키면 떫은맛도 없어지고 황금색 때깔 고운 장아찌가 된다. 먹을 때는 껍질을 깎아 알맞은 크기로 썰어 상에 놓으면 짭조름한 맛이 여름 반찬으로 그만이다. 껍질을 깎아 납작하게 썰어 고추장과 물엿을 넣어 조물조물 무친 다음 통깨와 실파를 위에 뿌린 고추장장아찌도 입맛을 자극한다. 된장 2킬로그램, 물엿 1컵을 준비한 후 섞은 다음 숙성시킨 감 3킬로그램을

532

노종부의 구술로
재현된 종가의
내림음식도 맛볼 수
있었다. 북어식해와
감장아찌는 제사가
많고 감이 많이
나는 지역에 위치한
종가의 특징이
자연스럽게 반영된
음식이다.

통째로 버무려 항아리에 담아 한 달 정도 두면 된장장아찌가 된다.

● 북어식혜 : 제사 많은 종가에는 북어가 남아돈다.

북어 2마리, 찹쌀 1컵 엿기름 가루 50그램, 파 마늘 각 50그램, 고춧가루 1/2컵, 생강 1쪽, 소금 1/2컵을 준비한 후 북어는 두드려 소금물에 절여 하룻 밤 정도 재운다. 파, 마늘, 생강은 곱게 다진다. 찹쌀은 깨끗이 씻어 밥을 되직 하게 짓는다. 절인 북어는 물기를 짠 후 포를 뜬다. 넓은 그릇에 찹쌀밥을 담 아 고춧가루를 먼저 넣어 버무려 붉은색이 나면 파, 마늘, 생강, 소금, 북어 를 넣어 고루 섞으면서 엿기름물을 넣고 버무려 항아리에 꼭꼭 눌러 담아 따 뜻한 곳에서 12시간 삭히면 된다.

연지 가운데는
1959년에
축조된 석조 건물
모현관(慕賢館)이
있다. 보물로 지정된
『미암일기』와
분재기, 목판각 등
수백 점의 유물이
보관되어 있다.

전남 담양군 대덕면 장산리 213에 있는 조선 선조 때의 이름난 문신 미암 유희춘(眉巖 柳希春, 1513~1577) 선생의 종가에서는 조상의 묘에서 지내는 가을 시제를 만물이 소생하는 봄에 지내고 있었다. 그리고 가족이 모두 쉬는 4월 5일 식목일을 '조상의 날'로 정해 종가에서 지내는 모든 기제사를 이날에 모시고 있었다.

가히 제사의 혁명이라 할 수 있다. 수많은 제사가 버거워 젊은 종손들이 종가를 떠나고 있는 세태에서 미암 종가는 다른 종가들의 본보기가 될 수 있을 것이다. 이 종가에서의 관심은 무엇보다 시제에 차를 올렸다는 사실이다.

흔히 "설·추석에 차례(茶禮) 지낸다"라고 말하면서 정작 제상에 차를 올리고 있는 종가는 극히 드물다. 제사 순서를 적은 「홀기(笏記)」를 살펴보면 진다(進茶), 헌다(獻茶)라고 하며 "국을 내리고 차를 올려라"고 기록되어 있지만 그대로 하고 있는 집은 흔치 않았다. 시제에 차를 올리고 있는 곳은 이 종가가 처음이다. 차의 달 5월에 차제사를 지내는 종가를 찾게 되었으니 의미는 더욱 컸다.

시제날 정성스런 손길로 우린 후손이 올린 차를 맛보았던 주인공은 보물 제260호로 지정된 『미암일기』의 주인공 유희춘 선생과 16세기 여류시인이었던 그 부인 홍주 송씨 송덕봉(宋德峯)이다. 그들 부부가 주고받았던 450여 년 전의 편지에서도 차를 마셨던 기록이 남아 있다.

선산 유씨들이 자랑스레 앞세우는 조선조 선조 때의 문신 미암 유희춘 선생과 그 집안 조상들이 잠들어 있는 전남 담양군 대덕면 비철리 선산이 있는 재각(齋閣)을 찾았다. 남도라지만 아직도 봄기운은 미미해서 군데군데 매화와 목련이 피어 있을 뿐 생기를 돌게 하는 초록빛은 물기를 머금은 채 때를 기다리고 있었다.

　재실은 종가에서 5킬로미터 쯤의 거리에 있었다. '파실 재각'이라 불렀다. 3칸의 솟을 대문과 5칸 일자형의 재실이 묘역을 뒤로한 채 청솔과 산죽에 묻혀 단아하다. 동서로 온돌방 두칸을 놓았고 가운데는 제사를 모실 제청이 있다. 수백 년 전에 지어졌다고 하지만 최근에 대대적으로 손을 보아서인지 고풍스런 느낌은 그리 들지 않았다. 하지만 제사 지내기에는 편하게 설계되어 있었다. 제청에는 신위를 모실 제단(祭壇)이 마련돼 있고 그 앞으로 제상을 놓았다. 제상 아래에 향상이 놓여져 있다.

기제사를 한날에 모시고 차를 올리다

　서쪽 방에는 유희춘 선생의 15대 종손 유근오(취재 당시 50세, 내과의사) 씨와 문중 어른들이 모여 제관들의 역할분담을 위해 분정기(分定記)를 쓰느라 분주했다. 동쪽 방에는 노종부 노혜남(취재 당시 73세) 할머니의 가르침을 받고 차종부 오미영(취재 당시 47세) 씨와 문중 부인들이 음식을 준비하고 있었다. 시제 음식은 문중 유사들이 장을 보아 음식 장만은 재실을 지키는 분이 만들게 돼 있지만 이날은 재실을 지키는 분이 몸이 불편해 노종부와 문중 부인들이 종가에서 음식을 준비해 이곳까지 운반해 왔다.

　도포를 입고 유건을 쓰고 제례복을 갖추어 선조들이 행하였던 옛 풍습의 의 를 지키려 노력하는 흔적이 역력했지만 제물은 예전보다 많이 간소화되었고 참석 인원도 예전만은 못하다며 노종부는 와자하고 풍성했던 예전의 제삿날 풍경을 그리워한다. 하지만 휴일도 아닌 평일날 전국에 흩어져 있는 후손들 70여 명이 모였다는 사실은 전통을 지켜나가려는 명문가다운 면모를 보여주는 것이다.

　시제는 기제사가 끝난 조상들께 일 년에 한 번 가을 추수 후에 모시는 것이 일반적이지만 종가에서는 오래전부터 만물이 소생하는 음력 3월 1일을 택해 모셔오고 있다 한다.

　이날 시제의 집 는 선산 유씨 문절공(文節公) 대종회장인 유원적(취재 당시 57세, 목포대학교 인문대학장) 씨가 맡았다. 문절공이란 유희춘 선생이 세상을 뜬 후 나라에서 그의 공적을 기려 내린 시호(諡號)다. 그 후손들은 훌륭한 선조의 핏줄임을 자랑스레 여기고 그 시호에 따라 자신들을 문절공파라 소개한다.

◀ 종손과 종부.

▶ 노종부와 문중 부인들이 종가에서 음식을 준비해 이곳 재실까지 운반해 왔다.

시제는 그래서 문중제사로 치러진다. 이날은 오전 11시에 시작에서 오후까지 다섯 위의 시제를 모시게 되는데 묘제라면 묘 앞에서 모시는 것으로 알고 있는 상식과는 달리 재실 대청에서 모신다. 이날 제사를 지낼 조상 중에는 이곳에 묘가 없는 분도 있기 때문이란다.

첫 술잔을 올릴 초헌관은 문중에서 항렬이 높고 연세가 많은 분으로, 그 다음 아헌관은 덕망 있는 분, 마지막 잔을 올리는 종헌관은 먼 곳에서 참석한 분 등으로 소임이 정해졌다.

먼저 유희춘 선생의 아버지 유계린과 모친 탐진 최씨 양위분을 합설(合設)해 모셨다. 다음이 유희춘 선생과 그 부인의 제사 순서인데 이때는 종손 유근오 씨가 첫 술잔을 올리는 제주가 되었다.

제사의 기본음식인 떡은 인절미와 절편이었다. 돼지 수육을 육적(肉炙)으로 올렸고 삶은 닭을 계적(鷄炙)으로 올렸다. 전어, 낙지, 홍어, 병치, 굴비 다섯 가지를 구워 제기 하나에 담아 어적(魚炙)이라 했다.

파, 미나리, 무, 당근을 꼬지에 끼워 소적(蔬炙)으로 올렸다. 간전, 구운 두부, 생선전의 3전도 올렸다. 어탕, 육탕, 소탕 3탕에 명태포, 오징어, 문어 순으로 3포를 올렸다. 취나물, 고사리, 도라지 세 가지 나물을 놓았다. 나박김치도 있었다. 밥반찬으로 꼬막을 데쳐서 껍질째 올렸다. 남도의 특산품으로 올려진 것이다.

식혜와 간장과 꿀도 있었다. 과일 줄에는 제주의 오른편으로 대추, 밤, 배, 곶감, 사과, 밀감, 딸기 이렇게 일곱 가지를 올렸다. 조과는 쌀강정과 엿이었다. 종가의 제물은 높이 괴어 올리는 형식보다는 조촐하고 성의 있게 차려졌다. 제사는 일반 기제사의 순서대로였다.

첩의 제사도 지내주다

이날 시제의 특징은 헌다례(獻茶禮)와 첩(妾)의 제사였다. 차종부 오씨가 제상의 오른편에 차상을 펴고 헌다잔 두 개와 다관과 차통을 차렸다. 뜨거운 물도 준비했다. 뜨거운 물로 다관을 먼저 헹궈내고 잔도 데운 후 지난 봄에 구해 둔 첫물차를 다관에 2스푼 넣어 뜨거운 물 2잔을 부었다. 조금 후에 차가 우려졌다. 우려진 차는 뚜껑 있는 분청잔에 나누어 부은 다음 옮김 다반에 올려 종부가 집사에게 주었다. 그리고 종부는 종손 옆에 앉아 집사가 건네주는 찻잔을 덕봉할머니에게 올렸다. 종손은 유희춘 선생에게 찻잔을 올렸다. 헌다례(獻茶禮) 순서는 초헌, 아헌, 종헌 다음 합문 후에 국을 내리고 차를 올렸다. 종가의 시제 순서에 기록된 철갱봉다(撤羹捧茶)의 순서대로 국을 내리고 차를 올린 것이다.

이날 미암 선생 부부에게 헌다를 주창한 것은 유원적 종회장이었다. 유회장 자신이 차를 좋아하기도 했지만 선생의 일기에는 "점심을 먹은 후 차를 마신다"는 대목과 "식후 혜민서(惠民署)에 가서 다시(茶時)를 갖는다"는 기록과 그 부인과 다담상을 마주하고 담소한 기록들이 많이 나오기 때문이다. 특히 몸이 약한 선생은 여름에도 따뜻한 차를 즐겼다는 이야기가 군데군데 보이지만 제사에 선뜻 차를 올리자고 할 수가 없었다.

한번 올리게 되면 제사 때마다 이어져야 하고 그러자면 문중의 어른들을 이해시켜야 하기 때문이다. 유 회장은 예전처럼 차를 구하기 어려운 시절도 아니고 특히 담양 주변이 바로 차산지여서 차를 준비하는 데 어려움이 없

가을 시제를 봄에
모시는 미암 선생
종가의 제상 차림.

이 댁의 가장 특별한 점은 시제에 차를 올린다는 사실이다. 차종부 오미영 씨가 정성스레 우린 차를 집사에게 건네 제상에 차를 올렸다.

을 듯하다는 설명으로 문중분들을 설득시켰다.

제상에 올려졌던 차는 시제가 끝난 후 노종부와 차종부가 정겹게 음복하면서 할머니가 마셨던 차인지라 유난히 차향이 좋다고 했다. 또 하나 주목되는 것은 유희춘 선생의 첩에게 제사를 지내 주는 풍경이었다. 선생이 19년간 유배생활을 할때 시중을 들었던 첩 방굿덕에게도 제사를 지내 주는 것이다. 첩의 제사를 지내는 것은 조선시대 예법에서는 매우 드문 일이다. 그러나 종가에서는 400년 넘게 첩의 제사를 지내줄 수밖에 없었던 사연이 있다.

노종부의 설명에 따르면 첩 방굿덕이 임종을 맞으면서 "내가 죽으면 영감 곁에 묻어서 제사 지내고 남은 퇴주라도 부어줄 수 있게 해주시오"라며 간곡한 유언을 남겼던 것이다. 방굿덕은 유희춘 선생과의 사이에 딸 넷을 두기도 했다.

그의 소망대로 유희춘 선생 내외의 묘지 약간 아래에 방굿덕의 묘가 있다. 그리고 제사 때마다 음식은 그대로 두고 밥만 한 그릇 다시 올려 축문 없이 종손이 술을 한잔 올리고 절을 한다. 아무리 유언을 남겼다지만 조선시대 풍습에 양반집에서 첩의 제사는 어림없는 일이다. 그럼에도 수백 년 이어오면서 첩의 유지를 받들어주는 것은 사람을 소중하게 생각하는 후손들의 미덕으로 보였다.

900평 연못과 600세 느티나무

종가를 찾을 때마다 감탄하지 않을 수 없는 대목이 바로 대부분의 종가 집터는 명당이라는 점이다. 언제나 안채 뒤로 산이 있고 양옆으로는 조금 더 낮은 산들이 병풍처럼 둘러쳐져 강한 비바람을 막아주는 형국이다.

유희춘 선생의 종가에는 그 앞으로 인공연못까지 만들어 아름다운 풍경을 만들어내면서 만약의 화재에 대비하는 지혜도 엿보였다. 집 앞으로는 좀

제상에 올린 차는
노종부 노혜남
할머니와 차종부가
음복을 했다.

540

더 먼 거리를 두고 안산이 아득히 바라보인다. 산과 들과 하늘과 땅이 종가만
을 위해 있는 듯한 느낌을 주는 곳에 종가는 자리 잡고 있었다.

　유희춘 선생이 살았던 종가도 예외는 아니었다. 700평의 인공연못이 종
가 앞에 그림처럼 펼쳐져 있다. 그 방축 길은 한없이 걷고 싶은 산책로였다.
7월이면 넓은 연못 가득 아름다운 연꽃으로 풍광은 절정을 이룬다. 무엇보다
못 속에 뿌리를 내리고 자라는 600세가 넘는다는 느티나무는 신령스럽기까
지 하다.

　음력으로 정월 보름에는 마을 사람들이 이곳에 모여 당산제를 지낼 정
도로 마을을 지켜 주는 나무로 신격화하고 있다. 연지 가운데는 1959년에 축
조된 석조건물 모현관(慕賢館)이 있다. 이곳에는 보물로 지정된 『미암일기』와
목판각의 미암문집과 재산소유권인 분재기, 선조 임금이 선생께 내린 인장
등 수백 점의 유물이 보관되어 있다.

　연못 가운데 작은 섬이 있었더라면 격이 한층 높아 보였을 텐데 우뚝한
석조 건물의 유물관이 오히려 경관을 헤친 것 같아 못내 아쉬웠다. 종가에서
는 조만간 유물관을 옮기고 못 가운데는 본래의 모습을 살릴 거라고 했다.

　산자락에서 그 연못을 바라 보는 연계정(漣溪亭) 또한 종가의 명물이다.
유희춘 선생이 후학을 가르치고 문우들을 모아 시회를 즐기던 곳이라는데 처
음에는 초가지붕이었는데 후에 선생의 학덕을 기리기 위해 지금의 기와지붕
으로 고쳤다고 전한다.

희귀한 채색 벽화 전해오는 400년 사당

… 남쪽에 서실 열어 새롭게 환하고 북쪽의 서까래 밑에 다락을 놓았도다.

늙은이 창에 기대어 거드름 피우고 자손들 책을 펴고 글을 읽으리.

문득 선친의 이사하란 말씀을 생각하니

우리 자손에게 백세의 복을

열어주셨도다.

미암의 부인 송덕봉은 이곳에 집을 짓고 그 기쁜 마음을 위와 같은 시로써 나타냈다. 하지만 450년된 그때의 종가는 50여 년 전에 허물어졌고 그 자리에 현대식 한옥 한 채를 지어 놓아 『미암일기』에서 느낄 수 있는 종가는 아니었다.

다만 안채 오른편에 유희춘 선생의 신주를 모신 사당 건물은 얼마 전까지만 해도 옛 모습을 그대로 지니고 있었건만 그 사당마저 시도민속자료 36호로 지정되면서 쓰러져 가는 사당을 해체하고 보수 복원에 들어갔다. 건물을 해체하는 과정에서 사당의 건축 연대를 밝혀주는 명문이 있어 화제가 되기도 했다. 상량문에는 유희춘 선생이 세상을 떠난 두 해 뒤인 1579년에 사당을 지었던 것으로 기록되어 있으며 사당을 지었던 도목수 이름도 있었다.

그 목수는 인근에 있는 용천사 절의 스님이었고 사당뿐만 아니라 종가도 스님이 지었던 것이 『미암일기』에서 확인되었다. 또한 사당에는 보기 드

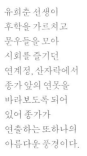

유희춘 선생이 후학을 가르치고 문우들을 모아 시회를 즐기던 연계정. 산자락에서 종가 앞의 연못을 바라보도록 되어 있어 종가가 연출하는 또하나의 아름다운 풍경이다.

문 채색 벽화도 있었다. 백학도(白鶴圖)와 등룡도(登龍圖), 봉황도(鳳凰圖)가
그것이다. 백학도는 유희춘 선생의 고고한 절의를 나타내고 있으며, 등룡도
는 마침내 뜻을 얻었다는 의미를 상징했고, 봉황도는 이 가문의 화려한 출세
도를 나타낸 것이라 한다.

종가의 제사혁명

종가에는 노종부 노혜남 할머니 혼자 살고 있었다. 종손 유근오 씨는 병원을
운영하느라 따로 살고 있다. 가까운 거리에서 할머니를 모시는 분은 둘째 아
들인 유근영(취재 당시 48세) 씨다. 종가의 내력은 이분이 세세히 설명해주었
다. 종부는 한국전쟁이 발발하던 시절에 종가에 시집을 왔다. 그리고 20여 년
전에 종손을 먼저 보내고 혼자 되었다. 3남 1녀와 일 년에 수십 번의 제사를
책임져야 하는 무거운 짐만 남겨졌다.

    종손이 없으면 종부가 첫 술잔을 올리는 제주가 되어야 한다는 문중 어
른들의 명에 따라 한겨울 제사 때는 온밤을 지새워야 했다. 새벽 1시쯤 시작
된 제사는 4시쯤 첫닭이 울어야 철상을 하기 때문에 상 앞에 꿇어앉아 밤을
새워야만 하는 것이다. 제사를 모시는 날도 종부는 따뜻한 밥그릇을 대하지
못한다. 먹거리가 귀한 시절이니 양반집 제삿날만 기다리던 이웃에게 나누어
주어야 하기 때문이다.

미암 유희춘 선생과
부인의 묘.

못 속에 뿌리를
내리고 자라는
600세가 넘는다는
종가 앞 연못가의
느티나무.
음력으로 정월
보름에는 마을
사람들이 이곳에
모여 당산제를 지낼
정도로 마을을
지켜 주는 나무로
신격화하고 있다.

냉장고가 없던 시절에는 일 년 동안 두고 써야 할 제물 간수도 예삿일이 아니었다. 곶감에 곰팡이가 필까 봐 장롱 속에 넣어두기도 했다. 닭이 알을 낳으면 아껴두었다가 제사 음식 마련에 쓰기 위해 자식들 도시락에 달걀 한 번 넣어주지 못했단다. 남들은 종갓집 자제들이라 하여 잘 먹고 잘 입고 자랐을 것으로 생각하겠지만 모든 생활은 제사 중심이라 자식들에게는 눈길 한 번 따뜻하게 줄 수 없었다고 한다. 그런 자식들이 잘 자라주어 고맙고 그러기에 아직도 종가를 지킬 수 있어 행복하다고 했다.

종손이 병원일로 종가를 지킬 수 없기도 하려니와 노종부마저 세상을 뜨면 수많은 제사를 며느리에게까지 물려줄 수가 없어 문중 어른들과 의논 끝에 기제사를 한날에 모시기로 결정했다. 종가의 기제사는 양력 4월 5일 식목일날 합동제사로 모시고 있다. 영원히 모셔야 하는 유희춘 선생의 불천위와 종손으로부터 4대조 제사를 신주가 모셔진 사당에서 가족이 모두 참석할 수 있는 한 날에 모시고 있다.

제사의 형식은 불천위 한 상만은 따로 차리고 고조까지 4대조는 한 상에 차리되 밥과 국과 술은 한 분마다 올린다. 의식은 불천위 제사 한 번과 4대조는 합동으로 한 번 모신다. 설·추석 차례도 사당에서 제사를 모시고 축도 읽으며 술도 석 잔을 올리는 기제사 형식의 차를 모시는 특징도 있었다.

여자도 제사 상속받았던 시대

어떤 이는 말한다. 남녀를 차별하는 호주제가 조선시대 유교문화의 악습이라고. 그런가 하면 또 어떤 이는 호주제를 폐지하는 것은 전통 미풍양속을 해치는 일이라 한다. 그런데 실상은 어떠한가. 조선시대 생활을 살펴보면 호주제가 유교문화의 유산도 아니려니와 가부장적 가족제도도 우리의 뿌리 깊은 전통이 아니었다. 성리학적 지배이념이 자리를 잡기 전인 조선 전기만 해도 남녀의 차별이 엄격하지 않았고 오히려 여권이 소리를 낼 수 있었던 시대. 혼인을 하면 분가를 하기도 하고 남편의 처가살이도 자연스럽게 받아들여지던 때. 부모가 죽으면 딸·아들 구별 없이 고루 재산을 물려받고 제사도 돌아가며 지내던 사회, 조선. 당당했던 여성들만큼이나 생소하고 신선한 모습이 조선이다.

16세기 양반 가정의 일상생활사

450여 년 전 명문세가에서 태어나 본이 선산(善山)이고 호가 미암, 이름은 희춘인 선생은 그가 집을 떠나거나 혹은 부인이 출타하는 등 서로 떨어져 있을 때는 부인에게 편지를 썼다. 그가 쓴 편지를 읽어보면 그가 얼마나 부인을 공경했는지를 역력히 알 수 있다.

그의 편지는 또 우리가 옛날 선비에 대해 갖고 있는 인식이 편견임을 깨우쳐 준다. 원래 유학자라면 부부유별에 충실하며 부인을 낮추어 보고 어깨에 힘만 주고 있는 것으로 알고 있는 요즘 사람들의 상식이 잘못임을 여지없이 드러내고 있는 것이다.

편지에 담긴 글은 처음부터 끝까지 존칭을 썼으며 부인의 조그만 병에

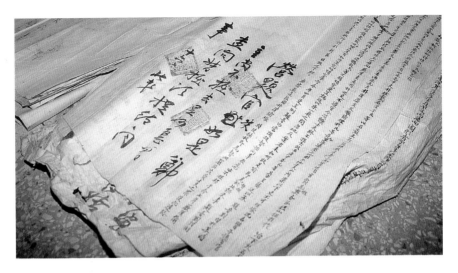

『미암일기』는 조정의
정치사에서부터
집안의 대소사 및
개인의 신변잡기에
이르기까지 광범위한
일들을 담고 있다.

까지 세세하게 마음을 쏟는 내용을 담고 있다. 또 편지를 자세히 읽어보면 미소를 떠올리게 하는 부분도 적지 않다. 선비 체면상 대놓고 얘기하기 어려운 부인에 대한 사랑을 문장의 대가답게 교묘히 표현하고 있어 친근감을 더해주고 있다. 미암이란 호는 해남에 있는 미암바위의 이름을 따서 스스로 자호(自號)한 것이다.

선생은 전라도 해남현 해리의 외가에서 태어났다. 아버지 유계린은 성리학에 조예가 깊었으나 벼슬에 뜻을 두지 않았고 어머니 탐진 최씨는 『표해록(漂海錄)』의 저자인 최부의 따님으로 두 분 사이에 둘째 아들로 태어났다. 어려서부터 글읽기를 좋아해서 26세에 과거에 급제한다. 이 뒤로 벼슬길에 오르게 되는데 홍문관 수찬, 무장 현감 등을 지냈으나 35세 되던 해 '양재역 벽서사건'이 일어난다. 이 사건에 연루되어 선생은 제주도로 유배된다. 이후 제주도뿐 아니라 함경도 종성 등으로 이동하면서 19년간 유배생활을 하게 되는데 유배생활 동안 선생은 수많은 책을 읽어 지식을 쌓는다.

이때의 지식으로 『속몽구(續蒙求)』와 『육서부록(六書附錄)』 등 20여 권의 책을 쓰기도 했다. 그 소문은 선조 임금에게도 알려져 그가 55세 되던 해 죄가 사면된다. 사면과 동시에 정5품 홍문관 교리에 제수되어 임금께 글을 가르치는 직책을 맡는다. 이후 사헌부 대사헌, 홍문관 부제학 등의 관직을 두루 거치다가 병을 내세워 관직에서 물러난다. 고향에서 세상을 뜰 때까지 손자들을 가르치고 장가를 보내는 등 한가한 노후를 보낸다.

10부

종가에는 미래로 향하는 길이 있다

성산 여씨 원정공 여희임 종가

창녕 성씨 계서 성이성 종가

광산 김씨 유일재 김언기 종가

전주 이씨 한재 이목 종가

양근 함씨 함영근 종가

순천 박씨 충정공 박팽년 종가

반남 박씨 서계 박세당 종가

경주 이조마을의 경주 최씨 잠와 최진립 종가

경주 이씨 익재공파 이정빈 종가

청송 심씨 인수부윤공파 심당길 종가

조선 중종 때의
학자이자 향약의
종장으로 추앙받는
원정 여희임
선생이 우리나라에
처음으로 중국의
여씨향약을 강론하기
위해 세운 월회당
건물. 월회당의
가치는 500여
년간 이어오면서
지금도 '어모문'에
들어 몸과 마음을
닦고 어려운 이웃을
도와주려 하고
옛글을 읽으면서
선현들의 지혜를
배우려 하는 점이다.
이 아름다운 풍속을
다음 세대에 잇기
위해 여름방학에는
충효교실을 연다.

"이 문을 자주 드나들면 남들로부터 업신여김을 당하지 않는다. 이곳에서는
바둑·장기를 두지 못하며 농사 이야기, 장사 이야기를 하지 못한다. 오로지
향약만을 강론하고 익힐 뿐이다."

　　조선 중종 때 학자이자 향약의 종장으로 추앙받는 원정 여희임(圓亭 呂希
臨, 1481~1553) 선생이 우리나라에서 처음으로 중국의 여씨 향약을 강론하기
위해 세운 월회당(月會堂) 숫을대문에 씌어진 '어모문(禦侮門)'의 풀이다. 컴
퓨터 게임에 잠을 설치는 요즘 사람들은 무슨 고리짝 같은 이야기냐고 하겠
지만 이 마을 여씨들은 500여 년간 한결같이 이 어모문을 드나들며 향약의
규칙대로 몸과 마음을 닦는다.

　　경남 성주군 벽진면 수촌리 마을에 자리한 유서 깊은 건물 월회당에서
200미터 거리에는 여희임 선생의 17대 종손 여문환(취재 당시 73세) 씨와 붓
글씨와 사군자 치는 멋이 예사롭지 않은 종부 도이현(취재 당시 69세) 씨가 이
마을 200여 세대 여씨들의 맏집으로 구심점 역할을 하고 있었다.

　　종가의 특징은 '종부의 날'을 정해 종부의 권리를 최대한 존중하는 데 있
었다. 특히 가정언어 예절을 소중히 여겨 부부간에 깍듯한 예의를 갖춘다. 첫
손자 돌상에 오른 수수 단자와 제사상에 올리는 닭뼈전, 참외장아찌는 종부
들의 지혜로 만들어진 내림음식이었다.

　　향약(鄕約)은 조선시대 향촌사회의 자치규약이다. 그러기에 지역에 따라
다양한 내용을 담고 있지만, 기본적으로는 사람과 사람 사이에 지켜야 할 법
도를 보급하고 공동체의 결속력을 강화하기 위한 서로의 약속이다. 지금도
계나 회를 조직하면 그 성격에 맞게 규칙이 정해지는 것과 같은 뜻으로 풀이
된다.

　　비록 나라에서 정한 법은 아니었으나 향약은 엄중했다. 향약의 시작은

아득히 세월을 거슬러 900여 년 전 북송 말, 중국의 산시성[陝西省] 람전(藍田縣)이란 고을 여씨(呂氏) 문중에서 학문과 덕행이 뛰어나 널리 이름을 떨친 대충(大忠), 대방(大防), 대균(大鈞), 대림(大臨) 4형제가 착한 일은 서로 권하고(德業相勸), 잘못은 서로 바로잡고(過失相規), 예의와 풍속을 서로 교환하고(禮俗相交), 어려운 일을 당했을 때는 서로 돕자(患難相恤)는 내용으로 조항을 만들어 집안 간과 일가친척은 물론 향리 전체를 바르게 이끌고자 했던 여씨 향약, 이것이 바로 모든 향약의 모체였다.

『주자대전』에 실린 여씨 향약

552 어질고 깊은 뜻에서 비롯되었던 여씨 향약은 후에 경(經)·서(書)·철(哲)에 있어서 북송의 유학을 집대성하고 주자학을 세운 주자에 의해 더욱 완전하게 다듬어진 뒤 『주자대전(朱子大全)』에 실렸다. 이는 주자학과 더불어 고려로 들어오면서 학문 하는 사람들 사이에 알려지기 시작했다.

그러다가 조선을 개국한 태조 7년, 임금은 친히 그의 향리인 풍패향(豊沛鄕)에 대한 마을 규약으로 향헌(鄕憲) 41조를 제정하고 효령대군으로 하여금 이를 증보케 하여 향읍에 반포 시행하도록 했으니 이것이 곧 나라 안에 최초로 실시된 향약이었다. 그러나 이는 국법과는 다른지라 임금이 시작했다고 하여 즉시 방방곡곡에서 법형처럼 하루아침에 시행되기는 어려웠다.

그러다 유향소(留鄕所, 향촌의 단위조직)가 폐지되면서 대신 향약 같은 새로운 규범이 필요해지자 중종 때 대사헌 조광조(趙光組)가 대사성 김식(金湜)과 함께 왕에게 진언한 끝에 마침내 여씨 향약을 팔도에 반포하기에 이르렀다.

향약은 국법보다 훨씬 더 구체적이고 직접적이고 세밀한 규범으로 마을 사람들 속에서 작용했다. 그것은 마치 자고 새면 대하는 산천같이 사람들의 삶과 한 동아리로 어우러진 규범이면서도 또 그만큼 피할 수 없는 규범이기도 했다. 그래서 국법은 팔도의 백성 누구에게나 똑같은 것이었지만, 향약은 고을마다 똑같지 않았다.

이 점에 착안한 사람이 퇴계 이황과 율곡 이이였다. 퇴계는 명종 11년에 여씨 향약을 참작하여 그것을 바탕으로 예안 향약을 만들었으며, 율곡은 선조 4년에 청주목사로 있으면서 전직 목사들이 만든 향약을 수정하여 서원향약(西原鄕約)을 만들었다. 벼슬을 그만두고 해주에 머물 때는 해주향약과 해주일향약속을 만들어 시행했다.

수촌향약의 특징은 양로소를 운영하는 일이었다. '설쇠기', '복다룸' 등의 다양한 프로그램을 만들어 노인을 위하는 일을 한다. 여름 삼복더위에는 고깃국을 끓여 노인을 대접하면서 자식들은 모두 정장 차림으로 부모님 밥상 앞에 앉아 시중을 들면서 효심을 일깨우도록 한다. 『양노속계안』 등의 규약은 세월의 흐름에 따라 고쳐지면서 여러 권의 책이 전해오고 있다.

이로부터 이를 모본으로 한 향약들이 각 지방으로 퍼져나가 고을마다 그 민정에 알맞은 규약으로 보완되면서, 마을의 예의와 풍속을 밝혀 향풍을 바로잡고 사람의 도리를 지키며 도덕을 높여 마을을 그 고장에서 자치적으로 다스리는 정신을 북돋아 일깨우게 했던 것이다.

이 향약이 우리나라에서 반포된 것은 조선 중종 때 전국에 여씨 향약(呂氏鄕約)을 시행하도록 어명을 내린 이후부터이다. 하지만 지금은 시대에 따라 향약이 문서로만 전해올 뿐 실천하는 곳이 거의 없어진 상태. 그런데 그 향약의 강령을 아직도 생활 속에 실천해온 여씨들의 집성촌이 있다기에 그 고을 종가를 찾아 세밑에 길을 나섰다.

향약의 종가, 살아 있는 월회당

향약의 종가마을 수촌리는 성주 참외로 친숙한 성주군청에서 서북 방향으로 7킬로미터 거리에 있었다. 종가에 들기 전 먼저 여씨 향약으로 이름 높은 월회당을 찾았다.

들머리에는 이 마을 입향조 원정 선생의 유적비가 높이 세워져 있고, 3칸의 솟을대문 '어모문'을 들어서면 기단을 높여 앉힌 일자형 건물 월회당과 마주한다. 그 월회당을 중심으로 넓은 마당 좌우에는 전사청(典祀廳)과 장서각(藏書閣)까지 갖춰놓아 마치 서원 건물에 들어서는 느낌마저 들었다.

월회당은 신기하게도 주변 건물이 다 타버린 참혹한 한국전쟁 때에도

살아남아 경상북도 지방문화제로 지정되어 있다.

　　대청마루 좌우에는 온돌을 놓아 겨울에도 따뜻하게 모일 수 있도록 했다. 이날은 월회일이 아닌데도 종손을 비롯해 문중분들이 서른 분이나 모였다. 종손의 연락을 받고 바쁜 일손을 멈추고 나선 모양이다. 향약의 규약대로 가문의 일이라면 자신의 일보다 소중히 여기는 문중의 단합된 모습이었다.

　　"이 월회당은 조선 중종 때인 1516년 왕자 복성군의 사부로 계셨던 원정공 할아버지께서 후손들에게 여씨 향약을 교육하기 위하여 창건한 건물입니다. 전국에서 향약을 교육하기 위해 세운 건물로 유일할 것입니다. 본래는 이곳에서 200미터 떨어진 곳에 있었는데 화재로 소실되고, 현재의 건물은 1664년 원정공의 고손자 효희 할아버지께서 이전하여 중건한 것입니다. 역사적으로 우리나라에서 최초로 여씨 향약을 강의하기 위해 지어졌다는 것과 1919년 『파리장서』를 써서 독립만세를 부른 자리라는 점에서 뜻깊은 건물입니다."

　　문중 어른인 경북대학교 여환진(呂煥鎭) 교수의 월회당 내력은 이어졌다. 원정공 선생이 여씨 향약에 관심을 기울이게 된 것은 아버지의 가르침 때문이라 한다. 감역(監役)이란 벼슬에 있었던 그의 아버지 여우창(呂遇昌)은

500여 년간 꾸준하게 매월 한 번씩 모여 노인을 공경하고 효자, 효부를 포상했으며 불효자는 벌을 내리기도 하면서 생활규범을 향약대로 지키고 있는 문중 어르신들. 만날 때마다 절로써 인사를 한다.

『주자대전』에서 향약을 읽고 감동을 받았다. 향약을 지었던 중국 여대임의 직계 후손은 아니지만 같은 일족으로서 긍지를 가졌다. 그리하여 둘째 아들의 이름을 지을 때 향약을 지은 여대임(呂大臨)의 임자를 따와 희임(希臨)으로 지었고, 자(字)를 대지(大之)로 지어 어릴 때부터 도학군자 여대임처럼 살기를 바랐던 것이다. 아버지의 희망대로 원정공은 벼슬을 버리고 고향으로 돌아와 오로지 향약을 펴는 데 힘쓰다가 73세에 세상을 떴다고 한다.

선생이 세상을 뜬 후에도 500여 년 동안 후손들은 매월 한 번씩 월회당에 모여 노인을 공경하고, 효자·효부를 포상했으며, 불효자는 벌을 내리기도 하면서 생활규범을 향약대로 실천하며 이어왔던 것이다.

양로소를 운영하는 수촌향약

수촌향약의 특징은 양로소(養老所)를 운영하는 일이었다. 월회당 부속 양로소. 이 마을 어른들은 쉰 살이 되면 양로소에 들어온다. 장자는 입소비가 없지만 차자는 입소비를 내야 한다. 60세까지는 초노(初老), 60세 이상이면 중노(中老), 70세 이상이면 상노(上老)로 구분지어 월회당 동쪽 방에는 상노인과 중노인이, 서쪽 방에는 초노인이 든다. 여기서는 촌수를 따지지 않고 오로지 나이로 순위를 정한다.

양로소에서는 '설쇠기'와 '복다룸'이란 두 가지 특징적인 행사를 한다. 섣달 그믐날이면 양로소에 가입한 노인들을 모셔 월회당에서 음식을 대접하면서 흥겨운 잔치를 베푼다. 여기서 저녁을 먹는데 반찬 가짓수도 나이 순에 따라 다르다.

이때는 특히 아들 조카들이 정장을 하고 어른들 밥상에 앉아 시중을 든다. 상노인을 모시는 자제들은 돌아가실 날이 머지않은 노인들을 한층 더 공대하는 효심을 발한다. 저녁을 마치면 노인들은 한 해를 보낸 감회를 담아 한시를 짓는다. 노인들이 즐기는 동안 50세 이하의 문중 사람들은 제야의 세배를 온다. 모든 노인들은 여기서 밤을 지내고 다음 날 아침 각자의 집으로 돌아가 제사를 모시고 나서 다시 이곳에 모인다. 찾아오는 후손들의 세배를 함께 받기 위해서다. 이렇게 3일간을 월회당에서 보낸 후 집으로 돌아간다.

이는 송년과 새해맞이를 함께함으로써 친족 간의 우애를 다지고 문중의 공동체 의식을 고취시키는 장점이 있다고 했다. 지금은 가구 수가 줄었지만

월회당 대청마루에 걸어둔 수촌향약의 다섯 가지 강령은 아직도 유효했다. 덕이 있는 일은 서로 권하고, 옳지 못한 일은 하지 못한다. 좋은 예절은 서로 교환하며 어려운 일이 생기면 돕는다. 가정 언어를 잘 지키는 것도 수촌향약의 약속이었다.

한때는 이 마을 500여 호 모두 여씨들로 '설쇠기' 행사는 성주뿐 아니라 인근 지역에까지 부러움의 대상이었다.

또 하나는 여름철 복날 음식으로 몸을 도우는 '복다룸' 행사. 먹거리가 귀했던 예전에는 초복, 중복, 말복 때마다 더위를 이기기 위해 고깃국을 끓여 노인들을 대접했다. 월회당에서 삼복(三伏)만이 아니라 중복과 말복 사이에 또 한 번 없는 복을 만들어서 4복을 치르는 것도 이 마을만의 특징이었다. 이 때도 자식들은 모두 정장을 입고 와 할아버지 밥상 앞에 앉아 시중을 들게 하면서 효심을 일깨운다. 이런 행사비용은 모두 월회당비로 충당한다. 월회당 비는 예전부터 농토로 전해온다.

월회당 대청마루에 걸어둔 '수촌향약'의 다섯 가지 강령을 새겨보면 마치 이상세계에 온 듯했다.

첫째는 덕업상권(德業相勸)으로서 덕이 있는 일은 서로 권하고, 둘째는 과실상규(過失相規)로서 옳지 못한 일은 하지 못하도록 서로 규제하며, 셋째는 예속상교(禮俗相交)로서 좋은 예절과 풍속을 나누며, 넷째는 환난상구(患亂相求)로서 어려운 일이 생기면 서로 도우며, 다섯째는 정어상수(庭語相守)로서 가정언어를 잘 지킨다.

월회당의 가치는 지금도 '어모문'에 들어 몸과 마음을 닦고 어려운 이웃을 도와주려 하고, 옛글을 읽으면서 선현들의 지혜를 배우려 하는 점이다. 이 아름다운 풍속을 다음 세대에 잇기 위해 여름방학에는 충효교실을 연다고 한다.

매란국죽 멋 살리는 종부의 자질

월회당에서 걸어서 5분이면 종가에 닿는다. 대문 밖까지 마중 나온 종손은 산 그림자처럼 넉넉한 인상이었다. 공직생활을 하다 지금은 문중일을 보고 있다. 집 안에 들어서니 칠순의 연세가 무색하리만치 고운 모습으로 종부가 반긴다. 안채에는 종갓집답게 왁자한 분위기로 훈기가 돌았다. 특별한 날이 아님에도 서울 손님을 맞기 위해 모여든 문중 부인들이었다.

솟을대문 같은 것은 있지도 않았다. 사랑채, 행랑채, 안채가 있는 기본 한옥 건물은 더더욱 아니었다. 한국전쟁 때 불천지위(不遷之位) 모신 사당을 제외하고 모두 불탔던 것이다. 이후 문중분들의 힘이 모여 종택을 복원했지만 고색창연했던 옛 모습이 아니라 살기에 편리하도록 지어진 한옥이었다.

인사를 마치고 돌아본 집안 곳곳의 서예 작품에는 종부의 이름이 눈부시다. 5년 전부터 시작한 붓글씨는 타고난 자품으로 빠르게 빛을 발했다. 지금도 일주일에 두 차례, 버스를 세 번이나 갈아타고 대구로 가서 붓글씨와 사군자를 익히고 온다. 젊었을 땐 자식 키우고, 종가일 보느라고 잠시도 쉴 틈이 없다가 이제 석양의 나이에 자신의 소질을 위해 지필묵을 드니 행복하기만 하다.

종부는 『수촌향약』을 써서 자녀들에게 내려 어디에서 살든 뿌리를 알게 하고, 매란국죽을 쳐서 손자·손녀 생일날을 기념하고 있다.

7월이면 다가오는 종부의 날

종부는 52년 전 18세에 이웃마을에서 종가로 시집왔다. 종부 자리는 절대 시집오지 않겠다는 굳은 마음을 움직인 것은 '세상을 떠나면 사당에 들어가고 문중 자손 모두가 상주가 된다는 선친의 말씀' 때문이었다. 사람 일생 잠깐인데 내가 하는 일을 인정받고 대접받는 쪽이 훨씬 보람된 일이겠거니 생각했다고 한다.

어린 신부는 시부모 모시기, 불천위를 비롯한 수십 번의 제례, 일 년에 종가를 찾는 4000여 명의 손님(4000명이라는 숫자는 꼼꼼하신 시아버지께서 방명록을 만들어 일일이 기록했던 것이다), 거기다 짓다 만 집짓기에 일꾼들 밥해내는 일까지. 상상보다 더 많이 힘든 세월이었다.

하지만 제사 때마다 두 번째 술잔을 올리는 아헌관이 되어 조상을 뵙게 되면 더 열심히 집안을 수호해야겠다는 다짐이 새로이 생겼다. 그뿐 아니라 문중 사람 모두 "우리 종부, 우리 종부" 하면서 공경하고 아껴주는 마음에 보답하고자 힘든 것 잊고 살았더니 종부 자리 시집오기를 잘했다는 생각이 이제사 든다고 했다. 자상한 정을 주지는 못했지만 3남 1녀 모두 대학을 나와 사회에 공헌하는 사람으로 활동하는 것은 조상님의 음덕으로 돌린다.

문중 사람들은 수고하는 종부의 은혜를 보답하기 위해 '종부의 날'을 매년 7월에 정해두었다. 고향을 떠나 사는 사람들도 이날만은 찾아와 종부를 위로하고 즐겁게 해드린다. 진주 경상대학교 명예교수로 있는 여증동(취재 당시 71세) 씨는 틈틈이 종부에게 편지를 보낸다.

"종부가 겪고 있는 수고로움에 늘 고맙게 여기면서 살고 있을 뿐 아무런 도움을 드리지 못하고 오늘에 이른 것입니다. 불천위 제사 두 차례, 서원향사 두 차례, 월회당 강회 때의 접빈 대접, 이 밖에 또 많은 일들이 있습니다. 무시로 찾아드는 손님맞이에 종부를 돕기 위해 『원정선생 주손가 종부책』을 만들었습니다. 임오년 양력 4월 20일에 홈실 아제가 종부에게 드립니다."

종부책이란 언론사에 게재된 종부 이야기를 오려 책자로 만든 것이다. 곁에서 종손이 한 말씀 거들었다.

"이쯤 되면 종부살이도 괜찮지 않소? 백제나 고려에는 여왕이 없었지만 신라에는 여왕이 있지 않았습니까. 그 유풍인지 이곳에서는 집안 여인 모두 남자들과 똑같이 제사에 참여를 시킬 만큼 여자들의 인격을 존중하는 편입니다."

종손의 말을 듣고 보니 무뚝뚝하기만 한 경상도 남자의 숨은 매력은 바로 여기에 있구나 싶었다.

뒤뜰에서 키우던 씨암탉을 잡아 껍질을 벗기고 포를 곱게 떠서 파와 홍당무 등으로 색맞추어 만든 닭산적은 제상에 오른다. 닭뼈는 그냥 버리지 않는다. 곱게 다진 닭뼈에 두부와 채소를 넣고 밀가루에 반죽해 구워낸 닭뼈전은 종가에서만 맛볼 수 있는 별미였다. 참외의 고장답게 참외장아찌는 달콤한 참외 맛을 살리면서 아삭한 느낌은 일품이었다. 참외를 다 따낸 뒤 익지 않고 푸른색 그대로인 참외는 버리게 되는데, 이를 절반으로 잘라 씨를 빼내고 소금과 식초 설탕물에 하루 정도 절였다가 물기를 뺀다. 그런 후 수분이 날아가도록 바람에 말린 다음 된장이나 고추장에 넣었다가 먹을 때는 양념해 무친다.

쌀과 잣을 갈아 끓여낸 잣죽과 찬으로 오른 3색 명태 보푸라기는 예전에는 임금 상에나 오름직한 귀한 죽상이었다. 제사상에 오른 명태를 찢어 보푸라기를 만든 다음 고춧가루를 넣어 붉은색을 내고, 코코아가루를 넣어 갈색을 만든 것은 종부의 지혜가 번득이는 요리. 여기다 밥상에 오른 해물 잡채는 당면과 해물이 어우러져 깔끔한 맛을 더해주었다.

무엇보다 맏손자 첫돌에 올렸다는 수수단자는 의미가 깊다. 수숫대는 키가 크고 그 알이 무수히 달려 키가 크고 수수알처럼 많은 복을 받기를 기원하는 떡이었다. 이 수수단자는 10세까지 해준다고 한다.

이 밖에 손님 접대용 건 구절판에는 곶감쌈과 흑임자강정, 잣강정, 땅콩강정이 있었고, 송홧가루, 흑임자가루, 호박씨가루에 조청과 꿀을 섞어 반죽해 찍어낸 삼색 다식이 담겨져 있었다. 수많은 젯상에 올리는 국화주는 문중 어른들의 자랑거리. 달콤한 향기와 맛을 내는 국화주는 세계 어디에 내놓아도 뒤지지 않을 만큼 우수한 꽃술이란다.

중요민속자료
제171호로
지정돼 있는 종가
사랑채는 마치
남원의 광한루처럼
우뚝하다. 숲이
우거진 동산을 깎지
않고 경사진 둔덕에
집을 짓다 보니 높아
보이긴 하나 청백리
녹을 받은 선생의
정신이 엿보이듯
건물은 소박하고
작았다.

신록이 푸르름을 더해가는 단옷날. 흥겨운 농악놀이가 펼쳐지고 남원부 자제 이몽룡은 몸종 방자를 앞세우고 광한루 구경을 나선다. 그네를 타는 처녀들 속에서 춘향을 발견한 몽룡은 그만 넋을 잃고 방자를 재촉해 모시고 오게 한다. 몽룡은 춘향 어미인 기생 월매에게 춘향과의 백년가약 맺기를 청한다. 그리고 자신의 마음이 영원히 변치 않을 것임을 맹세한다. 영화 「춘향전」의 한 장면이다.

우리나라 국문학의 4대 명작 중 하나인 『춘향전』은 놀랍게도 허구로 지어낸 소설 속의 이야기가 아니었다. 연세대학교 설성경(취재 당시 61세) 교수가 30년 연구 끝에 실제로 있었던 일이었음을 밝혀냈다.

소설 속의 이도령의 실제 이름은 조선 광해군 때 문신이자 청백리로 추앙 받았던 계서 성이성(溪西 成以性, 1595~1664)이었다는 것이다. 이도령이 아니라 성도령이었던 셈이다.

성도령이 살았던 고택 계서당은 경북 봉화군 물야면 가평리에 있었다. 그의 13대 종손 성기호(취재 당시 65세) 씨와 종부 강순자(취재 당시 63세) 씨는 훌륭한 선조에 대한 긍지를 가지고 종가를 문화관광지로 꾸미는 데 여념이 없었다.

종부의 솜씨가 돋보이는 다담상에 오른 약감주와 예뻐서 먹을 수가 없는 색색의 떡, 주안상에 오른 각색 전은 춘향이가 이도령을 맞이했을 때 상차림인 듯 화려했다.

『춘향전』의 주인공, 이도령이 아니라 성도령이다

풍류와 멋이 어우러진 춘향의 고장 전라남도 남원에서는 해마다 전국춘향선발대회가 화려하게 펼쳐진다. 전통적 부덕을 갖춘 올해의 춘향으로 뽑힌 처자들은 뭇사람들의 갈채를 받는다. 1931년 춘향의 얼을 계승하고자 창설된 춘향제(春香祭)는 남원의 광한루 중심으로 춘향 뽑기, 명창대회 등 각종 행사가 펼쳐지면서 남도의 전통 문화축제로 자리를 잡았다.

지금껏 저자와 연대 미상으로 알려진 우리 민족의 고전소설『춘향전』은 판소리로 시작해 소설로 정착된 이후 연극, 희곡, 오페라로 수없이 무대에 오른 작품이다. 1932년에 처음으로 만들어진「춘향전」을 시작으로 임권택 감독이 찍은「춘향전」(2000)까지 영화만도 16편이나 된다.

『춘향전』이 그토록 오랜 세월 동안 생명력을 가지고 인기를 얻을 수 있었던 것은 반상을 뛰어넘는 애틋한 사랑과 여인의 덕목으로 여겼던 춘향의 수절, 그리고 민중 위에 군림하려는 변사또에 대한 단죄를 매력으로 꼽는다.

소설 속의 인물로만 알았던 이도령이 실재했던 인물이라는 논문이 1999년 발표되자 큰 반향을 일으켰다. 춘향전 연구에 천착해온 설성경 교수는『춘향전』에 '역사적 실체'가 숨어 있을 것으로 보고 이를 밝히는 데 결정적인 자료를 찾아냈다. 이도령으로 추정되는 성이성의 문집『계서선생일고(溪西先生逸稿)』와 선생의 4대손 성섭(成涉, 1718~88)이 지은『교와문고(僑窩文庫)』였다.『교와문고』에는『춘향전』의 어사출두 장면과 같은 내용이 기록되어 있다.

우리 고조께서 암행어사로 호남에 갔을 때 한 곳에 이르니 호남 열두 읍의 수령들이 크게 잔치를 베풀고 있었다…. 한낮에 암행어사가 걸인 모양으로 음식을 청하니… 관리들이 말하기를 "객이 능히 시를 지을 줄 안다면 이 자리에 종일 있으면서 술과 음식을 마음껏 먹어도 좋지만 그렇지 못하면 속히 돌아감만 못하리라…" 하자 걸인으로 위장한 암행어사 성이성은 종이를 청하여 시를 써 답한다.
"독에 가득한 아름다운 술은 천 사람의 피요, 소반 위의 기름진 안주는 만백성의 기름이라. 촛불의 눈물 떨어질 때 백성의 눈물 떨어지고 노랫소리 높은 곳에 원성이 소리 높더라…."
관리들이 시를 돌려가며 읽다가 놀라고 있는데 어사출두가 외쳐진다. 여러 관리들은 일시에 모두 흩어졌다. 당일에 파출시킨 자가 여섯이나 되었는데 이는 모두 세도가의 자제였다…. 호남 사람들이 모두 아름다운 이야기라 했다.

위의 내용은 『춘향전』의 암행어사 출두 장면 그대로이다. 특히 성이성이 잔치자리에서 쓴 한시(漢詩) 구절은 『춘향전』에서 이도령이 내보인 한시 구절과 정확히 일치했다.

뿐만 아니라 더욱 심증을 굳힌 자료는 성이성이 지방 암행을 할 때 남긴 『호남암행록』이다. 그가 53세 때 남원으로 암행을 떠났다가 다음과 같은 일지를 남겼다.

12월 초하루 아침 어스름 길에 길을 나서서 십 리가 채 안되어 남원 땅이었다…. 성현에서 유숙하고 눈을 부릅뜨고 원천(元川)에 들어갔다…. 기묘년 역시 암행으로 이곳을 지날 때 조진사가 살아 있어 광한루 루상에서 같이 자며 이야기를 나누었는데 이제 그가 세상을 떠났고 그의 서자 조목(趙牧) 형제가 마중하였고 그 부인은 차(茶)를 보내오기도 했다. 조진사는 내가 어릴 때 공부를 가르쳐주던 분이다. 오후에는 눈바람이 크게 일어 지척이 분간되지 않았지만 마침내 광한루에 가까스로 도착했다. 늙은 기녀인 여진(女眞)과 기생을 모두 물리치고 어린 동자와 서리(書吏)들과 더불어 광한루에 나와 앉았다. 흰눈이 온 들을 덮으니 대숲이 온통 희도다. 거푸 소년 시절 일을 회상하고는 밤이 깊도록 능히 잠을 이루지 못하였다.

이 대목에서 설 교수의 눈길을 잡아끈 부분은 '늙은 기녀를 만나 이야기를 나눈 뒤 밤잠을 설쳐가며 소년 시절을 회상했다'는 내용이다.

설 교수는 성이성의 옛 연인 춘향이 기녀 중에서도 관기(官妓)였을 것으로 추정한다. 춘향은 성이성과 이별한 뒤 수절하다 개인적인 행동이 용납되지 않는 관기의 규범 때문에 억울하게 죽었다는 것이다. 또한 "춘향전의 전반부 인물은 당시 유행하던 민간 설화나 판소리에서 따온 듯하나 후반부 이몽룡 어사의 출현은 '계서 성이성 어사'를 모델로 한 것이 확실하다"고 주장했다.

그동안 『춘향전』의 판본이 100여 가지나 되지만 저자가 밝혀지지 않은 이유는 무엇일까. 당시 기생과 사랑 놀음에 관한 책을 지었다는 것은 양반들 사회에선 비난받을 일이었다. 하물며 거기 나오는 주인공인 성이성이 본인이라고 밝히는 것은 어림없는 일이다. 양반과 기생의 러브 스토리가 광대들의 입에 오르내리자 춘향에게 이 도령의 본래 성씨인 '성'씨를 붙여 성춘향으로 불리게 되면서 저자가 밝혀지지 않은 것으로 보인다.

이외에도 남원에 남아 있는 성도령의 아버지 성부사의 송덕비도 이몽룡의 실존설을 증명한 단서가 된다. 종가에 남아 있는 성이성의 유품으로 임금이 내린 어사화(御史花)와 어사들이 얼굴을 가릴 때 쓰던 얼굴 가리개 사선(紗扇), 22세 때 과거의 예비시험인 생원시에 합격한 교지, 33세 때 대과인 문과시험 답안지, 성이성의 친필 '암행일지' 등도 이도령이 성도령임을 뒷받침하는 자료로 제시되고 있다.

이몽룡의 실존 인물 성이성의 행적

성도령 성이성은 조선 선조 때인 1595년에 외가인 경북 영주시 동면에서 창녕 성씨 판서공 성안의(成安義)의 3남으로 출생한다. 어릴 때부터 눈빛에 광태가 났으며 총명한 자질이 남달라 어른들의 기대가 컸다고 했다. 13세 때 남원부사로 발령받은 아버지를 따라 그곳에서 17세까지 성장하면서 춘향과 인연을 맺어 정을 나누었던 것으로 추정된다. 22세에 생원시에 합격하고 33세때 문과에 급제한다. 이후 벼슬길에 나아가 43세부터 네 번씩이나 여러 고을에 암행어사로 출두해 지방 수령들의 비리를 수사해 봉고파직을 시킨다. 봉고(封庫)는 창고 문을 닫는다는 뜻으로 지방 수령의 경제권을 박탈하는 것이다.

53세 때는 호남지방에 암행을 나갔다가 공무를 마치고 눈보라 치는 겨울 광한루에서 소년 시절 춘향과의 애틋한 추억을 더듬는다. 그리고 여러 차례 부사를 지냈는데 66세 때는 강계지역에 부사로 제수되어 폭정에 시달리던 백성들의 인삼 세금을 면제해주고 부정한 인삼 거래를 막아 '관서지방의 산부처'란 칭송을 듣기도 했다. 1664년 2월 4일 향년 70세로 세상을 떠났다.

강직하고 곧은 성품으로 청렴을 신조로 삼았던 그가 세상을 떠나자 조선시대 통틀어 215명에 불과한 청백리에 녹선된다. 청백리로 선정되면 정승 벼슬보다 더 높이 쳐서 후손들의 긍지가 대단하다. 선생의 묘소는 봉화군과 연접한 영주시 이산면 신암리 뒷산에 자리하고 있다. 청백리로 제수받은 선생의 행적을 담은 비석이 있다.

손대지 않아 더욱 아름다운 고택, 계서당

이도령이 성도령이라는 논문이 발표될 당시 성도령의 종가를 찾고 싶었지만 당시에는 종손이 살고 있지 않았다. 종손이 살지 않는 종가는 종가로서의 생명력이 없다고 봤기 때문에 글 쓰는 것을 미뤄두었다. 직장과 자녀교육 때문에 대구에서 생활했던 종손이 2004년 가을 집을 지키기 위해 종가로 돌아왔다는 소식을 들었다. 춘향의 계절인 5월에 성도령의 향취가 남아 있는 고택을 찾았다.

중요민속자료 제171호로 지정된 종가를 찾아가보자. 봉화에서 오전약수터로 뻗은 915번 지방도로를 따라 1.8킬로미터 정도 가면 가평교가 보인다. 가평교를 건너 물야, 부석 방면으로 100미터쯤 가면 길 오른쪽에 가평정미소가 있고 왼쪽에는 가게가 있고 두문리로 가는 마을 길이 보인다. 그 길을 따라 350미터쯤 가면 길 오른쪽에 가평리 안말로 들어가는 마을 길에 종가가 있다.

창녕 성씨들이 모여 사는 동네라곤 하지만 조선시대 한옥을 그대로 지니고 있는 집은 종가뿐이다. 이름난 종가치고는 길이 좋지 않아 차 한 대가 겨우 들어갈 만한 논길을 따라 들면 솟을대문이 마주 선다. 손님이 온다기에 조상을 모신 사당 청소부터 하던 중이라는 종손 기호 씨는 훤칠한 키에 청빈한 선비의 모습인 양 인상이 깊었다. 어쩌면 춘향의 연인 성도령의 환생을 보는 듯했다.

종손의 안내로 대문으로 들어서면 오른쪽의 사랑채가 마치 남원의 광한루처럼 우뚝하다. 산을 깎지 않고 경사진 둔덕에 집을 짓다 보니 높아 보이기는 하나 청백리 녹을 받은 선생의 정신이 엿보이듯 건물은 소박하고 단아하면서 작았다. 사람 셋이 앉으면 될법한 방 두 개가 연이어 있고 좁은 누마루 하나가 전부다. 사랑채보다 높게 앉힌 안채와 안채 동북쪽에 따로 담을 둘러 만든 사당에는 종가에서 모시는 성이성의 불천지위(不遷之位)와 종손의 4대조를 모신 감실의 단층 칠도 귀하게 보였다. 수백 년 전에 칠했다는 색 바랜 단층은 하늘을 상징하는 푸른색을 바탕에 깔고 뭉게뭉게 피어나는 구름무늬와 연꽃 문양 등 전통적인 문양이 아름답다. 보수를 하지 않아 더욱 돋보이는 옛 모습은 사랑채 누마루 난간에서도 볼 수 있었다.

사랑채 누마루 모서리에 쳐둔 나무 가리개. 아름다운 난간에 예쁘지도 않은 나무

훌륭한 선조에 대한 긍지를 가지고 종가를 문화관광지로 꾸미는 데 여념이 없는 13대 종손 성기호 씨와 종부 강순자 씨.

가리개가 왜 있을까? 밤중에 소변을 보기 위해서라 한다. 남자들이 마루 위에서 소변을 보면 그 아래에 놓인 통에 받쳐져서 밭에 거름으로 사용한다. 아파트의 실내 화장실 같은 것이다. 사랑채 아래의 기단 윗부분을 흙과 기와로 쌓아 마무리했는데 중간중간에 마치 사람이 웃고 있는 듯한 문양을 기와로 넣어 내방객을 반기는 모습도 이채로웠다. 사당 뒤로 정자 한 동과 후학들의 교육장으로 쓰였던 강당, 그리고 안채 오른편엔 방앗간도 있었지만 지금은 빈터인 채다.

보수하지 않아 생활에 필요한 아기자기한 모습을 볼 수 있어서 종가를 찾은 보람이 있었지만, 비만 오면 잠을 설치며 곡예하듯 지붕 위에 올라가서 비닐을 덮어야 하니 힘들다고 조용히 말했다.

566

수백 년 전에 칠해졌다는 색 바랜 단청이 아름다운 사당 내부. 하늘을 상징하는 푸른색을 바탕에 깔고 구름무늬와 연꽃 등 전통문양이 수놓였다. 사랑채 누마루 모서리에 쳐둔 나무 가리개는 야밤에 소변을 보기 위해서란다. 사랑채의 기단 부분에는 흙과 기와로 사람이 웃고 있는 듯한 문양을 만들어 내방객을 기분 좋게 한다.

세상 사람들을 기다리고 있는 종가

"지방문화재도 거금의 나랏돈으로 보수해주면서 무슨 영문인지 국가지정 문화재인 우리 집은 손을 대지 않습니다. 이대로 두면 몇 년 안 돼서 집이 다 망가질 판이니 중앙에 올라가 직접 이야기를 해봐야 하나, 인터넷으로 하소연을 해야 하나 궁리 중입니다."

2004년부터 국비와 도비, 군비 예산 13억 5000만 원을 들여 계서 종택을 복원 개발할 것을 약속하는 공문을 받았는데 일 년이 지나도 아무 소식이 없는 군 당국에 종손은 매우 섭섭한 표정이다.

"다른 지방에서는 관광상품으로 개발할 건덕지가 없어 안타까워하는데 우리 집은 청백리 선조 할아버지의 정신을 느낄 수 있는 고택이 있고, 무엇보다 백두대간의 정기를 머금고 태어난 『춘향전』의 주인공 이도령이 살았던 옛집이라는 사실은 전국적인 인지도가 높지요. 그리고 안채, 사랑채, 행랑채의 여러 방이 놀고 있으니 관광객 투숙에도 무리가 없습니다. 집에서 조금 더 가면 오전약수터가 있어요. 인근에는 영주 부석사와 소수서원, 하회마을, 도산서원 등 불교 성지와 유학정신을 이어갈 관광 코스로는 천혜의 조건을 이만큼 갖춘 곳도 많지 않을 것입니다."

안채 동북 방향에 담을 둘러 앉혀진 사당에는 강직하고 곧은 성품으로 조선시대 통틀어 215명에 불과한 청백리에 녹선된 성이성 선생의 불천지위 신주가 모셔져 있다. 정승 벼슬보다 더 귀하게 여기는 청백리상의 인물이 바로 『춘향전』의 이도령이었다고 한다.

설 교수의 논문이 발표된 다음부터 『춘향전』에 관심을 둔 사람들은 물론 관광객이 많이 찾는다고 한다. 특히 일본 관광객들이 인터넷을 보고 찾아오는데 관광버스를 세워둘 주차장 시설 하나 없는 부끄러운 모습을 보여주어야 하니 찾아오는 사람들이 오히려 더 안타깝게 여긴단다. 춘향의 고장 남원에서는 종손이 머물 모든 시설을 제공할 테니 이사만 오라고 손짓하는데, 봉화군에서는 무엇 때문에 고택 보수를 미루는지 알 수가 없다는 종손의 한숨 소리가 깊다.

선조들의 알뜰한 저축으로 종가도 한때는 천석을 했던 적이 있었다. 그러나 일제강점기 때 논과 밭을 내놓아야 했고 그래도 남아 있던 재산은 한문에 조예가 깊어 국사편찬위원으로 계셨던 종손의 선친께서 세상 물정을 몰라 많은 재산을 사기당했다. 종손의 퇴직금으로 고택을 부분 수리하고 있지만 개인의 힘으로는 역부족이었다.

종부의 정성이 수놓인 화려한 상차림

몸이 좋지 않아 병원에 다닌다는 종부를 어렵게 설득했기 때문에 은근히 걱정을 하고 갔는데 병색을 감추고 밝고 명랑한 웃음으로 손님을 기쁘게 반겼다. 도와주는 이도 없어 보이는데 어느새 다과상은 물론 주안상과 점심상까지 격식에 맞게 차려놓았다. 부지런하고 지혜로워 보이는 종부는 풍성한 상차림을 앞에 두고도 차린 것이 없어 어쩌나 걱정하는 미덕을 보여준다. 일찍부터 시어른과 떨어져 살았기 때문에 어른들에게 음식 솜씨를 전수받지 못했다는 말은 화려한 상차림을 보면서 겸손의 말임을 눈치챌 수 있었다.

집 구경 오는 손님이 끊이지 않아 종가만의 특색 있는 음식으로 대접하고 싶어 개발했다는 약감주. 약재인 감초와 오가피, 엄나무와 호깨나무 삶은 물로 찹쌀을 삭혔다는 약감주는 약초 맛은 그다지 나지 않고 감주 맛은 그대로 살아 있어 사계절 관계없이 무조건 몸에 좋을 듯했다.

여기다 인삼의 고장 풍기가 이웃이어서 수삼튀김도 특별했다. 수삼에다 약간의 소금 간을 한 다음 한 시간 후에 헹궈낸다. 대추 하나를 수삼머리 쪽에 나무꽂이로 고정시킨 다음 튀김가루를 묻혀 기름에 튀겨낸 수삼튀김은 흔히 맛볼 수 없는 별미였다.

육포로만 먹을 줄 아는 상식과는 달리 육포를 물에 살짝 담갔다가 건져서 부침가루를 뿌리고 달걀옷을 입혀 팬에 지져낸 '육포 지짐이'도 그냥 먹었

집을 보러 오는
손님이 끊이지 않는
종가는 종가만의
특색 있는 음식이
늘 준비돼 있다.
육포전과 수삼튀김,
약감주, 너무 예뻐
차마 손댈 수 없었던
색색의 떡과 수정과.

을 때보다 부드럽고 고소했다.

송이로 유명한 봉화의 특색을 내보인 송이달걀전도 있었다. 종가 소유의 뒷산과 앞산에는 소나무가 울창한데 여기서 거둬들인 송이를 말렸다가 달걀옷을 황백으로 입히고 그 위에 대추로 꽃잎을 오려놓고 푸른 채소로 수놓은 송이달걀전은 음식이 아니라 아름다운 수를 놓은 작품 같았다.

며칠 전에 지낸 제사떡이라며 내놓는 갖가지 떡은 첩첩산중 음식으로는 믿어지지 않을 정도로 모양과 맛이 뛰어났다. 찹쌀가루를 대충 뭉쳐서 뜨거운 물에 살짝 데쳐낸 뒤 찹쌀가루를 다시 넣어 반죽을 하면 경단이 처지지 않는다는 비결도 말해주었다. 찹쌀을 새알처럼 만들어 뜨거운 물에 데쳐낸 후 거피한 통녹두를 고물처럼 묻히고 대추 꽃을 만들어 모양을 냈다. 붉은 팥고물을 곱게 묻힌 팥경단과 소나무 껍질로 만든 송기송편, 종가의 가장 큰 제사인 성이성 선생의 내외 제사에만 만들어 올린다는 청절편과 백절편은 청백리를 상징하는 복떡이라 했다. 가운데 고물을 넣어 맞붙여서 찐 찰시루편도 맞편이라는 이름이 있다. 시루편을 아래에 놓고 그 위에 올린다는 일곱 가지 고명 떡은 정성과 솜씨와 다양한 재료가 없으면 흉내조차 낼 수 없을 듯했다.

돌아오는 차 안에 감주며 수정과며 손수 깎아 만든 곶감과 전과 떡을 한 보따리 실어주는데 오랜만에 친정에 들른 기분이었다. 논두렁 정기라도 정기를 타고나야 종부 자리에 앉는다더니, 성도령의 13대 종부 강순자 씨가 바로 그런 분이 아닐까 싶었다.

굳게 닫힌 사당
앞에서 종손을 다시
만날 날을 기다리는
종부.

경북 안동시 와룡면 가구리에 있는 조선 선조 때 선비이자 교육자로 이름 높은 유일재 김언기(惟一齋 金彦璣, 1520~1588) 종가의 14대 종부 김후웅(취재 당시 80세) 할머니는 어린이날이라지만 챙길 손자가 없다. 어버이날이라지만 카네이션을 달아줄 자식도 없다. 일점혈육인 아들은 벌써 반세기도 전인 두 살 때 홍역으로 잃었다. 만들면 자식이라던 그 자식을 다시 가져볼 기회도 없이 남편 김용진(취재 당시 79세) 씨는 한국전쟁이 끝나고 보니 남과 북으로 헤어져 살아야 했다. 병시중을 들었던 시아버지는 2000년에 99세로 세상을 떠났다. 자식처럼 키웠던 시동생·시누이도 모두 분가했다. 일 년에 18번이나 지내던 제사도 남편이 없으니 시동생이 가져갔다.

54년 만에 어렵게 만난 남편은 북에서 이미 가정을 이루고 있었다. 그러니 거미줄만 늘어나는 종가 건물과 사당에 모셔진 신주의 영혼과 늙고 병든 자신의 육신을 지키는 소임만이 종부 앞에 놓여 있다. 종부의 일생은 자식과 남편이 없어도 가정을 지키려는 전통사회 여성상의 마지막 표상이 되었다.

중앙고속도로의 위력으로 하회의 민속마을, 퇴계의 도산서원 등 유학의 향기가 진한 안동으로 가는 길이 빨라졌다. 종가를 찾아 떠난 4월 중순의 계절은 차창 밖 풍경만으로도 황홀했다. 민들레와 오랑캐꽃, 진달래, 개나리와 등불처럼 피어오른 목련꽃들이 아지랑이 가득한 연둣빛 숲 사이를 가득 채우고 있었다.

늙은 나무에도 새순은 돋아 생명의 경의와 신비감을 불러일으킨다. 잎과 꽃, 열매로 이어지는 나무 가족을 바라보며 잠시 종가를 떠올려봤다. 수백 년 세월, 산처럼 육중한 고옥에서도 새로운 생명이 탄생되지 않는다면 그 집은 지켜지지 않았을 것이다. 그러나 이제는 고옥을 지킬 생명이 더 이상 태어나지 않는다. 마치 산과 들에 있어야 할 나무들이 화분에서 키워지듯 종가의 후손들도 아파트로 옮겨 가고 종가는 이제 헐벗은 산처럼 사람의 훈기는 없고 문화재로만 지정된 채 홀로 서 있기 일쑤다.

유일재 종가는 안동에서 퇴계로를 따라 도산서원 쪽으로 2킬로미터 남짓한 거리에 있다. 와룡농협 옆에 종가를 안내하는 빗돌이 서 있고, 그 안쪽으로 들길 산길을 한 굽이 돌아서면 오른편 조붓한 언덕 위에 황토빛 우뚝한 기와집이 보인다.

안동에 글바람을 일으킨 유일재

유일재는 김언기 선생의 아호(雅號)이자 당호(堂號). 자(字)가 중온(仲溫)이며 본관은 광산(光山)이다. 광산 김씨는 신라 49대 헌강왕의 셋째 아들인 김흥광(金興光)을 시조로 모시는 집안으로, 세도가의 집이라기보다 사계 김장생, 그 아들 김집 등 예학자를 많이 배출해 범절이 남다른 명문가로 알려져 있다.

김언기는 퇴계 이황의 문인으로 조선 선조 때 문장과 절의가 뛰어났던 선비다. 초시에 합격했지만 대과에는 나가지 않았던 것도 벼슬보다 글 읽는 선비 되기를 희망해서였다. 그의 문화에는 유수한 제자가 많았다. 교육을 통해 자신의 꿈을 실현하고자 여강서원(廬江書院)을 세웠고 초대 원장직도 맡았다. 안동에 글바람을 일으킨 분으로는 첫손가락에 꼽힌다. 그가 세상을 떠나자 후학들이 뜻을 모아 유림에서 자손만대로 제사를 지내도록 한 '불천지위'를 세웠다. 종가가 명문가로 불려지는 이유도 여기에 있다.

유일재가 살았을 적에 집은 종가에서 10리 정도 떨어진 곳에 있었다. 이 집은 1770년에 그의 후손이 터를 잡은 곳이니 종가 건물의 나이는 230살이 되는 셈이다.

종가는 나직한 산을 배경으로 넓은 들판을 바라보며 앉아 있다. 집을 에워싸는 담과 솟을대문은 없다. 멀리서 보면 휑한 느낌이 들지만 이 일대에서는 드물게 전통가옥의 원형을 잘 지니고 있다. 정침 앞으로 사랑채가 있고 좌우로 고방채와 부엌이 마주 보아 'ㅁ'자 형식을 갖춘 38칸 집이다. 언덕 위 집이라 마당은 그리 넓지 않았다. 사랑채 앞 작은 뜨락에는 앵두꽃이 빨갛게 피었고, 그 옆으로 목련 한 그루가 꽃잎을 떨구며 서 있다.

유일재 사랑채와 긴
행랑채는 인기척을
느낄 수 없고
적막감이 감돈다.

꽃잎 위에 누워 봄볕을 즐기던 강아지 세 마리가 무섭지도 않은 목소리
로 짖어대 정적을 깼다. 초가지붕을 인 디딜방앗간도 그대로 있다. 쌀과 보리
며 제사 때 떡가루도 여기서 빻아야 했다. 전통생활에서 디딜방아는 식생활
을 해결해주는 없어서는 안 될 기구다. 그러기에 종부의 애환이 서려 있기도
하다.

종가 건물은 특이하게도 조상의 공간인 사당이 서쪽에 앉았고, 전통가
옥은 보통 부엌이 서쪽에 배치하는 데 반해 이 댁은 안채 부엌이 동쪽에 배치
되어 있었다. 새댁을 맞이하면 정침 동쪽 방을 주는 데 반해 종부가 새댁 시
절에 서쪽 방에 기거했다는 점도 달랐다.

금강산에서 54년 만에 만난 남편

사랑채는 기거하는 사람이 없으니 인기척이 있을 리 없다. 서쪽으로 난 안채
중문을 열었더니 백발의 종부가 지팡이에 몸을 의지한 채 마당까지 내려서며
반긴다. 3년 동안 보수를 하느라 세간이 제자리를 찾지 못했다며 손님에게
미안해한다.

절로써 인사를 드렸더니 아픈 허리에도 무리하게 답배를 했다. 허리가 굽고 백발이 성성했지만 하얀 피부, 갸름한 얼굴형, 양반들이 쓰는 유처취처(有妻娶妻, 부인이 있는데 다시 얻은 처), 실모(實母, 어머니를 잃음), 신외무물(身外無物, 몸 외에는 의미가 없다는 뜻) 등의 단어를 사용하는 나직한 목소리에 양반집 딸로 교육받고 양반집 종부로 살아온 기품이 흘렀다.

"혼자 계시기에 외롭지 않으세요?"

"늘 그렇게 살아왔는데 외롭기는 무슨."

"지난해 금강산에서 종손을 만났다고 하셨지요?"

"내가 스물여섯, 영감이 스물다섯에 헤어졌으니 54년 만이지요. 시누님들과 함께 갔으니 단둘이 앉아 이야기 나눌 시간도 없었고 또 무슨 따로 할말도 없었지요. 그저 살아 있으니 고마울 뿐이지요."

그러면서 이산가족 상봉 때 남편이 준 호랑이 액자를 보여주었다. 남편이 북에서 낳은 딸이 남쪽 어머니를 위해 곱게 수를 놓았다는 백두산 호랑이다. 또 하나의 사진틀에는 남편의 젊은 시절과 북녘에서 치른 칠순잔치 사진, 이산가족 상봉 때 찍은 정담 나누는 사진들이 빼곡히 겹쳐 있었다. 종부는 두 액자를 머리맡에 두고 잔다. 꿈결 같았던 상봉의 감회를 다시 새기는 낙으로 산다. 남편이 일본에 있는 친구를 통해 부쳐준 애틋한 사랑의 편지를 읽는 것도 낙이 되었다. 평생 일 외에 취미라곤 가져본 적 없는 종부에게 남편 덕에 낙이 생겼다는 것이다. 시간이 지난 세월을 잊게 해주고 모든 것을 넉넉하게 보듬어주게 되었던 것일까.

남편이 북에 살아 있다는 사실은 오래전에 알았다. 중국 연변에 사는 사촌들을 통해 그곳에서 처녀장가 들어 자식을 여럿 두었다는 소식도 들었지만 만나보리라는 기대는 가져보지 못했다. 그동안 남북공동성명, 이산가족 상봉, 적십자회담, 북한 방문단 등의 뉴스가 있을 때마다 하도 속아 기대조차 하지 않았다. 그랬는데 작년 2월 드디어 금강산에서 남편을 만났다. 남편 쪽에서 이산가족 상봉을 신청했던 것이다. 실로 54년 만의 만남이었지만 상봉은 덧없이 끝났다. 2박 3일 동안 같이 있는 시간은 다섯 시간밖에 주어지지 않았다. 그 5시간도 단둘이 있을 시간은 없었다.

평양에서 날아온 애틋한 편지

이산가족 상봉 몇 달 후 일본을 경유한 편지 한통이 종부에게 배달되었다. '사랑하는 나의 안해 김후웅에게'로 시작되는 남편의 편지였다.

남편이 북에서 낳은
딸이 선물로 준
호랑이 액자. 남쪽
어머니를 위해 곱게
수를 놓았다.

여보, 꿈같이 헤어져 집에 무사히 도착하였는지 귀한 몸 건강히 지나는지. 나는 당신과 작별하고 집에 돌아와 밤이나 낮이나 항상 당신이 그리워 이 마음 걷잡을 수 없어…. 세월은 흘러흘러 어언 54년 만에 만나니 반갑고 기쁨보다 젊은 당신이 백발의 할머니가 되어 내 앞에 나타났으니 너무나 억장이 막혀 속눈물 얼마나 흘렸는지. 내가 말주변이 없다 보니 당신이 만족할 수 있는 위로의 말도 시원히 하지 못했소. 당신이 걸어온 인생행로를 생각하면 그저 불쌍한 생각뿐. 봉건이 지배하는 가문이라 재가라도 했다면 내 이다지 마음이 쓰리고 아프지 않았을 것을. 생각하면 눈물이 하염없이 흐르고 또 흘러 이 순간에도 마음을 진정할 수가 없어요. 종갓집 맏며느리로서 시부모 모시고 궂은일 마른일 풍상고초 다 겪으며 살려니 내라도 옆에 함께 있으면 속풀이라도 하고 부부생활 따뜻하고 다정

한 위로의 말이라도 해주련만. 지금도 그 넓은 집에 혼자서 고독하게 지내는 당신이 식사나 제대로 하시는지. 아프지나 않은지… 자기 몸은 자기가 돌보아야 하오. 우리 7000만 겨레가 통일을 바라고 있소. 하루 빨리 통일되어 내 고향 내 집에 가서 그동안 나누지 못한 부부간 사랑을 깨가 쏟아지게 나누고, 서로 포옹하고 행복하고 즐거운 나날을 보내기를 굳게굳게 약속합시다. … 나는 집에 돌아와서 꿈을 꾸었는데 당신을 뜨겁게 포옹하고 기쁨의 한때를 보내는 중 잠이 깨고 말았어요. … 하필 그때 왜 잠이 깨일까….

달콤한 편지는 두 차례나 더 왔다. 종부는 이제 한을 풀었다. 여보라는 말, 당신이라는 말, 사랑한다는 말을 남편이 자신에게 해주었기 때문이다. 떨어져 있지만, 북에는 또 다른 부인이 있지만 김후웅 할머니는 남편이 죽지 않고 살아 있다는 사실만으로도 가슴 벅차다. 이제 남편을 한 번 더 보려면 통일이 돼야만 한다는 생각뿐이다.

종부의 친정은 10대를 봉사하는 의성 김씨 파종가의 종손이었다. 아버지 김영도와 어머니 전주 류씨가 혼인한 지 6년 만에 본 귀한 딸이었다.
증조부의 귀염을 독차지하며 『소학(小學)』을 읽었다. 일본 선생이 있는 초등학교에 들어갔지만 여자아이가 신식교육을 받으면 시집을 못 간다는 할아버지 때문에 그만두었다. 가사집을 읽고 예문 쓰는 법 등을 할아버지께 배웠다. 지금도 혼자 있을 때는 규방가사를 읊조리기도 하고 가사를 짓기도 하는데 한번은 가사경창대회에서 한이 묻어나는 음률로 입상을 했다.

종부가 유일재 14대 종손 김용진 씨와 혼인한 지는 61년이 지났다. 당시에는 가계의 격이 서로 맞아야 이루어지는 혼사로 양가가 다 흡족한 혼사였다. 신랑 집에서는 신부에게 모본단 치마저고리 두 벌과 분홍저고리 옥색치마와 은반지, 가루분 한 통을 예물로 넣었다. 물자가 귀하고 어려웠던 시절이라 종부라 해도 받은 예물은 많지 않았다. 친정집 마당에서 혼인을 하고 일년 해를 묵힌 뒤에 50리 떨어진 시댁으로 꽃가마를 타고 울면서 왔다. 두고 온 어머니 생각에 애잔했기에.

홍역으로 세상 떠난 아기종손

폐백을 올릴 시댁 어른들은 많았다. 70세 시조모와 남편이 5세 때 어머니를 잃어 재취로 시집온 시어머니는 종부보다 11세 위인 30세였다. 시아버지, 시삼촌 등 한솥밥 먹는 식구만도 30명이 넘었다. 새댁에게는 방 한 칸도 따로 없었다. 시조모와 한 방을 썼고, 신랑은 사랑채 어른과 지냈다. 어른들이 한 달에 한 번 합방할 날을 잡아주면 동대청 사랑에서 만나 하룻밤을 같이 지낼 뿐이었다.

어린 신부에게 주어진 일은 태산 같았다. 끼니마다 디딜방아에서 곡식

종부의 한스런
일생을 가사에
담은 가사집.
가사경창대회에서
한이 묻어나는
음률로 입상을 했다.

기억 속에 자리한 남편의 20대 시절 모습. 54년 만에 금강산에서 만난 남편은 많이 늙어 있었다.

을 찧고, 하루에 서른 동이씩 물을 길어 와야 했다. 사랑 어른들 의복도 손수 지어드려야 했다. 한복은 빨래를 할 때마다 옷을 다 뜯어 새로 바느질을 해야 하기 때문에 밤샘도 예사였다. 어른들 간식으로 묵과 두부와 다식 등도 끊임 없이 준비해야 했다. 새댁의 솜씨 하나로 친정집 범절을 평가받는 시절이었 으니 긴장감을 늦출 수가 없었다.

그렇게 바쁜 와중에 임신을 했다. 안방에는 젊은 시어머니가 낳은 아이 가 넷이나 있으니 새댁의 임신에 특별히 관심을 두는 가족도 없었다. 사흘 동 안 무서운 진통을 겪고 아들을 낳았다. 결혼한 지 2년 만이었다. 문중에서는 아기 종손이 태어났다며 쌀, 미역, 명태와 대구포를 들고 와 축하해주었다.

그런데 그 아이 순중은 두 돌을 갓 넘기고 홍역으로 종부 곁을 떠났다. 어린 시동생들에게 온 그 무서운 홍역이 아들을 앗아갔다. 고열로 발진이 났 을 때도 의사에게 데려갈 여유가 없었다. 아이의 병보다 어른들 밥하는 일이, 물을 길러 가는 일이 먼저였다. 22세 어린 어미는 지엄한 집안의 법도를 따 르다 자식을 잃고 말았다. 아이가 불덩이래도 안아보지도 못했다. 어디다 묻 었는지, 누가 묻었는지도 모른다. 묻으러 가는 날도 방아만 찧었다고 한다. 아이는 또 낳으면 된다는 어른들 말씀에 마음 놓고 울지도 못했다. 약이 귀한 당시에는 자식을 잃는 일은 흔했고, 아이는 또 낳으면 되는 줄 알았다. 그러 나 아이를 가질 기회는 다시 오지 않았다.

그럴 때 남편 용진 씨는 집에 없었다. 좌익 활동자로 지목되어 안동형무소에서 징역을 살던 중이었다. 종부는 오래전 일이지만 남편이 잡혀가던 날만은 잊히지 않는다. 텃밭에 애호박이 주렁주렁 열렸던 여름이었다. 숙모와 함께 부엌에서 저녁을 짓고 있는데 "오늘 저녁에는 돈전(둥근 호박전) 좀 구워 먹자…. 그라고 나는 오늘 상방 마루에서 잘란다" 한다. 7월이라 모깃불을 수북하게 피워놨는데 돈전을 굽기도 전에 누가 남편 이름을 불러서 나가고는 그만이었다.

그 후 남편은 출옥했지만 곧장 서울로 몸을 피했다. 남편을 찾아 서울까지 왔던 길에 형무소에 있는 종손을 어렵게 면회한 것이 부부의 마지막 만남이었다. 그때가 1949년. 54년이 지난 2003년 2월, 다시 만난 부부는 70대 후반의 노인이 돼 있었다.

원삼족두리로 단장하고 길제를 지내다

3년 전 종부는 길제(吉祭)를 지냈다. 시아버지 삼년상을 마치고 사당의 5대조 할아버지 신주를 내보내고 새롭게 시아버지 신주를 모시는 의식과 또 새로운 제주 이름을 새겨야 하는 의식 모두를 길제라 한다. 이는 4대조 이상 제사를

전통가옥의 사당 배치는 동북 방향에 앉혀지게 마련인데 이 댁은 서쪽 방향에 있는 점이 이채롭다.

배추전과 안동식혜,
돈전. 돈전에는
남편에 대한 마지막
기억이 묻어 있다.

모시지 못하기 때문에 이루어지는 의식으로 옛 왕가의 법도에 따른다면 왕위를 물려주는 '대관식'과 같은 것이다.

신주에 새겨야 할 제주 이름은 북녘에 있는 남편 용진 씨였다. 아직 살아 있으니 직접 제사를 지내지는 못해도 제주가 되는 것이다. 그래야만 제사 때 축을 쓸 수 있다. 그리고 문중회의를 거쳐 하나밖에 없는 시동생 아들 김효기(취재 당시 20세) 군을 종가의 대를 잇는 자손으로 결정했다. 통일이 되어 용진 씨가 돌아올지는 미지수이고, 그곳에서 낳은 아들이 다음 종손의 자격이 있는 지는 문중에서 결정할 일이다.

종부는 이날 종손도 없이 홀로 원삼족두리로 단장을 했다. 조상을 섬길 새로운 주부임을 고하기 위한 예복이다. 그렇지만 종가에서는 지금 불천지위(不遷之位) 제사만 모신다. 그 외 제사는 모두 시동생이 모셔갔다.

종가를 찾은 날, 허리가 아픈 종부는 힘들여 돈전을 구워주었다. 종손에게 먹이지 못한 한으로 남은 돈전. 때깔 고운 애호박을 둥글납작하게 썰어 소금을 살짝 뿌리고 밀가루를 묻힌 다음 밀가루 반죽에 다시 한 번 담갔다가 팬에 구워낸다. 예전에는 달걀옷을 입히지 않았다고 한다.

제사에도 오르는 배추 적은 배추를 한 잎 두 잎 떼서 씻은 다음 물기를 없애고 밀가루를 묻히고 다시 한 번 밀가루 반죽에 담갔다가 팬에 구워서 초간장에 찍어 먹는다.

안동 지역을 대표하는 식혜는 찹쌀 고두밥을 찌고 엿기름을 준비하고, 생강즙과 무를 채 썰어 엿기름에 모두 넣는다. 고운 고춧가루를 베수건에 싸서 엿기름에 푼 다음 설탕을 조금 넣고 따뜻한 곳에서 삭힌다. 안동식혜의 특징은 끓이지 않고 그대로 먹기 때문에 음식을 소화시키는 탁월한 효능이 있다.

전주 이씨
한재 이목 종가

제사에 차 올리는 500년 전
「다부」의 작가

"차의 공덕이 높음에도 아무도 칭송하는 자가 없어 「다부(茶賦)」를 쓰노라."

500년 전 연산군 4년에 일어난 무오사화 때 28세의 젊은 나이로 참형을 당했던 절의의 선비 한재 이목(寒齋 李穆, 1471~1498)은 1300여 자나 되는 장문의 시로써 차의 덕을 노래했다. 수십 가지에 이르는 차 이름과 생산지는 물론 품질 등을 기록했고, 5가지 공덕과 6가지 은혜를 말하기도 했다.

차는 커피, 콜라 등 세계 3대 기호음료로 자리 잡은 지 이미 오래다. 미국의 시사 주간지 『타임』지가 선정한 사람들에게 가장 이로운 식품 열 가지 가운데 차가 들어 있어 차 마시는 붐이 열기를 더해가고 있다. 사철 푸른 차나무는 500여 가지의 효능이 있어 질병을 예방할 뿐 아니라 정신건강에까지 영향을 미친다고 한다. 그래서 요즘은 차를 이용한 요리도 각광을 받고 있다. 하지만 차는 공해시대에 필요한 현대 음료만은 아니다. 차의 정체성을 찾다 보면 유구한 역사와 문화의 향기까지 느껴볼 수 있다.

500년 전 「다부」의 작가 한재 이목 선생의 신주를 모신 사당은 김포시 하성면 가금리에 있었다. 놀랍게도 텃밭에는 차나무를 심어 제삿날에 차를 올리고 연못가에는 서정적인 다정(茶亭)도 있었다. 지난 9월 10일은 선생이 세상을 떠난 지 505주년 되는 날이라 전국에 흩어져 있는 후손들의 하얀 도포자락으로 사당 안은 흰 물결을 이루었다.

종손을 대신하고 있는 문중 대표 이병덕(취재 당시 72세) 씨에게 종가의 내력을 듣고 차향이 넘쳐나는 제례 풍경도 담아 왔다.

한재당 앞뜰에 자라는 차나무가 조상을 맞이하다

가을이면 드넓은 들판에 누렇게 익은 벼이삭이 황금빛 물결로 출렁이던 우리나라 최대 평야 김포평야의 명성도 이제는 옛말이 되고 말았다.

신도시로 변해버린 김포 시가지에서 강화도로 이어지는 48번 국도를 가다 보면 그나마 남아 있는 들판이 '밀따리 쌀'의 본향임을 느끼게 한다. 쌀알이 은빛으로 빛나고 단단해 밥을 지으면 쫀득하고 구수해서 임금님 수라상은 물론 이승만 전 대통령 밥상에도 올랐던 명품 쌀이었다.

코스모스 꽃잎이 바람에 살랑대는 가을 풍경을 즐길 수 있는 애기봉으로 가는 이정표를 따라 달리면 김포시에서 승용차로 20여 분 만에 선생의 사당에 닿는다. 애기봉을 2킬로미터 앞둔 곳이다. 높이 200미터의 월금산 나직한 자락 양지바른 곳에 선생 내외의 묘소가 있고 그 바로 아래가 한재당(寒齋堂)이다. 선생의 신주를 모신 한재당은 경기도 지방문화재로 지정되어 있다. 사당 입구에는 붉은 홍살문(紅箭門)이 세워졌다.

놀랍게도 사당 앞뜰에는 푸른 잎새를 자랑하는 차나무 100여 그루가 자라고 있었다. 동백과에 속하는 사철 푸른 차나무는 섭씨 영하 5도가 넘으면 얼어 죽는 품종이라 겨울에는 얼지 않도록 비닐하우스를 만들어 애지중지 돌보고 있다고 한다. 차나무뿐 아니라 김포시와 경기도에서 예산을 들여 만든 정취로운 정자 다정도 연못가에 있었다. 선생을 기리는 그 누구라도 여기 와

애기봉을 2킬로미터 앞둔 곳 월금산 나직한 자락 양지바른 곳에 한재 선생 내외의 묘소가 있다.

582

선생의 신주를 모신
한재당 입구에는
붉은 홍살문이
세워졌다.

서 차 한 잔을 마실 수 있다. 서울 근교에는 이만한 차 유적지가 드물어 차를 좋아하는 사람들의 발길이 잦을 수밖에 없겠다.

이날은 선생이 참혹하게 세상을 떠난 505번째 기일로 전국에 있는 후손 50여 명이 참석했다. 새하얀 도포에 검은색을 두른 심의(深衣) 같은 제복을 입고 경건하고 엄숙한 자세로 조상의 영혼을 맞이했다.

국 내리고 차 올리시오, 철갱봉차

정오, 제례가 시작됐다. '내 마음의 차'를 노래한 『다부』 1300여 자가 빼곡히 쓰인 병풍은 신주로부터 왼쪽에 두었고 오른쪽에는 또 다른 선생의 시를 옮겨 적은 병풍을 쳤다. 그 가운데 놓여진 제상에는 식어도 관계없는 음식부터 차렸다. 신주로부터 끝줄 오른쪽에는 대추와 밤과 배와 곶감을 올렸고, 이어 사과, 은행, 포도, 약과, 유과 순이다. 과일 앞줄에는 명태포를 올리고 고사리, 숙주, 도라지나물을 각각의 그릇에 담아 올렸다. 간장과 나박김치와 식혜도 그 줄에 있었다. 다음 줄에는 육탕, 어탕, 소탕 3탕을 따로 담아 올렸고 생선전과 녹두전, 가운데는 육적도 있었다. 구운 두부와 숭어 한 마리, 닭 한 마리도 올려졌다. 국수 두 그릇과 떡도 두 틀이 올려졌는데 거피한 팥고물의 본편과 웃기떡이라 해 커다랗게 구운 찹쌀 부꾸미 다섯 장을 본편 위에 올렸다. 떡을 찍어 먹을 조청도 올려진 것은 기본이다.

신주의 맨 앞줄에는 밥과 국과 술잔이 있었다. 떡과 국수, 밥은 각각 두 그릇씩 올려져 부부를 함께 모시는 합설(合設)임을 보여준다. 진설이 끝나자 정각 12시, 제관 모두 손을 씻고 입장해 경건한 자세를 취했다. 동쪽 계단에서는 제사 순서를 적은 「홀기(笏記)」를 읽었고 그 「홀기」 순서대로 제례는 진행됐다. 분향, 강신을 하고 첫 잔의 술은 문중회장 이병덕 씨가 올렸다. 축을 읽은 후 두 번째 잔은 문중 어른이 올렸고 외부 손님의 예우 차원에서 국립민속박물관 학예관이 종헌관으로 선택되었다.

제례 풍경이야 흔히 볼 수 있는 일이지만 이날의 특징은 차를 올리는 '철갱봉차(徹羹奉茶)' 순서에 있었다. 국을 내리고 숭늉을 올리는 제례 순서에서 제주가 꿇어앉아 미리 준비한 차병의 차를 두 잔의 찻잔에 따라 집사에게 주어 제상에 올리도록 했다. 이 차는 20년 전 차인들이 사당 앞뜰에 심어둔 차나무에서 따서 만든 차다. 4월 20일쯤 올라오는 새순을 따서 닦고 비벼 만든 차를 보관했다가 정성껏 우려냈다.

"기일 제사는 자시에 지내는 것이 원칙이나 지방에서 참석하는 후손들을 위해 낮 제사를 지냅니다. 할아버지 기일 제례에 차를 올리게 된 것은 오래되지 않습니다. 지난 1998년 제례 때 참석한 여류차인 한 분이 「홀기」 속에 기록된 '철갱봉차'를 발견했고 그때부터 차를 올리기 시작했습니다."

문중의 총무 일을 맡고 있는 이세병(취재 당시 66세) 씨가 제례에 차를 올리게 된 까닭을 말해주었다.

이날은 전날까지 흩뿌리던 비도 개고 가을 하늘은 더없이 맑았다. 제례가 끝난 뒤 다정에 모여 앉아 차를 음복하는 문중분들의 모습은 조선시대 노선비들의 기로연(耆老宴)을 보는 듯했다. 종친회 이 회장은 차근차근 설명했다.

"「홀기」란 제례의 순서를 기록한 것입니다. 330년 전 「홀기」에도 '철갱봉차' 순서가 있는 것으로 보아 제례에 차가 분명 올랐을 것이지만, 국가의 수많은 변란으로 차를 구하기 어렵게 되자 차 대신 숭늉을 올린 것이 관례로 전해져 온 모양입니다. 「홀기」 속에 있는 '철갱봉차' 순서를 주의 깊게 생각하지 않았던 점도 그런 이유가 되겠습니다."

전 회장 이현(취재 당시 76세) 씨가 쓴 『한재사당』에는 "1980대 중반 당시 정신문화원 원장으로 있었던 유승국(성균관대학교 명예교수) 박사가 『한재문집』 속에 있는 「다부」를 발굴해 학술발표회를 가지면서 세상에 알려졌다"고 했다. 이 소식을 들은 차인들은 선생의 사당에 차나무를 심기도 하고, 그 차나무 잎을 따 5월에는 사당에서 헌다를 했다. 후손들은 차인들의 이같은 '헌다'를 보아왔기 때문에 제사에 차를 올린다는 생각은 해보지 않았던 것이다. 그러다 7년 전 498번째 제삿날 섬세한 눈을 가진 여류차인 한 분이 어떤

차인이 「홀기」에서 '철갱봉차'를 발견했고 그 이후부터 기제사에는 빠지지 않고 후손들의 손으로 차를 올리게 됐다고 한다.

기제사뿐 아니라 이번 추석부터는 추석 차례상에도 차를 올리고 설 차례와 한식 차례에도 차를 올려 선대의 차 사랑을 잇겠다고 했다.

스승 때문에 차를 배웠고, 목숨을 잃다

"무릇 사람이 물건에 대해, 혹은 구경하고 혹은 맛을 보아 종신토록 즐겨서 싫어함이 없는 것은 그 성품에 달려 있다. 이백이 달을, 유백륜(劉佰倫)이 술을 이렇게 좋아하는 바가 서로 다르긴 해도 즐기는 데는 한가지다. 내가 차를 알지 못하다가 육우의 『다경(茶經)』(중국의 차책)을 읽고부터 그 성품을 깨닫고 마음으로 귀히 여기게 됐다. 옛날 중산이 거문고 타기를 좋아해 부(賦)를 지었고 도연명이 국화를 사랑하여 노래한 것은 은밀한 것을 드러나게 한 것이거늘, 하물며 차는 그 공덕이 높음에도 아직 칭송하는 자가 없으니 마치 어진 이를 버려두는 것과 같아 「다부」를 짓게 되었노라."

이목 선생은 이런 머리글을 썼다. 이목 선생과 차와의 인연은 14세 때 점필재 김종직(佔畢齋 金宗直, 1431~1492)의 문하생이 되고부터다. 이목은 스승인 김종직에게서 차를 배웠고 스승 때문에 목숨을 잃은 제자 중 한 사람이다.

차가 생산되는 밀양이 고향인 김종직은 후에 관비로 백성들의 차 세금을 탕감해주는 어진 관리였다. 하지만 왕위를 찬탈한 세조를 빗대 지은 조의제문(弔義祭文) 때문에 부관참시라는 극형을 당했고, 그 문하생들도 억울하게 처형되는 '무오사화'의 희생자이다.

선생은 자신의 곧은 성품과 뿌리 곧은 차나무의 성품이 닮았음에 매료되었다. 또한 "차를 일생 동안 즐겨 마셔도 싫증이 나지 않는 것은 그 성품 때문이다"라고 할 정도로 차 사랑이 극진했다.

또한 "책을 볼 때 갈증을 없애주고, 울분을 풀어주고, 손님과 주인의 정을 화합하게 하며, 뱃속 기생충으로 인한 고통을 없애고, 취한 술을 깨게 한다"는 다섯 가지 공과 "사람으로 하여금 오래 살게 하고, 병을 낫게 하고, 기운을 맑게 하고, 마음을 편안하게 하며, 신선과 같게 하고, 차는 예의롭게 한다"는 여섯 가지 덕을 강조하고 있다. 「다부」는 선생의 문집 3권 중 1권에 수록되어 있으며 여러 편의 논문과 번역서도 있다.

죽음을 눈앞에 두고「절명가」를 부른 천재

스물여덟의 젊은 나이에 형장의 이슬로 사라진 이목 선생의 출생지는 통진부 동산포 면가좌동(通津府 東霜浦 面加佐洞)으로 지금의 경기도 김포시 하성면 가금리와 같은 주소다. 여기서 참의공 윤생과 남양 홍씨의 둘째 아들로 태어났다. 자는 중옹(中雍)이고 호는 한재이며 시호(諡號)는 정간(貞簡)이다.

선생은 여덟 살에 글을 배우기 시작해 열네 살에 김종직 선생의 문하에서 학문을 닦기 시작한다. 열아홉 되던 해에 사마시 진사과에 합격했고 당시로는 유일한 대학으로 성균관에 들어가 공부하는 특출함을 보였다. 이 무렵 성균관에서 강론하던 대사성 김수손(金首孫)이 선생의 남다른 자품에 기대가 커서 사위를 삼았는데 그 부인이 바로 예안 김씨다. 스물네 살 때는 중국 베이징에 유학을 간다. 이때 중국의 차를 많이 접했을 것으로 짐작되며 수많은 차 이름과 차 산지도 알게 됐을 것이다. 25세 되던 해인 1495년엔 드디어 대과에 장원급제를 한다.

우리나라 최초로 1300자나 되는 장문의 차에 대한 글「다부」가 기록된 『한재집』.

조선시대 과거는 예비고사 성격의 소과(小科)와 본고사 격인 대과(大科)로 나뉜다. 소과는 사서오경의 지식을 평가하는 생원시와 시(詩)와 부(賦) 등으로 문장력을 평가하는 진사시가 있다. 이에 합격한 진사와 생원들에게 대과에 응시할 자격이 주어진다. 대과는 보통 초시(初試)와 복시(覆試) 그리고 전시(殿試)의 3단계로 이뤄진다. 임금이 주재하는 전시에서 출제되는 등용인재책문(登庸人才策問)에서 문장력이 뛰어난 선생은 이렇게 답한다.

"인재는 국가의 이기(利器)이니 다스리는 사람이 인재를 얻고자 할 때는 반드시 먼저 그 인재를 길러야 한다. 인재를 기르는 것은 다스리는 사람이 몸소 행하고 마음으로 얻는 데 있다."

선생은 대과에 합격한 33명 중 1등으로 장원급제를 했다. 당시의 법제도에 따른 어려운 관문을 다 거친 선생은 왕족의 교육을 맡는 정6품 벼슬로 관직생활을 시작한다. 26세엔 함경남도 병마평사로 부임하기도 했고 27세 되던 연산군 3년엔 문학에 뛰어난 수재를 뽑아 남산 기슭에 있는 호당(湖堂)에 들

전주 이씨 한재 이목 종가

어가 학문에 전념토록 하는 사가독서(賜暇讀書)를 했다. 그리고 그해 아들 세장(世璋)을 얻었다. 그 아들은 후에 선친에 이어 대과에 급제하는 영광을 얻었다. 세장은 명종 때 도승지와 강원도 관찰사 등을 지냈고 퇴계 이황 선생과 함께 청백리에 녹선된 인물이기도 하다.

선생은 불의에 굽힐 줄 모르는 강직한 성품으로 널리 알려져 있는데 이런 일화가 있다. 성균관에서 공부하던 스무 살 때 성종이 병석에 눕자 대비가 무당을 불러 굿을 하게 했다. 이에 성균관 유생들과 함께 굿당에 가서 무당을 매질해 쫓아내고 제단을 부숴버렸다. 화가 난 대비가 성종에게 고하자, 선생은 스스로 나아가 "굿으로 임금의 병환이 완쾌되지 않습니다"라고 고했다. 그러자 임금은 그의 책임감과 소신을 오히려 칭찬하며 포상을 내린 일도 있었다. 또한 영의정이었던 윤필상(尹弼商)이 간신이니 처단할 것을 상소하기도 해 반감을 싼 윤필상이 '조의제문'을 쓴 김종직의 학파임을 구실로 모함해 스물여덟이란 젊은 나이에 참형을 당한다. 선생은 저승 가는 길에도 의연하게 「절명가」를 지어 불렀다.

검은 가마귀 모이는 곳에 흰 갈매기야 가지 마라.
저 가마귀 성내어 너의 흰 빛을 시새움하나니
맑은 강물에 깨끗이 씻은 몸이 저 더러운 피로 물들까 두렵도다.

사당이 있는 곳이 군사지역이 되는 바람에 사당을 돌볼 수 없어 1974년 지금의 자리로 옮겨 사당과 재실을 세웠다.

지금의 사당 바로 길 건너편에 있는 옛날 사당터를 돌아보고 있는 문중 어른.

종손 없는 차의 종가

남편이 참혹하게 죽자 김씨 부인은 두 살짜리 어린 아들을 데리고 친정인 공주에 가서 살았다. 세장은 후에 다섯 자손을 얻었는데 교위공파(校尉公派)인 큰아들과 둘째 아들은 공주에 남았고, 셋째 아들은 전라도로, 넷째와 다섯째는 김포에 와서 500여 년을 세거해왔다.

선생은 그렇게 억울한 죽음을 당했지만 연산군이 폐하고 중종 원년인 1506년에 신원이 복권되었다. 몰수됐던 가산도 환급받았으며 세자좌빈객 오위도총부 도총관등 정 2품의 관직을 추증받았고 경종 2년에는 정간이란 시호 교지도 받게 된다. 그리고 묘소의 상석 밑에 있었던 묘지명(墓誌銘)도 발견돼 교지와 묘지명은 국립중앙민속박물관에 보관 중이다. 그뿐만 아니라 조선시대 선비의 곧은 성품을 상징하는 인물로서 교과서에 수록되는 영광도 안게 되었다.

선생의 불천지위 제례는 공주목동조정리(公州木洞調亭里) 종가 댁에서 지내왔다. 그러다 123년 만에 종가를 이어갈 후손이 끊어지자 1849년 헌종 때 왕명으로 선생의 고향이자 묘소가 있는 지금의 사당 바로 길 아래에 사당을 짓고 제례를 모셔왔다. 그러나 사당은 6·25 때 군사지역으로 민간인 통제구역이 되는 바람에 사당을 돌볼 수 없어 허물어지고 사당 바로 뒤에 군사도로까지 생겨 지금의 자리로 옮겨 사당과 재실을 다시 세웠다. 그때가 1974년이다.

지금은 이목 선생의 16세손인 이완병(취재 당시 48세) 씨와 그 부인 홍금희(취재 당시 44세) 씨가 두 딸과 함께 재실에서 생활하며 선생의 사당을 관리하고 제사 음식을 준비하고 있다.

엄격하게 종가라고 말할 수는 없지만 선생의 영혼이 모셔져 있는 이곳이 바로 선생의 종가이자 차의 종가라 말하고 싶다. 우리나라 최초로 1300여 자나 되는 장문의 글로써 차를 칭송한 유일한 분이기 때문이다.

전주 이씨 한재 이목 종가

강원도 고성군 죽왕면 오봉리 왕곡마을은 우리나라 6개 민속마을 중 유일하게 삼팔선 위쪽에 자리하고 있다. 해방과 동시에 그어진 삼팔선으로 한때는 북한 땅이 되어 마을 주민들은 밤중에 도망을 나와야 하는 수난도 겪었다. 하지만 1953년 휴전협정 때 삼팔선은 마을을 비껴서 그어졌고, 마을 사람들은 고향 땅을 되찾아 600여 년 동안 조상들의 숨결이 밴 옛집에서 그들만의 풍습을 오늘날까지 지키며 살아오고 있다. 이 때문에 나라에서는 1988년 왕곡마을을 전통건조물보존지구 제1호로 지정했다. 이 마을 50여 가구 중 절반은 양근 함씨(楊根 咸氏)다.

고려 말 공양왕 때에 홍문관박사를 지낸 죽계 함부열(竹溪 咸溥說, 1371~1442) 선생은 이성계가 조선왕조를 세우자 두 임금을 섬길 수 없다며 강원도 고성군 간성읍 금수리로 들어와 은둔생활을 한다. 이후 그의 둘째 손자 영근(永近)이 왕곡마을로 분가하면서 19대째 함씨들의 집성촌이 되었다. 겨울이 긴 강원도 지역의 특징을 살린 '양통집' 종가에서 종손 함정균(취재 당시 77세) 씨를 만나 다섯 봉우리의 산에 둘러싸여 육지 속의 섬처럼 존재하는 마을 이야기를 들었다.

조선 초가집 지붕이 역시 정다운 것이 알아진다. 한데 옹기종기 마을을 이루며 사는 것이 암탉 둥지처럼 다스운 것이 아닌가. 산도 조선 산이 좋다. 논이랑 밭두둑 흙빛이 노리끼하니 첫째 다사로운 맛이 돈다. … 하늘빛이 하도 고와 흰 옷고름 길게 날리며 펄펄 걷고 싶다.

왕곡마을의 정서를 그대로 묘사한 듯한 정지용 시인의 「화문행각」을 읊조리며 물색이 맑은 송지호와 흰 구름 떠다니는 가을 하늘을 한껏 즐겨보겠다는 야무진 생각은 태풍 '매미'가 그냥 두지 않았다. 가로수가 넘어지는 강풍과 폭우로 곡예 같은 운전을 하며 간신히 종가 마당에 들어섰더니 하늘은 고맙게도 강한 빗방울을 거두고 있었다.

담과 대문, 사당이 없는 종가

왕곡마을을 가려면 송지호에서 간성 쪽으로 7번 국도를 타야 한다. 그 길로 가다 보면 공현진교 바로 앞 왼쪽으로 시멘트 길이 나있고 1.3킬로미터쯤 들어가면 마을 어귀에 세워진 대형 안내판을 끼고 노송 10여 그루가 솔향기를 풍기며 길손을 맞는다. 굽이진 마을길로 접어들면 텃밭을 넓게 두고 일렁이는 숲속에 집들이 나직하게 앉아 있다. 민속마을이라면 기와집보다 초가가 많을 것 같다는 생각은 착각이다. 이웃 마을 구성리에 기와 굽는 가마터가 있었기 때문으로 기와집이 많다고 하는 것은 마을 살림이 넉넉한 탓일 게다.

이 마을은 양근 함씨와 강릉 최씨들로 구성된 집성촌으로 50여 가구가 산다. 그중 유일하게 문화재로 지정된 양근 함씨 종가는 마을의 주산인 오음산 자락 오목한 곳에 자리하고 있다. 마치 닭이 알은 품은 듯한 명당자리다. 집 앞으로는 두백산에서 흘러내리는 실개천이 흐르고 승용차가 지나다닐 수 있는 말끔한 길옆에 종가가 있어 찾기가 쉬웠다.

이곳에서는 종가를 '큰 앞집'이라 불렀다. 종가에는 대문이 없다. 대갓집 안마당을 은밀하게 가려주는 담도 없다. 그냥 들어서기가 민망할 정도다. 그나마 마루를 가리는 문이 있어 살림살이가 한눈에 드러나 보이지는 않았다.

인기척을 들은 종손이 마루문을 열고 태풍을 무릅쓰고 찾아온 필자를 맞아주었다. 대문 없는 집을 보고 어리둥절해하자 종손은 웃었다.

"옆집은 사촌 집이고, 앞은 조카 집입니다. 그 옆에는 육촌이 살고, 저 위는 팔촌이 있으니 대문을 달아 경계를 삼을 이유가 없습니다. 담과 대문이 없으니 마당을 넓게 사용할 수 있어 추수할 때는 오히려 편리합니다. 아직도 도둑을 맞거나 싸움을 크게 하거나 그런 나쁜 일이 없어 범죄 없는 마을로 지정돼 있습니다."

반면 뒷마당은 높지막이 담으로 두르고 단을 쌓아 장독대를 만들었고, 그 둘레에는 꽃과 나무로 치장을 했다. 또 하나 종가를 상징하는 조상의 공간인 사당이 없다. 추운 지역 특성상 사당 건물을 따로 두기는 어려웠을 것이다.

19세기 중엽에 지어졌다는 종가는 앞면 4칸, 옆면 2칸으로 모두 6칸인 안채와 그 안채 왼편으로 기와지붕의 행랑채, 초가지붕의 고방채, 디딜방아까지 북방식 전통가옥의 모습을 잘 갖추고 있었다. 고방채 문을 여니 샤워 시설을 달고 수세식 화장실로 말끔히 고친 내부가 보였다. 외부는 전통을 살리고 실내는 현대생활에 불편함이 없도록 한 것이다.

부엌과 외양간이 이어진 집중식 구조 '양통집'

종손의 안내로 들여다본 안채 내부는 여느 종가와는 달랐다. 바닥에 비닐 장판을 깔고 싱크대를 놓은 부엌은 문이 달리지 않아 마루에서 훤히 들여다보였다. 싱크대가 들어오지 않았던 시절의 부엌은 음식을 만드는 공간인 동시에 아궁이에 불을 지필 때 따뜻해진 실내 공기를 최대한 이용해 식사뿐 아니라 가족이 모여 두런두런 이야기꽃을 피울 수 있는 공간이기도 했으리라. 가축을 키우는 외양간도 부엌에 잇대어 있어 부엌의 열기로 가축들의 추위까지 막아주었다. 지금 외양간은 창고로 쓰이고 있다.

작은 사랑이라 불리는 마루를 중심으로 오른편에 넓은 부엌이 있고 마루 뒤로 두 개의 방인 안방과 도장방이 나 있다. 마루 왼편으로 난 또 하나의 방은 남자들의 공간인 사랑방으로 출입문이 따로 있다. 이 집에는 사랑채가 따로 없다. 마루를 중심으로 부엌과 방, 외양간까지 이어진 집중식 구조로, 겨울이 긴 추운 지방 사람들의 지혜로 생겨난 '양통집'이라 한다. 마루와 방이 겹쳐 있어 붙여진 이름이다. 이런 겹집은 같은 부피의 홑집에 비해 외피 면적이 작아서 열 손실이 적다. 종가의 안채 내부 구조는 우리가 살고 있는 아파트 실내와 많이 닮았다. 바깥으로 나가는 출입문이 여러 개 있는 것만 아파트와 달랐다.

이 집 안방에서 가문의 대들보로 태어나 유년기를 보낸 종손 함정균 씨는 27세에 장가들어 3남 2녀를 낳아 키웠고, 자녀를 분가시키면서 가문의 역사를 지켜왔다. 종손은 집을 떠날 수 없기 때문에 고성군에서 공직생활을 하다 정년퇴직을 하고 간성향교에서 전교를 맡기도 했다. 지금은 성균관 전인으로 활동하면서 마을의 전통과 지속성에 대해 고민하고 있다. 서울에 터를 잡아 살고 있는 아들이 고향을 지키겠다고 돌아올지는 미지수이기 때문이다.

지금도 하루가 다르게 빈집이 늘어난다. 외지에 나가 사는 아들이 세상

부엌과 외양간이
이어진 집중식 구조.

초가지붕의 박 넝쿨.

594

떠난 부모 집에 살려고 돌아오지 않기 때문이다. 종손은 강원도 특유의 어투로 할아버지가 옛이야기를 들려주듯 마을의 내력과 종가의 역사를 전해주었다.

600년 만에 처음으로 마을 떠난 피난길

"내가 순천중학교 4학년 때 해방이 됐습니다. 해방의 기쁨도 잠시, 우리의 뜻과는 상관없이 소련과 미국이 남의 나라를 두 동강 내서 삼팔선을 그었지요. 우리 마을은 삼팔선 이북에 속했습니다. 그들은 우리 집을 지주계급이라 하여 전답을 모두 몰수했고, 집은 인민군 숙소로 사용했습니다. 견디다 못한 가족은 가재도구를 그대로 두고 밤중에 몰래 마을을 빠져나왔습니다. 피란지는 순천이었어요. 내가 다니던 학교가 있어 낯설지 않았기 때문이지요."

600여 년 전 조상이 이곳에 자리 잡은 후 마을을 떠나기는 처음이었다. 피란살이 8년 만인 1953년 휴전협정으로 다시 남과 북이 갈렸다. 다행히도 이번에는 종가 마을을 비켜 갔다. 함씨들은 조상의 묘와 집이 있는 삶의 터전으로 돌아왔지만 조상 대대로 전해오던 문집이며 가재도구는 모두 사라진 후였다. 추위에 떨던 인민군들이 행랑채를 뜯어 불을 지피고 문집은 불쏘시개로 써버려, 남아 있는 자랑할 만한 유물이 없다고 한다. 하지만 나라의 수많은 국난에도 꿋꿋이 견뎌냈던 이 마을 자체가 거대한 유물이 아니겠느냐고 말한다.

마을 사람들은 재난을 피해갈 수 있었던 것이 마을을 에워싼 다섯 산봉우리(오음산, 두백산, 공모산, 순방산, 제공산) 덕이라 믿는다. 그런 믿음은 주산인 오음산에서 기우제(祈雨祭)를 지내는 것으로 신격화되었다. 기우제를 지낼 때는 짚으로 만든 허수아비를 매장하여 희생물로 삼는다. 오음산(五音山)이란 이 산에 오르면 산 주변에 자리한 다섯 마을에서 들려오는 닭소리와 개 짖는 소리까지 들을 수 있다 해서 붙은 이름이다. 풍수지리설에 따르면 왕곡마을은 협소한 분지여서 병화불입지(兵火不入地)라 했다. 해발 200미터 이상의 야산과 하나의 커다란 호수 송지호에 의해 외부와 차단됐기 때문에 전화를 피할 수 있었다는 것. 6·25전쟁 때는 몇 차례의 기총소사와 폭약 투하가 있었으나 모두 빗나갔고, 마을 한가운데 투하된 세 발의 폭탄도 신기하게 불발되어 피해를 전혀 입지 않아 병화불입설에 대한 믿음을 더욱 단단하게 만들었다.

양근 함씨와 강릉 함씨의 내력

양근 함씨들의 시조는 고려 태조 왕건을 도와 삼한을 통일한 개국공신 함규(咸規)다. 함씨들의 본관 양근은 지금의 경기도 양평군 용문산 기슭으로 마한(馬韓) 때 부족장 함왕(咸王)이 나라를 세워 터를 잡았던 곳이다. 지금도 양평군에는 양근면이 있다.

고려 말 함씨의 후손 중에는 뜻을 달리한 형제가 있었다. 조선 초 형조 판서를 지냈던 함부림(咸傅霖)과 고려 때 홍문관박사를 지낸 함부열이다. 형 부림은 조선 개국공신으로 벼슬길에 올랐지만 아우 부열은 두 임금을 섬기지 않겠다며 원주로 추방당한 공양왕을 좇아 2년간 모시다가 왕이 다시 유배될 때 간성으로 들어가 은둔생활로 여생을 보낸다. 이때부터 함씨 문중은 이들 형제의 정치적 향배에 따라 형 부림계는 강릉 함씨(江陵 咸氏)로 본을 바꾸었고, 아우 부열계는 양근 함씨로 남게 되었다. 이후 왕곡마을로 분가하여 함씨 집성촌을 이룬 함부열의 둘째 손자 영근은 지조를 굽히지 않았던 할아버지 뜻에 따라 학문은 닦았지만 조선왕조에서 벼슬을 하지는 않았다. 자연을 벗 삼아 농사지어 밥 먹고 글 읽어 마음 수양할 곳을 물색하다 세상 사람들이 넘 보지 않는 이곳에 터를 잡았기에 지금의 종손까지 19대를 이어 600여 년 동안 육지 속의 섬 같은 마을을 가꾸며 순일한 삶을 엮어가고 있다.

집 안의 온기를 지켜주는 옹기 항아리 굴뚝.

조상의 지혜가 돋보이는, 열을 아끼는 항아리 굴뚝

마을 풍경에서 토속적인 모습을 더해준 것은 심혈을 기울여 만든 굴뚝 위의 옹기 항아리다. 오지 굴뚝은 가끔 보이지만 정성 들여 만든 옹기 항아리를 굴뚝 위에 아슬아슬하게 올려둔 이유는 무엇일까? 고성군 문화관광과 문화재 전문위원인 황광률(취재 당시 53세) 씨가 의구심을 풀어주었다.

"기록은 없지만 어른들 말씀으로는 산바람이 많아 바람이 굴뚝으로 역류해 들어오는 것을 막으려고 굴뚝을 높이 만든 것인데, 굴뚝 입구가 넓으면 불의 열기를 빼앗기기 때문에 입구가 좁고 배가 부른 옹기 항아리를 굴뚝 위에 올려놓게 되었다고 합니다. 한편으로 눈이 많은 겨울에 입구 좁은 옹기 항아리 굴뚝은 눈이 스며드는 것을 막아주기도 하고요."

598

옛사람들의 생활 하나하나에는 의미가 담기지 않은 것이 없다. 그것은 살아보지 않은 사람들의 안목으로는 이해되지 않는다. 종가를 구석구석 살펴보면서 사소한 것에도 이곳 사람들만이 이해할 수 있는 심오한 뜻이 숨겨져 있는 것에 놀라고 감탄했다.

이 마을은 물이 귀하다. 산이 많긴 하나 물을 저장할 만한 높이가 아니어서 마을에 있었던 다섯 우물이 식수원이었다. 그러기에 예전에는 이 마을로 시집오는 신부의 혼수 필수품 중에 두레박이 있었다. 수도가 들어오고부터는 사용하지 않았던 우물을 복원하는 사업도 추진 중이다. 마을을 관광자원으로 개발하려면 본래의 모습을 갖추어야 하기 때문이다.

종손 함정균 씨.

아버지 제사는 맏아들이, 어머니 제사는 작은아들이 지내다

마을에는 종가에서 자랑으로 내세우는 효자비가 둘 있다. 마을 입구 산기슭에 세워진 양근 함씨 4세 효자각과 종손의 고조 함희석의 효자비가 그것이다. 전자인 효자각은 4대에 걸쳐 120여 년 동안 5명의 효자가 났음을 기리는 것이다. 병든 아버지에게 손가락을 잘라 수혈한 사연도 담고 있다. 후자인 효자비는 아버지 묘를 3년간 지킨 효성을 기린 것이다.

종가에서 자랑으로
내세우는 효자비.

종가의 상징은 제사다. 그리고 제사는 효의 연장이다. 종손은 제사 이야
기가 나오자 목소리에 흥이 묻어났다.

"우리 마을에서도 종교적인 이유로 제사를 모시지 않는 집이 있습니다.
제사는 종교와는 별개로 효의 연장입니다. 살아생전 부모에게 다하지 못한
효도를 제사를 통해 조금이나마 갚아가는 것이지요. 우리 마을의 풍속은 아
버지 제사는 맏아들이, 어머니 제사는 작은아들이 지냅니다. 작은아들이 어
머니 제사를 모시다가 세상을 떠나면 다시 큰집에서 어머니 제사를 모셔가
4대까지 지내지요. 둘째도 같은 자식으로서, 돌아가셨지만 부모님을 모시겠
다는 뜻입니다."

또한 설·추석 차례도 기제사와 같이 이른 새벽에 모신다. 차례상에 올리
는 제물은 밥과 국, 탕과 나물, 전과 적, 과일을 올리는 기제사에 준한다. 다

만 술은 한 잔만 올리고 축문 없이 간소하게 치른다.

메밀국수와 메밀전의 원조 맛

돌아가신 종손의 어머니가 나무로 만든 국수틀에서 메밀국수를 뽑아 동치미 국물에 말아주던 그 맛을 전수한 종부는 7년 전 마을 앞에서 교통사고로 세상을 떠났다. 평화롭던 마을에 그런 재앙은 처음 있는 일이어서 마을 당산제를 지내지 않았기 때문이 아닐까 걱정하는 주민 목소리도 있어, 이후 정월 보름날이면 마을 사람들이 서낭제라 하는 동제(洞祭)를 지낸다. 장소는 마을 입구에 있던 당목 자리다. 6·25전쟁 때 당목이 베어져서 두백산 중턱에 있는 소나무로 위치를 옮겨 당산제를 지냈는데, 그 소나무마저 산불에 타버려 당산제를 지내지 못하고 있었다. 그런데 종부의 불상사를 겪고 나자 주민들은 정성이 부족해서 생긴 것으로 여기며 안타까워하던 중이었다.

내림음식은 맛볼 수 없겠다 체념하고 있었는데, 종가의 바로 이웃에서 종손의 육촌이 자그마한 음식점을 운영하며 내는 메밀국수가 옛날 종가에서 만들어 먹던 국수 맛과 같다고 추천해주었다. 비가 추적거리는 산골마을 전통가옥에서 먹은 메밀전과 메밀국수 맛은 이효석의『메밀꽃 필 무렵』의 새하얀 메밀꽃 풍경을 떠오르게 했다. 마을에서 추수한 메밀로만 반죽했다는 메밀국수와 메밀전은 후덕해 보이는 안주인 인상만큼이나 구수하고 담백했다.

◀ 구수하고 담백한 메밀전.

▶ 동치미국물을 부어 먹는 메밀국수.

600

연한 갈색이 도는 메밀가루를 반죽할 때 밀가루나 달걀 등 아무것도 섞지 않았다는 메밀전은 메밀의 은밀한 맛까지 느낄 수 있었다. 입맛에 따라 열무김치를 곁들여 먹도록 했는데, 텃밭에서 직접 가꾼 열무여서인지 줄기가 연하고 아삭거려 메밀전과는 궁합이 잘 맞았다.

메밀가루만으로 반죽했다는 메밀국수는 밀가루를 섞은 도시의 메밀국수와는 맛이 전혀 달랐다. 빨리 먹지 않으면 퍼져 맛이 떨어지는 메밀국수에 동치미국물을 부어 먹었다. 큼직하게 썰어 넣어 동치미 무와 곰삭은 파 맛이 국수 맛을 돋워주어 메밀 본래의 맛이 한껏 느껴졌다.

마을의 지속가능성을 보여주는 체험축제

이 마을은 오래전부터 전통생활을 체험할 수 있는 축제를 열고 있는데 해를 거듭할수록 참여 인원이 늘고 있어 앞으로 주민 생활에 도움이 될 것으로 판단하여 다양한 프로그램을 적극 개발하고 있다.

체험축제의 내용은 마을의 전설과 북방식 전통한옥 구조에 대한 이야기를 듣고 왕곡마을에서 일어난 독특한 이야기를 소재로 만담으로 진행하는 마당극도 펼쳐진다. 전통생활 체험으로 절구로 곡식을 찧어보고, 새끼도 꼬고 짚신도 삼고. 닭이나 오리 등을 잡는 동물 체험도 있다. 초가에 이엉을 직접 이어보기도 하고 종가의 디딜방아에서 곡식도 찧고 소달구지를 타고 마을을 한 바퀴 돌아볼 수 있는 등 아주 다양하다.

마을 축제 프로그램 개발에 여념이 없는 고성군 문화관광과의 문화재 전문위원 황광률 씨는 마을을 지키려면 생활할 수 있는 기반이 마련되어야 하는데, 그동안 경험한 바로는 얼마든지 문화 체험만으로도 수익성이 있을 거라는 확신이 선다고 했다. 왕곡마을에서 하루 묵으면서 자연과 벗하고 순박한 마을 사람들과 지내면서 전통의 생활문화를 체험할 수 있도록 하는 프로그램을 지속적으로 개발, 운영할 것이라고 했다.

죽음으로 충의를
지켜 강개한
선비정신을 보여
주었던 충신 박팽년
선생의 사당.
3칸의 사당은
조촐하지만 선생의
충절을 기리고 있다.

어린 조카 단종을 폐하고 왕위를 찬탈한 숙부 세조에게 반기를 든 선봉에 사육신(死六臣)이 있다. 성삼문, 박팽년, 하위지, 이개, 유응부, 유성원. 이들은 삼족을 멸하는 형벌을 당했으니 당연히 직계후손이 없다. 그러나 사육신의 한 사람인 충정공 박팽년(忠正公 朴彭年, 1417~1456) 선생만은 예외다. 선생이 화를 당하던 당시 임신 중이었던 둘째 며느리의 지혜로 살아남은 유복손이 가문을 이어 550여 년 동안 20대에 걸쳐 그 맥을 이어오고 있기 때문이다.

충주 시내를 20리쯤 남겨놓은 충북 충주시 신니면 신청리 마을에는 박팽년 선생의 충절을 기리는 홍살문의 사당과 20년 전만 하여도 초가였던 건물을 현대식 양옥으로 고친 소박한 종가가 있다. 종가에는 1973년에 타계한 형님 대신 박팽년 선생을 영원히 제사지내는 불천지위(不遷之位) 제사를 모시고 있는 봉사손 박종덕(취재 당시 67세) 씨와 부인 권영자(취재 당시 61세) 씨가 있다. 요즘에는 보기 드문 동짓날 사당에서 모시는 팥죽차례를 보여주면서 기구한 인연으로 살아남은 박팽년 가문의 고귀한 핏줄에 대한 전설 같은 실화를 들려주었다.

"종가는 본래 경북 달성군 하빈면 묘동에 있었습니다. 그곳에 가면 사육신을 모신 육신사(六臣祠)와 옛 종가의 별당채였던 태고정(太古亭)도 남아 있습니다. 또 충정공의 묘는 서울 동작구 노량진동에 있는 사육신의 묘와 함께 있습니다. 유허비는 대전 중구 가양동에 있고요. 이곳에는 신주를 모셔두고 제례를 모시고 있지만 보여드릴 것이 별로 없습니다."

충정공은 박팽년 선생이 돌아가신 후에 나라에서 내린 시호(諡號)로 후손들은 박팽년 선생을 '충정공'이라 불렀다.

67세의 나이가 믿어지지 않을 정도로 정정하고 선량해 뵈는 봉사손 박종덕 씨가 가문의 내력을 조용히 들려준다.

"종가가 못골에서 이곳으로 옮겨온 분명한 내력은 전해오지 않지만 6대 조께서 이곳 관찰사를 지내셨기 때문이라는 추측과 충정공의 부인인 천안 전씨의 묘소가 여기에 있기 때문에 10대조께서 터를 잡았다는 설이 전해지고 있습니다."

전설처럼 이어진 박팽년의 핏줄

"왕조시대의 형벌은 참으로 참혹했어요. 역적으로 낙인찍히면 본인은 물론 그 아버지와 형제들, 자식과 손자대에 이르기까지 남자들은 무조건 형장의 이슬로 사라져야 했으니까요. 세조가 어떻게 잡은 왕권입니까. 그 자리에 다시 단종을 앉히려다 실패한 사건이니 사육신은 물론 그 가문은 멸문지화(滅門之禍)를 당한 것 아닙니까. 조상이 도왔는지 우리 집은 불행 중 다행으로 충정공의 둘째 자부께서 수태를 하고 있었던 모양입니다."

이야기는 550여 년 전으로 거슬러 올라간다. 1456년 6월 조선의 6대 임금인 단종의 복위를 꾀하다 역적으로 몰려 성삼문, 이개, 하위지, 유성원, 유응부 등과 함께 참혹한 최후를 맞이한 박팽년 선생의 가족들에게도 피바람이 일었다. 죄인의 가족이라 하여 이조판서로 있었던 아버지 박중림(朴仲林)을 비롯한 동생 인년, 기년, 대년, 연년 4형제와 아들 헌(憲), 순(珣), 분(奮) 3형제 등 남자 아홉 명은 극형에 처해지고 그 부인들은 공신들의 노비로 끌려가거나 관비가 되었다. 다행히 사형을 면한 사촌 시숙들은 관노비가 돼 전국으로 뿔뿔이 흩어졌다. 둘째 며느리 성주 이씨는 아버지 이철근이 교동 현감으로 있는 경북 달성군 사빈면 묘리의 친정 동네인 대구 관비로 갈 수 있어 그나마 행운이었다.

며느리는 이때 뱃속에 아기를 가지고 있었다. 아들을 낳으면 죽이고 딸을 낳으면 관비로 삼으라는 어명이 이미 내려져 있었다. 그해 늦가을 드디어 아

순천 박씨 충정공파는 보기 드물게 동짓날 사당에서 팥죽차례를 모신다.

604

명필로 이름을 날린
종손의 6대 박기정
선생의 글씨가
사당 안에 귀하게
보관되어 있다.

이가 태어났다. 아들이었다. 지엄한 어명에 따라 관가에 고하면 아들은 죽게 되고 박팽년 가문은 영원히 문을 닫게 될 처지였다. 그런데 하늘이 도왔는지 때마침 친정집의 여종이 비슷한 시기에 딸을 낳았다. 며느리는 무릎을 쳤다.

'아이를 서로 바꾸면 이 아이는 죽음을 면하리라!' 박팽년 대감의 혈육은 이렇게 현감 댁 노비의 아들 '박비(朴婢)'라는 이름으로 그 질긴 목숨을 잇게 된다.

노비의 아들인 양 비밀리에 키워진 그 박비가 17세가 됐을 때이다. 성종 3년에 경상도 관찰사로 부임한 이모부 이극균(李克均)이 처가인 묫골에 왔다가 이 사실을 알게 되었다. 기막힌 사연을 들은 극균은 눈시울을 붉히면서 장성한 박비에게 자수할 것을 권유했다. 세조는 이미 세상을 떠났고 그 손자인 성종이 권좌에 있을 때였다.

성종은 자수한 박비의 내력을 듣고는 무척 감동하며 사육신 중 유일하게 남은 옥구슬이란 뜻을 담은 '일산(壹珊)'이라는 이름까지 지어주었다. 노비 신분도 풀어준 것은 물론이다. 이 사람이 바로 박팽년 선생의 손자 박일산으로 충정공파 파조가 되는 셈이다.

순천 박씨 충정공 박팽년 종가

사육신의 묘와
위패를 모신 충절사.
유형문화재로 서울시
동작구 노량진동에
있다.

박팽년 선생 신주를
모신 사당으로
들어가는 문.

일산은 후에 후손이 없는 외가의 재산을 물려받아 아흔아홉칸 종택을 짓고 못골에 정착했다. 그런 연유로 순천 박씨 중 박팽년의 후손들을 지칭할 때 그 고을 이름을 따서 '못골 박씨'라고도 한다.

붉은 홍살문도 없는 소박한 종가

훌륭한 인물을 키워낸 내력이 있는 마을에 들어서면 효자나 열녀·충신이 났음을 알리는 홍살문을 마을 입구에 세워둔다. 그리고 그 후손이 살고 있는 종가는 터를 넓게 잡고 높직하게 종가를 지어놓아 멀리서도 대종가임을 한눈에 알 수 있다.

그런데 만고의 충신 박팽년 선생의 종가는 마을 초입에 '박팽년 사우'라는 작은 표시판만 덩그마니 있을 뿐 붉은 홍살문은 물론 종가임직한 집도 좀처럼 보이지 않았다.

도로를 따라 있는 주택들과 컨테이너 박스로 쌓아올린 가건물들 사이에서 종가를 찾고 있던 중 개 짓는 소리를 듣고 마중 나온 종손의 안내를 받고서야 박팽년 선생의 종가로 들어설 수 있었다.

죽음으로 충의를 지킨 조상의 강개한 선비정신을 이어서일까? 충신의 위패를 모신 3칸의 사당은 조촐했지만 단청칠까지 해 그런대로 격식을 갖추고 있었다. 하지만 종가의 초입은 말라버린 수수대가 누워 있는 텃밭이 담이 되고 대문을 대신했다. 솟을대문은커녕 쪽대문도 없는 오래된 양옥 한 채가 순천 박씨 충정공파 대종가 오늘의 모습이었다.

역사의 큰 획을 그었던 충신의 후손 집이라고 하기에는 믿어지지 않을 정도로 소박한 모습을 지닌 종가였다. 그러나 30년째 종가를 지키는 봉사손 박종덕 씨와 권영자 씨의 푸근한 인심만은 여느 종가에 비할 바가 아니었다.

"우리 집 텃밭에 심었던 첫서리 맞은 고추로 담은 초고추랍니다. 새콤하게 맛이 들었어요."

콩가루를 묻혀 끓인 상큼한 향기가 군침을 돌게 하는 냉이 된장국과 김장 김치를 포기채 죽죽 찢어 김이 모락모락 오르는 밥숟가락에 올려주는 정겨움에 밥 한 그릇을 어느새 비우면서 종가의 내력을 들었다.

외아들 사망신고 후 형 앞으로 다시 출생신고하여 대를 잇다

박팽년 선생의 핏줄이 이어져 내려온 이야기도 극적이었지만 종손이 아닌 셋째 아들 종덕 씨가 서울 살림을 접고 종가에 내려와 정착한 내력도 예사롭지 않았다. 19대 종손이었던 형 종진 씨가 아들 없이 55세로 세상을 떴을 때가 어언 30년 전인 1973년. 둘째 형은 다른 집으로 양자를 갔기 때문에 남은 셋째 종덕 씨가 종가를 지킬 수밖에 없었다. 무엇보다 형님에게 아들이 없었기 때문에 어렵게 이어온 대종가의 후사가 끊어지게 될 위기에 처한 것이다.

종덕 씨에게는 딸 둘과 외아들이 있었다. 자신의 외아들을 큰형님의 양자로 보낼 수밖에 없었다. 하지만 금지옥엽 외아들을 양자로 보내려 해도 법적으로 독자이기 때문에 양자가 어려웠다. 종덕 씨는 큰 결심을 한다. '재순'이라는 이름의 멀쩡한 아들을 사망신고한 뒤 형 앞으로 '완순'이라는 이름으로 고쳐 출생신고를 다시 했다. "형이 살아 있을 때였고 형보다 먼저 돌아가신 형수의 사망신고가 마침 돼 있지 않아 가능했습니다."

옆에 앉은 부인 권씨에게 "외아들을 양자로 보냈을 때 기분이 어땠습니까?"라고 여쭤보았다.

"내 품에 있었을 때는 몰랐어요. 그런데 학교에 입학을 한 후 초등학교부터 고등학교 때까지 속사정을 모르는 선생님께서 아이의 부모가 없는 이유를 물어 왔을 때는 속이 많이 상했지요. 그렇지만 도리가 없죠. 어떻게 이은 핏줄인데 종가의 대를 끊겠습니까?"

종손의 친어머니인 권씨는 친정이 서울이라서 농사는 물론 대종가의 법도 등 아무것도 모른 채 남편 따라 종가에 내려오게 되었다고 한다. 일 년에 수십 번씩 제사 모시는 것만도 힘들 텐데 과수원 일까지 남편을 도와가며 어려운 안살림을 꾸려왔다. 그런 권씨에게 애환이 왜 없을까마는 명랑한 말솜씨와 뛰어난 음식 솜씨가 남달라 보였고 표정도 밝기만 했다.

종덕 씨가 종가를 지키려 왔을 때는 쓰러져가는 초가집 3채와 제사를 지낼 논 4마지기, 산소가 있는 자그마한 야산 하나가 전부였다. 유일하게 남은 사육신의 후손이라 명문종가로서 최소한의 체면치레로 적잖은 빚도 졌다. 종덕 씨와 부인 권씨는 산을 개간해 사과나무를 심고 택시회사도 운영하면서 악착같이 돈을 모아 빚을 갚고 쓰러져가는 초가를 양옥집으로 개조했다.

2칸짜리 사당도 옮겨 3칸으로 증축해 번듯한 종가로 만들어놓았다. 하지만 문중이나 주위의 도움 없이 삼남매 공부와 빠듯한 종가살림을 꾸려가느라 아직도 농협 빚이 있다며 종가를 지탱하는 어려움을 털어놓았다.

◀ 외아들을 양자로
보내 대를 이은
봉사손 박종덕 씨와
종손 박완순 씨.

▶ 힘들고 고되기만
한 종가살림을
즐거운 마음으로
지켜나가는 권영자
씨.

아버지는 집사, 아들은 제주

우리 세시풍속에서는 동지를 다음 해가 되는 날 또는 '작은설'이라 해서 크게 축하하는 풍속이 있다. 동지에는 팥죽을 쑤는데 박팽년 종가에서도 동지차례(冬至茶禮)를 모시기 위해 서울에 사는 종손 완순 씨가 와 있었다. 후리후리한 키에 이지적인 멋을 갖춘 종손이 하얀 도포를 입고 차례를 올릴 준비를 하고 있었다. 법도에 따라 종손이 아닌 아버지 종덕 씨는 옆에서 제주인 아들을 도와주는 집사가 되고 아들인 종손은 제주가 되었다.

종손이 장가들기 전까지는 종덕 씨가 종손 대신 봉사손의 역할을 했지만 종손이 장가든 후부터는 불천위를 비롯해 4대 봉제사와 돌아가신 형님 제사까지 일 년에 12번 기제사 때마다 종손이 종가에 와서 제주가 된다. 이 때문에 젊은 종손 완순 씨는 휴가를 따로 가져본 일이 없다고 한다. 그러면서 자신이 종손이 된 것을 숙명으로 받아들이기 때문에 특별한 어려움은 없다고 했다.

사당 안에는 영조 때 죄가 사면되면서 받은 박팽년 선생의 시호 교지가 걸려 있고 원본은 일본에 있다는 선생의 친필 탁본도 걸려 있다. 또 영조 때의 명필로 이름을 날린 종손의 6대조 박기정(朴基正)의 글씨도 소중히 보관하고 있다. 가운데는 박팽년 선생과 그 부인의 위패를 모시고 참판 벼슬을 했던 종손의 고조부 초상화를 모셔두었다. 종손의 4대조와 형님 내외의 신주는 오래전에 묘 옆에 묻었기 때문에 사당에는 없고 기제사 때는 지방(紙榜)을 써서 지낸다고 한다.

팥죽차례는 아침 10시에 시작되었다. 종가의 예법은 제례를 모실 때 돌아가신 당사자 한 분의 신위에만 제사를 지낸다고 한다. 이것을 단설(單設)이라 하는데 이날은 동지차사이기 때문에 선생과 그 부인에게 팥죽을 한상에 올렸다.

차례상에는 신주 앞으로 팥죽 두 그릇과 술잔 두 개를 올렸고 신주로부터 오른쪽에 시접그릇을 각각 놓았다. 그 앞으로 가운데에 동치미도 건지와 국물을 자작하게 부어놓았다. 동치미 앞으로는 머리와 꼬리를 자른 명태 한 마리를 마른안주로 올렸다. 포 앞으로 대추와 밤, 배 사과와 감 순으로 놓았다.

제물을 다 차린 종덕 씨가 위패 문을 열었고 종손과 종덕 씨가 두 번 절했다. 신을 맞이하는 참신(參神)의 예이다. 절을 한 후 종손에게 향을 피우도록 했다. 분향(焚香)의 순서이다. 그런 다음 술잔에 술을 부어 종손에게 주면 종손은 모사에 세 번 지운다. 이는 강신(降神)이다.

이렇게 분향강신 이후에는 충정공의 술잔을 내려 술을 따른 후 제자리에 놓고 그 옆 부인의 잔에도 술을 따른 후 올리는 헌작(獻爵)의 순서다. 이렇게 술을 올린 후 종손 혼자 두 번 절한다. 다시 수저는 팥죽에 꽂고 저분은 시접그릇 위에 놓았다. 이렇게 팥죽의 뚜껑을 열고 숟가락을 꽂고 젓가락은 적이나 편에 올려놓는 절차를 삽시정저(揷匙正箸)라 한다. 그런 후 꿇어앉아 조상님께서 팥죽을 잡수실 시간을 드린다. 아홉 수저 정도 먹을 시간 동안 두 손을 어긋지게 하고 꿇어앉아 기다리는데 이런 순서를 유식(侑食)이라 했다. 그런후 바로 하고 숟가락과 젓가락은 제자리에 두고 팥죽그릇은 뚜껑을 덮는다. 그런 다음 신을 떠나 보내는 사신(辭神)의 예로 종손과 종덕 씨도 함께 두 번 절한다. 위패 문을 닫은 다음 제물은 철상(撤床)했다.

간단한 차사였지만 아들이 제주가 되고 아버지가 집사가 되어 정성을 다해 지내는 모습이 너무나 진지해 보였다. 낮 제사라 촛불은 켜지 않는다고 한다. 차사를 마친 다음 종덕 씨의 부인은 방과 마루, 광과 부엌에 팥죽을 한 그릇 떠다 놓았으며 사당에 올렸던 팥죽을 수저로 떠서 동서남북에 뿌린 뒤에 먹었다.

"어려운 살림이라 마음과는 달리 일 년에 12번 지내는 차사를 다 지내지는 못합니다. 설날의 떡국차사와 송편차사인 추석, 그리고 팥죽을 쑤어 올리

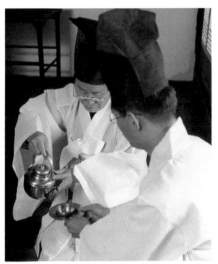

▲ 신을 맞기 위해 신독문을 여는 종덕 씨.

▼ 종덕 씨의 아들 완순 씨는 제주가 되어 분향을 하고 있다.

는 동지차사만 모시지요. 동지차사는 팥이 붉어서인지 예로부터 집안의 액을
물리친다는 속설이 있고, 또 텃밭에 팥을 심어 추수를 했기 때문에 조상에 고
하지 않고서 먹을 수가 없지요."

　　종가에서조차 사라져가는 동지차사를 예를 다해 모시고 있는 안주인의
조상 섬기는 단심이 팥죽보다 더 붉게 느껴졌다.

아파트 숲에서도 고고한 풍모를 자랑하고 있는 서계 선생 종가.

500년 조선의 도읍이었던 서울에서 종가를 찾기는 힘들다. 왕궁이 있었던 서울이라면 지천으로 깔려 있어야 할 사대부가의 종가들이 서울에서 멀리 떨어진 지방에서라야 볼 수 있다는 것은 많은 것을 생각하게 한다. 이미 금싸라기 땅으로 변해버린 종가 땅을 그냥 두고 볼 후손도 드물겠지만, 도시개발에 견디지 못하고 모두가 훌훌 서울을 떠나버리고 있는 것이 현실이다.

서울 가까이에 있는 종가 한 집을 어렵게 찾았다. 실학자이며 농학서로 이름 높으며, 『색경(穡經)』과 주자학 비판서인 『사변록(思辨錄)』을 썼던 서계 박세당(西溪 朴世堂, 1629~1703) 선생이 살던 곳이다.

의정부시 장암동에 주소를 둔 종가는 10년 전만 해도 수돗물이 들어오지 않아 겨울이면 시냇물 얼음을 깨고 빨래를 해야 했던 산동네였다. 하지만 이제는 가까이에 지하철이 다니고 6차선 넓은 도로가 뚫려 종가와 종가를 둘러싼 땅은 말 그대로 금싸라기 땅으로 변했다. 아직은 그린벨트로 묶여 있어서 건물을 마음대로 세우지 못하지만, 숨가쁘게 변하는 요즘은 종가가 언제까지 그 자리에서 고고한 풍모로 남아 있을지…. 하지만 아직은 박세당 선생의 체취를 느낄 수 있는 정자와 선생이 심은 은행나무, 『색경』의 산실이었던 300여 년 된 사랑채, 선생의 영정이 모셔진 사당 등이 남아 있어 반가웠다. 더욱 든든한 것은 그의 후손 3대가 한집에서 정겹게 살고 있다는 점이다.

의정부와 강변도로를 잇는 중랑천을 따라 난 동부간선도로가 끝나는 지점에서 굴다리를 지나가면 왼쪽에 7호선 장암역이 보이고, 오른쪽에 '노강서원'과 '박세당 종가'라는 입간판이 보인다. 입간판이 가리키는 대로 따라가다 보면 보기 드물게 맑은 계곡이 흐르고 계곡을 사이에 두고 양옆으로 석천동이라는 마을이 있다.

종가는 계곡 왼쪽 양지바른 언덕 위에 자리 잡고 있다. 종가에서 바라본 앞산은 바로 도봉산으로, 능선이 그림처럼 펼쳐져 있다. 뒤로는 서계 선생이 두 부인과 나란히 누운 묘역이 있고, 그 묘역과 종가를 수락산 푸른 숲과 맑은 계곡이 병풍처럼 싸안고 있어 누가 보아도 명당자리임을 한눈에 알 수 있다.

후손을 위해 한글날을 제삿날로 정한 실학자의 후손

종가뿐 아니라 계곡 곳곳에는 서계 선생의 자취를 느낄 수 있는 흔적들이 널려 있다. 경기도가 1999년에 선정한 '전통종가'인 이 댁은 여느 사대부가의 종가처럼 솟을대문이 우뚝하지 않았다. 안채와 40여 명의 하인들이 기거했던 여러 채의 행랑채 같은 건물들은 한국전쟁 때 불타버렸고, 선생이 심었다는 키 큰 은행나무와 『색경』의 산실이었던 사랑채가 원형 그대로 남아 있을 뿐이다.

사랑채 뒤의 사당은 1961년에 지어진 것으로, '서계선생유거(西溪先生幽居)'라는 편액이 걸려 있다. 전통적인 사당 건물이 아니라 처음에는 살림집으로 설계한 건물이다. 그곳에 선생의 영정과 그의 선친을 모셨는데, 신주 대신 고고한 학창의(鶴氅衣) 차림으로 앉아 있는 선생의 영정에서 노·소론의 얼음판 같은 정치마당에서도 소신을 굽히지 않고 당당하게 말할 수 있었던 선생의 기백이 묻어나 보였다.

이곳에서 일 년에 한 번씩 후손들이 모여 선생을 추모하는 제사를 모신다. 많은 후손들이 참석하기 좋게 양력으로 10월 9일 한글날을 제삿날로 정해두고 있었다. 실학자의 후손다운 생각이었다.

사랑채 후문을 나와 돌담길을 걸어 10여 미터 계곡으로 오르면 선생이 지었다는 서당 터에 주춧돌만 남아 있다. 한때는 이곳에서 80여 명의 학생들을 지도했다. 후학들을 가르치다 머리를 식힐 겸 지어놓은 정자 '궤산정(簣山亭)'에는 선생의 향취를 느낄 수 있을 듯한 멋스러운 육각 지붕의 정자가 원형 그대로 보존되어 있다.

정자도 여러 번 중수한 느낌을 주었지만 그나마 물살이라도 세어진다면 언제 떠내려갈지 모를 것 같은 아슬아슬한 모습으로 버티고 있었다. 2년 전에 내린 큰 폭우에 떠내려갈 뻔한 것을 간신히 바로 세웠다고 한다. 이 정자

사당에 모셔진 서계
선생의 영정.

반남 박씨 서계 박세당 종가

◀ 원형 그대로
보존된 궤산정.

▶ 궤산정 앞 계곡에
있는 자연석에 서계
선생이 한적하게
지내던 곳이라는
뜻의 서계유거라는
글씨가 선명하다.

는 천연 바위를 주춧돌 삼아 앉힌 것이 특징이다. '태산을 쌓는다 해도 마지막 흙 한 삼태기가 모자라면 마침내 그 공력은 이루어지지 않는 것이니 지금까지의 노력과 업적에 자족하지 말고 끝까지 이루도록 최선을 다하라'는 뜻으로 궤산정이라 이름지었다고 한다.

조금 더 오르면 '청풍정(淸風亭)'이라는 정자가 주춧돌만 남아 있다. 이 정자는 서계 선생이 평생 따르고자 했던 매월당 김시습 선생을 기리기 위해 청절사(淸節祠)를 짓고 세운 것이다.

그 옆 개울물이 흐르는 넓은 바위에는 '수락동천(水落洞天)'이라는 매월당의 친필과 서계 선생이 쓴 '서계유거(西溪幽居)'가 선명하게 선생의 자취를 증언하고 있었다.

계곡 오른쪽 초입에 있는 '노강서원'에는 서계 선생의 둘째아들인 태보 선생이 모셔져 있다. 이분도 아버지의 강개한 성품을 이어받아 관직에 있을 때 바른말을 하다가 귀양을 가는 도중에 병을 얻어 세상을 떴다. 나중에 죄가 사면되어 숙종의 어명으로 서원에 모셔 추모하게 되었다.

이 마을은 한때 반남 박씨의 집성촌으로 번창했는데 이제는 모두 떠나고 몇 집만 남아 있다고 한다.

종가에는 6년 전 부인과 사별한 서계 선생의 11세손인 종손 박찬호(취재 당시 80세) 씨, 3년 전 직장을 그만두고 종가일을 돌보고 있는 아들 용우(취재 당시 50세) 씨와 며느리 김인순(취재 당시 48세) 씨, 손자 천경(취재 당시 21세)·천우(취재 당시 19세) 씨까지 3대가 살고 있다.

노종손은 지난가을 보수해 보일러 온돌이 놓인 사랑채에 기거하고 있었다.

"조상이 부여한 종손의 임무는 집을 보전하는 것이지요. 서계 선생처럼 훌륭한 조상을 두었으면서도 그분의 업적을 바로 알리지 못하고 내 나이 벌써 팔십입니다. 공무원의 박봉으로 종종걸음으로 살다 보니 조상을 제대로 빛내지 못한 것이 가장 죄스럽습니다. 지금이야 큰 도로가 났으니 화훼단지로라도 땅을 빌려주어 생활에 보탬이 되지만, 그전에는 논농사가 있는 것도 아니고 밭농사를 제대로 지을 땅이 못 돼서 제물 마련도 힘겨웠습니다."

이제 얼마 남지 않은 여생을 조상의 유물관을 지어 벼슬길에 나가지 않았지만 나라에서 내린 수없이 많은 교지며 몇 점 남아 있는 선조의 유물을 보관하는 데 쓰고 싶다고 했다. 선조의 체취가 서려 있는 종가 건물들을 복원하는 일이 급하기는 하나 눈앞의 이익만 생각하는 문중 사람들의 등쌀에 그 꿈이 실현될지 모르겠다며 주름진 얼굴로 한숨을 짓는다.

여생을 선조의 유물관을 짓는 데 쓰고 싶다는 서계 선생의 11세 종손 박찬호 씨.

집 앞으로 도로가 나기 전만 해도 거들떠보지 않던 종가를 땅값이 오르자 종가를 이전하고 땅은 팔자는 문중회의가 거듭되고 있어 힘이 빠진다고 한다. 노종손의 말에 수긍이 갔다. 눈앞에 지하철이 있고 6차선 도로가 시원하게 뚫려 있다.

여기다 주위의 경치가 아름다워 이만한 입지를 갖춘 땅이 서울 주변에서는 흔치 않을 것 같았다. 그린벨트에 묶여 집을 지을 수 없으니 아직은 지탱하고 있지만 종가의 명운은 불을 보듯 뻔하다.

종손은 서둘러 사랑채를 '전통종가'로 신청해 1999년 경기도 문화재로 지정되게 했다.

"나는 조상의 은혜를 입었는데 그 은혜에

보답하지 못하고 이 나이가 됐으니 죽어서 조상을 뵐 면목이 없어요."

종손은 격동기 세월에 큰 상처받지 않고 지금까지 편히 지낼 수 있었던 것도 다 조상의 음덕이라고 했다.

퇴락해가는 종가의 모습을 화폭에 담는 차종부

"전 가끔씩 유명한 종갓집을 찾아가 우리 집과는 어떻게 다른가 살펴보곤 하지요. 특히 제사상의 음식과 의례 등을 관심 있게 관찰하지요. 예의에 밝으셨던 조상에 누가 되지 않도록 우리 집 가풍을 현대에 맞게 정리해 문중에 나누어 주고 서계 선생의 후손임을 자랑으로 삼게 할 것입니다. 그리고 이 집이

문화유산으로 길이 보존되기를 희망하고 있어요."

시아버지를 거들어 종가를 지켜야 하는 이유를 이야기하는 차종부 김인순 씨는 자신이 한 가문의 차종부임을 자랑스레 여긴다.

"중매결혼이었어요. 종가라 마음 내키지 않는다고 했더니 6개월만 종가의 법도를 익히고 나면 살림을 따로 날 거라는 말을 믿고 왔지요. 그런데 22년째 이대로 살고 있어요. 10년 전만 해도 석천계곡에서 얼음을 깨고 빨래를 했어요. 여름에는 재래식 화장실에서 들끓는 모기에 물려 가족들이 고생하기 일쑤였지요. 수세식 화장실과 싱크대가 실내로 들어오는 날, 천국이 따로 없구나 싶었어요. 지금은 도로가 뚫렸고 지하철역까지 코앞이라 다른 곳으로 갈 이유가 하나도 없지요."

6년 전 시어머니가 돌아가시고 집안살림을 도맡은 차종부는 후덕한 인상과 시원시원한 성격이 종부답다. 차종부는 6년 전부터 문화센터에서 익힌 유화 솜씨로 퇴락해가는 종가의 모습을 화폭에 담아 집안 곳곳에 장식을 해두었다. 종가의 모습을 남겨두고 싶어 그림을 시작했다는 차종부의 솜씨는 아마추어 수준이 아니었다.

스스로 야인임을 자처한 서계 선생

서계 박세당 선생은 전형적인 양반가문 출신이다. 집안 대대로 높은 벼슬을 지낸 명문 가문에서 태어났지만 네 살 때 부친을 여의고 일곱 살 때 맏형까지 잃어 생활이 어려웠다. 열 살이 넘어서야 겨우 글을 익힐 수 있는 환경이 되

었지만 본격적인 학문의 길은 금성현령 남일성의 사위가 되어 가정이 안정된 이후의 일이다. 처숙인 남이성, 처남 남구만 등과 교류하게 되면서 본격적인 과거시험 준비에 들어갔다. 서른둘에 생원과 초시에 수석을 차지한 이후 문과(文科) 갑과(甲科)에 장원으로 급제하여 벼슬길에 들어섰다.

서른넷에는 언로에 나가 사간원정언(司諫院正言)이 되어 공조판서 김좌명, 대사성 이은상을 탄핵하는 등 자기 주관이 뚜렷하고 강직한 관리로 알려지기 시작했다. 그뒤 10년 동안 예조 좌랑과 홍문관 교리, 황해도 암행어사 같은 관직을 두루 거쳤으나 당쟁에 혐오를 느껴 마흔 나이에 관직을 버리고 이곳으로 낙향해 농민들과 어울려 농사지으며 저술 활동과 제자 육성에 몰두했다.

『색경』 서문에서 "사대부가 조정에 나아가 그 뜻을 행할 때는 군자라 하고, 물러나와 땅을 갈아 제 힘으로 밥 먹으면 야인이라 한다"고 했듯이 스스로 야인임을 자처하고 농사짓고 가축 기르는 체험을 바탕으로 농서인 『색경』이 탄생한 것이다. 이 책은 『산림경제』의 근간이 되기도 했다.

선생의 종가가 있는 장암동의 옛 지명은 양주 석천동(石泉洞)이다. 바위와 샘이 어우러진 곳이라는 뜻으로 서계 선생이 지은 것으로 알려져 있다. 부귀영화의 벼슬자리를 버리고 대신 자연을 벗 삼아 후학을 양성하는 그의 인품을 관후장자(寬厚長者)로 비유해 석천동 대신 '장자동'이나 '장재울'이라 부르기도 했다.

종가 뒷동산에는 두 부인과 나란히 누워 있는 선생의 묘역이 있다.

잡채, 돼지고기 편육이 오르는 제상

소론 댁의 내림음식은 소론 댁답게 소박하고 정갈했다. 특이한 것은 잡채와 편육, 갈랍이 제상에 오르는 것이다. 윗대부터 행해져 와 그대로 따르고 있다는 것이 차종부 김인순 씨의 말이다.

돼지고기 편육도 제상에 오른다. 돼지 목살을 덩어리째 찬물에 담가서 한 시간 정도 핏물을 뺀다. 물 한 컵에 술 2큰술을 넣어서 진간장과 국간장, 다진 마늘, 다진 생강, 후춧가루를 넣어 서탕조 양념장을 만든다. 핏물 뺀 고기에 양념장을 끼얹어 두 시간 정도 재두었다가 그대로 냄비에 담고 삶는다. 고기가 충분히 무르면 건져올려 물기를 빼고 식혀서 4센티미터 폭으로 얇게 저민 다음 제기에 가지런히 담아 올린다. 이렇게 삶은 제육은 따로 양념장이 필요 없다.

잡채의 재료는 당면과 쇠고기, 표고버섯, 당근, 양파, 파, 시금치, 달걀이다. 쇠고기는 살의 결에 따라 길이로 채 썰어 고기 양념장에 재어 볶는다. 표고는 물에 불려서 기둥을 떼어내 가늘게 채 썰고 양념장에 무쳐 볶아둔다. 시금치는 데쳐서 참기름, 깨소금, 소금으로 간한다. 대파는 5센티미터 길이로 썰어 소금을 뿌려 살짝 볶는다. 달걀은 황백 지단을 부쳐서 채썬다. 당면은 끓는 물에 부드럽게 삶아내어 길이를 두세 번 끊어서 물기를 빼고 다진 마늘, 진간장, 참기름으로 고루 무친다. 큰 그릇에 고명으로 올릴 지단만 조금 남기고 고루 무쳐 제기에 담고 그 위에 지단을 고명으로 올린다.

갈랍은 소 처녑과 간, 배를 재료로 한다. 처녑은 소금을 넣고 깨끗이 씻어 두고, 간은 마른 수건으로 깨끗이 닦아서 제기 그릇에 맞춤한 길이로 썬다. 배도 껍질을 깎아 처녑 길이로 채썬다. 처녑을 펴고 채 썬 배를 놓아 김밥 말 듯 돌돌 만다. 간도 마찬가지로 말아 제기 양쪽에 담고 가운데에 창호지를 동그랗게 잘라놓고 소금을 놓아 올린다.

"이 순두부는 우리 집에서 농사지은 콩으로 제가 직접 만든 순두부랍니다. 김치와 곁들여 먹어보세요. 여느 두부와는 맛이 다를 거예요."

이런 정겨운 말과 함께 점심상에 오른, 김이 모락모락 나는 순두부는 참으로 고소하고 맛있었다.

제상에 오르는
소박하고
정갈한 잡채.

양념장에 재워
두었다가 삶기
때문에 따로
양념장이 필요 없는
돼지고기 편육.

　순두부는 콩과 간수만 있으면 만들기 간단하다. 간수는 시중에서도 팔지만 종가는 집에서 간수를 만든다. 굵은 소금을 항아리에 두면 쓴맛이 나고 자루에 담아두면 제물에 물이 생겨 조금씩 떨어지는데 그것을 모았다가 간수로 쓴다. 흰콩은 우리 것을 골라 씻어 하룻밤을 불려서 건진다. 불린 콩을 콩 한 배가량의 물을 붓고 믹서에 간다. 간 콩을 무명 자루에 담아서 꼭 짠 다음 두유만 모아 솥에 담고 서서히 저으면서 끓인다. 충분히 끓인 두유에다 간수를 고루 뿌려 넣으면 두부 꽃이 피면서 엉기기 시작한다. 채반에 무명 자루를 깔고 두부 응어리를 담아 굳히지 않고 양념장에 곁들여 먹는다. 굳히면 그냥 두부가 되고 굳히지 않은 것은 순두부가 된다.

병자호란의 영웅 잠와 최진립(潛窩 崔震立, 1568~1636) 장군은 아직도 400년 전에 그가 살았던 충의당에 살아 있었다. '개무덤'이라 불리는 경주시 내남동 이조리에 자리 잡고 있는 고색창연한 종택 곳곳에는 과거와 현대의 장점들이 공존하고 있었다.

장군의 손때 묻은 유물들이 살아 숨 쉬고 15대 종손의 윤택한 삶도 함께 있었다. 세월의 이끼에 묻어난 기와솔(瓦松)이 아름다운 솟을대문에서 큰 소리로 "이리 오너라" 하고 소리치면 행랑채에서 하인이 달려나올 듯했다. 앞뜰과 후원도 잡 하나 없이 정돈돼 있었다. 이 댁의 밝고 훈훈한 온기는 15대 종손 최채량(취재 당시 67세) 씨와 종손을 선생님처럼 따르는 종부 이영주(취재 당시 50세) 씨가 만들어가고 있었다.

종택의 이러한 변화는 종손이 10년 전 종가에 정착하면서부터. 종손은 '집이란 사람이 살아야 오래 보존되며 사람이 살기 위해서는 생활에 불편함이 없도록 해야 한다'는 판단을 하고, 문화재 제88호로 지정받기 전에 생활에 편리하도록 건물 일부를 수리했다.

충의당(忠義堂)은 경주 최씨 사성공파 잠와 최진립 장군의 사당을 모신 대종가다. 종가에서는 훌륭한 후손이 많이 배출되었다. 9대 진사 12대 만석꾼의 재력가 '경주 최부잣집'의 선대가 이 댁에서 출생했고, 동학의 창시자 수운 최제우(水雲 崔濟愚, 1824~1864) 선생도 이곳 종가의 후손이다. 구한말의 유림 의병장 면암 최익현 선생, 한글학자 최현배 선생도 종가의 후예들이다. 병자호란 때 최진립 장군이 그랬듯이 그의 후손들도 나라가 어려움에 처했을 때는 주저 없이 앞장서 맹활약했던 것이다.

현대식으로 재탄생한 종가의 한옥

담쟁이 넝쿨이 돌담을 휘감고 있는 종택의 솟을대문에 들어서면 동쪽으로 잠와 선생의 불천위를 모신 사당이 있다. 사당을 비켜 남향으로 앉은 사랑채 충의당은 종손이 붓글씨와 한문을 가르치는 서실로 활용하고 있다. 사랑채를 거치지 않고 안채로 가는 남쪽 문으로 들어서면 여자들의 공간인 안채가 보이는데 내부는 현대식으로 손질했다. 본체에 잇대어 방을 더 들여 안방으로 쓰고 있다.

재래식 부엌은 싱크대를 안으로 들여 사용하기 편리하게 고쳐놓았다. 화장실도 현대식으로 안채 곁에 달아내 밖으로 나가지 않게 했다. 그런가 하면 툇마루에 유리창을 달아 보온성을 높이면서 앞뒤 정원의 자연을 즐길 수 있게 했다. 콩기름을 먹인 노란 온돌 장판의 안방은 그대로 살려 서재 겸 손님 접대실로 사용하고 있었다.

아파트 못지않게 실생활은 편리하면서 도시에서 누리지 못하는 자연을 그대로 즐길 수 있어 좋아 보였다. 쪽마루에서 바라본 앞뜰에는 8각으로 나지막이 둘러쳐진 장독 담의 짙푸른 이끼 사이로 모과가 뚝뚝 떨어져 뒹굴고, 철없이 피어난 진달래의 붉은빛이 투명한 가을 햇볕을 고즈넉이 받고 있다. 고졸한 전통한옥의 품격을 그대로 살리면서도 편리함을 접목한, 전통과 현대의 조화가 절묘하게 이루어진 아름다운 고택이었다.

자동차 정비자격증 있는 신세대 맏종부

종손과 종부는 나이 차를 뛰어넘어 오누이같이 다정하다. 결혼 13년째 접어드는 부부는 종택을 종택답게 다듬고 있었다. 종손은 고려대학교 국문학과를 나와 서울에서 교편생활을 했다. 종부는 대구에서 대학을 졸업하고 서울에서 직장생활을 하다가 잠시 쉬고 있을 때 이웃의 소개로 종손을 만나게 되었다 한다. 종손이 전 부인과 사별한 후 잠시도 종부의 자리를 비워둘 수 없다는 문중의 압력으로 선을 보기 시작했을 때였다. 종손은 반드시 처녀장가를 들어야 한다. 그래야 문중에서 종부 예우를 받을 수 있고, 사후에도 사당에 들어가 4대에 걸쳐 제사를 받을 수 있도록 한 유교사회의 종법(宗法)을 지킬 수 있기 때문이다.

당시 종손의 나이는 54세로 재혼하기가 쉽지 않았다고 한다. 이미 전부인과의 사이에 3남 1녀의 자녀가 있고 고령의 시어른까지 모셔야 하는 집안

▲ 잠와 선생의
불천지위와 4대조가
모셔진 사당.

▼ 사랑채의 편액,
충의당. 잠와 선생의
나라 사랑하는
마음이 느껴지는
힘 있는 글씨가
돋보인다.

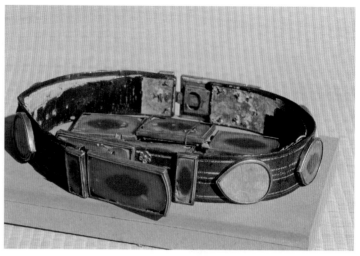

에 시집올 마땅한 여자를 찾기가 쉽지 않았던 것이다. 게다가 일 년에 12번의 제사를 치러야 하는 대종가에….

◀ 선생의 5대조가 사용했다는 용이 승천하는 형상이 새겨진 향로. 연대가 오래되고 조각이 독특해 국보감이라고 한다.

▶ 선생이 관복을 입을 때 허리에 두르던 자마노로 만든 각대.

　그런데 종부는 19년 연상의 종손에게 어떤 생각으로 혼인을 허락한 것일까? 인연이 되려고 했는지 종부는 당시 직장을 쉬고 있었고. 바쁜 생활을 하다 모처럼 여유가 생기자 사람이 그리웠다고 한다. 나이가 나이인 만큼 까닭 모를 외로움도 슬그머니 가슴에 자리하더라는 것이다. 당시 종손은 "당신 같은 사람은 우리 집에 시집오면 고생만 한다"고 오히려 멀리하려 했다 한다. 하지만 만나면 만날수록 상대를 배려할 줄 아는 자상함과 단호하면서도 부드러운 성품이 서른일곱 노처녀의 가슴에 따뜻한 불씨로 와닿아서인지 종가의 무거운 책무에는 그다지 신경이 쓰이지 않았다며, 종부는 그 당시의 기억을 떠올린다. "어렵겠다는 생각이 들었지만 실제 당해보니까 그럭저럭 하게 되더라"며 종가살이의 일상을 대수롭지 않게 말하지만 그 고초가 어땠을까는 짐작이 가고도 남음이 있다.

　종부는 시집오자마자 시어른의 병수발을 도맡았고 돌아가신 후에는 3년 상을 치르면서 아침·저녁 상석을 올렸다. 연이어 둘째 아들을 혼인시키고, 중풍으로 대소변을 받아내야 하는 시어머니 시중까지 훌륭하게 감당했으니 종부로서 큰일은 다 치른 셈이다. 특히 두 달씩 또는 한 달씩 양 시어른의 대소변을 받아내는 일에도 지극 정성으로 임했는데, 이로 인해 문중 사람들의 신임을 얻게 되었다고 한다. 문중 사람들은 그제서야 집안에 옳은 사람이 들어왔다며 안심하기 시작했다는 것이다. 고학력의 종부가 내심 불안했던 것이다.

◀종가에서 누대로 전해오는 모사 그릇. 제사를 모실 때 이 띠의 묶음 위에 술을 세 번 따라 강신한다. 모래와 띠를 제사 때마다 바꾸지 않고 그대로 사용하는 것이 이곳의 특징이다.

▲조선시대 신분을 나타내는 호패. 최진립이라는 성명과 태어난 해의 간지, 무과에 합격한 해 등이 꼼꼼하게 적혀 있다.

종손은 "나보다 아이들이 어머니를 더 따르고 좋아해 그것이 가장 마음 놓이고 고마웠다"라고 말한다. 문중에서는 종부에게 은근히 아이 낳기를 바랐지만 종부는 "4남매 모두 착하고 좋은데 무슨 자식이 더 필요합니까. 막내 (시집올 당시 중3)를 친자식처럼 여기며 살겠습니다"라고 자신의 입장을 분명히 했다. "어차피 늦은 혼인에 아이까지 낳아 고생하고 싶지 않았고 본인의 아이가 없어야 전 부인 애들에게 잘할 수 있을 것 같았다"며 자녀들이 자신을 믿고 따라주어 고맙다고 했다. 또 모두 효성이 지극하다는 자랑을 늘어놓기도 했다.

종부 이영주 씨는 조용히 종손을 내조하는 그림자 같은 존재가 아니다.

최진립 장군의
행장이 새겨진
신도비. 나라에
큰일이 있을 때마다
비석이 땀을
흘린다고 알려져
있다.

628

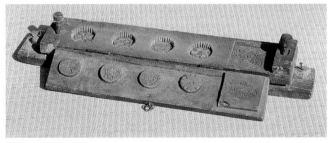

섬세하게 문양이
새겨진 다식판.
일반적인 다식
문양에서는 보기
힘든 닭 문양이 있다.

자기 목소리를 분명하게 낼 뿐 아니라 활동적인 문중 일을 통해 종가의 분위기를 일신했다. 종부의 활달한 성격은 남자들도 따기 힘들다는 자동차 2급 정비사 자격증 취득에 이르렀다. 일 년에 12번이나 되는 제사를 준비하려면 장을 보는 일도 만만치가 않아 자동차를 직접 몰며 장을 보다가 문득 비상시를 대비해 정비기술을 익혀두면 쓸모가 있지 않을까 하는 생각에 틈틈이 기술을 익혔다고 한다.

편견 없는 최씨 문중의 인간미

400여 년 전 최진립 장군은 스물다섯의 젊은 나이로 임진왜란 때 의병을 일으켰다. 스물일곱에 무과에 급제하여 경흥도호부사, 공조판서 겸 오위도총부 등 관직을 두루 거친 청백리로서 유림의 사표였다. 또한 정유재란 때는 결사대를 조직해 왜적을 토벌했고, 병자호란이 일어났을 때는 예순아홉의 노령에도 "내 늙어 전쟁에 합당치는 않으나 늙은이라도 어찌 죽음으로 국은에 보답하지 못하리오"라며 노비인 옥동, 기별과 함께 전쟁터로 나갔다. "나를 따라 죽을 필요는 없다. 너희는 피신하라"고 했지만 이미 두 사람은 장군과 최후를 함께하기로 결의한 상태였다.

충성스런 두 노비의 죽음을 높이 산 종가에서는 정무공의 제삿날인 음력 12월 27일에 문중 어른 중 두 사람이 노비의 제주가 되어 주인을 위해 순직한 두 노비의 충심을 기리는 제사를 지금까지 지내고 있다. 신분의 격차를 엄격하게 지켰던 유교사회에서 양반가 후손들이 노비의 제사를 지낸다는 것은 생각조차 할 수 없는 일이다. 편견 없는 최씨 문중의 인간미를 엿볼 수 있는 미담 중에 미담이 아닐 수 없다.

"한 집안의 내력이 유실 없이 오늘날까지 내려오는 문중은 좀체 드뭅니다. 6·25 때는 집안 문서며 유품을 마당과 부엌에 묻고 피난을 갔습니다. 돌아와 가장 먼저 찾았던 것도 바로 이것이었고요. 부엌에 묻었던 것은 손상이 없었는데 마당에 것은 습기 때문에 문류(文類)가 절반이나 손실되어 너무 아쉽습니다."

그동안 시간이 없어 유물을 제대로 정리하지 못했는데 이제부터는 귀중한 문서를 하나씩 번역하는 일로 여생을 보낼 생각이라는 종손은 이미 1705년 당시 이 마을의 자치규약이었던 『이조동안(伊助同案)』 12절목을 번역

해두었다 한다.

종손이 퇴직금 일부를 털어 만든 경모각(景慕閣) 유물관은 박물관 전시실을 방불케 한다. 잠와 선생이 전쟁터에서 사용했던 칼이며 벼슬에 임명됐던 당시의 교지, 목판일기, 각종 고문서, 호패, 관복을 입을 때 두르던 자마노의 각대 등 진귀한 물건이 가득하다. 특히 잠와 선생의 5대조가 사용했다는 용상의 향로는 그 섬세한 모습에 벌어진 입을 다물지 못하게 된다. 적지에서의 생활이 많았기 때문인지 장군의 유품 중에는 가족의 안부를 묻는 말과 "어른을 공경하고 집안을 잘 보살펴라"는 내용이 많다.

나라에서는 장군 사후에 그의 애국충절을 기려 정2품의 병조판서로 벼슬을 높였다. 정무공(貞武公)이란 시호를 내리는 한편 인조 임금은 제물(祭物)을 직접 내리면서 "그대의 충절과 청렴한 정신, 무관으로서 지켜야 할 의리는 청사에 남아 후세에 사표가 될 것이며 그 청백리 정신을 흠모한다"라고 한 제문(祭文)을 함께 보냈는데, 그 제문은 종가의 가보로 전해진다.

종택에서 얼마 가지 않은 거리에 있는 장군의 신도비는 인조 때 대사간 황호가 지은 장군의 행장이 그대로 새겨져 있다. 나라에 큰일이 있을 때마다 비석에서 땀이 흘러 보는 사람들이 신기해한다. IMF 외환위기 사태가 터지기 직전 모 방송국 기자가 취재 왔다가 비석의 땀을 보고 놀랐다고 한다. 또 종가 옆에는 잠와 선생이 심었다는 회나무가 있는데 두 번이나 고사될 뻔했다가 다시 살아나 푸른 잎을 피워 신령스런 나무로 소문이 나 있다.

30년 된 아파트를 재건축하는 현대에 400년 된 집과 유물과 조상의 정신을 이어가고 있는 종가야말로 이 시대 사표가 아닐까 싶다.

630

◀ 종가를 밝고 훈훈한 분위기로 지켜가는 종손 최채량 씨와 종부 이영주 씨.

▶ 왼편의 건물이 충의당이다. 오른쪽은 유물이 정리 되어 있는 경모각이다.

◀ 제상에 반드시
오르는 도라
지정과와 약과.

▶ 청백사에 기록될
만큼 청렴 하게
살았던 충의당의
내림음식은
양반들의 화려한
음식과는 거리가
멀다. 두엄더미
속에서 일주일썩
삭혀야 하는 집장이
이 댁의 대표적인
내림음식이다.

종부의 반짝이는 지혜로 탄생한 전기밥솥 집장

청백사에 기록될 만큼 맑게 살았던 충의당의 내림음식은 양반들의 화려한
음식과는 거리가 있어 보이는, 소탈한 집장과 제상에 오르는 약과와 정과가
있다.

특히 두엄더미 속에서 일주일씩 삭혀야 하는 토속음식으로만 알고 있었
던 집장을 만드는 법은 종부의 반짝이는 지혜로 아파트에서도 간단히 만들
수 있다. 종부가 개발한 전기밥솥에서 만드는 집장은 24시간이면 먹을 수 있
었다.

집장의 주 재료는 하얀 박과 메줏가루다. 만드는 법을 살펴보면 먼저 메
줏가루를 준비한다. 적당히 익은 하얀 박은 껍질을 깎고 씨를 발라낸 다음 깍
둑썰기를 한다. 어린 무청은 씻어 반으로 썰고 풋고추는 꼭지 일부를 잘라내
고 부추를 씻어놓는다. 물엿도 조금 준비한다. 부추를 뺀 박과 무청, 풋고추
는 소금에 1시간 30분 정도 절였다가 소금기를 빼고 부추를 넣어 메줏가루에
버무린다. 이때 물엿을 넣는다. 버무려진 채소는 전기밥솥에 넣어 보온으로
24시간을 삭힌다. 삭혀진 집장은 중간 불에 올려 10분 간 뒤적이며 채소의
수분이 남지 않도록 조린다. 전기밥솥에 삭혀 만든 집장은, 채소는 섬유질이
강한 줄기만 남고 하얀 박은 채소와 메주 맛이 흠뻑 배어 투명한 갈색이 돌고
달달하며 고소한 맛이 난다. 장맛이 나지 않아 술 안주나 도시락 찬으로도 좋
아 보였다.

약과는 제상에 오르는 제물이자 제사를 마치고 돌아가는 제관이나 문중
사람들의 봉송(奉送)용이다. 정무공 제사는 문중의 참석자와 외지 손님으로

제사를 모시기 위해
사당에서 신주를
모셔 오는데 이것을
출주라 한다.

평균 100명이 넘는다. 봉송용 약과는 3킬로그램짜리 밀가루 한 봉지를 쓴다. 밀가루 3킬로그램에 들어가는 재료는 식용유 1컵, 참기름 1컵, 소주 1컵, 계란 5개, 꿀 1컵, 생강즙 1컵, 계핏가루 1컵과 소금 약간을 준비한다. 밀가루에 계핏가루와 소금, 참기름을 넣고 고루 섞어 체에 내린 다음 나머지 재료들을 넣어 반죽한다. 홍두깨로 밀어 네모나게 잘라 기름에 튀겨 집청 꿀에 묻힌 다음 통깨를 솔솔 뿌린다. 약과의 모양도 제사의 규모에 따라 대약과, 중약과, 소약과로 만드는데 잠와 선생의 대제에는 대약과로 네모나게 만든다.

약과와 더불어 도라지정과도 제사상에 필수로 오르는 음식이다. 이 댁의 도라지 정과는 일반적인 방법보다 지혜롭다. 도라지의 단단한 심을 제거해 도라지를 끓는 물에 데친 후 그늘에서 꾸덕하게 말려 정과를 만드는 것이다. 통도라지는 반으로 갈라서 가운데 단단한 심을 제거하고 끓는 물에 소금을 약간 넣고 살짝 데쳐서 찬물에 헹구어 건진다. 건져둔 도라지를 채반에 담아 물기가 가시도록 꾸덕하게 말린다. 냄비에 물엿, 설탕을 반씩 섞고 물과 소금 약간을 넣어 시럽을 만든다. 시럽 물에 도라지를 넣고 센 불에 올려 끓기 시작하면 불을 줄여 서서히 조리는데 보통 4~5시간이 걸린다. 시럽 물이 졸아들면 꿀을 넣어 위아래를 잘 섞고 잠시 더 윤기가 나도록 조린다. 정과를 조릴 때에는 곁에서 지키보면서 불 조절도 해야 하고 거품도 말끔히 걷어내야 조린 후에 유리처럼 투명하고 노란빛이 돈다.

선생의 불천위
제사는 사랑채인
충의당의 방에서
병풍을 치고
지냈다. 헌이 끝나고
독축관이 축을 읽을
동안 제주가 무릎을
꿇고 머리를 조아린
채 경청하고 있다.

불천위 제사 후 치르는 노복의 제사

잠와 선생의 불천위 제례 때 잠와 선생과 함께 순직한 두 노비의 제사를 지낸
다기에 이 특별한 제사를 보기 위해 2000년 2월 1일(음력 12월 27일) 종가를
다시 찾았다. 음력설을 3일 앞둔 날씨는 엄동설한(嚴冬雪寒) 그 자체였다. 안
채로 들어서니 벌써부터 제사 준비가 한창이었다. 불천위 제사에 쓰일 제수
품들은 문중의 유사들이 장을 보지만 음식 준비는 부인들의 몫이다.

아무리 현대식으로 개조한 부엌이라지만 찬바람 단속이 제대로 되지 않
아 손이 시렸다. 하지만 부인들은 제례 음식 만드는 데 정신이 팔려 추위를
잊은 듯 열기가 대단했다. 본편 위에 올릴 조악을 튀기고, 나물을 볶느라 손
길이 분주했다. 부엌에서 만들어진 음식은 안채 마루에 옮겨져 제기에 담는
다. 제기에 제물을 담는 일은 남녀가 분담한다. 하지만 떡을 쌓는 일은 여자
의 몫이다. 콩시루떡과 껍질 벗긴 팥시루편을 본편으로 하여 그 위로 올리는
웃기떡이 다섯 가지다. 넓이와 길이를 맞추며 우물 '정(井)'자로 쌓은 떡의 높
이는 16층이 되었다.

술 안주로 오르는 적은 남자가 담는다. 어적(魚炙)과 육적(肉炙)도 꼬치
로 만들어 우물 '정(井)'자 모양으로 쌓아 올렸고, 소적(蔬炙)과 계적(鷄炙)을
담는 일도 마찬가지다. 밤과 대추, 땅콩고임을 쌓는 일 역시 예사 솜씨로는

잠와 선생의 제사가
끝나면 밥과 국을 뺀
상을 그대로 마루로
옮겨 와 두 노비의
제사를 지낸다.

어림없어 보였다. 초저녁부터 시작한 음식 쌓기는 제사 시각 직전까지 무려
7시간이 걸렸다. 공들여 쌓아 올리는 제물을 보면서 제례에는 정성을 쏟지
않으려 해도 절로 정성이 깃들 수밖에 없을 것 같다는 생각이 절로 일었다.

　　불천위 제상에 오를 제물을 살펴보면 밥, 국, 술과 다섯 가지 탕, 네 가
지 적, 다섯 가지 나물을 기본으로 하고 마른안주로 대구포 위에 문어와 홍
합포를 올려 3포가 되었다. 후식으로는 16층 떡이 올랐고, 유과를 비롯한 네
가지 조과(造菓)도 있었다. 또 과일은 아홉 가지인데, 여기에 마실 거리로 식
혜가 오른다.

　　요즘은 가족들이 각자 흩어져 살고, 직장에 다니기 때문에 밤 9시나
10시에 제사를 지내는 집이 많다. 하지만 종가의 불천위 제사는 지금도 자정
인 12시경에 시작된다. 전국에서 참석한 사람은 100여 명이나 되었다. 모두
다 추위를 무릅쓰고 도포와 유건을 준비해왔다. 예복을 갖추지 못하면 아무
리 항렬이 높다 하더라도 제상 가까이 서지 못하고 뒤에 서야만 한다. 전통과
예를 숭상하는 문중 사람들의 자세에서 명문종가임을 다시 한 번 확인할 수
있었다.

　　자정이 다가오자 사랑채인 충의당 방에는 병풍을 치고 그 앞에 제상이
놓여진다. 제물은 과일부터 시작하여 식어도 괜찮은 음식 순서로 차려진다.
제사의 시작은 종손이 손을 씻는 관세(盥洗)로 시작된다. 불천위 제사의 제주
는 대종손 최채량 씨다. 관세가 끝나면 제주가 등불을 든 집사를 앞세우고 사

당에 가서 오늘이 기일임을 고하고 신주를 모셔온다. 사랑채에서 사당까지 바닥에 천을 깔아 신주를 모시는데 그 지극한 정성이란 이루 말할 수 없었다.

신주를 교의에 모신 후 제주를 비롯한 참례자 모두 두 번씩 절을 하여 신을 맞이한다. 그 다음에는 분향강신의 차례이다. 제주는 향을 피우고 집사가 따라준 술잔을 모사에 세 번 나누어 부어 혼백을 모신다. 강신 후 제주가 재배를 하고 나면 메와 탕을 상 위에 올린다. 이후부터는 초헌, 독축, 아헌, 종헌, 첨작, 삽시정저, 합문, 개문, 헌다, 철시복반, 사신 순으로 진행한다. 보통은 사신 후 철상을 하고 음복으로 이어지는데 이 댁에서는 상 위에 놓여진 국과 밥, 술잔을 내린 후 그대로 상을 들고 충의당 대청으로 나갔다.

한편 대청 한쪽에 상을 놓고 주인을 위해 목숨을 던진 노복의 제사를 모신다. '고충노옥동지신위(故忠奴玉洞之神位)', '고충노기별지신위(故忠奴奇別之神位)'라 써서 교의에 올린다. 제주는 문중에서 정한다. 노복의 제사는 주인의 상을 물려받고 밥과 국과 술만 다시 차려 올리고 종손을 뺀 모두는 두 번 절한다.

보통의 기제사에는 세 번의 잔을 올리고 축을 읽지만 노복의 제사에는 무축(無祝) 단작(單爵)이다. 비록 한 잔의 술이지만 노복들은 주인에게 충성한 은혜를 수백 년을 두고 받는 셈이다. 신분제도가 엄격했던 조선시대에 양반의 절을 받을 수 있는 노비는 없다. 후덕한 인심으로 은혜를 아는 주인을 만난 두 노복은 죽었지만 영원히 살아 있는 것이다.

경주 이씨
익제공파 이정빈 종가

욕심을 버린
안빈낙도의 삶에 녹아든 품격

637

경주 이씨 익제공파 이정빈 종가

종가의 우물물을
끓여 막 피어난
동백꽃잎으로 차를
우렸다.

"재물과 사람과 문장을 빌리지 않는다는 '삼불차(三不借)'란 말이 있지요. 우리 집안은 이 정신을 380여 년간 지켜왔기 때문에 장수마을이 되지 않았나 싶습니다."

전남 영암군 영암읍 망호리에 있는 경주 이씨 집성촌 이정빈(李廷贇, 1645~1728) 선생의 종손 이재선(취재 당시 74세) 옹이 장수마을로 지정된 까닭을 이렇게 말하고 있다. 삼불차는 13대 동안 맏아들로만 대를 이어 자식을 빌려오지 않아 인불차(人不借)요, 글 하는 선비 집안으로 문장을 빌리지 않아 문불차(文不借)요, 조상이 내린 땅에 성실히 농사지어 재물을 빌리지 않아 재불차(財不借)라 했다. 한마디로 남에게 아쉬운 소리 하지 않아서 스트레스가 없었던 게 장수의 비결이라면 비결이라는 것이다. 여기다 임진왜란 때 순직한 종손의 14대조 이인걸(李仁傑) 이후 반가의 신분을 유지할 수 있는 진사 벼슬 정도로 만족하는 욕심 없는 삶의 철학이 조상 대대로 80세 이상 장수할 수 있었던 게 아닐까 했다.

'구구팔팔이삼사(구십구세까지 팔팔하게 살다가 이틀만 아프고 삼일째 죽자)'라는 말이 노인들 사이에서 유행한 적이 있다. 이 유행어에 걸맞은 경주 이씨들의 집성촌이 있다는 정보는 유교신문 영암주재 기자인 박은식 씨가 전해줬다. 그의 추천대로 장수촌을 찾아 길을 떠난 날은 봄 안개가 자욱했다. 산수가 얼마나 수려하기에 장수마을이 됐을까? 특별한 음식도 있겠지, 어떤 취미활동을 하는지, 운동은 몇 시간이나? 도시적인 궁금증을 품고서 찾아간 마을 입구엔 '장수마을', '친환경 시범마을'이란 입간판이 이미 걸려 있었다.

영암의 명소 월출산 천왕봉이 굽어보는 곳, 청정한 대숲이 에워싼 나직한 마을터는 풍수지리적으로 배 모양이라 했다. 배는 돛대가 있어야 망망대해에 나갈 수 있듯 마을의 구심점인 문중 사당 영호사(靈湖祠) 앞엔 회화나무를, 마을 건너편에 참나무와 소나무를 심어 완전한 명당을 만들었다.

일반적으로 65세 이상 노인인구 중에 80세 이상이 30퍼센트를 넘을 경우 장수마을로 분류된다. 그러나 나이만 많고 병들어 누워 있으면 장수라 할 수 없다. 현대가 가장 무서워하는 당뇨 환자도, 암을 앓고 있는 분도, 중풍으로 쓰러진 사람도 이곳엔 없다. 80세가 넘어도 집안일은 물론 자신의 농토를 직접 일구면서 하루 10리 길은 너끈히 걷는다. 93세이신 이갑희(李甲熙) 옹도 버스를 타고 광주의 아들 집에 혼자 다녀올 정도로 건강한 삶을 누리고 있어 영암에서도 유일하게 건강장수마을로 선정됐다.

노인들의 천국, 농촌생활

해발 800미터가 넘는 월출산 천왕봉에서 흘러내리는 물이 마을 앞으로 흐른다. 맥반석이 많이 함유돼 1급 약수로 이미 판정 받은 일도 있는 이 물은 공해가 심하지 않았던 50년 전만 해도 흘러가는 냇물을 받아 식수로 썼고, 농수가 되어 벼가 자라고 콩이 컸으니 일상의 음식은 약이 될 수밖에 없다. 장수의 첫째 요건은 좋은 물이라 한다. 인체의 70퍼센트가 물로 구성 돼 있기 때문이다. 이 마을 사람들의 건강은 월출산 물이 이미 받쳐주고 있었다.

이런 자연환경이 필수 조건이라면 여기에 주민 간의 공동체 생활의 화합도 건강한 삶에서 빼놓을 수 없다. 하루 일과 중 밭일과 집안일을 뺀 대부분의 시간을 경로당에서 보내는데 마을 입구에 있는 회관에는 50여 명은 족히 어울릴 수 있는 널찍한 공간이 있다. 농한기에는 여기서 보내는 시간이 집에서 보내는 시간보다 많다. 평생을 같이 살아온 마을 사람들과 세상 돌아가는 이야기, 자식들 사는 이야기를 나누다 보면 어느새 하루해가 저문다.

도시의 노인들 대부분은 말 상대가 없어 외로움과 적적함으로 빨리 늙는다고 하지만 이 마을 노인들은 태어날 때부터 함께해온 이웃이 있어 외롭지 않다. 할머니들은 시집왔을 때부터 같이 살아온 사이로 모두가 한 식구 같다. 때로는 부녀회원들이 맛있는 음식을 만들어주고, 외부에서 젊은 강사들이 찾아와 종이 접기, 연 만들기, 화분 공예, 숯 공예 같은 색다른 경험도 하게 된다. 요즘은 기체조에 컴퓨터 교육까지 한다. 이처럼 근심을 없애고 넉넉

함을 주는 마을 경로당 공동체 생활이야말로 주름살을 멈추게 하는 중요한 요인으로 생각하고 있다.

재지양반 품격 갖춘 향촌 사람들

한때는 주민이 700여 명이나 되는 재지양반(在地兩班)으로서 품격을 갖춘 사당은 물론 강학당도 있어 자긍심이 대단한 집성촌이었다. 이날도 먼 길 찾은 손님을 정중히 맞이하기 위해 마을 어른들이 영호사에 모여 있었다.

"이 마을에 처음 주춧돌을 놓은 분은 정미사화를 피해 오신 이반기(李磻琦) 선조이십니다. 족보를 살펴보면 입향조 이후 평균수명이 팔순을 훌쩍 넘겨 천수를 다한 것으로 나타나고 있습니다. 의학이 발달하지 않았던 시대에 80세 이상이면 요즘의 100세와 같다고 볼 수 있지요. 3년 전에 105세로 타계한 어른도 돌아가시는 날까지 생활을 스스로 해결하셨거든요."

광주우체국장으로 일하다 정년퇴임하고 마을일을 돌보고 있는 이대희(취재 당시 73세) 씨는 경주 이씨들의 DNA 속엔 이미 장수의 피가 흐르고 있을 것이라 했다.

"이웃이 모두 친족이니 속이거나 욕하거나 헐뜯거나 욕심내지 않아 화를 내는 일이 많지 않습니다. 권력을 탐하지 않으니 마음이 편해 잠을 잘 청할 수 있고, 스스로의 노동으로 수확한 자연식으로 하루 세 끼 밥 잘 먹는 게

입향조 이후 평균
수명이 80이 넘는
장수마을, 전남
영암의 망호리
마을은 경주 이씨
집성촌이다. 먼 길
찾은 손님을 정중히
맞이하기 위해 마을
어른들이 문중 사당
'영호사'에 모였다.

마을의 구심점인
문중 사당
'영호사'에는 경주
이씨 중시조로 고려
말 재상을 지낸
익제 선생의 영정을
모셨다.

장수의 비결이지요. 운동을 따로 할 필요도 없습니다. 마을을 한 바퀴 도는 것만으로도 도시에서 1시간 운동하는 체력 소모가 되니까요." 문중 일을 돌보는 이상윤(취재 당시 76세) 씨의 설명이다.

"도시에서는 60세도 안 되어 정년퇴직하여 소일거리가 없어 무료한 나날을 보내고 있지만 농촌에서는 건강이 악화되는 그날이 정년이라 할 수 있을 겁니다. 문중분들 중엔 교과서에 나오는 참빗 기능 보유자도 있고 세월이 가르쳐준 지혜로 우렁이 농법으로 농가 소득을 올리고 있습니다."

마을의 최연소자로 심부름을 도맡아 하는 이장(里長)이라며 자신을 낮추는 이경호 씨는 종손이신 아버지와 어머니를 모시고 부인 유순임(취재 당시 57세) 씨, 아들 수간(취재 당시 28세) 등 3대가 한집에서 오순도순 살아가는 부지런하고 선해 보이는 농부 그 자체였다. 현대증권 본사와 1사 1촌 자매결연을 맺어 쌀 판로개척과 농촌 건강장수마을 육성 등 농가 소득 증대에 기여한 공로로 농림부가 주최한 제11회 농업인의 날에 국무총리 상을 받았다. 이외에도 다양한 상을 휩쓴 그는 이 모든 영광은 바로 경주 이씨라는 자부심 하나로 뭉친 집성촌이었기에 가능하다고 했다.

고조, 증조, 할아버지, 아버지 서열로 4대의 항렬이 다 모인 열다섯 분의 어르신들은 나름대로 장수의 비책을 내놓았다. 그 말속엔 자연에 순응하며 자족하는 것, 혈연관계로 이루어진 공동생활이 주는 편안함이 장수의 비결이라는 사실을 깨닫게 했다.

동백꽃전과 연잎차로 고유제를

이날 차종손은 문중 어른들과 함께 중시조로 우러러 모시는 고려 말 재상을 지낸 익재 이제현(益齋 李齊賢, 1287~1367) 선생의 영정 앞에 차 한잔을 올렸다. 마을에 특별한 일이 있으면 고하는 고유제다. 차는 지난가을 마을 앞 연밭에서 수확한 연잎으로 차종부가 만든 연잎차다.

"익재 할아버지 문집에 보면 중국 차보다 우리나라 작설차(雀舌茶)가 우수하다는 시를 남겼고, 신라 화랑들이 강릉 한송정에서 차를 마시기 위해 준비한 차 맷돌이 유적으로 남아 있다는 기행문도 볼 수 있습니다."

이같이 차 마시는 일을 즐겼던 선조의 취향대로 고유를 할 때에는 술이 아니라 차를 올리기도 한다. 차를 올릴 때는 그 계절에 피는 꽃잎으로 화전을 만들어 다식으로 올린다. 이날은 사당 뒤 동백나무에서 붉게 핀 꽃잎을 따서

지난해 마을 앞
연밭에서 채취한
연잎으로 만든 차를
달였다.

화전을 만들었다. 진달래화전, 국화전은 익히 알고 있으나 동백화전은 흔히 접할 수 있는 요리가 아니다.

문중분들이 긍지로 내세우는 보물이 있다. 바로 경주 이씨들의 역사가 살아 있는 족보. 문중일을 보고 있는 도유사 이상채(취재 당시 78세) 씨는 "이 족보는 조선 숙종 때인 1648년에 경주 이씨들이 만든 숭묘갑자년 족보입니다. 이뿐 아니라 100년 후인 1748년 영조 때 만든 무진보와 1814년에 만든 갑술보 등 모두 66권이 낙질 없이 고스란히 간직돼 있어요. 전국에 산재해 있는 경주 이씨들이 갖지 못한 유일한 족보로 보물 중에 보물급이라 할 수 있습니다."

문중에서 소중히 간직하고 있는 또 하나의 보물은 '대동계' 문서이다. 문중 여러 파의 종손들만 가입할 수 있는 대동계는 그 연륜이 200여 년이나 된다. 가문의 경조사가 있을 때마다 대동계비가 지출되는 대차대조표가 고스란히 기록돼 있어 시대별로 물가 시세까지 엿볼 수 있다. 초복 날엔 영양가 있는 음식을 만들어 노인들의 건강을 챙기는 일도 대동계비에서 지출된다. 지금도 이어가고 있는 대동계로 하여금 문중 화합은 더욱 잘 이루어지고 있다.

이 마을 사람들은 소장하고 있는 귀중한 문서들을 문화재로 등재하려 나서지 않았다. 조상 대대로 귀하게 여긴 물건을 소중히 보관하는 게 후손 된 자의 도리라 여겼다. 1916년에 지어진 사당 영호사 등 마을 전체가 문화재급이면서 나라에서 알아서 등재해주면 몰라도 문중 사람들이 나서서 자랑하며 등록하려 애쓰지 않았다. 문중의 귀한 문서들을 보면서 숭례문 화재 사건이 떠올라 소중한 문화재가 잘 관리됐으면 하는 바람을 남기고 왔다.

종가의 우물 '달천수'

사당 영호사 옆에 있는 종가 건물은 특별하지 않았다. 마을을 구성하고 있는 35채의 한옥과 다를 바 없었다. 우뚝 솟은 대문도, 사랑채·행랑채 같은 부속 건물도 없다. 달랑 25평 한옥 한 채다. 그러나 집 안에 들어서면 보기 드문 우물이 큰집 살림살이의 상징으로 남아 있다. 옆에 수도꼭지가 있음에도 12미터 깊이에 두레박으로 퍼 올린 샘물을 지금도 사용하고 있었다. 여름엔 시원하고 겨울엔 따뜻해 한겨울에도 이 물을 길어 그대로 씻는다고 한다. 종부는 우물에 대한 추억 한 토막을 전해준다.

"이 우물 때문에 일 많은 종가에 시집온 선조 할머니들이 계셔요. 당시엔 마을에서 떨어진 먼 곳에 우물이 있어 물 길러 다니는 일이 무엇보다 힘들었거든요. 종가에 시집가면 물 긷는 일은 안 해도 된다는 말에 솔깃해 시집을 오셨다고 했습니다."

플라스틱 두레박이 맑고 깊은 우물의 정서를 헤쳤지만 물은 달았다. 그래서 감천수(甘泉水)라 했다. 퍼 올린 생수를 벌컥벌컥 마시는 차종손은 종가 사람들의 장수 비결은 이 우물물에 있다고 믿는다. 우물은 수인성 전염병을 옮길 수도 있는데 이 댁에선 그런 병으로 세상을 떠난 사람은 한 사람도 없다고 했다.

종가에 들어서면 소박한 모습의 보기 드문 우물이 큰집 살림살이의 상징처럼 남아 있다. 아직도 사용하고 있는데 여름엔 시원하고 겨울에는 따뜻하다. 물 맛 또한 달아 '달천수'라 부른다.

마을분들이 큰집 어른으로 공경하고 있는 종손은 두루마기를 갖춰 입고 엄숙한 자세로 책상 위에 놓여 있는 족보를 펼치며 가문의 내력을 설명했다.

"우리 경주 이씨들의 시조는 알평공이십니다. 이후 많은 파가 형성돼 있지만 익제공파 9대손인 이반기 선조가 1547년께 이곳으로 터를 옮긴 후 460여 년 살아왔습니다. 저희 집은 입향조 증손자의 넷째 아드님 죽와공(竹窩公)께서 이 집으로 분가를 나와 제 손자까지 13대째 이대로 살고 있습니다. 특히 맏아들로만 대를 이어 양자를 들이지 않아 인불차가 됐습니다. 조상이 남긴 논 농사만으로도 재물은 빌리지 않아 재불차가 되었고요. 내세울 만한 큰 벼슬은 없지만 진사와 참봉 등을 지내면서 한학자로 살아와 문장을 빌려 본 일도 없습니다. 그래서 삼불차 집안이란 소리를 듣고 있습니다."

가훈 '언충신 죽독경'

종손은 17세 때 종부 신동연(취재 당시 75세) 할머니 사이에서 차종손을 얻었다. 일찍이 대 이을 아들을 보았으니 자식 걱정은 하지 않아도 됐다. 그래서인지 불그스레한 대춧빛 얼굴과 당당한 체구가 70대 노인으로 보이지 않았다.

"삼불차 말고도 우리 가훈은 '언충신 죽독경(言忠信 竹篤敬)'이 있습니다. 말에는 거짓이 없어야 하고 충성과 신의는 정직과 진심을 다해야 하며, 행동이 올바르고 인정을 두텁게 하여 타의 존경을 받아야 한다. 이렇게 하면 천하가 평화롭다고 했습니다. 이 가훈 때문인지 우리 마을은 효자를 많이 배출했습니다. 근세에는 효행상은 두 번이나 받았고, 5대조께서는 아버지가 돌아가시자 무덤 옆에 떳집을 짓고 3년간 시묘를 살았던 효행장이 남아 있습니다. 자손들에게도 일가족 화합하고 안빈낙도하는 선비정신을 가르쳤을 뿐 아니라 인근 마을 사람들까지 교육해 많은 제자를 양성했습니다."

종가의 족보를 꼼꼼히 살폈더니 대대로 80세 전에 돌아가신 분은 없었다. 이 마을이 장수 마을로 유명할 수밖에 없었던 건 집안의 혈통에서 장수의 유전성이 있었고, 가훈을 지켜가는 올곧은 정신으로 마음에 상처가 적었기 때문일 것이다. 벽에 걸린 빛바랜 흑백사진 속 초가삼간이 종가 사람들의 소박한 삶을 대변해주고 있었다.

족보 외에 문중에서 소중히 간직하고 있는 또 하나의 보물은 '대동계' 문서다. 문중 여러 파의 종손들만 가입할 수 있는 대동계는 그 연륜이 200여 년이나 된다. 가문의 경조사가 있을 때마다 대동계비가 지출되는 대차대조표가 고스란히 기록돼 있어 시대별로 물가 시세까지 엿볼 수 있다. 지금도 이어가고 있는 대동계로 인해 문중 화합은 더욱 잘 이루어지고 있다.

이 마을의 보물은 경주 이씨들의 역사가 살아 있는 족보로 66권이 낙질 없이 보존되어 있다.

수연상에 오르는 주머니 달걀쌈

노란 밀감색과 밀감 크기의 주머니 모양 달걀쌈은 정성과 손품이 많이 들어간 내림음식이다. 달걀이 지금은 흔한 재료이지만 전통 식생활에서 씨암탉이 낳은 달걀의 위상은 대단했다. 귀한 손님상이나 입맛 잃은 노인 상에나 오를 법한 재료다. 이런 귀한 재료에 종부들의 지혜와 솜씨가 더해진 달걀쌈은 잔칫상에 빠지지 않고 올랐다.

삶은 달걀은 껍질을 벗기고 반으로 자른 다음 노른자와 흰자를 분리한다. 곱게 간 쇠고기에 묵은 김치와 깻잎, 파를 잘게 다지듯 썰어 넣고 마늘, 깨소금, 참기름과 소금으로 간을 하여 물기 없이 볶은 다음 흰자 속에 채운다. 노른자는 베보자기를 깐 채반 위에 곱게 내려 소를 넣은 흰자를 노른자 가루에 놓아 베보자기를 실로 묶는다. 이때 보자기를 고루 잡아 당겨주어야 모양이 예쁘다. 베보자기에 싼 달걀을 찜통에서 5분 정도로 찐 다음 식혀서 보자기를 풀면 달걀쌈이 완성된다.

종가의 별미 달걀쌈은 며느리 맞이할 때 차려주는 큰상이나 부모님 수연례, 제사상 등 의례상에 오르고 주안상에는 가양주와 함께 술안주로 낸다. 그대로 올려야 보기는 좋지만 한입에 먹기는 크다 싶으면 사등분으로 썬 다음 초간장에 찍어 먹도록 한다.

장수 음식 고구마묵, 묵덕장

청포묵, 도토리묵, 메밀묵은 흔하지만, 고구마 묵은 일반적이지 않다. 수확한 고구마 중에는 상품가치가 떨어지는 못나고 작은 것을 골라 껍질을 깎은 다

빛깔과 모양이
고운 달걀쌈과
장 담그고 남은
메줏가루와
김장김치를
알뜰하게
활용한 묵덕장
등 내림음식은
이 댁 어른들의
무병장수를 돕는
음식이 아닐까.

음 잘게 썰어 믹서에 넣고 곱게 간다. 간 고구마는 베보자기에 받쳐서 꼭 짠 다음 건지는 버리고 그대로 가라앉힌다. 3시간 정도 가라앉힌 후 다시 물을 부어 갈아 앉히기를 세 번 정도 반복한다. 가라앉은 전분의 다섯 배 정도의 물을 붓고 소금을 조금 넣어 저어가며 끓이면 고구마묵이 완성된다. 편편한 그릇에 굳힌 다음 먹기 좋은 크기로 썰어 양념장에 찍어 먹거나 채소를 넣어 무친다. 양념한 묵으로 만든 묵비빔밥은 이 마을 노인들이 가장 좋아하는 음식이다.

노종부 신동연 할머니가 만들어준 묵덕장도 토속음식으로 특이했다. 음력 정월에 장을 담그고 남긴 메주를 절구에 콩콩 빻는다. 여기다 동치미 국물을 부어 메줏가루를 불린 다음 김장김치를 꼭 짜서 송송 썰어 넣고 다진 마늘, 깨소금, 다진 파, 소금으로 간을 한다. 하룻밤 묵혀 상에 올린다. 김장김치가 맛을 잃어갈 때 새로운 맛을 살리는 지혜로운 음식이다. 콩이 들어가 영양보충도 된다. 따뜻한 밥에 묵덕장을 듬뿍 넣고 김과 참기름을 더해서 비벼 먹으면 소화도 잘되고 이가 좋지 않은 노인들에겐 더할 나위 없는 봄철의 밑반찬이라 했다.

647

경주 이씨 익제공파 이정빈 종가

청송 심씨
인수부윤공파 심당길 종가

민족 차별의 아픔과 고독을 이겨내며
조선인의 긍지를 지킨 도자기 종가

종가 취재 13년 만에 이웃 일본에 있는 종가까지 찾아 나섰다. 정유재란 때 무관계급으로 전쟁에 임했던 청송 심씨 인수부윤공파(仁壽府尹公派) 후손인 심당길(沈當吉) 도자기 종가다. 1598년 조선의 남원에서 일본 사쓰마(薩摩)에 포로로 끌려간 후 지금까지 400여 년, 15대로 이어오면서 굴뚝 없이 장작이 타는 한국식 가마를 고집하며 자자손손 도자기를 손에 놓지 않고 조선인의 긍지를 지키며 심씨 가문의 명예를 지켜왔다. 지금은 조상에게 물려받은 도예 기술을 발전시켜 '사쓰마 도자기(薩摩燒)'라는 브랜드로 세계적인 도자 예술가로 추앙을 받고 있다.

400년 세월을 이국땅에서 민족 차별의 아픔과 고독을 이겨낸 그들은 조국의 문화를 어떤 방법으로 지키고 있는지 궁금했다. 심수관 종가를 비롯해 당시 끌려갔던 80여 명의 조선 도공들이 사쓰마 지역 여러 곳에 집성촌을 이루며 살고 있다. 심수관 종가는 가고시마 공항에서 승용차로 40분 거리인 가고시마 현 히오끼 시에 있었다.

14대 심수관 선생이 살고 계신 가고시마를 찾았다. 인천공항에 1시간 30분의 짧은 비행으로 도착할 수 있는 곳이다. 가고시마 공항은 한적하고 조용한 분위기다. 이번 취재기간 동안 우리 일행을 도와줄, 일본에서 뿌리를 내린 신화전설(神話傳說)연구회 회장 정의봉(취재 당시 70세) 선생께서 승용차로 마중을 나와주었다. 우리보다 한발 앞서 봄이 찾아와 낯익은 유채꽃이며 연산홍 등이 객을 반겼다.

간단히 점심을 먹고 공항에서 승용차로 40여 분의 거리에 있는 심수관 종가 마을을 찾았다. 약속보다 한 시간 정도 일찍 도착해 전시관을 먼저 돌아

보고 가마를 살펴본 다음에 선생을 만나야 질문이 부드러울 것이라는 정 선생의 조언을 따른 것이다.

마을에 들어서자 집의 외관은 일본식이었지만 마치 한국의 집성촌 종가 마을에 온 것처럼 차분하고 정돈된 느낌이었다. 종가 초입 언덕 위에는 한국식 육각 정자가 덩실하게 있어 단박에 그 유명한 '심수관요'임을 알 수 있게 했다.

심씨 종가의 풍경을 두고 어느 고명한 도예가는 "마을 자체가 벌써 명품이구나"라고 말했다고 한다. 한국의 종가 130여 집을 찾아 취재하면서 배운 풍수지리적 여건을 보는 안목은 반풍수쯤은 된다. 400~500년 고택을 지닌 종가는 대부분 나직한 둔덕을 뒤로하고 좌청룡 우백호가 감싸 안은 그 앞으로 안산이 있고 안산 사이로 시냇물이 흐르는 곳에 집을 지었다.

포로로 끌려와 이국땅에서 갖은 수모를 겪으며 자리 잡아 400년 역사에도 굴하지 않고 생생이 살아 있는 현재진행형의 심씨 집안도 풍수지리를 살피고 지관들의 자문도 받아 지었을 것임에 틀림없다. 400년이 어디 예사로운 세월인가!

심수관 종가를 비롯해 당시 끌려갔던 80여 명의 조선 도공들이 사쓰마 지역 여러 곳에 집성촌을 이루며 살고 있다. 도공의 후예들은 지금도 음력 9월 15일에 단군을 모신 옥산신사에서 제사를 지내고 있다.

일본 최고 작가 시바료타로의 소설 주인공으로 등장

전후(戰後) 일본의 최고 작가로 꼽히는 시바료타로는 1967년 2월 어느 날 14대 심수관을 만난 뒤 쓴 소설『고향을 잊을 수가 없소이다』(문예춘추, 2004년 11판 간)에서 마을 모습을 이렇게 묘사하고 있다.

"나지막한 구릉과 넓은 하늘, 그 아래로 바다가 숨어 있는 듯 주변은 바닷물의 반사로 눈이 부실 것만 같다. 길은 화산재 때문일까, 바랜 듯 하얗고 나무 또한 일부러 그런 것처럼 연녹색이다. 영락없는 조선의 산하이다."

이 소설은 일본 전역에서 굉장한 인기를 끌어 베스트셀러가 되었다. 소설에 이어 NHK 방송에서도 8부작 다큐멘터리를 제작하면서 심씨 가문의 도자예술이 온 세상에 알려졌다. 심씨는 이를 기념하는 글을 돌에 새겨 집 안에 두고 고마움을 표시하는 신의를 지켰다.

숫을대문은 아니더라도 수백 년이 된 일본식 건물 대문 옆에는 우리식 문패 모양의 '살마소(薩摩燒) 종가 14대 심수관'이라는 작은 팻말을 달아놓아 반가웠다. 살마소는 이 지역을 대표하는 심수관가의 사쓰마 도자기 이름이다. 대문에 들어서면 제주도 돌하르방이 보이고 그 양옆으로 태극기와 일장기가 나란히 걸려 있는 모습도 친근했다. 안뜰 왼쪽에 '대한민국명예총영사관'이라고 쓴 현판이 걸린 건물과 오른편에는 조상들의 작품을 전시하는 전시실과 수장고 등이 있다.

14대 심수관 선생.

전시실 뒤에는 장작을 지붕 높이까지 촘촘히 쌓아놓은 조선 전래의 계단식 가마가 있고 그 뒤 높은 언덕 위에 나란히 서 있는 두 개 동의 넓은 공방(工房)에는 도공들이 작품 제작에 몰두하고 있었다. 이외에도 심수관요, 판매점, 심수관 등요, 공방과 한국식 육각정 등이 있다. 박물관은 오전 9시부터 오후 5시까지 문을 열며 입장료는 성인 500엔으로 누구나 참관이 가능했다.

가원제도에 따른 심가역대계보

15대 심수관 씨는 전시관 팸플릿의 인사말에서 '도자기는 예로부터 시대를 비추는 거울'이라고 했다. 400년이 넘는 시간의 흐름 속에서 탄생된 많은 사쓰마 도자기는 여러 시대의 각기 다른 배경 속에서 그 모습이 조금씩 변화되었기 때문이라 했다. 우리 도자 역사에서도 신라의 토기, 고려의 청자, 조선의 백자로 변화되어 오면서 그 용기마다 그 시대의 풍습과 문화를 탐색하는 것처럼 그는 도자기를 시대의 거울이라 정의하고 있었다.

그가 말했던 시대의 거울과 같은 도자의 변천사를 대화하듯 전시실마다 감동을 주는 작품과 자세한 설명을 첨부해 전시하고 있다. 제1전시실에서는 메이지시대 때 일본 정부가 만국박람회 참가를 적극 추진했고 이에 심씨 가문의 12대 심수관이 국내외 박람회와 공진회에 참가하여 심사위원과 업계를 지도하는 등 활발한 활동상을 보여주었다. 그뿐만 아니라 1873년 일본대표의 일원으로 참가한 빈 박람회에서 수상을 한 '금수대화병'도 전시돼 있었다.

뛰어난 작품성으로 가문을 전 세계적으로 알린 12대 심수관 선생. 12대 심수관의 본명을 16대까지 같은 이름으로 이어온 것은 선생을 추앙하는 의미와 그와 같은 인물이 되라는 뜻을 담아 본명 외에 가문의 습명(襲名)으로 정한 것이다.

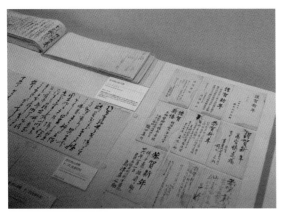

일어와 한글로 된
누렇게 바랜 책자가
전시실에 보관되어
있는데, 이 가문에서
사용하던 한국어
교재인 셈이다.

가원제도 적용된 가풍 잇기

전시실에는 심가역대계보(沈家歷代系譜)라고 적은, 이를테면 족보도 전시되어 있다. 15대까지의 한국식 이름에서 400년의 역사 속에 한국인으로 살았던 흔적이 고스란히 담겨 있었다. 여기서 주목할 것은 입향조 심당길이란 이름은 부모님이 내린 본명이 삼찬이었으나 포로로서의 굴욕감을 해소하기 위해 심당길로 이름을 바꾸었다. 또한 12대 심수관의 본명을 16대까지 같은 이름으로 이어온 것은 심씨 가문을 꽃피운 걸출한 인물인 12대 심수관을 추앙하는 의미와 그와 같은 인물이 되라는 뜻을 담아 본명 외에 가문의 습명(襲名)으로 정한 것이다.

그 습명은 아무리 혈손이라 해도 명인의 수준에 이르지 못하면 그 이름을 쓸 수 없고 피가 섞이지 않는 남이라도 더 나은 수준에 도달하면 그 제자에게 이름이 돌아가는 일본의 장인정신을 귀하게 여기는 가원(家元)제도에 따른 것이다. 15대 습명은 1999년에 이루어져 그를 기리는 기념식수도 해두었다.

이 가문은 자손이 귀해 15대를 내리 외동아들로 어렵사리 이어오다 16대에 이르러 아들 둘을 얻었다. 큰손자는 이미 심수관이란 습명이 명명된 상태다. 무엇보다 도공으로 끌려온 이들에게 모국어와 모국의 풍습, 모국의 이름, 옷, 문화를 그대로 쓰도록 허락했던 점도 이례적이었다.

전시관에는 일한사전(日韓辭典)이라 하여 일어와 한글로 된 누렇게 빛바랜 책자가 여러 권 보였다. 초대 이후로 가문에서 사용하던 한국어 교재인 셈이다. 절대 폭력에 의해 포로로 끌려오면서도 한글 책과 한문 서적 등 책 몇 권을 가슴에 품고 오면서 자신들의 정체성을 잊지 말아야겠다는 각오가 그

책 속에 새겨져 있었을 것이다. 무엇보다 일제 36년간 나라 안에서도 창씨개명을 하고 상투를 자를 수밖에 없는 상황에서 일본 본토에서 조선식 이름 석 자를 자손대대로 지켜왔다는 사실은 그들의 피나는 노력과 절절한 애국심, 조선의 선비정신이 아니었으면 어림없는 일이었을 것이다. 그보다 예능인을 높이 보는 일본인들이 심씨 가문의 뛰어난 도자예술의 격조를 높이 산 배려였을지도 모를 일이다.

이겨야 산다

창씨개명을 하지 않은 채 14대 심수관이 중학교에 입학하던 날 집으로 돌아오는 아들을 마중하기 위해 13대 심수관은 동구 밖에서 아들을 기다렸다. 자신이 그랬던 것처럼 조선 이름 석 자 때문에 학교에서 일본 아이들에게 왕따를 당할 아들을 품어주고 싶었던 것이다. 아버지는 상처투성이로 힘없이 걸어오는 아들에게 "별일 없었느냐?"라고 물었다. 어린 14대는 "다시는 학교에 가지 않겠습니다!"라고 말했다. 아들의 대답을 들은 아버지는 언성을 높이며 "그들을 이겨야 살아남는다. 그 분노는 공부를 더 열심히 해서 그들을 이긴 후에 삭혀야 한다"는 충고의 말을 했다. 그 오기를 가슴에 품은 14대는 와

종가에는 조선 전래의 가마가 있고 두 동의 공방, 조상들의 작품을 전시하는 전시실과 수장고로 구성되어 있다. 깔끔하게 정돈되어 있는 모습이 인상적이다.

세다대학교 정경학부까지 마쳤다. 13대 심수관은 교토대학 법학부를 나왔고, 15대 역시 와세다대학 경제학과를 졸업한 명문대학 출신들이다.

14대 심수관이 초등학교에 입학할 즈음 부친이 물레 위에 조그만 흙덩이를 올려놓고 가운데 바늘을 꽂고 돌리면서 "움직이는 물레 속에 움직이지 않는 심을 찾는 것이 너의 인생"이라며 도공으로 일생을 살아가기를 바랐다는 일화도 있다.

어렸을 적부터 혹독한 교육을 받고 자란 14대 심수관은 1970년 오사카에서 열린 만국박람회에 '백사쓰마 도자기부조 대화병'을 출품하여 호평을 받았다. 또한 1989년에는 '대한민국명예총영사'에 취임, 한국에서 역대 심수관전을 개최하는 등 한일 친선활동에 힘을 쏟아 민간인으로 받을 수 있는 최고의 훈장인 '대한민국 은관문화훈장'을 수상하는 영광을 안았다.

눈길을 끄는 다완 한 점

제3전시관에는 눈길을 끄는 다완(茶碗) 한 점이 있다. 흰사쓰마도자기 '히바까리다완'으로 모국의 흙과 유약으로 빚은 초대 심당길의 작품이다. 대대로 소중하게 지키고 전해져 내려오는 이 작품의 이름 '히바까리'라는 뜻은 '불만 일본 것'이라는 뜻이다. 만든 사람도, 원료가 되는 흙도 조선의 것으로 만들었기 때문이다. 이 다완은 일본이 세계적으로 자랑하는 다도에 쓰이는 가루차를 담는 그릇이다. 장식이 전혀 없는 은은한 연황백색으로 소박하면서도 꾸밈없는 수수한 생김새가 도공의 혼이 배인 막사발을 닮아 있었다. 흔히

흰사쓰마도자기
'히바까리다완'으로
모국의 흙과
유약으로 빚은 초대
심당길의 작품이다.
이 작품의 이름
'히바까리'라는 뜻은
'불만 일본 것'이라는
뜻이다. 만든 사람도,
원료가 되는 흙도
조선의 것으로
만들었기 때문이다.

임진왜란을 도자기 전쟁이라 한다. 그때 가져간 우리 막사발 70여 개 중 일본의 중요문화재로 등록된 것이 20여 점에 이른다고 한다. 또 교토 다이도쿠사에 소장돼 있는 '이도다완'은 국보로 아무나 볼 수도 없는 귀품으로 남겨져 있다.

심수관가의 전 시대 도자기를 살펴보면 초대에서 9대까지의 작품은 대개 멋을 부리지 않은 소박한 것들로 조선 도자기의 흔적이 남아 있지만 12대 심수관부터는 그림과 색채가 화려하고 작품 종류 또한 광범위하고 다양해졌다.

400년 만의 귀국 보고전

사쓰마로 끌려온 400년을 몇 년 앞두고 13대 심수관(1889~1964)은 한 많은 이역 땅에서 숨을 거두기 전 아들을 불러놓고 "너의 아들도 도공을 시키고 400주년 기념을 한국과 일본 양국에서 성대하게 하라. 그 행사의 일환으로 피랍도공 후예들의 작품을 모아 모국에서 전시회를 하고 400년 전에 미처 가져오지 못했던 고향의 불을 채화해 오라"는 유언을 남겼다. 부친의 유언을 가슴에 새긴 14대는 드디어 400주년을 준비하게 된다.

당시 돈으로 행사에 필요한 경비는 7~8억 원 정도였다. 백방으로 돌아다녀도 경비를 마련하기 어려웠다. 행사를 포기할 정도로 낙담했는데 그때 결정적인 힘을 준 사람은 일본인 아내였다. "당신 조상을 기리는 행사인데 왜 다른 곳에서 돈을 구해요. 우리 돈으로 합시다." 평생을 모은 재산을 단 한 번의 행사를 위해 다 털어 넣어야 하는 일인데 눈물겹게도 집안 살림을 맡은 아내가 자청하고 나서준 것이다. 그렇게 해서 14대는 전 재산을 투자하여 400년 가문의 한을 아버지의 유언을 지키는 데 썼다.

모국에서의 전시회는 '귀국보고전'이라 명명했다. 14대 심수관 선생은 박정희 대통령 집권 시절에 처음으로 모국 땅을 밟았다. 박 전 대통령이 청와대로 초청해 타국에서 얼마나 고생을 했느냐는 위로의 말에 눈물이 쏟아져 대답을 제대로 할 수 없었다고 한다. 이후 수차례 모국을 방문하면서 여러 곳에서 강연을 했다. 강의를 듣던 어느 분이 "일본의 36년간 한국 지배를 어떻게 생각하느냐?"는 질문에 "여러분이 36년을 말한다면 저는 370년을 말해야만 하지 않을까요?"라고 답해 청강생들을 숙연하게 했던 일도 있었다. 14대 심수관은 한국에서 도공을 꿈꾸는 어린 학생들을 데려다가 교육을 시키기도 했는데 그 숫자가 10여 명이나 된다고 한다.

더 이상 섬세할 수 없는 '모녀상'

제4전시실에는 고양이와 쥐를 보고 있는 모녀상이 있다. 큰물 항아리 곁에서 모녀가 보고 있는 것은 무 위에 앉아 있는 쥐다. 그 쥐를 고양이가 마치 지금 잡으러 달려가는 듯한 자세를 취하고 있다. 세부적인 곳까지 섬세하고 훌륭하게 장식한 물 항아리와 모녀의 의상, 그 매력에 우선 감탄할 수 있겠지만 이 작품의 중심은 무 위에 있는 눈에 잘 띄지 않는 쥐다. 여자아이는 흥미진진한 이 모습에 얼굴에 웃음이 가득하지만 소리를 내면 안 된다고 생각하는 것 같다. 이 작품의 색채며 조각 등은 흙으로 표현할 수 있는 섬세함의 극치였다.

이 작품 외에도 '금수사군자도안투각사각향로'라는 한국의 정신을 상징하는 군자를 비유하는 사군자인 매화, 난초, 국화, 대나무가 그려진 향로도

살아있는 표정과 의상의 섬세한 터치 등 흙으로 표현할 수 있는 섬세함의 극치를 보여주는 작품.

이 전시실의 자랑거리다. 특히 눈에 띄는 부분은 뚜껑의 그물망 모양 투각이다. 12대 심수관이 창안한 투각기법에 의해 중앙에는 기하학적인 그물코 문양과 가장자리에는 칠보문양이 훌륭하게 투각되어 있다. 고도의 기술과 단정한 아름다움을 세계에서 인정받아 박람회에서 입상한 작품이다.

심씨 가의 작품을 살펴보면 어느 것 하나 모국의 흔적이 없는 것이 없다. 한국의 선비문화를 상징하는 사군자와 은은한 채색의 유약 등으로 백의민족의 상징성도 담고 있었다.

가훈은 조상에게 물려받은 망건을 지키는 것

종손 심수관(취재 당시 86세) 선생을 그의 거실에서 만났다. 다다미방 두 칸에 한곳에는 낮은 상을 두고 방석을 놓아 일본식과 한국식으로 꾸몄고 한곳에는 의자를 놓아 손님에 따라 예우를 했다. 가운데 미닫이 문 네 짝에는 매·난·국·죽을 그려 조선의 사랑채 방문을 연상시켰다.

초대 심당길 선생의 작품과 망건을 가보로 지키는 심수관 가.

이날 영광스럽게도 필자가 앉은 자리는 우리나라 고 노무현 전 대통령과 일본 국왕의 누님, 그리고 여러 세계적인 명사가 앉았던 자리라며 먼 길 찾은 모국인에게 예우를 해주었다. 구순을 바라보는 연세임에도 쪽빛 무사 의상을 입어서인지 기골이 장대하고 눈빛이 예사롭지 않은 일본 무사의 모습 그대로였다. 절제된 언어와 자세는 긴장감마저 감돌게 했다. 하지만 한 시간여 취재 동안 조상의 계보를 묻는 질문에 입향조 심당길 할아버지가 쓰던 망건(網巾)을 보여주면서 이렇게 치밀하고 아름다운 문양의 망건을 썼던 분이 어찌 도공 신분이겠느냐는 무언의 표현으로 망건을 보라고 건네주었다. 자세히 살펴본 망건의 조직은 다양한 문양으로 세밀하게 짜여 있었다.

집안의 가훈을 묻자 '이 망건을 지키는 것'이라며 400년 전 끌려온 조상에 대한 예우를 극진히 했다. 취재를 준비할 때 가장 고민됐던 부분이 도공으로 끌려갔다면 당시의 계급사회에서 보면 성씨나 이름이 있을 리 없다는 점이다. 지금까지 여러 매체에서 다루었던 심수관 씨의 이야기에서 선조에 대한 자료는 찾을 수가 없었다. 청송 심씨 대종회에 전화를 걸어 알아본 결과 심당길은 인수부윤공파 후손으로 밝혀졌다고 했다.

청송 심씨는 고려 충렬왕 때 문림랑(文林郎)으로 지낸 심홍부(沈洪孚)를 시조로 했다. 심홍부의 증손 심덕부가 고려 말 우왕 때 문하찬성사 청성부원군 청성군충의백에 봉해진 뒤 후손들이 청송을 본관으로 삼았다. 조선시대에는 왕비 세 명을 비롯해 재상과 청백리 공신 등을 배출한 명문 중 명문가였다. 심온(沈溫)은 종조의랑, 형조판서 등을 지내면서 그의 장녀는 태종의 셋째 왕자인 세종과 가례를 올린 소헌황후다. 심온의 아우 심종은 태조의 딸인 경선공부와 혼인해 청원군에 봉해졌고 심온의 아들 심회는 세조 때 영의정을 지내 할아버지와 아버지에 이어 3대가 영상의 자리에 올랐다.

이런 선조를 둔 인수부윤공의 후손 심당길은 남원에서 무관으로 전쟁에 참가하게 됐고 임진왜란을 일으켰던 도요토미 히데요시가 사망하자 사쓰마에서 출병했던 시마즈 요시히로가 귀국할 때 끌고 간 조선 도공 80여 명 중 한 명으로 추측하고 있었다. 종손은 그 당시 끌려온 도공들이 한자리에 모여 음력으로 9월 15일 단군을 모신 신전인 옥산신사에서 해마다 제사를 지내고 있다고 했다.

거실에 모셔둔 삼신할매

심수관 선생의 거실 오른쪽 천장 아래에는 일본의 신들과 우리나라 삼신할매를 모신 신독이 있었다. 종가에서 흔히 볼 수 있는 삼신을 모신 신단과 같았다. 신단의 모양은 나무선반 가운데 신독이 놓여 있고 하얀 종이를 타래 지어 걸어놓았다. 신주 양옆으로 찻잎 같은 나뭇가지를 꽂아두어 가문의 푸름을 상징했다. 그 뒤로 하얀 종이 인형을 세 개 오려 걸어놓고 그 앞으로 하얀 찻잔 3개가 놓여 있었다.

한국식의 사당 같은 이 신전 앞에서 초하루, 보름에는 집안의 가장이나 부인이 차나 생수를 올려 묵념을 하면서 가문의 안녕을 빈다. 돌아가신 조상의 날에는 제물을 차려놓고 가족이 모여 의식을 집례해주는 스님을 모셔다가 간략한 제사를 지낸다. 우리나라처럼 제주가 주인이 아니라 스님이 의식을 집행해주는 것이다.

상을 당하면 매일 아침저녁으로 물을 떠놓고 제주가 묵념으로 기도를 한다. 유교문화의 종가에서는 조상을 모신 사당에 들어가 제례복을 입고 초하루, 보름날 조상님께 무릎을 꿇고 절을 하는 대신 비록 형식은 다르나 가족의 안녕과 집안의 편안함을 염원하는 그 뜻은 같았다. 아이가 태어나면 크고 작은 잉어를 흰 무명천에다 그려 대나무에 매달아 대문 앞에 걸어놓고 아기

일본에서 오랫동안 살다 보니 일본식 의례를 따르고 있지만 거실 천장 아래에 일본 신과 우리나라 삼신할매를 모신 신독이 있다.

일본에서는
아기가 태어나면
무명천에 잉어를
그려 대나무에
매달아 대문에 거는
풍습이 있다. 아이가
잉어처럼 힘차게
자라나길 기원하는
의미다.

가 잉어처럼 힘차게 자라기를 기원하는 풍습도 있다. 흰 무명은 바람이 불면 속에 바람이 채워져 마치 한 마리 잉어가 꿈틀대는 것 같았다. 오랜 세월 문화가 다른 이곳에 살면서 한국식의 통과의례는 행하지 못했으나 일본식의 통과의례는 행하고 있음을 엿볼 수 있었다.

14대 심수관 선생은 남원에서 끌려올 때 각기 성이 다른 80여 명이 함께 고생하면서 형제처럼 지내며 오늘날 일본에서 자리 잡고 있는데 자신들의 가문만 조명이 되어 난처하다며 모국에서 오는 취재진들을 달가워하지 않았다.

15대 종손은 외국 출장 중이었고 종부는 중요한 차회에 참석하느라 이날 14대 선생 외에 가족은 만나볼 수 없었던 점이 가장 큰 아쉬움이었다. 지금의 심수관 종가는 집도, 조상을 모시는 사당도 다 일본식이다. 그리고 더 이상 한국어를 쓰지 않았다. 15대 심수관은 모국어를 배우고 남원에 있는 도요지를 찾아 기능을 전수받으며 한국과 일본을 오가면서 활발한 활동을 하고 있다고 했다. 모국도 갈 수 없을 때 그리움이 더해지지만 세계가 한 지붕이 돼가는 지금에는 더 이상 고향에 대한 향수나 그리움은 사라진 지 오래지 않았을까 싶었다.